विश्व गुरु भारत के तीन महाविज्ञान

जीवन से संबंधित सभी मौलिक प्रश्नों के समुचित एवं यथेष्ट समाधान

'महार्थमंजरी' के प्रणेता महायोगी गोरक्षनाथ को समर्पित

AF762641

विज्ञान मित्र

'Matter, Life and Spirit Demystified'

के लेखक की कलम से

notionpress.com

INDIA • SINGAPORE • MALAYSIA

Notion Press Media Pvt Ltd

No. 50, Chettiyar Agaram Main Road,
Vanagaram, Chennai, Tamil Nadu – 600 095

First Published by Notion Press 2021

ISBN 979-8-88521-224-3

विशेष सहयोग

डॉ. सतीश चन्द्र अग्रवाल, पूर्व आयकर आयुक्त, कुमाऊं, उत्तराखंड
श्री पंकज खत्री, पूर्व सभासद नगरपालिका परिषद, हल्द्वानी
श्री संजय पाण्डेय, काठगोदाम, नैनीताल, उत्तराखंड

बायें से: डॉ. सतीश चन्द्र अग्रवाल, स्वामी परमानन्दजी पुरी, श्री पंकज खत्री एवं श्री संजय पाण्डेय

Special thanks to the excellent Multi-language Software, LIPIKAR

अनुक्रमणिका

चित्र तालिका

आमुख

ईश्वर अनादि, अनन्त और असीम है। यह चराचर जगत उसके एक अंश से संकल्प मात्र से सृजित है। वह अपनी योगमाया के प्रभाव से विश्व की रचना और उसका विनाश करने में समर्थ है। जैसे स्वप्न स्थित व्यक्ति स्वप्न सृष्टि अनायास कर लेता है वैसे ही परमात्मा आत्म रूप में व्याप्त होकर संसार की रचना करता है। उस एक चेतन तत्व से ही सम्पूर्ण ब्रह्माण्ड प्रतिभाषित हो रहा है। सत-चित-आनन्द स्वरूप ईश्वर सर्वतन्त्र स्वतन्त्र है। भारतीय आर्ष परम्परा के ऋषि-मुनियों-मनीषियों ने बहुविध इस दिव्य एवं परम सत्य का उद्‌घाटन ग्रंथों में किया है किन्तु इन्द्रियजन्य प्रत्यक्ष प्रमाण के आग्रही, भौतिकवादी, तथाकथित बुद्धिजीवी ईश्वरीय सत्ता पर संदेह करते हैं और करते रहेंगे।

'विज्ञान आगार' के माध्यम से विद्‌वान लेखक की यह कृति 'विश्व गुरु भारत के तीन महाविज्ञान' आधुनिक युग के बहुत से भ्रमों और भ्रांतियों का सफलता पूर्वक निवारण करने में समर्थ है - यदि खुले मन-मस्तिष्क से पुरातन वैदिक मान्यताओं को आधुनिक वैज्ञानिक शोध के सन्दर्भ से गहराई से मनन-चिन्तन करें तो। दुराग्रह और पूर्वाग्रह सत्य को ज्ञापित करने में बाधक ही होता है। यह बात सही है कि सत्यान्वेषण के मार्ग भिन्न-भिन्न हो सकते हैं किन्तु सत्य, सत्य ही रहता है - वह एक ही होता है। 'एकं सद् विप्रा बहुधा वदन्ति'

- प्रसिद्ध वेदवाक्य है। यही शाश्वत सत्य भी है। मेरा लेखक से मतैक्य है कि पुनर्जन्म, मृत्युद्वार पर पहुंचकर लौट आने वाले लोगों द्वारा वर्णित और एक समान ही लगने वाले परन्तु आश्चर्यजनक अनुभव, दूरश्रवण, दूरदर्शन, मन की शक्ति के उपयोग से दूरस्थ वस्तुओं का संचालन एवं अनेक इसी प्रकार की घटनायें हैं जिनका वैज्ञानिकों द्वारा अन्वेषण किया गया किन्तु कुछ हाथ नहीं आया - क्योंकि केवल विज्ञान के दायरे में रहकर इनकी व्याख्या करना सम्भव नहीं। यौगिक उपलब्धियों को योग के द्वारा ही जाना और पाया जा सकता है। उसका अपना अलग विज्ञान है - विधि विधान है। स्थूल इन्द्रिय क्रियाओं से अतीन्द्रिय तक पहुंचना दुष्कर कार्य होगा।

अध्येता लेखक ने आधुनिक भौतिक शास्त्र, जैव शास्त्र व रसायन शास्त्र आदि के तथ्यों व सिद्धांतों का श्रमसाध्य अध्ययन-मनन करते हुए प्राचीन ऋषियों द्वारा उद्घाटित मान्यताओं में समानता और सामंजस्य प्रस्तुत किया है - यह तार्किक भी है तथा प्रासंगिक भी। इस परिप्रेक्ष्य में लेखक ने विषय से सम्बंधित अधिकृत ग्रंथों से उद्धरण भी दिये हैं। नवीन और पुरातन ज्ञान में संतुलन आज के समय की आवश्यकता है। जिज्ञासु जनों को इस ग्रंथ में ऐसे सूत्र मिलेंगे जो आगे सत्यान्वेषण की राह में मार्गदर्शन कर सकेंगे - ऐसा मेरा विश्वास है। आस्तिक-नास्तिक, आस्था-अनास्था, आध्यात्मिक-भौतिकता, पुरातन वैदिक ज्ञान - आधुनिक विज्ञान के द्वैत को मिटाकर संवाद-सेतु स्थापित करने में यह पुस्तक सहायक हो सकती है। भारत में अनेक उच्च कोटि के योगी-तपस्वी-सिद्धसंत हुए हैं जिनके प्रसंग हमारे धर्मग्रंथों में सन्निहित हैं। लेखक ने बानगी स्वरूप कुछ संतों की अलौकिक शक्तियों, सिद्धियों व लीलाओं का दिग्दर्शन भी इस कृति में कराया है। ईश्वर और उसके कृपापात्र संतों की लीलायें अगम्य होती हैं। हमारी जैसी सामान्य बुद्धि से उन्हें समझ पाना दुष्कर है। महावतार बाबा किस प्रकार सैंकड़ों वर्षों से मानवता का मार्ग दर्शन कर रहे हैं - ज्ञानगंज (तिब्बत) में कैसे अलौकिक आश्रम संचालित हो रहा है - सूक्ष्म शरीरधारी ऋषिगण कैसे लोगों का कष्ट हरते हैं - समर्थ शिष्यों व भक्तों को अध्यात्मपथ पर ले जाने में सहायक होते हैं - आदि-आदि, विस्मयकारी किन्तु सत्य प्रसंग ज्ञानचक्षु खोलने वाले हैं।

अन्त में, एक बात और - विवेकानन्द जी, महर्षि अरविन्द, देवराहा बाबा, जैसे भारतीय सन्त तथा बर्ट्रान्ड रसल, बर्नार्ड शॉ, टॉल्सटाय आदि पाश्चात्य विद्वानों ने समय-समय पर भविष्यवाणी की है कि आगामी सदी

में समृद्ध भारतीय-दर्शन के महत्व को विश्व समझेगा। यह अपनी उपादेयता और प्रासंगिता के कारण दुनिया के देशों का मार्गदर्शन करेगा। दूसरे शब्दों में 'विश्व-गुरू' कहलायेगा। वर्तमान में ऐसी स्थितियां प्रकट भी होने लगी हैं। प्रसतुत पुस्तक उस दिशा में एक महत्वपूर्ण कदम हो सकती है। मैं लेखक को युगांतकारी - जनोपयोगी महत्कार्य हेतु साधुवाद देता हूं और आशा करता हूं कि इस कृति का अन्य भारतीय एवं विदेशी भाषाओं में अनुवाद होगा जिससे वृहद विश्व समुदाय तक लेखक की बात पहुंच सके। निश्चित ही यह विचारोत्तेजक, पठनीय व संग्रहणीय कृति है।

गुरुवार, १६-१२-२०२१

डॉ. सतीशचन्द्र अग्रवाल (IRS)
वैशाली कालोनी, हल्द्वानी (नैनीताल)
पिन-२६३१२६ मो. ७३००५२०३५३

प्रस्तावना

विज्ञान आगार के माध्यम से हम आप सभी का अभिनंदन करते हैं। सृष्टिकर्ता परमेश्वर के स्वरूप एवं उसकी प्रकृति के विषय में एक सार्वभौम ज्ञान जिसका प्रकाश भारतके प्राचीन ऋषियों के द्वारा किया गया था, उस अमूल्य ज्ञान को आज के संदर्भ में, एक नये कलेवर में, एक बार पुनः आधुनिक विश्व के समक्ष प्रस्तुत करने का प्रयास ही हमारा प्रधान उद्देश्य है।

अनेक आश्चर्यों से भरे हुए इस सुंदर संसार का, जिसमें हम निवास करते हैं, उसका ज्ञान और अनुभव विभिन्न सत्ताधारियों के द्वारा पारस्परिक संबंधों अथवा सापेक्षता के आधार पर किया जाता है। एक जमीन पर रेंगने वाले कीड़े, एक कबूतर, एक बैल और एक ग्रेनाइट पत्थर के इस विश्व के विषय में ज्ञान और अनुभव भिन्न-भिन्न होते हैं। प्राचीन ऋषियों के अनुसार इसका प्रधान कारण माया शक्ति होती है और आधुनिक विज्ञान के परिप्रेक्ष्य में अनुभवों की इस विभिन्नता को हम सापेक्षता (Relativity) के माध्यम से समझने का प्रयास कर सकते हैं। यह हमारे लिये सौभाग्य का विषय है कि परमेश्वर की इस अद्भुत सृष्टि को हम मनुष्यों की दृष्टि से देख सकते हैं। परंतु बुद्धिमान मनुष्यों में इस विश्व को लेकर अनेक जिज्ञासायें भी हैं कि यह किस प्रकार कार्य करता है और कैसे इसका संचालन होता है। विज्ञान आगार की यह एक

पहल है कि हमारी मानव जाति के समस्त उपलब्ध ज्ञान को यथासंभव एक स्थान पर संकलित किया जा सके और मानव अस्तित्व के उन रहस्योंको जिन्हें अभी भली भांति समझा नही गया है, उनके समुचित समाधान के हेतु एक नया प्रयास किया जाए।

हमारी प्रधान पुस्तक 'MATTER, LIFE AND SPIRIT DEMYSTIFIED' इस दिशा में एक अत्यंत महत्वपूर्ण कदम है। इसके माध्यम से हम अपने ऋषियों के उस प्राचीन ज्ञान को, जिसे एक समय WISDOM OF THE EAST के नाम से जाना जाता था और जिसके आधार पर भारत को विश्व गुरु के रूपमें स्वीकार किया जाता था, पुनः एकबार संपूर्ण विश्व के समक्ष उजागर करने का प्रयास करना चाहते हैं।

हमारी उपरोक्त प्रधान पुस्तक के पहले खंड को हम विज्ञान खंड कह सकते हैं। अनादि काल से मानव की यह जिज्ञासा रही है कि 'इस जगत में जो कुछ भी हमें दिखाई देता है और जिसका हम अनुभव करते हैं, उसकी वास्तविकता क्या है'? विज्ञान खंड के पांच अध्यायों में हमने इस प्राचीन जिज्ञासा से संबन्ध रखने वाले आधुनिक विज्ञान के समस्त ज्ञान का समावेश करने का प्रयास किया है।

उपरोक्त पुस्तक के दूसरे खंड में हमने विज्ञान जगत के इस प्रकार के समस्त अन्वेषणों को भी सम्मिलित करने का प्रयास किया है जिस के संदर्भ में समुचित उत्तर हमारे वैज्ञानिकों के पास उपलब्ध नहीं हैं। पुनर्जन्म, मृत्यु द्वार पर पहुंच कर लौट आने वाले लोगों के द्वारा वर्णित और एक समान ही लगने वाले परंतु आश्चर्यजनक अनुभव, दूर-श्रवण, दूर दर्शन, मन की शक्ति के उपयोग से दूरस्थ वस्तुओं का संचालन एवं अनेकों अन्य इसी प्रकार की घटनायें हैं जिनके सैंकड़ों और हजारों ऐसे उदाहरण हैं जिनका वैज्ञानिकों के द्वारा अन्वेषण किया गया है, परंतु केवल विज्ञान के दायरे में रहकर जिनकी व्याख्या करना संभव नहीं है। यह स्वाभाविक है कि इस प्रकार के सभी अन्वेषण चिकित्सा एवं जैव विज्ञान के वैज्ञानिकों द्वारा ही किये गये हैं, परंतु विज्ञान में जो 'धर्म' विभाग है उसकी अधिकार शृंखला में इन विज्ञानों को अधिक स्थान नहीं दिया जाता। अत: जब अधिकार प्राप्त वैज्ञानिकों के सन्मुख इन उदाहरणों को रखा जाता है या इस प्रकार के प्रयोग दोहराये जाते हैं तो उनका केवल एक उत्तर होता है, "विज्ञान के नियमों के अनुसार ऐसा होना संभव नहीं है (अत: यह कोई छल या भ्रम की स्थिति ही हो सकती है और हम यह सब स्वीकार करना भी नहीं चाहते)। इसके आगे वे और कोई बात कहना आवश्यक नहीं

समझते!! उनके पास ऐसी समझ भी नहीं होती और उन्हें इसमें कोई दिलचस्पी भी नहीं होती। स्वनामधन्य जैव वैज्ञानिक लायल वाटसन इस संदर्भ में कटाक्ष करते हुए कहते हैं, "अवश्य सिर के बल खड़े होकर भी हम विश्व को देखने और इसकी व्याख्या करने का प्रयास करते रह सकते हैं, पर यह कोई बहुत सुविधापूर्ण अवस्था नहीं है (और यह आवश्यक नहीं है कि सभी विवेकशील मनुष्य इसे सहजता से अपनाकर संतुष्टि का अनुभव कर सकेंगे)"!

उपरोक्त प्रधान पुस्तक के तीसरे खंड को हम 'महाविज्ञान खंड' भी कह सकते हैं। वर्तमान में जो पुस्तक हमारे पाठकों के हाथों में है वह वास्तव में इस तीसरे खंड का ही हिन्दी रूपांतरण है। इसके नाम के अनुरूप ही हमने इसमें भारत के तीन महा-विज्ञानों (संवित-विज्ञान, तंत्र-विज्ञान एवं योग-विज्ञान) का एक विशद, विश्वसनीय एवं सहज बोधगम्य विवरण प्रस्तुत करने का प्रयास किया है।

इन पुस्तकों में सृष्टि प्रकरण अथवा विश्व की उत्पत्ति को कश्मीर शैव दर्शन की त्रिक शाखा के आधार पर समझाने का प्रयास किया गया है। त्रिक का अर्थ है तीन और क्रीस्चियन बंधुओं की होली ट्रिनिटी की धारणा के अनुरूप ही यह दर्शन भी त्रिदेव एवं उनकी तीन प्रकृतियों के आधार पर ही विश्व की रचना को समझाने का प्रयास करते हुए अग्रसर होता है। इन पुस्तकों में भारत के ऋषियो के विशुद्ध ज्ञान को अधिकारिक एवं प्रमाणिक ग्रंथों से उद्धृत करते हुए वर्तमान समय के अनुरूप एक नयी विधि से समझने और समझाने का ही प्रयास मात्र ही किया गया है, उसमें कहीं भी कोई परिवर्तन नहीं किया गया है।

विज्ञान, दर्शन और योग शास्त्रों के ज्ञान को किसी भी भारतीय लेखक के द्वारा एक ही स्थान पर लाने का संभवतया यह प्रथम प्रयास है। हमारा विश्वास है कि परमेश्वर की कृपा और इच्छा से ही ऐसा संभव हो सका है। हम देख सकेंगे कि जैसे-जैसे हम ऋषियों के द्वारा वर्णित इस ज्ञान के पन्ने पलटते चलेंगे, इन्हीं के मध्य से आधुनिक भौतिक शास्त्र, रसायन शास्त्र और जीव शास्त्र भी एक भविष्यत् के रूप में स्वाभाविक रूप से ही प्रकट होते चलेंगे। यही हमारे द्वारा प्रस्तावित इस नयी विधि की विशिष्टता है।

ऋषियों के अनुसार एकमात्र सत्य परमेश्वर ही है जो अनादि है। जब और कुछ भी नही रहता, तो परमेश्वर केवल सत् रूप में निष्पंद एवं आत्मसंतुष्टि की एक अवस्था में विद्यमान रहते हैं। जब एक नई सृष्टि का समय होता है तो एक स्पंदन के रूप में इस परम चेतना में ज्ञान रूपी चित शक्ति और

अनुभव के रूप वाली आनंद शक्ति का उदय होता है। आगम शास्त्रों में इसे परमेश्वर की अंतः प्रकृति की निद्रा का भंग होना अथवा उसका जाग्रत होना समझा जाता है। परमेश्वर जो पहले निष्कल ब्रह्म के स्वरूप में सत् मात्र थे, अब सद्चिदानंद रूप ग्रहण करते हुए सकल ब्रह्म के नाम से ख्यात होते हैं और अब वे सृष्टि की अभिव्यक्ति करने की स्थिति में आ जाते हैं।

जिस किसी वस्तु का भी जन्म होता है वह सत् के अंश से होता है और उसे स्वयंभुव कहा जाता है, क्योंकि वह स्वतः उत्पन्न होता है और यह एक आत्म तत्व अथवा अहंकार को साथ लेकर ही उत्पन्न होता है। यही कारण है कि जो भी जन्म धारण करता है वह सदैव आत्मरक्षा के लिये तत्पर रहता है। क्रीस्चियन ट्रिनिटी में इसी स्वयंभुव को पुत्र की संज्ञा दी जाती है।

सृष्टि में सर्वत्र इसी स्वयंभुव अथवा पुत्र का ही जन्म होता है और यह एक सिक्के के समान होता है जिसके दो पहलू होते हैं। इसका एक पहलू चित अथवा शिव या फादर की ओर उन्मुख होता है, जबकि इसके दूसरे पहलू की पहचान आनंद शक्ति या होली स्पिरिट के रूप में की जाती है। शक्ति तत्व को ही मातृ चेतना कहा जाता है। यह सर्वत्र, सभी वस्तुओं में, अनुस्यूत अथवा अंतर्लीन अवस्था में उपस्थित रहती है और यह सदैव चेतना के साथ अनुभव के रूप में जड़ित होकर चलायमान रहती है। सब वस्तुओं में स्थित यह अंतर्चेतना ही है जिसके कारण प्रकृति को जगन्माता भी कहा जाता है, क्योंकि वह सदैव सृष्टि के प्रत्येक कण की अदलती-बदलती दशाओं से भिज्ञ रहती है। दूसरी ओर, इसी गुण के कारण यह किसी भी कण में अंतः प्रवृत्तियों को भी उत्पन्न कर पाती है और इसी की सहायता से वह इस विश्व का संचालन भी करती है।

यह स्मरण रखने की बात है कि शिव, शक्ति, और स्वयंभुव, अथवा वैष्णव मतावलम्बियों के प्रसिद्ध विष्णु, ब्रह्मा और महेश, या क्रीस्चियन ट्रिनिटि के Father, Spirit and Son एक परमेश्वर के ही तीन विभाग मात्र हैं और ये तीनों सदैव एकत्र रूप से ही, एक ही सिक्के के समान और उसके दो पहलुओं के साथ ही उत्पन्न होते हैं।

पुनः इन त्रिदेवों में से प्रत्येक की अपने-अपने कार्यों के अनुरूप अपनी एक अलग बहिर्प्रकृति भी होती है। इनमें से पुत्र विभाग की प्रकृति होती है इच्छा शक्ति, जो एक स्वोपज स्पंदन से युक्त होती है। इसकी एक दिशा का स्पंदन ज्ञान शक्ति का रूप धारण करता है, जिसे शिव तत्व की बहिर्प्रकृति समझा जाता है। इसी प्रकार, इसकी दूसरी दिशा का स्पंदन क्रिया-शक्ति का रूप ग्रहण

करता है, जिसे शक्ति तत्व की बहिर्प्रकृति कहा जाता है। कृपया इन चित्रों को देखें -

ब्रहम की निष्कल अवस्था

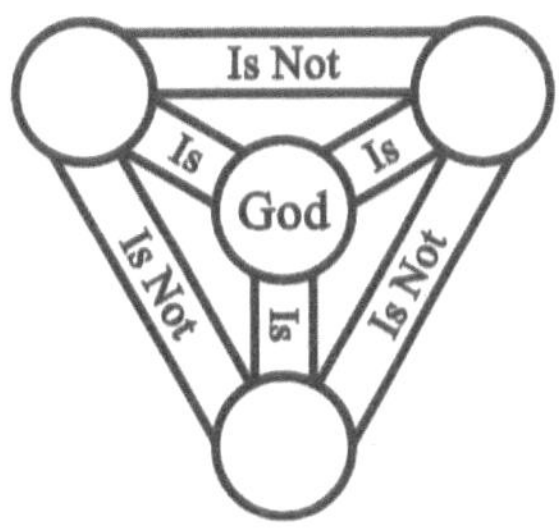

GOD
Unmanifest
Nirguna Brahma

सकल परमेश्वर

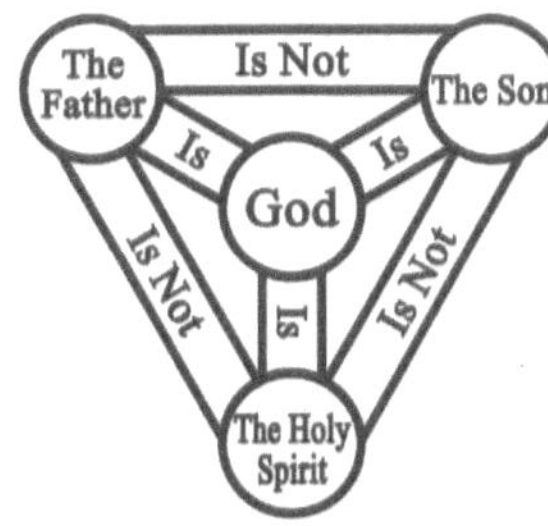

GOD
With Trinity
Sakal Parmeshwar

सगुण ब्रह्म का स्वरूप

होली ट्रिनिटी के पहले फ्रेम में हमें परमेश्वर केवल सत् अवस्था में स्थित दिखाई पड़ते हैं। इस अवस्था में सृष्टि संभव नहीं है। दूसरे फ्रेम में हम देख सकते हैं कि त्रिमूर्ति का उद्भव हो गया है। परमेश्वर ने ही फादर, स्पिरिट, और पुत्र के रूप धारण कर लिये हैं, प़रंतु परस्पर में ये तीनों भिन्नवत होकर अपनी-अपनी भूमिकाओं का निर्वाह करते हैं। अत: इनमें से प्रत्येक के अपने कार्य और प्रकृतियां हैं।

उपरोक्त चित्र में इन त्रिदेवों के आपसी संबंद्धों को और अधिक स्पष्ट रूप से दर्शाया गया है। यह एकपदी मूर्ति दक्षिण भारत के १८०० वर्ष पुराने जंबुकेश्वर के नाम से प्रसिद्ध एक मंदिर में स्थित प्रतिमा का आंशिक प्रतिरूप है। इस मंदिर की प्रतिमा में एक ऋषि को जिन्होंने माया अथवा सापेक्षता को पार कर लिया है, एक दृष्टा के रूप में प्रकृति के वास्तविक रूप की किस प्रकार प्रतीति होती है यह दिखाने का प्रयास किया गया है। इस प्रतिमा में नारद ऋषि को तीन देवों की उनके तीन वाहनों अथवा तीन प्रकृतियों के साथ अनुभूति हो रही है। वे देखते हैं के इच्छाधिपति महेश ही अपने एक ओर ज्ञानाधिपति विष्णु और दूसरी ओर क्रियाधिपति ब्रह्मा को धारण करते हुए, स्थिर होकर विश्व में व्यष्टि एवं समष्टि दोनों के रूप में विद्यमान प्रतीत हो रहे हैं। महेश दोनों पैरों को जोड़कर 'एकपदी' रूप ग्रहण करते हुए दृढता से वृषभ के रूप में दृश्यमान अपनी चार पैरों वाली वाहन-प्रकृति पर ब्रह्मा एवं विष्णु दोनों को आधार प्रदान करते हुए दंडायमान हैं। ऋषि देखते हैं कि ब्रह्मा की क्रिया-प्रकृति एक हंस रूपी वाहन के रूप में धीर गति से जल पर संचरण करने वाली प्रकृति के रूप में लक्ष्य होती है, जबकि विष्णु के वाहन गरुड़ के रूप में उनकी प्रकृति को अधिक स्वतंत्र एवं शून्य में उर्ध्व गमन करने की सामर्थ्य के साथ प्रदर्शित किया गया है।

अनादि चैतन्य एवं अनादि पराशक्ति के मध्य सदैव एक शाश्वत लीला चलती रहती है। यह हमारा सौभाग्य है कि इस अनादि लीला के एक विशेष विश्व प्रकरण का अवलोकन हम एक बुद्धि से युक्त मानव के रूप में कर पा रहे हैं, जहां हमें चकित होने के अतिरिक्त अन्वेषण करने की भी पूर्ण स्वतंत्रता है। साधारणत: जिसे हम प्रकृति कहते हैं वह एक ऐसी समष्टि है जिसके अंदर एक तीन प्रकृतियों का समूह एक त्रिशूल के समान तीन दिशाओं में एक साथ कार्य करता है। इस त्रिमुखी प्रकृति के द्वारा ही विश्वक्रीड़ा की सृष्टि होती है, जिसका स्क्रिप्ट भी इन त्रिदेवों के द्वारा लिखा जाता है और सारे पात्रों के अभिनय भी ये तीन ही करते हैं।

यह त्रिमूर्ति ही संपूर्ण विश्व का और इसमें स्थित प्रत्येक वस्तु का रूप धारण करती है। यह त्रिमूर्ति ही कैसे इलेक्ट्रोन, प्रोटोन और न्युट्रोन का रूप धारण करती है, इसकी भी सार्थक विवेचना हमने बौद्धिक, वैज्ञानिक और अध्यात्मिक सभी दृष्टियों से अपनी इन पुस्तकों में करने का प्रयास किया है।

पुनः किस प्रकार आत्म-तत्व या आत्मा की अपना आस्तित्व बनाये रखने की आकांक्षा अथवा उसका अहंकार EXCLUSION PRINCIPLE को

उत्पन्न करता है, कैसे सिक्के के दो पहलुओं वाला संबंध UNCERTAINTY PRINCIPLE को जन्म देता है एवं कैसे प्रकृति की त्रिमुखी रचना पदार्थ के नाभिकीय कणों में तीन रंगों वाली आंतरिक संरचना को जन्म देती है, इन सब मूलभूत प्रश्नों के समुचित उत्तर भी, हमारे पाठक देख पायेंगे, कि अगर हम चाहें तो ऋषियों द्वारा प्रदत्त संवित विज्ञान के प्रकाश में अत्यंत सहज प्रकार से ही प्राप्त कर सकते हैं, भले ही भौतिक विज्ञान इससे आज भी अनभिज्ञ हो।

तथापि इन पुस्तकों का उद्देश्य पदार्थ की विवेचना करना नहीं है। प्रसंगवश ही उसकी यथोचित चर्चा की गई है। हमारा उद्देश्य है पूर्व और पश्चिम के समस्त मूल्यवान ज्ञान की एक मंजुषा का संकलन करना, और उसे आधुनिक मानव संतति के समक्ष उपस्थित करना। इसमें लेखक की भूमिका केवल एक सूत्रकार अथवा पैरवीकार (Paraclete) के समान एक वाकप्रवाह की सृष्टि करने का प्रयास मात्र ही है। जो कुछ भी लिखा गया है वह शास्त्रों एवं विश्वगुरू स्थानीय शिक्षकों के द्वारा ही बताया गया है।

हमारा उद्देश्य है, एक ऐसी वैश्विक प्रबुद्धता के विकास के लिये प्रयास करना जिसमें मानवोपयोगी वह समस्त ज्ञान भी सम्मिलित हो, जिसका बोध सभी मानव संतति को हो सके ऐसी कामना आज भी जीसस क्राइस्ट और भारत के ऋषिगण करते प्रतीत होते हैं। हमारा विश्वास है कि जगन्माता की इच्छा और प्रेरणा से ही, उन्हीं के चयन किये गये समय के अनुसार ही, हमारे द्वारा इन सभी ज्ञानों को एकत्र कर पाना संभव हुआ है। इस विषय में स्वयं जीसस ने भी अपने शिष्यों से कहा था, "BUT, AS FOR THAT DAY AND HOUR, NOBODY KNOWS IT, NEITHER THE ANGELS OF HEAVEN, NOR THE SON, NO ONE BUT THE FATHER ALONE."

हमारी पुस्तक के मुख्य विभाग में हमने सर्वप्रथम सृष्टि के उस आधार की चर्चा की है जिसका उपयोग पदार्थ और मानव दोनों के क्षेत्र में समान रूप से होता है। इस मूलभूत आधार का विवरण जिस प्राचीन ग्रंथ से उद्धृत किया गया है, उसकी एक प्रसिद्धि भगवद् गीता का तकनीकी पक्ष होने के संदर्भ में भी है। यह सर्वविदित है कि भौतिकी के नियम पूर्व और पश्चिम में समान होते हैं। ठीक यही नियम अध्यात्म के क्षेत्र में भी कार्य करता है। इसमें कुछ भी आश्चर्य की बात नहीं होनी चाहिये कि जिस आधार वाले सिद्धांत को ऋषियों के द्वारा त्रिदेव एवं त्रिमुखी प्रक्रति के माध्यम से बताया गया है उसके प्रकाश में

जीसस की उपलब्धियों और उनके शिष्यों के द्वारा लिपिबद्ध किये गये उनके संदेश को भी हम सहजता से और अधिक स्पष्ट रूप में समझ पाते हैं।

क्रिस्चियन टेस्टामेंट में, जौन की गौसपेल के १४वें, १५वें, और १६वें अध्यायों में, स्वयं जीसस ने एक पैराक्लीट की बात कही है जिसका कार्य केवल सत्य की पैरवी करने का है। "और भी अनेक बातें हैं, जो मैं तुम लोगों को बताना चाहता हूं", जीसस ने कहा था, "पर अभी तुम उसे ग्रहण करने में समर्थ नहीं हुए हो। परंतु जब सत्य स्वयं आकर सार के रूप में तुम्हारे समक्ष उपस्थित हो जायेगा तब यह पैरवीकार तुम्हें पूर्ण सत्य का दिशा निर्देश दे सकेगा, क्योंकि वह अपनी कोई बात नही कहेगा, बल्कि जो पहले कहा जा चुका है वही बतायेगा"।

चाहे कोई भी आधारस्थल हो, यह त्रिदेव सदैव एकत्र रूप से ही प्रकट होते हैं। इनमें से किसी एक का भी अभाव होने पर कुछ भी उत्पन्न नहीं हो सकता। इनमें स्वयंभुव अथवा पुत्र ही एक सिक्के के रूप में उदित हो सकता है, जबकि शिव एवं शक्ति केवल इसके दो पहलुओं के रूप में ही उदीयमान होते हैं। लेखक का विश्वास है कि इस मूल ज्ञान को भली-भांति समझ लेने के पश्चात परमेश्वर के इस विराट प्रासाद में कोई भी ऐसा कक्ष शेष नहीं रहेगा जिसे एक मानव संतति, जो योग्य भी है और उद्योगशील भी, इस कुंजी के प्रयोग से खोल न सके।

परमेश्वर के परा क्षेत्र से निर्गत होने वाली सृष्ट्योन्मुख गतिशील धारा का प्रवाह जब आगे बढता है, तो सर्वप्रथम स्वयंभुव अपनी प्रकृति इच्छा शक्ति की सहायता से अपने लिये आवश्यक एक कारण भूमि का विस्तार करते हैं। यहां एक ऐसे आधार तल का निर्माण होता है जिस पर समग्र विश्व की रचना की जा सकती है। यह क्षेत्र प्रत्येक वस्तु में, उसके कारण शरीर के रूप में सदैव स्थित रहता है। यहां तक, कि एक पदार्थ के कण में भी यह विद्यमान रहता है।

यह कारण शरीर प्रत्येक वस्तु को एक अलग व्यक्तिगत सत्ता प्रदान करता है, जिसके द्वारा यह अनेक वस्तुओं से भरे हुए इस विश्व में अपनी क्षमता के अनुसार और अपनी सत्ता की रक्षा करते हुए क्रियान्वित रह सकती है। पदार्थ के कणों से निर्मित विश्व का संचालन जगत के आधार स्थल में अवस्थित आत्म शक्ति के द्वारा आत्म प्रवृत्ति अथवा नेचुरल इंस्टिंक्ट की उत्पत्ति के माध्यम से किया जाता है।

पदार्थ के उस कण में जिसमें जीवन एवं चैतन्य परिलक्षित नहीं होता, उसमें प्रकृतिके द्वारा प्रेषित आत्मप्रेरणा (Instinct) का उल्लंघन करने की क्षमता नहीं

होती। जीवंत क्षेत्र में भी इनका उल्लंघन करने पर अधिकांश प्राणी न सिर्फ अपना भोजन, बल्कि कभी-कभी अपने प्राण भी गंवा सकते हैं। केवल मनुष्य ही कारण शरीर में उत्पन्न प्रेरणाओं को अधिकांश क्षेत्रों में अनदेखा कर सकते हैं। उन्हें इसकी स्वतंत्रता है और अधिकांश क्षेत्रों में वे ऐसा ही करते हुए देखे भी जाते हैं।

कारण भूमि से निर्गत होने पर प्रत्येक आत्मा को एक मानस पक्ष जो ज्ञान अर्जन कर सकता है और एक शरीर पक्ष जो उसके लिये अनुभव की सृष्टि करता है, प्राप्त करने की योग्यता अथवा अधिकार प्राप्त हो जाता है। सृष्टि के दूसरे तलक्षेत्र पर प्रकृति मानस पक्ष के विकास का कार्य करती है। इस धरातल को सूक्ष्म जगत (Astral Plane) कहा जाता है। यहां से आत्म-शक्ति के अतिरिक्त जीव की मनःशक्ति भी कार्य करने लगती है। इस सूक्ष्म स्तर का निर्माण ज्ञान शक्ति के अधिष्ठाता शिव के द्वारा किया जाता है।

शिव, आत्मा रूपी जीव की आत्मचेतना में एक अन्य की, अथवा विश्व की, धारणा की उत्पत्ति करते हैं जिसके द्वारा जीव रूपी शिवांश अपने से अन्य का अनुभव प्राप्त कर सकता है। जीव भाव को लेकर उत्पन्न आत्मा शिव के द्वारा प्रदत्त चित्त अथवा मनःपक्ष में उदित ज्ञान के माध्यम से एक अनात्म की अनुभूति प्राप्त करने में सक्षम हो जाती है, जो स्वयं से भिन्न है। इस दूसरे धरातल पर पुनः विश्व की उत्पत्ति के हेतु बीजरूपी इस कण को, इसके कारण शरीर के अतिरिक्त, एक और साधारण (Common) वैयक्तिक शरीर की प्राप्ति होती है जिसे उसका लिंग-शरीर अथवा सूक्ष्म शरीर कहा जाता है।

संसार का ज्ञान प्राप्त करने के हेतु पांच ज्ञानेन्द्रियां और मन में उत्पन्न क्रिया की प्रवृत्ति होने पर उसके उपयोग के हेतु पांच ही कर्मेन्द्रियों का प्रावधान भी, इस सर्वोपयोगी साधारण सूक्ष्म शरीर में उपलब्ध रहता है। विभिन्न वस्तुओं के संदर्भ में, उनके मन विभाग में अवस्थित इन दस प्रकार की क्षमताओं का विकास प्रकृति यथोचित समय पर और यथोचित मात्रा में करती रहती है। पदार्थ के विभिन्न कणों के क्षेत्र में भी इस एक ही प्रणाली का उपयोग किया जाता है।

कारण जगत से निकलते ही प्रत्येक आस्तित्वधारी पहले सूक्ष्म धरातल पर उपस्थित होता है। यहां इसे एक सूक्ष्म शरीर की प्राप्ति होती है, जिसका कभी नाश नहीं होता और जो वर्तमान सृष्टि के अंत तक विद्यमान रहता है। परंतु विभिन्न जीवों में इसके विकास के स्तरों में विपुल अंतर हो सकता है। इसका एक मुख्य कारण है इसके विकास में स्थूल शरीर के अनुभवों की आवश्यकता

और प्रकृति के द्वारा प्रदत्त अवसर तथा देश एवं काल का अंतर, क्योंकि सिक्के के दोनो पहलुओं का - मन और शरीर का - एकत्र रहते हुए समानांतर रूप से ही विकास संभव होता है। यही नियम है। उदाहरण के रूप में, एक सृष्ट्योन्मुखी 'सत्ताधारी' सृष्टि की प्रारंभिक अवस्था में ही अगर एक प्रोटोन बन कर स्थित हो जाता है, तो उस स्थिति में उसका भौतिक स्थूल शरीर भी सृष्ट्यांत तक स्थिर रह सकता है, वह क्रम-विकास के पथ पर अग्रसर नहीं हो सकेगा और उसके मन की क्षमता अथवा सूक्ष्म शरीर के विकास का मार्ग भी वहीं रुद्ध के समान हो जायेगा।

शिव का कार्य समाप्त होने पर शक्ति का कार्य आरंभ होता है, जिसकी प्रकृति क्रिया शक्ति के नाम से ख्यात है। इस प्रकृति का कार्य है एक सूक्ष्म शरीर के धारक को एक स्थूल शरीर एवं उसके उपयुक्त एक स्थूल विश्व भी प्रदान करना। प्रकृति के रूप में यह शक्ति-तत्व सूक्ष्म और भौतिक शरीरों का तब तक विकास करता रहता है जब तक कि मानव का अवतरण अथवा जन्म नहीं हो जाता। उसके पश्चात स्थूल शरीर का आगे कोई विकास नहीं होता।

साधारण एवं सर्वोपयोगी सृष्टि-बीज अथवा पुत्र-तत्व का जब कारण शरीर उत्पन्न होता है, तो वह एक स्पंदन के रूप में होता है जिसे हम जीव के हृदय का कंपन भी कह सकते हैं। यह स्पंदन स्वयं को आत्मा (Self) के रूप में जानता है, जिसमें आत्म ज्ञान रहता है और जिसकी एक इच्छा शक्ति होती है। इस स्पंदन का दक्षिण स्पंद शिव की दिशा में होता है और उसमें ज्ञान की उत्पत्ति करता है, जबकि इसका वाम स्पंद शक्ति की ओर होता है और इसमें क्रिया की प्रवृत्ति उत्पन्न करता है।

ऋषियों के मतानुसार यह जगत मायिक अथवा सापेक्ष (रिलेटिव) है। यहां एक वस्तु अथवा दृष्टा का अनुभव और ज्ञान, किसी दूसरे दृष्टा अथवा वस्तु के अनुभव और ज्ञान से अत्यंत भिन्न भी हो सकता है, क्योंकि ये दोनों गुण पारस्परिक संबंद्धों और सापेक्षता के आधार पर ही कार्य करते हैं और दोनों के परिमाणों में भी अनेक विषमता हो सकती है। अपने-अपने ज्ञान के अनुसार एक पदार्थ के कण को, एक चींटी अथवा मत्स्य को और एक मानव संतान को विभिन्न प्रकार के विश्वों की अनुभूति होती है और विभिन्न प्रकार से क्रिया-प्रतिक्रिया करने के अवसर प्राप्त होते रहते हैं। उदाहरण के रूप में, यदि शरीर प्राप्ति का हकदार एक आत्म तत्वांश एक इलेक्ट्रोन के रूप में उत्पन्न होता है,

तो पिता स्वरूप शिव द्वारा प्रदत्त ज्ञान के द्वारा वह पोजीटिव, निगेटिव तथा न्यूट्रल को पहचान लेता है। दूसरी ओर, इसमें उपस्थित शक्ति अथवा मातृकांश इसे विपरीत चार्ज की दिशा में अग्रसर करता है और समान चार्ज वाले कण से दूर हटने की क्षमता और निर्देश (आत्म-प्रेरणा) भी देता है।

एक सृष्ट वस्तु के सूक्ष्म शरीर अथवा मन: विभाग की कभी मृत्यु नहीं होती, जबकि स्थूल शरीर नाशवान होता है। स्थूल भौतिक विश्व में भूमिष्ठ होने के लिये सूक्ष्म-शरीर धारी आत्मा (जीव) एक स्थूल शरीर के साथ जड़ित होती है। तत्पश्चात जब उस स्थूल शरीर का नाश हो जाता है अथवा वह किसी अन्य प्रकार से अनुपयुक्त हो जाता है, तो सूक्ष्म-शरीर स्थूल का त्याग करके उससे विलग हो सकता है। इसी व्यवस्था के अंतर्गत और प्रकृति की सुविधा के अनुरूप भविष्यमें उसे पुनः स्थूल शरीर प्राप्त करने के अवसर प्राप्त होते रहते हैं।

व्यक्तिगत रूप में हम सभी सृष्टि के प्रारंभ से ही एक के बाद एक, प्रायः निम्नतर शरीरों से उच्चतर शरीरों की प्राप्ति करते हुए ही मानव के रूप में विकास को प्राप्त हुए हैं। मानव शरीर की प्राप्ति के पश्चात स्थूल शरीर के विकास का अवसान हो जाता है। किसी भी आत्मा के लिये मानव शरीर की प्राप्ति एक सीमा प्रदेश को पार करने के समान है और इस नये प्रदेश में उसे बुद्धि एवं विवेक की प्राप्ति हो जाती है, जिसका अन्य सभी प्राणियों एवं पशुओं में अभाव होता है। विवेक प्राप्ति के साथ ही हमें कर्म करने की स्वतंत्रता प्राप्त हो जाती है। अत: मानव संतति के रूप में, जीव प्रकृति के एक बड़े पाश से मुक्त होकर एक बड़ी स्वतंत्रता प्राप्त कर लेता है। मानव-पुत्र यहां से अपने-अपने प्रयत्नों के अनुसार अपने अंदर स्थित सूक्ष्म और कारण शरीरों का विकास करने में समर्थ होते हैं और वे अपने पहले के स्तर की तुलना में उन्नति भी कर सकते हैं और अवनति को भी प्राप्त हो सकते हैं।

जिस प्रकार हमारा यह स्थूल जगत है, उसी प्रकार इसकी तुलना में अत्यधिक विस्तृत हमारा एक सूक्ष्म जगत भी है, जहां हम पृथ्वी की तुलना में बहुत अधिक स्वातंत्र्य का उपयोग कर पाते हैं। मानव संतति विश्व के इन दोनों विभागों में आवागमन करती रहती है और दोनों में ही दीर्घ अथवा लघु कालावधियों के लिये निवास भी करती रहती है। इस विशाल सूक्ष्म जगत की ही जीसस क्राइष्ट ने भी, अनेक स्थानों पर, स्वर्ग के राज्य (Kingdom of Heaven) के नाम से चर्चा की है।

तीन महाविज्ञानों के संदर्भ में अब तक हमने जो कुछ भी हमारी इस प्रस्तावना में कहा है वह संवित विज्ञान के द्वारा प्रतिपादित आधार स्थानीय ज्ञान है, जो महायोगी गोरक्षनाथ के द्वारा गोरक्ष महेश्वरानंद के नाम से प्रणीत 'महार्थमंजरी' एवं उसकी टीका 'परिमल' पर आधारित है।

यह केवल संयोग हो सकता है कि एकाधिक बार लेखक की माता एवं बड़ी बहन और बाद में बड़े भ्राता के द्वारा भी उसे यह बताया गया था कि एक समय जब अपनी एकाधिक संतानों की और विशेषरूप से अंतिम बालक की अल्पावस्था में मृत्यु के दुख से संतप्त उनकी माता खिन्नमना होकर अपने भवन की छत पर बैठी हुई थी, तभी अचानक एक कुंडलधारी अवधूत उनके द्वार पर आविर्भूत हुए थे। उन्होंने लेखक की उस समय सात वर्षीया बड़ी बहन से भिक्षान्न (शुष्क-अपक्व दाल एवं चावल का मिश्रण) ग्रहण करने से इंकार करते हुए गृहस्वामिनी को बुलाने का निर्देश दिया था। उनके आने पर अवधूत ने लेखक की माता को तीन ऐसे पुत्रों का आशीर्वाद दिया था जो जीवित रहने वाले थे। इन बालकों में से प्रथम, लेखक का जन्म अगले वर्ष ही संवत २००१ की अंतिम प्रतिपदा के दिन कोलकाता में उस समय हो गया था जब कोलकाता की सड़कों पर होली के हुड़दंगियों के जत्थे नाचते-गाते इधर-उधर आ जा रहे थे। भले ही उनका आगमन एक संयोग मात्र हो, तथापि अपनी उपरोक्त प्रधान पुस्तक को गुरू शिरोमणि षष्ठम नाथ महावतार बाबाजी को समर्पित करते समय और अपने अन्य गुरूओं को प्रणाम करते समय लेखक को उन महात्मा का भी ध्यान आया था। संभवत: यह भी एक संयोग ही था कि परमहंस योगानंदजी की विश्व प्रसिद्ध पुस्तक 'योगी कथामृत' (Autobiography of a Yogi) भी उसी वर्ष सन् १९४५ में प्रकाशित हुई थी। इसी प्रकार वर्तमान पुस्तक को महायोगी गोरक्षनाथ को समर्पण का निर्णय करते समय भी लेखक को उन महापुरूष का ध्यान आना संभवत: उचित ही है और स्वाभाविक भी।

प्रसंगवश, इसी संदर्भ में एक अन्य घटना भी स्मरण आती है। जन्मांक के विचार से यह लेखक के लिये मारक अथवा मृत्यु योगों का समय है। कुछ मास पूर्व, दिन के समय क्लांति का अनुभव होने पर अपने कार्य कक्ष में लेटे हुए लेखक की आंख लग गई थी। लगभग एक घंटे पश्चात अचानक लेखक की निद्रा भंग हो गई और आंखें खोलने के पूर्व उसे अपने कुल-देवता की मूर्ति एवं सूक्ष्म शरीरधारी तीन सिद्धों के एक साथ दर्शन हुए। यह एक अत्यंत चौंकाने वाल दर्शन था। इन तीनों में से एक ऐसे सिद्ध भी थे जो लेखक के लिये

अज्ञातस्वरूप थे और तीनों में से वे ही एक करुणामयी मुस्कान के माध्यम से मुखरित प्रतीत हो रहे थे। कुलदेवता की प्रतिमा भी इसके पूर्व कभी इस प्रकार लक्षित नहीं हुई थी अन्यथा, विशेषकर नींद से निकलते हुए, सूक्ष्म रूप में गुरुओं और महापुरुषों का दर्शन अध्यात्म क्षेत्र में एक साधारण घटना ही समझी जाती है, जिसकी चर्चा प्राय: कोई नहीं करता और बिना संदर्भ के तो कदापि नहीं। परंतु आंखें खोलने पर जो स्थिति लेखक को दृष्टिगोचर हुई वह भयावह थी। लेखक का अधिकांश शरीर जकड़ गया था एवं हाथ, पैर और अंगुलियां टेढ़ी हो चली थीं। गुरुओं को सतत धन्यवाद देते हुए और एक घड़ी तक विभिन्न प्रयास करते रहने के पश्चात धीरे-धीरे लेखक का शरीर अपने स्वाभाविक अवस्था प्राप्त करने में सफल हो गया। बाद में एक और परंतु अपेक्षाकृत हल्का मारक योग भी इसी प्रकार गुरुओं की कृपा से भंग होकर बिखर चुका है। कर्मों की गति का दंड मनुष्य को अवश्य झेलना पड़ता है, पर गुरुजनों की कृपा से उसका प्रभाव बहुत कम हो जाता है।

'नाथ पंथ' साहित्य के विद्वानों का एक प्रिय विषय रहा है और इसको लेकर साहित्य जगत में भी अनेक शोध किये गये हैं एवं पुस्तकें भी लिखी गई हैं। तथापि अधिकांश क्षेत्रों में इसे वैज्ञानिक शोधों की श्रेणी तक ही सीमित रखने का प्रयास किया गया है, जिसमें तारीखों को सर्वोपिरि स्थान देने का और एक सिद्ध के उदय को उसके किसी एक गुरू के अस्त से जोड़कर समझने का प्रयास किया जाता है। उदाहरण के तौर पर यह कहना तो संभव है के महायोगी मत्स्येन्द्रनाथ का प्राचीनतम समय ५२२ ईस्वी तथा अर्वाचीनतम दसवीं शताब्दी स्वीकार किया जा सकता है, परंतु वे चार सौ वर्षों से भी अधिक समय तक विद्‌यमान थे ऐसा प्रस्ताव विवेक एवं विज्ञान के विरुद्ध समझते हुए प्राय: नहीं दिया जाता। राहुल सांकृत्यायन ने तो सिद्ध नाथ गुरुओं के समय को ही ८०० से १२०० ई. के मध्य सीमित करने का प्रयास किया है, जो हास्यास्पद प्रतीत होता है।

महार्थमंजरी के लेखन को लेकर भी साहित्यकारों के द्‌वारा अनेक भ्रम फैलाने का प्रयास किया गया है। अपनी सांसारिक बुद्धि की कसौटी पर कसते हुए और दूसरों से अधिक विद्‌वता का परिचय देने के प्रयास में कई शोधकर्ताओं ने चौदहवीं शताब्दी के महेशवरानंद को इसका लेखक सिद्ध करने का प्रयास किया है। परंतु यदि वे स्वयं श्री गोरक्षनाथ जी के द्‌वारा दी गई सिद्ध योगी की व्याख्या पर एक दृष्टिपात कर लेते तो उन्हें इन महायोगी को केवल हठयोग से जोड़कर ही देखने का प्रयास स्वत: ही बाल्यवत् प्रतीत होने लगेगा।

पाठकगण डा. नागेन्द्रनाथ उपाध्याय के द्वारा संरचित "गोरक्षनाथ - नाथ सम्प्रदाय के परिप्रेक्ष्य में" नामक पुस्तक से उद्धरित महायोगी द्वारा दी गई इस परिभाषा को देखें और निर्णय करें कि 'महार्थमंजरी' के विवेचन से यह किस प्रकार भिन्न कही जा सकती है। "शिव (संकोच) और शक्ति (प्रसर) का योगकर्ता ही सिद्धयोगी कहा जाता है। विश्वातीत एवं विश्व दोनों का जो सदा संयोग करता है, जो अपनी सभी वृत्तियों का लय करता है, जो उदासीन, शांत, स्वस्थ, अंतनिर्जभासक, महानंदमय, धीर, परिपूर्ण, प्रसन्नात्मा, विशुद्ध, निर्भरानंदकर, सुधी, सर्वानुग्रही होता है, गत के लिये शोक नहीं करता, विभव में वांछा नहीं करता, प्राप्ति पर हर्षित नहीं होता, आनंदपूर्ण एवं निजबोध में लीन रहता है, वह कालपथ से कभी बाधित नहीं होता। ऐसा ही गुरु सदगुरु होता है"।

डा. उपाध्याय आगे लिखते हैं, "किंबहुना उन्होंने विभिन्न प्रकार की कष्टकर साधनाओं का भी खंडन करते हुए कहा है कि जब योगी घंटा, काहल, काल मर्दल, महाभेरी प्रभृति वाद्य निनाद के समान पिंड तथा ब्रह्माण्ड में सर्वव्यापक अनाहत नाद को सम्यकतया एवं निरंतरतया सदा सुनते हैं तभी उनका सिद्ध पद समुचित होता है एवं परम तत्व का लाभ होता है।

श्री उपाध्याय के अनुसार, "अपने 'अमरौघशाशनम्' नामक ग्रंथ में भी महायोगी ने लिखा है, 'इस सारणा-साधना में मुख्य रूप से प्राणसाधना, नाड़ीसाधना, कुंडलीसाधना तथा सिद्धकाया प्राप्ति को स्थान दिया गया है। अंत में शब्दब्रह्म की साधना एवं नादोपासना का विवेचन है। यह भी बताया गया है कि वंशी, शंख, मेघनिर्घोष, कांस्य ताल, मेघशब्द, अग्निदाह, दुंदुभिस्वर आदि विभिन्न प्रकार के नाद इस क्रम में सुनाई पड़ते हैं। इनसे प्राप्त होने वाली जनवात्सल्य, रोगनाश, कवित्व, दूराकर्ष, भूमिपरित्याग, वज्रत्व, कायास्फुरण, सामरस्य आदि विभिन्न सिद्धियों की भी चर्चा की गई है। अंत में कहा गया है दिवारात्रि ध्वनित होने वाले इस अनाहत में जो योगी आरूढ़ रहता है, वह परमपद को प्राप्त करता है'।" षष्टम नाथ महावतार बाबाजी के प्रधान शिष्य योगीराज श्यामाचरण लाहिड़ी का भी यही मत था। पाठकगण देखेंगे कि इन सभी बातों का विशद विवरण हमारी इस पुस्तक में आधिकारिक रूपों से उपलब्ध करने का प्रयास किया गया है।

भले ही साहित्यिक शोधकर्ताओं के द्वारा जितने भी भ्रम उत्पन्न करने में सफलता अर्जित कर ली गई हो, सर्वप्रकार के विवादों से मुक्त डा. हजारी

प्रसाद द्विवेदी ने 'महार्थमंजरी' को गोरक्षकृत ग्रंथों की सूची में गणित किया है और यह माना है कि कश्मीरी परंपरा के अनुसार इसके रचयिता महेश्वरानंद गोरक्षनाथ ही हैं। स्वयं गोरक्ष रचित इस ग्रंथ की टीका में एक आरंभिक श्लोक से भी ज्ञात होता है कि गोरक्षनाथ का अपर नाम महेश्वरानंद है और यह नाम आध्यात्मिक गुरुत्व की दृष्टि से (ग्रहण किया गया) है।

गोरक्षपीठ के वर्तमान महंत योगी आदित्यनाथ जी के पूर्व मठाधीश्वर महंत श्री अवेद्यनाथजी की भी यही मान्यता थी कि 'महार्थमंजरी' के रचयिता गोरखनाथजी ही हैं एवं 'परिमल' उनकी ही स्वोपज्ञ टीका भी है। टीका के सहित इस ग्रंथ को, जिसकी रचना की प्रेरणा गोरक्ष महेश्वरानंद को सिंदूरालंकृत और कंथा शूल कपालधारिणी एक सिद्धा योगिनी द्वारा प्रकट होकर एक आशीर्वाद के माध्यम से प्रदान की गई थी, गीता का तकनीकी पक्ष समझा जाता है। स्वयं गोरक्ष महेश्वरानंद का एक यह भी कथन था कि भगवान कृष्ण ने अर्जुन को जो उपदेश कुरुक्षेत्र की की रणभूमि में दिया था, उसी 'महार्थतत्व' का 'महा-अर्थ-मंजरी' में भी प्रतिपादन किया गया है। तात्पर्य यह है कि महायोगी गोरक्षनाथ रचित टीका समन्वित ये ग्रंथद्वय क्रम दर्शन, त्रिक दर्शन, एवं गीता को सार रूप में, परंतु अधिक स्पष्टता से दर्शाते हैं।

विज्ञान आगार का एक मौलिक उद्देश्य है भारत को विश्वगुरु के पद पर पुनर्आसीन करने की दिशा में प्रयास को एक चक्र अथवा गेंद के समान प्रारंभिक गति प्रदान करना। हमारी इन पुस्तकों के माध्यम से आज भी हमारे पाठक मानव-संतति के लिये प्राचीन ऋषियों के उस आह्वान की प्रतिध्वनि को सुन सकेंगे जो आज भी जीवंत है और जो उन्हें आज भी मृत्यु पर विजय प्राप्त करने की सतत प्रेरणा देता रहता है। अति उज्ज्वल प्रकाश रूप परमेश्वर से ही एक विकिरण के रूप में इस विश्व की और हमारी भी उत्पत्ति होती है और वही जानने के योग्य है। ऋषियों द्वारा प्रदत्त यह ज्ञान एक सार्वभौम ज्ञान है, जो कभी मलिन नहीं हो सकता और जो समस्त मानव संतति के लिये एक ही भांति कार्य करता है। स्वयं इस सत्य की उपलब्धि करने के पश्चात ही वे ऋषि 'समग्र मानव-संतति' का आवाहन करते हैं, "श्रृणवंतु विश्वे, अमृतस्य पुत्राः (अमृत की संतानों, समस्त मानव संतति, आप सभी सुन लें) -

वेदाह मेतं, पुरुषं महांतम, आदित्य वर्णं, तमसः परस्तात,
तम एव विदित्वा, अति मृत्युमेति, ना अन्य पंथा, विद्यते अयनाय।

देश, काल और धर्मों की सीमाओं से मुक्त आप मानव पुत्रों का कभी विनाश नहीं होता और आप सभी मृत्यु पर जय प्राप्त कर सकते हैं। अपने अंतर में ही स्थित आप उसे जानने का प्रयास करें जो पुरुष है, जो आपमें निजत्व है और जिसका वास्तविक रूप उज्ज्वल प्रकाश है तथा जो समस्त अंधकार से परे रहते हुए स्थित है। केवल अपने ही अंदर स्थित उस प्रकाश को जान पाने पर ही आप मृत्यु पर विजय प्राप्त कर सकते हैं। इसके लिये अन्य कोई भी पथ अन्य किसी को भी विदित नहीं है।

आप किसी भ्रम में न पड़ें और अपने विवेक का उपयोग करें। लोग आपको भ्रमित करके अपना लाभ साधन करने का प्रयास कर सकते हैं। परंतु प्रकृति के द्वारा केवल मानव पुत्र को ही विवेक प्रदान किया गया है जिसके द्वारा वह सभी भ्रमों को पार करते हुए सत्य का संधान प्राप्त कर सकता है। आप चाहें तो अपने मित्रों, गुरुजनों और शिक्षकों से सहायता ले सकते हैं, पर स्मरण रखें कि आपका सच्चा मित्र और सच्चा गुरु केवल आपका विवेक ही है जो पृथ्वी, जल, वायु एवं इस विश्व के समान ही आपको स्वत: उपलब्ध है।

Hinduism and Hindus will one day rule this world because it is a mixture of knowledge and wisdom

- Leo Tolstoy

I read about Hinduism. I feel that this is the religion of mankind all over the world. Hinduism spread throughout Europe. Many scholars studying Hinduism will appear in Europe. One day the situation will develop where only Hindus will lead the world

- Bertrand Russel

One day this world will accept Hinduism. Refusing to accept the true name of Hinduism will only make one accept its principles. Western nations will surely one day convert to Hinduism. The religion of the learned is equal to that of Hinduism

- Bernard Shaw

अध्याय

०१

संवित विज्ञान

साधारण रूप से हम जिसे चेतना कहते हैं वास्तव में वह ज्ञान और अनुभव, इन दो प्रकार की चेतनाओं के योग से उत्पन्न संवित है जो हमें इस विश्व के साथ विभिन्न प्रकार के आदान प्रदान करने की योग्यता प्रदान करता है। इसी के द्वारा विश्व की सृष्टि होती है और इसीसे संबंधित समस्त विशिष्ट ज्ञान को ऋषिगणों के द्वारा संवित विज्ञान कहा गया है।

हमारा यह विश्व जिसमें हम निवास करते हैं, परमेश्वर की एक अद्भुत रचना है। इसकी समस्त वस्तुएं सदैव चलायमान रहती हैं और इसीलिये इसका एक अन्य नाम है–जगत। थोड़े ध्यान से देखें, तो हम सहज ही यह समझ सकते हैं कि ये सभी वस्तुएं अपनी-अपनी गति से विभिन्न दिशाओं में सदैव चलायमान होती रहती हैं। अत: जो कुछ भी हमें दृष्टिगोचर होता है वह सापेक्ष रूप से ही होता है। यही यथार्थ है, और यही नियम है। आज से पांच हजार वर्षों से भी अधिक प्राचीन समय से भारत के ऋषियों की यही मान्यता है और यह केवल उनके विश्वास पर नहीं बल्कि उनके निष्कर्षों पर आधारित थी।

बीसवीं शताब्दी के प्रारंभिक दसकों से ही प्रकृति के इस नियम को एक सापेक्षता के सिद्धांत (Law of Relativity) के रूप में वैज्ञानिक मान्यता भी प्राप्त हो चुकी है। सापेक्षता के इस सिद्धांत को, जिसका प्रस्ताव अल्बर्ट

आइंस्टीन के द्वारा दिया गया था, भौतिक विज्ञान की एक अत्यंत महत्वपूर्ण उपलब्धि माना जाता है। इसके अनुसार विश्व के समस्त पदार्थ ऊर्जा से ही निर्मित होते हैं, प्रत्येक पदार्थ के ऊर्जामान को मापा जा सकता है और पदार्थ को पुन: ऊर्जा में भी परिवर्तित किया जा सकता है।

आधुनिक विज्ञान की मान्यता है कि ईश्वर मात्र एक अंधविश्वास है और उसकी कुछ भी आवश्यकता नहीं है। यह एक बड़ा झूठ है जो पिछले आठ दशकों से भी अधिक समय से मानव संतति को समझाया जा रहा है और जो उसे क्रमश: अधिकाधिक विनाश की दिशा में प्रेरित करते हुए आज भी प्रचलित है। न्यूटन, आइनस्टाईन, प्लैंक, हेजेनबर्ग और श्रौडिंगर आदि बड़े वैज्ञानिक इसके समर्थक नहीं थे, बल्कि न्यूटन नें तो बाद मे विज्ञान को छोड़कर अध्यात्म का मार्ग ही चुन लिया था। यह वैज्ञानिकों की नहीं बल्कि कुछ चतुर और कल्पनाशील व्यक्तियों के दिमाग की देन है जो लगभग उसी समय फ़ैशन में आने वाली कार्ल मार्क्स के द्वारा प्रायोजित साम्यवाद की विचारधारा से भी प्रभावित थे। मानव संतति की रक्षा के लिये इस विघटनकारी एवं भ्रमपूर्ण स्थिति को बदलने लिये एक विशद प्रयास की नितांत आवश्यकता है।

अनेक कठिन साधनाओं और दीर्घकालीन अनुसंधान के पश्चात ही भारत के प्राचीन ऋषि इस निष्कर्ष पर पहुंच पाये थे कि किसी भी सृष्टि के प्रारंभ में भी और इसके अंत में भी, एक ही चेतन वस्तु इसके सार अथवा सत रूप में विद्यमान रहती है, जो नित्य है और जिसका कभी विनाश नहीं होता। यह वह स्वप्रकाश चेतन तत्व है जो देश और काल की परिधि से बाहर एवं आत्मनिर्भर होकर और सदैव बिना किसी अन्य की अपेक्षा के इस सृष्ट जगत को आधार, ऊर्जा एवं ज्ञान प्रदान करता है। इस चेतन एवं परम सत्तावान सार वस्तु को ऋषिगण 'सत' कहते हैं। जब अन्य कुछ भी नहीं रहता, यह सत तब भी अपनी पूर्ण आत्मसंतुष्टि की अवस्था में, मात्र चेतना के रूप में अवस्थित होकर स्थित रहता है। ऋषियों के अनुसार यह अवस्था चेतन ब्रह्म की अव्यक्त अथवा निष्कल अवस्था होती है।

ब्रह्म की सकल अवस्था में इसकी आत्मसंतुष्टि की धारणा में ही एक विभाजन हो जाता है। यह परमेश्वर में लीन उसकि अंत:प्रकृति का ही उसके स्वभाव के रूप उदय को प्राप्त हो जाना मात्र होता है। इस अवस्था में इसकी चेतना में सत से अलग एक चित रूपी ज्ञान और उससे भी भिन्न एक आनंद रूपी अनुभव का भी समावेश हो जाता है। इसी अवस्था में ब्रह्म को

सच्चिदानंद ब्रह्म कहा जाता है और ब्रह्म की इस सकल अवस्था में ही विश्व की अभिव्यक्ति होती है। तथापि वेदांत में जिसे परमब्रह्म कहा जाता है, हिंदुओं के प्राचीन आगम शास्त्रों में उसी की संज्ञा परमशिव हो जाती है। इन आगम शास्त्रों में एकाधिक दर्शनों का भी समावेश है और इन्हें हिंदू एवं बौद्ध, दोनों रूपों में प्रचलित तंत्र मतों का आधार भी समझा जाता हैं।

आगम शास्त्रों के शैव दर्शन की त्रिक शाखा के अनुसार विश्व की अभिव्यक्ति और इसके पुनर्विलय का चक्र परमेश्वर की इच्छा से, प्रकृति के अपने समय और सुविधा के अनुसार चलता है। जब और कुछ भी नहीं होता केवल सत रहता है तो वह परमशिव की सुप्तावस्था होती है। उसकी इस अवस्था की तुलना हम उस कछुए से कर सकते हैं जो अपने सिर-पैर आदि को अपने अंदर समेट कर विश्राम कर रहा हो। उस समय देश और काल की धारणा तथा सृष्टि के समस्त अवयवों की अवधारणा भी इस निष्कल ब्रह्म में लीन हो जाते हैं।

अत्यंत प्राचीन समय से ही और कुछ दशकों पूर्व तक भी कश्मीर को अध्यात्म के और विशेषकर शैव दर्शन के अध्ययन के लिये एक विशिष्ट केंद्र समझा जाता था। यद्यपि आगम शास्त्रों की गणना अथर्व वेद के नाम से ख्यात चतुर्थ वेद अंतर्गत की जाती है, तथापि उनका सृजन काल वेदों से अधिक प्राचीन समझा जाता है। वैदिक हिंदुओं के प्रथम तीन वेदों का संकलन राजाओं और राजघरानों का मार्गदर्शन करने वाले ऋषियों के द्वारा अर्जित ज्ञान का परिचायक माना जाता है, जबकि चतुर्थ वेद को जनसाधारण के मध्य रहकर उनका मार्गदर्शन करने वाले ऋषियों के ज्ञान का संकलन समझा जाता है। आगम के अंतर्गत शैव दर्शन में इसकी जो शाखा कश्मीर शैव दर्शन के रूप में विख्यात है उसका विकास कश्मीर में नवीं और ग्यारहवीं सदी के मध्य हुआ माना जाता है। इसे अन्य से दर्शनों से विशिष्ट त्रिक दर्शन के नाम से जाना जाता है और चेतना के तकनीकी परिप्रेक्ष्य में इसे विद्वत समाज में अत्यंत सन्मान की दृष्टि से देखा जाता है।

वैज्ञानिक सोच में साम्यवाद की ईश्वर के प्रति अवधारणा का इतनी आसानी से प्रवेश हो जाने का एक यह भी कारण था कि आधुनिक विज्ञान का विकास पश्चिम के देशों में आरंभ हुआ, जहां क्रीश्चियन धर्म का प्रभाव था जिसका तकनीकी पक्ष वहां के लोगों के लिये अस्पष्ट था। इसके अतिरिक्त इस धर्म के विवरण और इतिहास से सूक्ष्म जगत एवं पुनर्जन्म विषयक समस्त ज्ञान को छठी शताब्दी में राजनीतिक कारणों से हटा दिया गया था और उस समय

दंडस्वरूप कुछ लोगों को अपने प्राण भी गंवाने पड़ गये थे। इस प्रकार जो अदृष्ट है, उसके विषय में जो भी जीसस क्राइस्ट ने संक्षेप में बताया था, उसका तकनीकी पक्ष भी एक प्रकार से उन्हीं लोगों के साथ दफन हो गया था। यह वह समय था जब सत्य का प्रकाश समस्त विश्व में अत्यंत क्षीण हो चला था और सुविधा की राजनीति एवं जिसकी लाठी उसकी भैंस की अवधारणा अपनी जड़ें मजबूत कर रही थी। आज स्थिति यह है कि भारत के प्राचीन ऋषियों के वेदोक्त ज्ञान को जो समस्त ज्ञानों एवं विज्ञानों का आधार है, न तो पश्चिम का विज्ञान मान्यता देता है और न ही पश्चिम की राजनीति एवं धर्म।

आज के परिप्रेक्ष्य में, सत्य को भी तब तक असत्य समझा जाता है जबतक उसे वैज्ञानिक मान्यता प्राप्त नहीं हो जाती। यह एक अत्यंत असहज स्थिति है। अवश्य ही विज्ञान की उपलब्धियों और वैज्ञानिक अनुसंधान प्रणाली दोनों का विशिष्ट महत्व है, परंतु यह एक स्वाभाविक घटनाक्रम मात्र ही है। मानव के ज्ञान में विकास केवल एक प्राकृतिक घटना है और इसी प्रकार सत्य और असत्य का निर्धारण करने की दिशा में वैज्ञानिक प्रणाली का विकास एवं प्रचलन भी विवेकयुक्त मानव संतति के लिये उतना ही स्वाभाविक है। तथापि एक अधूरे और समय सापेक्ष ज्ञान के आधार पर अब तक जहां आधुनिक विज्ञान की पहुंच नहीं हो पाई है, उन सभी सत्यों को भ्रम और अंधविश्वास घोषित करना मात्र अज्ञान का परिचायक है और अदूर्दशिता है। यह वैज्ञानिक सोच नहीं है बल्कि, कुछ ज्ञातसार में और कुछ अज्ञानवश, अपने आप को और दूसरों को धोखा देने के समान है, अन्यथा एक ईमानदार वैज्ञानिक सोच इतनी दोषपूर्ण कदापि नहीं हो सकती।

विज्ञान को आज धर्म से भी ऊंचा एक दर्जा प्राप्त है, जो वास्तव में एक विवेकपूर्ण वैज्ञानिक प्रणाली से अन्वेषण करने के उपरांत ही किसी ज्ञान को मान्यता प्रदान करने के प्रावधान की विवेकशील व्यक्तियों के द्वारा सार्वभौमिक के समान एक स्वीकृति मात्र है। अत: जो सिद्ध नहीं हुआ हो उसकी उद्-घोषणा करना वैज्ञानिक सोच नहीं कही जा सकती। न्यूटन, आइन्सटाईन, मैक्स प्लैंक आदि को किसी ने ऐसा कहते नहीं सुना होगा कि ईश्वर कुछ नहीं होता। यह केवल प्रगल्भता और दुर्नीति है।

एक विवेकपूर्ण वैज्ञानिक प्रणाली को अवश्य ही धर्मों से भी ऊंचा स्थान दिया जाना चाहिये और अनेक प्रकार की भ्रांत धारणाओं का अंत करने के लिये यह आवश्यक भी है। परंतु कोई भी सच्चा धर्म झूठ को प्रश्रय नहीं दे

सकता। विज्ञान की यह बड़ी जिम्मेवारी है कि वह सत्य की कसौटी पर सदैव खरा उतरने का प्रयास करता रहे - जो अज्ञात है या भली भांति ज्ञात नहीं है उसका अन्वेषण करता रहे और यथासंभव भ्रम की किसी स्थिति को उत्पन्न ही न होने दे। यह एक बहुत बड़ी जिम्मेवारी है, जिस पर संपूर्ण मानव जाति का भविष्य निर्भर करता है। इसके लिये आवश्यक है कि ईश्वर के ज्ञान के संबंध में आधुनिक विज्ञान की भ्रांतियों और अपूर्णताओं को दूर करने के लिये एक नई पहल और समुचित प्रयास किया जाए। इस प्रक्रिया में मानव जाति का जो सबसे बड़ा उपकार हो सकता है वह है एक विज्ञान सम्मत अथवा प्रामाणिक ईश्वर (अथवा सत्य) से संबंधित यथार्थ एवं सार्वभौमिक ज्ञान का विकास। १,८०० वर्षों से भी अधिक समय से स्थूल शरीर में विद्यमान महावतार बाबाजी का भी मानवता के लिये यही संदेश (mission और agenda) है - एक (विज्ञान सम्मत) योग-विज्ञान पर आधारित चेतना के विकास की वैश्विक व्यवस्था की स्थापना।

विज्ञान आगार द्वारा प्रयोजित यह पुस्तक, इसी दिशा में तथा आधुनिक विज्ञान की अपूर्णता को पूर्णता की दिशा में प्रेरित करने का एक ईमानदार प्रयास है। विज्ञान का अर्थ है विशिष्ट ज्ञान, और आधुनिक विज्ञान के कतिपय विभागों में ही समस्त विशिष्ट ज्ञानों की परिसमाप्ति समझना कदापि विवेकपूर्ण नहीं है। यही भ्रम का मूल है। अत: यहां हम विज्ञान के कुछ ऐसे विभागों की ही चर्चा करना चाहते हैं, जो अपेक्षाकृत कम विज्ञात और कम चर्चित हैं। विशेष रूप से संवित विज्ञान, तंत्र विज्ञान एवं योग विज्ञान की चर्चा करना ही हमारा अभीष्ट है। लेखक की दृष्टि में इन विज्ञानों की चर्चा प्रारंभ करने के लिये कश्मीर के शैव दर्शन की त्रिक शाखा से अधिक उपयुक्त सिद्धांत खोज पाना अत्यंत कठिन होगा। अत: इसी सिद्धांत की बात हम सर्वप्रथम करेंगे।

कश्मीर का शैव दर्शन

जब हम विवेक और विज्ञान के आलोक में इस विश्व को देखने का प्रयास करते हैं तो हमें अपने चारों ओर हर दिशा में, अरबों प्रकाश वर्षों तक विस्तृत, तारों और आकाश-गंगाओं से पूरित एक विशाल ब्रह्मांड दिखाई पड़ता है। यह अवश्य ही आश्चर्यों से परिपूर्ण एवं कल्पना को भी अभिभूत करने वाली संरचना (अथवा परमेश्वर की रचना) है। किन्तु यदि हम ध्यान से देखें तो हम सहज ही समझ

सकते हैं कि हमें ज्ञात समस्त संरचनाओं में स्वयं मानव से बढ़कर कोई भी संरचना (अथवा परमेश्वर की रचना) कहीं भी नहीं है और हो भी नहीं सकती। ऋषियों के अनुसार एक लीला के रूप में इस विश्व की अभिव्यक्ति परमेश्वर की चेतना द्‌वारा की जाती है, और इस लीला अथवा खेल में हम मनुष्यों की स्थिति केन्द्र-स्थानीय होती है।

यह चेतन तत्व शाश्वत, एकल और अविभाज्य है। स्वात्म क्रीड़ा के हेतु - समय-समय पर यह अपने आप को पहले दो में विभाजित करता है और फिर विश्व के रूप में अभिव्यक्त होता है। अपनी चेतना के इस विभाजन से इसका एक भाग मानस पक्ष बन जाता है जो सभी वस्तुओं में ज्ञान और अनुभव प्राप्ति का साधन अथवा करण होता है और इसका दूसरा भाग हृदय अथवा शरीर स्थानीय बन जाता है जिसे जाना या अनुभव किया जा सकता है। इनमें चित पक्ष दृष्टा और ग्राहक का स्थान ग्रहण कर लेता है, जबकि आनंद पक्ष उसके लिये दृश्य और ग्राह्य की प्रस्तुति करता रहता है। इस प्रकार चेतना की क्रीड़ा के निमित्त एक दीर्घकाल-स्थायी लीलाक्षेत्र की सृष्टि करना संभव हो जाता है।

देश और काल से परे स्थित इस चेतन क्षेत्र से यह सृष्ट्‌योन्मुख विश्व अपने एक स्वात्म संवेग के साथ एक बहिर्मुखी सृष्टि प्रवाह के रूप में निर्गत होता है। ऋषियों के अनुसार एक सीमा तक विकास की प्राप्ति के पश्चात, इस संवेग के प्रवाह की चेतना की ओर वापसी प्रारंभ हो जाती है और वहीं से सापेक्ष के दृष्टाओं का सृजन भी आरंभ हो जाता है। विश्व की विविधता के संदर्भ में चेतना की इस वापसी की सबसे बड़ी उपलब्धि है प्रत्येक वस्तु के द्‌वारा सृष्टि के दृष्टा एवं दृश्य अथवा पुरुष एवं प्रकृति दोनों विभागों के कार्य का निर्वाह करना।

सृष्टि के निर्माण से पूर्व के आदि क्षेत्र की कल्पना हम शुद्ध चेतना के एक अत्यंत लचीले गोलक के रूप में भी कर सकते हैं, परंतु इस क्षेत्र में अनुभूति का स्तर इतना सूक्ष्म होता है कि यहां किसी शरीर अथवा स्थूल विचार की उत्पत्ति संभव नहीं होती। अत: विश्व की सृष्टि की ओर उन्मुख यह सृष्टिप्रवाह, क्रमश: अधिकाधिक घनत्व के स्तरों का निर्माण करते हुए, स्थूल के निर्माण की दिशा में अग्रसर होता है। इसकी गति उच्च से निम्न की दिशा में होती है और अपने इस अवतरण के मध्य यह सृष्टि-प्रवाह पहले विभिन्न घनत्वों वाले दृष्टा-उपभोक्ताओं के लिये उनके मानस पक्ष से संबंधित स्तरों एवं सामग्रियों का निर्माण करते हुए अग्रसर होता है। इसे विश्व की सृष्टि की पूर्वावस्था में इन्फ्रास्ट्रक्चर (infrastructure) के निर्माण की अवस्था कहा जा सकता है।

तत्पश्चात, एक समय इस प्रवाह का एक ऐसी भूमि पर अवतरण हो जाता है जहां स्थूल शरीरों की उत्पत्ति हो सकती है और जहां विभिन्न प्रकार के स्थूल आनन्दों का भी अनुभव किया जा सकता है।

स्थूल धरातल के उदय के साथ ही सापेक्षता के अनुभव का भी उदय हो जाता है। ऋषियों के अनुसार, यहां से मानस-पक्ष एवं शरीर-पक्ष, दृष्टा एवं दृश्य पक्ष तथा ग्राहक एवं ग्राह्य पक्ष भी, साथ-साथ, एक समानांतर रूप से विकास को प्राप्त होते हुए मानव देह के विकास की दिशा में अग्रसर होते हैं। यह लीलोन्मुख चेतना के द्वारा अपने दोनों प्रमुख एवं अन्यथा अविभाज्य विभागों को दो चतुर खिलाड़ियों के रूप में एक विस्तृत क्रीड़ास्थली में उतार देने के समान है। इस प्रकार ये दोनों ही, जो अपनी-अपनी दिशाओं में अनंत हैं, आपसी सहयोग की उमंग और आनंद की अनुभूति को साथ लेकर, इस विश्व की प्रत्येक इकाई और हर वस्तु का सृजन करने के लिये उन्मुख एवं उद्यत हो जाते हैं।

प्राचीन ऋषिगण जब शरीर पक्ष के विषय में बात करते हैं, तो उसमें वे किसी मनुष्य अथवा अन्य प्राणी के अपने शरीर के अतिरिक्त उस समग्र विश्वरुपी शरीर का भी समावेश कर लेते हैं जिसका उपभोग अथवा उपयोग उस प्राणी के मानस-पक्ष के द्वारा किया जा सकता हो। इसी प्रकार जब वे मानस-पक्ष के संदर्भ में बात करते हैं, तो उसमें मानव के साथ एक बालुका कण अथवा एक हाइड्रोजन के परमाणु का मानस-पक्ष भी उतने ही स्वाभाविक रूप से सम्मिलित होता है जैसे किसी जीवित प्राणी का। किसी भी व्यष्टि अथवा समष्टि की अभिव्यक्ति के लिये ग्राहक और ग्राह्य दोनों का होना आवश्यक है। केवल दृष्टा अथवा केवल दृश्य का आविर्भाव, ऋषियों के अनुसार, संभव नहीं है।

आधार का महत्व

विज्ञान के माध्यम से हम जानते हैं कि आकाश में किसी भी दिशा में दृष्टि की सीमा के संदर्भ में लगभग १,३०० करोड़ प्रकाश वर्ष की दूरी तक और समय की दृष्टि से लगभग १,३७५ करोड़ वर्ष पूर्व तक, हमारे द्वारा परिदृष्यमान यह विश्व विस्तारित है। इतना सब कुछ निर्मित करके खड़ा करने के लिये -जो इतने दीर्घ समय से विद्यमान भी है - अवश्य ही एक अत्यंत शक्तिशाली आधार, कुछ अन्य भरोसे के योग्य संरचनायें तथा इन्हें जोड़ने और अलग कर सकने वाली वैसी ही भरोसेमंद प्रणालियों की उपस्थिति भी अनिवार्य समझी जानी चाहिये। एक ओर इतना विशाल यह जो दृष्य जगत रूपी शरीर है और

दूसरी ओर एक मनुष्य जो इसे देख भी सकता है तथा इसकी नाप-तौल भी कर सकता है - इन दोनों के एक-साथ उपस्थित होने के लिये, एक सामान्य और निष्पक्ष वैज्ञानिक दृष्टि से भी, आधार इत्यादि की उपस्थिति आवश्यक ही समझी जानी चाहिये। इसमें किसी अंधविश्वास या अविवेक जैसी कोई बात नहीं है। अवश्य इसमें गुरुत्वाकर्षण की भूमिका भी स्वत:सिद्ध है, पर उस सामान्य ज्ञान को ही पर्याप्त समझकर निश्चिंत हो जाना विवेकशील मानव-पुत्र के लिये किसी भी प्रकार उचित नहीं कहा जा सकता।

अत: इस पुस्तक के प्रथम तीन अध्यायों में, हम आगम के ऋषियों के द्वारा निरूपित एवं वर्णित, अव्यक्त से व्यक्त सृष्टि के निर्गमन और विकास के सिद्धांत को तथा इस सृष्टि के आधारभूत ढांचों को - अपने विद्वान पाठकों के समक्ष प्रस्तुत करने एवं भलीभांति समझाने का प्रयास करना चाहते हैं। हमारा यह भी प्रयास रहेगा कि सृष्टि की प्रारंभिक अवस्था से संबंधित विवरणों में, यथासंभव और यथासमय, हम आधुनिक विज्ञान - विशेषरूप से भौतिक-शास्त्र - को भी सम्मिलित करते हुए ही अपने पथ पर अग्रसर हो सकें।

ऋषियों के अनुसार विश्व का सृजन चेतन तत्व के द्वारा लीलावश, एक क्रीड़ा के रूप में होता है और अपने अनुभव और उपभोग के हेतु शरीर के निर्माण के लिये चेतना को पदार्थ की आवश्यकता होती है। पदार्थ की उत्पत्ति के साथ ही परमेश्वर के सृष्ट्योन्मुख ऊर्जा प्रवाह के संवेग का पहला चरण पूर्ण हो जाता है और चित शक्ति के विकास की क्रिया भी इसी के साथ प्रारंभ हो जाती है। अत: तत्पश्चात, इस पुस्तक के तीसरे अध्याय से ही, हम चेतना की पदार्थ से अपने उत्स की ओर वापसी और मानव जाति की उत्पत्ति कि चर्चा करने की दिशा में अग्रसर हो सकते हैं। ऋषियों का मत है कि मानव की उत्पत्ति के साथ ही प्रकृति के केन्द्र-स्थानीय उद्देश्य की कार्य के रूप में परिणति हो जाती है। अपनी चर्चा में इस स्थान तक ही हम विज्ञान को साथ लेकर चलने का प्रयास कर सकते हैं, क्योंकि इसके पश्चात चेतना की वापसी की यात्रा मानव-शरीर में अंतराल में ही अग्रसर हो सकती है। अत: चतुर्थ अध्यास से, अन्य सभी विज्ञानों को पीछे छोडकर, हमारी यह पुस्तक पूर्ण रूप से उन सिद्धों एवं परम गुरुओं का आश्रय ग्रहण करके अग्रसर होती है जिनमें सापेक्षता के पार स्थित होकर इस विश्व को देख सकने की क्षमता थी और जो योग-विज्ञान के अंतिम छोर पर स्थिति प्राप्त करने के पश्चात सभी गूढ़तम और गंभीरतम विषयों पर भी आधिकारिक रूप से प्रकाश डालने में सक्षम थे।

पाठक समझ सकते हैं, कि हम एक अत्यंत दूरगामी और अपेक्षाकृत गंभीर वार्ता का प्रारंभ करने जा रहे हैं। आगम शास्त्र की कुछ मूलभूत धारणाओं, उनके जनकों तथा उनके परस्पर के संबंधों की, अपनी इस वार्ता के मध्य, हमें अनेकों बार अलग स्थानों पर चर्चा करने की आवश्यकता पड़ सकती है। अत: आगम के सृष्टि प्रकरण का आरंभ करने के पूर्व हम इस प्रकरण के मुख्य पात्रों, उनके अधिकार क्षेत्रों एवं उनकी भूमिकाओं से अपने पाठकों का परिचय करवाना आवश्यक समझते हैं।

त्रिक दर्शन: एक विहंगम दृष्टि

त्रिक दर्शन में परमशिव को पांच प्रकार की सीमाओं से मुक्त बताया जाता है तथा पांच ही ऐसे कार्य भी बताये गये हैं, जिनका वे स्वेच्छा से निर्वाह करते हैं। साथ ही परमशिव को पांच ऐसी चेतन शक्तियों से भी युक्त माना जाता है, जो इन पांच प्रकार की सीमाविहीनताओं से उदित एवं परिभाषित भी होती हैं और जो उनके द्वारा संकल्पित पांच प्रकार के कृत्यों के निष्पादन में उनकी सहायक भी होती हैं।

परमशिव की वे पांच प्रकार की सीमा-विहीनतायें, जो इस विशाल परंतु सभी ओर से सीमाबद्ध विश्व की उत्पत्ति की पृष्ठभूमि में सदैव विद्यमान रहती हैं, वे इस प्रकार हैं:

- यह चेतन तत्व समय की सीमा से परे स्थित है। यह अनादि, अनंत एवं नित्य है।
- यह सब कामनाओं से मुक्त है और सर्वप्रकार से अभेद्य एवं पूर्ण है।
- यह पूर्ण स्वतंत्र है और सर्वत्र ही पूर्वस्थित के समान है। स्वयं अनाश्रित रहते हुए, यह सभी को आश्रय अथवा अवकाश प्रदान करता है।
- यह सर्वज्ञ है। इसके लिये कुछ भी अज्ञात नहीं है।
- यह सर्व सामर्थ्य-युक्त है और कुछ भी करने में सक्षम है।

केवल मात्र अपनी आत्म-प्रकृति के द्वारा प्रेरित जिन पांच परम कृत्यों का निर्वाह परमशिव के द्वारा होता है, वे निम्नलिखित हैं:

- चेतना के फलक पर अपनी माया के द्वारा दृष्टा, दृष्य और दर्शन के गुण वाली इकाइयों, समूहों तथा संसाधनों से युक्त किसी भी विश्व की रचना करना।

- इन विभिन्न इकाइयों, समूहों एवं विश्व को यथोचित काल तक स्थिर रखना।
- यथोचित कालावधि के पश्चात इस विश्व को पुन: आत्मसात कर लेना।
- अपनी असीमताओं का आच्छादन करके मायायुक्त सापेक्षता की सृष्टि करना और
- यथासमय अथवा कृपावश, इन आच्छादनों को छिन्न करना और सत्य के स्वरूप को प्रकाशित करना।

वास्तव में परमशिव नहीं बल्कि उसकी प्रकृति ही इस विश्व का रूप धारण करती है जिसे पराशक्ति के नाम से संबोधित किया जाता है। यह शीर्ष स्थानीय वह परम शक्ति है, जिसका उदय विश्वसृष्टि की सूचना के समान होता है और जिससे, एक के बाद एक, परमेश्वर की पांच प्रधान शक्तियों की उनके क्रम के अनुसार उत्पत्ति होती है। ये पांच शक्तियां, जो विश्व के निर्माण तथा संचालन में परमेश्वर की सहायक होती हैं, क्रमश: इस प्रकार हैं:

- चित शक्ति: जिसका कार्य है वस्तुओं एवं उनके गुणों का प्रकाशन करना।
- आनंदरूपी ऊर्जा शक्ति: जिसका कार्य है अनुभव प्रदान करना और जिसे अवयव बनाकर विश्व का निर्माण होता है।
- इच्छा शक्ति: जिस का कार्य है बल प्रदान करना तथा जिसमें भविष्य में सृजित होने वाली समस्त वस्तुएं बीज रूप में वर्तमान होती हैं।
- ज्ञान शक्ति: जिसके द्वारा वस्तु अथवा विषय विशेष का ज्ञान होता है तथा जिसमें विश्व का समस्त ज्ञान और इसके सारे नियम निहित होते हैं।
- क्रिया शक्ति: यह हर प्रकार की क्रिया और प्रतिक्रिया को जन्म देती है। यह हर वस्तु अथवा पदार्थ में प्रयत्न की प्रेरणा एवं यथोचित कार्य क्षमता उत्पन्न करती है।

परमशिव की शक्तियां ही उसकी लीला के रूप में इस विश्व का रूप धारण करती हैं। इसके अतिरिक्त परमशिव की अपनी पांच विशिष्ट कलायें भी हैं, जिनका उपयोग उनके द्वारा एक ऐसे क्रीड़ाक्षेत्र की सृष्टि करने के लिये किया जाता है, जिसमें ग्राहक और ग्राह्य के मध्य एक दीर्घकालव्यापी खेल का सूत्रपात हो सके। तथापि अपनी इन कलाओं का उपयोग स्वयं परमशिव को करना होता है, तभी उनकी प्रधान शक्तियां अपने कार्य संपन्न कर पाती हैं।

इस लीलामयी क्रीड़ा में सब कुछ - खेल भी, खिलाड़ी भी, और खेल का मैदान भी - केवल मात्र चेतना ही होती है। अत: वास्तव में कोई सृष्टि नहीं होती, बल्कि एक विश्वरूपी धारणा की स्थूल अभिव्यक्ति मात्र होती है। जो स्थायी और अपरिवर्तनीय सत्य है, वह स्थिर और असंलग्न रहते हुए इस संपूर्ण लीलापूर्ण अभिव्यंजना का साक्षी मात्र बनकर स्थित रहता है। उस अभिव्यंजक की दृष्टि में यह जगत सामयिक, असत्य एवं स्पंदनशील चेतना के पटल पर सापेक्षता की कूंची द्वारा अंकित एक चलायमान चित्र के सदृश ही प्रतीत होता है।

परंतु माया के क्षेत्र में, परमशिव के द्वारा अभिव्यंजित सापेक्ष अनुभूति और व्यवहार के उपयुक्त, इस स्थूल जगत में स्थित दृष्टा-उपभोक्ताओं को देश और काल के पार्थक्य में पिरोई हुई यह समग्र विविधता सत्य के समान ही प्रतीत होती है। तथापि सत्य यही है कि ये छोटे-बड़े और विविध प्रकार के सापेक्ष आचरण करने वाले दृष्टा-उपभोक्ता भी उसी समष्टि चेतना के ही वे अंश हैं, जिनके ज्ञान पर सापेक्षता रूपी माया का आवरण डाल दिया गया है और वे स्वयं को छोटा, सीमित व अणुमात्र समझकर इस क्रीड़ाजगत में अपनी अपनी भूमिकाओं का निर्वाह करते रहते हैं।

सापेक्षता की दहलीज

एक ऐसे विश्व में अवतरण करने के लिये, जिसमें सापेक्ष रूप में आचरण विचरण करने की स्वतंत्रता हो, चेतना के कणों के लिये अपनी वास्तविक प्रकृति का विस्मरण आवश्यक होता है। जहां एक ओर पूर्ण की चेतना स्वयं स्थिर रहते हुए सृजनोन्मुखी ऊर्जा को प्रेरित एवं संचालित करती है वहीं दूसरी ओर उसके जो अंश इस व्यक्त सृष्टि में प्रवेश करते हैं, उनकी पांचों शक्तियों को पहले यह पूर्ण रूप से आवरण से ढंक देती है और तत्पश्चात उनके सीमित अनावरण के माध्यम से यह विभिन्न श्रेणी के भोक्ता एवं भोग्य वस्तुओं का विकास करती है। यह कार्य परमशिव की तीसरी कला के द्वारा किया जाता है।

यह कला एक माया क्षेत्र का सृजन करती है, जो चेतन तत्व की अपरिमित शक्तियों को काल, राग, नियति, विद्या एवं कला नाम के आवरणों के द्वारा संकुचित कर देती है। विश्व की समस्त वस्तुएं चेतना से उद्भूत इन्हीं पांच प्रकार की शक्तियों का उपयोग करती हैं जबकि ये आवरण उन्हें संकुचित करते हैं, ताकि विविधता की सृष्टि संभव हो सके। पदार्थ के छोटे से छोटे कणों से

लेकर बड़े से बड़े जीवित प्राणियों तक, सभी इसके द्‌वारा प्रभावित होते हैं। हम मनुष्यों पर भी माया के इन पांच कंचुकों का अनुशासन चलता है।

- 'काल' के प्रभाव से हम समय का अनुभव करते हैं और सीमित आयु को प्राप्त होते हैं।
- 'राग' के प्रभाव से हम अपूर्णता का और अभावों का अनुभव करते हैं।
- 'नियति' के प्रभाव से हम स्वयं को देश और काल से बंधा हुआ अनुभव करते हैं।
- 'विद्‌या' के प्रभाव से हम सीमित और अपूर्ण ज्ञान का ही अर्जन कर पाते हैं तथा
- 'कला' के प्रभाव से हम सीमित कार्य ही कर पाते हैं, सब कुछ नहीं कर सकते।

अवश्य ही सर्वज्ञ और सर्वसामर्थ्यवान परमशिव अथवा नित्य चेतन तत्व की दृष्टि से इसे अज्ञान, अपूर्णता और चेतना का निम्न में अवतरण समझा जाता है, परंतु इसी में सापेक्षता की कुंजी निहित है और केन्द्र स्थानीय हम मनुष्यों के संदर्भ में तो ये वे विशिष्ट सुविधायें हैं जो हमें अन्य सब प्राणियों में श्रेष्ठ बनाती हैं तथा इस मायाजगत में हमें विभिन्न प्रकार के आनन्दों का उपभोग करने की योग्यताएं भी प्रदान करती हैं। प्राणियों के निम्न स्तरों पर ये योग्यताएं व शक्तियां क्रमश: अधिकाधिक संकुचित रूप में प्रकाशित होती हैं और पदार्थ के स्तर पर तो ये क्षीणप्राय ही हो जाती हैं, यद्‌यपि इसके सबसे छोटे कण तक भी इनका कुछ प्रकाश तो अवश्य ही पंहुचता है।

चेतना का विज्ञान

परा संवित या परम चेतना ही वह स्वामी अथवा प्रधान है जो परम स्वतंत्र है, नित्य है और बिना किसी अन्य की अपेक्षा के स्वयं में ही संपूर्ण है। परमशिव भी इसी स्वयंभुव परम सत्ता का ही एक नाम है।

विश्व का निर्गमन एवं विकास समय समय पर इस परा संवित के द्‌वारा एक क्रीड़ा के रूप में किया जाता है। ऋषियों के द्‌वारा प्रयुक्त इस क्रीड़ा शब्द के प्रयोग को एक महत्वपूर्ण इंगित समझना चाहिये। किसी कार्य का हेतु जान लेने पर उसे समझना हमारे लिये अधिक सुविधाजनक हो जाता है। ऋषिगण

हमें यह बताना चाहते हैं कि इस विशाल विश्व की अभिव्यक्ति एक नादान के समान निर्लिप्त चेतन तत्व के द्वारा नहीं, बल्कि उसके आमोद के लिये, उसमें ही समन्वित, उसके दो महा चतुर अंतर्विभागों के द्वारा की जाती है।

महार्थ-मंजरी नामक ग्रंथ की रचना दसवीं शताब्दी में महायोगी गोरक्षनाथ महेश्वरानंद के द्वारा की गई थी, जिन्हें कश्मीर शैव सिद्धांत की त्रिक दर्शन शाखा का भी आचार्य माना जाता है। इस ग्रंथ को शैव दर्शन का एक आधिकारिक ग्रंथ माना जाता है। विद्वत मंडलियों में विद्वानों के द्वारा इसके उद्धरण प्राय: सम्मान के साथ दिये जाते हैं। इसकी सूत्र संख्या २४ में कहा भी गया है: *विश्वोद्यान विरूढानि, गंध प्रमुखानि, सुगंधिनी पुष्पानि; पंचाप्याजिघ्राण, क्रीडति, त्रैलोक्यधूर्तो देवा।*

इसी ग्रंथ की स्वयं श्री गोरक्ष रचित टीका में इसी बात को और भी अधिक स्पष्ट रूप में समझाया गया है: *पांच प्रकार के पुष्पों की, जो पांच प्रकार के ज्ञातव्य अनुभव प्रदान करते हैं, जिनमें गंध की प्रधानता है और जो इस विश्वरूपी उद्यान में खिल रहे हैं, उनकी सुगंधों का आस्वादन करते हुए यह चतुर खिलाड़ी परमशिव, जिसकी प्रकृति स्वयं क्रीड़ा की पराकाष्ठा है, ज्ञाता, ज्ञान और ज्ञातव्य के तीन धरातलों पर उन्मुक्त एवं हर्षित होकर क्रीड़ा करता है।*

जब और कुछ भी नहीं होता, तो वह परमशिव की निष्कल अथवा कला विहीन अवस्था कही जाती है। कला का एक अर्थ है दक्षता अथवा निपुणता। इसके दूसरे अर्थ में हम इसे एक विशिष्ट और उत्कृष्ट श्रेणी की योग्यता के प्रकाश के रूप में भी देख पाते हैं, जैसे एक विशिष्ट गायन, विशिष्ट संगीत, या कोई विशिष्ट कलाकृति। परमशिव में विद्यमान पांच कलायें, जिनका प्रयोग स्वयं परमशिव को करना होता है (जैसे किसी बालक का एक पैर पर खड़ा होना या अपने दो हाथों से ताल देना), इस प्रकार हैं:

- शांत्यातीत कला अव्यक्त परा क्षेत्र में कार्य करती है।
- शांति कला उस आत्म तत्व की जनक है जो किसी शरीर अथवा क्रिया निष्पादन प्रणाली से युक्त होकर उसके स्वामित्व के पद को ग्रहण कर सके और जो अपने से अन्य की अवधारणा करने मे भी समर्थ होता है।
- विद्या कला - सापेक्ष ज्ञाता, दृष्टा एवं अनुभवकर्ताओं का विकास करती है।
- प्रतिष्ठा कला सापेक्ष ज्ञान एवं उसके साधनों का विकास करती है।
- निवृत्ति कला सापेक्ष ज्ञातव्य और दृष्य के विकास में, अथवा स्थूल जगत के विकास में, क्रिया शक्ति की सहभागी होती है।

निष्कल अवस्था में परमशिव को अपनी किसी कला का स्मरण नहीं होता। यह शुद्ध चेतन स्वरूप, और विन्दु तुल्य आत्मतुष्टि की अवस्था होती है। इस स्थिति में उसमें कोई ममत्व अथवा अहंकार नहीं होता और न ही कोई विचार होता है। उसकी समस्त क्षमतायें, शक्तियां तथा कलायें जो उसके स्वभाव अथवा प्रकृति की परिचायक होती हैं, तब उसी में लीन एवं अप्रकट होकर स्थित रहती हैं और परमशिव वेदांत के मात्र 'सत' रूप में अवस्थित होता है।

ऋषियों के मत के अनुसार, सृष्टिचक्र के विधान का अनुगमन करते हुए विश्व का आवर्तन-परावर्तन अथवा सृष्टि-विलय होते रहते हैं। सृष्टि-चक्र के अवसान के समय यह संपूर्ण विश्व पुन: उस नित्य एवं सर्वव्यापी चेतन सत्ता के द्वारा अपने अंतर-आकाश में संकर्षित कर लिया जाता है, और लुप्त हो जाता है; ठीक वैसे ही, जैसे कि कोई मकड़ी पहले एक मकड़जाल को बाहर निकालती है तथा पुन: उसे लील भी जाती है। इस चक्रांत की बेला में, इस विश्व और भौतिक आकाश के साथ ही इसमें स्थित समस्त ऊर्जा भी और अपनी समस्त स्मृतियों, वृत्तियों तथा संस्कारों के सहित वैश्विक मन भी, पहले महाकाश में लीन हो जाते हैं और तत्पश्चात वह भी चिदाकाश मे लीन हो जाता है - मात्र सत रह जाता है।

यह स्थिति वैश्विक चेतना की सुषुप्ति की अवस्था के समान है। इस अवस्था का निर्देश करने के लिये ऋषि 'निमेष' शब्द का प्रयोग करते हैं, जिसका आशय है संकुचन या पलकों को बंद करना।

सृष्टि चक्र का प्रत्यावर्तन: नूतन विश्व का उदय

एक घटनाविहीन, सुखद और दीर्घ निद्रा समान अवस्था, जो खरबों वर्षव्यापी हो सकती है, उसमें स्थित परमशिव की शांत चेतना में एक मधुर सी सिहरन के समान एक स्पंदन का उदय होता है और सहसा उसकी निद्रा भंग हो जाती है। इस दीर्घ सुप्तिकाल में उसके स्वभाव अथवा प्रकृति की वृत्तियां संभवतया शनै: शनै: पुन: अपने बल को प्राप्त होती जा रहीं थी। विलयन के समय बीजावस्था को प्राप्त संस्कार भी संभवतया पुन: सतह प्राप्त करने और प्रस्फुटित होने के लिये उत्सुक हो रहे थे! ऋषिगण इसका वर्णन उन्मेष (अथवा विस्तारण के प्रारंभ) के नाम से करते हैं। तथापि, उन्मेष शब्द का एक अर्थ नेत्रों को खोलना भी है। अत: परमशिव की चेतना में उदित यह आंतरिक स्पंद उसके

नेत्र खोलने और एक नवीन सृष्टि की अग्रिम सूचना की घोषणा होने के समान भी है।

उन्मेष और निमेष, विस्तार और संकोच - ये दोनों परमशिव के ही स्वभाव के अंतर्गत हैं तथा उसके द्वारा अभिव्यक्त होने वाले विश्व की पृष्ठभूमि में स्थित वे प्रधान गुण हैं, जिनके कारण ही यह सदैव स्पंदनशील स्वभाव वाला विश्व अभिव्यक्ति लाभ करता है और अपने प्रत्येक स्तर पर स्पंदनशील रहते हुए ही कार्यरत भी होता है।

वह हल्की सी सिहरन, जैसे एक कोमल पंख के स्पर्श से उत्पन्न गुदगुदी, जैसे हृदय की एक धडकन और जैसे एक नाडी की थिरक - जो उस परमशिव की चेतना में अनुभूत होती है जो स्वयं ज्ञान व प्रेम के बिन्दु मात्र रूप में अवस्थित है, वह उसकी ही पराशक्ति नाम से कही जाने वाली प्रकृति का ही प्रथम स्पंदन है। इस पराशक्ति के उदय के साथ ही परमशिव की निद्रा का अवसान हो जाता है तथा उसके अनुभव का रूप भी बदल जाता है।

निमेष की स्थिति में परमशिव का अनुभव एकलता का अनुभव था। यह काल से परे स्थित उस शाश्वत चैतन्य में एक आत्मसंतुष्टि की अनुभूति मात्र थी। इसमें चेतना और संतुष्टि में कोई भेद नहीं था, एक एकत्र का ही ज्ञान था। हम कह सकते हैं कि परमशिव के हृदय और मष्तिष्क में अथवा इसके ज्ञान और अनुभव में कोई भेद अथवा विभाग नहीं था। इस नूतन अवस्था में इसकी एक विंदु वा गोलक के सदृश चेतना के क्षेत्र में एक अंत: बिन्दु अथवा केन्द्र उत्पन्न हो जाता है। इसका उदय एक अनुभव के रूप में चैतन्य में एक हृदय-क्षेत्र की सृष्टि कर लेता है - अपना एक अलग स्थान बना लेता है।

इस प्रकार परमशिव की चेतना में से सत के अतिरिक्त उसके दो नये विभाग उत्पन्न हो जाते हैं, जिनमें से एक बहिर्चेतना का स्थान ले लेता है तथा दूसरा उसके अंतर की चेतना का। परमशिव अब सत-चित-आनंद 'सकल- ब्रह्म' के रूप में स्थित हो जाते हैं। वेदांत के परम ब्रह्म और शैवागमों के परमशिव में यह अंतर है कि आगम में शिव की प्रकृति गतिशीला और **ऊर्जा** स्वरूप है जो एक स्पंद के रूप में प्रकट होती होती है और सदैव क्रियमाण रहती है। किसी प्रकार के भी कार्य अथवा अनुभव को उत्पन्न करने के लिये **ऊर्जा** की आवश्यकता होती है - यह एक सार्वभौम नियम है। तथापि परा क्षेत्र में कोई घनत्व नहीं होता, यहां का स्पंदन अव्यक्त तथा माप-तौल की समस्त सीमाओं से सर्वथा परे होता है।

साधारण रूप से हम जिसे चेतना कहते हैं, वास्तव में वह ज्ञान और अनुभव के योग से उत्पन्न संवित है, जो हमें इस विश्व के साथ विभिन्न प्रकार के आदान प्रदान करने की योग्यता प्रदान करता है। अव्यक्त परा भूमि में उद्भूत इस परम चेतना को परा संवित कहा जाता है। इसी के द्‌वारा विश्व की सृष्टि होती है और इसीसे संबंधित समस्त विशिष्ट ज्ञान को ऋषिगणों के द्‌वारा संवित विज्ञान कहा गया है।

संवित विज्ञान के अनुसार परमशिव का अपना स्वभाव अथवा 'प्रकृति-स्वरूपा' पराशक्ति ही अव्यक्त धरातल पर एक स्पंद के रूप में उदित होती है। इस पराशक्ति में ही विश्व की समस्त शक्तियां समन्वित होती हैं और यथासमय प्रकट होती रहती हैं तथा यही पराशक्ति वक्र गति से प्रवाहमान होते हुए 'सृष्टि-विलय' के चक्र को एक मूर्त रूप प्रदान करती है। इसके उदय से परमशिव की आंतरिक अनुभूति पहले आनंद के रूप में प्रकाशित होती है और फिर वह उसके अंदर छिपे कलाकार में आत्म-अभिव्यंजन के परम उल्लास का रूप धारण कर लेती है। इसके फलस्वरूप, परमशिव की चेतना में एक क्रीड़ा के रूप में आत्म अभिव्यंजन की अथवा विविधता के सृजन की एक अंत: प्रेरणा का उदय होता है। यह स्वाभाविक ही है कि यह क्रीड़ाक्षेत्र भी, क्रीड़ा भी और क्रीड़ा का स्तर भी समस्त सीमाओं के पार स्थित इस दिव्य युगल की प्रसिद्धि के अनुरूप ही होंगे - विशाल, अद्भुत और चमत्कारों से पूर्ण।

एकल का युगल में विभाजन

एक से दो, दो से चार और चार से आठ - यह सुनने में अत्यंत स्वाभाविक जैसा लगता है, पर है नहीं। सबसे पहली आवश्यकता है एक से दो होने की, फिर दो से चार और चार से आठ होने में कोई दिक्कत नहीं है - गुणा, भाग सब संभव हो सकता है। एक को अगर सौ बार भी हम एक से गुणा करें तो वह एक ही रहता है - दो भी नहीं बन सकता। परमशिव में जब एक से अनेक की अभिव्यक्ति की इच्छा का उदय होता है तो उसकी पहली कला प्रकाश में आ जाती है और उसकी अंत: चेतना का ध्रुवीकरण हो जाता है, जैसे किसी एक ही पुष्प में एक नर पक्ष जिसे पुंकेशर (stamen) कहते हैं और एक मादा पक्ष जिसे स्त्रीकेशर (pistil) कहा जाता है, उत्पन्न हो गये हों।

आद्‌य चेतना परा संवित में एक ओर चित रूपी वाह्‌य का ज्ञान परमशिव की शांत्‌यातीत कला के प्रभाव से, नर भाव, जो स्थिति प्रधान होता है - उसे

ग्रहण करके शिव की संज्ञा ले लेता है तथा दूसरी ओर इसी प्रकार इसका आनंद रूपी अंत: ज्ञान इसी कला के प्रभाव से मादा भाव, जो क्रिया प्रधान होता है - उसे ग्रहण कर लेता है और उसकी संज्ञा अब शक्ति तत्व हो जाती है। सार वस्तु में प्रारंभ में ही ध्रुवीकरण तथा इसका नर और मादा में विभाजन सृष्टि के प्राकट्य से पूर्व ही, परा क्षेत्र में ही हो जाता है। ऋषियों के अनुसार वहीं से समस्त सृजन की क्रिया की नींव भी पड़ जाती है (जो सृष्ट विश्व में इन चेतन तत्वों की ही संतान, हम मनुष्यों तक पहुंचने में भी कोई संकोच अनुभव करती हुई प्रतीत नहीं होती। अत: इनकी चर्चा करना आदिम प्रवृत्ति का परिचायक नहीं बल्कि आवश्यकता के अनुरूप ही है।)।

एक दिव्य कलाकार की अद्भुत कला

शैव आगम के अनुसार, जीवन और मनुष्य के समान एक बुद्धि और विवेकशील प्राणी से युक्त इस विश्व की रचना में ३६ तत्व व्यक्त होकर विद्यमान रहते हैं। परमशिव की प्रकृति - परा शक्ति - एक निश्चित क्रम के अनुसार इन सभी तत्वों का सृजन अथवा उत्सर्जन करती है, जिनमें शिव प्रथम तत्व होता है और शक्ति दूसरा। संवित रूपी इस ध्रुवीकृत चेतना में शिव स्थिर एवं नर पक्ष है, जो वाह्य की चेतना का प्रतिनिधित्व करता है और अभिव्यंजक का कार्य करता है। यह प्रकृति में मन और दृष्टा पक्ष का विकास करता है। शक्ति, जो वैश्विक चेतना में मादा पक्ष और क्रियाशील तत्व होती है, अंत:चेतना का प्रतिनिधित्व करती है और सभी प्रकार के अनुभवों को जन्म देती है। यह सृष्ट विश्व में शरीर विभाग तथा समस्त दृष्ट वस्तुओं का विकास करती है। शिव ज्ञान रूपी प्रकाश से विकिरण के रूप में अभिव्यंजित होते रहते हैं और शक्ति विमर्श के रूप में शिव के प्रस्तावित अभिव्यंजनों को ग्रहण करते हुए उन्हें अभिव्यक्ति अथवा शरीर प्रदान करती रहती है।

परमशिव की अंत:चेतना में ध्रुवीकरण को हम परम तत्व की आंतरिक स्वतंत्रता भी कह सकते हैं। उसकी इस कला का उपयोग कोई अन्य नहीं कर सकता था। यह एक प्रकार से संवित तथा उसके द्वारा व्यक्त होने वाली प्रत्येक वस्तु में उपस्थित रहने वाली एक अंत: पृक्रति का प्रथम सृजन होता है। इसमें दो विभिन्न दिशाओं में उन्मुख दो आंतरिक विभाग सृष्ट होकर भी एक ही सिक्के के दो पहलुओं के समान संयुक्त बने रहते हैं - वे अलग हो ही नहीं सकते। इस प्रकार की अंत: प्रकृति स्थूल जगत के समस्त पदार्थों में भी (प्रोटोन

आदि कणों में भी) पाई जाती है और इसका एक बहुत विशेष महत्व भी है, क्योंकि इसी अविभाज्य अंत:प्रकृति पर साधारण प्रकृति के द्वारा रसायन शास्त्र की नींव रखी जाती है। यह अविभाज्य अंत:प्रकृति एक अत्यंत कुशलतापूर्ण और एक बहुत विशेष कला है, जिसका श्रेय आगम के द्वारा परमशिव की शांत्यातीत कला को दिया जाता है।

परमशिव की इस अत्यंत विशिष्ट चतुराई में उसकी मूल प्रकृति अथवा स्वभाव का भी विशेष योगदान होता है, क्योंकि वह प्रकट ही एक स्पंदन के रूप में होती है एवं सदैव स्पंदनमयी ही बनी रहती है। शांत्यातीत कला इस स्पंदन को इस प्रकार बाधित कर देती है, कि सिक्के के दो पहलुओं के समान होने पर भी सदैव इन दोनों में उन्मुखता की स्थिति भी बनी रहती है। अत: सिक्का शब्द का उपयोग ऋषियों के द्वारा मात्र एक सरल उपमा के रूप में ही किया जाता है, जबकि सृष्टि रचना की ओर अभिमुख चेतन और स्पंदनमयी **ऊर्जा** में अनेक अन्य गुण भी होते हैं। सदैव एक दूसरे से समान अंतर बनाये रखने के लिये प्रत्येक विंदु पर ये विपरीत स्वभाव वाले तत्व परस्पर लंबवत रूप में स्थित होते हैं, जैसे कि भौतिक जगत में विद्युत और चुम्बकत्व स्थित होते हैं। इस प्रकार ये सहयोग भी कर सकते हैं और परस्पर का संतुलन भी।

परा क्षेत्र जो शुद्ध चेतना का क्षेत्र है, उसमें न तो मन का अस्तित्व होता है और न ही कोई विचार उत्पन्न हो सकते हैं। ऋषियों के अनुसार विचारों के भी सूक्ष्म शरीर होते हैं, जिनका पराक्षेत्र में प्रवेश नहीं हो सकता। परंतु ध्रुवीकरण के पश्चात स्थिर स्वभाव वाले शिव, चंचल स्वभाव वाली शक्ति को देख पाते हैं - जिसमें उन्हें अपना प्रतिबिंब दिखाई पडता है। जो कोई भी रूप शिव की चेतना में उत्पन्न होता है, वही अपने हृदय-दर्पण रूपी शक्ति तत्व में उन्हें मूर्त रूप में दिखाई पड़ता है। इस प्रकार शिव की वह अभिव्यंजना, शक्ति के क्षेत्र में एक सृष्ट वस्तु का आकार ग्रहण कर लेती है।

स्वतंत्रता में ही शक्ति निहित होती है

बीसवीं सदी के तंत्र और आगम शास्त्रों के महान विद्वान और पद्मविभूषण की उपाधि से विभूषित महामहोपाध्याय डा. गोपीनाथ कविराज के अनुसार, "पहला स्पंदन 'सत्' मात्र चेतन तत्व में होता है, जो वाह्य दिशा में होता है (इसकी कोई अंतर की दिशा नहीं होती)। सत में उदित यह वाह्य स्पंदन चित का रूप

धारण कर लेता है, जो वाह्य का ज्ञान होता है और जिसका स्पंदन अंदर की दिशा में सत् की ओर भी हो सकता है तथा वाह्य की दिशा में भी। इसके बाहर की दिशा में होने वाले स्पंदन से ज्ञान की एक दूसरी श्रेणी की इस प्रकार उत्पत्ति होती है, कि जो प्रधान-चित है वह इस दूसरे चित में अपना ही प्रतिबिंब देख पाता है और प्रसन्न होकर उल्लास से भर जाता है"।

जैसे कि ऊपर कहा गया है, जो रूप भी शिव की चेतना में उत्पन्न होता है वही अपने हृदयदर्पण रूपी शक्ति तत्वमें उन्हें मूर्त रूप में दिखाई पड़ता है। एक प्रकार से वह शक्ति के क्षेत्र में सृष्ट के समान हो जाता है। अगर शिव ने केले की कल्पना की तो शक्ति रूप, रंग और गुण में एक केला बनकर दर्पण में उपस्थित हो जाती है और अगर हाथी की कल्पना की तो वह हाथी बन जाती है। पराशक्ति के शुद्ध चेतना के क्षेत्र में यह बिल्कुल संभव है, बल्कि यही स्वभाव है - और अब हम परमशिव की नहीं बल्कि शिव की बात कर रहे हैं। शिव देखते हैं कि शक्ति का साथ होने पर वे कुछ भी सृजन कर सकते हैं। इस प्रकार चेतना में दो आभास उत्पन्न हो जाते हैं - पहला कि 'मैं हूं' एवं दूसरा कि 'मैं पूर्ण हूं', जो पहले आभास का ही परिमार्जित भाव है।

आगम शास्त्र में शिव के इस पूर्णता के ज्ञान को उसकी स्वतंत्रता शक्ति कहा जाता है। एक प्रकार से अपने ही क्रियमाण अर्ध भाग में - शक्ति विभाग में - शिव को एक ऐसे चंचल और कुशल सहयात्री की उपलब्धि हो जाती है, जिसके माध्यम से समस्त सीमायें उस विश्व-सम्राट के लिये हस्तगत के समान प्रतीत होती हैं। संभवत: क्रीड़ावश ही शिव तत्व, महामाया के उद्यान के बहुचर्चित उस वर्जित फल का स्वाद चखने के लिये उत्सुक और तत्पर हो जाता है तथा उसके अंतर में यह तरंग उठती है, 'बहुष्याम, प्रजायेय', 'मैं प्रजा की उत्पत्ति करूं, मैं अनेक हो जाऊं'।

तथापि इस विश्व की पृष्ठभूमि में केवल क्रीड़ा ही नहीं, एक उद्देश्य भी है और इसे सर्वथा नगण्य भी नहीं कहा जा सकता। यह मात्र आनंदमयी एक लीला ही नहीं है, यह संतति का सृजन भी है। इस संतति में इसके मातृ पक्ष एवं पितृ पक्ष दोनों के ही गुण समान मात्रा में उपस्थित रहते हैं तथा यही सिलसिला आगे भी चलता रहता है और इसी क्रम में मानव के रूप में अपने दिव्य जनक-जननी की यह संतति अपने पूर्ण विकास को प्राप्त होती है।

हर जगह साथ, निर्भरता का हाथ

वैश्विक चेतना के ध्रुवीकरण से एक ऐसे बलक्षेत्र का निर्माण होता है जिसमें अपने-अपने क्षेत्रों में समस्त सीमाओं से विहीन तथा समान बलशाली दो शक्तियां, जो विरुद्ध स्वभाव वाली होते हुए भी एक दूसरे की पूरक होती हैं और एक दूसरे को आधार भी प्रदान करती हैं, इस विश्व के सृजन हेतु अपनी-अपनी दिशाओं में कार्यरत हो जाती हैं। इन दोनों में शिव तत्व जो नर पक्ष है - प्रेम, आकर्षण और समस्त धनात्मक गुणों का प्रतिनिधित्व करता है, जबकि शक्ति तत्व जो मादा पक्ष है - बल, विकर्षण और समस्त नकारात्मक अथवा ऋणात्मक गुणों का प्रतिनिधित्व करती है।

यद्यपि शक्ति तत्व ऊर्जा रूपिणी भी है, जो समस्त कार्य को तथा शरीरों को भी उत्पन्न करती है, परंतु यह मात्र ऊर्जा नहीं है। एक ओर यह इस ऊर्जा को अभिव्यक्ति में परिवर्तन का कार्य करती है तथा दूसरी ओर यह इस ऊर्जा की समस्त अभिव्यक्तियों में अंत: चेतना के रूप में भी उपस्थित रहती है और मानस पक्ष में स्थित दृष्टा अथवा भोक्ता के लिये अनुभव की उपलब्धि का साधन बनती है।

चैतन्य नित्य है, निराधार है और पूर्ण है। सृष्टि के होने या न होने से इसकी नित्यता पर कोई प्रभाव नहीं पड़ता और न ही इसकी पूर्णता में कोई वृद्धि या ह्रास होता है। एक शून्य से - कुछ भी नहीं होने की स्थिति से - सृष्टि का विकास होता है। इस शून्य की हम एक मध्य विन्दु या मध्य रेखा के रूप में कल्पना कर सकते हैं। ध्रुवीकरण से इस विन्दु या मध्य रेखा के एक ओर धनात्मक गुण तथा दूसरी ओर ऋणात्मक गुणों का विकास हो सकता है। एक ओर प्रकाश, प्रेम, आकर्षण, संकुचन आदि हजारों सकारात्मकताएं विकास को प्राप्त हो सकती हैं तथा वैसे ही दूसरी ओर अंधकार, बल, विकर्षण, विस्तार आदि हजारों शक्तियों का विकास संभव हो जाता है।

एक नवीन सृष्टि के पूर्व सर्वप्रथम शिव और शक्ति में औन्मुख्य होता है, या दोनों एक दूसरे के प्रति उन्मुख होते हैं और तत्पश्चात उनका यामल एवं संघट्ट हो सकता है। ऋषियों के अनुसार यामल अवस्था में दोनों पक्ष समान बल के साथ संयुक्त रहते हैं। इसे एक प्रकार से शून्य विंदुओं से निर्मित एक सरल रेखा के समान कहा जा सकता है, जिसके दोनों ओर किसी भी सृष्टि का सूत्रपात हो सकता है। यह दो विभिन्न प्रकार की शक्तियों की समानावस्था की वह स्थिति है जहां से दो दिशाओं मे विस्तृत कोई भी शरीर अस्तित्व ग्रहण

कर सकता है - जहां दोनों एक दूसरे के आधार का कार्य भी करते हैं और एक दूसरे को बाधित अथवा सीमित करने का भी प्रयास करते रहते हैं। यह यामल अवस्था ही वह अस्तित्व-रेखा है जिससे शिव या शक्ति इस प्रकार प्रकट हो सकते हैं, जैसे किसी सिक्के का वह मुख जो दृष्टिगोचर होता है। परंतु किसी भी स्थल अथवा भूमि पर यह तभी हो सकता है जब कि दूसरा तत्व भी इस सिक्के के पृष्ठ के रूप में अवस्थित हो गया हो।

इन दो प्रधान तत्वों के परस्पर के इस संबंध को ऋषियों के द्वारा युगपत संबंध का नाम दिया गया है। ये दोनों एक दूसरे का हाथ थामे हुए और एक दूसरे को सहारा देते हुए सृष्टि के साथ ही उदित होते हैं और एक साथ ही अस्त हो जाते हैं। स्थूल सृष्टि में अथवा भौतिक जगत में दो परस्पर सहयोगी तत्वों का यही संबंध वर्नर हेजेनबर्ग के अनिश्चितता के संबंध के नाम से विख्यात है।

प्रकाश और प्रकाशका आभा मंडल

शिव प्रकाश स्वरूप है और शक्ति उसी प्रकाश को परिभाषित करने वाला विमर्श अथवा उसका आभा मंडल है। शक्ति शिव रूपी प्रकाश का धर्म है जो उसी से उदित होती है और उसी में अस्त हो जाती है। यह प्रकाश का धर्म है जो प्रकाश पर ही आधारित है - एक ऐसा दृष्य है जिसे दृष्टा ही देख सकता है एवं दृष्टा की अनुपस्थिति में जिसका उदय ही नही होता।

शिव एक धर्मी है, और शक्ति उसी का धर्म है। परंतु ठीक इसी प्रकार, प्रकाश का अस्तित्व भी प्रकाशनीय पर निर्भर होता है। अगर लाल, नीले और हरे रंग हैं, तभी उनको अलग-अलग पहचानने के लिये प्रकाश के गुण वाली वस्तु की आवश्यकता होगी, अन्यथा नहीं। अगर रंग रूपी गुण हैं, तभी उनमें भेद करने के लिये प्रकाश की आवश्यकता हो सकती है। अत: इस अवस्था में गुणों को उत्पन्न करने वाली शक्ति धर्मी हो जाती है और प्रकाश उसका धर्म बन जाता है। इन दोनों में परस्पर एक दूसरे का धर्म-धर्मी होकर एक साथ ही स्थित होने की योग्यता है। दोनों एक दूसरे पर आश्रित होकर ही प्रकट हो सकते हैं। इसी का नाम युगपत संबंध है और यही भौतिक वैज्ञानिकों के अनिश्चितता के सिद्धांत के पीछे स्थित सूक्ष्म सत्य है।

शिव और शक्ति का यामल, दो विपरीत गुणों वाले इन तत्वों की एक समान बलों में उपस्थिति वाली अवस्था है। यह युगपत संबंध में स्थित और साथ साथ ही उत्पन्न हो सकने वाले इन दो तत्वों का संधिस्थल है एवं यही

इन दोनों की शून्यावस्था है। यहीं से इनमें से कोई एक अपनी दिशा में अपने किसी गुण का किसी भी सीमा तक प्रसरण कर सकता है, जबकि दूसरा तत्व अपनी दिशा में स्थित रहते हुए और उसका संतुलन बनाते हुए संकोच अथवा प्रसार को प्राप्त होता है। यह सृष्टि से संबंध रखने वाला एक नियम है, जिसका ज्ञान ऋषियों ने विचार से नहीं बल्कि एक दीर्घकाल व्यापी अन्वेषण के द्वारा प्राप्त किया था।

ऋषियों का यह प्रयास रहता है कि गहन सत्य को भी सहज शब्दों से समझाया जा सके। अनेक बार वे एक प्रकरण का सहारा लेकर उसके माध्यम से भी बातों को सहजता से समझाने का प्रयास करते हैं। यहां प्रकरण है सृजन की इच्छा 'एको अहम, बहुष्यामि' तथा माध्यम हैं औन्मुख्य, यामल इत्यादि। सृष्टि को समझने के लिये यह समझना अत्यावश्यक है कि पराशक्ति के एक स्पंद के रूप में प्रकट होने से, सब से पूर्व जिन दो तत्वों का आविर्भाव होता है, वे हैं शिव एवं शक्ति - जो अपनी अन्य विशेषताओं के साथ-साथ मुख्य रूप से नर और मादा की भूमिकाओं में उदित होते हैं। इनमें शिव स्थिर और शक्ति गतिशीला है और तत्वों के रूप में ये दोनों ही विभिन्न प्रकार से विकास लाभ करते हुए ज्ञाता, ज्ञान एवं ज्ञातव्य के रूपों में तथा मन एवं शरीर के युगल रूपों में भी अभिव्यक्त होते हुए सृष्टि में समस्त विविधता उत्पन्न करते हैं।

सृष्टि की ओर पहला कदम

आगम के ऋषियों के शब्दों में यामल के बाद की अवस्था संघट्ट कही जाती है। एक प्रकार से यह पहली संरचना है जिसका निर्माण अव्यक्त क्षेत्र में ही हो जाता है। इसमें एक ओर हजारों प्रकार के अभिव्यंजनात्मक कार्य या व्यापार होते हैं - तथा दूसरी ओर हजारों प्रकार की शक्तियां एवं क्षमताएं होती हैं। इस संघट्ट को हम शिव और शक्ति के मध्य हजारों युगपत संबंध के स्थलों की एक पेटिका के समान भी समझ सकते हैं।

अन्य दूसरी सुविधाओं तथा व्यवस्थाओं के अतिरिक्त, एक विश्व का निर्माण करने के लिये प्रकृति को संरचनाओं की भी नितांत आवश्यकता होती है। प्रकृति की पहली और सबसे प्रधान संरचना को आगम शास्त्र में कामरूप पीठ के नामसे संबोधित किया गया है। संक्षेप में कोई बात कहने के लिये, ऋषिगण सहज और स्पष्ट शब्दों का प्रयोग करने के लिये विख्यात हैं। इस

अवस्था को उनके अनुसार शिव एवं शक्ति के मिथुन के सदृश समझना चाहिये एवं इस अवस्था से ही स्वयंभुव नामक विश्वचैतन्य की उत्पत्ति होती है। शिव अथवा चित, ज्ञान एवं प्रेम का प्रतीक है तथा शक्ति अथवा आनंद-तत्व समस्त अनुभवों का प्रतीक है। इनके संयोग से ही सृजन होता है। यही मूल प्रकृति का स्वभाव है। यही वह परंपरा है जिससे सब कुछ उद्भूत होता है और इसी पद्धति से तथा इसी स्वभाव को लेकर समस्त प्राणवान वस्तुएं एवं मनुष्य भी जन्म लेते हैं।

और फिर भी, शिव और शक्ति का यह मिलन कुछ भिन्न प्रकार से संपादित होता है। शिव-तत्व ज्ञान स्वरूप है और अशरीरी है तथा अचंचल एवं स्थिर भी है। वह विश्व में प्रवेश किये बिना इसे बाहर से ही संपूर्ण रूप से - एक साक्षी के समान - जैसे एक कलाकार अपनी कलाकृति को देखता है वैसे ही, मुग्ध होते हुए भी एक निस्पृह के समान ही देखता है तथा उसकी समस्त चंचलता और गति को वहन करते हुए एवं संबल प्रदान करते हुए स्वयं सर्वथा अचंचल और स्थिर बना रहता है। अवश्य ही यह कुछ अधिक कड़ा नियम प्रतीत होता है, पर देश और काल की दोनों दिशाओं में १,३०० करोड़ प्रकाश-वर्षों तक विस्तृत यह विश्व भी कोई छोटी मोटी वस्तु नहीं है और इसको वहन करने का संभवतया प्रकृति के पास यही एकमात्र रास्ता भी रहा हो। इसी प्रकार परा क्षेत्र में स्थित शक्ति तत्व भी आद्य कुमारी के नाम से भी विख्यात है। इस क्षेत्र में स्थित शिव एवं शक्ति का औन्मुख्य केवल हृदय एवं मष्तिष्क के औन्मुख्य के समान है। जबकि निम्न क्षेत्रों में उनका जन्म नहीं होता, वे मात्र स्वंभुव के दो पक्षों अथवा किसी सिक्के के दो पहलुओं के रूप में ही अवतरित एवं दृष्टिगोचर होते हैं।

शिव, जो चेतना के व्यक्त रूप में वाह्य के ज्ञान का अभिव्यंजक है तथा शक्ति, जो इस अभिव्यक्ति में अंतर के ज्ञान के रूप में स्थिति प्राप्त करती है, सृजन की इस पृष्ठभूमि में एक दूसरे से उन्मुख होकर अवस्थान करते हैं। सृजन की इस प्रक्रिया में अविभाज्य एवं प्रकाश स्वरूप शिव की भूमिका इतनी ही है कि एक ओर वे शक्ति की दिशा में उन्मुख रहते हुए उसे अपने ज्ञान के प्रकाश से प्रकाशित करने का प्रयास भी करते रहें तथा दूसरी ओर अपने ही हृदयस्थानीय उस प्रसार करते हुए और अधिकाधिक विस्तार को प्राप्त होते हुए स्पंदन को - अपने अविच्छेद्य औन्मुख्य की शक्ति से आधार प्रदान करते हुए सतत वहन भी करते रहें। जैसा कि हमने देखा, यह थोड़ा कड़ा नियम अवश्य

है पर यही स्पंदन निम्न स्तरों पर उतरते हुए जब इस विश्व का रूप ले लेता है, तो इसका भार अत्यधिक बढ़ भी सकता है। यही युगपत संबंध की बाध्यता है - सब कुछ इसी से बंधा होता है। सृजन भी है, आनंद भी है और बंधन तथा नियम भी हैं। नियम भंग केवल निम्न प्रकृति के स्तर पर ही संभव हो पाता है, क्योंकि वहां प्रत्येक नियम-भंग एवं अन्य किसी कर्म के फल के रूप में एक समुचित दंड अथवा प्रतिफल का भी विधान है।

इस प्रकार अपने ही स्थान पर स्थित रहते हुए और अस्पर्श्य रहते हुए ही वाह्य की चेतना के स्वामी शिव, सृष्टि गोलक में शक्ति तत्व को अपने ज्ञान के स्निग्ध अपितु अत्यंत उज्जवल प्रकाश से अभिषिक्त करते हुए उसे अंतर के ज्ञान से युक्त कर देते हैं - जो सृष्ट जगत में और इसकी प्रत्येक वस्तु में सदैव एवं सर्वत्र एक अंतर्चेतना के रूप में विद्‌यमान रहता है।

आदि युग्मावस्था और पहला युगल

शिव की समस्त प्रायोज्य अभिव्यंजनाओं और व्यवसाय आदि की वह समष्टि, जो इस विश्व की भावी जनक उस प्राथमिक संरचना में युग्मित होने के लिये प्रस्तुत होती है एवं आगे बढती है, ऋषिगणों के द्‌वारा उसे अम्बिका शक्ति के नाम से वर्णित किया गया है। इसी प्रकार गतिशीला एवं सतत क्रियमाण शक्ति तत्व की प्रतिनिधि के रूप में प्रस्तुत होने वाली शक्ति-समष्टि को शांता शक्ति का नाम दिया गया है। तंत्र और आगम शास्त्रों में जिसे शिव और शक्ति का युग्म कहा गया है, वह वास्तव में इन्हीं अंबिका एवं शांता रूप शक्तियों की समष्टियों का सायुज्य होता है। यह सायुज्य शक्ति क्षेत्र में ही होता है तथा इन्हीं अंबिका एवं शांता शक्तियों के द्‌वारा ही संघट्ट एवं कामरूप पीठ नामक पहली संरचना की भी सृष्टि होती है।

जब तक सृष्टि रहती है, अंबिका एवं शांता शक्तियों का यह युग्म भी विद्‌यमान रहता है। परस्पर विरुद्ध होते हुए भी एक दूसरे पर आश्रित ये दोनों प्रकार की शक्तियां अपनी-अपनी दिशाओ में अपनी असीमता अक्षुण्ण रखते रखते हुए ही एक दूसरे के आधार का कार्य भी करती हैं और एक दूसरे को बाधित एवं सीमित करने का भी कार्यकारी प्रयास करती हैं। अत: इन दो असीम स्वसंभूत शक्ति समूहों के द्‌वारा निर्मित बल क्षेत्र के मध्य एक विशालतम परंतु फिर भी सीमित विश्व की अभिव्यक्ति संभव है। किसी भी प्राकृतिक संदर्भ में अगर एक दिशा में कोई अभिव्यक्ति असीमता की ओर अग्रसर होती भी है, तो

स्वचालित रूप से दूसरी दिशा में उससे उत्पन्न असंतुलन के उपचार की प्रक्रिया भी साथ ही साथ प्रारंभ हो जाती है।

एक युगपत संबंध से युक्त रहते हुए और एक दूसरे को आश्रय प्रदान करते हुए शिव और शक्ति तत्व दो विभिन्न दिशाओं में प्रसरित होते हुए अग्रसर होते हैं तथा इस विश्व की अविव्यक्ति करते हुए, वे समय की रेखा के साथ ऊर्ध्व दिशा में चालित होते हैं। एक ओर वाह्य के दृष्टा का ज्ञान है और सृष्टि-कल्पना है तथा दूसरी ओर संसाधन व उद्‌यम अथवा क्रिया है और इस प्रकार यह सृजनोन्मुखी युग्म एक नई लीलामयी यात्रा के लिये प्रस्तुत हो जाता है।

आगम में पीठ शब्द का प्रयोग उस विन्दुस्वरुप स्थिति-स्थान का निर्देश करने के लिये किया जाता है, जो एक यामल-विंदु के सदृश होता है जहां आकर्षण और विकर्षण की शक्तियां समभाव में होती हैं। यह दो परस्पर विरुद्ध धाराओं से समन्वित सृष्टिप्रवाह में स्थित एक द्‌वीप के समान हलचल विहीन 'स्थिति' स्थान' होता है। ऊर्जा के क्षेत्र में ऐसे ही किसी पीठ अथवा विंदुस्थान से किसी शरीर का विकास होता है, जिसमें चेतना उपनीत हो सकती है। सूक्ष्म चेतन तत्व इसका भेदन करते हुए इसके ग्रहणयोग्य ज्ञान को आत्मसात करते हुए और यह मेरा शरीर है, ऐसी मान्यता के साथ इससे संयुक्त हो सकता है। इस कामरूप पीठ का भेदन करके जो चेतना इसमें आकर निवास करती है, आगमों में उसे स्वयंभुव लिंग का नाम दिया गया है।

मूर्तिपूजा का यथार्थ

समस्त सीमाओं से मुक्त शाश्वत चेतना को किसी आधार अथवा शरीर की आवश्यकता नहीं होती। यह एक विंदु के रूप में भी अपनी समस्त असीमित शक्तियों अथवा प्रतिभाओं को संकुचित करके स्थित रह सकती है। परंतु एक सीमायुक्त विश्व - अथवा किसी भी सीमित गुण या प्रभाव वाली वस्तु - को व्यक्त होने के लिये एक संरचना की अवश्यकता होती है। कामरूप पीठ में 'काम' शब्द का अर्थ है - इच्छा, और इच्छाओं में विशेष रूप से प्रजनन की इच्छा को ही कामेच्छा कहा जाता है। मनस तत्व अथवा चेतन ज्ञान के संदर्भ में हम इसे एक भावनात्मक अवस्था विशेष या प्रेम-बीज की अभिव्यक्ति कह सकते हैं।

कामरूप पीठ में स्वामित्व की भावना के साथ व्यक्त चेतना को स्वयंभुव लिंग कहा जाता है। इसमें स्वयंभुव शब्द परमशिव का परिचायक समझा जाता है, जबकि 'लिंग' शब्द का अर्थ है - अलक्ष स्वामी का अपने स्वामित्व के लक्षणों

के द्वारा अपना परिचय देना या लक्षित-वत प्रतीत होना। आगम में वस्तुस्थिति यही है, तथापि सामान्य व्यवहार में लिंग शब्द से नर के गुप्तांग को भी इंगित किया जाता है। दूसरी ओर, पीठ शब्द से सामान्य भाषा में यद्यपि आसन अथवा बैठने के स्थान का ही निर्देश होता है - तंत्र एवं मंत्रादि में कहीं कहीं इसका स्त्रीस्थान के रूप में भी बोधन किया गया है।

अत: अति प्राचीन काल से ही भारत में मूल प्रकृति के प्रवर्तक इस आदि युग्म से उद्भूत वैश्विक चेतना की शिवलिंग के रूप में पूजा करने का प्रचलन है जिसमें पीठ स्थानस्थ शक्ति से अहम् अथवा आत्म तत्व के रूप में उद्भूत शिव तत्व की ही एक लिंग अथवा चिन्ह के रूप में अर्चना की जाती है। भारत में प्राचीन समय से ही छोटे, मध्यम और बड़े शिवलिंगों का निर्माण और पूजा होती आई है। चार से पांच हजार पूर्व के हड़प्पा के अवशेषों में भी ऐसे अनेक शिवलिंग मिले हैं और आज भी भारत में हर दूसरे मंदिर में शक्तिपीठ पर अधिष्ठित शिवलिंग की पूजा होती है जबकि हर तीसरा मंदिर प्रधानत: शिवमंदिर ही होता है।

मूर्तिपूजा का आधार अंधविश्वास नहीं बल्कि यह ज्ञान है कि विश्व की सृष्टिकर्ता आदि चेतना सर्वत्र और सदैव विद्यमान है और हर मनुष्य अपने तरीके से उस तक अपनी बात पंहुचाने का प्रयास करने के लिये स्वतंत्र है। उसकी पूजा तथा उससे कोई प्रार्थना किसी पत्थर या पेड़ के माध्यम से भी की जा सकती है और मिट्टी, पत्थर, लकड़ी या धातु आदि से मूर्तिमान किये गये किसी रूप विशेष के माध्यम से भी। यह एक सहज सत्य है जिसको बदला नहीं जा सकता। ईश्वर या तो है, या नहीं है। अपनी इच्छा से कोई यह निर्धारित कैसे कर सकता है कि ईश्वर यहां तो है और वहां नहीं है। यह लाठी का नहीं विवेक का विषय है। इसीलिये करोड़ों हत्याओं और लाखों मंदिरों के विध्वंश के अंधकार पूर्ण इतिहास से उबर कर और सारे अन्याय को सहन करके भी - इस देश का हिन्दू आज भी अपनी आस्थाओं पर अडिग है। वह आज भी सबके हित की कामना करता है।

युगल तत्व का स्वभाव

यह सृष्टि एक कलाकार के रूप में शिव की कल्पना का प्रकाश है और शक्ति उसी कल्पना का अंतर ज्ञान या अंतर प्रकाश है जो उसी का मूर्त रूप धारण

कर लेती है। शिव का स्वभाव प्रेम एवं सकारात्मकता का है, जबकि शक्ति का स्वभाव भावना एवं नकार की दिशा में उन्मुख है। शिव-चेतना का कार्य है किसी वस्तु में निहित गुणों का प्रकाशन, संयोजन और उसकी एकत्र की अनुभूति, जबकि शक्ति का कार्य है उसके गुणों का विभाजन तथा विश्लेषण एवं उसके भेदों की अनुभूति। शिव अचल है और आकर्षण एवं संकोचन के गुणों वाला तत्व है, जबकि शक्ति चंचल है और विकर्षण एवं विस्तारण के गुण वाली है। वैश्विक चेतना के ध्रुवीकरण से एक बल क्षेत्र की उत्पत्ति होती है, जो विश्व सृष्टि का हेतु बनता है। इस बल क्षेत्र में एक ही सत वस्तु के दो भिन्न प्रवृत्तियों वाले पहलू एक अनुलंघनीय युगपत संबंध में बंधे, एक दूसरे को आधार प्रदान करते हुए अपनी अपनी दिशा में सचेष्ट रहते हैं और हजारों शक्तियों, बलों तथा क्षमताओं की सहायता से सृष्टि संबंधी हजारों व्यवसायों का नियमन करते रहते हैं। इसी को आगम में संघट्ट कहा गया है।

इस वैश्विक बल क्षेत्र में शक्ति चंचल एवं क्रियमाण ध्रुव की स्वामिनी है जो स्पंदमयी तथा तरंगायमान है। शिव तत्व स्थिर ध्रुव का स्वामी है जो इस चंचल तरंग रूपी शक्ति को आधार प्रदान करता है और यामल अवस्था में स्थित होकर अपनी पारस्परिक विपरीत दिशा से ही इसका नियमन करते हुए संपूर्ण बलक्षेत्र का संतुलन बनाये रखता है। अपनी क्रियाशीलता के कारण शक्ति इस बल क्षेत्र में हलचल उत्पन्न करती है, अत: इस हलचल से होते रहने वाले बलक्षेत्र के मान में परिवर्तनों को पुन: साम्य की दिशा में प्रेरित करने के लिये, आधुनिक भौतिक विज्ञान के नियम के अनुसार, एक संतुलनकारी विपरीत बल की आवश्यकता होती है। इस वैश्विक बलक्षेत्र में यह कार्य इसके स्थिर ध्रुव में स्थित शिव-तत्व के द्वारा संपादित होता है और बल क्षेत्र में सदैव एक यथास्थिति बनी रहती है। ऋषियों के अनुसार इसी युगल स्थान से विश्व की प्रत्येक वस्तु की उत्पत्ति होती है।

प्रकृति द्वारा सृष्ट प्रत्येक वस्तु या किसी अन्य अभिव्यक्ति में ये दोनों ही तत्व उपस्थित रहते हैं और ये एक दूसरे को आधार प्रदान करते हुए तथा परस्पर से युगपत में बद्ध रहते हुए ही अपनी-अपनी दिशा में विकास की सृष्टि करते हैं।

जो सृष्ट या व्यक्त होता है वह शिव भी होता है एवं शक्ति भी और फिर भी वह इन दोनों से अलग एक तीसरा ही होता है, जिसमें इन दोनों की साम्यावस्था होती है, जिसे इन दोनों का यामल कहा जाता है और जो इनकी

स्वाभाविक युग्मावस्था होती है। यह शून्य होकर भी एक सृष्ट्योन्मुख अवस्था होती है, जहां से दो विभिन्न असीमतायें अपनी अपनी दिशाओं में किसी भी छोटी से छोटी और बड़ी से बड़ी सीमा तक विकसित होने में सक्षम होती हैं। वास्तव में तो - जैसा कि हम आगे देखेंगे - यही सृष्ट्योन्मुख शून्य स्थान, समस्त शक्तियों, बलों एवं गुणों का भी उत्पत्ति स्थल होता है। इस शून्य की सापेक्षता के आधार पर ही विभिन्न प्रकार के गुणों तथा विषमताओं एवं उनके ज्ञान का उदय होता है।

चेतना से बलों की उत्पत्ति

अपने-अपने विभागों और कार्यों के स्पष्ट विभाजन से लैस होकर तथा युगपत संबंध के नियमों से बद्ध, शिव और शक्ति तत्व सीढ़ी दर सीढ़ी चढ़ते हुए प्रकृति के विभिन्न उद्देश्यों की पूर्ति की दिशा में बीज से अंकुर, पौधे से वृक्ष, वृक्ष से शाखा, शाखा से उपशाखा आदि के रूप में विकासमान होते रहते हैं। अगर शाखा शिव है तो पहली उपशाखा शक्ति की दिशा में होगी, अगली शिव की दिशा में और इसी प्रकार ईंट दर ईंट रखते हुए प्रकृति के प्रत्येक कार्य का बीज अपने फल की दिशा में अग्रसर होता है।

उदाहरण स्वरूप, हमारे मष्तिष्क का दाहिना भाग जो अपने सन्मुख दृष्य के अलग अलग हिस्सों को एकत्र करके इसे एक पूर्ण दृश्य के रूप में देखने का प्रयास करता है - शिव तत्व की अभिव्यक्ति कहा जायेगा, वहीं बांया भाग जो भेद दृष्टि से उस दृश्य के विवरण को समझने का और विष्लेषण करने का प्रयास करता है - शक्ति का प्रतिनिधित्व करते हुए दृष्टिगोचर होगा। पुन: मष्तिष्क के वाम भाग में स्थित ब्रोका क्षेत्र, जो क्या बोला जाये या क्या उत्तर दिया जाये इसका चुनाव व निर्णय करता है वह शिव के विभाग का कार्य करता है तथा वाम भाग में ही स्थित वर्निक क्षेत्र जो अन्य के द्वारा कही गई बात को समझने का कार्य करता है उसे शक्ति की अभिव्यक्ति समझना चाहिये।

शिव और शक्ति की यामल अवस्था - जो आत्म तत्व की अभिव्यक्ति का स्थान है - 'काम' अथवा परमेश्वर की इच्छा शक्ति की उत्पत्ति का स्थान है। यह शक्ति कारण क्षेत्र एवं कारण जगत का निर्माण करती है। इसी क्षेत्र में सभी अभिव्यक्ति को प्राप्त होने वाली वस्तुओं की परिभाषाओं और विवरण का निर्धारण हो जाता है - तभी वे सृष्ट हो सकती हैं। यह इच्छा शक्ति ही

परमेश्वर की वाह्य प्रकृति की प्रथम अभिव्यक्ति है, और यही इसके अन्य दोनों विभागों की उत्पत्ति का मूल भी होती है। अतः इच्छा शक्ति के स्पंदन की भी दो दिशायें होती हैं। इसका जो स्पंदन शिव की दिशा में होता है - उससे ज्ञान शक्ति का उदय होता है तथा इसी प्रकार इसका जो स्पंदन शक्ति की दिशा में होता है - उससे क्रिया शक्ति उदित होती है।

इच्छा, ज्ञान व क्रिया, इन तीन शक्तियों की समष्टि को ही परमशिव की वाह्य प्रकृति कहा जाता है और इन्हीं के माध्यम से वे इस विश्व की अभिव्यक्ति करते हैं। इनमें से इच्छा शक्ति आत्म तत्व एवं अहंकार का, ज्ञान शक्ति मानस पक्ष रूपी सूक्ष्म शरीर का एवं क्रिया शक्ति स्थूल अनुभव के लिये उपयुक्त भौतिक शरीर का विकास करती है।

डा. गोपीनाथ कविराज के अनुसार "ज्ञान में भेद अथवा विभाजन नहीं है, इसलिये यह चित है। यही विभिन्न वस्तुओं को जानता है और इसी में जानने की क्षमता निहित होती है। (इसे संख्या या अंकों के माध्यम से नहीं समझा जा सकता - और यही शक्ति किसी भी वस्तु अथवा प्राणी में ज्ञान प्राप्त करने के साधन वा उपकरणों के सहित उसके संपूर्ण मानस पक्ष का विकास करती है।) परंतु दूसरी ओर क्रिया का छोटे से छोटे अंशों में विभाजन किया जा सकता है (जैसे Elementary Quantum of Action, जिसे '*h*' भी लिखा जाता है) और यह ज्ञातव्य को उत्पन्न करती है। इसके कार्य के फलस्वरूप ही वस्तुएं भिन्न-भिन्न प्रतीत होती हैं। यह विमर्ष और मादा विभाग का प्रतिनिधत्व करती है एवं शरीर पक्ष है। इसको ज्ञान की ही एक प्रगाढ़ घनत्व की अवस्था समझना चाहिये"।

डा. कविराज आगे कहते हैं, "क्रिया एवं ज्ञान चेतन प्रकृति के अविभाज्य अंग हैं। ज्ञाता और ज्ञातव्य, अथवा ज्ञान एवं क्रिया, मूल धरातल पर तो एक ही हैं। जो, ये दोनों अलग प्रतीत होते हैं, यह माया का प्रभाव है (जो भेद एवं सापेक्षता की सृष्टि करता है)"। शिव और शक्ति के समान, उनकी बहिर्प्रकृतियों में भी युगपत संबंध होता है। क्रिया एवं ज्ञान एक ही संभाव्य घटना के दो पक्षों के समान हैं। दोनों ही एक दूसरे पर आश्रित हैं और इच्छा इनका संधिस्थल अथवा यामल अवस्था है, जहां से ये दोनों अलग-अलग दिशाओं में धावित हो सकती हैं। यामल स्थल के दोनों ओर ये दोनों - एक दूसरे के द्वारा संतुलित होते हुए - अपनी-अपनी दिशाओं में विस्तार को प्राप्त करते हैं।

भौतिक विज्ञान एवं इसका आधार

सृष्टि रचना के संदर्भ में अभी तक हम 'परा' क्षेत्र की ही चर्चा करते आ रहे हैं। यह एक ऐसा सूक्ष्म क्षेत्र होता है जो सृष्टि के परे स्थित रहता है। यह कारण क्षेत्र की तुलना में भी अत्यंत सूक्ष्म होता है और व्यक्त नहीं होता। यह वह क्षेत्र है जिसमें विश्व के आधार की रचना होती है और जिसमें एक बीज के समान विश्व की सिसृक्षा का उदय होता है (जो इच्छा से तनिक भिन्न एक निश्चय की, परंतु बलहीन, प्रारंभिक अवस्था है)।

अगर हम कोई बड़ा निर्माण करना चाहते हैं, विशेष रूपसे अगर हम एक विश्व का निर्माण करना चाहते हैं, तो हमें एक सुद्दढ आधार की जरूरत पड़ती है और अगर हम यह कार्य एक बल क्षेत्र के सुपुर्द कर देते हैं, तो भी हमारे लिये यह सुनिश्चित करना आवश्यक होगा कि इस बल क्षेत्र की मौलिक अवधारणा एवं आधार द्दढ और विश्वसनीय हों - तभी आगम के विश्व की सृष्टि संभव हो सकती है, जो पहले कारण और सूक्ष्म धरातलों पर उपनीत होते हुआ अंत में सापेक्ष आदान प्रदान के उपयुक्त एक ठोस भूतल पर उदीयमान हो सकता हो। यह भी सुनिश्चित करना आवश्यक होगा कि तीनों तलों में पूर्ण सामंजस्य बना रहे तथा तीनों में मौलिक गुण भी समान हों, ताकि सूचनाओं का आदान प्रदान करते हुए ये तीनों स्तर एक साथ अपना-अपना कार्य कर सकें।

आधुनिक विज्ञान के आलोक में, प्रकृतिमात्र में स्थिर और चलायमान विभाजन की तथा असीमितताओं के छोर तक जाकर भी उसके इन दो पहलुओं का एक दूसरे को संतुलित करने की बाध्यता अथवा नियम आदि की बातें हमारे विचारविदों को रहस्यवाद से प्रेरित दार्शनिक प्रगल्भता प्रतीत हो सकती है, विशेषकर यदि ये सब बातें पांच हजार वर्ष पूर्व के भारत के ऋषियों द्‌वारा कही गई हों - तथापि जो विज्ञान को धर्म समझते हैं कूटनीति नहीं, उन्हें इस प्रकार के गहन और विस्तृत अन्वेषण तथा उसके विवरण से कोई परहेज कदापि नहीं होना चाहिये - बल्कि एक प्रकार से तो उन्हें इसका स्वागत ही करना चाहिये।

भौतिक बलों के दो पहलुओं में पारस्परिक संतुलन

भौतिक विज्ञान के तीन प्रधान बलों में, जिस बल विशेष का उपयोग एक सापेक्ष दृष्टा के रूप में और इस विश्व के भोग-उपभोग की समस्त दिशाओंमें हम

हर क्षण करते रहते हैं, उसका नाम है विद्‌युत-चुम्बकत्व बल। यही प्रकाश का जनक है जिसके माध्यम से हम विश्वदर्शन करते हैं और इसी की सहायता से पदार्थ की भी सृष्टि होती है। समस्त पदार्थ परमाणुओं से बने हैं, और परमाणु में प्रोटोन, इलेक्ट्रोन तथा न्यूट्रोन के रूपमें तीन प्रकार के छोटे-बड़े कण होते हैं। इनमें से प्रोटोन में विद्‌युत का धनावेश होता है और इलेक्ट्रोन में इसी के समान परंतु इसके विपरीत आवेश, यानि ऋणात्मक आवेश, होता है।

स्थूल सृष्टि के दो प्रधान कणों में प्रकृति के मूल विभाजन के दोनों पहलुओं की उपस्थिति और उनमें परस्पर का संतुलन भी सर्वत्र एवं स्पष्ट रूप से परिलक्षित होता है। समस्त पदार्थ की रचना में - सभी शताधिक रासायनिक तत्वों में और जीवन के लिये आवश्यक तीनों अणुओं - आ.ऐन.ए., डी.ऐन.ए. और प्रोटीन में भी - इन्हीं दो प्रधान कणों में विपरीत अथवा ध्रुविकृत विभाजन के सहयोग और संतुलन के माध्यम से ही समस्त कार्य संपन्न होते हैं। क्रियमाण प्रकृति के द्‌वारा विश्व के निर्माण और संचालन में इस प्रधान बल की शक्ति का दो पहलुओं में विभाजन एवं दो प्रकार के आवेशों की सृष्टि के कार्य एक प्रकार से पराक्षेत्र (Ideational Plane) में ही हो जाते हैं। आगम के आधार पर बिना किसी संशय के हम ऐसा कह सकते हैं, जबकि भौतिक विज्ञान शास्त्री आज भी यह समझने में असमर्थ हैं कि विद्‌युत आवेशों की उत्पत्ति कब, कैसे और कहां से होती है।

केन्द्रीय बल स्ट्रौंग न्यूक्लियर फोर्स के क्षेत्र में भी हम इसी प्रकार के दो विपरीत दिशाओं में कार्यरत आकर्षण-विकर्षण की उपस्थिति और संतुलन देख सकते हैं। जिस परमाणु से पदार्थ बनते हैं, उस परमाणु की रचना लगभग उसी प्रकार की समझी जा सकती है जैसे केन्द्र में सूर्य स्थित होता है और विभिन्न दूरियों पर ग्रह उसकी परिक्रमा करते हैं। पदार्थ के परमाणु में भी उसके केन्द्र में प्रोटोन अथवा प्रोटोनों एवं न्यूट्रोनों का एक झुंड होता है तथा इलेक्ट्रोन एकाधिक परिधियों में उसके चक्कर लगाते हैं। जो केन्द्रीय बल, केन्द्र में प्रोटोनों एवं न्यूट्रोनों को एक साथ बांध कर नियोजित करता है - इस स्तर की इकाई दूरी (1.0 fm) पर उसका आकर्षण बल विद्‌युत-चुम्बकीय बल से सौगुणा अधिक हो जाता है ताकि अगर सौ प्रोटोनों को भी एक साथ बांधना पड़े तो भी उनके मध्य के धनात्मक आवेश को अभिभूत करके एक स्थिर के समान केन्द्र का नियोजन किया जा सके। परंतु जब दो कणों के मध्य की दूरी इस इकाई की सत्तर प्रतिशत रह जाती है, तो यही बल विकर्षण के बल में बदल जाता है

और इस प्रकार प्रोटोन आदि की व्यक्तिगत इकाई की मर्यादा का उलंघन संभव नहीं हो पाता।

अब हम भौतिकी के तीसरे प्रधान बल 'गुरुत्वाकर्षण' पर आते हैं। गुरुत्वाकर्षण वह शक्ति है जो हमें इस पृथ्वी से तथा पृथ्वी को सूर्य एवं वाह्य विश्व से बांध कर रखती है। भौतिक विज्ञानियों के अनुसार अवश्य ही ऐसा कोई सिद्धांत पृष्ठभूमि में कार्यरत है जो गुरुत्वाकर्षण की विपरीत दिशा में प्रभावी है, अन्यथा बहुत पहले ही इस विश्व को अपने ही ऊपर ढह जाना चाहिये था। उनकी यह भी धारणा है कि शून्य में एक ऐसी शक्ति निवास करती है जिसके प्रभाव से बिना भौतिक अस्तित्व ग्रहण किये ही पदार्थ के मौलिक कण - जैसे शून्य क्षेत्र में क्षणिक उदय-अस्त को प्राप्त होते रहते हैं। ऐसा प्रतीत होता है कि कणों की यह क्षणिक उपस्थिति भी विश्व की सम्मिलित ऊर्जा के घनत्व को प्रभावित करती है। अनेक भौतिक विज्ञानी यह सोचते हैं कि यह शून्य में छिपी ऊर्जा ही गुरुत्वाकर्षण के विरुद्ध जाकर विश्व को अपने ही ऊपर ढह जाने से रोकती है। परंतु कुछ विज्ञानविदों की यह भी मान्यता है कि गुरुत्वाकर्षण की शक्ति ही एक सीमा के पश्चात विकर्षण उत्पन्न करना प्रारंभ कर देती है और यह विश्व को ढ़हने (या collapse करने) नहीं देती।

हेजेनबर्ग की अनिश्चितता और ऋषियों का युगपत

आकर्षण और विकर्षण के नियंत्रण के माध्यम से प्रत्येक सृष्ट वस्तु या क्षेत्र के उपयोग का मार्ग प्रशस्त करते हुए और उसके अस्तित्व को अर्थ प्रदान करते हुए - मूल प्रकृति के दो पहलुओं के समान - आगम के ये दो प्रधान तत्व अपने यामल स्थान में संयुक्त रहते हुए अपने-अपने गुणों का विकास तथा दायित्वों का निर्वाह करने के लिये स्वतंत्र होते हैं। इनका आपसी सहयोग, इनका दो परस्पर विरुद्ध दिशाओं में सदैव धावमान होते रहने का स्वभाव तथा प्रत्येक की अपने स्वभाव के अनुरूप प्राप्त स्वतंत्रता से ही किसी वस्तु या क्षेत्र आदि की अभिव्यक्ति संभव हो पाती है।

किसी भी वस्तु या क्षेत्र के लिये ऊर्जा के शून्य से सकारात्मक दिशा में अथवा 'स्वयं' के साकार होने की दिशा में अग्रसर होने के लिये दो दिशाओं की और उनमें धावित होने के लिये दो उपयुक्त प्रधानों की उपस्थिति अनिवार्य है। यह भी स्पष्ट प्रतीत होता है कि यद्यपि ये साथ-साथ और समानांतर गमन करते हैं, पर ये एक दूसरे को प्रत्येक विंदु पर सीधे तथा लंबवत रूप से प्रभावित

करते हैं। अन्यथा या तो कुछ व्यक्त ही नहीं हो पायेगा या वह व्यक्त होते ही सब दिशाओं में असीम की ओर बढ़ने लगेगा। प्रकृति में इसकी आधार भूमि से ही एक ऐसे प्रभावी नियम या व्यवस्था की उपस्थिति के कारण ही हेजेनबर्ग के आविष्कृत अनिश्चितता के नियम को हम भौतिकी के सभी प्रसंगों में प्रयुक्त करने के लिये बाध्य होते हैं।

तथापि यह दो की उपस्थिति की अनिवार्यता या संधिस्थल वाला नियम, एक प्रकार से प्रकृति के जच्चा-बच्चा विभाग (nursery) का ही नियम है। इस विभाग की यंत्र आदि के माध्यम से ज्यादा खोजबीन शायद प्रकृति को पसंद नहीं है। किसी स्वभाव या क्षेत्र आदि की किसी भी एक दिशा में एक सीमा से अधिक गहनता का ज्ञान कर पाना कठिन है, उससे दूसरी दिशा अनिश्चित के समान हो जाती है। इसी को अनिश्चितता का सिद्धांत कहा जाता है। सृष्टि के संधि-स्थल से संबंधित यह मौलिक सिद्धांत भौतिक जगत में भी कार्य करते हुए दिखाई पड़ता है।

यह सर्वविदित है कि पदार्थ का कोई भी कण, कण होते हुए भी तरंगवत आचरण कर सकता है। यह भी सर्वविदित है कि कणों के झुंड अनिश्चितता के नियम की रक्षा करते हैं परंतु व्यक्ति कण के क्षेत्र में इस भौतिक व्यापार को अत्यधिक समीप से देख पाना संभव नहीं है, जैसे मनुष्यों के वाशरूम में कैमरा लगाना मना है, वैसे ही अपने Changing Room या प्रजनन के क्षेत्र - व्यक्ति कण के क्षेत्र - में कैमरा लगाने की अनुमति प्रकृति भी नही देती। वैसी स्थित में पदार्थ का कण तरंग के रूप में स्पंदन करना बंद कर देता है (जैसे किसी गृहणी ने किसी अवांछित तत्व के सन्मुख अपने गृह का द्वार बंद कर दिया हो) (परिशिष्ट-१ देखें)।

जो स्वाभाविक है

यद्यपि अभी तक हम आगम के परा क्षेत्र में ही हैं जो इतना सूक्ष्म है कि पदार्थ तो दूर की बात होगी वहां विचार का उत्पन्न होना भी संभव नहीं है तथापि जैसा कि हम कह चुके हैं, अचल शिव तथा चंचला शक्ति दोनों ही स्वभाव से ही सीमा विहीन तत्व हैं। इसलिये यह बिल्कुल भी आश्चर्य की बात नहीं है कि भौतिक विज्ञान की दोनों प्रधान क्वांटम फील्ड थ्योरियों की गणनाओं के अंत में, जिनमें अनिश्चितता के सिद्धांत को शामिल करना आवश्यक है, अनेकों अंतहीन राशियां भी उत्पन्न हो जाती हैं। इनसे पीछा छुडाने के लिये

भौतिक विज्ञानविद एक रिनौर्मलाइजेशन नाम की प्रक्रिया का सहारा लेते हैं (परिशिष्ट-२)। परंतु जैसे अपने ही वैज्ञानिकों की अनेक महत्वपूर्ण खोजों के समन्वय रूप एक संभावित निष्कर्ष 'मानव-सिद्धांत' (Anthropic Principle) को (परिशिष्ट-३) अनेक विज्ञानविद संशय से युक्त मानते हैं, वैसे ही इस रिनौर्मलाइजेशन नाम की प्रक्रिया को भी संशययुक्त ही समझा जाता है तथापि इस प्रक्रिया में वास्तव में दोषयुक्त कुछ भी नहीं है और भौतिकी की सारी गणनाओं में सर्वत्र इनका सटीक प्रयोग भी होता है।

इस संदर्भ में संशय की बात आधारभूत संरचनाओं के अज्ञानवश ही उठाई जाती है, यह स्पष्ट है - क्योंकि केवल पराक्षेत्र में ही कोई असीमता रह सकती है - यह सृष्टि में व्यक्त नहीं हो सकती। किसी भी अभिव्यक्ति में उसके दो पहलुओं के मध्य समस्त असीमित संख्याएं स्वत: विनष्ट होकर बाहर निकल जाती हैं। आगम के प्रकाश में यही स्वाभाविक है तथा इसमें कुछ भी संशयात्मक नहीं है। दूसरी ओर, आवश्यकता होने पर प्रकृति के इन दो प्रधान पहलुओं में से एक पहलू दूसरे को संतुलित करने के लिये शून्य के पश्चात, दसमलव के उस पार १०७ बिंदुओं तक जाते हुए भी परिलक्षित होता है (परिशिष्ट-४)। विज्ञानविदों को इस प्रकार का संतुलन अकल्पनीय के सदृश (paradoxical) प्रतीत होता है, पर आगम के सिद्धांतानुसार इसे भी उतना ही स्वाभाविक समझा जाना चाहिये।

परा क्षेत्र के तीन प्रधान

संवित विज्ञान के सृष्टि-प्रकरण में हमने अभी तक परा क्षेत्र एवं इसके तीन प्रधानों के बारे में ही बताया है। इनमें से शिव और शक्ति दोनों तत्व-स्थानीय हैं, जिनके स्वभावों और संबंधों की भी हमने विशेष रूप से चर्चा की है। इन दो प्रधान तत्वों की यामल अवस्था ही, जो इनकी युक्तावस्था की वह अवस्था है जिसमें इन दोनों का ही समान बल में समावेश होता है, त्रिक दर्शन का तीसरा प्रधान है। शैव आगमों के अनुसार इस दर्शन के ये तीन प्रधान ही अपनी-अपनी प्रकृतियों की सहायता से इस 'विश्व के' तथा इसकी प्रत्येक 'वस्तु के' "रूप" में अभिव्यक्त होते हैं। इनमें से यामल कारण भूमि एवं आत्म तत्व के रूप में, शिव मध्य-भूमि एवं मानस पक्ष के रूप में तथा शक्ति स्थूल-भूमि एवं भौतिक शरीर के रूप में विकास को प्राप्त होते हैं। जैसा कि हम कह चुके हैं, शिव और

शक्ति की यामल अवस्था में ही सृष्टि का बीज निहित होता है और प्रधान रूप से उसी की अभिव्यक्ति होती है। त्रिक दर्शन के इसी प्रधान को ईसाई मतावलंबियों में मान्यता प्राप्त होली ट्रिनिटी में पुत्र (Son) कहकर संबोधित किया गया है, जबकि शिव का पिता (Father) तथा शक्ति का अंतर की चेतना (The Holy Spirit) के नामों से वर्णन हुआ है।

विश्व में उत्पन्न होने वाले सभी बल-क्षेत्रों तथा समस्त शक्तियों के उद्‌गम के स्थल 'परा-क्षेत्र' में अवस्थित यह यामल अवस्था ही इन तीन प्रधानों के द्‌वारा निर्मित कामरूप पीठ के नाम से विख्यात मौलिक संरचना है। यही त्रिमूर्ति एक क्रीड़ा के रूप में अपने आमोद के लिये अपनी बहिर्प्रकृति की सहायता से एक बहिर्क्षेत्र का निर्माण करती है। त्रिमूर्ति के तीन प्रधानों की बहिर्प्रकृतियों की हम संक्षेप में चर्चा कर चुके हैं। यामल में स्थित युग्म की बहिर्प्रकृति ही 'इच्छा' शक्ति कही जाती है जबकि शिव की प्रकृति 'ज्ञान' तथा शक्ति की बहिर्प्रकृति 'क्रिया' ख्यातनामा होती है। श्री कविराज के अनुसार यही तीन चेतन प्रकृतियां, स्थूल जगत में गुरुत्वाकर्षण इत्यादि उन तीन मुख्य बल क्षेत्रों को उत्पन्न करती हैं जिनकी हम चर्चा कर चुके हैं।

परमशिव की कला के सहयोग से तथा अपनी इन तीन बहिर्प्रक्रतियों के माध्यम से अव्यक्त परा क्षेत्र में स्थित यही त्रिदेव, क्रमश: अधिकाधिक घनत्व का विकास करते हुए और कारण एवं सूक्ष्म धरातलों का निर्माण करते हुए, अंत में भौतिक तल पर पदार्थ के कणों के रूप में अवतरित हो जाते हैं। संभवतया यही कारण है कि हम देखते हैं कि पदार्थ के तीन कण होते हैं, मौलिक कणों के क्षेत्र में भी क्वार्क तथा लेप्टोन दोनों के तीन तीन परिवार होते हैं, और प्रोटोन तथा न्यूट्रोन में भी ठीक तीन तीन क्वार्क ही पाये जाते हैं। संवित विज्ञानविदों का कहना है कि प्रधान खिलाड़ी ये तीन ही रहते हैं तथापि स्तरों तथा संदर्भों के अनुसार उनके रूप और उनकी वेशभूषा बदलती रहती है।

अंत: प्रकृति का कार्य क्षेत्र

हम बता चुके हैं कि ऋषियों के अनुसार संवित की चेतना के अभिव्यंजन के क्षेत्र में शिव तटस्थ रहते हैं तथा सारे विकास, परिवर्तन और अभिव्यक्तियां एक प्रकार से शक्ति के क्षेत्र में ही घटित होते हैं, जो ऊर्जा का क्षेत्र भी है। उनका कहना है कि यह विश्व शिव की अभिव्यंजना (Expression) है जबकि शक्ति उसकी अभिव्यक्ति अथवा शरीर है।

एक कलाकार अथवा अभिव्यंजक के रूप में शिव अपनी अभिव्यंजना अथवा कलाकृति से अलग रहते हुए उसकी अवधारणा करते हैं और उसको आधार प्रदान करते हैं। इस अभिव्यंजना अथवा कलाकृति में जो भी परिवर्तन होते हैं, वे उसके शरीर विभाग में - ऊर्जा और शक्ति के क्षेत्र में ही होते हैं, शिव जिसके दृष्टा मात्र बनकर स्थित बने रहते हैं। तथापि शक्ति केवल ऊर्जा नहीं होती - शिव के ज्ञान के प्रकाश से संयुक्त होने के कारण इसमें सदैव एक अंतर की चेतना का वास रहता है जिसके द्वारा यह समस्त दृष्टा उपभोक्ताओं के अनुभव का विषय बनती है। दूसरी ओर, उसकी यही अंतर्चेतना प्रत्येक वस्तु में अलग-अलग भी और समष्टि की अंतर्चेतना (The Holy Spirit) के रूप में भी अवस्थित रहती है।

हमारी इस आगम पर आधारित गाथा में अभी तक कुछ भी अभिव्यक्त नहीं हुआ है अत: कोई क्रम भी नहीं है। निष्कल की अंतर्चेतना में स्पंदन का उदय और इसका चित एवं आनंद के रूप में तथा नर एवं मादा तत्वों के रूप में ध्रुवीकरण - ऋषियों के अनुसार - एक साथ घटित होने वाली एक ही घटना है। जो स्पंदनमय है, वही ऊर्जा के रूप में आकार को प्राप्त होने वाला तथा अनुभव प्रदान करने वाला आनंद-तत्व, शक्ति अथवा मादा पक्ष वाला ध्रुव बन जाता है, जबकि ज्ञान के प्रकाश की ऊर्जा का जनक चित, शिव तत्व अथवा नर पक्ष वाले ध्रुव के रूप में अचल होकर स्थित हो जाता है। चित से विकिरण के रूप मे निकलने वाली यह प्रकाशमयी ऊर्जा चित शक्ति कही जाती है। यह शिव अथवा चित संवित रूपी अंतर्चेतना का वह विभाग है जो वस्तुओं एवं दृष्यों के संपर्क में आने पर अनेक प्रकार के सबंधित ज्ञान के रूप में उदित होता है। ये दोनों शक्तियां, चित शक्ति एवं आनंद या अनुभव शक्ति, वैश्विक तथा वैयक्तिक दोनों प्रकार की अंत:प्रकृति के रूप में अवस्थित होती हैं।

पाठक वृंद समझ सकते हैं कि यहां हम चांद तारों या अंधविश्वासों की बात नहीं कर रहे हैं बल्कि कणों, अणु-परमाणुओं, उन्हें प्रभावित करने वाले बलों और उनसे संबंधित अन्य विशेषताओं की ही बात कर रहे हैं और ऋषियों के अन्वेषण के आधार पर उन्हीं को समझने का प्रयास कर रहे हैं। साथ ही साथ हम यह भी देखने का प्रयास कर रहे हैं कि क्या आधुनिक विज्ञान के द्वारा ज्ञात किये गये पदार्थ के गुणों को आगम के द्वारा अनेक पूर्व घोषित गुणों के आधार पर पूर्वघोषित समझना उचित अथवा अनुचित कहा जा सकता है।

द्वंद्वात्मकता की प्रथा: कण भी एवं तरंग भी

जैसा हम कह चुके हैं, कि न तो शिव व्यक्त होते हैं और न ही शक्ति - बल्कि दोनों की युग्मावस्था ही व्यक्त होती है। एक प्रकार से तो हम कह सकते है कि यह बीज ही व्यक्त होता है, जो इनकी यामल अवस्था या दोनों तत्वों की समान बलों में उपस्थिति के संधिस्थल से निष्कृत होता है। कारण और मध्य क्षेत्र के उपरांत भौतिक ऊर्जा वाले स्थूल क्षेत्र में भी इस बीज की ही अभिव्यक्ति होती है। पदार्थ के कण में अवस्थित शिव तत्व इसके रूप और आकार की अभिव्यक्ति तो करता ही है, यह इसे स्थिति का गुण भी प्रदान करता है। दूसरी ओर, स्पंदन से युक्त ऊर्जा के माध्यम से इसके शरीर के रूप में अवस्थित शक्ति तत्व इसमें तरंग गुण के रूप में परिलक्षित होता है। दो पृष्ठों वाले सिक्के के समान पदार्थ के कण का दूसरा पृष्ठ यदि दृष्टिपथ में आता है तो यही कण तब तरंगवत आचरण करते हुआ दृष्टिगोचर होता है।

जब भौतिक विज्ञानविदों को पहली बार पदार्थ की इस दोमुखी प्रकृति का ज्ञान हुआ तो यह उनके लिये एक अत्यंत आश्चर्य का विषय था। यह प्रकृति के दोहरे स्वभाव से उनका पहला साक्षात्कार था। क्वांटम थ्योरी के जनकों में से एक वर्नर हेजेनबर्ग ने १९२७ में पदार्थ के स्थिति वाले गुण को ध्यान में रखते हुए जिस क्वांटम मेकानिक्स की रचना की, वह अपने नाम के अनुसार घटना के दृश्यमान पहलू (Perceptible 'aspect') को ध्यान में रखकर बनाया गया था।

वहीं दूसरी ओर ईरविन श्रौडिंगर के अनुसार देश-काल के परिप्रेक्ष्य में किसी परमाणु के अंदर स्थित एक इलेक्ट्रोन को सतत क्रियमाण एक आवेशयुक्त और स्पंदायमान बादल के समान समझा जा सकता था जिसे एक तरंग के गणित से अंकित या परिगणित किया जा सके। अत: ईरविन श्रौडिंगर ने पदार्थ में अवस्थित ऊर्जा को ध्यान में रखते हुए अपना मेकानिक्स बनाया था - और ये दोनों मेकानिक्स ही सही गणना करने में समर्थ थे, दोनों ही ठीक थे। पदार्थ के कण में वह भी है जो मानस पक्ष है जो देखता है और वह भी है जो शरीर पक्ष है जिसका अनुभव होता है। और ये दो विभाग अथवा दो चेहरे उसे अपने दो जनकों से, अथवा एक जनक-युग्म से, एक बीज के रूप में प्राप्त होते हैं।

अव्यक्त से अभिव्यक्ति की ओर

पराशक्ति जो परमशिव की मूल प्रकृति है एक स्पंद के रूप में उदित होकर उसकी चेतना अथवा अंतर के आकाश का ध्रुवीकरण कर देती है। इससे एक संवित की सृष्टि होती है जिसमें वाह्य के ज्ञान एवं अंतर के ज्ञान (अनुभव) का विभाजन हो जाता है। चेतना एक ही रहती है पर अब उसमें एक हृदय और मष्तिष्क के समान विभाजन की अनुभूति होती है। इसके द्वारा एक दो विभिन्न दिशाओं में कार्यरत बल क्षेत्र का सृजन होता है। तत्पश्चात यही ध्रुवीकृत बल क्षेत्र एक वैश्विक बल क्षेत्र के रूप में कार्य करना प्रारंभ कर देता है। इस ध्रुवीकृत क्षेत्र के मध्यस्थल में अंबिका एवं शांता नामों से अभिहित शक्ति समष्टियों के द्वारा कामरूप पीठ नामक जिस संरचना का निर्माण होता है, उसी बल क्षेत्र रूपी संरचना में आदिशक्ति से उद्भूत स्पंदायमान ऊर्जा एक सृष्टिबीज के रूप में कार्यान्वित हो जाती है।

इस विशाल परंतु सीमित विश्व में कोई ऐसा स्थान नहीं है जो दो असीम एवं नित्य शक्तियों के मध्य कार्यरत इस प्राथमिक बल क्षेत्र की परिधि से परे हो। इस व्यापक सृष्टिप्रवाह के मध्य 'पीठ' वह द्वीप अथवा बिन्दु है, जहां दोनों शक्तियों के पूर्ण साम्य से एक शून्य के समान अवस्था उत्पन्न होती रहती है - जिसमें संवित का 'एक कण' नित्य, पूर्ण, एवं विंदुस्वरूप 'सत' के प्रतिबिंब के रूप में भासमान हो जाता है। पीठ का कार्य है संवित के कण को एक आसन प्रदान करना जो सर्वथा स्थिर हो एवं इसे हम किसी भी वस्तु के लिये उसका स्वामित्व विंदु अथवा उस संवित कण का आसन स्थान कह सकते हैं, जो उस वस्तु को 'यह मैं हूं' की भावना से जानता है। इस 'संवित' को केवल इसके लक्षणों की उपस्थिति से जाना जा सकता है अत: ऋषियों द्वारा इसे लिंग शब्द से संबोधित किया गया है। अव्यक्त परा क्षेत्र में आविर्भूत कामरूप पीठ में उपनीत होने वाले संवित को स्वयंभुव कहा जाता है, जिसका अर्थ होता है स्वत:उत्पन्न अथवा जो किसी अन्य से (किसी युग्म से) उत्पन्न न हुआ हो। अपनी ही शांत्यातीत कला की सहायता से एक प्रकार से परमशिव ही आत्म रूप से प्रकाशित होते हैं।

स्वयंभुव को हम परा संवित अथवा समस्त विश्व के अंतर-वाह्य दोनों ज्ञानों की स्वामी चेतना भी समझ सकते हैं तथापि यह अविभाज्य संवित है जो समस्त तत्वों से परे है, अत: समस्त तत्वों के जनक इस आत्म तत्व की गणना शैवागम के ऋषियों द्वारा तत्वों में नहीं की गई है। परासंवित अथवा

परमात्मा इस स्वयंभुव स्थान से अपने दो असीम एवं परस्पर के सहयोगी-अवरोधी प्रधानों की हजारों प्रकार की विभिन्न क्षमताओं के द्वारा उद्भूत एक असीम क्षमतावान बलक्षेत्र के स्वामित्व की उपाधि से युक्त होकर - एक सृष्टि बीज के रूप में व्यक्त होने के लिये, अथवा अवतरित होने के लिये - हमारे गाथाक्रम के अनुसार, अब प्रस्तुत के समान हैं।

आधुनिक विज्ञान की शब्दावली के अनुरूप अगर हम उपरोक्त बल क्षेत्र को समझनें का प्रयास करें, तो हम इसे एक ऐसी मैट्रिक्स के रूप में देख सकते हैं जिसमें हजारों विभिन्न क्षमता वाली शक्ति तरंगें पूर्व से पश्चिम समतल दिशा में (along X-axis) कार्यों की उत्पत्ति करते हुए धावमान होती रहती हों, जबकि उत्तर से दक्षिण दिशा में इसी प्रकार उनके इन कार्यों को निर्देशित एवं परभाषित करती हुई हजारों प्रस्तावनायें निम्न दिशा में (along Y-axis) अवतरण करते हुए उपस्थित रहती हों। विभिन्न कार्यों की सृष्टि करते हुए स्पंदायमान शक्ति (ऊर्जा) इस बलक्षेत्र को असंतुलित करते हुए धावित होती रहती है तथा अचल शिव इसका उपचार करते हुए साम्य को कायम रखते हैं। दूसरी ओर चेतन आत्मतत्व के रूप में स्वयंभुव इस सृष्ट्योन्मुख बलक्षेत्र का अपने मन और मस्तिष्क के समान उपयोग करते हुए स्थित होते हैं।

बुद्धि से युक्त मानव की सृष्टि की ओर

परमेश्वर की परा शक्ति एक स्पंद के रूप में उदित होकर पहले उसके निद्रा के समान 'निमेष' का अवसान करते हुए उसकी चेतना का ध्रुवीकरण करती है और फिर एक नये 'उन्मेष' का सूत्रपात करते हुए उसके लिये मन एवं मस्तिष्क दोनों से युक्त उसके अपने ही शरीर के समान अवस्थित हो जाती है। शक्ति के द्वारा प्रायोजित इसी बल क्षेत्र में विश्व-सृष्टि की अवधारणा एक बीज के रूप में जन्म लेती है और स्वयंभुव के रूप में परमात्म तत्व इसकी अधिष्ठात्री चेतना का स्थान ग्रहण कर लेता है। यही स्वयंभुव पुत्र अथवा संतति के रूप में समस्त सृष्ट वस्तुओं में भी आत्म तत्व के रूप में स्थान ग्रहण करता है।

इसी तीन प्रधानों से सज्जित कामरूप पीठ नामक प्राथमिक संरचना से इच्छा, ज्ञान एवं क्रिया समन्वित परमेश्वर की बहिर्प्रकृति का उदय होता है जो इस सृष्टि बीज के अंकुरित होकर विकसित होते हुए एक अत्यंत विशाल वृक्ष के सद्दश विश्व का रूप धारण करनें में सहायक होती है। इस बीज के विकास प्राप्ति

की प्रक्रिया में एक ऐसा समय आता है जब अनेक योग्यताओं का अर्जन करते हुए तथा सबसे आखिरी दहलीज का भी उल्लंघन करते हुए मानव के रूप में यह बीज एक बुद्धि-विवेक से युक्त प्राणी (Homo Sapiens) कहलाने का अधिकार प्राप्त कर लेता है। यह प्राणी हर वस्तु को एक विशेष नाम से भूषित करते हुए उसे अन्य वस्तुओं से अलग करने के लिये सतत प्रयत्नशील रहता है। इस दृश्यमान जगत का संसार अथवा विश्व के नाम से वर्णन करते हुए वह इसके सतत उपभोग के लिये भी उत्सुक एवं सैकडों प्रकार से उद्योगशील रहता है।

पराक्षेत्र के नाम से वर्णित इस अव्यक्त भूमि पर विचार का उदय संभव नहीं है, यहां मात्र आत्मप्रेरणा ही कार्य कर सकती है। ऋषियों के अनुसार, अब इस पहली दहलीज को पार करके यह सृष्टि बीज व्यक्त होने के लिये प्रस्तुत के समान है। जैसे जैसे सृष्ट्योन्मुखी बिन्दु रूपी अपितु ध्रुवीकृत परम चेतना के अंतराल में बहिर्मुखी बिन्दु से, विकर्षण प्रधान अंतर्मुखी बिन्दु दूर हटता है, यह एक अधिकाधिक घनत्वों के उपक्षेत्रों की परंपरा का भी सृजन करते हुए अग्रसर होता है। अव्यक्त से व्यक्त की दिशामें, क्रमश: अधिकाधिक अभिव्यक्ति की दिशा में, परम चेतन की इस यात्रा के प्रारंभ ही में इसकी वाह्य प्रकृति की अभिव्यक्ति भी प्रारंभ हो जाती है, जो सर्वप्रथम कारण भूमि का निर्माण करती है (चित्र-१ देखें)।

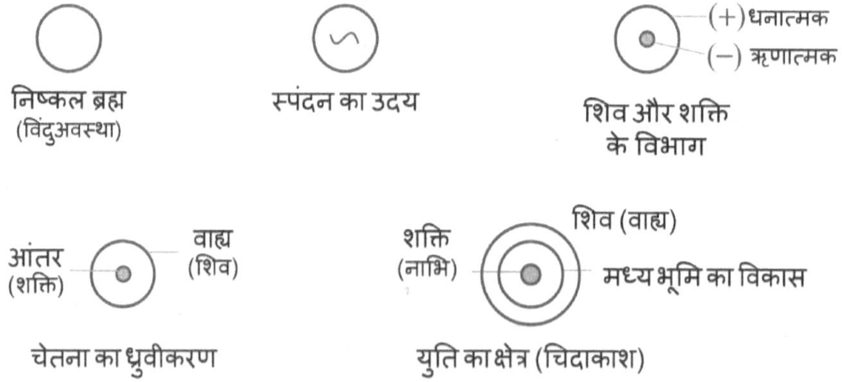

चित्र - १ सृष्टि का प्रारंभ

सृष्टि-बीज का वपन

इच्छा, ज्ञान एवं क्रिया रूपी परमशिव की बहिर्प्रकृति की समष्टि को ऋषियों द्वारा महामाया भी कहा गया है, जिसका अर्थ है एक महान जादूगरनी जो

सबको सम्मोहित कर सकती है। यह अपने पहले तीन कदमों में कारण भूमि की सृष्टि करते हुए इस प्रकार अवतरित होती है कि इसके प्रत्येक कदम पर इसकी एक एक प्रकृति का प्रथम प्रकाशन होते चलता है। इसका मुख्य उद्देश्य होता है चेतना में विकासोन्मुख दृष्टा पक्ष के लिये एक बहिर्दिशा एवं एक 'अपने से अन्य' की अनुभूति का विकास करना।

परमशिव की चेतना में जब एक विश्वरूपी अवधारणा का उदय होता है, तब इस चेतना का ज्ञाता और अनुभूत में (मन और शरीर में) एवं नर और मादा अंशों में विभाजन हो जाता है। यह अवधारणा एक स्वत: उत्पन्न आत्मप्रेरणा के समान होती है, जिसमें धनात्मक एवं प्रकाशरूपी शिव अंश जो दृष्टा और ज्ञाता होता है - अपनी इस अवधारणा का, कि विश्व के रूप में वह क्या देखना या अनुभूत करना चाहता है आत्मप्रकाश करने के हेतु संकल्प करता है, 'बहुष्यामि, प्रजायेय', 'मैं अनेक हो जाऊं, मेरी संतानरूपी प्रजा की उत्पत्ति हो जाए'। ऋषियों के अनुसार उसकी यह सिसृक्षा शक्ति-तत्व के गर्भाधान के समान है। कविराज जी के अनुसार यह प्रकाश का विमर्श में अनुप्रवेश है। शक्ति रूपी विमर्ष ऋणात्मक है। यह ऊर्जा भी है तथा अंतर का ज्ञान भी है। 'धनात्मक प्रकाश' ऋणात्मक विमर्श को अभिभूत करता है और अपने संकल्प से शक्ति तत्व को सृष्टि की दिशा में क्रियमाण करते हुए यह उसमें अपनी विश्व-सृष्टि की सिसृक्षा का बीजांश भी छोड़ देता है।

शक्ति के गर्भ में एक बीज के रूप में परिणति को प्राप्त होते हुए यह सिसृक्षा उत्तरोत्तर बलवान होती जाती है तथा उससे ताल मिलाते हुए और अधिकाधिक अनुकंपित होते हुए पहले से ही स्पंदायमान शक्ति तत्व के तंतुओं में विमर्षण की दिशा में खिंचाव और तनाव भी उसी अनुपात में वृद्धि को प्राप्त होते रहते हैं। पराक्षेत्र में परासंवित के अवकाश में जिसे चिदाकाश कहा जाता है - जिसमें वैश्विक बलक्षेत्र उत्पन्न होता है - अब एक घनत्वयुक्त एवं तनावयुक्त उपक्षेत्र का विकास होने लगता है। एक ऐसी स्थिति आ जाती है कि इस सृष्टि बीज का निर्गमन आवश्यक हो जाता है।

कारण भूमि पर अवतरण

सृष्टि बीज के बहिर्निष्कासन का कार्य चित शक्ति की सहायक व्योम वामेश्वरी शक्ति के द्वारा संपादित होता है। वाम के दो अर्थ होते हैं - वमन और बायीं ओर, जबकि व्योम का अर्थ है आकाश। चेतना में एक दूसरे एवं अपेक्षाकृत

निचले आकाश की सृष्टि में इसकी महत्वपूर्ण भूमिका है। यह मात्र सर्वप्रथम 'व्यक्त' आकाश का ही नहीं अपितु उसके साथ अनेक उप-शक्तियों और बलों तथा विकासोन्मुख सृष्टि बीज का भी वमन करती है। यह अपने साथ सृष्टि के प्रवाह एवं उसके संवेग को वाम से दाहिनी दिशा में गमन करने वाले एक वर्तुलाकार पथ पर स्थापित कर देती है जो समय के साथ उर्ध्व दिशा में सर्पिल तलक्षेत्रों का निर्माण करते हुए अग्रसर होता रहता है (चित्र-३ व ७)।

व्योम वामेश्वरी द्वारा निष्कासित आकाश को आगम में महा शून्य कहा गया है। इस क्षेत्र में सृजन की ओर उन्मुख स्पंदायमान ऊर्जा अब दो विभिन्न दिशाओं में एक साथ कार्यरत प्रभाव वाली, 'प्राणशक्ति' के रूप मे परिणत हो जाती है। इस जीवंत के समान स्पंदनमयी ऊर्जा से जो इस महाशून्य के शरीर स्थानीय होती है. एक स्पंदन ध्वनि भी निसृत होती रहती है, जिसे ऋषि समुदाय नाद के नाम से वर्णित करते हैं। नाद का अर्थ है प्रसर अथवा फैलना और उत्पन्न होते ही यह स्पंदायमान ध्वनि समस्त दिशाओं की और हर ओर अवकाश की भी सृष्टि करते हुए, प्रसर करना आरंभ कर देती है।

आत्मकण: शरीर प्राप्ति का अनुमति पत्र

परा क्षेत्र से बाहर सर्वप्रथम स्वयंभुव अथवा युग्म की अभिव्यक्ति होती है जो आधार स्वरूप कारण भूमि का विकास करता है और जिसकी प्रकृति का नाम है इच्छा शक्ति तथापि, बहिर्प्रकृति अपने तीनों विभागों के साथ ही उदीयमान होती है और प्रत्येक प्रकृति एक क्रमिक रूप से अपने-अपने विभागों का विकास करते हुए प्रकाशित होती है।

अपनी बहिर्प्रकृति इच्छा शक्ति के साथ यामल रूप में अवस्थित दिव्य युगल कारण भूमि पर एक गुंजायमान ध्वनि नाद के रूप में अवतरण करता है, आगम में जिसकी संज्ञा तीसरे तत्व की होती है और जो अवतरित होते ही हर ओर एक अवकाश की सृष्टि करते हुए प्रसर करना आरंभ कर देता है। सर्वप्रथम यहां शक्ति तत्व अपनी अंतर दिशा के ज्ञान का, जो अनुभव प्रदान करने में समर्थ होता है - उसका पूर्ण संकुचन अथवा संकर्षण कर लेती है, जिसके फलस्वरूप इस महाशून्य में कुछ भी देखने या अनुभव करने के लिये शेष नहीं रहता, एक पूर्णतया स्वच्छ पटल की सृष्टि हो जाती है और अंत:चेतना एक बिन्दु का रूप ग्रहण कर लेती है। अब दृष्टा रूपी शिव का आनंद रूपी अनुभव लुप्त हो जाता

है और उसके स्थान पर उसे मात्र शून्य आकाश की प्रतीति होती है एवं वह उस महाशून्य को ही 'मैं यह हूं' इस प्रकार समझने लगता है।

इस समस्त रंजनाओं से विहीन नाद को एवं इस ज्ञान को कि 'मैं यह हूं', आगम शास्त्रों में तीसरे तत्व का स्थान दिया गया है। यह तत्व आत्मा की अवधारणा को जन्म देता है जो एक 'मैं' अथवा 'स्वयं' के स्थान पर अवस्थित हो जाती है। यह आत्म कण अथवा 'मैं' ही इकाई अथवा व्यक्ति स्थान में स्थित प्रधान है जिसका आश्रय लेकर और जिसके एक स्वच्छ पट्ट वाले अनुमति पत्र के समान उसके दो पृष्ठों के रूप में मन और शरीर से अभिव्यक्ति को प्राप्त कोई वस्तु अथवा बल क्षेत्र अस्तित्ववान हो सकते हैं। यह आत्म कण किसी इकाई (व्यक्ति) से भी संलग्न होकर 'मैं यह हूं' के ज्ञान से युक्त हो सकता है और किसी समष्टि से भी। जैसे एक मधुमक्खी भी यह अनुभव कर सकती है कि 'मैं यह हूं' और किसी आत्म कण से युक्त होकर इन मधुमक्खियों का ही कोई छत्ता भी ऐसा अनुभव कर सकता है कि 'मैं यह हूं'। विविधता की सृष्टि की दिशा में यह आत्मा की अवधारणा लिये हुए एक व्यक्तित्व का सृजन करने की दिशा में पहला कदम है।

जिस महाशून्य की हमने चर्चा की है, वह उत्पन्न होते ही सब ओर फैलना या प्रसर करना प्रारंभ कर देता है। इसमें से शक्ति तत्व बिन्दु रूप ग्रहण करते हुए सभी प्रकार के अनुभव को संकोच के द्वारा हटा देता है और इसी से इसकी संज्ञा महाशून्य होती है। शक्ति ऐसा इसलिये करती है ताकि भविष्य में वह अपने बिन्दुत्व का प्रसारण करते हुए, इसमें किसी भी प्रकार के अनुभवों का समावेश करते हुए - इसे किसी भी वस्तु विशेष के गुणों से भूषित करते हुए - जैसी आवश्यकता हो वैसी विविधता की सृष्टि सकती है॥

भविष्य में जब मानव के समान बुद्धि-विवेक से युक्त प्राणी का जन्म हो जाता है, तो वह इस विविधता को विश्व की संज्ञा प्रदान करता है और जब वह मौलिक विज्ञान के संस्थापकों की पीढ़ी से अधिक अग्रसर होते हुए आधुनिक विज्ञान का ज्ञान अर्जन कर लेता है तब उसके कुछ अग्रगण्य विद्वान यह उद्घोष करते हैं कि चेतना की बात करना मात्र मूर्खता और अंधविश्वास है क्योंकि यह पदार्थ से ही उत्पन्न होती हुई परिलक्षित होती है - और भौतिकी, रसायन एवं जीव शास्त्र के ज्ञान के बाहर कुछ हो ही कैसे सकता है जब वह परिलक्षित ही नहीं होता और जबकि समस्त गणनायें सापेक्षता पर ही आधारित

की जा सकती है, इत्यादि। खैर, उनके बुद्धि-विवेक को नमन करते हुए अब हम अपनी गाथा को आगे बढ़ाने का प्रयास करते हैं।

किसी भी वस्तु अथवा स्वचालित प्रणाली के उदय के लिये, सर्वप्रथम एक आत्मकण की आवश्यकता होती है, अन्यथा वह न तो स्वयं को अन्य सभी कुछ से अलग समझने के योग्य हो सकती है और न ही अपने अस्तित्व के दायरे को समझ कर आत्मरक्षा या प्रजनन आदि के लिये प्रयत्नशील हो सकेगी। अत: जो कुछ भी इकाई, प्रजाति अथवा समष्टि आदि सृष्ट होने वाली है, सर्वप्रथम वह इस 'मैं' के रूप में एक आत्मकण ही होती है और उसके बाद ही प्रकृति उसमें अलग-अलग गुणों का विकास करते हुए - वस्तुओं एवं विविधता की रचना करते हुए - अपनी सृष्टि संरचना के कार्य में अग्रसर होती है। प्रकृति के रूप में क्रियमाण शक्ति, शून्य-बिन्दु के समान इस रिक्त किये गये अनुभव स्थान में उचित समय पर अपनी आवश्यकता के अनुसार अलग-अलग इकाइयों में अलग-अलग परिमाणों में विभिन्न गुणों का समावेश करती हुई अग्रसर होती है।

इस प्रकार प्रकृति एक योजनाबद्ध प्रणाली के अंतर्गत पहले अपने एक अलग स्थान सहित एक 'मैं' को प्रत्येक अभिव्यक्ति की दिशा में उन्मुख वस्तु में - उसके अलग अस्तित्व तथा उसकी एक अलग पहचान की आधारशिला के रूप में - अवस्थित कर देती है। तत्पश्चात वह असंख्य आत्म कणों को - कारण भूमि से बाहर निकलने के द्वार से - ऊर्जा के अपेक्षाकृत अधिक घनत्व वाले क्षेत्र में अवतरण करने के लिये प्रेरित करती है।

सापेक्षता की अभिव्यक्ति का पटल: देश-काल

परमशिव की चेतना में वह फलक जिसमें सृष्ट्योन्मुख स्पंदन की ध्वनि का उदय होता है, आगम के कथानक में महाशून्य कहा गया है, और यह नाद-नाम्नी 'ध्वनि' तीसरा तत्व होता है, जिसकी संज्ञा होती है सदाशिव तत्व। इस स्तर पर परमेश्वर की इच्छा प्रकृति का प्रकाश होता है, जो कारण जगत की अधिष्ठात्रि शक्ति है। परमेश्वर की इच्छा ही उसके सृष्टि के संकल्प से बलयुक्त होकर विश्व की पृष्ठभूमि में वाह्य जगत की सबसे प्रमुख शक्ति होती है एवं उसकी बहिर्प्रकृति में यह आधारभूता एवं मध्यस्थानीय होती है, जो अन्य दोनों प्रकृतियों को नियुक्त करती है।

चित अथवा शिव अभिव्यंजक है तथा आनंदरुपी शक्ति-तत्व उसकी अभिव्यक्ति है। शिव अचल एवं समस्त के साक्षी रूप में स्थित रहता है। अभिव्यक्ति शक्ति से उत्पन्न होने वाले बीज के माध्यम से होती है, जिसमें शिव और शक्ति दोनों का समन्वय होता है। इच्छा शक्ति अभिव्यक्ति विभाग की शक्ति है। युगपत संबंध में इसका समन्वय अभिव्यंजक विभाग की व्योम वामेश्वरी अथवा वामा शक्ति के साथ होता है। यह वामा शक्ति इच्छा बल से युक्त सृष्ट्योन्मुख ऊर्जा के प्रवाह के संवेग एवं दिशा का उत्सर्जन भी करती है और नियमन भी। इच्छा और वामा की यामल स्थिति - जिसमें दोनो बल समान होते हैं - जिस पीठ का निर्माण करती है उसका नाम ऋषियों के द्वारा पूर्णगिरि पीठ रखा गया है। इसमें अवस्थित होने वाले आत्मकण को बाणलिंग कहा गया है। इसकी चेतना का स्तर सदाशिव की चेतना का स्तर है।

आगम के सभी छत्तीस तत्व जिनसे इस विश्व की रचना होती है पराशक्ति अथवा विमर्श के ही परिवर्तित रूप होते हैं, जो परम शिव का स्वभाव ही है तथा जिसे मूल प्रकृति भी कहा जाता है और आद्या शक्ति भी। इसे मूल प्रकृति इसलिये कहा जाता है क्योंकि इसी में शिव और शक्ति दोनों तत्वों की जड़ अथवा मूल स्थित होता है। शिव स्थिर तत्व है और शुद्ध चैतन्य है, जबकि शक्ति चलायमान एवं चंचल है जो केवल शिव को आधार बनाकर ही अभिव्यक्त हो सकती है। यह शिव के प्रकाश से ही प्रकाशमान होती है। जो तांत्रिक 'शक्ति' की पूजा करते हैं, उनके पूजास्थल में स्थापित प्रतिमा में उनकी आराध्या देवी एक नारी मूर्ति के रूप में अपना एक पैर समतल एवं निश्चल अवस्था में स्थित एक पुरुष मूर्ति के रूप में दर्शाये गये शिव के वक्ष पर लंबवत रखे हुए तथा दूसरा पैर शून्य में चलायमान होने का इंगित करते हुए इन दोनों तत्वों के परस्पर के युगपत संबंध को प्रदर्शित करती है। यह विश्व इस सतत चलायमान शक्ति तत्व का शरीर है जो अचल शिव के ज्ञान को आधार बनाकर अभिव्यक्त होती है। देवी की इस प्रतिमा की देश के पूर्वी राज्यों में महाकाली के रूप में पूजा की जाती है, जबकि शिव को महाकाल माना जाता है।

आगम के अनुसार विश्व के समस्त पदार्थ एवं समस्त वस्तुएं स्पंदन से ही निर्मित होते हैं एवं सदैव स्पंदायमान रहते हैं। पराशक्ति के द्वारा इन सभी का प्रक्षेपण सृष्टि के आदि स्पंदन प्राण की भित्ती पर किया जाता है जो सभी ऊर्जा क्षेत्रों में और सभी दिशाओं में सदैव क्रियमाण रहता है। जैसा कि हम कह चुके हैं, प्राण वह विश्वव्यापी सृजनकारी स्पंदनमयी ऊर्जा है जिसकी उत्पत्ति

शिव एवं शक्ति के संयोग से होती है और जो धनात्मक एवं ऋणात्मक दोनों दिशाओं में कार्यरत होता है। आगम के तीसरे तत्व सदाशिव से लेकर इसके छतीसवें तत्व पृथ्वी-तत्व तक विश्वसृष्टि में समन्वित अन्य सभी तत्व इस प्राण शक्ति की भित्ती अथवा फलक पर ही स्थित होते है।

अपनी मूलावस्था में प्राण के सरल और मृदु स्पंदन में कोई परवर्तन नहीं होता, पर स्पंदन की निम्नावस्थाओं में इसमें अधिकाधिक जटिलता का समावेश होते जाता है और यह विभिन्न पदार्थों एवं वस्तुओं के रूप लेता रहता है। मूलावस्था में स्थित प्राण का सरल स्पंदन तब तक विद्यमान रहता है जब तक यह विश्व विद्यमान रहता है और इससे उत्पन्न नाद भी जिसकी ध्वनि ओम् के समान होती है तब तक इसी प्रकार विद्यमान रहता है।

सदाशिवः आगम का तीसरा तत्व

शिव और शक्ति की संयुक्तावस्था में चेतना की अनुभूति होती है 'मैं हूं' जो एक अत:प्रेरणा के समान होती है। यह अनुभूति परा क्षेत्र में उदित होती है जो व्यक्त नहीं होता और जिस समस्त सीमाओं से पार के क्षेत्र में शब्द की भी अभिव्यक्ति नहीं होती। परंतु सदाशिव के क्षेत्र में एक दृष्टा और उसके अनुभूत एक दृश्य की भी अवधारणा हो जाती है और उसके 'मैं यह हूं' के आभास के साथ-साथ चेतना में ससीम ज्ञान की एक परंपरा का उदय हो जाता है। उसे अब एक महाशून्य की भी अनुभूति होती है और इसी को अपने शरीर के समान अनुभव करते हुए वह समझता है कि 'मैं यह हूं'।

सदाशिव के ज्ञान में जो शून्य एक बिन्दु के समान प्रतीत होता है, उसे ही महाशून्य कहा जाता है। इस महाशून्य का आकाश शिव और शक्ति के संयोग से उद्भूत प्राण शक्ति के स्पंदन की दो दिशाओं के तंतुओं से निर्मित एवं प्रसरणशील होता है एवं खरबों प्रकाश वर्षों तक भी विस्तृत हो सकता है। इसे भी एक प्रकार से समय एवं आकाश के युगपत संबंध के समान ही समझा जाना चाहिये। अगर अत्यंत मृदु स्पंदन वाले कारण आकाश को सदाशिव का शरीर माना जाये, तो सृष्टि का उद्घोष करने वाले नाद को इसका अभिव्यंजन तथा 'मैं यह हूं' को इसका अनुभव कहा जा सकता है।

आगम के तीसरे, चौथे एवं पांचवे तत्वों का विकास करने के लिये परमशिव 'शांति' कला नामक अपनी दूसरी कला को उपयोग में लाते हैं। शांत्यातीत कला का क्षेत्र शुद्ध परा क्षेत्र कहा जाता है जहां 'यह' जैसी किसी सीमा का उदय नहीं

हो सकता। परंतु शांति कला का क्षेत्र परा-अपरा का क्षेत्र कहा जाता है। इस क्षेत्र में 'यह' की उत्पत्ति हो जाती है अतः इसे शुद्ध-अशुद्ध क्षेत्र माना जाता है।

ऋषियों के मत में समय और अवकाश को अलग नहीं किया जा सकता, और कहीं-कहीं वे सदाशिव को महाकाल के नाम से भी संबोधित करते हैं। विश्व का अवकाश प्राण के प्रसरण से और उसके स्पंदायमान तंतुओं से निर्मित आकाश में ही निहित है और उसी प्रकार इसकी आयु का मान नाद के उद्‌गम से उसकी विलुप्ति के मध्य निहित रहता है। सदाशिव के स्तर का स्पंदन शुद्ध प्राण का सहज स्पंदन होता है और इसकी ध्वनि शुद्ध नाद होती है। निचले स्तरों पर, जो **ऊर्जा** की प्रगाढ़ता के स्तर होते हैं - जहां विभिन्न पदार्थों और वस्तुओं का अभिव्यंजन होता है और जिनमें से प्रत्येक का अपना एक अलग 'मैं यह हूं' की अनुभूति से युक्त आत्मकण होता है - इस स्पंदन में एक विशिष्ट जटिलता आ जाती है जिसकी अपनी एक सबसे अलग विशिष्ट ध्वनि भी होती है।

गुणों की उत्पत्ति का मूल

परमशिव की तीन बहिर्प्रकृतियों की समष्टि को ऋषिगण महामाया भी कहते हैं। इनमें से इच्छा शक्ति के विकास का प्रारंभ सदाशिव तत्व की अभिव्यक्ति के साथ ही हो जाता है। इस इच्छा शक्ति का प्रयोग सदाशिव के द्‌वारा परमेश्वर के उन पांच प्रसिद्ध कार्यों के संपादन के लिये किया जाता है जिनकी चर्चा हम पहले कर चुके हैं। इसी प्रकार कारण भूमि के अगले दो स्तरों पर परमेश्वर की दो अन्य बहिर्प्रकृतियां भी क्रमशः ज्ञान शक्ति एवं क्रिया शक्ति के रूप में प्रकाशित होती हैं।

डा. गोपीनाथ कविराज के अनुसार, "इच्छा शक्ति स्वभाव से ही शांत एवं अचल रूप में स्थित होती है। यह मुख्य रूप सृष्टि बीज को धारण करने वाली योनि अथवा गर्भाशय का कार्य करती है। यह उसके प्रस्फुटन के लिये भूमि के समान होती है। इस भूमि के अंदर की दिशा में ज्ञान शक्ति का विकास जड़ अथवा मूल के रूप में होता है, जो इस भूमि को पकड़ कर विकसित होती है, जबकि इसकी बाहर की दिशा में इस बीज में निहित क्रिया शक्ति का इसके गुणों के रूप में प्रस्फुटन होता है। इच्छा, ज्ञान और क्रिया शक्तियों के माध्यम से परमेश्वर की बहिर्प्रकृति का आविर्भाव एक समष्टि के रूप में ही होता है, जिनमें इच्छा किसी भी सृष्टि बीज के वपन के लिये एक भूमि के रूप में स्थित

हो जाती है एवं अन्य दोनों प्रकृतियां इस बीज का विकास करती हैं। इन्हीं तीनों के सहयोग से ज्ञाता, ज्ञान एवं ज्ञेय की सृष्टि होती है"।

इच्छा, ज्ञान तथा क्रिया, ये तीन प्रकृतियां भी हैं और बल अथवा शक्तियां भी। कारण भूमि से नीचे अवतरण करते हुए इन्हीं प्रकृतियों से सत्, रज एवं तम के नाम से सर्वविदित तीन गुणों का आविर्भाव होता है। इन गुणों को मात्र धनात्मक, ऋणात्मक और न्युट्रल कहना पर्याप्त नहीं है, क्योंकि इनका दायरा केवल पदार्थ तक ही सीमित नहीं है। ये गुण जीवित प्राणियों को भी उसी प्रकार प्रभावित करते हैं जैसे जड़ पदार्थ को - जैसे पसंद-नापसंद, प्रेम-घृणा, शत्रुता-मित्रता, घमंड, पक्षपात, इत्यादि गुण जो जीवित प्राणियों को प्रभावित करते हैं, वे भी इन्हीं तीन प्रधान गुणों की ही देन होते हैं। इनमें से:

- सतोगुण ज्ञान का प्रतीक है। यह शुद्धता और धनात्मक गुणों को उत्पन्न करता है, जैसे, संतोष, क्षमा, उद्योग, स्मृति, जिज्ञासा, शांति, हल्कापन इत्यादि।
- रजोगुण क्रिया शक्ति का प्रतिनिधि है। यह सभी प्रकार की मानसिक, भौतिक, रासायनिक एवं जैव विज्ञान से संबधित क्रिया एवं प्रतिक्रिया का जनक है। इससे शौर्य, अभिमान, उत्साह, निर्ममता, घमंड, आदि का निर्देश होता है।
- तमोगुण इच्छा से उदित होता है, यह अशुद्धता एवं ऋणात्मक गुणों का जनक होता है–जैसे असंतोष, आलस्य, क्रोध, लोभ, भारीपन इत्यादि।

गुणों का सामरस्य

यह समस्त सृष्टि युगपत संबंध में जड़ित शिव एवं शक्ति की यामल अवस्था से उत्पन्न होती है। यह सामरस्य की असीम संभावनाओं से युक्त परंतु शून्य की स्थिति होती है। परा क्षेत्र में यह स्वयं आविर्भूत होने वाले परमात्म का स्थान होता है, जो अपनी चित एवं आनंद रूपी अंत:प्रकृति से युक्त होता है, जबकि परा क्षेत्र से बाहर आत्म तत्व की अभिव्यक्ति होती है जहां परमेश्वर की बहिर्प्रकृति कार्य करती है। कारण जगत इसी यामल अवस्था या उसके सृष्टि संकल्प की प्रतिनिधि इच्छा का, अथवा आत्म तत्व की प्रधान प्रकृति का स्थान होता है।

चूंकि बहिर्जगत में तीन प्रकृतियां कार्यरत होती हैं, इसलिये यहां सामरस्य अथवा अभिव्यक्तिशून्य अवस्था में तीनों प्रकृतियों की समान बलों के साथ एक

युगपत के रूप में ही नहीं बल्कि एक त्रिवेणी के संबंध में उपस्थिति आवश्यक होती है। यहां शिव और शक्ति के युगपत के अतिरिक्त उनकी समान बलों वाली यामल अवस्था - जिसमें विश्वबीज का वपन होता है - एवं उसकी प्रकृति की भी एक मध्यस्थानीय प्रधान बल के रूप में उपस्थिति आवश्यक होती है। यही परमेश्वर की इच्छा शक्ति होती है। शिव और शक्ति तत्व की परिचायक वाह्य प्रकृतियां ज्ञान और क्रिया के रूप में इसके दो पार्श्वों के समान युक्त होती हैं। ज्ञान इसके अंदर जड़के रूपमें प्रविष्ट होकर स्थित रहता है जबकि क्रिया का प्रस्फुटन गुण के रूप में बाहर प्रकाशित होता है।

गीता के अनुसार इस विश्व की प्रत्येक वस्तु गुणों से निर्मित होती है, यहां दृष्टा एवं दृष्य दोनों ही गुणों से बने होते हैं और एक प्रकार से गुण ही गुणों का उपयोग करते हुए चलायमान रहते हैं। ऋषियों का कथन है कि तीन गुणों की साम्यावस्था ही वह अवस्था है जिसमें समस्त गुण स्थित होते हैं और यह अवस्था ही वह पटल है जिस पर उत्पन्न होकर इन गुणों का वाह्य प्रकाश होता है।

गुणों में विभाजन

इसके पूर्व हम शिव एवं शक्ति तत्वों के परस्पर धर्म-धर्मी के संबंध से स्थित होने और इस प्रकार एक दूसरे पर आश्रित रहने की बात कह चुके हैं। इस प्रकार इनमें से एक गुण होता है जबकि दूसरा उस गुण का धारक होता है। यही वह शाश्वत संबंध है और यही वह प्रणाली है जिसके माध्यम से प्रकृति सभी प्रकार के अनगिणित गुण-समूहों का प्रकाशन कर पाती है जिनमें से कुछ गुण अन्य के समान होते है जबकि कुछ सर्वथा भिन्न भी हो सकते है – जैसे कैल्सियम और मैगनेसियम में, सोने और चांदी में, कुछ समानतायें भी होती है और कुछ भिन्नता भी।

हम एक और उदाहरण ले सकते हैं। अगर चीनी या मिठास धारक अथवा धर्मी है तो इस गुण के आधार पर हजारों प्रकार के मिठास से युक्त पदार्थों की सृष्टि हो सकती है जैसे - ईख, खजूर, सूगर-बीट, आम, अंगूर आदि। परंतु जब हम ईख की बात करते हैं तो मिठास उसका केवल एक गुण अथवा धर्म होता है, वह ईख छोटा-बड़ा हो सकता है, उसका एक आकार, रंग, वजन, छिलका, गूदा आदि हो सकते हैं और वह हरा, पका हुआ, सूखा या सड़ा हुआ भी हो सकता है। सृष्ट वस्तुओं में गुणों के परस्पर के भेदों के माध्यम से ही प्रकृति अनेक विविधताओं से भरे हुए इस विशाल विश्व की सृष्टि करती है।

स्पंदन ही हमारे द्वारा अनुभूत यथार्थ है

भारत के प्राचीन ऋषियों की दृष्टि में यह विश्व एक सदैव गतिशील यथार्थ है और इसीलिये वे इसका एक नाम 'जगत' है। इस विश्व के समस्त पदार्थ स्वभाव से ही स्पंदनयुक्त होते हैं, जिसमें प्रत्येक वस्तु गतिशील रहती है और इसके रूप एवं अन्य गुणों में परिवर्तन होता रहता है। हम देखते हैं कि चांद, तारे, गृह आदि सभी किसी अन्य पिंड की परिक्रमा करते हुए गतिशील बने रहते हैं, और अब तो हमें यह भी ज्ञात हो गया है कि अणु-परमाणुओं की संरचना भी कुछ इसी प्रकार की होती है जिसमें पदार्थ के अधिक छोटे कण हजारों मील प्रति सेकेंड की गति से घुर्णायमान रहते हैं और कुछ तो इसी प्रकार घुर्णित होते हुए ही दूसरों की परिक्रमा भी करते रहते हैं।

कारण जगत की वार्ता के मध्य अणुओं की बात जो हमारी गाथा के घटनाक्रम में अभी बहुत दूर हैं लेखक के द्वारा आवश्यकता वश ही उठाई गई है, क्योंकि यह समझना आवश्यक है कि जगत के आधार की रचना अति सूक्ष्म 'कारण भूमि' पर ही हो जाती है और यह रचना बाद में उत्पन्न होने वाले ऊर्जा के सभी अधिक प्रगाढ़ता वाले स्तरों पर भी उसी प्रकार विद्यमान रहती है। चाहे अभिव्यक्ति का कोई भी स्तर हो, अति सूक्ष्म कारण भूमि, मध्यवर्ती सूक्ष्म भूमि, अथवा स्थूल जगत - यह विश्व एवं इसकी प्रत्येक वस्तु, यहां तक की यह आकाश तथा हमारे अनुभव और विचार भी एवं समस्त क्रिया-प्रतिक्रियाएं भी, स्वभाव से ही स्पंदनात्मक होते हैं।

विश्व सृष्टि के मूल में स्थित जिस आदि स्पंदन की यहां चर्चा हो रही है, उसके दो विभागों अथवा दो दिशाओं की बात हम कह चुके हैं। इसके शिव अथवा प्रकाश रूपी ज्ञान पक्ष से किसी भी स्पंदनयुक्त वस्तु को रंग, रूप एवं आकार आदि प्राप्त होते हैं, परंतु प्रत्येक स्पंदनयुक्त वस्तु से एक ध्वनि भी निर्गत होती है, भले ही वह हमारे सुनने की सीमा के अंदर हो या बाहर। यह इस वस्तु के स्पंदन के दूसरा विभाग का कार्य है, जो शक्ति का विभाग है और जो अपने सत्, रज एवं तम गुणों की सहायता से इस वस्तु को ध्वनि एवं अन्य गुण जैसे - भार, आवेश, गति आदि प्रदान करता है। यहां वस्तु शब्द में इकाई और सभी छोटी बड़ी समष्टियां भी समन्वित समझी जानी चाहियें।

मनुष्य के द्वारा दृष्ट यथार्थ का यह विवरण जो भारत के ऋषियों ने ईसा से हजारों वर्ष पूर्व कलम बद्ध किया था, यह उनकी कोई कल्पना या अनुमान

नहीं था, बल्कि यह उनके गहन अन्वेषण और उपलब्धियों पर आधारित था। सहज ही हम इन ऋषियों की तुलना आधुनिक विज्ञान के महानतम वैज्ञानिकों से कर सकते हैं। ऋषियों की उपरोक्त उपलब्धियों की चर्चा हम बाद में करेंगे, जिनमें वे उपलब्धियां भी सम्मिलित हैं, जब कोई ऋषि यह कहने की सामर्थ्य प्राप्त कर लेता है कि 'अहम ब्रह्मास्मि', अथवा जैसे जीसस क्राइस्ट कहते थे कि मैं और मेरे पिता एक ही हैं (I and my Father are one)।

तथापि उस समय के ऋषियों को आकाश-गंगाओं की गिनती का कोई अनुमान शायद नहीं था, और न ही विद्युत-चुम्बकत्व, क्वार्क, इलेक्ट्रोन, प्रोटोन आदि की भी कोई चर्चा उनके द्वारा की गई है। उनकी गवेषणा का विषय था - प्रकृति का मूल स्वभाव और फिर भी यह उतने आश्चर्य का विषय शायद नहीं होना चाहिये कि पिछले कुछ दशकों से, भले ही उनके अनजाने में, आधुनिक वैज्ञानिकों का ज्ञान भी उसी दिशा में अग्रसर होता प्रतीत होता है।

विज्ञान में चरम सिद्धांत की खोज

भौतिक विज्ञान की ऐम-थ्योरी वह अकेली थ्योरी है जिसे भविष्य में भौतिकी के चरम सिद्धांत का दर्जा प्राप्त होने की संभावना है। इसके अनुसार पदार्थ के सभी कण, जो वास्तव में एक विंदु के समान होते हैं, उनकी अवधारणा हम एक ही दिशा में एक रेखा के समान प्रसरण कर सकने वाली वस्तु के रूप में कर सकते हैं, जो एक खिंचाव से युक्त तंतु जैसी प्रतीत हो सकती है, जिन्हें इस थ्योरी में स्ट्रिंग कहा जाता है। इस थ्योरी में पदार्थ के मौलिक कणों में से प्रत्येक को एक अत्यंत पतले किंतु बलयुक्त तंतु के रूप में देखा जाता है, जिसका अपना एक विशिष्ट स्पंदन होता है और जिसकी अवधारणा हम आकाश में एक हल्की खरोंच अथवा चलायमान कतरन के रूप में कर सकते हैं। यह तनावयुक्त तंतु असंख्य प्रकार के उपलब्ध स्पंदनों में से किसी एक के अनुसार स्पंदायमान रहता है और इसके स्पंदन के प्रकार से ही यह निर्धारित होता है कि यह तंतु अथवा ऊर्जा का कण फोटोन है, इलेक्ट्रोन है, या क्वार्कों में से कोई एक है, इत्यादि।

इन स्पंदन से युक्त तनावप्राप्त तंतु विशेषों में बद्ध स्पंदन की **ऊर्जा** के बाहर निकलने का कोई मार्ग नहीं होता, अतः वे एक ही प्रकार से स्पंदन करते रहते हैं और पदार्थ अथवा किसी बलक्षेत्र के एक विशिष्ट कण के रूप में विद्यमान रहते हैं। इस संदर्भ में यह एक विशेष ध्यान का विषय है कि कणोंका यह स्पंदन

अत्यंत जटिल होता है और किसी कण में किस प्रकार के आवेश, भार, स्पिन आदि परिलक्षित होते हैं यह इस पर निर्भर करता है कि यह कण तीन ज्ञात दिशाओं के अतिरिक्त अलक्ष्य रूप में उपस्थित दिशाओं में से किन दिशाओं में और किस प्रकार स्पंदायमान है। इसका यह स्पंदन ही यह भी निर्धारित करता है कि यह कण किस प्रकार की क्रिया-प्रतिक्रिया में संलग्न हो सकता है।

इसके अतिरिक्त चूंकि ये सभी कण एक ही वस्तु के विभिन्न स्पंदनों से निर्मित होते हैं, जो एक तनावग्रस्त तंतुवत होती है, ऐम-थ्योरी की प्रस्तावनाओं के अंतर्गत सभी कणों एवं बल-क्षेत्रों का एकीकरण भी वैज्ञानिकों को संभवप्राय प्रतीत होता है। यद्यपि इस सिद्धांत पर अभी कार्य जारी है और इसे सर्वोपरि सिद्धांत का दर्जा अभी नहीं मिला है, लेकिन यह स्पष्ट है कि इसके सभी प्रस्ताव आगम के सृष्टि के सिद्धांत के ही अनुरूप प्रतीत होते हैं।

हिंदु जाति में ज्ञान का प्रतीकात्मक रूप से प्रकाश करने की एक पुरानी परंपरा है। परमात्म तत्व स्वयंभुव के प्रथम अवतरण को जिसे आगम में सदाशिव तत्व कहा गया है और जिसकी एक संज्ञा महाकाल (the Great Time) भी है, हिन्दुओं के द्वारा प्रतीकात्मक रूप में नटराज के रूप में भी और अर्धनारीश्वर के रूप में भी मूर्तिमान एवं पूजित किया जाता है। इसका उद्देश्य मूर्तिपूजा का प्रसार करना नहीं, अपितु ऋषियों के द्वारा कुछ आधारभूत तथ्यों को जनसाधारण के लिये बोधगम्य बनाने का एक प्रयास मात्र होता है। शिवलिंग के रूप में स्वयंभुव परमात्म तत्व को और नटराज तथा अर्धनारीश्वर के रूप में आत्म तत्व को समझाना अपेक्षाकृत सहज होता है, जबकि समझने का प्रयास करने वालों का इस धर्म को मानने वालों में आज भी नितांत अभाव नहीं है।

सृष्टि की धुन पर थिरकता हुआ एक महा नर्तक

अर्धनारीश्वर के रूप में आत्मतत्व-स्थानीय सदाशिव आधे नर और आधे नारी स्वरूप हैं, जिनमें दो विभिन्न प्रकार की शक्तियों का समान रूप से समावेश है और जो एक दूसरे के आधार का कार्य करते हुए एक युगपत संबंध में अवस्थित रहती हैं। जबकि अपने नटराज रूप में वे अपने एक हाथ में डमरू लेकर नाद रूपी परमेश्वर की इच्छा से ताल मिलाते हुए और हजारों मुद्राओं का प्रदर्शन करते हुए एक दक्ष नर्तक के रूप में सतत क्रियमाण के समान प्रतीत होते हैं।

जहां वैश्विक स्तर पर सदाशिव समस्त सृष्ट जगत को एक सामान्य स्पंदन से युक्त अवकाश प्रदान करते हैं एवं इसकी अनवरत और अभंग रहने वाली नाद रुपी ध्वनि से समय की अवधारणा को जन्म देते हैं, वहीं एक आत्म तत्व के कण से युक्त करने के पश्चात वे अभिव्यक्ति की ओर उन्मुख इकाइयों में जटिल और जटिलतर स्पंदनों को उनकी कालावधियों से युक्त करते हुए उत्पन्न करते हैं। अपने सृष्टि-कण रूपी अवतरण में इस आत्म तत्व के अनुभव स्थान में जो प्रारंभ में शून्यवत था - एक प्रणाली का अनुसरण करते हुए - प्रकृति एक ऐसी गुणसमष्टि को डाल देती है, जो अनुभूत अथवा दृष्ट हो सकती हो और जिससे जड़ित होकर यह आत्म तत्व समझने लगता है कि 'यही मैं हूं'। आत्म तत्व की संवेदना का स्थान अब रिक्त नही रहता, इसमें गुणों का निवास हो जाता है और इन गुणों को यहां एकत्र करने का कार्य ज्ञान एवं क्रिया प्रकृतियों के द्वारा किया जाता है।

कैन्सास शहर में इंजीनिरिंग की सोसाइटियों की एक संयुक्त सभा में डा. रौबर्ट ए. मिलिकान ने, जिन्हें इलेक्ट्रोन के भार को नापने के उनके कार्य के लिये नोबल पुरस्कार मिला था, यह अनुमान व्यक्त किया था कि "एक दिन हम यह देख सकेंगे कि इस पदार्थमय विश्व में प्रायोजित प्रत्येक तत्व की अपनी एक अलग स्पंदन की फ्रीक्वैंसी होती है जो अन्य सभी पदार्थों से भिन्न होती है।"

शरीर और उनके आकार प्रकार

एक मनुष्य के शरीर का निर्माण शायद दुनिया के सबसे जटिल कार्यों में से एक होगा भले ही इसे विश्व के सबसे बड़े और सारी सुविधाओं से युक्त संस्थान को भी क्यों न सौंप दिया जाये, तथापि प्रकृति इसका अत्यंत सहज रूप से ही निर्वाह करते हुए प्रतीत होती है। बल्कि यह इसे अपने आप ही विकसित होने देती है और यह ऐसा कर भी लेता है, परंतु इसका यह अर्थ नहीं है कि वह यह सब किसी मार्ग दर्शन और सहायता के बिना ही कर लेता हो। इस प्रकार की कोई बाध्यता कदापि नहीं हो सकती। इसी प्रकार ऐसी भी कोई अपेक्षा नहीं होनी चाहिये कि ऐसा कुछ भी होने के लिये उसका हमारे वैज्ञानिक उपकरणों से भी दिखाई पड़ना आवश्यक हो, यद्यपि एकाधिक अनुमान लगाना अवश्य संभव हो सकता है।

जैसे ही एक विकासोन्मुख बालक का उर्वरित बीज अथवा अंड, जो प्रारंभ में एक छोटी सी धब्बे के समान तरल बूंद के आकार का होता है, बढ़ना प्रारंभ करता है, इसके साथ-साथ कोई ऐसी अदृश प्रणाली भी कार्य करना प्रारंभ कर देती है जो इसे हर दिशा में अंदर भी और बाहर भी विशिष्ट आकार और प्रकार के अनेक विवरणों से अवगत करवाते हुए या निर्देश देते हुए वृद्धि करने के लिये प्रेरित करती हुई प्रतीत होती है। हम अनुमान लगाने का प्रयत्न कर सकते हैं कि ऐसी कोई सुविधा संभवतया बालक के डी-एन-ए के उपयोगी विभाग में उपलब्ध होती हो, या फिर बचे हुए ९७ प्रतिशत कचरा विभाग में - परंतु ये दोनों प्रस्ताव ही नितांत असंभव प्रतीत होते हैं।

जो भी हो, जैसे जैसे यह बीज वृद्धिको प्राप्त होता है इसकी दो दिशाओंमें - सिर और पैर की दिशा में तथा सन्मुख और पृष्ठ की दिशा में - असमानताओं का विकास होने लगता है। शायद रासायनिक विधियों के उपयोग से भी ऐसा करना संभव हो सकता है, परंतु बात केवल इतनी ही नहीं है। जो बात जैव शास्त्रियों को सबसे अधिक रहस्यमय लगती है वह यह है कि भ्रूण के बढ़ते हुए विकासशील शरीर में कोशिकाओं के मध्य एक अदभुत तालमेल दिखाई पड़ता है। ऐसा प्रतीत होता है कि किसी न किसी प्रकार से भ्रूण में अवस्थित अरबों कोशिकाओं में से प्रत्येक कोशिका को न केवल अपने स्थान का बल्कि अन्य सभी कोशिकाओं के स्थानों और अवस्थाओं का भी सटीक ज्ञान होता है। एक बार कोशिकाओं में इस ज्ञान की प्रतीति के समान अवस्था का रहस्य अगर उजागर हो जाये, तो इसके बाद जैव शास्त्रियों को मनुष्य के शरीर के विकास को समझनें में फिर किसी विशेष समस्या की प्रतीति संभवतया नहीं होगी, क्योंकि हमारे शरीर की शेष सारी योजना हमारे डी-एन-ए में सन्निहित है ऐसा कहा जा सकता है।

भ्रूण के विकास से संबंधित विभिन्न निर्माण कार्यों में संलग्न और विभिन्न स्थानों पर अवस्थित अरबों-खरबों कोशिकाओं में से प्रत्येक को यह कैसे पता होता है कि कौन सी अन्य कोशिका किस स्थान पर एक ही शरीर के पूर्ण निर्माण से संबाधित किस कार्य में संलग्न है, यह जैव वैज्ञानिकों को रहस्यमय लगता है और विशेषरूप से तब जबकि वे कोशिका में किसी प्रकार की चेतना का होना ही स्वीकार नहीं कर सकते। फिर भी हम हर दिन सैंकडों मनुष्यों को सहजता से और त्रुटिहीन रूप में उत्पन्न होते हुए देखते रहते हैं, जिनमें से प्रत्येक समस्त यांत्रिकी एवं समस्त विज्ञान से हजारों गुणा श्रेष्ठ, एक अप्रतिमि संरचना है।

आकारप्रदाता क्षेत्रों की अवधारणा

जब तक किसी कोशिका अथवा विशिष्ट कोशिकासमूह को विकास की ओर अग्रसर भ्रूण के शरीर की लंबाई, चौडाई और मोटाई के परप्रेक्ष्य में अपनी स्थिति का ज्ञान नहीं होगा इसे कैसे पता चलेगा कि क्या इसे लिवर, आंख, नाक, हाथ या पैर आदि किसी एक अंग का निर्माण करना प्रारंभ कर देना चाहिये, कहीं और गमन कर लेना चाहिये अथवा किसी अन्य प्रकार की कोशिका के रूप में बदल जाना चाहिये? इसका निर्णय कैसे और किसके द्वारा हो सकता है, जैव वैज्ञानिकों के लिये यह एक समस्या के समान प्रतीत होता है। अत: वे इसी चेतना के सदृश गुणों वाले एक प्रभाव क्षेत्र की उपस्थिति अब आवश्यक समझते हैं, चूंकि चेतना को बीच में लाना उनके लिये ईशनिंदा के तुल्य है एवं दंडनीय भी।

ऐसे प्रभाव क्षेत्रों की अवधारणा सर्वप्रथम १९१० ई. में जैव वैज्ञानिक अलेक्जैंडर जी. गुरविच के द्वारा की गई थी। स्कौट गिल्बर्ग के अनुसार ये मौर्फोजेनेटिक फील्ड हमारी जीन (genes) और विकास की प्रक्रिया के मध्य की भूमि है जिसमें जीन ऐसे क्षेत्र (field) पर क्रिया करते हैं (अथवा अपनी स्थित और अवस्था बताते हैं), जबकि ये क्षेत्र एक इकाई के समान विकासोन्मुख हमारे शरीर पर क्रिया करते हैं (इस प्रकार अपरोक्ष रूप से अवयवों एवं पूर्ण में सूचना का आदान प्रदान संभव हो जाता है)। एक दूसरी जैव वैज्ञानिक जेसिका बोल्कर इन्हें ऐसी क्रियमाण सत्ताओं के रूप में देखती हैं जो, स्थानीय (localized) विशेष परिप्रेक्ष्यों में, विशिष्ट विकास प्रक्रियाओं की जनक अथवा नियंता के समान कार्य कर सकती हों। उनका कहना है कि इन क्षेत्रों या इनमें कल्पित इसी गुण के आधार पर इनके माध्यम से एक नये Evolutionary Developmental Biology विभाग की नींव डाली जा रही है।

यह तो सत्य है कि एक भ्रूण के एक संपूर्ण शरीर के रूप में विकास के लिये एक ऐसे माध्यम अथवा ऐसी ही किसी प्रणाली का होना नितांत आवश्यक है और अगर यह कार्य एक प्रभाव क्षेत्र के द्वारा संपादित होता है तो यह सर्वथा उचित प्रतीत होता है। उस स्थिति में यह बिल्कुल संभव होना चाहिये कि प्रत्येक जाति के प्राणियों के लिये अलग अलग प्रभाव क्षेत्र कार्य कर रहे हों। यह स्पष्ट दृष्टिगोचर होता है जैसे आधुनिक जैव वैज्ञानिक किसी न किसी रूप में सूचनाओं एवं निर्देशों के आदान प्रदान में सक्षम किसी क्षेत्र की अवधारणा के माध्यम से चेतना को ही पिछले दरवाजे से अंदर लाने का प्रयास कर रहे हों।

विश्व में अंतर्चेतना की व्याप्ति

ऋषियों के अनुसार मूल चेतना अपने एक पक्ष में विश्व से बाहर और सर्वप्रकार से अप्रभावित रहते हुए केवल साक्षी के रूप में इस समस्त विश्व की दृष्टा बनी रहती है और इसको आधार प्रदान करते हुए इसको वहन करती है, जबकि अपने दूसरे पक्ष में वह परासंवित की एक क्रीड़ा के रूप में अभिव्यक्त इस विश्व की प्रत्येक वस्तु में भी और समस्त विश्व में भी सर्वत्र व्याप्त होकर स्थित रहती है। यही वह प्रणाली है जो छोटी-बड़ी सभी इकाइयों और समूहों को सूचना के आदान और निर्देशों के प्रदान के माध्यम से अपने-अपने कार्यों में नियुक्त करती है और उनके निर्वाह के लिये सक्षम भी बनाती है। इसी सहूलियत की वजह से प्रकृति इस प्रकार के सभी कार्य सहजता से कर लेती है, अन्यथा सृष्टि के कार्य मध्य में ही ठहर जायेंगे और हमारे वैज्ञानिक अपनी करिश्माई पेटिका से नये नये प्रभाव क्षेत्रों को निकालते रहेंगे तथा एकमात्र सही और स्पष्ट के समान पथ को छोडकर इधर उधर ही भटकते रह जायेंगे।

यह अंतर्चेतना की व्याप्ति ही प्रकृति का वह प्रभाव क्षेत्र है जो किसी को उसके चेंजिंग रूम में कैमरा नही लगाने देता, बल्कि उल्लंघन की स्थित में पदार्थ के कणों में स्थित तरंग के गुण को ही छुट्टी पर भेज देता है (परिशिष्ट-१ देखें) और इसी विश्वव्यापी प्रभाव क्षेत्र की सहायता से ही चार्ल्स डार्विन के नेचुरल सेलेक्शन, फीडबैक और म्यूटेशन आदि के प्रस्ताव भी कार्य करते प्रतीत होते हैं। सहज ज्ञान के प्रकाश में भी चेतना के अभाव में किसी प्रकार के विश्वसनीय फ़ीडबैक की धारणा ही विवेकयुक्त मानव को हास्यास्पद प्रतीत होनी चाहिये। अज्ञान अथवा अधूरे ज्ञान को दूर करने के प्रयास के स्थान पर अपने एक भ्रम को सही सिद्ध करने के लिये पाश्चात्य विज्ञान का सारे विश्व को ही सिर के बल खड़े होकर देखने का प्रयास किस प्रकार सही हो सकता है, यह समझना एक विवेकपूर्ण मनुष्य के लिये कठिन है। यह एक दु:स्वप्न के समान और एक अनावश्यक भ्रम है, जिसका त्याग कर देना ही श्रेयस्कर है।

प्रत्येक वस्तु में स्थित मूल चेतना में दो ही विभाग होते हैं और दोनों ही होते ही हैं, क्योंकि इनके साथ आने से ही संवित रूपी चेतना का उदय होता है। चेतना में एक वह विभाग है जो ज्ञान प्राप्त कर सकता है और दूसरा वह है जो एक अनुभव योग्य शरीर, वस्तु अथवा घटना आदि के रूप में इसके लिये ज्ञेय अथवा ज्ञातव्य का विकास करता है। इनमें से एक वाहय की चेतना होती है जो दृष्टा स्थानीय होती है, जो दृष्य में प्रविष्ट होकर स्वयं दृश्य नहीं

बन सकती और जो किसी एक वस्तु अथवा एक साथ संपूर्ण विश्व को भी देख सकती है। यह निर्विकार रहती है, जबकि इस चलायमान जगत में विभिन्न वस्तुओं और शरीर आदि दृश्यों में सतत परिवर्तन होता रहता है। यह दूसरी चेतना जो परिवर्तन को प्राप्त होती रहती है और अनुभव की सृष्टि करती रहती है, यह अंतर की चेतना है जो समस्त अनुभवों के फीड़बैक के रूप में उपलब्ध होती है और जो सदैव समस्त विश्व में और प्रत्येक वस्तु में अनुस्यूत होकर विद्यमान रहती है।

मनुष्य की चेतना भी दो ज्ञानों का संगम है

निश्चल और निर्लिप्त शिव तत्व से हमें अपनी वाह्य की चेतना प्राप्त होती है जो वस्तुओं का ज्ञान प्राप्त कर सकती है अथवा उनका अनुभव कर सकती है। एक समष्टि के रूप में इस विश्व के संदर्भ में यह वाह्य की चेतना विश्व से परे स्थित एक साक्षी मात्र के रूप में अवस्थित रहती है। यह इस विश्व में होने वाले सतत परिवर्तन से किसी प्रकार प्रभावित हुए बिना ही इसकी दर्शक बनी रहती है। इसके विपरीत शक्ति तत्व से हमें अपनी अंतर की चेतना प्राप्त होती है, जिसके द्वारा हम इन सभी अनुभवों का साक्षात रूप से उपभोग करते हैं।

शक्ति तत्व के द्वारा प्रदत्त अंतर का ज्ञान शिव के द्वारा प्रदत्त हमारे वाह्य ज्ञान के समान निर्लिप्त और परे का ज्ञान नहीं बल्कि यह तो हमारी चेतना में संलिप्त होने वाला और सदैव अनुस्यूत रहने वाला ज्ञान होता है। यही इस ज्ञान का स्वभाव है और ऊर्जा इस तत्व का शरीर है, अत: यह ज्ञान इस समस्त विश्व में और इसके प्रत्येक कण में भी सदैव और सर्वत्र अनुस्यूत रहता है। किसी पत्ते का हिलना और किसी विचार का कहीं उदय होना - इसके लिये कुछ भी अज्ञात नहीं होता। यह एक ऐसा सूत्र है जिसमें सब कुछ पिरोया हुआ रहता है और कणों, उपकणों से लेकर सभी छोटी-बड़ी वस्तुएं एक ही प्रणाली के अंतर्गत - एक ही माता की संतान के समान और एक ही पद्धति के अनुसार - आचरित होते रहते हैं।

अस्तित्व में आने के साथ ही पदार्थ के प्रत्येक कण को अपनी आत्म ज्योति के रूप में एक संवित विंदु स्वरूप चेतना की लौ भी प्राप्त हो जाती है जो विश्व में उसकी एक अलग पहचान के समान कार्य करती है जिसके द्वारा संपूर्ण की अनुस्यूत चेतना उसको अन्य सभी व्यष्टियों से अलग एक विशिष्ट

व्यष्टि के रूप में जान सकती है। इस पहचान के आधार पर ही जहां एक ओर तो विश्व के विस्तृत मानचित्र पर प्रकृति को इसकी सटीक स्थिति का ज्ञान रहता है, वहीं दूसरी ओर अनुस्यूत चेतना के इस सूत्र के माध्यम से पदार्थ के कण, अणु, परमाणु, कोशिकायें एवं अन्य अपेक्षाकृत बड़ी संरचनायें भी अपनी वर्तमान अवस्था तथा उस पर कार्य कर रहे विभिन्न बलों का मान, भोजन के दृष्टिगोचर होने अथवा किसी आसन्न विपत्ति की सूचना आदि का प्रकृति के साथ आदान-प्रदान करते हुए अपना निर्वाह करने में सक्षम हो जाते हैं।

इस प्रकार की सूचनायें छोटे-बड़े समूहों द्वारा और जातियों-प्रजातियों द्वारा, स्थानीय परिप्रेक्ष्य में भी और अपेक्षाकृत बड़े परप्रेक्ष्य में भी, एक स्वतःकार्यशील प्रणाली अथवा व्यवस्था के अंतर्गत विकीरित होती रहती हैं। इन स्वप्रसारित होने वाली सूचनाओं को अन्य सभी व्यक्ति एवं समूह ग्रहण करें यह आवश्यक नहीं होता, पर प्रकृति उनका सतत ग्रहण भी करते हुए प्रतीत होती है और उनके आधार पर सुचारु रूप से अपने निर्देशों को भी भेजते रहते परिलक्षित होती है। बिना किसी के टेलीस्कोप या इलेक्ट्रोन माइक्रोस्कोप आदि से देखे हुए ही संसार के सभी कार्य यथावत चलते रहते हैं - कुछ भी ठहरता नहीं है।

अन्नमय कोश

असीम क्षमताओं से युक्त चेतना के किसी व्यक्ति स्थानीय कण को एक सापेक्ष दर्शक-उपभोक्ता में बदलने के लिये - शेष समस्त विश्व से लेन-देन करने एवं इसके साथ क्रिया-प्रतिक्रिया करने की इसकी क्षमताओं को विभिन्न प्रकार से आवरण युक्त करते हुए ही - यह प्रकृति पदार्थ के इस अथाह सागर में सापेक्षता एवं भेद की सृष्टि करते हुए विभिन्न स्तरों का निर्माण करते हुए अग्रसर होती है।

सापेक्षता एवं भेद सृष्टि के हेतु, प्रकृति द्वारा सर्जित इन आवरणों में से जो सबसे बाहरी आवरण है, ऋषिगण उसे अन्नमय कोश के नाम से परिभाषित करते हैं। पदार्थ के कणों, अणु-परमाणुओं, और कोशिका आदि में चेतना, अन्नमय कोश के अंदर स्थित रहते हुए और अधिकांश रूप में आवृत्त रहते हुए ही कार्य करती है। अत:एव ये अत्यंत छोटे पदार्थ अपने सीमित ज्ञान और सीमित क्रिया शक्ति के माध्यम के अनुरूप ही अपनी अपनी भूमिकाओं का निर्वाह करते रहते हैं। छोटे-छोटे जीवों की उत्पत्ति के पश्चात ही अंतर और वाह्य की चेतना के कार्यों की स्पष्ट प्रतीति होती दिखाई पड़ती है और जब

अन्नमय कोश को भेद कर प्राणमय कोश का भी उदय हो जाता है तब तो हमारी पृथ्वी पर अंकुरित होने वाला यह जीवन वृक्ष सभी ओर से पल्लवित और हर-भरा हो जाता है। हमारी इस गाथा के और अधिक आगे बढने पर, हम इस चर्चा पर पुन: वापस लौटेंगे।

अध्याय के अंत में

परम सत्य चेतन स्वरूप है, शाश्वत है, एक है और सीमारहित है। समय-समय पर एक क्रीड़ा के रूप में यह अपने को एक स्थिर और दूसरे चंचल एवं क्रियमाण विभागों में विभक्त कर लेता है और इसके ये दोनों विभाग ही असीम होते हुए भी एक सीमित किंतु विकासोन्मुख विश्व की अभिव्यक्ति के निमित्त नर और मादा शक्तियों के रूपों में ध्रुवीकृत हो जाते हैं।

अपने निश्चल पहलू में, जो इस ध्रुवीकरण में नर विभागवत है, यह प्रधान एक निर्लिप्त दृष्टामात्र रूप में अलग और परे स्थित रहते हुए अपने क्रियमाण विभाग के द्वारा सृजित इस विश्व को एक दृष्य के रूप में संपूर्ण रूप से धारण करते हुए और इसे एक आधार प्रदान करते हुए - अपने इस गतिशील दूसरे पहलू को सतत परिवर्तित होने और प्रसरण करते रहने के लिये स्वतंत्र कर देता है। परंतु इस दूसरे क्रियमाण विभाग की चेतना निर्लिप्त नहीं होती बल्कि सर्वत्र अनुस्यूत रहती है और क्रीड़ा एवं चंचलतावश यह काले और सफेद से मिश्रित इतने प्रकार के रंगों की सृष्टि कर सकती है और करती रहती है कि बुद्धि और विवेक से युक्त होमो सैपियंस भी भ्रमित हो जाते हैं और इसके शुद्ध प्रकाश को नहीं देख पाते।

अपनी नर और मादा शक्तियों की भूमिकाओं में परासंवित के ये स्थिर और चलायमान पक्ष परस्पर एक दूसरे पर आश्रित रहते हुए ही अवस्थित होते हैं। यही परमेश्वर की अंत:प्रकृति कही जाती है, जबकि उसकी बहिर्प्रकृति में तीन शक्तियां कार्यरत रहती हैं। ये तीनों भी और इनसे उत्पन्न बहिर्प्रकृति के तीन गुण भी, अंत: प्रकृति के ही अनुरूप परस्पर की निर्भरता और संयोजन के आधार पर ही अवस्थित एवं क्रियमाण होते हैं। इनके संयोजन की शून्यता की अवस्था से ही कोई भी अभिव्यक्ति उत्पन्न हो सकती है। यही दो मौलिक सार्वभौम नियम हैं। अंतर और वाह्य दोनों प्रकृतियों का संयोजन की स्थिति में ही अवस्थित रहना और प्रकट होना - और उनकी साम्यावस्था से ही समस्त अभिव्यक्ति के उदय का संभव होना - इस विश्व सृष्टि के मौलिक आधार में

निहित वे नियम हैं जिनका उल्लंघन करके न तो कोई भौतिक सृष्टि हो सकती है, और न ही रासायनिक अथवा जैविक।

> *I regard consciousness as fundamental. I regard matter as a derivative of consciousness. We cannot get behind consciousness. Everything that we talk about, everything that we regard as existing, postulates consciousness*
>
> \- Max Planck

अध्याय

०२

चेतना से पदार्थ की उत्पत्ति

ऐसी अनेक बातें हैं जो मनुष्य को अन्य सभी प्राणियों से अलग करती हैं। वे अपने दो पैरों पर खड़े हो सकते हैं, वे दक्षता से सामने देखते हुए और वजन उठकर चल सकते हैं तथा उन्हें ऐसे कुशल हाथ मिले हुए हैं जिनसे वे अपने विशेष अंगूठे की सहायता से अत्यंत दक्षता के साथ अनेक कठिन और सूक्ष्म कार्य भी कर सकते हैं। लेकिन मनुष्य के जो दो सबसे विशिष्ट उपादान हैं, वे हैं उनके शरीर के अनुपात से अनेक बड़ा उनका मस्तिष्क होना और उनकी स्पष्ट और संयुक्त अक्षरों और शब्दों को बोल सकने की क्षमता।

अभी तक हमने आगम के पहले तीन तत्वों को और सृष्टि के आधार से संबंधित कुछ विशेष तथ्यों को ही थोड़े विस्तार से समझने का एक प्रयास किया है। हमारा विश्वास है कि इस आधार भूमि की अति सूक्ष्म संरचना को भली भांति समझ लेने पर मूल प्रकृति के द्वारा विश्व सृष्टि में नियोजित अन्य तत्वों को समझना पाठकों के लिये अपेक्षाकृत अधिक सुविधाजनक होगा। हमने चेतन प्रकृति के दो प्रधान तत्वों के परस्पर को आधार प्रदान करते हुए स्थित रहने के अत्यंत विशिष्ट नियम को भी समझने का प्रयास किया है और इन प्रधान तत्वों और उनकी प्रकृतियों की साम्यावस्था के उस सिद्धांत को

भी, जिसकी उपस्थिति किसी भी गुण अथवा विशिष्टता की उत्पत्ति के लिये आवश्यक होती है।

आगम के सभी दर्शनों के अनुसार सृष्टि रचना में मनुष्य के समान बुद्धि-विवेक से समन्वित एक प्राणी का उत्पन्न होना सृष्टि में केन्द्रस्थानीय घटना है। मूल चेतना अथवा परासंवित के दो प्रधान विभाग - मन और उसके द्वारा उपभोग्य शरीरों का प्रतिनिधित्व करते हुए और परस्पर के समानांतर रूप से विकास को प्राप्त होते हुए - जब अपनी परिणति को प्राप्त हो जाते हैं तभी इस बुद्धि-विवेक से युक्त प्राणी का आविर्भाव संभव होता है। इसके पश्चात ही इस विश्व और इसकी विभिन्न वस्तुओं का नामकरण होता है और तभी ईश्वर के होने न होने संबंधी समस्त चर्चाओं का भी सूत्रपात संभव हो पाता है।

वाणी की उपस्थिति में ही किसी जिज्ञासा का जन्म हो सकता है और किसी अन्वेषण आदि की चर्चा भी। और इसके माध्यम से ही किसी इच्छा को व्यक्त किया जा सकता है या निर्देश-आदेश आदि भी दिये जा सकते हैं। पदार्थ के कणों और कोशिकाओं के मिलने-बिछुड़ने, बनने-बिगड़ने, कार्य करने या किसी अन्य प्रणाली का अनुकरण करने के संवाद से लेकर, किसी व्यक्ति को नियुक्त करने अथवा अपने स्थान से हटाने की स्वीकृति या निर्देश तक - ऐसे सभी प्रयोजनों के लिये वाणी और एक उपयुक्त भाषा का होना जरूरी है। आगम के जिस अगले तत्व की चर्चा हम आगे करने वाले हैं, उस तत्व का प्रधान कार्य ही है सृष्टि की कल्पना करना और उससे संबंधित आदेश-निर्देश आदि भी देना। अत: सर्वप्रथम हम वाणी की उत्पत्ति और हमारे मन की चेतना के विभिन्न स्तरों के वाणी से संबंधों की एक संक्षिप्त विवेचना करना आवश्यक समझते हैं। तत्पश्चात, आगम की इस सृष्टिकथा को आगे बढ़ाने के पूर्व, हमें अपने पाठकों के समक्ष अब तक की चर्चा को एकबार संक्षिप्त रूप में दोहरा देना भी उचित प्रतीत होता है, ताकि मुख्य कथानक से अगर हमारी कुछ दूरी बन गई हो तो उसे दूर किया जा सके।

हमारी वाणी के उपादान और विभाग

जैवशास्त्रियों में आज भी यह एक चर्चा का विषय है कि हम मनुष्यों में वाणी के विकास के लिये प्रकृति किस प्रकार - एक साथ एकाधिक दिशाओं में कार्यरत रहते हुए और एक लंबी यात्रा के पश्चात - अनेक क्षेत्रों में डार्विन के नैसर्गिक

चुनाव वाली आवश्यकता से अत्यधिक दूर जाकर भी, अपने उद्देश्य को कार्य में परिणत करती हुई दृष्टिगोचर होती है। वयस्क मनुष्यों को छोड़कर सभी प्राणियों में उनका स्वर-यंत्र उनके गले में ऊंचाई पर अवस्थित होता है। यह उनकी नासा की गुहा को पीछे से अवरुद्ध कर देता है और वे एक ही समय में सांस भी ले सकते हैं और कुछ निगल भी सकते हैं। परंतु, इस स्थिति में वे कुछ सीमित आवाजें ही उत्पन्न कर सकते हैं। इस सीमित गुहा क्षेत्र की सहायता से वे आवाज तो निकाल सकते हैं, पर अपने मुख के अतिरिक्त उसमें कोई परिवर्तन करने का उनके पास अन्य कोई साधन नहीं होता।

शैशव अवस्था में प्रत्येक मानव संतान का स्वर-यंत्र भी इसी प्रकार अवस्थित होता है। लगभग अठारह महीनों की उम्र तक सभी बच्चे एक ही समय में सांस भी ले सकते हैं और अपना भोजन निगल भी सकते हैं। इसके बाद यह स्वर-यंत्र धीरे-धीरे नीचे उतरने लगता है और जब तक बच्चा दो वर्ष का होता है, तब तक यह लगभग गले की चौथी और सातवीं हड्डियों के मध्य तक उतर आता है। इस कारण से बच्चे के खाने, बोलने, सांस लेने आदि के तरीकों में अनेक परिवर्तन आ जाते हैं। उम्र कुछ अधिक होने के बाद यदि कोई बच्चा अगर किसी समय कुछ खाने और सांस लेने में यदि अंतर नहीं रख सके तो उसकी सांस की नली में भोजन फंसने से उसका दम भी घुट सकता है। लेकिन इस प्रक्रिया में हम मनुष्यों को एक अत्यंत विशिष्ट योग्यता की प्राप्ति हो जाती है - हम अपने मुख से निकलने वाली ध्वनि को हजारों प्रकार से परिमार्जित कर सकते हैं। प्रकृति के द्वारा प्रायोजित इसी अति विशिष्ट संरचना में हमारी वाणी का रहस्य छिपा है और यह भी उतना ही स्वाभाविक प्रतीत होता है कि इसे सार्थकता प्रदान करने के लिये प्रकृति ने और पहले से ही हमारे मस्तिष्क में भी सभी आवश्यक परिवर्तन लाने प्रारंभ कर दिये थे।

वाणी और हमारा मस्तिष्क

हमारे मस्तिष्क का निचला भाग हमें हमारे स्तनपायी पूर्वजों से प्राप्त एक उपहार है और इसका जटिल और झोलदार उपरी हिस्सा ही हमारे मस्तिष्क का वह भाग है जो हमें अन्य पशुओं से भिन्न बनाता है। प्रकृति के द्वारा इसको भी बायें और दाहिने अर्धगोलकों के रूप में दो प्रधान विभागों मे विभाजित किया गया है जो नर और मादा विभागों के समान दो अलग अलग कार्यों का संपादन करते हुए भी एक दूसरे के पूरक बने रहते हैं। हमारे मस्तिष्क का बायां भाग

हमारे शरीर के दाहिने अंगों का संचालन और नियंत्रण करता है जबकि दाहिना भाग हमारे बायें अंगों का।

हमारे मस्तिष्क का बायां भाग भेद दृष्टि के आधार पर कार्य करता है। यह वस्तुओं में थोड़े से अंतर को भी समझ कर उनके भेद को पहचानने का प्रयास करता है। यह गुणा-भाग और तर्क कर सकता है और इसी प्रकार भाषा एवं वाणी दोनों को ही समझता भी है व दोनों का उपयोग भी करता है। ये सभी कार्य शक्ति विभाग के परिचायक हैं। दूसरी ओर हमारे मस्तिष्क का दायां पक्ष पूर्ण दृष्य को एकत्रित रूप में देखने और स्थिति को समझने का प्रयास करता है और इसे शिव का परिचायक समझा जाता हैं। यद्यपि ये दोनों अर्धगोलक अनुभव में आने वाले दृश्यों एवं अन्य सूचनाओं का भिन्न प्रकार से उपयोग करते हैं, परंतु एक ही साथ कार्य करते हुए ये हमारे समक्ष इस विश्व से संबंधित जो अनुभव प्रस्तुत करते हैं वह हमारे लिये बिना किसी जोड़ वाले वस्त्र के समान ही एक एवं अविभाज्य होता है।

वाणी को समझने और उसके प्रयोग करने का कार्य हमारे मस्तिष्क के वाम विभाग के अंतर्गत आता है परंतु हम मनुष्यों के लिये यह इतना महत्वपूर्ण उपकरण है कि हमारे वाम मस्तिष्क में भी प्रकृति ने इसे इस प्रकार दो अलग उप-विभागों में विभाजित कर रखा है कि ये अपने मध्य स्पष्ट दूरी बनाते हुए एक दूसरे से अलग स्थित रहते हैं। इनमें से शिवस्थानीय विभाग अभिव्यंजक का कार्य करते हुए वाणी की सृष्टि करता है, जबकि अपने मस्तिष्क के शक्ति स्थानीय विभाग का उपयोग हम वाणी एवं भाषा को समझने के लिये करते हैं।

कुछ बोलने अथवा कहने कि लिये हम अपने वाम मस्तिष्क में स्थित ब्रोका क्षेत्र का उपयोग करते हैं क्योंकि यह शब्दों का अर्थ समझता है और इन्हें जोड़कर वाक्यों की रचना करते हुए एक पूरी बात कहने का प्रयास कर सकता है। इसे ज्ञात होता है कि कौन-कौन से अक्षर होते हैं, उन्हें जोड़कर कैसे शब्दों का, तथा शब्दों से वाक्यों का निर्माण किया जा सकता है और कैसे साधारण या अपेक्षाकृत जटिल बातें भी दूसरों तक पंहुचाई जा सकती हैं और - इसी प्रकार - यह किसी एक दिशा में एक क्रमिक विचार की धारा को उत्पन्न करते हुए उसे और अधिक आगे तक ले जा सकता है। तथापि वाणी और अन्य ध्वनियों को समझने के हेतु हमारे लिये अपने मस्तिष्क के वाम भाग में ही परंतु इस क्षेत्र से कुछ दूरी पर स्थित वर्निक क्षेत्र का उपयोग करना आवश्यक होता है।

वाणी का सृजन

जब भी हमारे मन में कोई धारणा, विचार अथवा भाव उदित होता है तो उस भाव या अन्य किसी प्रकार के अपने ज्ञान को अभिव्यक्त करने के लिये हम वाणी का उपयोग करते हैं। भारत के प्राचीन ऋषियों ने इस वाणी और विचार की परंपरा को भी अधिक पूर्ण रूप से समझने के लिये एक समुचित और विवेकपूर्ण प्रयास किया है। इसमें उन्होंने वाणी के उदय से पूर्व की अवस्थाओं को भी सम्मिलित करते हुए इस समूची परंपरा को वाक के नाम से संबोधित किया है। यथोचित अन्वेषण के पश्चात वे प्राचीन ऋषि जिस निष्कर्ष पर पंहुचे थे, उसके अनुसार इस अक्षरों, शब्दों एवं वाक्यों के द्वारा निर्मित होने वाली वाणी, तथा विभिन्न भाषाओं और विचारों से समन्वित इस आत्म अभिव्यक्ति की सम्पूर्ण परंपरा का उद्भव शब्द अथवा ध्वनि के माध्यम से ही होता है। ऋषिगणों के द्वारा इस वाक परंपरा को चार निम्नलिखित भागों में विभक्त किया गया है।

1. 'परा' वाक आत्मप्रेरणा से स्वत: उत्पन्न वह ज्ञान है जिसको किसी शब्द अदि की अपेक्षा नहीं होती और जो वाक के अगले सभी स्तरों का जनक होता है। इसका निवास हमारे अर्धचेतन मन में होता है और हमारी निद्रावस्था में भी यह लुप्त नहीं होता।
2. 'पश्यंती' वाक का जन्म हमारी इच्छा के आवेग से उस समय होता है जब हम अपने अंतर के किसी भाव को बाहर प्रकट करना चाहते हैं। इसमें भाव एक ऐसे अव्यवस्थित रूप में उदित होते हैं, जहां वर्ण और शब्दादि एक मिश्रित और अस्पष्ट के समान अवस्था में उपस्थित रहते हैं। ये अगले स्तर पर अधिक स्पष्ट रूप भी धारण सकते हैं और इसी अस्पष्ट अवस्था में ही विलीन भी हो सकते हैं। यह विचारों की वह अवस्था है जहां इन्होंने अभी भाषा का रूप ग्रहण नही किया है और यह हिंदी, अंग्रेजी, या चीनी भाषा बोलने वालों में भी एक ही प्रकार से उदित होती है।
3. जब कोई व्यक्ति पश्यंती वाक की अवस्था से आगे बढना चाहता है तो उसकी चेतना में अवस्थित ज्ञान शक्ति उसकी सहायक होती है, जिसके द्वारा 'मध्यमा' वाक का उदय होता है। मनुष्यों में उनकी ज्ञान शक्ति के द्वारा एक अर्थगर्भित विचार की उत्पत्ति होती है जिसमें शब्दों और वाक्यों का भी समावेश हो जाता है। यह विचार किसी प्रश्न का उत्तर भी हो सकता है, कोई राय या शिक्षा भी हो सकती है और ऐसी कोई कविता या पुस्तक भी हो सकती है जो अभी तक बोली या लिखी नहीं गई है।

4. 'वैख़री' वाक का उदय तभी होता है जब ऊपर वर्णित की गई अब तक की समस्त प्रक्रिया में क्रिया शक्ति का योगदान भी सम्मिलित हो जाता है। इस स्थिति में हम अपने स्वर-यंत्र, वायु, कंठ, मुख, जिह्वा, दंत एवं ओष्ठ आदि की सहायता से वैख़री वाक अथवा व्यक्त वाणी को भी अभिव्यक्त करने में समर्थ हो जाते हैं।

सहज वृत्ति, आत्म प्रेरणा और आत्मप्रकाश

वाणी और विचार से हम सब भली भांति परिचित हैं, जिन्हें ऋषियों के द्वारा मध्यमा और वैख़री वाकों के अंतर्गत रखा गया है। प्रधान रूप से सभी मनुष्य दर्शन, विचार और लिखित अथवा बोले गये शब्दों के माध्यम से अपना ज्ञान प्राप्त करते हैं तथापि पक्षी, मत्स्य और अनेक पशु, आदि दृष्टि, श्रवण एवं घ्राण के अतिरिक्त उनकी चेतना में उदित होते रहने वाली एक सहज आत्मवृत्ति से भी अनुप्रेरित होते रहते हैं। यह प्रकृति के द्वारा सहजरूप से प्रसरित होते रहने वाली एक प्रेरणा है। कभी-कभी मनुष्य भी इसके द्वारा अनुप्रेरित होते हुए देखे जाते हैं।

हम मनुष्यों में यह सहज वृत्ति कभी-कभी एक आत्म प्रेरणा के रूप में और भी अधिक विकसित होती हुई देखी जाती है। प्राणियों में इस सहज वृत्ति अथवा आत्म प्रेरणा के रूप में उत्पन्न होने वाले ज्ञान को जो उन्हें उनके मार्ग पर अग्रसर करने के लिये उदित होता रहता है, पश्यंती वाक के अंतर्गत माना गया है जहां शब्द केवल अस्पष्ट रूप में अवस्थित रहता है। कई बार ऐसा भी होता है कि हम कुछ कहना चाहते हैं पर कुछ काल तक हमें शब्द नहीं मिलते तथापि उनका पूर्ण अभाव भी नहीं होता, क्योंकि उस समय वे पश्यंती अवस्था में उपस्थित होते हैं।

सहज वृत्ति और आत्मप्रेरणा के अतिरिक्त उनसे भी अपेक्षाकृत ऊंचा एक और भी मार्ग है जिसके द्वारा प्रकृति किसी मनुष्यमें ज्ञान का संचार कर सकती है, जिसे हम आत्म प्रकाश कह सकते हैं। ऋषियों के मत के अनुसार वर्तमान और पिछले सृष्टि चक्रों में विकसित समस्त ज्ञान एक ऊंचे और सूक्ष्म धरातल पर सदैव उपलब्ध रहता है, जिसके अंश हमारे मन की शांत एवं विचारशून्य अवस्था में स्वत: आत्म प्रकाश कर सकते हैं। इस अवस्था में हमारी चेतना का संपर्क इस सर्वव्यापी संकलित ज्ञान के सागर से स्थापित हो सकता है।

परा वाक: ज्ञान का आत्मप्रकाश

इस प्रकार का ज्ञान किसी व्यक्ति की चेतनामें अकस्मात एक ऐसे ज्ञानगुच्छ के रूप में उदित हो सकता है जो अपने आप पूर्ण होता है एवं जिसे वह व्यक्ति विचार, तर्क, अथवा गणना आदि अन्य किसी प्रकार के प्रयास के बिना ही पूर्ण रूप से ग्रहण अथवा आत्मसात कर लेता है। अगर हम ऋषियों के विभाजन के आधार पर इसे समझने का प्रयास करें तो इस प्रकार के ज्ञान को परावाक की संज्ञा के अंतर्गत समझना होगा जो पराप्रकृति के शुद्ध ज्ञान का क्षेत्र होता है। प्राचीन काल के ऋषियों ने इस प्रकार के साधनों एवं प्रणालियों का विकास कर लिया था जिनके उपयोग के द्वारा वे विचारों से मुक्त एक शांत मन:स्थिति की अवस्था प्राप्त करने में समर्थ हो जाते थे। एक प्रकार से इसी प्रणाली को सूक्ष्म स्तर के ज्ञान से समन्वित ऋषियों के पूर्णता के ज्ञान की उपलब्धियों की कुंजी समझना चाहिये।

अपनी पुस्तक बियोंड सुपरनेचर (Beyond Supernature) में प्रसिद्ध जैव शास्त्री एवं ऐन्थ्रोपोलोजिस्ट लायल वाटसन ने प्रसिद्ध संगीतज्ञ मोजार्ट के द्वारा अपने एक मित्र को लिखे एक पत्र को उद्धरित किया है: "जब मैं बिल्कुल अकेला और पूरी तरह अपने आप में और प्रसन्न मनोस्थिति में होता हूं, जैसे कि एक गाड़ी में यात्रा करते हुए या एक संतुष्टिप्रद भोजन के बाद टहलते हुए या रात्रि में जब मुझे नींद नहीं आ रही हो, तो ऐसे ही अवसरों पर मुझमें अवधारणाओं के एक प्रवाह का प्रकाश होता है और भरपूर होता है। वे कैसे आती हैं मुझे ज्ञात नहीं है, और न ही मैं उन्हें बाध्य कर सकता हूं। उन्हें मैं अपनी चेतना में टुकड़ों में बंटा हुआ नहीं बल्कि पूरा और एक साथ एवं एक ही समय में सुनता हूं। अत: उन्हें कागज पर उतारने में मुझे कुछ भी सोचना नहीं पड़ता, क्योंकि यह पूर्ण रूपसे प्रयोग में लाने के योग्य होता है और जो भी मेरी चेतना में उदित हुआ था और जिसे मैं कलमबद्ध कर लेता हूं उसमें लेसमात्र भी फर्क नहीं होता"।

एक संक्षिप्त पुनरावलोकन

प्रकृति जब एक नई सृष्टि की दिशा में अग्रसर होती है तो यह एक स्पंदन के रूप में प्रकट होती है। इस स्पंदन की स्फुरत्ता में प्रकृति को दो विशेष सुविधायें उपलब्ध होती हैं। पहली तो यह कि इसे अन्य बहुत सारे साज और सामान

की जरूरत नहीं पड़ती, वह इस स्पंदन को ही समस्त पदार्थों में परिवर्तित कर लेती है। दूसरी ओर प्रकृति को एक विश्वव्यापी संचार प्रणाली की आवश्यकता होती है। उसके लिये यह एक बड़ी सुविधा की स्थिति होती है कि सभी प्रकार के स्पंदनों से विभिन्न श्रेणी की तरंगों की उत्पत्ति होती है, अत: इनके माध्यम से प्रकृति की यह संचार व्यवस्था भी निर्बाध रूप से कार्य कर सकती है।

इन तरंगों के माध्यम से प्रकृति सृष्टि के किसी विंदु-स्थानीय स्थान से भी सूचना प्राप्त कर सकती है और इन्हीं के माध्यम से वह विभिन्न दीर्घाओं में अपने निर्देश भी प्रसारित करती रह सकती है - और यह पूर्ण रूप से संभव हो सकेगा अगर प्रत्येक वस्तु स्पंदायमान रहती हो, प्रत्येक का औरों से अलग एक स्पंदन भी हो और विशेषरूप से अगर प्रत्येक स्पंदन की एक ध्वनि हो तथा सभी अलग-अलग स्पंदनों की ध्वनि भी अलग-अलग हो। तथापि ऐसी किसी भी व्यवस्था के लिये यह आवश्यक होगा कि जैसी ऋषिगणों के द्वारा बताई गई है उस प्रकार की एक अंतर की चेतना भी उपलब्ध हो, जो समस्त ज्ञान प्रदान करने का कार्य भी कर सकती हो और जो सदैव प्रत्येक वस्तु में और समस्त विश्व में भी अनुस्यूत होकर उपस्थित रहती हो।

ऋषियों के अनुसार समय-समय पर विश्व चैतन्य अथवा परासंवित की एक क्रीड़ा के रूप में इस विश्व का उदय होता है, जिसमें परमशिव की प्रकृति पराशक्ति ही इस विश्व के रूप में अभिव्यक्ति को प्राप्त होती है। निष्कल परमशिव की अंतर्चेतना में पराशक्ति एक स्पंदन के रूप में उदित होती है और एक क्रम-विकास की परंपरा का अवलम्बन करते हुए इस विश्व के रूप में अभिव्यक्त होती है।

चेतना का शिव एवं शक्ति के रूप में ध्रुवीकरण

स्पंदन के उदय होते ही परमशिव की चेतना के क्षेत्र में इसके मध्यस्थल से दो दिशाओं में विस्फारित होने वाले एक ध्रुवीकृत बल क्षेत्र की सृष्टि हो जाती है, जिसके फलस्वरूप इस चेतना में, नर और मादा, दो ध्रुव उत्पन्न हो जाते हैं। इनमें से जो स्थिर ध्रुव होता है उसे नर पक्ष मानते हुए ऋषियों के द्वारा उसे शिव तत्व की संज्ञा दी गई है जो प्रकाश स्वरूप है और जिसके द्वारा ज्ञान उत्पन्न होता है। यह आत्म तत्व के लिये 'मैं' के रूप में एक दृष्टा की अवधारणा भी उत्पन्न करता है। दूसरे ध्रुव को जो चंचल पक्ष होता है, उसे मादा पक्ष के रूप मे ग्रहण करते हुए ऋषिगण शक्ति तत्व कहते हैं जो विमर्श

स्वरूप होता है और जिससे अनुभव की उत्पत्ति होती है। यह आत्म तत्व के लिये एक 'अन्य' की और उसी के माध्यम से एक अनुभूति की अवधारणा की सृष्टि भी करती है। परमशिव की चेतना में जब ध्रुवीकरण हो जाता है तो उसे चिदाकाश कहा जाता है और यह परमशिव की अंत:प्रकृति का क्षेत्र होता है।

चिदाकाश के मध्य, शिव एवं शक्ति के संधिस्थल में, एक शुद्ध ऊर्जा का उदय होता है जो विश्वसृष्टि की दिशा में प्रेरित होती है। इसमें जो स्थिर पहलू होता है उसके रूप में शिवतत्व - विश्व से बाहर रहते हुए और सर्वप्रकार से अप्रभावित रहते हुए - केवल साक्षी के रूप में इस समस्त विश्व का दृष्टा बनकर स्थित हो जाता है और विश्व को आधार प्रदान करते हुए इसको वहन करता है। दूसरी ओर इसके क्रियमाण पक्ष के रूप में शक्ति तत्व, एक अंतर्चेतना का रूप ग्रहण करते हुए, इस विश्व की प्रत्येक वस्तु में भी और समस्त विश्व में भी सर्वत्र व्याप्त होकर स्थित रहता है।

जब इन दिव्य तत्वों की विश्वसृष्टि की सिसृक्षा एक स्थूल इच्छा के रूप में बल धारण करने लगती है, तो चिदाकाश में एक तनाव के समान क्षेत्र की उत्पत्ति हो जाती है और एक ऐसी स्थिति आ जाती है जब यह दो प्रकार की अंत: प्रकृतियों से उत्पन्न स्पंदनमयी ऊर्जा, एक घनत्व के स्तर को प्राप्त होती हुई, चिदाकाश के शुद्ध क्षेत्र से बाहर निकल जाती है और इसी स्थान से इस अंत: चेतना से युक्त स्पंदायमान ऊर्जा के गर्भ में स्थित विश्व का बीज विकास की दिशा में अग्रसर होने लगता है।

वैश्विक ऊर्जा और उसकी वैश्विक ध्वनि

शिव और शक्ति से अनुप्रेरित तथा संकोच एवं प्रसार के गुणों से समन्वित इस **ऊर्जा** को, जो संपूर्ण महाकाश अथवा महाशून्य में व्याप्त होकर अवस्थित होती है, ऋषिगण प्राण के नाम से संबोधित करते हैं। इसी प्रकार, इस अंतर और वाह्य दिशाओं में स्पंदायमान सृष्ट्योन्मुख ऊर्जा से जो ध्वनि सतत उत्पन्न होती रहती है उसे वे नाद के नाम से आख्यायित करते हैं। स्थूल दृष्टि से यह नाद ध्वनि 'ओम' शब्द के उच्चार के समान कही जा सकती है। यद्यपि यह ध्वनि हमारे स्थूल कर्ण के सीमाक्षेत्र से बाहर होती है, तथापि थोड़े प्रयास से मनुष्यों के द्वारा इस अनवरत प्रवाहित होने वाले शब्द को सुना जा सकता है। इस स्पंदायमान सृष्ट्योन्मुख ऊर्जा के आवास-स्थल को महाशून्य और इसमें

सतत गुंजायमान नाद को ऋषिगण आगम का तीसरा तत्व स्वीकार करते हुए सदाशिव तत्व के नाम इसका उद्‌बोधन करते हैं।

शिव और शक्ति तत्वों की मिलनभूमि में जो चेतन आत्मतत्व का कण स्वत: आविर्भूत होता है, उसका आत्मप्रेरित अनुभव 'मैं हूं' के समान होता है। यह सृष्टि से बाहर पराक्षेत्र की अनुभूति है जहां शब्द या विचार उत्पन्न नहीं होते तथा जहां ज्ञान और अनुभव केवल वृत्ति के रूप में उदित हो सकते हैं। किंतु सदाशिव के क्षेत्र में एक दृष्टा के अतिरिक्त उसके द्‌वारा दृष्ट की एक अलग अवधारणा का उदय हो जाता है और इस स्तर पर चेतना की अनुभूति 'मात्र मैं हूं' के स्थान पर 'मैं यह हूं' हो जाती है। व्यक्त जगत के पहले तत्व, सदाशिव तत्व का सबसे प्रधान कार्य है आत्म-तत्व की उत्पत्ति, जिसे एक आधार के रूप में साथ लेकर ही कोई वस्तु या पदार्थ उत्पन्न हो सकता है।

संपूर्ण सृष्टि चक्र की अवधि में प्रधान ऊर्जा प्राण का स्पंद और इसमें सन्निहित सृष्टिप्रेरणा रूपी नाद ध्वनि, इस सदाशिव तत्व के सूक्ष्मतम अभिव्यक्ति के स्तर वाले महाकाश रूपी धरातल पर, सदैव एक समान बने रहते हैं। एक प्रकार से हम इसे विश्व के रूप में अभिव्यक्त होने वाले पहले और एकमात्र पदार्थ का विनिर्देश (specification) समझ सकते हैं। तथापि सृष्टि के निम्न धरातलों पर अवतरित होने वाली पदार्थों और वस्तुओं के रूप में बद्ध ऊर्जा में, जो आत्मकणों से और 'मैं यह हूं' की अनुभुति से युक्त होती है, स्पंदन एवं ध्वनि दोनों में परिवर्तन होते रहते हैं।

प्रकृति की पहली वर्णमाला

यह शब्द अथवा ध्वनि ही है जिससे वर्णों, शब्दों और वाक्यों की एवं भाषाओं और विभिन्न प्राणियों की बोलियों की उत्पत्ति होती है, तथा इन्हीं को माध्यम बनाकर हमारे विचार भी उत्पन्न होते हैं। ऋषियों के अनुसार सृष्टि के प्रारंभ में अपनी विश्वसृष्टि की कल्पना का विस्तार भी परा संवित के द्‌वारा अपनी इस प्राणमयी स्पंदायमान ऊर्जा से उत्पन्न ध्वनि के उपयोग के माध्यम से ही किया जाता है। विश्वसृष्टि की वह कल्पना जो एक आत्मवृत्ति के समान परासंवित की चेतना में उद्भूत होती है सर्वप्रथम उसी का विस्तार पराशक्ति कारण भूमि पर एक शब्दमयी सृष्टि के रूप में करती है।

सर जौन वूडरौफ के अनुसार, "सृष्टि की अभिव्यक्ति की दिशा में (परासंवित के) पहले चलन (स्पंदन) की ध्वनि होती है 'ओम्', और इसी से समस्त वर्णात्मक एवं ध्वन्यात्मक विशिष्ट शब्दों की उत्पत्ति होती है।" अपनी सृष्टि की कल्पना को उनकी परिभाषाओं और विनिर्देशों (specifications) में परिवर्तित करने के लिये, प्राण के स्पंदन के द्वारा अनुप्रेरित ऊर्जा से उत्पन्न ध्वनियों को ही यह प्रकृति एक वर्णमाला के समान, एक भाषा के रूपमें विकसित कर लेती है और फिर उसी की सहायता से यथेष्ट घनत्व से युक्त विभिन्न सृष्टियों की रचना करती है।

उन पांच प्रधान शक्तियों के अतिरिक्त जिनकी चर्चा हम पहले कर चुके हैं, परमशिव की कुछ अन्य सहायक शक्तियां भी होती हैं जिनका उपयोग वे कतिपय विशिष्ट कार्यों के संपादन के हेतु करते हैं। इनमें से चित रूपी शिव की प्रधान सहायक शक्तियों को मात्रिका शक्ति कहा जाता है। जैसे सूर्य से विभिन्न श्रेणी की किरणों का उत्सर्जन होता रहता है, उसी प्रकार स्वप्रकाश शिव से विसर्जित होने वाली किरणों में ये मात्रिका शक्तियां भी एक मिलित अवस्था में रहती हैं।

आगम के ऋषियों के मतानुसार ये सृजनशील मात्रिका शक्तियां विश्व के प्रमुख उपादानों और उनके संशोधित स्वरूपों को उनकी परिभाषा के रूप में सतत प्रवाहित करती रहती हैं। दूसरी ओर ये मात्रिकायें ही, उन्हीं प्रमुख उपादानों के द्वारा रचित, विश्व के सूक्ष्म और स्थूल सभी स्तरों पर सभी संबंधित सूचनाओं-निर्देशों आदि के संचार के लिये एक उपयुक्त माध्यम के रूप में भी कार्य करती रहती हैं। इन दो श्रेणियों में विभक्त मात्रिकाओं में से चौंतीस मात्रिकायें प्रमुख तत्वों को निर्दिष्ट करती हैं, जब कि अन्य सोलह मात्रिकायें उन क्रियाओं अथवा कलाओं के निर्देश के रूप में कार्यरत रहती हैं जिनके द्वारा ये तत्व विभिन्न प्रकार से संशोधित होते हुए अपने कार्यों का निर्वाह करते हैं। यहां यह कहने की आवश्यकता नहीं होनी चाहिये कि ये सभी मात्रिकायें स्पंदायमान तरंगों से उत्पन्न ध्वनि के रूप में विसर्जित एवं प्रवाहित होती रहती हैं। तथापि इन मात्रिकाओं का एक प्रकाश अथवा ज्योति पक्ष भी होता है।

स्वाभाविक या प्राकृतिक नाम का सिद्धांत

ऋषियों के अनुसार इन सभी पचास (अथवा उनचास) मात्रिकाओं में से प्रत्येक उस ध्वनि का भी प्रतिनिधित्व करती है जो उसके द्वारा निर्देशित तत्व

अथवा क्रिया से स्वाभाविक रूप से उत्पन्न होती रहती है। परम चैतन्य अथवा परमशिव इन्हीं नैसर्गिक रूप में उत्पन्न ध्वनियों का एक वर्णमाला के रूप में उपयोग करते हुए, सर्वप्रथम एक कारण भूमि पर, अपनी सृष्टि कल्पना को सविस्तार और विशिष्ट निर्देशों के रूप में, एक ध्वन्यात्मक विश्व के रूप में अभिव्यक्त (अथवा पूर्वाभिव्यक्त) कर देते हैं। उदाहरण के तौर पर इलेक्ट्रोन-प्रोटोन आदि के विनिर्देशों का भी पहले से ही इस भूमि पर अभिव्यक्त होकर स्थित होना आवश्यक होता है।

साथ ही साथ अपने तरंगवत होने और विभिन्न स्पंदनों से युक्त होने के कारण, सूक्ष्म और स्थूल दोनों तलों पर ही इन मात्रिका शक्तियों की सहायता से ही प्रकृति विश्वमें कहीं भी स्थित प्रत्येक अणु-परमाणु आदि की वर्तमान अवस्था का भी ज्ञान प्राप्त करती रह सकती है। आगम का 'शब्द' किसी स्पंदन से उत्पन्न एक ध्वनि मात्र है। यह कारण ध्वनि अथवा 'शब्द' एक स्वतंत्र सत्ता है। यह भौतिक शरीरों में ध्वनि ग्रहण करने के यंत्रों की सीमित क्षमताओं से जो वायु की उपस्थिति और स्पंदन की फ्रीक्वेंसी आदि के आधार पर कार्य करते हैं सर्वथा भिन्न और स्वतंत्र होती है। ऊर्जा के सूक्ष्म स्तरों पर विचारों से भी ध्वनि उत्पन्न होती है और उसे बिना मस्तिष्क अथवा श्रवण-यंत्र की सहायता लिये ग्रहण भी किया जा सकता है।

सापेक्षता के सिद्धांत पर निर्मित स्थूल जगत में, हम विचारों और सूचनाओं का परस्पर आदान प्रदान करने के लिये स्वरों एवं व्यंजनों से निर्मित भाषाओं का उपयोग करते हैं और ऐसी हजारों भाषाओं के विषय में हम जानते भी हैं। किंतु भाषायें यद्यपि अनेक हैं पर स्वर और व्यंजन लगभग वही रहते हैं। वास्तव में इसी विशिष्टता की नींव पर इस पुस्तक के हिंदी रूपांतर में प्रयुक्त 'लिपिकार' सॉफ्टवेयर कार्य करता है जिसकी सहायता से पर्सनल कम्प्यूटरों में उपलब्ध इंगलिश की-बोर्ड से ही हिंदी, बंगला, तमिल, तेलगु आदि विभिन्न भाषाओं में कार्य किया जा सकता है।

दूसरी ओर, ऋषियों का एक यह भी कथन है कि मात्रिकाओं के द्वारा निर्देशित तत्वों एवं उनकी क्रियाओं से नैसर्गिक रूप से उत्पन्न होने वाली ध्वनियों और मनुष्यों के द्वारा प्रयुक्त स्वर और व्यंजनो में एक अद्भुत समीचीनता और सामंजस्य स्पष्ट दृष्टिगोचर होता है, जैसे ये दोनों एक ही संवेग और प्रक्रिया की पहली और बाद की अभिव्यक्तियां हों।

यदि हम सभी क्रम-विकास के पथ पर अग्रसर होते हुए, उस एक ही परमेश्वर की विभिन्न स्तरों पर विकसित विभिन्न अभिव्यक्तियां हैं तो यही

अधिक स्वाभाविक होगा कि हम सब एक ही वर्णमाला का न्यूनाधिक रूप में प्रयोग करते हुए ही अपने-अपने स्थानों पर पहुंचे होंगे, भले ही एक इलेक्ट्रोन के लहजे और उच्चारण को अपनी वर्तमान अवस्था में हम उतनी सहजता से ग्रहण न कर सकते हों। हम सभी एक ही सृष्टि धुन पर थिरकते रहते हैं, और समस्त क्रियाओं एवं आदान-प्रदानों की सूचनाओं का संचरण भी एक ही केन्द्रीभूत रेखा के समानांतर पथ पर, एक ही क्रम का अवलंबन करते हुए, होता रहता है। इस प्रकार एक ही मौलिक पद्धति का अनुसरण करते हुए, हमारी संवेदनायें और आत्मवृत्तियां भी अत्यंत स्वाभाविक रूपसे ही पहले विचार और फिर मुख से उच्चरित अथवा लिखित संदेशों के रूप में प्रकाशित होती रह सकती हैं। हम कह सकते हैं कि एक ही चतुर नर्तक एक ही लय और ताल पर थिरकते हुए अपनी विभिन्न मुद्राओं के माध्यम से विभिन्न रूपों में अभिव्यक्ति को प्राप्त होते हुए परिलक्षित होते हुए प्रतीत हो रहा है।

मात्रिकावृंद और इनके कार्य

ऋषियों के अनुसार प्रत्येक मात्रिका अपने अंदर एक तत्व या क्रिया के विनिर्देश संजोये हुए एक ध्वनि के समान विकीरित होती रहती है और यह ध्वनि एक ओर जहां इस तत्व अथवा क्रिया से स्वाभाविक रूप से उत्पन्न शब्द के समान होती है, दूसरी ओर एक पूर्ण विकसित जगत में, जहां मनुष्य का जन्म हो चुका हो यह उनके द्वारा उच्चरित हो सकने वाले विभिन्न वर्णों में से किसी एक वर्ण के अनुरूप भी होती है।

उदाहरण स्वरूप पांच कंठ से बोले जाने वाले वर्णों (gutturals) क, ख, ग आदि का आकाश, अग्नि, वायु, जल और क्षिति तत्वों से, और पांच तालव्य (palatals) च, छ, ज आदि का इन्हीं पांच तत्वों के प्रधान गुणों - श्रवण, दर्शन, स्पर्श, गंध आदि - के ध्वन्यात्मक रूपों से सादृष्य होता है। आगम में इन सभी को तत्वों का दर्जा प्राप्त है। इसी प्रकार पांच मूर्धन्य (cerebral) एवं पांच दंत्य (dental) वर्णों को ऋषियों के द्वारा, मानव शरीर में पूर्ण रूप से विकास को प्राप्त होने वाले, क्रिया एवं ज्ञानप्राप्ति के दस उपकरणों से संबंध रखने वाली ध्वनियों के सदृष्य बताया गया है।

महाशून्य में, जहां प्राण का वास होता है, वहां नाद के अतिरिक्त शिव की चेतना से प्रकाश रश्मियों के समान निकलते रहने वाली ये मात्रिकायें भी संगीत की धुनों के समान अपनी सूक्ष्म ध्वनियों के साथ सदैव विद्यमान रहती हैं। नाद शब्द केवल ध्वनि का ही नहीं बल्कि प्रसरण का भी परिचायक होता है

और महाशून्य में मूल नाद एवं ये मात्रिका ध्वनियां मिलकर एक अति मधुर गूंज के समान सभी ओर प्रसारित होते हुए सदैव उपस्थित रहती हैं।

उत्पन्न होने के साथ ही यह नाद इस विश्व की अवधारणा को अपने अंदर छुपाये हुए प्रसरण करने लगता है, और इसी मूल नाद की शाखा ध्वनियों के रूप में मात्रिकायें भी इसकी सहयोगी शक्तियों के समान सर्वत्र प्रसारित होती रहती हैं। नाद परमेश्वर की इच्छा के वाहक का कार्य करते हुए और मात्रिकायें उसकी सृष्टि कल्पना में निहित कतिपय मुख्य विशिष्ट निर्देशों अथवा परिभाषाओं को वहन करते हुए, सूक्ष्म ध्वनि की तरंगों के रूप में प्रसर करती रहती हैं। यह स्तर सापेक्षता (Relativity) से ऊर्ध्व में अवस्थित विश्व के दृष्टा का स्तर होता है। मनुष्यों के दृष्टिपथ में आने वाले सापेक्षता के स्तर पर मन, मस्तिष्क और ज्ञान शक्ति की सहायता से ये मात्रिकायें, मध्यमा वाक के रूप में भाषा, विचार और प्रवृत्तियों को जन्म देती हैं। इसी प्रकार इन सापेक्षता के दर्शकों के लिये, स्थूल स्वर यंत्र एवं क्रिया शक्ति की सहायता से, ये शक्तियां ही वैख़री वाक या स्थूल वाणी का रूप लेते हुए उन्हें इस विश्वके एक सापेक्ष ग्राहक के रूप में भी स्थापित कर देती हैं।

शब्द सृष्टि और शब्द ब्रह्म

पराक्षेत्र में अवस्थित, चिदाकाश से महाशून्य के निर्गमन की प्रेरणा देने वाली परमशिव की दूसरी कला को, शैव आगमों में शांति कला के नामसे वर्णित किया गया है। परमशिव की वाह्य प्रकृति सर्वप्रथम, इच्छा शक्ति के रूप में प्रकट होते हुए, सदाशिव तत्व का सृजन करती है। शैवागम के इस तीसरे तत्व के स्तर पर आत्म तत्व का आविर्भाव होता है। इसके माध्यम से यह सापेक्षता के धरातल पर उत्पन्न होने वाली, संवित अथवा चेतना के स्वरूप वाली, संतति को (जो इस विश्व की समस्त विविधताओं में से किसी एक रूप में भासमान होती है) एक 'मैं' की अवधारणा से सज्जित कर देती है। वास्तव में इसी 'मैं' को यह संतति पहचानती है और इसीकी रक्षा और विकास के लिये इसका सदैव प्रस्तुत रहना आवश्यक होता है।

परमेश्वर की वाहय प्रकृति में इच्छा मध्य स्थानीय प्रकृति है और यह एक स्पंदायमान शक्ति के स्वरूप वाली है। इसका एक स्पंदन अंतर की दिशामें शिव की ओर और दूसरा वाहय की दिशामें शक्ति की ओर होता है। अगले दो

चरणों में, पहले दूसरी वाह्य प्रकृति, ज्ञान शक्ति का इसके अंतः स्पंद के रूप में प्रकाश होता है, और तत्पश्चात इसके वाह्य-स्पंद के रूप में क्रिया शक्ति अथवा परमेश्वर की तीसरी वाह्य-प्रकृति का प्रकाश होता है।

सदाशिव के स्तर पर मात्रिकायें पश्यंती वाक के रूप में अनुभूत होती हैं, जिसमें सारे वर्ण एक दूसरे से मिले हुए एक गुच्छे के समान रहते हैं, जिनमें कोई विभाजन या विस्तार नहीं होता। यहां दृष्टा के दर्शन के विषय या उनकी अनुभूति, शून्य रूप में और एक विन्दु के समान, ज्ञान की ही एक अत्यंत संकुचित प्रगाढ़ावस्था के रूप में स्थित होते हैं तथापि प्रकृति के सृष्टि की दिशा में अगले कदम पर ही यह विंदु एक गुब्बारे के समान उच्छून होने लगता है, या विस्तार को प्राप्त होने लग जाता है, और इस सर्वथा रिक्त स्थान में यहीं से सृष्ट्योन्मुख विश्व की विषयभूत वस्तुओं का समावेश होने लग जाता है। आगमों में नाद को आत्म-तत्व या युग्म-स्थानीय तीसरा और विंदु को शिवस्थानीय चतुर्थ तत्व स्वीकार किया गया है।

इस चतुर्थ तत्व के स्तर पर ज्ञान-शक्ति रूपी वाह्य-प्रकृति का प्रकाश होता है और इसीके माध्यम से कारण भूमि में मध्य-स्थानीय मध्यमा वाक का भी विकास होता है। मात्रिकायें अब एक गुच्छ के समान प्रतीत नहीं होतीं, बल्कि वे विश्व के उपादान तत्वों और उनका संशोधन करने वाली प्रधान क्रियाओं को परिभाषित करते हुए और अपने ध्वन्यात्मक स्पंद को विनिर्देशों अथवा अर्थों के रूपमें विकसित करते हुए, अलग-अलग और अधिक स्पष्टता के साथ भासमान होने लग जाती हैं। शाक्त आगमों में इस स्तर को विंदु का स्तर कहा जाता है, जबकि शैवागमों में चतुर्थ तत्व के रूप में इसे 'ईश्वर' तत्व की संज्ञा दी गई है।

ईश्वर तत्व

आगम के इस चौथे तत्व के स्तर पर इसके स्वभाव के अनुरूप एक पीठ की आवश्यकता भी होती है। चाहे जैसी भी अभिव्यक्ति हो, वह पराप्रकृति के स्तर पर स्थित इसके स्थिर एवं गतिमान दो प्रधान तत्वों की संयुक्तावस्था से ही होती है। यह एक युग्म की अभिव्यक्ति है, जिसमें मातृ एवं पितृ स्थानीय इसके दोनों विभागों की एक साथ, एकत्रित रूप में, उपस्थिति आवश्यक होती है।

ज्ञान शक्ति यद्यपि शिव के स्वभाव की अभिव्यक्ति होती है, तथापि उसकी यह अभिव्यक्ति गर्भ स्थानीय सृष्टि-बीज के विकास के माध्यम से सृष्ट्योन्मुख एवं गतिशील शक्ति विभाग के ही अंतर्गत होती है। इसके बल

को संतुलित करने के लिये शिव विभाग की जिस शक्ति का उदय होता है, उसे आगमों में ज्येष्ठा शक्ति कहा गया है। परिभाषाओं के क्षेत्र कारण भूमि में यह शक्ति भविष्य में सृष्ट होने वाली वस्तुओं के कार्यकारी जीवन का निर्धारण करते हुए ज्ञान शक्ति के समस्त प्रस्तावों को एक सीमा में निहित रखने का प्रयास करती है। इन दोनों शक्तियों की साम्यावस्था से जिस पीठ-रूपी संरचना का निर्माण होता है उसे जालंधर पीठ कहा जाता है।

इस चौथे स्तर पर आत्म तत्व की अनुभूति, जो पिछले सदाशिव के स्तर पर 'मैं यह हूं' मात्र थी, वह "यही मैं हूं" में परिवर्तित हो जाती है। इस स्तर पर यह की प्रधानता हो जाती है और उसका विकास प्रारंभ हो जाता है। यद्‌यपि 'मैं' और 'यह' दोनों, एक ही चेतना की अनुभूति के अंश होते हैं, तथापि यहां 'मैं' गौण हो जाता है और उसकी अनुभूति 'यह' प्रधान हो जाती है, तथा इस 'यह' के विस्तार का आरंभ हो जाता है। यहां ईश्वर तत्व समस्त विश्व को 'यही मैं हूं', इस प्रकार समझता है, और समस्त अभिव्यक्तियों को प्राप्त होने वाली समष्टि को ही अपना शरीर समझता है। सदाशिव के स्तर पर 'मैं' की प्रधानता थी जबकि 'यह' शून्यस्वरूप था। ईश्वर तत्व के स्तर पर चेतना में 'मैं' विंदु के समान संकुचित होकर स्थित हो जाता है, और 'यह' के क्षेत्र का विस्तार होता है।

भौतिक विज्ञान के मत में सृष्टि के अंत के समय एक 'बिग क्रंच' अथवा ऐसी ही किसी अन्य प्रक्रिया के कारण यह समस्त दृश्यमान जगत एक विंदु के रूप में संकुचित हो जाता है। इस विंदु को हम गणित शास्त्र के अंतर्गत एक विंदु भी मान सकते हैं क्योंकि इसका किसी भी दिशा में तनिक भी विस्तार नहीं है, तथापि गणित शास्त्रियों के लिये आवश्यक इसकी स्थिति को जानने का कोई साधन हम मनुष्यों को ज्ञात नहीं है। दूसरी ओर भौतिक विज्ञान किसी सीमाओं में बद्ध वस्तु या घटना की बात को ही आगे बढ़ा सकता है अत: अपनी थ्योरी मे स्वत: उत्पन्न होने वाली इस अन-अभिव्यक्ति (Singularity) की विंदु समान अवस्था को एक आकार एवं द्रव्यमान से युक्त बिंदु (या बूंद) रूप में ग्रहण करके ही हमारे वैज्ञानिक स्थूल विश्व कि सृष्टि की विवेचना आरंभ करते हैं। इसका आकार (व्यास) एक चवन्नी के समान या उससे भी कम स्वीकार करते हुए वे उसे ही उच्छून करते हुए विभिन्न कड़ियों को मिलाने का प्रयास करते हैं।

अपनी प्रसिद्ध पुस्तक 'दि गारलैंड औफ लेटर्स' में सर जौन वुडरौफ लिखते हैं, "विश्व की पुन: वापसी की यात्रा के प्रारंभ में इस विन्दु का प्राकट्य शक्ति

रूपी ऊर्जा के अतीव घनत्व की प्राप्ति होने के कारण होता है। इस विंदु से एकात्म होने वाली चेतना को आगम में ईश्वर कहा गया है, जो इस विश्व को ही अपनी अनुभूति का विषय समझता है। तथापि वह इस विश्व को अपने से बाहर स्थित एक विविधता के रूप में नहीं देखता, वह तो इसे एक वस्तु के रूप में देखता है जो पूर्ण है, और वह स्वयं ही यह पूर्ण (वस्तु) है, जैसे कि एक मनुष्य अपने शरीर को ही स्वयं और पूर्ण समझता है"।

सर वुडरौफ आगे और भी लिखते हैं, "इस प्रकार आत्मीयकृत किया हुआ यह विश्व, अपनी उस अवस्था से ही जब इसकी अभिव्यक्ति भी नहीं हुई थी, इसका आत्मीकरण करने वाली चेतना में एक विंदु के रूप में उदित हो जाता है। ईश्वर तत्व के स्तर पर चेतना में समस्त धुंधलापन हट जाता है और इसका स्थान एक स्पष्ट 'यह' ले लेता है जिसे वह आत्मरूप ही समझता है, यद्यपि उसकी अनुभूति में 'यह' ही प्रमुख होता है (और 'मैं' गौण के समान विंदुरूप हो जाता है)। मनुष्यों के स्तर पर भी हम अपने मन को पूरी तरह आत्मीकृत करके (उसे ही 'मैं' समझते हुए) उसे एक विंदु के रूप में ही अनुभव करते हैं, यद्यपि अपने शरीर के उस भाग को जिसे हमनें आत्मीकृत नहीं किया है (जैसे हमारे बाल, नख आदि, या कोई कैंसरग्रस्त पैर इत्यादि जिसे काटना आवश्यक हो जाये), हम एक स्वयं से भिन्नवत एवं बाहर के समान एक अन्य वस्तु ही समझते हैं (जिसका हम त्याग कर सकते हैं)"।

शब्द ब्रह्म के द्वारा सृष्टि

परमशिव की सृष्टि की सिसृक्षा आत्मप्रेरित है, किसी अन्य के द्वारा अनुप्राणित नहीं। इस अवस्था में न तो मन होता है, न ही भाषा और न ही कोई विचार। सर वुडरौफ के अनुसार, "सृष्टि कल्पना अथवा एक नूतन विश्व की अवधारणा का विकास ईश्वर तत्व के घनीभूत स्तर पर ही हो सकता है जहां मात्रिकायें एक दूसरे से अलग होकर स्पष्ट हो जाती हैं और जहां वाणी का मध्यमा वाक के रूप में उदय हो सकता है"। अनुभूतिगम्य जिस आकाश को सदाशिव के स्तर पर संपूर्णरूप से रिक्त कर दिया गया था, उसे भरने के लिये विभिन्न प्रकार के निवासियों का समावेश होना इस ईश्वर तत्व वाले स्तर पर प्रारंभ हो जाता है, भले ही वे केवल उसके सृष्टि संबंधी विचार मात्र ही हों। सर वुडरौफ नें इन्हीं आगन्तुक विचारों का सृष्टि कल्पना के नाम से इंगित किया है, जिनका कारण भूमि के ईश्वर तत्व वाले स्तर पर विकास एवं विस्तार किया जाता है।

जैसा कि हम कह चुके हैं, ऋषियों के अनुसार, मात्रिकायें एक ओर जहां स्वर और व्यंजनों के रूप में उदित होती हैं, वहीं दूसरी ओर वे विश्व के प्रमुख उपादानों एवं उनके संशोधन संबंधी कतिपय क्रियाओं अथवा कलाओं से स्वाभाविक रूप से उत्पन्न होने वाली ध्वनियों का भी निर्देश देती हैं। इस मात्रिका समष्टि में से, जिनका उत्सर्जन शिव अथवा चितशक्ति से होता है, सोलह ऐसी मात्रिकायें हैं जिनकी ध्वनि स्वर वर्णों के समान होती है और जो सदाशिव से पृथ्वी पर्यंत आगम के चौंतीस तत्वों में से किसी एक तत्व की किसी एक अवस्था, अथवा उसकी किसी संशोधित अवस्था-लाभ में प्रयुक्त क्रिया अथवा कला का परिचायक होती हैं। इसी प्रकार व्यंजन वर्णों के समान ध्वनित मात्रिकायें, तत्वों से स्वाभाविक रूप से उत्पन्न ध्वनियों की परिचायक होती हैं, और यदि सदाशिव तत्व को इन कलाओं अथवा क्रियाओं का प्रणेता मानकर अलग कर लिया जाए तो उनकी संख्या तैंतीस रह जाती है।

ये मात्रिकायें ही समस्त तत्वों को परिभाषित करते हुए और अलग-अलग प्रकार से स्पंदित रहते हुए, ईश्वर तत्व में स्थित होकर, कारणभूत विचारों अथवा परिभाषाओं के शरीर का रूप धारण कर लेती हैं। इस तत्व के स्तर पर ज्ञान शक्ति के प्रकाश का प्रारंभ हो जाता है जो सृष्टि कल्पना का विस्तार करने में सहायक होती है। परासंवित के अधीन यह ज्ञान शक्ति एक ऐसे कंप्यूटर के समान भी कार्य कर सकती है जिसमें पिछली सभी सृष्टियों के विवरण भी आवश्यकता के अनुसार तुरंत उपस्थित हो जाते हैं, और जहां सभी प्रश्न और उत्तर एक ही साथ दृष्टिगत हो सकते हैं।

शब्द सृष्टि का विस्तार

डा. कविराज के अनुसार, "यद्यपि शिव और शक्ति की समवेत शक्तियां असीम होती हैं, तथापि इन का एक अंश ही किसी विश्व के निर्माण के हेतु अभिव्यक्ति प्राप्त करता है। अत: किसी एक सृष्टि चक्र में विश्व किसी अन्य सृष्टि के विश्व से अनेक भिन्न हो सकता है"। शिव और शक्ति की समवेत शक्तियों की जिन परिमाणों में अभिव्यक्ति हो रही है उसी के अनुसार तथा अपनी ज्ञान शक्ति की सहायता से, एक वास्तुकार के समान, ईश्वर एक नई सृष्टि की अवधारणा का विकास करते हुए उसके अनुरूप कारण भूमि का विस्तार करते हैं। एवं यह कार्य पांचवे तत्व के अपेक्षाकृत अधिक घनीभूत स्तर पर, जिस स्तर पर ईश्वर

के करोड़ों सहायकों का भी निवास होता है, और अधिक विकास को प्राप्त होते हुए पूर्णता लाभ करता है।

शब्दों और किसी वाक्य के जटिल हिस्सों की रचना के लिये हम स्वर और व्यंजनों का उपयोग करते हैं। इन स्वर और व्यंजनों के समान ही मात्रिकायें भी अलग अलग सूक्ष्म ध्वनियों के रूप में तरंगायमान होते हुए कारण जगत में विचारों के ही समान किसी ज्ञान विशेष को परभाषित कर सकती हैं, जैसे हाइड्रोजन और आक्सीजन बनाने की विधि, उनके मेल से जल बनाने की विधि, उस जलको बादल अथवा वाष्प में बदलने की विधि, आदि। सृष्ट्योन्मुख चेतन तत्व, ईश्वर का स्थान ग्रहण करते हुए और मात्रिकाओं एवं अपनी ज्ञान शक्ति का उपयोग करते हुए, एक विश्व के लिये उपयुक्त और आवश्यक सभी सामग्री के लिये यथोचित विनिर्देश एवं विधि-पत्रिकाओं के चयन एवं परिभाषण की दिशा में उद्योग-रत अथवा उद्युक्त हो जाता है।

जैसा कि हम कह चुके हैं, ईश्वर तत्व को संपूर्ण विश्व ही अपने शरीर के समान प्रतीत होता है तथा यह इसकी वृद्धि एवं विकास करने में तत्पर हो जाता है। आगमों के अनुसार, वर्ण, पद और मंत्र, इन तीन पथों पर संचरण करते हुए, यह तत्व एक तरंगमय ध्वनि के रूप में अपने संपूर्ण प्रायोज्य विश्व को ही विकसित करने की दिशा अग्रसर होता है। जैसे एक वास्तुकार एक संपूर्ण नगर को उसके निर्माण के पूर्व ही एकाधिक नक्शों पर अंकित अथवा अवस्थित कर लेता है, वैसे ही ईश्वर अपनी सृष्टि कल्पना के विश्व को उसके स्पंदनों और ध्वनियों रूप में स्थिर करते हुए, शब्दब्रह्म के रूप में अवस्थित हो जाता है। यहूदी धर्म में पवित्र बाइबल में इसी सृष्टिक्रम को इस प्रकार कहा गया है, "आरंभ में शब्द मात्र ही था, जो ईश्वर के पास था और शब्द ही ईश्वर भी था (In the beginning there was Word ...the Word was with God ...the Word was God)"।

विधि या मंत्रों की भूमि

कारण जगत का तीसरा एवं अंतिम तत्व और विज्ञात पंच तत्वों में भी अंतिम, तथापि आगम का पांचवा तत्व, शुद्धविद्या तत्व कहलाता है। इस स्तर पर परमेश्वर की वाह्य प्रकृति के तीसरे उपादान क्रिया प्रकृति का प्रकाश होता है, जो शक्ति तत्व का प्रतिनिधित्व करती है। इसको संतुलित करने और इस क्रिया

शक्ति रूपी प्रकृति को क्रियमाण करने के लिये चेतना का जो अंश आत्म तत्व के रूप में आविर्भूत होता है, उसके लिये एक उपयुक्त पीठ निर्माण के हेतु शिव विभाग की जो शक्ति आगे आती है, उसे रौद्री शक्ति कहा जाता है। इसका प्रधान कार्य होता है किसी वस्तु का उसके लिये नियत समय के पश्चात विनाश।

अपनी ज्ञान शक्ति की सहायता से ईश्वर तत्व अपने प्रयोजन के अनुसार इस विश्व के समस्त उपादानों की उनके स्वाभाविक नामों अथवा ध्वनियों के रूप में सृष्टि कर लेता है। उपादानों एवं अन्य वस्तुओं के ध्वन्यात्मक रूप ही उनकी निर्माण विधि एवं परिभाषाओं का भी कार्य करते हैं और इस प्रकार की प्रत्येक विधि-पत्रिका को मंत्र कहा जाता है।

तथापि, सर वुडरौफ के शब्दों में, "ईश्वर तत्व की अनुभूति का विषय तो विश्वव्यापी स्पंदन ही होता है, जिसे विपरीत बलों की क्रिया के फलस्वरूप, विभिन्न तनावों से युक्त, एक घनीभूत पिंड के रूप में अनुभूत वस्तु के समान समझा जा सकता है।" इस घनीभूत पिंड रूपी वस्तु के समान विश्व को उसके अलग-अलग उपादानों के रूप में विभाजित करके, उनमें से प्रत्येक को उसकी एक विशिष्ट अनुभूति के योग्य बनाने का कार्य, शुद्ध-विद्या के स्तर पर, क्रिया शक्ति रूपी तीसरी वाह्य प्रकृति के द्वारा किया जाता है। इस प्रकार की प्रत्येक विधिपत्रिका अथवा मंत्र के लिये पहले एक आत्मकण से संयुक्त होकर एक जीव की संज्ञा ग्रहण करना आवश्यक होता है तभी उसकी एक अलग पहचान बनती है, तभी वह स्वयं को दूसरी सभी अभिव्यक्तियों से अलग कर पाता है और तभी उसकी अलग अनुभूति भी संभव हो पाती है। ऋषियों के मतानुसार, वास्तव में तो सदाशिव और ईश्वर भी आत्म तत्व से युक्त जीव के समान ही होते हैं, तथापि सृष्टि क्रम और उनके कार्य क्षेत्रों की दृष्टिसे, अधिकार शृंखला में उनके स्तर अत्यंत ही उच्चस्थानीय होते हैं।

जहां सदाशिव के स्तर पर 'मैं' अथवा दृष्टा की प्रधानता थी और 'यह' गौण अथवा शून्य के समान था, वहीं ईश्वर के स्तर पर 'मैं' की गौणावस्था थी एवं 'यह' प्रधान था। किंतु कारण भूमि के ही तीसरे स्तर पर, शुद्ध विद्या के क्षेत्र में, 'मैं' एवं 'यह' दोनों की ही समानावस्था हो जाती है। इस स्तर पर प्रत्येक मंत्र रूपी जीव की एक अलग पहचान हो जाती है, जिसे उसके स्पंदगत भेदों के माध्यम से समझा जा सकता है, एवं उसकी एक सबसे अलग ध्वनि भी होती है जो उसीके स्वाभाविक ध्वन्यात्मक नाम के समान होती है। इसके अतिरिक्त यहां प्रत्येक मंत्र जीव, अपने को 'मैं' अथवा दृष्टा के रूप में जानता है जबकि

अन्य सभी मंत्र उसके लिये 'यह' स्थानीय होते हैं और अलग अलग भी प्रतीत होते हैं, और फिर भी ये सब 'अन्य' भी उसे अपने से बाहर एवं सर्वथा भिन्न नहीं बल्कि आत्म-स्वरूप ही प्रतीत होते हैं।

'व्यक्ति' सत्ता के बढ़ते सिमटते क्षेत्र या मंत्र समष्टियां

कोई भी व्यक्ति प्राय: अपने 'मैं' का दायरा स्वयं निर्धारित करने का प्रयास करता है। मंत्रों के संबंध में भी यह स्वातंत्र्य लगभग इसी प्रकार कार्य करता है। यहां प्रत्येक मंत्र का एक अलग 'मैं' और कार्य होता है, और दूसरी ओर एकाधिक मंत्रों का एक ऐसा समूह भी हो सकता है जिसके लिये इन सबको मिलाकर एक समूह के रूप में ही उसका 'मैं' अलग से आविर्भूत हुआ हो, जैसे एकाधिक जीन मिलकर किसी एक ही प्रोटीन विशेष का निर्माण कर रहीं हों।

सापेक्षता की अवधारणा वास्तव में यहीं से उत्पन्न हो जाती है। एक आधुनिक मनुष्य के परिप्रेक्ष्य में, हमारे 'मैं' में हमारा परिवार, हमारा देश, हमारे किसी क्षेत्र विशेष या धर्म के सभी लोग, समस्त मानवता, समस्त प्राणी जगत आदि, कुछ भी इस प्रकार जुड़ सकता है कि अपने 'मैं' के समान ही हम उन सबकी रक्षा के लिये कुछ भी करने के लिये प्रस्तुत हो सकते हैं, वहीं आवश्यकता के अनुरूप हम अपने हाथ अथवा पैर आदि को भी अपने से भिन्न मानकर कटवाने के लिये प्रस्तुत हो जाते हैं। हम देख सकते हैं कि अपने ही जिस अंग को हमनें 'मैं' से अलग कर दिया हो वह तभी से हमारे लिये 'यह' अथवा अन्य स्थानीय बन जायेगा, जो एक प्रकार से सबसे प्रारंभिक स्तर की सापेक्षता (Relativity) ही है।

ऋषियों के अनुसार, आगम के तीसरे, चौथे और पांचवे तत्वों का विकास करने के लिये परमशिव, अपनी पांच कलाओं में दूसरी, शांति कला का उपयोग करते हैं। इसके पूर्व का क्षेत्र जिसमें शिव एवं शक्ति के रूप में पहले दो तत्वों की अभिव्यक्ति होती है, शांत्यातीत कला का और परा प्रकृति का क्षेत्र था। यह शुद्ध क्षेत्र है, जिसमें किसी अन्य की अवधारणा का होना संभव नहीं होता। इसके अगले शांति कला के क्षेत्र को परा-अपरा का क्षेत्र अथवा शुद्ध-अशुद्ध क्षेत्र कहा जाता है, क्योंकि यद्यपि यहां 'मैं' और 'यह' दोनों होते हैं तथापि ये दोनों एक ही आत्मा के विभिन्न हिस्सों के समान ही प्रतीत होते हैं।

शुद्ध विद्या के स्तर पर सात करोड़ मंत्रों का निवास माना जाता है, पर यह एक लगभग वाली बात है। इसके अतिरिक्त हमारी कोशिकाओं के क्रोमोसोमों

में जो लाखों जीन होती हैं उनमें से प्रत्येक एक साधारण जाति के प्रोटीन का निर्माण करने की विधि बताती है जिसे पोलीपेप्टाइड कहते हैं। इनमें से कुछ इसी रूप में भी हमारे शरीर को चलाने के निमित्त किसी कार्य में प्रयुक्त हो सकते हैं। परंतु शरीर को कार्यरत रखने के लिये ऐसे भी अनेक प्रोटीनों की जरूरतें पड़ती रहती हैं जिनका निर्माण करने की विधि को RNA के रूप में बदलने के लिये पहले कई अलग-अलग जीन एक क्रम के अनुसार कार्यशील होती हैं, और फिर RNA उस विधि को एक प्रोटीन विशेष में बदलने का कार्य करता है। शुद्ध विद्या के स्तर पर स्थित अनेक मंत्र भी इसी प्रकार कार्य करते हैं, और संभवतया स्थूल सृष्टि पर ये कारण भूमि में अवस्थित मंत्र ही, इन दो लिखित भाषाओं पर आधारित शरीर निर्माण एवं संचालन की प्रणाली के मूल में भी विद्यमान होकर कार्य करते रहते हैं, जिनमें से एक भाषा 'जीन' अथवा DNA की रचना में प्रयुक्त होती है और दूसरी का उपयोग प्रोटीन संरचना में किया जाता है।

सीमाओं से मुक्त कारण भूमि

अब तक हमने जिन पांच तत्वों की चर्चा की है उनमें से प्रत्येक, परमशिव की पांच असीमित सामर्थ्यों में से किसी एक का परिचायक भी होता है। शिव के रूप में वह नित्य है, शक्ति के रूप में पूर्ण है, सदाशिव के रूप में व्यापक है, ईश्वर के रूप में सर्वज्ञ है, तथा क्रिया की माता स्वरूप शुद्ध विद्या के रूप में वह सर्वसामर्थ्यवान (omnipotent) होता है। आगम के ऋषियों के अनुसार क्रीड़ा के हेतु, इन पांच असीम शक्तियों का स्वामी परमशिव अपनी अंतर्चेतना का पहले पुरुष एवं नारी के रूप में विभाजन करता है, और फिर वह अपने पंचकृत्य - अभिव्यक्ति, आत्मसंकोच, अनुग्रह, स्थिति एवं संहार - का निर्वाह करता है।

पराक्षेत्र के पश्चात कारण भूमि की हमारी चर्चा भी अब समाप्त होती है, जिसे ऋषियों के द्वारा युग्म तत्व की अभिव्यक्ति की भूमि कहा जाता है। यह संपूर्ण भूमि ही इच्छा क्षेत्र कही जाती है, क्योंकि इस भूमि पर प्रकट होकर और इसके विकास के साथ-साथ, इस भूमि पर ही इच्छा शक्ति रूपी वाह्य प्रकृति अपने पूर्ण विकास को प्राप्त हो जाती है। परमेश्वर की इच्छा ही सृष्टि का मूल है जो सृष्टि के सबसे पहले धरातल कारण भूमि के रूप में अवस्थित हो जाती है तथापि ज्ञान एवं क्रिया शक्तियों के प्रकाश का कार्य भी इस प्राथमिक धरातल से ही प्रारंभ हो जाता है।

हम बता चुके हैं कि जिस पहले स्पंदन की अभिव्यक्ति महाशून्य में होती है, वह प्रारंभ से ही विविधता से पूरित एक विश्व की सृष्टि की अवधारणा से युक्त एवं अनुप्राणित रहते हुए, एक सृष्ट्योन्मुख संवेग के साथ ही अव्यक्त से निर्गत होता है। इस अभिव्यक्त प्रथम स्पंदन से जो नादमयी सूक्ष्म ध्वनि उत्पन्न होकर गुंजायमान होती रहती है, और जिसे अल्प अभ्यास के द्वारा ही सहजता से सुना जा सकता है, वह उस मोटर के समान है जिसे कहीं निकट में ही स्टार्ट तो कर दिया गया है, पर जिसे अभी कार्य में नियुक्त नहीं किया गया हो। फिर जैसे-जैसे सृष्टि के इस मूल नाद में मात्रिकाओं और मंत्रों की सूक्ष्म ध्वनियों का समावेश होता जाता है, उनके नाद के साथ समन्वित होते रहने से, इस सृष्टिघोष की गूंज अब उस मोटर के शब्द के समान प्रतीत होने लगती है जो विभिन्न कार्यों में उद्युक्त भी हो गई हो।

विश्व की सृष्टि परम चैतन्य की एक क्रीड़ा के समान होती है। उसके द्वारा अनुप्रेरित सृष्टि की दिशा में उन्मुख ऊर्जा प्रवाह का उद्देश्य केवल विविधता का निर्माण करना ही नहीं होता, बल्कि इसके हर स्तर पर उसके उपयुक्त एक सापेक्ष दृष्टा की सृष्टि करते रहना भी उतना ही आवश्यक होता है। इस सृष्टि के प्रत्येक स्तर पर शिव के प्रतिनिधि के रूप में एक सापेक्ष दृष्टा भी उपस्थित होता है जो, अपने स्तर और क्षमता के अनुरूप, शक्ति तत्व की प्रतिनिधि इस विविधता के अंश विशेषों से नाना प्रकार के व्यवहारों में उद्युक्त (संलग्न अथवा उद्योग-युक्त) होता रहता है।

अत: कारण भूमि के अवस्थित हो जाने के पश्चात ही अपरा प्रकृति के क्षेत्र का प्रारंभ हो जाता है, और इसकी सबसे पहली आवश्यकता होती है दृष्टा स्थानीय शिव की पांच प्रकार की अपरिमितताओं का संकुचन और नियंत्रण। कारण से कार्य भूमि पर अवतरण करने का अर्थ ही है माया अथवा सापेक्ष अनुभव की भूमि पर आविर्भूत होना। यहां कोई भी दृश्य अपने दृष्टा की स्थिति और उसके देखने के साधनों के अनुसार ही एक दृश्य के रूप में ग्रहीत हो सकता है।

मूल त्रिकोण

कारण भूमि पर क्रिया शक्ति के प्रकाश और शुद्धविद्या तत्व के विकसित होने के पश्चात, शांति कला के विकास-कार्य का उपशम हो जाता है, परंतु इसका कार्य अभी समाप्त नहीं होता। वाह्य प्रकृति की तीनों शक्तियों - इच्छा, ज्ञान

और क्रिया, और इनके द्वारा निर्मित संरचनाओं को एक समष्टि के रूप में समेट कर यह शांति कला पुन: अपने उद्गम के स्रोत कामरूप पीठ की ओर लौट पड़ती है और इसी के साथ परमशिव की तीसरी कला, विद्या कला का कार्य आरंभ हो जाता है। इस कला का कार्य एक अधिक विद्यापूर्ण श्रेणी का अथवा कुछ तकनीकी प्रकार का कार्य होता है। इसका पहला कार्य होता है कामरूप पीठ को मध्य में रखते हुए शेष तीनों पीठ संरचनाओं को उसके तीन ओर एक त्रिकोण के रूप में अवस्थित कर देना। इस रचना को मूल त्रिकोण कहा जाता है, और तांत्रिक दर्शनों और पद्धतियों में इसे विश्व सृष्टि में सबसे महत्वपूर्ण संरचना का स्थान दिया जाता है।

एक समभुज त्रिकोण के समान अवस्थित इस संरचना में इसके शीर्ष से बायीं ओर, घड़ी की सुइयों के बढ़ने की दिशा का अनुसरण करते हुए, क्रमश: पूर्णगिरि, जालंधर एवं उड्डियान पीठ अपने अधिष्ठित चैतन्यों के साथ, तीन बहिर्प्रकृतियों के समान, इस मूल त्रिकोण के तीन कोणों में अवस्थित हो जाते हैं। इनमें जो शीर्ष स्थानीय कोण है उसमें इच्छा प्रकृति, समतल रेखा के दाहिनी ओर के कोण में ज्ञान प्रकृति, एवं बायीं ओर के कोण में क्रिया प्रकृति का वास होता है और ये सभी प्रकृतियां दो प्रकार की शक्तियों वामा-इच्छा, ज्ञान-ज्येष्ठा तथा क्रिया-रौद्री, आदि के संयोजन से क्रियमाण होती हैं। इनमें से शीर्ष कोण युग्म का, दक्षिण कोण शिव तत्व का एवं वाम कोण शक्ति तत्व का भी स्थान समझा जाता है। (चित्र-२ में देखें)

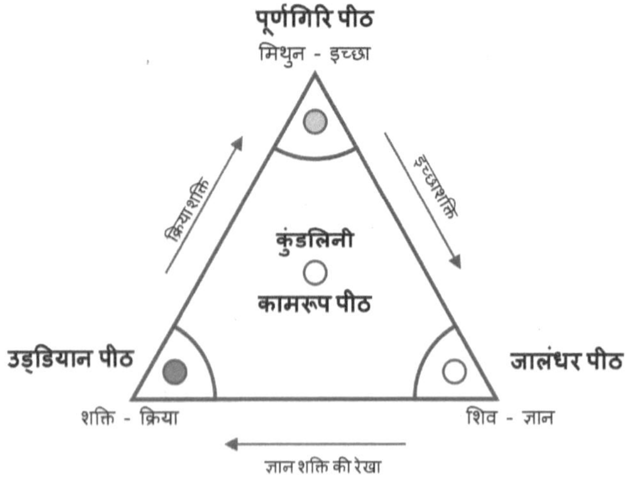

चित्र - २ मूल त्रिकोण (शिव त्रिकोण)

विश्व की सृष्टि संबंधित किसी भी संदर्भ में दोनों प्रधान तत्व, शिव एवं शक्ति, समन्वित रहते हैं, और किसी भी व्यक्त वस्तु अथवा अनुभूत घटनाक्रम में दोनों की उपस्थिति अनिवार्य होती है। अपने कार्यकारी रूप में त्रिकोण के मध्य में स्थित विंदु शिव के रूप में तथा वाह्य त्रिकोण शक्ति के रूप में क्रियमाण रहते हैं, जबकि समतल रेखा के दाहिने ओर की रेखा इच्छा रेखा, स्वयं समतल रेखा ज्ञान रेखा, और इसके बायीं ओर वाली रेखा क्रिया रेखा के रूप में कार्य करती है। (चित्र-२)

महा योनि या परम जननी

हम देख सकते हैं कि अब केन्द्र-स्थानीय स्वयंभुव के स्थान कामरूप पीठ को तीन ओर से आवृत्त करती हुई एक अपेक्षाकृत जटिल और विशिष्ट संरचना की सृष्टि हो गई है जो एक दुर्ग के समान प्रतीत होती है। यह एक प्रकार से परमात्म तत्व की अवस्था है जहां से कार्य रूप सृष्टि का निस्सारण होता है। तंत्र शास्त्रों में इस संरचना को महा योनि के नाम से भी संबोधित किया जाता है, जिसके मध्य में शिव एवं शक्ति के युगल के रूप में परमेश्वर की अंत: प्रकृति और जिसके बाहर एक त्रिकोण के रूप में सृष्टि की कर्त्री उसकी वाह्य-प्रकृति अवस्थित हो जाती है। विश्व में अभिव्यक्त प्रत्येक वस्तु एवं पदार्थ से संबंधित विनिर्देश एवं परिभाषायें (specifications) इसी शिव-शक्ति समन्वित बल क्षेत्र से उत्पन्न होती हैं, और ऋषियों के अनुसार किसी भी वस्तु का कारण क्षेत्र से निकलने का एकमात्र पथ उसे इस विश्व योनि रूपी द्वार से निर्गत होने पर ही प्राप्त होता है।

यह त्रिकोण रूपा महा योनि एक अद्भुत विवेकयुक्त एवं शक्तिशाली संरचना है, जो इन असीम बलयुक्त शक्तियों की समष्टि के लिये भी एक अनुलंघनीय निर्देश व्यवस्था का सृजन करती है। ये सभी बल और शक्तियां वैश्विक अभिव्यक्ति के सभी स्तरों पर अपने-अपने विभागों के अनुसार वस्तुओं एवं प्रणालियों की रचना, संचालन और विनाश के हेतु पूर्ण रूप से स्वतंत्र होते हैं। तथापि अभिव्यक्त होने वाली वस्तुओं के विनिर्देशों (specifications) का निर्धारण उनकी समष्टि के द्वारा ही होता है, और इसे कारण भूमि पर ही संपादित किया जा सकता है, तभी एक विश्व या किसी वस्तु रूपी कार्य की उत्पत्ति संभव हो सकती है। इसे हम किसी भी वस्तु के लिये उसके कारणभूत DNA के लेखन के समान एक अधिक सूक्ष्म स्तर पर अवस्थित व्यवस्था समझ सकते हैं।

भौतिक विज्ञानविद अवकाश और समय को एक दूसरे से अलग नहीं बल्कि एक निरंतरता (continuum) के रूप में समझने का प्रयास करते हैं और यदि वे प्रयास करें तो सापेक्षता के आधार पर प्रकृति के द्वारा बिखेरी गई इस समस्त विविधता को भी वे इसी निरंतरता के साथ जोड़कर देख सकते हैं। जो कुछ भी भौतिक जगत के रूप में हमें दृष्ट होता है उसके तंतुओं से लेकर उसके समस्त गुण और स्वभाव एवं उसके सोचने एवं क्रिया-प्रतिक्रिया तथा प्रजनन करने की प्रणालियां, आदि सभी कुछ - सूक्ष्मता के स्तरों को पार करते हुए - एक क्रमविकास का अनुशीलन करते हुए और अधिकाधिक स्थूलता ग्रहण करते हुए, अपनी इस वर्तमान अभिव्यक्ति को प्राप्त हुआ है। केवल परा और कारण भूमियों पर अवस्थित होकर ही नर एवं नारी तथा योनि, गर्भ एवं गर्भाधान आदि की अवधारणायें भी स्थूल अभिव्यक्ति की दिशा में अग्रसर हो सकती हैं; वे मात्र शून्य से उत्पन्न नहीं हो जाती।

जैसे कारण भूमि से कार्य भूमि पर अवतरण मूल त्रिकोण रूपी योनिद्वार के पथ से ही संभव हो सकता है, उसी प्रकार स्थूल संसार में भी प्राणियों के जन्म एवं उनमें नई जाति-प्रजातियों की उत्पत्ति आदि के कार्य में भी प्रकृति के द्वारा इसी प्रणाली एवं इसी विधि का उपयोग किया जाता है। डारविन का सिद्धांत इस मुख्य सिद्धांत के अंतर्गत संभावित उप-नियमों में से केवल एक उप-नियम मात्र प्रतीत होता है, यद्यपि इसके अपवादों की तालिका में सदैव नये-नये उदाहरण जुड़ते ही रहते हैं।

स्थूल शरीरों के निर्माण से पूर्व की संरचनायें

कारण भूमि को शुद्ध-अशुद्ध क्षेत्र कहा गया है। यह इच्छा शक्ति के प्रसार की भूमि है तथा इस स्तर पर परा और अपरा दोनों प्रकृतियां कार्य करती हैं। अत: यह अत्यंत सूक्ष्म ऊर्जा का क्षेत्र है जहां किसी प्रकार के द्रव्यमान, गति या गुरुत्वाकर्षण आदि के लिये कोई स्थान नहीं होता। इसके बाद का क्षेत्र अपरा प्रकृति का क्षेत्र कहा जाता है। इसके प्रारंभ से पूर्व ही इच्छा शक्ति का विकास पूर्ण हो जाता है, महायोनि की संरचना भी हो चुकी होती है तथा विद्या कला का भी उदय हो जाता है। विश्व सृष्टि के कार्य को यहां से आगे बढाने की कमान अब परमेश्वर की दूसरी वाह्य प्रकृति, ज्ञान शक्ति, के द्वारा ग्रहण कर ली जाती है। इस प्रकृति का प्रधान कार्य क्षेत्र कारण जगत और स्थूल भूमि के मध्य का सूक्ष्म क्षेत्र होता है।

इच्छा प्रकृति की सृष्टि को शब्द सृष्टि कहा जाता है। इस स्तर पर सभी अभिव्यक्ति की दिशा में अग्रसर पदार्थ इत्यादि अपने नामों अथवा ध्वनियों से ही पहचाने जाते हैं। आगम के अनुसार परा-अपरा प्रकृतियां 'शब्द सृष्टि' नाम्नी अपनी इस संयुक्त सृष्टि की रचना के हेतु वर्ण, पद एवं मंत्र के पथ से अग्रसर होती हैं। जबकि यहां से आगे की सृष्टि कार्य-सृष्टि होती है जिसके विकास के लिये प्रकृति अब कला, तत्व एवं भुवन के नामसे विज्ञात पथ का अवलम्बन करते हुए अग्रसर होती है। कारण और स्थूल के मध्य का क्षेत्र दृष्टा की भूमि होती है। यहां ज्ञान शक्ति के द्वारा शिव के अंश अथवा सापेक्षता के दर्शक मानस तत्व का विकास होता है। उसके पश्चात क्रिया शक्ति के द्वारा स्थूल भूमि का विकास होता है, जहां शब्द-सृष्टि का अर्थ-सृष्टि में रूपांतर होता है अथवा जहां कारण सृष्टि में नामों के रुप में उदित होने वाली वस्तुओं का उनके द्वारा निर्देशित शरीरों में रूपांतरण होता है।

कार्य सृष्टि की दिशा में ले जाने वाले कला, तत्व और भुवन के नाम से निर्देशित होने वाले इस पथ के तीन स्तरों में से परम शिव की कतिपय कलाओं और कारण भूमि से संबंध रखने वाले पांच तत्वों के विषय में हम चर्चा कर चुके हैं। आगम के शेष इकत्तीस तत्वों का विकास कार्य भूमि में होता है। कला से यहां उन सोलह स्वर स्थानीय मात्रिकाओं को समझना चाहिये जो तत्वों का नहीं बल्कि उन क्रियाओं अथवा कलाओं का निर्देश देती हैं जिनके माध्यम से इन तत्वों की अवस्थाओं का विभिन्न दशाओं या अवस्थाओं में संशोधन किया जा सकता है, और सृष्टि के कार्य में उनकी एकाधिक दशाओं का उपयोग संभव हो जाता है। इनसे भिन्न, भुवन एक परंपरा है जिसको परमशिव की विद्याकला अपने एक प्रायोज्य के रूप में उत्पन्न करती है। यह एक सांचे के समान कार्य करता है जो उन वस्तुओं का आकार धारण कर लेता है जिसका निर्देश किसी मंत्र में निहित है, उसी तरह जैसे डी-एन-ए में अंकित या लिखित किसी निर्देश को एक विशिष्ट आकार के प्रोटीन में बदल लिया जाता है।

इस परंपरा के अंतर्गत जो भुवन प्रकाशित होते हैं, वे न केवल पदार्थ के कणों, अणु-परमाणुओं, ज्ञान के उपकरणों, कार्य करने के अंगों और जीवित प्राणियों को भी एक वाह्य रूप प्रदान करने की दिशा में तत्पर होते हैं, बल्कि ये उनके शरीरों के वाह्य एवं आंतरिक आकारों को उनके सही अनुपात प्रदान करने का कार्य भी करते हैं। जहां एक ओर कंपनों की स्वाभाविक की ध्वनियों के माध्यम से, ईश्वर तत्व अपनी विश्व सृष्टि की कल्पना को मंत्रों के रूप

में नियोजित कर देता है, वहीं मन और शरीर से संबंधित इकत्तीस तत्वों में विकसित होने वाले भुवनों के माध्यम से ये मंत्र उस ध्वन्यात्मक निर्देश को उसी कल्पना के अनुरूप एक रूप और आकार में प्रकाशित करने का कार्य करते हैं।

चेतन तत्व की दृष्टि में, और ज्ञान शक्ति के क्षेत्र में, पदार्थ और जीवित पदार्थ जैसा कोई भेद नहीं होता, बल्कि देश और काल के समान एक ही निरंतरता (continuum) एक ही प्रकार से अग्रसर होते हुए विभिन्न अभिव्यक्तियों में बदलती रहती है। अत: भुवन परंपरा का दायरा केवल जैव विज्ञान द्वारा प्रस्तावित जैविक मौर्फोजेनेटिक फील्ड्स (Morphogenetic fields) तक ही सीमित नहीं होता। ऊर्जा के स्वयं को कार्य में बदलने की शुरुआत तो इसके बहुत पहले ही हो जाती है और पदार्थ के पहले कण से लेकर मनुष्यों तक, सभी अपने-अपने रूप और आकारों के साथ इसी भुवन परंपरा का अनुगमन करते हुए ही अपना अस्तित्व ग्रहण करते हैं और इसी सापेक्षता के प्रभाव से वे अपने ज्ञान एवं दंभों (arrogance) के आभूषणों को भी धारण करते हैं।

जिस भुवन परंपरा की बात हम कर रहे हैं, वह एक चर्म या चर्म-स्थानीय बलक्षेत्र के अंदर रहकर ही कार्य करती है, जैसे जीवन से संबंधित सब-कुछ एक जीवित कोशिका के अंदर ही घटित हो सकता है। संवित विज्ञान के ऋषियों के अनुसार, आत्मा कारण शरीर में निवास करती है। तत्पश्चात यह इसी शरीर के ऊपर एक मानसिक शक्ति के क्षेत्र में कार्य करने वाला सूक्ष्म शरीर पहनकर उसे क्रियमाण कर लेती है, और उसके बाद यह देश-काल में अपने उपयुक्त एक स्थूल शरीर उपलब्ध होने पर वहां पहुंच जाती है और उसे स्वीकार करने के पश्चात उसे भी अपने एक अस्थायी तीसरे शरीर के समान धारण करते हुए क्रियमाण कर सकती है। चाहे कोई परमाणु हो या कोई जीवित वस्तु, स्थूल जगत में यही नियम और ऐसी ही स्थिति है। सभी का एक सूक्ष्म शरीर और उसके पीछे एक कारण शरीर भी अवश्य होता है और तभी वह परमाणु या वस्तु क्रियमाण हो सकती है।

समय का अनुभव भी सापेक्षरूप में ही होता है

आगम के छत्तीस तत्वों में से केवल पांच तत्व ही कारण भूमि पर कार्य करते हैं, तथापि कारण आकाश में अन्य सभी तत्व भी मात्रिकाओं के रूप में तो विद्यमान रहते ही हैं। इस कारण भूमि की सृष्टि करने में इन पंचतत्वों को

कितना समय लगता है यह प्रश्न व्यर्थ के समान ही होगा, क्योंकि समय को नापने की किसी प्रणाली का चलन अभी प्रारंभ नहीं हुआ है। हम मनुष्यों की एक नैनोसेकेंड और हमारे एक अरब वर्ष इस भूमि पर एक समान ही प्रतीत होते हैं। यहां केवल दो असीम शक्तियों के मिलन का आनंद है और सृजन की इच्छा है। इसके अतिरिक्त इनके अधीन ज्ञान का एक आगार और किसी भी क्रिया का आरंभ करने की स्वतंत्रता है तथा एक विश्व की कल्पना करने और उसमें नाना प्रकार के गुणों का रंग भरने के लिये इनके पास समय का भी कोई अभाव नहीं है।

हम मनुष्यों की दुनिया में जब हमारी पृथ्वी अपनी धुरी पर एक चक्र पूरा कर लेती है तो उसे हम एक दिन मानते हैं, और जब यह सूर्य के चारों ओर घूमते हुए अपनी एक परिक्रमा पूरी कर लेती है तो उसे हमारा एक सौर वर्ष कहा जाता है। इस वर्ष की तुलना में, जब हमारा सूर्य इस पृथ्वी के साथ हमारी आकाश गंगा के केन्द्र की एक परिक्रमा पूर्ण कर लेता है, तो वह हमारा गैलेक्टिक वर्ष होता है और यह हमारे लगभग पच्चीस करोड़ सौर वर्षों के समान होता है।

लेकिन अपने सापेक्ष दर्शन के लिये अगर हम अपनी इस आकाश गंगा को ही अपनी दर्शक दीर्घा मान लेते हैं और अपनी कुर्सी जमाकर एक टेलीस्कोप की सहायता से इधर-उधर देखने का प्रयास करते हैं, तो हमें यह समझने में अधिक समय नहीं लगेगा कि हम तो वास्तव में अपने आकाश गंगा परिवारों और झुंडों के साथ एक दूसरे झुंड 'दि ग्रेट अट्रैक्टर' की परिक्रमा करते आ रहे हैं। उस अवस्था में हमारे एक दिन का मान 25 करोड़ सौर वर्ष हो जायेगा और हमारे गैलेक्टिक वर्ष का मान केवल चालीस दिनों में ही सिमट जायेगा।

वैज्ञानिकों के अनुमान से हमारी स्थूल सृष्टि की वर्तमान आयु 1377 करोड सौर वर्ष है, जबकि हमने अपने इस गैलेक्टिक समाज के रूप में केवल 55 दिन का ही अनुभव अभी तक प्राप्त किया है। दूसरी ओर अगर एक आत्म तत्व के कण के रूप में हम सापेक्षता को माया समझकर उसका परित्याग कर देते हैं और इस विश्व को इसके आधार में अवस्थित अचल दृष्टा की कुर्सी पर विराजमान आत्म तत्व के पास बैठकर देखने का प्रयास करते हैं, तो हमें ऐसा प्रतीत हो सकता है कि आज के दिन हमने अपने जागने के बाद के पहले घंटे में से अभी कुछ ही समय व्यतीत किया है और लगभग पूरा दिन ही अब भी हमारे लिये खाली के समान उपलब्ध है।

अव्यक्त से जो स्पंदनयुक्त ऊर्जा और उसकी ध्वनि एक साथ निर्गत होते हुए इस विश्व की सृष्टि की दिशा में अग्रसर होते हैं, उन दोनों की ही उत्पत्ति एक अनादि एवं सतत चैतन्य में दो ध्रुवों के समान अवस्थित हो जाने वाले शिव और शक्ति तत्वों की युग्मावस्था से होती है। परंतु देश और काल की अवधारणा की सृष्टि महामाया के द्वारा की जाती है। आधार के स्थान पर अवस्थित दृष्टा के परिप्रेक्ष्य से यह एक महाभ्रम है जिसको आधार बनाकर ही सापेक्षता और उससे संबंध रखने वाले अन्य सभी दृश्य और अनुभवों की उत्पत्ति हो सकती है और देश एवं काल, ये दोनो ही एकाधिक प्रकार की सापेक्षताओं की सृष्टि करने में सक्षम हैं। जो एक दृष्टा को बहुत **बड़ा** लगता है, वही एक दूसरे दृष्टा को अति तुच्छ के समान अनुभूत हो सकता है, जबकि समय की एक छोटी अवधि भी किसी व्यक्ति को अत्यंत दीर्घ तथा असह्य के समान कष्टकारी प्रतीत हो सकती है।

माया और उसकी नगरी

शुद्धविद्या के स्तर पर किसी भी दृष्टा को जो भी विभिन्नता दृष्टिगोचर होती है वह सब उसे अपने ही विभिन्न अंशों के समान प्रतीत होती है (उसे अपने कान, हाथ, माता, पिता और पड़ोसी आदि में विशेष भेद प्रतीत नहीं होता)। इसके अतिरिक्त शिव के प्रतिबिंब के समान 'मैं' के रूप में अवस्थित आत्म-कण को अभी अपनी किसी भी असीमित क्षमता में भी किसी न्यूनता की प्रतीति नहीं होती। इस धरातल का व्यापार हम मनुष्यों को अपने सापेक्षता पर आधारित ज्ञान से परे प्रतीत होगा। अत: अब यहां से अभिव्यक्ति की ओर उन्मुख, परा संवित के दो प्रधान विभागों में से शिवांश विभाग की एक सापेक्ष दर्शक की भूमिका में अवतरण के लिये आवश्यक यात्रा का प्रारंभ होता है।

विद्या कला का आशय है, विशिष्ट ज्ञान पर आधारित एक विशिष्ट तकनीक। आगम के अगले सात तत्वों के विकास का कार्य परा संवित के द्वारा इसी कला की सहायता से संपन्न किया जाता है और ये सभी तत्व सृष्टि बीज में उपस्थित शिवांश को एक सापेक्ष दृष्टा-भोक्ता में परिवर्तित करने का कार्य करते हैं। आगम के द्वारा प्रायोजित इस सृष्टि-गाथा में विद्या-कला का उद्भव और परमेश्वर की ज्ञान प्रकृति का मानस क्षेत्र के विकास के लिये अवतरण, दोनों एक ही साथ घटित होते हैं।

माया का एक अर्थ होता है जादू की सृष्टि और इसका दूसरा अर्थ होता है इस प्रकार के जादू के समान लगने वाले भ्रमों को उत्पन्न करने वाली कोई शक्ति या जादूगरनी। कुछ ऋषियों के मत में परमशिव की वाह्य प्रकृति के अंतर्गत तीनों शक्तियों की समष्टि, जिसे आगम में महामाया के नाम से वर्णित किया गया है, और जो कारण भूमि का सृजन करती है, वह अब स्वयं इस माया के नाम से वर्णित छठे तत्व के रूप में आविर्भूत होकर कार्यभूमि की सृष्टि की दिशा में अपने कार्य का प्रारंभ करती है। तथापि, पृष्ठभूमि में अविचल होकर अवस्थित समष्टि के दृष्टा को माया तत्व द्वारा प्रायोजित यह सृष्टि एक मायानगरी अथवा जादूनगरी के समान ही अवास्तविक भासमान होती है।

यद्यपि माया के कार्य की चर्चा आगम और वेदांत दोनों में ही है, वेदांत और सांख्य दर्शनों में इसे तत्व का स्थान नहीं दिया गया है। वेदांत विशेष रूप से अंतिम या चरम लक्ष्य की प्राप्ति के प्रति समर्पित है, सृष्टि के आरंभ के विवरण को इसमें अधिक महत्व नहीं दिया गया है। भारतीय दर्शन की छह प्रधान पद्धतियों में केवल सांख्य में ही संख्याओं को सम्मिलित किया गया है। इसे एक अनीश्वरवाद की सीमारेखा के अत्यंत निकटस्थ और अंकों पर आधारित दर्शन समझा जाता है, जो वेदांत की अपेक्षा योग-विज्ञान के ज्यादा समीप एक मध्यस्थानीय दर्शन है। तथापि इसकी तत्व तालिका में भी केवल पच्चीस तत्व ही सम्मिलित किये गये हैं। सांख्य मत में पुरुष को पहला तत्व स्वीकार किया गया है। जबकि आगम में यह तत्व सृष्टि में बारहवें स्थान पर अभिव्यक्त होता है। सांख्य में कारण भूमि और मायिक संरचनाओं को पुरुष तत्व में अंतर्भुक्त समझ लिया जाता है और उनकी कहीं अलग चर्चा नहीं की जाती।

माया के द्वारा सापेक्षता (Relativity) का सृजन

यह विश्व अनादि चेतना के फलक पर अविचल होकर अवस्थित एक समष्टि के दृष्टा के द्वारा प्रायोज्य एक सृष्टि है जिसमें दृष्टा का कभी अभाव नहीं होता। वह इसके प्रत्येक कण में प्रधान दृष्टा के एक प्रतिबिंब के रूप में विद्यमान रहता है, जहां से उसकी चेतना एक प्रकाश के रूप में विकीरित होती रहती है। जिस किसी के द्वारा जो कुछ भी देखा अथवा अनुभूत किया जाता है वह इसी प्रकाश में देखा और अनुभूत किया जाता है। परंतु इस विश्व-दृष्टा के लिये यह एक साथ और एक ही समय में हर प्रकार से अनुभूत वस्तु है जो विविधता की

अनुभूति करने के लिये एक सर्वथा अनुपयुक्त अवस्था है। आगम के ऋषियों के समस्त प्रस्तावों में सन्निहित धर्म-धर्मी के सिद्धांत के अनुसार विविधता की उत्पत्ति होने के पूर्व एक ऐसे दृष्टा का होना आवश्यक है जो उस विविधता की पहचान कर सके। अपनी असीम अनुभूति के क्षेत्र के यथोचित सीमित होने पर ही यह दृष्टा इस विविधता का स्पष्ट अनुभव एवं उपयोग कर सकेगा, क्योंकि ऐसा अनुभव एक अनुपात के अनुसार और सापेक्षरूप से ही संभव है।

हमने इसके पहले परमात्म तत्व और आत्म तत्व की चर्चा की है। आत्म तत्व अथवा आत्म-कण, एक परम-आत्मा के प्रतिबिंब के समान है। आदि चेतना का प्रकाश, जिसमें ज्ञान होता है और जिसके द्वारा जाना और अनुभव किया जा सकता है, उस प्रकाश का विकिरण उसके आत्मा रूपी प्रतिबिंब से भी उसी प्रकार होता रहता है। यह आत्मा कारण शरीर में निवास करती है और इस शरीर को लेकर ही कार्य भूमि पर उतरती है। परंतु इसकी इस यात्रा के प्रारंभ में ही माया शक्ति आत्मा से होने वाले इस प्रकाश के विकिरण को अवरुद्ध कर देती है। यह शक्ति एक ऐसे मायिक क्षेत्र की सृष्टि कर देती है, जिसमें इस प्रकाश के वाह्य दिशा में निस्सारण को विभिन्न प्रकार से सीमित, संतुलित और नियंत्रित किया जा सके।

माया के क्षेत्र को प्रकाशहीन अंधकार का क्षेत्र कहा जाता है और कारण शरीर से युक्त जो भी आत्मा अथवा सृष्टि-कण विश्व योनि से निर्गत होता है, वह इस अंधकार के क्षेत्र से होकर ही कार्य भूमि पर अवतरण करता है। एक प्रकार से वह सृष्ट्योन्मुख कण इस अंधकार की चादर को ओढ़कर ही एक ज्ञानशून्य के समान अवतरण करता है और कार्य भूमि पर अपने लिये ज्ञान की पहली किरण की प्राप्ति के लिये यह जैसे एक स्वचालित आगे ले जाने वाले कनवेयर के मुहाने पर ही अवतरित होता है, जो इसे एक विशिष्ट दिशा में स्वत: अग्रसर करता है। एक ओर तो माया की यह चादर इसके साथ कुछ अशुद्धियां अथवा मल जोड़ देती हैं, और दूसरी ओर इसके साथ यह एक शून्य ज्ञानावकाश की पट्टिका भी जड़ित कर देती है, जो बाद में इसके अपने चित्ताकाश के रूप में प्रकाशित हो सकेगी। इसी चित्ताकाश में इस दृष्टा विशेष के सापेक्षता के अंतर्गत ज्ञान का उदय और क्रमश: विकास हो सकेगा। इस चित्ताकाश के मध्य ही इस सृष्टि-कण के मन का विकास भी हो सकेगा।

माया का प्रधान उद्देश्य है - विविधता की सृष्टि के लिये उसके दृष्टा का विकास करना जो उस विविधता का गवाह बन सके, उसको पहचान सके। अपने

इस कार्य को वह दो प्रकार से संपन्न करती है। पहले तो वह इस सृष्टिकण के दृष्टिपथ में आने वाली वस्तुओं के असली स्वरूप को ढंक देती है, जैसे कि माया ने उसको वशीकृत (hypnotize) कर लिया हो और फिर यही माया शक्ति उसके समक्ष एक भ्रमजाल के समान सापेक्षता पर आधारित विविधता को उपस्थित करके उसे इस प्रकार मोहित कर देती है कि वह जितना और जिस प्रकार देख पाता है उसी को सत्य समझता है। उसे यह जमीन कभी गोल दिखाई नहीं पड़ेगी जब वह इस पर चल रह होगा या अपना घर बना रहा होगा, इसके गोल स्वरूप को देखने के लिये उसे हजारों किलोमीटर ऊपर जाकर देखना होगा और अपनी सापेक्षता कि स्थिति में परिवर्तन करना होगा।

मंद प्रकाश में कुछ दूरी पर पड़ा हुआ एक रस्सी का टुकड़ा किसी यात्री को एक सर्प के समान प्रतीत हो सकता है। केवल प्रकाश की कमी के कारण यह भ्रम उत्पन्न होता है। ज्ञान के प्रकाश के नियंत्रण के माध्यम से ही माया शक्ति किसी कण में अवस्थित विकासशील दृष्टा के सन्मुख प्रस्तुत दृश्य को अनेक प्रकार से रंजित कर सकती है। सड़क पर लगी लाइट के प्रकाश से अवरोध के हटते ही रस्सी का सत्य यात्री पर प्रकाशित हो जाता है। इसी प्रकार आत्म कण से उत्सर्जित होते रहने वाले ज्ञान के प्रकाश से अवरोध को प्रयास के द्वारा हटा सकने पर सर्वत्र विद्यमान सत्य स्वयं प्रकाशित हो जाता है।

इसके पूर्व हम आत्मा अथवा आत्म कण के कारण शरीर में 'मैं', 'यह' और 'अन्य' की अवधारणा के विकास की चर्चा कर चुके हैं। सदाशिव के अनुभव में 'मैं' की प्रधानता होती है और अनुभव शून्यवत होता है, और ईश्वर के अनुभव में 'यह' की प्रधानता होती है जिसे वह अपना शरीर समझता है, जबकि शुद्धविद्या के स्तर पर अनुभव में 'मैं' और 'यह' दोनों का समान महत्व होता है। इस अवस्था में प्रत्येक वस्तु स्वयं को 'मैं' और अन्य सभी बहुत सारी वस्तुओं को 'यह' समझती है, तथापि फिर भी उसे ये सब अपने से बाहर प्रतीत नहीं होतीं और उन्हें वह अपना ही वाह्य प्रसार समझती है।

एक ऐसे विश्व का निर्माण करने के लिये जिसमें ऐसे सापेक्ष अनुभवकर्ताओं की उत्पत्ति संभव हो सके जो विभिन्न प्रकार की विविधता को स्वयं और एक दूसरे से भी अलग-अलग देख सकें, इस विकासोन्मुख सृष्टि बीज की स्मरण पट्टिका से इन सब वस्तुओं को जोड़ने वाले सूत्र को हटाना प्रकृति के लिये आवश्यक हो जाता है। तभी 'मैं' और 'यह' एक दूसरे से सर्वथा भिन्न दो अलग-अलग सत्ताओं के रूप में अवस्थित हो सकेंगे और तभी विश्व में सापेक्षता

(Relativity) की सृष्टि संभव हो सकेगी। आगमों के अनुसार यह कार्य भी माया के द्वारा ही संपादित किया जाता है।

सर जौन वुडरौफ लिखते हैं, "संक्षेप में हम कह सकते हैं कि चेतन तत्व में एक कृतित्व (creative expression) की दिशा में उन्मुखता है, जो एक 'मैं' के रूप में क्रमशः विकसित होते हुए इस विश्व को अपना ही विस्तार समझती है, जो पहले 'मैं' की प्रधानता के आशय से एवं अस्पष्ट रूप से, और फिर 'यह' के रूप में इसके विस्तार सहित स्पष्टता से, जिसमें 'मैं' की नहीं बल्कि 'यह' की प्रधानता है और फिर 'मैं' और 'यह' दोनों के साम्य के रूप से विकसित होते हुए, यह अंत में माया के द्वारा विभाजित होने के लिये प्रस्तुत हो जाती है। माया 'मैं' और 'यह' की अनुभूति को मध्य से कतरते हुए इनका विभाजन कर देती है और दृष्टा एवं उसके द्वारा दृष्ट को अलग के समान स्थापित कर देती है, जबकि यथार्थ में आत्मा ही 'मैं' और 'यह' के रूप में अवस्थित रहते हुए स्वयं ही स्वयं को देखती है"।

सभ्य जगत के अनुरूप वस्त्र

शिव और शक्ति की दिव्य क्रीड़ा के मध्य अपना स्थान सुनिश्चित करने के इच्छुक दर्शक के लिये एक उचित पोशाक की भी आवश्यकता होती है और विशेष रूप से यदि उसे स्वयं अपने लिये एक दुल्हन की भी जरूरत पड़ने वाली हो। पर माया नानी को सब पता होता है और वह भी अपनी कैंची और फीते तथा सुंई, धागे और बटनों के साथ कारण जगत के द्वार पर ही उपस्थित रहती है। भावी दृष्टा को विश्व के उद्यान में भेजने के पूर्व वह इसे ढंकने वाली अंधकार की चादर को ही काट-छांट कर उसीसे इसके लिये एक पांच वस्त्रों वाली पोशाक तैयार कर देती है।

भावी दृष्टा के इन माया निर्मित पंच-वस्त्रों में से प्रत्येक वस्त्र उसके सर्वशक्ति समन्वित पूर्वज की सीमाविहीन क्षमताओं में से एक को पूर्ण रूप से परंतु इस प्रकार ढंक देता है कि उसके प्रकाश को कम वा अधिक निस्सारित करने के मार्ग और विभिन्न खिड़कियों आदि को भी प्रकृति की आवश्यकतानुसार नियंत्रित किया जा सके। क्रीड़ा जगत में प्रवेश की दिशा मे उन्मुख आत्मा के इन वस्त्रों को आगम में पंचकंचुक कहा गया है और इन्हें काल, राग, नियति, विद्या एवं कला नामों से संबोधित किया जाता है। ये पंचकंचुक सृष्ट विश्व के

प्रत्येक कण में विद्यमान होते हैं, जो अणु-परमाणुओं और जीवित कोशिकाओं के सहित सभी प्राणियों को भी प्रभावित करते हुए उन्हें एक सीमा में बद्ध कर देते हैं। इन विभिन्न प्रकार से समायोज्य कंचुकों को आगम में अलग तत्वों की संज्ञा दी गई है, इनमें से -

- सातवां तत्व 'काल' किसी दृष्टा के निरंतरता के ज्ञान को अवरुद्ध करके इसमें एक जीवनकाल से बद्धता की अवधारणा को पुष्ट करता है,
- आठवां तत्व 'राग' इसकी पूर्णता का लोप करके इसमें कामनाओं की, और सुख-दुख, आकर्षण-विकर्षण, पसंद-नापसंद आदि की अवधारणाओं की सृष्टि करने के माध्यमों को उत्पन्न करता है,
- तत्व तालिका में नवम स्थान पर स्थित 'नियति' सृष्टि कणों में व्यापकत्व के स्थान पर देश की बद्धता की अवधारणा की सृष्टि करती है,
- दशम 'विद्या' तत्व नामक कंचुक आत्म-कण की सर्वज्ञता का हनन करते हुए उसके लिये ज्ञान की उपलब्धि और इसके विकास की सीमाओं के रूप में कार्य करता है और
- एकादश स्थान पर अवस्थित 'कला' तत्व उसके सर्वकर्त्रित्व वाले स्वभाव को रुद्ध करते हुए उसे सीमित कर्म क्षमताओं की जंजीरों में जकड़ देता है।

इन कंचुकों या केंचुलियों के सृजन का एकमात्र उद्देश्य होता है - असीम को सीमा से जड़ित करते हुए एक सापेक्ष अनुभव एवं क्रिया-प्रतिक्रिया की परंपरा को उत्पन्न करना। पांच वस्त्रों की इस पोशाक से सज्जित होकर इस विश्व का भावी दृष्टा-भोक्ता, जिसमें एक अणुत्व की अवधारणा की भी सृष्टि हो चुकी है, अब कारणभूमि से कार्यजगत में उत्कीर्ण होने के लिये प्रस्तुत हो जाता है।

प्रधान कारण-भूमि पर स्थित पांच तत्व ही अपनी असीमताओं को गंवाने के पश्चात इस सृष्टिबीज में अवस्थित होकर, आगम के बारहवें तत्व के रूप में कार्य भूमि पर अवतरण करने के लिये सज्जित, और अणु अथवा पुरुष की संज्ञा से युक्त, इस आत्म-कण के कारण शरीर के रूप में कार्य करते रहते हैं। सांख्य मत एवं योग-शास्त्रों में आगम के इस बारहवें तत्व को ही पहला तत्व स्वीकार करते हुए, इन दर्शनों के ऋषियों के द्वारा अपने सिद्धांतों एवं विधियों की व्याख्या की गई है। इस तत्व के उदय के साथ ही सृष्टि-बीज का माया क्षेत्र के अंतर्भुक्त स्थूल कार्य क्षेत्र में प्रवेश हो जाता है। यहां पहुंचकर विद्याकला का कार्य समाप्त हो जाता है तथा प्रतिष्ठा कला का प्रवेश हो जाता है, जो पहले

सूक्ष्म जगत में तत्वों को यथास्थान प्रतिष्ठित करती है और फिर स्थूल जगत में, ताकि सृष्टि की अंतिम भूमि पृथ्वी तत्व का उदय संभव हो सके और यह पूरा सृष्टि यंत्र अपनी तंत्र-समष्टि के सहित क्रियमाण हो सके।

माया का क्षेत्र कोई भूमि नहीं है, केवल एक बलक्षेत्र के समान क्षेत्र होता है, जिसके प्रभाव से अन्य कार्यकारी बलों का नियंत्रित बलों के रुप में उदय प्राप्त करना संभव हो जाता है। यह लगभग उसी उद्देश्य की पूर्ति करता है जिसकी पूर्ति परावर्ती भौतिक सृष्टि में प्रकृति हिग्स (Higgs) नामक बलक्षेत्र के माध्यम से करती है। यहां भी अणुरूपी पुरुष को अपेक्षाकृत अधिक घनत्व वाले मानस ऊर्जा के क्षेत्र में आचरण के उपयुक्त बनाने के लिये उसमें तीन मलों के द्रव्यमान अथवा भारों का संयोजन कर दिया जाता है, जैसे भौतिक सृष्टि में लेप्टोन-हैड्रोन आदि के साथ होता है और वे स्थूल ऊर्जा के क्षेत्र में स्थिति प्राप्त कर सकते हैं। जहां कुछ ऋषिगण माया के क्षेत्र को अलग क्षेत्र के रूप में स्वीकार नहीं करते और कुछ इसे कारण भूमि के अधीनस्थ एक उपक्षेत्र के रूप में देखते हैं, वहीं कुछ सिद्धांत प्रणालियों में इसी क्षेत्र को आगम की कारणभूमि के तुल्य-स्थानीय मान लिया गया है।

कारण से सूक्ष्म भूमि पर अवतरण

कारण भूमि के पश्चात मध्यस्थानीय 'सूक्ष्म' भूमि पर आगम के तेरहवें तत्व 'प्रकृति' तत्व का उदय होता है और इस प्रकृति तत्व के द्वारा ही आगम, सांख्य और योग शास्त्रों के सभी अवशिष्ट तेईस तत्वों का सृजन किया जाता है। ऋषियों के अनुसार सभी दृष्ट एवं अदृष्ट वस्तुओं की उत्पत्ति नर रूपी शिव एवं शक्ति रूपा भगवती के संयोग से ही होती है। ऋषियों के मत में प्रकृति तत्व स्वयं नारी स्वरूपा प्रधान शक्ति अथवा भगवती ही होती है जो पुरुष रुपी शिव के लिये उसके सूक्ष्म शरीर के रूप में उदित होती है और उसके लिये समस्त सापेक्ष अनुभव की सृष्टि करती है।

पुरुष के सूक्ष्म भूमि पर उपनीत होते ही यह उसके शून्यवत चित्ताकाश में चित्त के रूप में उत्पन्न होकर और उसे क्रियमाण करते हुए इस पुरुष के साथ जड़ित हो जाती है। इसके पूर्व हम प्रकृति के तीन प्रधान गुणों - सत्व, रजस एवं तमस की संक्षेप में विवेचना कर चुके हैं। ऋषियों के अनुसार प्रकृति के इन तीन गुणों की साम्यावस्था ही चित्त के रूप में पुरुष के अनुभव के क्षेत्र को क्रियमाण करते हुए एक शून्य-क्षेत्र के समान उदित होती है। इसी अनुभव

क्षेत्र में पुरुष के अंतर एवं वाह्य के ज्ञान की उत्पत्ति होती है और इसी में उसकी क्रिया-प्रतिक्रिया की वृत्तियों का भी उदय होता है। इस शून्य अनुभव की प्रारंभिक अवस्था से ही इस सृष्टि-कण की अनंत की दिशा में यात्रा का आरंभ होता है। इसी सर्वथा नवीन पट्टिका पर पुरुष एवं प्रकृति की, सहयात्रियों के रूप में, एक नई यात्रा की गाथा प्रथम बार लिखी जाती है।

पुरुष वास्तव में माया के द्वारा भ्रमित एवं उसके पांच कंचुकों के आवरण के पीछे स्थित आत्म तत्व ही है, जो व्यक्ति-स्थानीय कणों एवं अन्य वस्तुओं में उनकी चेतना के उत्स के समान विद्यमान रहता है। विश्व में उद्भूत प्रत्येक व्यक्ति सत्ता एवं प्रत्येक कण की सत्ता मात्र ही, ऋषियों के द्वारा पुरुष कही गई है। सर वुडरौफ़ के अनुसार, "पुरुष केवल कोई मनुष्य या अन्य पशु ही नहीं होता, बल्कि विश्व की प्रत्येक वस्तु भी पुरुष ही है। इस प्रकार एक बालुका कण भी एक पुरुष चेतना ही है जो इसके साथ एक ठोसत्व की अनुभूति तथा अपनी अन्य आणव जगत से संबंधित स्मृतियों के साथ युक्त रहते हुए (मैं यह हूं के आभास के सहित), जड़ित होकर विद्यमान है।"

कलकत्ता हाई कोर्ट में एक जज के पद पर कार्य करते हुए सर जौन वुडरौफ़ के मन में भारत के प्राचीन विज्ञानों में अभिरुचि की प्रेरणा उत्पन्न हुई और उन्होंने संस्कृत भाषा सीखना प्रारंभ कर दिया। आगम और तंत्र सिद्धांतों में उनकी विशेष रुचि थी और ठीक उसी समय जब आइन्सटाईन सापेक्षता और गुरुत्वाकर्षण की खोजबीन में लगे हुए थे और हेजेनबर्ग तथा श्रौडिंगर क्वांटम मैकानिक्स की रचना में, सर वुडरौफ़ तंत्र विज्ञान के माध्यम से इस विश्व संरचना के अन्वेषण की दिशा में अग्रसर हो रहे थे। अपने संस्कृत के शिक्षक की सहायता से उन्हें उस समय के प्रसिद्ध तांत्रिक विद्वान और सिद्धि-सम्पन्न गुरु आचार्य शिव चंद्र के द्वारा शिष्य के रूपमें स्वीकृत होने का सौभाग्य भी प्राप्त हो गया। अपने गुरु के द्वारा लिखित ग्रंथों के अध्ययन से उन्हें तंत्र के सिद्धांतों की एक ऐसी सहज पकड़ प्राप्त हो गई कि आगम के सभी ग्रंथ उनके लिये इस प्रकार सहज गम्य हो गये जो अन्य किसी के लिये दुर्लभ होता। तंत्र सिद्धांत के विद्वानों का मत है कि जहां कतिपय प्राचीन तंत्रग्रंथों को पुन: प्रकाश में लाने और उनके प्रति विद्वत समाज के ध्यानाकर्षण का श्रेय स्वामी प्रत्यग्यात्मानंद और आचार्य शिव चंद्र को दिया जाता है, वहीं इसे विश्व के सन्मुख रखने और अंग्रेजी में अनुवाद के माध्यम से जनसाधारण के लिये भी सहजगम्य बनाने का श्रेय सर वुडरौफ़ को ही जाता है।

सर वुडरौफ़ ने लिखा है, "मेरे अपने गुरु के ज्ञान और उनकी यौगिक शक्तियों से मेरा बड़ा उपकार हुआ है। उनके जीवन काल में उनकी अलौकिक शक्तियों को देखने के मुझे अनेक अवसर प्राप्त हुए, और उनके देहत्याग के बाद भी मुझे उनकी सहायता और कृपा कलकत्ते में भी और लंदन में भी उपलब्ध हुई है। एक बार एक अत्यंत पेचीदे मामले में जिसमें अनेक सूक्ष्म कानूनी विंदु सामने लाये गये थे और जिसमें गवाह भी चतुर भी थे और इतने चालाक भी कि सत्य की तह तक पहुंचना असंभव प्रतीत हो रहा था तथा मैं स्वयं को अत्यंत असहाय और असहज अनुभव कर रहा था, तभी मेरे सामने की दीवार पर मेरे गुरु अपने सूक्ष्म शरीर में उपस्थित हो गये। मैंने मन ही मन नतमस्तक होकर उन्हें प्रणाम किया और उन्होंने मुस्कुराकर हाथ उठाकर मुझे आशीर्वाद दिया। सारी परिस्थिति तभी मेरे समक्ष स्वत: स्पष्ट हो गई और इस प्रकार अंत में मेरे लिये सत्य की रक्षा करना संभव हो सका।"

पुरुष और प्रकृति तत्वों के उदय के पश्चात आगम, सांख्य और योग विज्ञानों के विवरणों में सृष्टि के अन्य तत्व एक प्रकार ही उत्पन्न एवं स्थित होते हैं और इन सभी सिद्धांतों में सत्, रज एवं तम नामों से संबोधित तीन गुणों को ही सर्वोपरि महत्व दिया गया है। भगवद् गीता के अनुसार यह समस्त विश्व गुणों का ही विस्तार है। विश्व की अभिव्यक्ति भेद एवं विविधता पर आधारित है, जबकि ये भेद गुणों पर आधारित होते हैं और अधिक गहराई से देखने पर यह भी समझ में आ जाता है कि जैसा कि गीता कहती है, एक प्रकार से तो गुण ही गुणों में बरत रहे हैं। इसी में समस्त सापेक्षता निहित है और यही इस दृश्यमान जगत का रहस्य है।

एक सिद्ध परम गुरु की कलम से

परमहंस योगानंदजी के गुरु एवं कैवल्यदर्शनम् के प्रणेता ज्ञानावतार श्री युक्तेश्वर गिरि के अनुसार, *परम ब्रह्म शाश्वत, पूर्ण, अनादि एवं अनंत है और वह एक एवं अद्वैत सत ही है। इसी में चित निहित है जो समस्त ज्ञान एवं प्रेम का बीज स्वरूप है तथा इसी में समस्त क्षमता एवं बल का बीज भी आनंद के रूप मे निहित है।* यही परमब्रह्म का स्वभाव या उसकी अन्त:प्रकृति है। जो ज्ञान पक्ष है वह प्रेम स्वरूप है और जो आनंद रूपी अनुभव पक्ष है वह क्षमता स्वरूप है। इन दो प्रकार के बीजों से सृष्टि होती है और चेतना के इन्हीं विभागों के मध्य प्राण का संचार होता है।

परब्रह्म की अन्तः प्रकृति में जो सर्व क्षमता से युक्त शक्ति बीज है उसीमें जड़ प्रकृति की सृष्टि की वासना (एक वृत्ति के समान उदय होकर, एक इच्छा के रूप में) व्यक्त होती है। यह (इच्छा) *एक ध्वनि के रूप में व्यक्त होती है और प्रणव शब्द के नाम से ख्यात होती है। इस ध्वनि रूप में व्यक्त इच्छा से मात्र देश एवं काल ही नहीं, अपितु इसी के माध्यम से अणु (अथवा सृष्टि-कण) की भी अभिव्यक्ति होती है।*

"सर्वसामर्थ्य से युक्त शक्ति बीज से प्रणव अथवा ॐ की तथा ॐ से देश, काल एवं अणु की अभिव्यक्ति होती है"। मूल प्रकृति में एक इच्छा के समान व्यक्त जिस आद्य स्पंदन की ध्वनि का नाद अथवा प्रणव के रूप में प्रसार होता है, वही वह पदार्थ है जिससे इस विश्व की प्रत्येक वस्तु सृष्ट होती है। जैसे पानी की एक बूंद मोती में बंद हो जाये, इसी प्रकार यह स्पंदन भी ऐसे असंख्य अणुओं या मोतियों में बंद हो सकता है जिसे तंत्र विज्ञान में पीठ कह कर संबोधित किया गया है। दो दिशाओं में कंपन करने वाले और सतत स्पंदायमान रहने वाले सृष्टि के मूल अवयव में यह वह यामल अवस्था है, जिसे श्री युक्तेश्वरजी ने चेतना का आसन (throne of Spirit - the Creator) कहकर संबोधित किया है। आगम के द्वारा प्रतिपादित सृष्टि क्रम में यह कार्य माया के क्षेत्र के उदय से पूर्व महामाया के क्षेत्र में ही हो जाता है, जिस क्षेत्र में शब्द सृष्टि होती है, जो कारण भूमि होती है और जो मूलतया इच्छा शक्ति का क्षेत्र होता है। ऋषियों के अनुसार ऐसे करोड़ों अणु तो कारण भूमि पर ही मंत्रों के रूप में अधिष्ठित होकर स्थित हो जाते हैं। *"इन अणुओं से ही सृष्टि होती है। एक समष्टि के रूप में इन्हें माया कहा जाता है और व्यक्ति रूप में अविद्या।"*

स्वामी श्री युक्तेश्वर के अनुसार, *"वह जो सर्वज्ञ चित है और प्रेम बीज है, जब वह* (शक्ति बीज द्वारा रचित एवं विकासोन्मुख) *सृष्टि से विलग रहते हुए एवं उसके द्वारा अस्पृश्य कूटस्थ चैतन्य के रूप में उसे* (उस माया अथवा अविद्या के द्वारा सृजित अंधकार विंदु को) *प्रकाशित करता है तो उसके प्रकाश का परावर्तन होता है, और यह* परावर्तित प्रकाश *वह स्वयं ही होता है उससे अलग कोई वस्तु नहीं होती।*

"*प्रेम बीज* चित *की अभिव्यक्ति ही जीवन* (का प्रारंभ) *है, यही अंतः* चेतना *(Omnipresent Holy Spirit) है, जिसे कूटस्थ* चैतन्य *(Holy Ghost) अथवा पुरूषोत्तम कहा जाता है। यह (अभिव्यक्ति) माया को प्रकाशित करते हुए*

इसके सभी भागों का दिव्यता की दिशामें आकर्षण करती है, पर माया की हर व्यष्टि अविद्या भी इसके प्रकाश को परावर्तित कर देती है। किसी भी अणु द्वारा परावर्तित चैतन्य का प्रकाश उस पिता का ही प्रकाश होता है अतः ईश्वरपुत्र ही होता है। इसे (इस चेतना को) ही आभास चैतन्य अथवा पुरुष कहा जाता है।"

आगम शास्त्र के बारहवें तत्व पुरुष के कारण शरीर में अपने पांच कंचुकों वाले वस्त्रों के सहित महाकारण रूपी पंच तत्व के अतिरिक्त 'मैं' अथवा 'आत्म' की अवधारणा के सहित एक चित्त पट्टिका भी होती है। आगम के मत में यह पुरुष समस्त सृष्ट वस्तुओं में दृष्टा एवं भोक्ता स्थानीय 'नर' विभाग होता है, जबकि प्रकृति तत्व 'नारी' विभाग होता है, जो दृष्ट और अनुभव को प्रदान करने वाला शरीर विभाग है। इस दृष्टा विभाग के लिये यह प्रकृति पहले उसके लिये एक सूक्ष्म शरीर का निर्माण करती है जो कभी विनष्ट नहीं होता और जिसमें उसका समस्त मनस्तंत्र अपने उपकरणों के सहित समाहित होता है, और फिर इसके विकास के अनुरूप वह इसके लिये नश्वर स्थूल शरीरों का भी विकास करती रहती है।

पुरुष तत्व एक ग्राहक के समान होता है जो एक सापेक्षता के द्वारा बाधित उपभोक्ता के समान है, जिसे अपनी कार्य भूमि इस विश्व में विचरण करने के हेतु अपने लिये एक एक वाहन प्रणाली की आवश्यकता होती है जिसमें चालक कक्ष उसका अपना होता है जो सूक्ष्म पदार्थ से निर्मित और सूक्ष्मतर शक्ति से चालित होता है और जो देश काल में उसके स्थान की सापेक्षता के अनुसार उसे मिले हुए स्थानीय वाहन से संलग्न भी हो सकता है और असंलग्न भी। प्रकृति पुरुष के सूक्ष्म शरीर का विकास करने के लिये पहले एक पूर्ण विकसित सूक्ष्म विभाग को व्यवस्थित करती है और फिर उसी को वैश्विक आधार मानते हुए व्यक्ति पुरुषों में उसके विभिन्न विभागों का कम या अधिक परिमाणों में करोड़ों और अरबों वर्षों तक विकास करती रहती है क्योंकि उनका यह शरीर विनष्ट नहीं होता। इसी प्रकार समानांतर रूप से प्रकृति इन ग्राहक पुरुषों के लिये स्थूल शरीरों का भी विकास करती रहती है अतः इसी प्रकार इन व्यक्ति ग्राहकों के सूक्ष्म शरीर के विकास के अनुसार ही इन्हें स्थूल शरीरों की प्राप्ति होती है, जो एक पदार्थ के कण का, किसी भंवरे या बत्तख का, या एक मनुष्य का शरीर भी हो सकता है।

पुरुष का सूक्ष्म शरीर

कैवल्य दर्शनम् (The Holy Science) के छठे सूत्र में बताया गया है कि माया के प्रभाव से अणु में परिणत कोई सृष्टि-कण, जिसे अविद्या भी कहा जाता है, जब कूटस्थ चित के द्वारा प्रकाशमान होता है, तो चुंबक के दो ध्रुवों के समान इसके ज्ञान या अनुभव क्षेत्र का विभाजन हो जाता है, जिसमें एक ध्रुव इसे शाश्वत एवं नित्य मूल पदार्थ सत की दिशा में आकर्षित करता है तथा दूसरा उससे विकर्षण प्राप्त करते हुए उसे विपरीत दिशा में खींचता है। इनमें से पहला सत्व अथवा बुद्धि कहलाता है जो सत्य का निर्णय करने का प्रयास करता है, जबकि दूसरा उसके लिये एक आनंदमय अनुभव की सृष्टि करने की दिशा में सचेष्ट रहता है और मानस अथवा आनंदत्व कहलाता है। इसी ज्ञान क्षेत्र अथवा चित्त में मध्यस्थानीय होकर एक अहंकार अथवा 'मैं' के रूप में 'जीव' अथवा माया के द्वारा भ्रमित पुरुष निवास करता है।

श्री युक्तेश्वर ने कैवल्य दर्शनम् की रचना सरल संस्कृत भाषा में परंतु प्राचीन ऋषियों की परंपरा के अनुसार एक सार वस्तु के समान अत्यंत संक्षेप में की है, ठीक उसी प्रकार जैसे प्राचीन ऋषिगण गागर में सागर के समान चंद सूत्रों में ही गहन ज्ञान का समावेश कर देते थे जिन्हें उनके शिष्य सहज ही कंठस्थ कर सकते थे। यहां हम इन सिद्ध परमगुरु को स्पष्ट रूप से उस उपनिषद की पुष्टि करते हुए देख सकते हैं, जिसमें कहा गया है 'रसो व स', अर्थात जो कुछ भी दृष्टिगोचर है वह मन के द्वारा भोग्य आनंद अथवा रस ही है। एक प्रकार से वे उस आगम का भी अनुमोदन करते प्रतीत होते हैं, जो कहता है, "विश्वोद्यान विरूढानि गन्धप्रमुखानि सुगन्धीनि पुष्पाणि। पञ्चाप्यजिघ्रन् क्रीड़ति त्रैलोक्यधूर्त्तो देव:॥ (विश्वरूपी उद्यान में खिले हुए पांच प्रकार के पुष्पों की सुगंधियों का आस्वादन करते हुए जिनमें गंध (पृथ्वी का गुण) प्रधान है, क्रीड़ा का अभिलाषी यह देव एक धूर्त खिलाड़ी के समान प्रायोजक, प्रयोजन एवं प्रायोज्य बनकर इस उद्यान के तीनों धरातलों पर क्रीड़ा में रत रहता है।"

सूत्र 7-10 में श्री युक्तेश्वर कहते हैं, "पांच तत्वों से युक्त पुरुष के कारण शरीर में उसके अहंकार और चित्त का वास होता है (इस चित्त में ही तीन गुणों की साम्यावस्था के रूप में प्रकृति भी अंतर्भुक्त होती है।) तीन गुणों के प्रभाव से इन पंच तत्वों से (ज्ञान एवं कर्मों के उपकरण स्वरूप) इन्द्रियों तथा इन इन्द्रियों के विषयों के सहित (मन के सहकारी) पंचदश तत्वों की उत्पत्ति

होती है, जो मन और बुद्धि के साथ मिलकर लिंग शरीर के सप्तदश सूक्ष्म अंग माने गये हैं।"

लिंग शरीर के अवयव

सत्व गुण के प्रभाव से पुरुष के कारण शरीरस्थ पंच तत्वों में से प्रत्येक देखने, सुनने, स्पर्श करने, चखने और सूंघने के पांच उपकरणों में से एक की सृष्टि करते हुए ज्ञानेन्द्रियों का विकास करता है। इसी प्रकार रजोगुण के प्रभाव से ये ही पंचतत्व ग्रहण, गमन, वाणी, प्रजनन एवं विसर्जन आदि की पांच कर्मेन्द्रियों का विकास करते हैं और ये कारणभूमि स्थित तत्व ही तमोगुण के प्रभाव से ज्ञानेन्द्रियों के द्वारा ग्राह्य विषयों को भी शब्द, रूप, स्पर्श, रस एवं गंध के रूप में विकसित करते हुए वैश्विक लिंग शरीर को इसके समस्त अवयवों से युक्त कर देते हैं।

पदार्थ का कोई कण हो या कोई जीवित कोशिका अथवा प्राणी -अभिव्यक्ति को प्राप्त प्रत्येक वस्तु का एक सूक्ष्म या लिंग शरीर भी अवश्य होता है तभी वह अपने जड़ अथवा अजड़ कार्य का संपादन कर सकता है। व्यक्ति लिंग शरीरों में इन सत्रह सूक्ष्म अवयवों का अल्पाधिक विकास काल की सापेक्ष ऊर्ध्व दिशा में, उनमें अवस्थित पुरूष के विकास का अनुसरण करते हुए होता है।

भारत में दर्शन शास्त्रों के विद्वानों की यह एक मान्य परंपरा है कि किसी भी जटिल तकनीकी विषय में किसी सिद्ध गुरु के बताये गये निष्कर्ष को आप्त वाक्य की संज्ञा दी जाती है और जहां संशय होता है, वहां ऐसे आप्त वचनों की सहायता से निर्णय ले लिया जाता है। लेखक की यह अवधारणा है कि शैवागमों के अंतर्गत त्रिक दर्शन को भारत के योग एवं सिद्ध दर्शनों के प्रकाश में अधिक स्पष्ट रूप से समझा जा सकता है। स्वामी श्री युक्तेश्वर जी की पुस्तक तथा उनके अन्य आख्यानों को इस ग्रंथ में व्याख्यायित सृष्टि प्रकरण एवं अन्य आध्यात्मिक तथ्यों की प्रामाणिकता के संदर्भ में भी उद्धरित किया गया है, जैसे कि एक महान जज के किसी निर्णय को एक आधिकारिक गवाह के रूप में प्रस्तुत किया जाता है {न्यू टेस्टामेंट में जौन 8:18 (I testify on my own behalf, but the Father who sent me testifies on my behalf, too) तथा जौन 15:26-27 में भी ईशा मसीह के द्वारा गवाह और आधिकारिक गवाही के प्रकरणों को उठाया गया है}। उनका कथन था कि उन्होंने जो भी कहा था और कर के दिखाया था, जिसके गवाह उनके वे शिष्य थे, एक समय जब

विश्व में सनातन 'सत्य का सार' प्रकाशित हो जायेगा तो उन सभी की वैधता स्वत: सिद्ध हो जायेगी (When the Paraclete comes, whom I shall send to you from the Father, the spirit of truth which issues from the Father will be my witness. And you too will be witnesses, because you have been with me from the beginning.)

प्रकृति एवं पुरूष का अटूट संबंध

सृष्टि की अभिव्यक्ति में शिव का कार्य है दृष्टा या अनुभवकर्ता का विकास जो एक सापेक्ष दृष्टि से युक्त ग्राहक के समान वस्तुओं में उपस्थित रंग-रूप एवं अन्य गुणों को अपने ज्ञान के अनुसार या अनुपात में प्रकाशित करते हुए उनके उपयोग, या उनसे निकटता-दूरी, सुरक्षा, आदि के लिये क्रिया-प्रतिकिया आदि का भी, उपलब्धि के अनुरूप, यथोचित चयन करने में सक्षम हो। शक्ति का कार्य है इस अनुभूत अथवा ग्राह्य के समस्त विशिष्ट गुणों से युक्त शरीर के रूप में अपना विकास करना।

आगम के सृष्टि प्रकरण की धारा में विद्या कला का कार्य समाप्त होने पर प्रतिष्ठा कला का उदय होता है। इसका सबसे पहला कार्य है एक ही संवित के दो अंशों 'मैं' और 'यह' को जिन्हें माया के जादू ने अलग कर दिया था, फिर से संयुक्त करना ताकि आत्म तत्व की यह अवधारणा कि 'मैं यह हूं' मायिक क्षेत्र के इस पार के सापेक्ष जगत में भी यथावत पुनर्प्रतिष्ठित हो जाये। इसके पश्चात परमशिव की यह चौथी कला ईंट दर ईंट रखते हुए, तत्व दर तत्व को यथास्थान और एक निर्धारित क्रम में प्रतिष्ठित करते हुए, सूक्ष्मतर से सूक्ष्म, स्थूल और स्थूलतर की दिशा में, इस सृष्ट्योन्मुख ऊर्जाप्रवाह को प्रेरित व अग्रसर करती है।

कारण भूमि और इससे निकास के पथ पर स्थित माया क्षेत्र के इस ओर - माया मिश्रित क्षेत्र में - अब कारण सृष्टि की भूमि से स्थूलतर, किंतु कार्य सृष्टि में अपेक्षाकृत सूक्ष्म स्थानीय स्पंदन अथवा तरंगों की एक मध्यभूमि का निर्माण होता है, जिसमें वैश्विक एवं वैयक्तिक दोनों अवस्थाओं के उपयुक्त एक संपूर्ण लिंग शरीर के अवयवों की उत्पत्ति एवं प्रतिष्ठा का कार्य होता है। इस भूमि पर मध्यस्थानीय प्राणों की ऊर्जा के उपयोग से मानसिक शक्तियों के समस्त कार्य संपादित होते हैं। सृष्टिक्रम में इसी भूमि पर पुरुष एवं प्रकृति

तत्व के रूप में परासंवित के नर एवं नारी विभागों का अवतरण होता है और इन्ही के संयोग से मध्यम प्राण की उत्पत्ति होती है।

माया क्षेत्र से होकर बहिर्गत होने वाले आत्म वृत्ति से युक्त सृष्टि कण में यह क्षेत्र तीन प्रकार की अशुद्धियों अथवा सूक्ष्म द्रव्यमानों को जड़ित कर देता है, जो अपेक्षाकृत स्थूलतर तरंगों वाली भूमि पर उतरनें में और कार्यरत होने में इसके सहायक होते हैं। अवतरण के लिये प्रस्तुत पुरुष में उसकी इच्छा शक्ति का संकोच कर के यह क्षेत्र उसमें छोटेपन, अपूर्णता और अणुत्व की अवधारणा उत्पन्न कर देता है। इसकी ज्ञान शक्ति को संकुचित करके यह क्षेत्र उसमें इस अणुत्व के भ्रम की अवधारणा को और पुष्ट कर देता है और इसी प्रकार इसकी क्रिया शक्ति के संकोच से यह क्षेत्र इसके अल्पत्व के द्रव्यमान में और भी वृद्धि कर देता है। इन सूक्ष्म द्रव्यमानों अथवा मलों से युक्त यह पुरुष सापेक्षता की दृष्टि से अपने स्तर के अनुरूप अपनी सीमित इच्छा, ज्ञान एवं क्रिया की योग्यताओं का उपयोग करते हुए अपने सापेक्ष कार्यों का निर्वाह करने में सक्षम होता है।

पुनर्मिलन (Recombination)

पुरुष संवित का वह पक्ष है जो आत्मा की अवधारणा में 'मैं' स्थानीय है और अपूर्ण एवं अपरिभाषित है। इसकी अवधारणा 'मैं यह हूं' इस ज्ञान से ही पूर्ण होती है। तभी किसी अन्य या एकाधिक अन्यों से समन्वित कोई विविधता, उसके लिये ज्ञान अथवा अनुभव का विषय बन सकती है। इसके अभाव में एक कभी अनेक नहीं बन सकता - परमेश्वर की 'एकोहम बहुष्यामि' या 'बहुष्याम प्रजायेय' की सिसृक्षा कार्य में परिणत नहीं हो सकती। कारण से कार्य भूमि पर अवतरण के पथ में इसे केवल 'मैं' अंश के साथ माया क्षेत्र से होकर गुजरना पडता है, यहां से आगे 'यह' नहीं जा सकता। इसके अतिरिक्त माया मिश्रित जगत में प्रवेश के पूर्व इसे अपनी समस्त असीमताओं को पूरी तरह ढंकने के लिये पांच कंचुक भी धारण करने पड़ते हैं और इसके लिये नई भूमि से जुड़ने और आदान-प्रदान के निमिक्त कुछ द्रव्यमान साथ लेना भी आवश्यक होता है।

अपने परिधान से सज्जित 'मैं' या पुरुष रूपी प्रेम बीजांश के, सृष्टि बीज में 'यह' के रूप में विकास प्राप्त मातृ स्थानीय शक्ति बीजांश से पुनर्मिलन से ही, सूक्ष्म कार्य भूमि के उपयुक्त ऊर्जा के क्षेत्र का विकास होता है। आगम के बारहवें तत्व पुरुष और इससे अगले तेरहवें प्रकृति तत्व का उदय लगभग

एक ही साथ होता है और उदित होते ही यह प्रकृति अपने से अलग हुए इस अर्धांश से पुन: एक अटूट बंधन में बद्ध हो जाती है। इस सूक्ष्म स्पंदनों के क्षेत्र में मानसिक शक्ति कार्यरत हो जाती है, और एक प्रकार से यहीं से सापेक्षता की अवधारणा का भी विकास प्रारंभ हो जाता है, यद्‌यपि इस स्तर पर आदान-प्रदान के लिये किसी प्रकार की नाप-जोख या फीते आदि की कोई आवश्यकता नहीं पडती।

प्रकृति तत्व आत्म कण को केन्द्र में रखते हुए और एक चित्ताकाश अथवा अनुभूति के क्षेत्र का सृजन करते हुए, उसमें सत्, रज एवं तम, इन तीन गुणों की साम्यावस्था के रूप में उदित हो जाता है। पुरुष एवं प्रकृति तत्वों के युक्त होने से ही मानसिक शक्ति की कार्य भूमि मानस क्षेत्र का विकास संभव होता है और यहीं से लिंग शरीर के अवयवों के विकास कार्य भी प्रारंभ होता है। प्रत्येक नवीन पुरुष अथवा अणु को प्राप्त होने वाली इस तीन गुणों की साम्यावस्था वाली श्वेत पट्टिका से कोई भी गुण उत्पन्न हो सकता है, तथापि किसी भी पुरुष विशेष से युक्त लिंग शरीर के विकास के अनुरूप ही उसके मानस क्षेत्र में विभिन्न गुणों का कम वा अधिक मात्राओं में समावेश होता रहता है।

मन की क्षमता और लिंग शरीर

प्रकृति और पुरुष तत्वों की युक्तावस्था से उत्पन्न चित्ताकाश में भी एक ध्रुवीकरण होता है और उनके स्वभाव के अनुरूप ही इस ध्रुवीकृत क्षेत्र में एक ध्रुव बुद्धि तत्व के रूप में तथा दूसरा मनस-तत्व के रूप में अवस्थित हो जाता है, जबकि उनके संधिस्थानीय मध्यक्षेत्र में, कारण शरीर में स्थित, आत्म तत्व इस सृष्टिबीज अथवा अणु में 'मैं' अथवा 'अहंकार' के रुप में अभिव्यक्त हो जाता है। यद्‌यपि इस अणु की संरचना में निर्णय इस अहंकार तत्व के द्‌वारा ही लिये जाते हैं, तथापि इसके समक्ष ज्ञान स्थानीय बुद्धि एवं इच्छा स्थानीय मन अपने-अपने प्रस्ताव उपस्थित करते रहते हैं। एक प्रकार से अपनी इसी अंत:प्रकृति की सहायता से और अपनी मानसिक ऊर्जा के माध्यम से ही यह अणु संचालित होता है। 'महा अर्थ मंजरी' के अनुसार, किसी भी व्यक्त सत्ता में बुद्धि उद्‌यम की प्रेरणा देती है, जबकि मन का कार्य है संशय उत्पन्न करना।

उन तीन गुणों की साम्यावस्था के रुप में, जिनके द्‌वारा इस विश्व की समस्त विविधता की सृष्टि होती है, विश्वक्रीड़ा में ग्राह्‌य की भूमिका में अवस्थित प्रकृति तत्व, इस ग्राहक की भूमिका में स्थित पुरुष या दृष्टा के साथ,

उसके मानस क्षेत्र अथवा अनुभव क्षेत्र के रूप में जड़ित होकर, उसके पंचपुष्पों की सुगंधियों से भरपूर एक विश्वोद्यान के भ्रमण के संदर्भ में, अब अपने कार्य को और आगे बढ़ा सकती है। इस स्तर पर दो प्रधान तत्वों के संयोग से जो प्राण रूपी ऊर्जा उत्पन्न होती है वह पांच प्रकार से कार्य करती है। यह युग्म अथवा इच्छा स्थानीय शक्ति है जिसका ज्ञान की दिशा में अंत: प्रवाह होता है और क्रिया की दिशा में जिसकी वाह्य प्रवृत्ति होती है। मानस क्षेत्र के उपयोग के हेतु प्रकृति इसी शक्ति से संचरणशील पांच ज्ञानेन्द्रियों की रचना करती है, जो वस्तुओं का ज्ञान प्राप्त करने में सहायक होती हैं और पांच ही कर्मेन्द्रियों की भी, जो कर्म करने की विभिन्न क्षमतायें प्रदान करती हैं। इसके अतिरिक्त वह पांच तन्मात्राओं के रूप में उन पांच विषयों (शब्द, स्पर्श, रूप, रस एव गंध) की भी सृष्टि करती है जिनको ये पांच ज्ञानेन्द्रियां ग्रहण कर सकती हैं।

इस प्रकार श्री युक्तेश्वर के द्वारा अनुमोदित क्रम का अवलंबन करते हुए ही प्रकृति एक सार्वभौमिक लिंग शरीर के सत्तरह अवयवों का विकास करते हुए अब स्थूलभूमि पर अवतरण करने के लिये प्रस्तुत हो जाती है, जहां वह ऐसे विभिन्न प्रकार के स्थूल कणों एवं अन्य शरीरों का निर्माण कर सकती है जिन्हें इन सूक्ष्म शरीरों से अवगुंठित सृष्ट्योन्मुख अणुओं के द्वारा संचालित किया जा सकता हो।

सबके लिये एक अलग संसार

सूक्ष्मतर तरंगों वाली इस मानसिक क्षमताओं की भूमि के निर्माण में प्रकृति का मुख्य उद्देश्य होता है स्थूल को संचालित कर सकने वाली एक सार्वभौम विश्वसनीय प्रणाली का विकास, ताकि सापेक्ष अनुभव और सापेक्ष आदान-प्रदान पर आधारित एक स्थूल विश्व की रचना की जा सके। यह सारी स्थूल सृष्टि, एक प्रकार से, प्रत्येक अणु-परमाणु एवं अन्य छोटी अथवा विशाल वस्तुओं में उनके सूक्ष्म शरीर में अवस्थित, इस पुरुष तत्व के नाम से वर्णित दृष्टा-उपभोक्ता परंपरा पर ही निर्भर रहते हुए कार्य करती है। यह एक असत्य और नितांत भ्रांत धारणा है कि किसी दुर्घटनावश अचानक ही यह सब उत्पन्न होकर कार्यरत हो सकता है। 'चर्च' और 'चेतना' को बाहर रखने और अपना वर्चस्व कायम रखने के लिये, यह ईश्वर विरोधी वैज्ञानिकों एवं साम्यवादी विचारकों का एक दुष्प्रचार मात्र है जो सत्य पर आधारित नहीं है अत: इसे क्रांति कहना उचित नहीं है। यह केवल अधिकार प्राप्त करने का एक निमित्त मात्र है, जिसमें

मानव कल्याण की अवधारणा एक नीति के अनुकूल मिथ्या दुष्प्रचार के समान ही कही जा सकती है।

परमेश्वर की प्रकृति के द्वारा सृष्ट यह विश्व सतत चलायमान है और इसकी तुलना हम एक अत्यंत विशाल यंत्र से कर सकते हैं। यंत्र का हेतु, इसकी योजना तथा नियंत्रण, और इसका शरीर, ये सब ऐसी आवश्यकतायें हैं जिनके आधार पर ही किसी यंत्र का निर्माण और उपयोग किया जा सकता है। इनमें से किसी एक के भी अनुपस्थित होने पर यंत्र नहीं बन सकता (पर इसे हथियाने का प्रयास अवश्य किया जा सकता है)। इस विश्व की सृष्टि का हेतु है - परम चैतन्य की उल्लासमयी लीला; इसकी योजना है कारण भूमि पर इसके उद्देश्य का ध्वनि के रूप में, विचार के तीन स्तरों पर - शत-प्रतिशत विस्तार और इसका नियंत्रण कक्ष है, पुरुष अथवा अणु का लिंग शरीर। मानस या नियंत्रण-विभाग स्थानीय इस लिंग शरीर का विकास पूर्ण होते ही, स्थूल धरातल पर अवतरण से पूर्व ही, प्रकृति इस अभिव्यक्ति के उन्मुख जगत में प्रत्येक छोटी बड़ी वस्तु के लिये एक सार्वभौमिक डी-एन-ए का विकास पूर्ण कर लेती है, जो वास्तव में कारण एवं लिंग शरीरों के संयोजन से निर्मित एक ही सूक्ष्म शरीर होता है, और विंदुस्वरूप होता है। इसे एक इलेक्ट्रोन भी धारण कर सकता है और एक गैलेक्सी भी, एक मधुमक्खी का छत्ता भी इसे धारण कर सकता है और एक मनुष्य भी।

चेतन और जड़ के सम्मिश्रण से और सृष्टिक्रम में अपनी आवश्यकताओं के अनुसार, प्रकृति इस लिंग शरीर को आधार बनाकर, समानांतर दिशा परंतु यथोचित परिमाणों में, अपने दृष्टा एवं दृश्य विभागों का विकास करने में उद्युक्त होती है। विश्व में अभिव्यक्त हो सकने वाली समस्त वस्तुओं के विनिर्देश या उनकी परिभाषायें कारण भूमि पर ही अस्तित्व को प्राप्त हो जाते हैं। स्थूल भूमि पर उन्हीं के अनुरूप एवं क्रम विकास के पथ का अवलंबन करते हुए - प्रकृति व्यक्ति अणुओं में लिंगशरीरों के रूप में स्थित प्रावधानों में से एकाधिक का आंशिक रूप से विकास करते हुए अग्रसर होती है। स्थूल रचनाओं का विकास, सूक्ष्म के विकास के समानांतर और उसी दिशा में होता रहता है। इसी पद्धति से अग्रसर होते हुए प्रकृति एक हाईड्रोजन परमाणु, किसी बंदर के शरीर में उपस्थित एक कोशिका, या एक धाकड़ शेरनी के लिये भी उपयुक्त सूक्ष्म एवं स्थूल शरीरों की व्यवस्था करती रहती है और श्री युक्तेश्वर तथा सर वुडरौफ के अनुसार ये सभी - पुरुष अथवा अणु के ही विकास मात्र हैं।

प्रकृति सूक्ष्म शरीर में उपस्थित संभावनाओं का क्रमिक विकास करते हुए स्थूल शरीरों को उत्पन्न करती है और उनका भी विकास करते हुए अग्रसर होती है। यह सृष्टि-कण अथवा अणु में उपस्थित एक सूक्ष्म सार्वभौमिक स्टेंसिल या हार्डड्रिस्क में सन्निहित क्षमताओं को अपनी आवश्यकता के अनुरूप कहीं थोड़ी गंध, कहीं थोड़ा स्पर्श, कहीं स्थान बदलने की क्षमता और कहीं मूंह, पैर अथवा हाथ के द्वारा पकडने की योग्यता आदि का प्रकाश करते हुए अग्रसर होती है। स्थूल सृष्टि के प्रारंभ में प्रकृति सार्वभौम व्यक्ति शरीर के केवल कुछ विभागों में न्यूनतम क्षमताओं का विकास करती है और फिर धीरे-धीरे अधिक विभागों का अधिक परिमाणों में विकास करते हुए जटिल शरीरों के विकास की ओर अग्रसर होती है।

सृष्टि के आधार स्वरूप एक ही सार्वभौम बलक्षेत्र में, कारण भूमि पर अवस्थित समस्त योजना और परिभाषाओं को साथ लेकर और सूक्ष्म भूमि पर अवस्थित लिंग शरीर के रूपमें समस्त क्षमताओं से भी युक्त होकर, प्रकृति अब स्थूल भूमि पर अवतरण करने के लिये प्रस्तुतवत कही जा सकती है।

क्रीड़ा और प्रमोद

आगम का 'प्रकृति तत्व' प्रमोद के निमित्त क्रीड़ोन्मुख 'पुरुष तत्व' का उसका शरीर स्थानीय अर्धांश होता है। यह पुरुष तत्व दृष्टा भोक्ता के रूप में अपनी भूमिकाओं के लिये अब सर्वथा प्रस्तुत है और इसके साथ संयुक्त होकर प्रकृति भी अब अपनी असंख्य चमत्कारी क्षमताओं और भाव-भंगिमाओं के सहित उसे मोहित और प्रमुदित करने के लिये स्वतंत्र के समान हो गई है। अगर शिव एक चतुर खिलाड़ी है, तो शक्ति स्वयं महामाया और माया की अधिष्ठाता विश्व-विमोहिनी त्रिपुरसुंदरी है जो सापेक्षता के सिद्धांत से बद्धवत शिव के लिये भोक्ता, भोगों एव भोग्य की सृष्टि करते हुए और कारण, सूक्ष्म और भौतिक, तीन भूमियों का निर्माण करते हुए, उन्मुक्त होकर इन तीन पुरों में उससे युक्त होकर अपनी लीलाओं का प्रकाश करती रहती है।

इस प्रकार परमशिव के आमोद के लिये एक विशिष्ट क्रीड़ा क्षेत्र का निर्माण करते हुए, दो प्रसिद्ध खिलाड़ी भी अपनी-अपनी भूमिकाओं के निर्वाह के लिये, अपनी समस्त योग्यताओं और चतुराइयों के सहित, प्रस्तुत हो जाते हैं। इनमें पुरुष तत्व एक अतिथि अथवा ग्राहक की भूमिका का निर्वाह करता है और प्रकृति इस विश्वोद्यान की स्वामिनी की। इनमें पुरुष उस दर्शक के समान है

जिसने इस उद्यान में प्रवेश का अधिकार प्राप्त कर लिया है, जबकि प्रकृति एक चतुर मेजबान के समान अपने अतिथि अथवा ग्राहकों का हृदय जीतने के लिये प्रयत्नशील होती है।

पुरुष और उसकी संगिनी

शिव की संगिनी के रूप में प्रकृति उसके उपभोग के लिये, अब भौतिक सृष्टि का निर्माण करती है। एक आतिथ्यकर्त्री के रूप में वह प्रत्येक पुरुष के लिये उसके उपयुक्त एक अलग संसार की रचना करती है, जो उसके अपने वैयक्तिक संसार के समान होता है, जिसमें उसका एक अलग शरीर और उसी के अनुरूप सबसे अलग एक विचरण क्षेत्र भी होता है, जिसकी अनुभूति और उपभोग वह सापेक्ष रूप से ही कर सकता है।

पराभूमि पर अवस्थित शक्ति, शिव एवं स्वयंभुव, अथवा ब्रह्मा, विष्णु एवं महेश की तिकड़ी के द्वारा प्रायोजित 'मैं' एवं 'यह', एक समानांतर रूप में विकसित होते हुए, इस विश्व के रूप में विस्तार को प्राप्त होते हैं। स्थूल सृष्टि के प्रारंभ में 'यह' विभाग की प्रधानता होती है, क्योंकि जटिल शरीरों एवं बड़ी संरचनाओं के निर्माण के लिये बड़ी संख्या में मौलिक संरचनाओं की आवश्यकता होती है जिनमें 'मैं' विभाग की अत्यल्प भूमिका होती है। इसके अनंतर 'मैं' स्थानस्थ दृष्टा की प्रधानता हो जाती है और उसीके अनुरूप स्थूल शरीरों के निर्माण की परंपरा का ही विशिष्ट विकास होता रहता है।

तथापि पुरुष को केवल एक स्थूल शरीर ही नहीं, बल्कि आगम के ऋषियों के मत में तो, उसे अपने लिये एक अलग अवकाश और अपने विकास एवं अधिकार क्षमता के अनुरूप सुविधाओं के सहित एक अलग संसार की भी आवश्यकता होती है। उदाहरण के रूप में, यदि प्रकृति को एक ऐसे ग्राहक पुरुष का आतिथ्य करना है जिसकी एक शेर के शरीर की योग्यता है, तो प्रकृति उसे केवल एक शेर का शरीर ही नहीं, बल्कि यथासंभव उसके उपयुक्त जंगलों, नदियों और समतल भूमि से युक्त आवास विहार आदि की व्यवस्था भी प्रदान करने के लिये बाध्य है, जहां वह विचरण कर सके और अपनी क्षमताओं का प्रयोग करते हुए अपने भोजन के लिये शिकार भी कर सके।

और मात्र इतना ही नहीं, एक दिन अपने नारी स्वरूप में और अपने आतिथ्य की चरम परिणति के रूप में वह स्वयं एक शेरनी का रूप धारण करते हुए, उसके जीवन के किसी मोड़ पर अचानक उसके समक्ष उपस्थित हो जाती

है। और यह एक यामल अवस्था के प्रलोभन के साथ उसकी आंखों में आंख डालते हुए और हर दृष्टि से उसके समान एवं उपयुक्त एक भावी संगिनी के रूप में, एक ऐसे समय और स्थान पर अचानक उसके सामने आ जाती है जहां और कोई नहीं होता, केवल एक सेव का पेड़ एक गवाह के रूप में उपस्थित रहता है, जिसकी डाल से एक रसों एवं सुरभि से परिपूर्ण फल उसको ललचाते और आमंत्रित करते हुए झूल रहा हो। तथापि ज्ञानी जन कहते हैं कि शेरनी तो सदैव एक धाकड़ शेरनी ही बनी रहती है और इसकी प्रबल संभावना होती है कि शेर को ही बिल्ली बनकर अपना शेष जीवन यापन करना पड़ जाये।

पदार्थ के रूप, रंग और गुणों का निस्तारण

ऋषियों के अनुसार दृष्टा-उपभोक्ताओं में दो विभाजन होते हैं। इनमें एक पति प्रमाता कहा जाता है, जिसे साधारण भाषा में हम विश्व का स्वामी और समष्टि का भोक्ता कह सकते हैं, जो निश्चल रहते हुए इस समस्त विश्व के दृष्टा के रूप में स्थित रहता है। इसके अतिरिक्त दूसरा पशु प्रमाता कहा जाता है, जो सापेक्ष दृष्टा होता है, और विश्व के किसी अंश विशेष को उसी संदर्भ से देख सकता है और उसके साथ क्रिया प्रतिक्रिया करते हुए उसका उपभोग भी कर सकता है। आगम में समष्टि के प्रायोजक को शिव तत्व और अंश के दृष्टा-उपभोक्ता या प्रायोजक को, जो वास्तव में जड़ स्थानीय प्रकृति एवं पदार्थ के द्वारा परावर्तित शिव के चैतन्य का ही प्रकाश होता है, पुरुष तत्व कहा गया है।

परमेश्वर की प्रकृति एक ओर तो अरबों प्रकाश-वर्षों तक विस्तृत समष्टि का निर्माण एवं नियंत्रण करती है वहीं दूसरी ओर यह अत्यंत छोटी, कम छोटी, बड़ी और बहुत बड़ी व्यष्टियों का - क्वार्क, इलेक्ट्रोन, सितारों, और आकाश गंगाओं से लेकर मनुष्यों तक, सभी का निर्माण अथवा सृजन भी करती रहती है। आगम के अनुसार एक सदैव कार्यरत तत्व के रूप में वस्तुओं के निर्माण में सहायक होने के अतिरिक्त, प्रकृति तत्व का दूसरा प्रधान कार्य होता है व्यष्टि पुरुषों के लिये, उनके अपने अपने कार्यों के निर्वाह के लिये, आवश्यक सुविधाओं सहित एवं साथ ही आमोदप्रद के समान विशिष्ट क्रिया एवं अनुभव क्षेत्रों की सृष्टि एवं व्यवस्था करते रहना और ये पुरुष - पदार्थ के कण, उनके द्वारा संरचित अणु-परमाणु, और इन अणु-परमाणुओं के द्वारा संरचित बहुत छोटी या बहुत बड़ी वस्तुएं, एवं छोटे बड़े प्राणी भी हो सकते हैं।

जैव वैज्ञानिकों का अनुमान है कि हमारे मानव शरीर में लगभग एक हजार खरब कोशिकायें हैं, और यदि अपेक्षाकृत अनेक छोटी रक्त कोशिकाओं को छोड़ भी दें तो लगभग एकसौ दस खरब ऐसी कोशिकायें हैं जिनमें से प्रत्येक के निर्माण में लगभग एक हजार खरब परमाणुओं का उपयोग हुआ हैं। इनमें से प्रत्येक कोशिका एक पुरुष है और प्रत्येक कोशिका में उपस्थित प्रत्येक परमाणु भी एक पुरुष ही है। तथापि इस स्थूल जगत के निर्माण के पूर्व ही आगम के इकत्तीस तत्वों के माध्यम से एक ऐसी सार्वभौम प्रणाली का विकास हो चुका होता है कि प्रकृति को उन कोशिकाओं और परमाणुओं में से किसी के भी प्रति अपने दायित्व का निर्वाह करने में कोई असुविधा नहीं होती। इसके पूर्व "पुरुष और उसकी संगिनी" नामक शीर्षक के अंतर्गत, एक उदाहरण के साथ, हम पुरुष और प्रकृति के परस्पर के संबंध की चर्चा कर चुके हैं।

एक सार्वभौमिक डी.एन.ए. के लाभ

प्रकृति तत्व का एक अंश विशेष, प्रत्येक ऐसे पुरुष अथवा सृष्टि-कण के साथ संयुक्त होकर अवस्थित रहता है, जिसकी माया मिश्रित क्षेत्र में अभिव्यक्ति हो चुकी है। भले ही सृष्ट जगत में इस पुरुष की कैसी भी छोटी अथवा बड़ी भूमिका हो, प्रकृति का एक तत्वांश सदैव एक लिंग शरीर के रूप में उससे संलग्न होकर रहता है और ऐसी किसी भी अभिव्यक्ति में संचालक स्थानीय इस लिंग शरीर के रूप में, इसके विकास की अनेकों अवस्थायें हो सकती हैं। एक सार्वभौमिक डी.एन.ए. के समान कारण और लिंग शरीरों के संयोजन से निर्मित सूक्ष्म शरीर, एक विंदु चैतन्य के समान प्रत्येक अभिव्यक्ति प्राप्त पदार्थ के कण से संयुक्त रहता है और इसमें पहले से ही विश्व में उत्पन्न हो सकने वाले समस्त पदार्थों की परिकल्पना एवं योजना समाविष्ट होकर उपस्थित होती है।

अपनी आवश्यकतानुसार, किसी भी जाति की व्यष्टि अथवा छोटी-बड़ी समष्टि के विकास के पूर्व, प्रकृति पहले इसके लिंग शरीर का विकास उस भूमिका के अनुरुप कर लेती है। यह अग्रिम सूक्ष्म विकास, उसके स्थूल शरीर के विकास में सहायक होता है। तत्पश्चात वह ऐसे लाखों और करोड़ों स्थूल शरीरों को अत्यंत सहजता से उत्पन्न कर सकती है। प्रकृति पहले यह निर्णय करती है कि सार्वभौमिक लिंग शरीर में समाविष्ट किन विभागों और प्रावधानों का, किन परिमाणों में और कितना लचीलापन रखते हुए, विकास करना आवश्यक है, और फिर तदनुरूप वह किसी वस्तु अथवा प्राणी के उपयुक्त स्थूल शरीर

का विकास करने में अग्रसर हो जाती है। लिंग शरीर के विकास का अर्थ है, मन:जगत के प्रावधानों का यथोचित विकास और फिर उसी के अनुरूप स्थूल शरीरों का विकास करते हुए प्रकृति सापेक्षता के संदर्भ में अपनी आवश्यकता के अनुसार, ज्ञान एवं क्रिया के प्रावधानों के कम या अधिक विकास के द्वारा उसे नियंत्रित कर लेती है।

पहले ज्ञान एवं किया के प्रावधानों सहित चालक शरीर का विकास होता है और उसके बाद चलायमान स्थूल का, भले ही वह एक इलेक्ट्रोन या क्वार्क मात्र ही क्यों न हो। इसी प्रकार, प्राय: शनै:शनै: धीर गति से परंतु कहीं-कहीं आवश्यकतानुसार तीव्र और तीव्रतर गति से, प्रकृति एक क्रम के अनुसार इस विश्व की विविधताओं की सृष्टि करते हुए, अपने प्रधान एवं केन्द्र स्थानीय उद्देश्य की प्राप्ति की ओर - बुद्धि तथा विवेक से युक्त मनुष्य के जन्म की दिशा में - अग्रसर होती रहती है।

ब्रह्मांड मे अवस्थित सभी पदार्थ के कण भी पुरुष और प्रकृति दोनों ही होते हैं। सभी कुछ न कुछ जानते हैं और अनुभव करते हैं और सभी को दूसरे पुरुष-प्रकृति के युग्मों के द्वारा जाना एवं अनुभव किया जा सकता है। यह विश्व एक ही मूल पदार्थ में ध्रुवीकरण और उसके द्वारा उत्सर्जित कतिपय परंपराओं के विकास से ही सृजित होता है और ये परंपरायें आसपास रहते हुए ही विभिन्न कार्यों एवं भूमिकाओं का लगभग एक साथ ही विकास करते हुए अग्रसर होती हैं। अत: इस विश्व की सब वस्तुएं एक ही शृंखला की विभिन्न कड़ियों के समान होती हैं - सभी स्पंदित होते हुए एक ही प्रकार की मूलध्वनियों को अलग-अलग स्तरों पर उत्पन्न करने का प्रयास करते हुए, एक ही परंपरा के अनुरूप रंग एवं आकार आदि धारण करते हुए और एक ही प्रकार से स्पर्श, गंध एवं रस इत्यादि की कम वा अधिक उत्पत्ति करते हुए चलायमान रहती हैं।

सार्वभौम लिंग शरीर में अवस्थित मन, बुद्धि एवं पांच-पांच ज्ञान तथा कर्म की इन्द्रियों के अतिरिक्त, जो पांच सूक्ष्म तत्व होते हैं वे इच्छा के द्योतक होते हैं और उन्हें पंच-तन्मात्रा कहा जाता है। ये पांच क्रमश: शब्द, स्पर्श, रूप, रस एव़ गंध होते हैं और ये ही वे विषय होते हैं जिन्हें ज्ञानेन्द्रियां ग्रहण कर सकती हैं। वास्तव में जो भी एक दृष्टा देखता है या अनुभव करता है, वह सब कुछ अनुभव के द्वारा जानने के उपयुक्त ये पांच विषय ही होते हैं। पदार्थों में विविधता को पहचानने के लिये भी ये ही साधन होते हैं और एक प्रकार से ये सूक्ष्म भूमि पर सूक्ष्म रूप में उत्पन्न पांच महाभूत ही होते हैं, जो स्थूल जगत

में आकाश, अग्नि, वायु, जल एवं पृथ्वी तत्वों के रूप में अभिव्यक्त होते हैं। एक ही परंपरा, तकनीकी कारणों से, विभिन्न मार्गों का अवलंबन करते हुए, विभिन्न धरातलों से उतरते हुए, इस दृश्यमान अरबों प्रकाश-वर्षों तक फैले हुए ब्रह्मांड के रुप में अभिव्यक्ति लाभ करती है।

आवरणों के क्रमिक उत्तोलन से क्रम-विकास

शैवागमों के अनुसार सृष्टि की अभिव्यक्ति में सर्वप्रथम स्वयंभुव की इच्छा शक्ति रूपा प्रकृति का विकास कारण भूमि के रुप में होता है, जहां आत्म तत्व का एक ओर तो उसकी मैं अथवा दृष्टा की अवधारणा के रूप में विस्तार सहित विकास होता है तथा वहीं दूसरी ओर उसके दृश्य स्थानीय अन्य की अवधारणा का भी उसी प्रकार विस्तार के सहित विकास हो जाता है। सृष्टि के अगले स्तर पर शिव तत्व की ज्ञान शक्ति रूपा प्रकृति विकास को प्राप्त होते हुए माया एवं सूक्ष्म क्षेत्रों में एक सापेक्ष दृष्टा-उपभोक्ता स्थानीय प्रायोजक एवं उसके प्रयोग के उपयुक्त ज्ञान एवं क्रिया के साधनों का विकास कर लेती है। यह एक प्रकार की विंदु के समान की अवस्था है जिसकी हम सूक्ष्म शरीर के नाम से चर्चा कर चुके हैं। इसी सूक्ष्म भूमि से प्रकृति स्थूल धरातल पर अवतरित होते हुए भौतिक सृष्टि की अभिव्यक्ति करती है।

कारण भूमि पर नाद की सृष्टि करने वाली प्राण शक्ति कार्य करती है, जबकि लिंगशरीर अथवा मनस-क्षेत्र में पांच प्रकार के मध्यम श्रेणी के प्राण कार्य करते हैं, जिनके द्वारा समस्त मानसिक क्रियाओं का संपादन होता है। स्थूल भूमि - जिस पर भौतिक विश्व की अभिव्यक्ति होती है - शक्ति तत्व की भूमि है, जो गतिशील ऊर्जा की जनक है और जो अपनी क्रिया शक्ति रूपा प्रकृति का विकास करते हुए इस सतत चलायमान जगत को अभिव्यक्त करती है।

चित रूपी प्रकाश के संदर्भ से उसके अनुभव स्थानीय विमर्ष के रूप में अवस्थित एवं चिदाकाश में मातृ ध्रुव के रूप में स्थित एवं सतत तरंगायमान शक्ति तत्व आनंद एवं ऊर्जा दोनों का ही प्रतीक है। पिछले सृष्टि चक्र के अवसान के समय यह प्रकाश में उसके विकिरण के समान सिमट जाती है, इसका अभाव नहीं होता। परंतु फिर भी इस अवस्था में आनंद शक्ति का उपभोग नहीं होता और इसका संचय होता रहता है। एक समय ऐसा आता है कि इस संचित होती हुई और अधिकाधिक क्षमताबल को प्राप्त करती हुई शक्ति का

निस्सरण आवश्यक हो जाता है और इसमें स्पंदन की सूचना एवं अभिव्यक्ति हो जाती है। संभवतया यह सब कुछ भी एक प्रजनन-चक्र के अनुरूप ही होता है, जैसा कि प्राणी जगत में होता है।

डा. कविराज के अनुसार "एक नये विश्व के प्रारंभ के समय शिव और शक्ति के यामल अवस्था में संयोग में निहित अथवा संचित असीम क्षमता एवं बल के भंडार में से एक छोटे अंश का ही वाह्य निस्सरण होता है और इस अभिव्यक्ति के उन्मुख ऊर्जा के अंश के परिमाण के अनुसार ही अभिव्यक्त होने वाले नये विश्व में पहले की सृष्टियों से भिन्नता की संभावनायें भी उपस्थित होती हैं।"

प्रकाशित और अप्रकाशित ऊर्जा (Dark Energy) के क्षेत्र

सृष्टि के मुहाने पर एक असीमित स्थितिज ऊर्जा (potential energy) का एक अंश विशेष गतिज ऊर्जा (kinetic energy) में परावर्तन की दिशा में उन्मुख होता हुआ, अव्यक्त क्षेत्र से बहिर्गत होकर, एक विश्व के रूप में अभिव्यक्ति अथवा आंशिक रूप से गतिज में परिणति की ओर अग्रसर होता है। ऊर्जा की इस असीम के समान प्रगाढ़ता की अवस्था से विंदुवत लिंग शरीरों से युक्त पुरुष अथवा अणु, सर्वप्रथम पदार्थ के कणों के रूप में शरीर धारण करते हुए, क्रिया प्रधान स्थूल अथवा भौतिक धरातल पर अवस्थान प्राप्त करते हैं। यह एक विज्ञान समर्थित नियम के समान है कि किसी भी महत्व के स्थान पर प्रकृति अपने भंडार में से कुछ ही खर्च करते हुए अपने विशिष्ट महत्व के कार्यों का निर्वाह करने का प्रयास करती है और एक बड़े भाग को बचा कर रखती है (कहीं भी यह आउट ऑफ पॉकेट हो सकती है ऐसा प्रतीत नहीं होता)। उदाहरण के रूप में हमारे सौर्य मंडल में नियानब्बे प्रतिशत द्रव्यमान सूर्य में अवस्थित है, पृथ्वी पर सत्तानब्बे प्रतिशत जल समुद्रों में सुरक्षित है, और हमारे डी-एन-ए में भी सत्तानब्बे प्रतिशत भाग का कोई उपयोग नहीं होता।

यह स्वाभाविक प्रतीत होता है कि स्थूल सृष्टि का विकास करते समय प्रकृति माया के द्वारा सृजित उन पांच कंचुकों का, जो परावर्तित आभास चैतन्य के प्रकाश का अवरोध करते हैं, उत्तोलन क्रमशः और धीमी गति से, दो प्रकार के अवयवों के समानांतर विकास के अनुरूप और विकास के अगले स्तरों की प्राप्ति की आवश्यकता के अनुसार ही, करने का प्रयास करती है। उदाहरण स्वरूप पदार्थ के कण अपने सदृश और विपरीत आवेशों को जान लेते हैं और उनमें से कुछ कण ऐसे भी होते हैं जो रंजित आवेशों (Colour Charge) को भी पहचान सकते हैं। वे अणु-परमाणुओं के रूप में संगठित हो सकते हैं,

और रासायनिक संबंधों में भी बंध या बांध सकते हैं। इसके अतिरिक्त कभी आवश्यक हो जाये, और संभवतया अपने सूक्ष्म शरीरों के कारण विभाग के द्वारा प्रेषित किसी आत्म प्रेरणा का निर्देश का पालने करते हुए, ये अपने तरंग के स्वभाव का परित्याग करके स्थिर-वत भी होते हुए देखे जाते हैं (क्योंकि प्रकृति वैज्ञानिकों को अपने स्नानागार में कैमरे लगाने की अनुमति नहीं देती! परिशिष्ट-२ देखें।) इसके अतिरिक्त, लिंग शरीरों से युक्त पुरुष, विभिन्न प्रकार के अणुओं और कोशिकाओं में, तथा जीन, बैक्ट्रिया और अन्य जीवाणुओं के रूप में बद्ध समष्टियों में भी, उदित होकर और उनसे जड़ित होकर तथा उन समष्टियोंकी व्यष्टि चेतना का स्थान लेकर, उन्हें भी एक स्वतंत्र व्यष्टि रचना के रूप में अवस्थित करते हुए क्रियमाण कर देते हैं। यही सृष्टि के कार्य करने की सार्वभौम प्रणाली प्रतीत होती है एवं सर्वत्र परस्पर के तारतम्य के अनुसार ही समस्त कार्यों का संपादन होता है।

शिव और शक्ति का दो प्रधानों के रूप में संयोग स्थिरत्व एवं चलत्व का संयोग है। यह संयोग अव्यक्त क्षेत्र में ही हो जाता है, जिसम़ शिव अपने स्थिरत्व का त्याग नहीं करते और चलायमान शक्ति को एक आधार प्रदान करते हुए इस विशाल सृष्टि का विकास करने के लिये स्वतंत्रता प्रदान कर देते हैं। इन दो तत्वों के मिलन में शिव पुरुष स्थानीय एवं शक्ति प्रकृति स्थानीय होती है। यह शक्ति ही शिव के बीजांश को ग्रहण करके तथा उसमें अपने बीजांश का समावेश करके एक नवीन सृष्टि के बीज का विकास करती है, जिसकी प्रत्येक अभिव्यक्ति इन दोनों का ही एक समवाय होती है।

शिव मात्र शक्ति की दिशा में उन्मुख और तटस्थ होकर स्थित होते हैं, एवं उनकी चेतना का प्रकाश यथासंभव शक्ति के जड़त्व स्थानीय अंधकार को प्रकाशित करते हुए उसके द्वारा परावर्तित होता रहता है तथापि यह उसके अधिक आंतरिक अंशों को प्रकाशित नहीं कर पाता। कारण भूमि पर इस परावर्तित प्रकाश का अवरोध नहीं होता और इसकी असीम क्षमता विद्यमान रहती है। यह भूमि आत्म तत्व की भूमि होती है और हमारे शरीर में भी हमारी आत्मा हमारे कारण शरीर में कारण भूमि पर ही अवस्थित होती है। इसकी असीम क्षमताओं का ह्रास नहीं होता; माया क्षेत्र के इस ओर स्थित सूक्ष्म एवं स्थूल भूमियों पर केवल इनके परावर्तित प्रकाश का ही कम वा अधिक परिमाणों में अवरोध होता है। साथ ही, प्रकृति माया के द्वारा सृजित पांच आवरणों को शनैःशनैः अपनी आवश्यकता अनुसार क्षीण करते हुए और उनमें से कतिपय का क्रमशः उत्तोलन भी करते हुए, सृष्टि के विकास की दिशा में अग्रसर होती है।

और फिर भी असंख्य ऐसे सृष्टि कण हो सकते हैं जिनके किसी भी आवरण का तनिक भी उन्मोचन नहीं हो पाता, और इसके अतिरिक्त शक्त्यांश की एक बड़ी मात्रा ऐसी होती है जिसे संभवतया शिव के औन्मुख्य अथवा प्रकाश को प्राप्त करने का अवसर ही नहीं मिल पाता, और जहां किसी प्रकार के परावर्तन की संभावना का ही सर्वथा अभाव होता है।

आधुनिक विज्ञान के अनुमानों के अनुसार, विश्व में समन्वित द्रव्य और ऊर्जा के सम्मिलित घनत्व (Mass-energy Density) के संभाव्य परिमाण में से केवल 4.9 प्रतिशत ही द्रव्य एवं ऊर्जा के रूप में परिलक्षित अथवा दृश्यमान है। शेष 95.1 प्रतिशत में से 26.8 प्रतिशत को डार्क मैटर कहा जाता है जिसकी उपस्थिति का अनुमान केवल आकाश गंगाओं में उनके गुरूत्व के प्रभाव से ही किया जा सकता है और घनत्व के शेष 68.3 प्रतिशत को डार्क इनर्जी कहा जाता है जिसके एकाधिक रूप हो सकते हैं। ब्रह्मांड के प्रसार की गति पर आधारित सभी गणनाओं के अनुसार इस अदृष्ट ऊर्जा की उपस्थिति भी अत्यावश्यक है, यद्यपि इसका रूप अभी तक ज्ञात नहीं हो सका है।

मूल त्रिकोण का विपरीतिकरण

परम-चैतन्य परंतु 'निष्कल' परमशिव की चेतना के क्षेत्र में एक स्पंदन के तरंगायमान होने से उसका ध्रुवीकरण होकर एक असीम बल से युक्त क्षेत्र की सृष्टि हो जाती है। इस ध्रुवीकरण के फलस्वरूप इसकी क्षमताओं का दो विभागों में विभाजन होकर शिव एवं शक्ति नामक दो तत्वों का सृजन होता है। इनमें शक्ति तत्व अंत:चेतना, गति और विकर्षण के बल का और शिव तत्व स्थिति, चेतना के वाह्य विभाग एवं आकर्षण के बल का, प्रतिनिधि होता है। इन दो ध्रुवीकृत बलों एवं क्षमताओं की संधिस्थली में एक यामल अवस्था अथवा पीठ की स्थिति बनती है, आगम में जिसे कामरूप पीठ कहा जाता है और जिसमें संवित की ये दोनों प्रकार की चेतनायें संयुक्त रूप में उदित होकर 'स्वयं भुव' नाम से ख्यात होती हैं। यह परा संवित परमेश्वर की विश्व सृष्टि की 'सिसृक्षा के बीज की चेतना' के रूप में उदित होती है और स्वयं अपना विकास करती है। शिव, शक्ति एवं इन दोनों तत्वों का समवाय स्वयंभुव, अव्यक्त पराक्षेत्र में ये तीन प्रधान होते हैं।

कारण भूमि का विकास कर लेने के पश्चात इन तीन प्रधानों की तीन वाह्य प्रकृतियां अपनी इच्छा, ज्ञान एवं क्रिया शक्तियों और उनकी सहयोगी शक्तियों

और पीठ संरचनाओं के साथ तथा अव्यक्त विंदु स्वरूप कामरूप पीठ को मध्य में रखते हुए, एक त्रिकोण के आकार में स्थित हो जाती हैं। इस त्रिकोण को आगम शास्त्रों मे मूल त्रिकोण कहा जाता है। श्रीविद्या तंत्र में इसी को शिव त्रिकोण भी कहा जाता है। यह त्रिकोण कारण भूमि के मुहाने पर स्थित होता है और इसीलिये इसे कारण द्वार अथवा महायोनि भी कहा जाता है। मूल त्रिकोण की इस संरचना में शिव एवं शक्ति के यामल स्थानीय कामरूप पीठ पर उदय होने वाली, परमात्म तत्व की स्वयंभुव के नाम से ख्यात चेतना, उस बल क्षेत्र की अधिष्ठाता चैतन्य शक्ति है जो एक मैट्रिक्स के समान कार्य करते हुए इस समस्त विश्व को ऊर्जा एवं दिशा प्रदान करते हुए अभिव्यक्ति की ओर प्रेरित एवं अग्रसर करता है।

कारण भूमि पर जो सृष्टि होती है वह बिंदु द्वारा होती है और इसे बैन्दव सृष्टि कहा जाता है। इसके पश्चात जो सृष्टि होती है वह कार्य जगत में होती है और विसर्ग के द्वारा होती है। जैसे प्रकाश से किरणों का विसर्जन होता है, उसी प्रकार मूल त्रिकोण के मध्य में अवस्थित बिंदु से जिसमें शिव एवं शक्ति तत्वों का समवाय होता है, दो अन्य बिंदुओं का विसर्जन होता है। इनमें से एक शिवांश होता है जिसे ज्ञानांड भी कहा जाता है, एवं दूसरा शक्त्यांश होता है जो क्रियांड रूप होता है। अब मध्य बिंदु भी, जो एक न्यूट्रल अथवा समवाय बिंदु होता है, द्रव्यमान की अवधारणा ग्रहण करते हुए, इच्छा बिंदु (या अत्यंत लघु परिमाण की बूंद) के रूप में त्रिकोण में शीर्ष स्थान ग्रहण कर लेता है। इससे विसर्जित होने वाले दो बिंदुओं में से एक लाल बिंदु जो शक्ति अथवा प्रकृति का परिचायक होता है और क्रियांड कहा जाता है, त्रिकोण में क्रिया कोण में अवस्थित हो जाता है। इसी प्रकार इनमें से दूसरा जो श्वेत बिंदु (बूंद) होता है और पुरुष या शिव का परिचायक होता है, वह ज्ञान कोण में स्थिति प्राप्त करता है। ऋषियों द्वारा बूंद शब्द का प्रयोग शून्य विंदु से भिन्नता का द्योतक होता है क्योंकि इन बिंदुओं अथवा बूंदों में विशिष्ट प्रकार के द्रव्यमानों की अवधारणा ग्रहीत हो गई है।

कार्य भूमि पर सृष्टि का कार्य विसर्ग बिंदुओं के द्वारा होता है, जबकि इच्छा बिंदु उनके लिये एक आधार की सृष्टि करने के पश्चात उनके मध्य में स्थित रहता है। शिव एवं शक्ति बिंदु, अथवा श्वेत एवं रक्तिम बूंदें, एक दूसरे में प्रवेश करते रहते हैं, और आगम के श्रीविद्या तंत्र के अनुसार उनके संकोच एवं प्रसार के मध्य ही समस्त वस्तुओं की सृष्टि होती है।

पहले शिव अपनी ज्ञान शक्ति की सहायता से किसी भी संभावित अभिव्यक्ति में चालक कक्ष स्थानीय लिंग शरीर का विकास करते हैं और इसके पश्चात

शक्ति अपनी क्रिया शक्ति की सहायता से कार्य के रूप में इस चालक कक्ष के लिये वाहन के समान स्थूल शरीरों का विकास करती है। यह आगम में निहित तंत्रों का एक विशिष्ट रहस्य है कि सूक्ष्म से स्थूल में अवतरण के समय प्रतिष्ठा कला एक अद्भुत कलाबाजी के साथ और एक विपरीतीकरण की अवस्था की उत्पत्ति करते हुए ही, अपने क्षेत्र का परिवर्तन करती है। इसके फलस्वरूप एक दर्पण में दिखाई पडने वाले प्रतिबिंब के समान मूल त्रिकोण का परावर्तन हो जाता है और शीर्ष स्थानीय इच्छा प्रकृति अब भूमि का स्थान ग्रहण कर लेती है तथा स्थूल भूमि के अनुरूप गुणों की सृष्टि करने की दिशा में अग्रसर होती है। आगम का मूल त्रिकोण अब महर्षि अगस्त्य एवं ऋषिपत्नी लोपामुद्रा के द्वारा प्रतिपादित श्रीविद्या के शक्ति त्रिकोण का रूप धारण कर लेता है (चित्र-२ देखें)।

विश्व योनि का आविर्भाव

मूल त्रिकोण का निर्माण करने वाली तीन रेखाओं में से (चित्र-२) आधार रेखा ज्ञान रेखा होती है, जिससे पूर्व की ओर शीर्ष बिंदु से उतरने वाली इच्छा रेखा तथा उसके पश्चिम की ओर शीर्ष की दिशा में जाने वाली रेखा क्रिया रेखा होती है। इस त्रिकोण के शीर्ष में इच्छा प्रकृति की संरचना पूर्णगिरी पीठ, और घड़ी की सुइंयों की दिशा में क्रमश: पूर्वकोण में ज्ञान प्रकृति तथा पश्चिम कोण में क्रिया प्रकृति का स्थान होता है। यह त्रिकोण ऊर्ध्व की ओर जाने वाली समय की रेखा से तारतम्य रखते हुए इस प्रकार स्थित होता है कि समय की रेखा पर इस त्रिकोण की आधार रेखा सदैव लंब रूप में अवस्थित रहती है। ऋषियों के अनुसार कोई भी सृष्टि समय रेखा पर लम्बवत स्थित किसी तलक्षेत्र में ही उत्पन्न एवं विकसित हो सकती है अर्थात मूल त्रिकोण की संरचना के अनुसार सृष्टि केवल ज्ञान रेखा के तल पर और उसी के समानांतर उद्भूत क्षेत्र में ही हो सकती है। अत: कार्य भूमि के सूक्ष्म धरातल पर जो सृष्टि या अभिव्यक्ति होती है, उसका विकास पूर्व कोण में अवस्थित ज्ञान प्रकृति के द्वारा ज्ञान रेखा के समानांतर पश्चिम कोण की दिशा में होता है।

मूल त्रिकोण के विपरीतिकरण के साथ - जैसे किसी तरंगहीन झील की जलराशि में किनारे पर स्थित किसी वृक्ष का प्रतिबिंब दिखाई पड़ता है उसी प्रकार - जो समतल रेखा होती है और जिसके समानांतर सृष्टि का विकास हो सकता है, वह ऊर्ध्व रेखा का स्थान ले लेती है (चित्र-३ देखें)। तथापि तीनों कोणों के स्वामियों में, तथा सृष्टिप्रवाह के घड़ी की सुइंयों की दिशा के अनुरूप

अग्रसर होने वाले सिद्धांत में, कोई परिवर्तन नहीं होता। अपने हाथ में मशाल लेकर विश्व की अभिव्यक्ति की दिशा में अग्रसर होते हुए, सृष्टि प्रवाह के पथ को प्रकाशित करने और सृष्टि के कार्य को आगे बढाने की जिम्मेवारी अब क्रिया प्रकृति की हो जाती है। ऋषियों के अनुसार क्रिया से ही कार्य रूप दृष्यमान जगत की सृष्टि हो सकती है। अत: जहां मूल त्रिकोण अथवा शिव त्रिकोण में क्रिया प्रकृति के कोण से उद्भूत क्रिया रेखा की दिशा इच्छा कोण की ओर थी, पर इसके परावर्तित होकर शक्ति त्रिकोण में परिणत होने पर यह स्वाभाविक रुप से और स्वत: ही क्रिया से ज्ञान की ओर प्रवाहित होने वाली सृष्टि रेखा का स्थान ले लेती है। (चित्र - ३)। जिसे अबतक महा योनि कहा जाता था, अब वह स्थूल की जनक विश्व-योनि का स्थान ग्रहण कर लेती है।

ऋषियों के अनुसार यह विश्व सतत चलायमान है, जिसमें गतिमान ऊर्जा सदैव एक स्थिर ध्रुव के इर्द गिर्द घुर्णायमान रहती है। साथ ही यह ऊर्जा प्रवाह समय रेखा के भी चारों ओर घूर्णित होते हुए ही गतिशील बना रहता है। यह कारण भूमि पर अपने सृजन अथवा उद्‌गम से ही, अपने संवेग को संतुलित करते हुए, एक ही प्रकार से गतिशील रहते हुए अपने पथ पर अग्रसर होता रहता है। अपने उद्‌गम अथवा निर्गमन के समय जिस गति से एवं जिस दिशा में इसके प्रवाह का उदय होता है, यह उसी का अनुसरण करते हुए स्वाभाविक और सहज रूप से घुर्णायमान बने रहने का प्रयास करता है, तथापि इसमें प्रगाढ़ता एवं द्रव्यमानों के जड़ित होते रहने से इसकी इसकी गति में परिवर्तन होता रहता है। इस सृष्टि प्रवाह में केवल दिशा ही नहीं होती, इसका अपना संवेग भी होता है। यह स्पंदहीन अवस्था से उदित होकर अत्यल्प स्पंदन, तीव्र और तीव्रतर स्पंदन के क्षेत्रों से निकलते हुए और अधिक प्रगाढ़ावस्था को प्राप्त होते हुए, स्थूल सृष्टि की अभिव्यक्ति एवं पदार्थ की उत्पत्ति की ओर अग्रसर होता रहता है।

ऋषिगणों के अनुसार, एक स्थिर कीलक के समान अवस्थित, अपनी स्थिर ध्रुव रेखा के चारों ओर पहली पूर्ण परिक्रमा के मध्य यह सृष्ट्योन्मुख ऊर्जा प्रवाह कारण जगत की, दूसरी परिक्रमा के मध्य सूक्ष्म सृष्टि की, एवं तीसरी परिक्रमा के मध्य स्थूल विश्व की रचना करने के पश्चात और सभी आवश्यक धरातलों की सृष्टि कर लेने के उपरांत, अब एक पूर्ण विकसित ब्रह्मांड के रूप में अपने चौथे चक्र में अवस्थित है (चित्र - ३, दाहिनी ओर।) वैज्ञानिकों के अनुसार अब तक अपने इस चौथे फेरे में इसके लगभग 1,377 करोड़ वर्ष पूर्ण हो चुके हैं।

विश्व - योनि

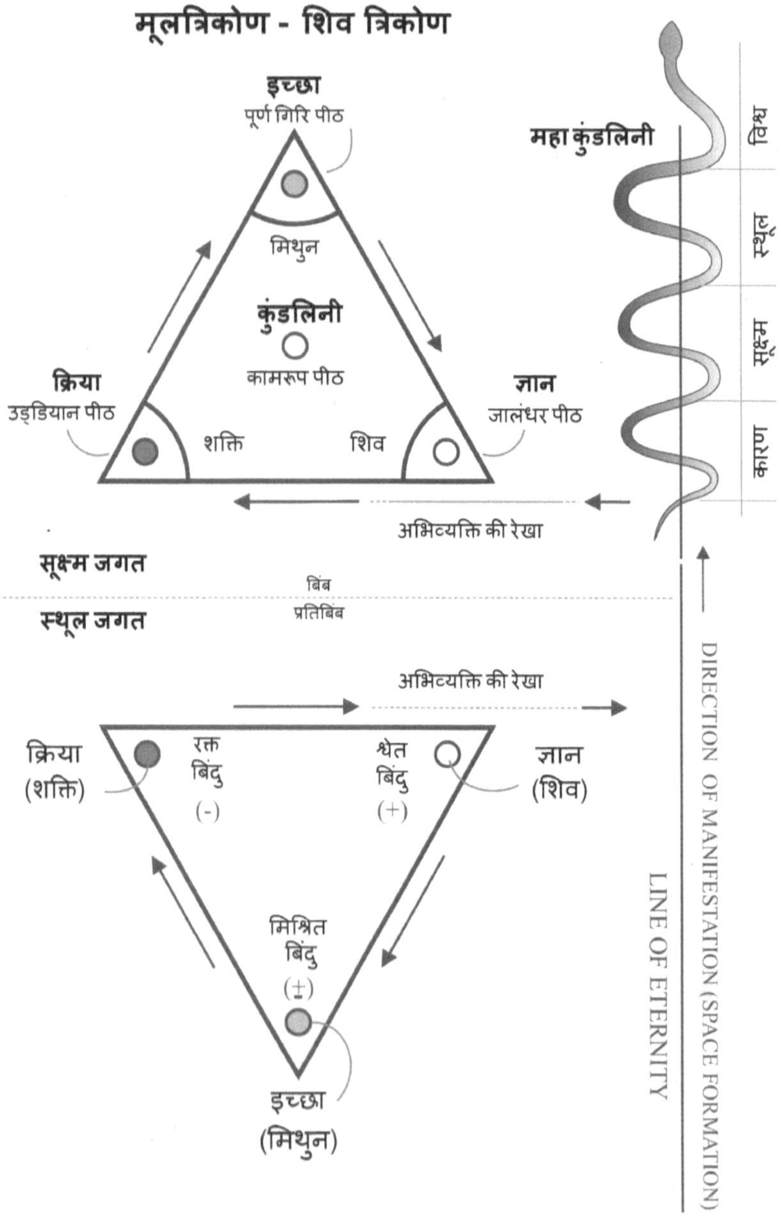

चित्र - ३ त्रिकोण का विपरीतिकरण (शक्ति त्रिकोण)

संवित-विज्ञान' द्वारा वर्णित के परिप्रेक्ष्य में

आगमों मे वर्णित सृष्टि प्रकरण का अनुसरण करते हुए अब हम संवित विज्ञान के इस दूसरे अध्याय के लगभग अंत में पंहुच गये हैं, तथापि यह स्मरण रखना आवश्यक है कि ऋषियों के द्वारा वर्णित बल और क्षमतायें चैतन्य नहीं हैं और उसी प्रकार ऊर्जा भी स्वतः चैतन्य नहीं है। उनमें अपने कार्यों के निर्वाह के अनुरूप ही ज्ञान एवं प्रवृत्तियां हैं परंतु चैतन्य नहीं है। उन्हें ये ज्ञान और क्षमतायें संवित के शिव एवं शक्ति अथवा पुरुष एवं प्रकृति में विभाजित विभागों से ही प्राप्त होती हैं और फिर भी जब ये दोनों प्रधान संयुक्त होकर स्थित होते हैं तभी संवित अथवा चैतन्य की अभिव्यक्ति होती है।

यह प्रकृति गतिज या स्थितिज स्थूलतर ऊर्जा एवं पदार्थ के क्षेत्र में किस प्रकार कार्य करती है, इसके विषय में आधुनिक विज्ञान शास्त्रियों द्वारा यथेष्ट एवं भरपूर ज्ञान का अर्जन कर लिया गया है। तथापि वैद्युतिक आवेश और कलर चार्ज की उत्पत्ति के विषय में अभी तक उनके पास कोई व्याख्या या सिद्धांत नहीं है और उस स्थिति में, पदार्थ के मौलिक कणों में इकाई आवेश की विभाजित खंडों में उपस्थिति की व्याख्या की संभावना का तो कोई प्रश्न ही उत्पन्न नहीं होता। वैसे भी, जैव शास्त्र एवं औषध शास्त्र के श्रेष्ठ ज्ञाताओं में तो अब शायद ही ऐसे लोग मिलेंगे जो आज भी हृदय से यह विश्वास करते हों कि भौतिक मस्तिष्क तथा नर्व प्रणाली के अभाव में चेतना की अभिव्यक्ति असंभव है। सापेक्षता के सिद्धांत पर अनुभूत इस विश्व को देखने समझने के लिये अब, संकीर्ण भौतिक दृष्टिकोण से बाहर निकलते हुए, एक और अधिक विवेकपूर्ण पद्धति की आवश्यकता है। इसका विरोध और संकीर्णता का अनुमोदन अथवा अनुशीलन करना अब उचित नहीं है। मानव समुदाय को अब और अधिक परिपक्वता की दिशा में अवश्य बढना चाहिये।

हम विश्व की आधारस्थली में कार्यरत सृजनात्मक प्राण शक्ति के विषय में एक प्रारंभिक चर्चा कर चुके हैं। इसी प्रकार विभिन्न पदार्थों से बनाये गये छोटे पिरामिडों को भी जब उत्तर-दक्षिण दिशा में पृथ्वी के चुंबक क्षेत्र के अनुरूप रख दिया जाता है तो उनमें जिस जैव ऊर्जा के समान शक्ति क्षेत्र की उत्पत्ति होती है उसके विषय में भी आज अनेक प्रकार के विवरण उपलब्ध हैं। पदानुक्रम में यह ऊर्जा क्षेत्र भौतिक विद्युत की तुलना में एक अधिक मौलिक स्तर पर कार्य करने वाला ऊर्जा क्षेत्र है। यह विद्युत क्षेत्र के समान प्रतीत होने

पर भी एक सूक्ष्मतर स्तर पर ही कार्य करता हुए प्रतीत होता है। कहीं-कहीं यह विद्युत क्षेत्र से बाधित होता हुआ भी परिलक्षित होता है जबकि अनेक स्थानों पर स्थितिज विद्युत क्षेत्र की उपस्थिति में पौधों, क्रिस्टल और विभिन्न जैव पदार्थों पर इसके प्रभाव में वृद्धि स्पष्ट दृष्टिगोचर होती है। तथापि प्राण शक्ति विद्युत शक्ति से सर्वथा भिन्न होती है और इसका कार्य क्षेत्र अत्यधिक विस्तृत होता है। यह प्रकृति में प्रथम स्तर का सृजनात्मक स्पंदन होता है, जो सृष्टि में सर्वत्र उपस्थित रहता है, और जिसके स्पंद की एक दिशा धनात्मक एवं पुरुष विभाग की ओर तथा दूसरी ऋणात्मक एवं प्रकृति विभाग की ओर होती है।

आगम के अनुसार सृष्टि के उदय की दिशा में परासंवित में जो प्रथम परिवर्तन होता है, वह है विश्वचेतना में एक धनात्मक एवं उसके विपरीत ध्रुव की उत्पत्ति। यह अव्यक्त परा क्षेत्र की घटना है और भौतिक गतिज ऊर्जा के द्वारा निर्मित स्थूल जगत में यह मौलिक विभाजन ही धनात्मक एवं ऋणात्मक विद्युत आवेशों के रूप में अभिव्यक्त होता है। कारण द्वार पर अवस्थित विश्वयोनि स्वरूप त्रिकोण में लाल, श्वेत एवं मिश्रित बिंदुओं के रुप में उपस्थित तीन प्रकार की विकासोन्मुख मौलिक प्रवृत्तियां ही अपनी अपेक्षाकृत स्थूलावस्था में दो विभिन्न गुणों वाले विद्युत आवेशों के रूप में उदीयमान होकर स्थित हो जाती हैं। इन आवेशों का हठात् शून्य से आविर्भाव संभव नहीं है। ये पदार्थ में उसके डी-एन-ए स्थानीय गुण का ही प्रकाश या अभिव्यक्ति हैं।

और भी कुछ इस प्रकार की बातें हैं। जब इस मौलिक रूप से स्पंदायमान ऊर्जा को प्रकृति के द्वारा एक पदार्थ के कण के रूप में बद्ध कर दिया जाता है, तो यह किसी लट्टू के समान घूमना प्रारंभ कर देता है और यह या तो शक्ति की दिशा में जो घड़ी की सुइयों का अनुसरण करती है घूमते रहता है, या उसकी विपरीत दिशा में जो पुरुष अथवा शिव की दिशा कही जाती है। साथ ही, धनात्मक शिव पक्ष आकर्षण करता है और चुंबकत्व का प्रतीक स्वरूप है एवं इसी प्रकार शक्ति पक्ष ऋणात्मक होने के साथ ही विकर्षण भी करता है, और एक प्रकार से विद्युत का प्रतीक स्वरूप कहा जा सकता है। इन दो प्रधान पक्षों के संयुक्त होने से ही इलेक्ट्रोमैगनेटिक विकिरण होता है जिससे प्रकाश उत्पन्न होता है। अब तो हम यह भी जान गये हैं कि प्रकाश के कण भी, शिव अथवा स्थिति एवं शक्ति अथवा तरंग, इन दोनों गुणों से युक्त रहते हुए ही कार्य करते हैं।

पदार्थ एवं अपदार्थ (Matter and Non-matter)

आगम का शिव जो पुरुष स्थानीय तत्व है वह प्रकाशन, प्रेम तथा आकर्षण का परिचायक एक स्थिर तत्व है जो समय की रेखा से एकीकृत होकर स्थित रहता है। हम इसकी अवधारणा एक ऐसे विंदु या गोलक से कर सकते हैं जो स्वत: प्रकाशित है। दूसरी ओर शक्ति तत्व है जो इसका समकक्ष और इसके विपरीत गुणों वाला गतिशील पक्ष है, जो बल, अंधकार और विकर्षण का परिचायक होता है। अत: यह शिव की गोलकवत चेतना में उसके मध्यस्थानीय केन्द्र के समान उससे दूर हटना प्रारंभ कर देता है और प्रगाढ़तर अवस्थाओं और गहनतम अंधकार को प्राप्त होते हुए तथा मध्य के क्षेत्र का विस्तार करते हुए, एक ब्लैक होल के तुल्य दिशा में, अधिकाधिक घनत्व का सृजन करते हुए विकास को प्राप्त होता है। इन दोनों तत्वों के मध्य का विस्तार एक ध्रुवीकृत क्षेत्र के समान कार्य करने लगता है। (चित्र-१ एवं ५)

आगम शास्त्र के ऋषियों को न तो क्वार्क, इलेक्ट्रोन आदि का ज्ञान था और न हीं वे हाफ-स्पिन या कलर चार्ज के विषय में कुछ जानते थे। अत: अपने इस वार्तालाप में अब हम एक ऐसी भूमि पर पहुंच चुके हैं, जिसके विषय में कतिपय बातें भली प्रकार ज्ञात नहीं हैं और जिस दिशा में अभी पर्याप्त अन्वेषण नहीं हुआ है। हमारे पास ऋषियों का प्रकृति के मौलिक स्वभाव का ज्ञान है तथा विज्ञान के द्वारा स्थापित कुछ तथ्य, और हम केवल इन दोनों के समन्वय का एक प्रयास मात्र कर सकते हैं। जो अभी अज्ञात है और अनिश्चित है, उसके विषय में अगर हम कुछ अनुमान लगाने का प्रयास करते हैं तो हमारी दृष्टि में यह विवेक सम्मत होगा, भले ही यह वैज्ञानिक पत्रिकाओं की दृष्टि से स्वीकार्य होने के योग्य न हो।

ऋषियों के अनुसार सृष्टि की ओर उन्मुख दो प्रधान तत्वों की आबद्धता की यह विशेष अवस्था जब पुरुष-प्रकृति के संयोग से एक सृष्टि कण के रूप में अभिव्यक्त होती है तो इसका स्वरूप एक चणक के समान प्रतिभाषित होता है। जब यह युगल तत्व एक पदार्थ के कण के रूप में अभिव्यक्त होता है तो चेतना के ये दो विभाग एक बड़े वृत्त में अवस्थित दो छोटे वृत्तों के समान नहीं, बल्कि एक ही वृत्त (गोलक) के दो मिश्रित अवयवों के उनके मध्य से विभाजन के द्वारा सृजित दो आंतर अर्धांगों के समान प्रतीत होते हैं तथापि अत्यंत सरल प्रतीत होते हुए भी यह एक अपेक्षाकृत दुरूह संरचना ही कही जा सकती है।

इसमें जो दुरूहता का संपुट होता है, उसका कारण है इन दो प्रधान तत्वों के परस्पर एक दूसरे पर आधारित रहते हुए ही अभिव्यक्त होने की बाध्यता का सिद्धांत अथवा नियम। इसमें दो वृत्त अथवा गोलक परस्पर इस प्रकार एक दूसरे से जड़ित होते हुए अभिव्यक्त होते हैं कि इनमें से प्रत्येक तत्व अपने अवकाश का अर्धांश रिक्त करते हुए बचे हुए अर्धांश में सिमट जाता है और इस रिक्त किये गये अवकाश में दूसरा तत्व भी संकुचित होते हुए सिमट कर इसे पूर्ण रूप से भर देता है। इस प्रकार दोनों एक दूसरे के द्वारा रिक्त किये गये अवकाश में एक पूर्ण के समान ही अवस्थित होकर एक इकाई के समान ही स्थिरवत प्रतीत होते हैं। उन दोनों में से किसी के भी आधार को देख पाना संभव नहीं होता और न ही उनकी पूर्णता में किसी विभाजन की उपलब्धि संभव हो सकती है जैसे कि न्यूनतम क्रिया के परिचायक '*h*' का विभाजन संभव नहीं होता।

डा. कविराज के अनुसार ये दोनों प्रधान तत्व धर्म-धर्मी के सबंध को कायम रखते हुए ही अभिव्यक्त हो सकते हैं, जिनमें जब एक के गुणों की अभिव्यक्ति होती है तो दूसरा भी उनको आधार प्रदान करते हुए स्थित रहता है जैसे हमारे मस्तिष्क का बायां भाग हमारे शरीर के दाहिने भाग के आधार के समान कार्य करता है और दायां भाग बायें शरीर के आधारवत। ये दोनों इस प्रकार जड़ित रहते हैं कि एक समय में इनमें से एक ही परिलक्षित हो सकता है जबकि दोनों ही उपस्थित होते हैं।

ऋषियों द्वारा व्याख्यायित सृष्टि के कण के समान ही पदार्थ का कण भी एक चणक के समान ही होता है। इसमें एक ज्ञान पक्ष भी होता है और एक क्रिया पक्ष भी; इनका भी एक मन विभाग होता है और एक शरीर विभाग भी और इन दोनों के संयुक्त होने पर ही एक कण की अभिव्यक्ति संभव होती है। यद्यपि पदार्थ के एक कण में उसका शरीर उसकी क्रिया आदि ही दृश्यमान होते हैं और उसका मन अदृश्य रहता है तथापि यह उसके शरीर को क्रियमाण करते हुए सदैव उसकी पृष्ठभूमि में स्थित रहता है। ये दोनों तत्व एकत्र ही अभिव्यक हो सकते हैं, अलग-अलग नहीं। जिसकी अभिव्यक्ति होती है वह युग्म होता है जो बांये भी करवट ले सकता है और दाहिने भी, परंतु पहले एक अपना स्थान बदलता है और फिर दूसरा, एक साथ दोनों इस स्थान परिवर्तन की दिशा में क्रियमाण नहीं हो सकते। जब यह बांयी ओर घूमता है तो इसका दाहिना भाग इसको आधार प्रदान करते हुए स्थिर रहता है, और इसी प्रकार दूसरी दिशा में

भी होता है। हम एक पदार्थ के कण की कल्पना एक ऐसी जटिल फिरकी या लट्टू से कर सकते हैं जो अपनी दिशा अदलते-बदलते हुए घुर्णायमान होता है। अगर हम इसे एक पूरे चक्र में घुमाने का प्रयास करते हैं तो यह केवल अपनी दिशा बदल कर घड़ी की सुईं की दिशा के अनुरूप या उसके विपरीत दिशा ग्रहण कर लेता है। इसे एक पूरे चक्र में घुमाने के लिये इसे दो बार घुमाना पडता है, तभी यह अपनी पूर्वावस्था अथवा अभिव्यक्ति को प्राप्त करता है। (चित्र - ४ देखें)

जिन्हें हाफ-स्पिन नाम से प्रसिद्ध भौतिकी के इस नियम का ज्ञान नहीं है, उन सभी पाठकों को अगर यह सब अत्यधिक जटिल प्रतीत हो, तो इसे बिल्कुल स्वाभाविक समझते हुए वे इसे विज्ञानविदों के लिय छोड़ सकते हैं परंतु पदार्थ के ज्ञान को ही सर्वोपरि स्वीकार करने की बाध्यता का भी वे चाहें तो इसी के साथ त्याग कर सकते हैं, क्योंकि सापेक्षता से उत्पन्न अनेक भ्रमों के समान यह श्रेष्ठता भी केवल एक भ्रम मात्र है। फिर भी ऋषियों के द्‌वारा प्रतिपादित सार्वभौम ज्ञान के प्रकाश में हम चाहें तो इस निष्कर्ष को और अधिक बल प्रदान करने के लिये कुछ और भी प्रयास कर सकते हैं।

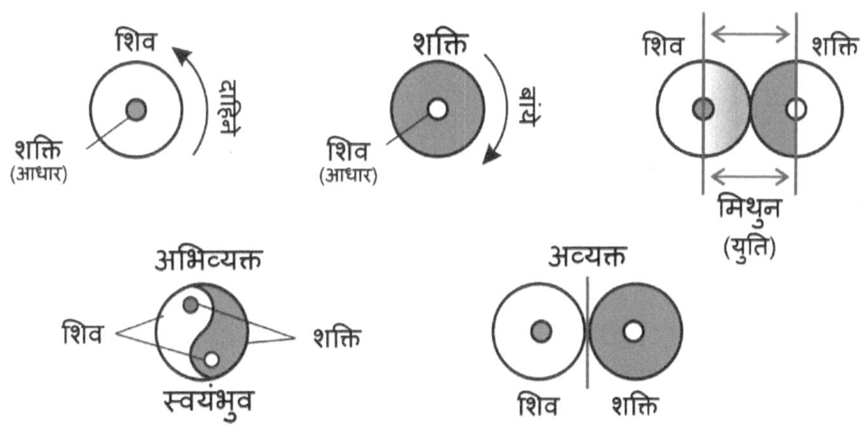

चित्र - ४ पदार्थ का कण और हाफ स्पिन

तीन की महिमा का विस्तार

ऋषियों के अनुसार, विविधताओं से भरपूर इस विश्व की अभिव्यक्ति, अव्यक्त में अवस्थित तीन प्रधानों के द्‌वारा, क्रमशः सूक्ष्म से स्थूल की दिशा में उन्मुख तीन धरातलों का निर्माण करते हुए सम्पन्न होती है। इसी क्रम को आगे बढ़ाते

हुए जब हम भौतिक सृष्टि के मुहाने पर पहुंच जाते हैं, तो संवित विज्ञान का अनुशीलन करने वाले ज्ञानार्थियों को ऐसी स्पष्ट प्रतीति होने लग जाती है जैसे ये तीनों प्रधान स्वयं ही एक परमाणु के रूप में सन्निहित होकर आविर्भूत होने के लिये प्रस्तुत हो गये हों। उन्हें यह स्पष्ट दिखाई पड़ने लगता है कि स्थूल जगत का निर्माण करने वाले परमाणु में दृष्टिगोचर होने वाले उसके तीनों अवयव भी इन तीन प्रधानों के स्वभाव के अनुरूप ही अभिव्यक्ति प्राप्त करते एवं कार्य करते भी प्रतीत होते हैं।

आगम के द्वारा प्रतिपादित त्रिकोण स्वरूप विश्व योनि की संरचना पर एक दृष्टि डालने पर ही यह स्पष्ट हो जाता है कि उसमें अवस्थित ऋणात्मक गुणों से युक्त और क्रिया प्रकृति का परिचायक रक्त बिंदु ही स्थूल सृष्टि में इलेक्ट्रोन के रूप में परमाणु संरचना में युक्त होते हुए गतिशील शक्ति तत्व का प्रतिनिधित्व करता है। इसी प्रकार इस विश्व योनि स्वरूप त्रिकोण में अवस्थित धनात्मक गुणों से युक्त और शिव के ज्ञान एवं स्थिरत्व का परिचायक श्वेत अथवा नील बिंदु एक प्रोटोन के रूप में, तथा इसी में अवस्थित तीसरा मिश्रित बिंदु जिसमें दोनों प्रधान तत्वों का समन्वय होता है एक न्युट्रोन के रुप में अपना स्थान ग्रहण करते हुए इस परमाणु संरचना को पूर्ण करने में अपनी भूमिका का निर्वाह करता है।

यह पाठकों के ऊपर है कि उन्हें हजारों वर्ष के अन्वेषण के उपरांत ऋषियों के द्वारा प्रणीत मौलिक ज्ञान पर आधारित यह प्रस्ताव अधिक विवेकपूर्ण एवं तर्कसम्मत प्रतीत होता है या भौतिक विज्ञानविदों के अनुमान पर आधारित उनका प्रस्ताव जिसमें, किसी आधार के बिना ही अवस्थित एक अज्ञात भूमि पर अज्ञात कारणों से उद्भूत ऊर्जा के अकारण घनीभूत होने के पश्चात उसमें अज्ञात कारणों से होने वाले एक संभावित विस्फोट से, या अभी तक अज्ञात अन्य किसी कारण से, सभी गुणों से सज्जित ये पदार्थ के कण अकस्मात ही प्रकट भी हो जाते हों और अन्य किसी अपेक्षा, निर्देश या सहायता के बिना ही न केवल इस विश्व का ही, अपितु उसी प्रकार और अकारण ही, पहले जीवन का फिर मस्तिष्क आदि के माध्यम से चेतना से युक्त विभिन्न प्राणियों और मानव का सृजन करने में भी सक्षम हो जाते हों। ऋषिगण इसे माया कहते हैं और यह केवल सापेक्षता की ही नहीं और भी बहुत प्रकार के मिथ्या भ्रमों की सृष्टि करती रहती है।

एक अद्‌त गुण मापक तंत्र

एक कोशिका क्या क्या कर सकती है और कब और क्या इसे करना या नहीं करना चाहिये, जैव शास्त्रियों के अनुसार यह सब उसके डी-एन-ए में किसी न किसी प्रकार लिख दिया जाता है तथापि इसकी भाषा को पढ़ने का तरीका अब ढूंढ लिया गया है, और आजकल तो इससे वाइरस भी बना लिये जाते हैं। यद्‌यपि चेतना का उदय तभी विज्ञान सम्मत कहा जायेगा जब यह मस्तिष्क आदि के माध्यम से उत्पन्न होती प्रतीत हो रही हो परंतु प्रकृति के क्षेत्र में इसकी वैज्ञानिक परिभाषा में एक अपवाद के रूप में एक बड़ी छूट दे दी गई है कि यह बिना चेतना के ही कुछ भी कर सकती है, केवल भौतिक शास्त्र के नियमों का उल्लंघन नहीं कर सकती। इस शब्द की उत्पत्ति भले ही मात्र एक अम्ल के नाम के रूप में हुई हो परंतु आज के परिप्रेक्ष्य में यह डी-एन-ए एक मौलिक एवं अत्यंत शक्तिशाली शब्द बन गया है और जैविक भूमि पर तो इसकी अपनी एक भाषा भी है जिसके उपयोग से हम जैसे चाहें वैसा वाइरस भी बना सकते हैं। कोई भाषा एक छोटे या बड़े सीमित क्षेत्र में ही कार्य करती है, जब कि एक शब्द के रूप में आज डी-एन-ए का एक अलग ही एवं अत्यंत शक्तिशाली स्थान बन गया है।

इसके पूर्व हम एक सृष्टि कण और एक वैश्विक डी-एन-ए के समान अवधारणा की बात कह चुके हैं। हम यह भी आभास दे चुके हैं कि कारण भूमि पर डी-एन-ए लिखने के लिये जिस भाषा का प्रयोग होता है उसका प्राणियों में वाक भूमि की दृष्टि से पश्यंति वाक की भूमि पर आत्म-प्रेरणा की उत्पत्ति आदि के हेतु उपयोग होता है। इसी प्रकार मानसिक शक्ति के स्पंदन के अनुरूप मध्यस्थानीय सूक्ष्म भूमि पर मध्यमा वाक कार्य करता है, जहां भाषा की बाध्यता नहीं होती अपितु यहीं से वैखरी वाक और उसके उपयुक्त भाषाओं का भी विकास होता है। प्रकृति के द्‌वारा ये दोनों प्रकार के डी-एन-ए स्थानीय गुण प्रत्येक पदार्थ के कण से उसकी स्थूल अभिव्यक्ति के साथ ही संयुक्त कर दिये जाते हैं।

स्थूल भूमि पर अवतरण के पश्चात प्रकृति को एक ऐसे तंत्र की आवश्यकता होती है जिसमें वह आणविक एवं रासायनिक उपयोग के तत्वों के लिये भी एक डी-एन-ए को स्थित कर सके। अगर हम चाहें तो परमाणु को एक यंत्र के रूप में देख सकते हैं, क्योंकि यह कुछ विशेष कार्यों का संपादन करता है।

इसी प्रकार हम प्रोटोन को एक तंत्र भी कह सकते हैं जो स्वयं कार्य नहीं करता पर परमाणु रुपी यंत्र के कार्यों के संचालन में उसका प्रधान सहायक होता है। शिव की ज्ञान प्रकृति की अभिव्यक्ति के रूप में इसमें स्थिरत्व, धनात्मकता, आकर्षण या चुंबकत्व आदि के अतिरिक्त ज्ञान को धारण करने की योग्यता भी होती है। अत: इसी का उपयोग प्रकृति के द्वारा परमाणु के डी-एन-ए के भंडारण के लये भी किया जाता है और किसी परमाणु में अवस्थित प्रोटोनों की संख्या के अनुसार ही उसमें गुण परिलक्षित हो सकते हैं। यह एक सर्वविदित अत्यधिक सरल प्रणाली है।

उदाहरण के तौर पर अगर एक प्रोटोन में क-२, ब-५ और स-३ गुण मान लिये जायें, तो इनकी दो की समष्टि में ब-३, प-१ और स-४ हो सकते हैं, तीन की समष्टि में क-१७, ब-४, प-५ और ट-२ आदि अनेक अन्य गुण भी हो सकते हैं, इत्यादि। हम देख सकते हैं कि विभिन्न रासायनिक तत्वों के रुप में इस प्रकार की लगभग सौ समष्टियां अपने-अपने गुणो के पिटारे के साथ अपने-अपने दिमागों की बत्तियां जलाते हुए हमें इस विश्व में सहज ही कार्य करती हुई दिखाई पड़ती रहती हैं, जिन्हें वैज्ञानिकों के द्वारा एक पीरियोडिक तालिका के रूप में सज्जित कर लिया गया है।

हमने इस वार्ता को प्रारंभ करने के लिये 'गुण मापक तंत्र' शब्दों का प्रयोग किया है और किसी भी संख्या, गुण अथवा परस्पर की विविधता को नापने के लिये सबसे सरल और सार्वभौम सूचकांक होता है ऐसे गुणों की 'शून्यावस्था', जहां से गुणों की गाथा प्रारंभ हो सकती है।

शून्य से गुणों का आविर्भाव

भगवद् गीता के अनुसार भी और आधुनिक विज्ञान के अनुसार भी, यह समस्त सृष्टि गुणों की विभिन्नता और उनके परस्पर मिलन-वियोग आदि के द्वारा ही निर्मित एवं चलायमान है। पराशक्ति के द्वारा मूल प्रकृति में ही एक का दो के रूप में विभाजन करके एक द्वंद्व की स्थिति उत्पन्न कर दी जाती है, जिसके उपरांत प्रकृति के द्वारा चेतना में ज्ञान और अनुभव का मन और शरीर के रूप में अलग-अलग विकास किया जाता है। सृष्ट जगत में ये दोनों एक ही सिक्के के दो पहलुओं के समान युक्त अवस्था में ही अभिव्यक्ति लाभ करते हैं। इस प्रकार एक विस्तृत द्वंद्व श्रंखला का जन्म होता है जिसमें एक का दृष्ट एवं अनुभूत किसी अन्य का ग्राहक अथवा दृष्टा-उपभोक्ता भी होता है (जैसे एक

मयूर सांप को खा लेता है, सांप मेंढ़क को निगल जाता है और मेढ़क कीट-पतंगों को खाकर जीवित रहता है), और इस प्रकार अनंत विविधताओं से पूर्ण विश्व की सृष्टि संभव हो जाती है। ऐसा इसलिये संभव होता है क्योंकि सृष्ट जगत में उन्हीं पांच प्रकार के विषयों को, वैसे ही पांच प्रकार के ज्ञानों से ग्रहण किया जा सकता है और पांच ही प्रकार की जैविक क्रिया होती है, इत्यादि। सब कुछ एक ही प्रकार के गुणों से निर्मित होकर एक ही शृंखला की आगे या पीछे की कड़ियों के समान कार्य करते हुए प्रतीत होता है।

विभिन्न गुणों की उत्पत्ति समस्त गुणों की शून्यावस्था से होती है, जैसे शून्य क्रिया से न्यूनतम क्रिया 'h' की उत्पत्ति होती है और फिर $5h$, $30h$, $10000h$ आदि हो सकते हैं, उसी प्रकार गुणों के विकास को भी समझा जा सकता है। ऋषियों के अनुसार जैसे यह मानसिक गुणों के क्षेत्र में होता है वैसे ही पदार्थ के क्षेत्र में भी होना अवश्यंभावी है, क्योंकि परंपरा एक ही है - सारे शब्द उसी प्रकार उत्पन्न होते हैं, सारे डी-एन-ए एक ही प्रकार से लिखे जाते हैं और सारे प्रोटीन उन्हीं बीस ऐमिनो अम्लों से बनते हैं और उनमें से कोई भी एक जीवित कोशिका से बाहर उत्पन्न नहीं हो सकता। इन्हें प्रकृति बनाती है - मनुष्य नहीं बना सकता। इसी प्रकार समस्त गुणों का आविर्भाव भी सत्, रज एवं तम, इन तीन गुणों की साम्यावस्था से ही संभव होता है।

ये तीन गुण जो पोजिटिव, निगेटिव और न्यूट्रल के भी परिचायक होते हैं, एक प्रकार से परमेश्वर की तीन स्वतंत्र अवयवों वाली वाह्य प्रकृति का ही गुणों के डी-एन-ए के रूप में लेखांकन है। किसी भी गुण का प्रकाश इन तीन प्रकृतियों की साम्यावस्था अथवा एक सार्वभौम शून्यता की अवस्था से ही संभव होता है। जैसे क्रिया शक्ति की प्रेरणा से पदार्थ के किसी गुण में $1h$, $5h$, $10h$ आदि की मात्रा में क्रियात्मकता परिलक्ष्य हो सकती है, और उसी प्रकार कम वा अधिक कठोरता, अम्ल वा क्षार, तापमान के प्रभावों मे फर्क, आदि सब क्षेत्रों में ही या तो कोई गुण है ही नहीं और अगर है तो शून्यता की सापेक्षता से ही उसका अस्तित्व सिद्ध होता है।

प्रकृति किसी भी सृष्टि कण को स्थूल भूमि पर उतारने के पूर्व उसके लिंग शरीर में आवश्यक विकास करती है, ताकि वह कम वा अधिक जान सके और उसी के अनुसार अपनी रक्षा और आमोद के लिये कम वा अधिक क्रिया भी कर सके। यह इस सृष्टि कण के मन अथवा ज्ञान विभाग में अपने तीनों गुणों की साम्यावस्था के साथ जड़ित हो जाती है और इस श्वेत ज्ञान पट्टिका पर उसके

स्थूल शरीर की आवश्यकता के अनुसार ज्ञान और क्रिया के गुणों का विकास कर लेती है। अब अगर यह इलेक्ट्रोन के रूप में उत्पन्न होने वाला है तो यह प्रोटोन, न्यूट्रोन और अन्य इलेक्ट्रोन को पहचान सकता है, और दूसरे इलेक्ट्रोन से दूर हटने की तथा प्रोटोन की ओर बढ़ने की क्रिया भी कर सकता है, इत्यादि।

इसके पश्चात, इसी प्रकार स्थूल शरीरों के विभाग में भी ठीक उसी प्रकार पहचाने जाने योग्य गुणों का ही विकास करना आवश्यक होता है, क्योंकि दृष्टा और दृश्य का या अनुभूति कर्ता और अनुभूत का एक ही पृष्ठ पर रहना भी उतना ही महत्वपूर्ण होता है। इसे हम इस रूप में भी समझ सकते हैं कि परमाणुओं में उनके गुणों को उत्पन्न करने वाला विभाग होता है उनके न्युक्लियस में स्थित उनके प्रोटोनों की समष्टि और यह समष्टि ही इसके गुणों के एक भंडार-गृह के समान कार्य करती है जहां से उनकी संख्या के अनुरूप गुण उत्पन्न हो सकते हैं। अत: यही स्वाभाविक है कि जो अधिक द्रव्यमान वाला स्थिर प्रकृति का प्रोटोन है उसी में समष्टि प्रकृति अपनी गुणों को उत्पन्न करने वाली प्रथा अथवा प्रणाली को स्थिर करते हुए और उसके लिये एक विशिष्ट अंत:संरचना का निर्माण करते हुए, अपनी तीनों प्रकृतियों की साम्यावस्था के रूप में अवस्थित हो जाती है। इससे यह लाभ भी होता है कि उसकी आंतरिक संरचना के गुण उत्पादन के कार्य से एक प्रोटोन के रूप में पदार्थ के अन्य कणों से उसका वाह्य का आदान प्रदान किसी प्रकार भी प्रभावित नहीं होता।

केवल विचार से भी संभव एक प्रयोग

आगम के अनुसार अव्यक्त से अवतरण करने वाले और परमेश्वर के तीन विभागों के समान अवस्थित रहने वाले तीन प्रधान ही इस विश्व के तथा इसकी प्रत्येक वस्तु के रूप में अभिव्यक्त होते हैं। इस दृष्टि से देखने पर हमें यह भी प्रतीत होता है कि ये तीन प्रधान स्वयं ही प्रोटोन, न्यूट्रोन और इलेक्ट्रोन के रूप में अत्यंत सहज रूप से ही अभिव्यक्त हो सकते हैं तथापि आगम के कथानक के अनुसार कारण द्वार पर अवस्थित त्रिकोण से उद्भूत होने के पूर्व ही किसी अभिव्यक्ति की ओर उन्मुख वस्तु की संरचना और उसके कार्य आदि के विनिर्देश जड़ित हो जाते हैं एवं तभी उसका स्थूल भुमि पर आविर्भाव संभव है। अब तक के आगम के विवरणों से जो कुछ हमें ज्ञात है उसके आधार पर

हम समझ सकते हैं कि परमाणु में इन तीनों की उपस्थिति आवश्यक है, अतः इसके तीन अवयव होने चाहियें। इसके पश्चात हम उनके स्वभावों और संबंधों के ज्ञान की सहायता से यह सोचने का प्रयास कर सकते हैं कि स्थूल जगत की रचना के लिये आवश्यक परमाणुओं के इन तीन अवयवों में से प्रत्येक की क्या भूमिका हो और क्या संरचना हो। सौभाग्यवश पिछले बारह दशकों में हमारे विज्ञानविदों ने भी इन दोनों दिशाओं में पर्याप्त ज्ञान अर्जन कर लिया है, जो एक लालटेन या प्रकाश की किरण के समान हमारी सहायता कर सकता है।

हम मान लेते हैं कि मूल त्रिकोण की रचयिता विद्या कला की अध्यक्षता में, हम मनुष्यों के समान ही, त्रिकोण के तीन कोणों की स्वामिनी प्रकृतियां एक संविधान कमिटी के रूप में समन्वित होकर परमाणु के इन तीन अवयवों में से प्रत्येक की भूमिका और संरचना के विषय में आवश्यक निष्कर्ष पर पहुंचने का प्रयास करती हैं। हम यह भी मान लेते हैं कि यह स्वीकृत हो जाता है कि -

- परमाणु में एक अलग स्थिति विभाग होना आवश्यक है जिसमें द्रव्यमान को संचित करना संभव हो और जो केन्द्र का स्थान ग्रहण कर सके एवं उससे सर्वथा अलग एक गतिज विभाग होना चाहिये जो बिना किसी व्यवधान के तीव्र गति से क्रिया करने में सक्षम हो सके।
- कार्य सृष्टि का सृजन विसर्ग की क्रिया के द्वारा होता है अतः विसर्ग बिंदुओं के धनात्मक एवं ऋणात्मक गुणों के अनुरूप इन दोनो विभागों को परस्पर के समान परंतु विपरीत धनात्मक एवं ऋणात्मक आवेशों से युक्त कर देना उचित रहेगा ताकि ये स्थूल क्रिया एवं कार्य के धरातल पर मात्र वाह्य की समानता के आधार पर कार्य कर सकें।
- परमाणु के तीनों अवयवों की अपनी अंतः संरचना भी होगी, जहां उत्पन्न होकर ये आवेश एक आवेश-समष्टि की इकाई के रूप में वाह्य में परिलक्षित हो सकेंगे।
- इच्छा प्रकृति के पदार्थ कण का वाह्य आवेश यद्यपि शून्य होना आवश्यक है तथापि इसकी अंतः संरचना में दोनों आवेश उपस्थित रहेंगे। इसके अतिरिक्त यह बल प्रधान प्रकृति का कण है। अतः विभाग की दृष्टि से यह स्थिति स्थानस्थ कणों में गण्य होगा।

अंतः संरचना के संदर्भ में इन तीन प्रकृतियों के पक्ष हम मान लेते हैं कि इस प्रकार प्रतीत होंगे:

- इच्छा प्रकृति संधिस्थलस्थ अथवा समान बलों के युग्म के रुप में उपस्थित और सृष्टि के सृजन की इच्छा से युक्त 'प्रधान' की प्रकृति होती है। यह निर्धारित करती है कि सृष्टि के लिए क्या आवश्यक है, और यह क्रिया एवं ज्ञान के कार्य करने के लिये भूमि के समान होती है, जिसकी अन्य सभी अवयवों में उपस्थिति आवश्यक होती है। इसकी उपस्थिति में ही चणक के रूप में पदार्थ के कण का निर्माण हो सकता है तथा यह क्षमताओं को बल प्रदान करने वाली प्रकृति भी है।
- क्रिया प्रकृति की भूमिका, कारण भूमि और सूक्ष्म-कार्य-भूमि को भी पार करने के बाद अग्रसर होते हुए सृष्टि प्रवाह के संवेग को धारण करते हुए और नेतृत्व ग्रहण करते हुए स्थूल-कार्य-भूमि पर इसका संचालन करने वाली प्रकृति वाली भूमिका है। अत: इस भूमि पर उद्भूत प्रत्येक अवयव में अंत:प्रकृति के अंश के रूप में उसे क्रियमाण करते हुए और इस संवेग में समान रूप से सहभागी बनाते हुए इसकी उपस्थिति आवश्यक है, और यह भी कि सृष्टि-प्रवाह के संवेग को धारण करने वाले इसके अंश-विशेष को अन्य किसी प्रकृति के द्वारा किसी प्रकार भी घटाया बढ़ाया नहीं जा सकता।
- ज्ञान प्रकृति जो स्वयं अभिव्यक्ति (expression) की प्रायोजना करने वाली प्रकृति है, इसे किसी भी व्यवस्था से कोई भी असुविधा नहीं होती॥ यह स्थिरत्व प्रदान करने वाली प्रकृति है जिसमें द्रव्यमान को वहन करने की क्षमता होती है, जैसे सूर्य समस्त सौर मंडल को आकर्षित करते हुए उसको केन्द्र बल प्रदान करता है। इसे केवल एक साम्यावस्था में स्थित अंत: संरचना की आवश्यकता है, ताकि इसके वाह्य के कार्यों के निर्वाह पर उसका कोई प्रभाव न हो और इसके द्वारा प्रायोजित परमाणु के गुणों की नौका भी किसी भी प्रकार से डगमग हुए बिना स्थिर रह सके।

इस प्रकार सभी प्रकृतियों की स्थिति स्पष्ट हो जाने के पश्चात, हम मान लेते हैं कि ये प्रकृतियां इसी क्रम में आगे आते हुए परमाणु के तीनों अवयवों के लिये एक अंत: संरचना की दिशा में उद्यत होती है।

- इच्छा प्रकृति अभिव्यक्ति के उन्मुख कणों को बांधने, दिशा निर्देश देने एवं बल प्रदान करने का कार्य करती है। त्रिकोण में यह मिश्रित बिंदु की स्वामिनी प्रकृति के रूप में स्थित होती है। इस मिश्रित को हम हरा रंग

मान लेते हैं। इसके बिंदु का वाह्य आवेश शून्य है, परंतु यह अन्य दोनों बिंदुओं की साम्यावस्था की द्योतक है अत: हमें इसके आवेश को +1 एवं -1 के तुल्य समझना होगा। इसके स्वभाव के अनुसार इसका प्रतिनिधि कण न्युट्रोन ही हो सकता है। इसका वाह्य आवेश शून्य है, और इसकी अंत: संरचना के निर्माण के लिये इच्छा प्रकृति के पास जो आवेश हैं, वे हैं +1 एवं -1. हम मान लेते हैं कि अपने आवेश का एक तिहाई भाग अपने पाले में रखते हुए, यह प्रधान प्रकृति दोनों आवेशों के अवशेषों को अपने हरे रंग के साथ अपनी सहयोगी ज्ञान एवं क्रिया प्रकृतियों को अपने बांधने के गुण के बल के रूप में प्रदान कर देती है। यह रंग और बल, इन दोनों के अपने अपने कणों को किसी स्थूल शरीर के साथ बद्ध होकर, एक चणक अथवा इलेक्ट्रोन-प्रोटोन आदि पदार्थ के कण में बदलने की योग्यता प्रदान करता है। रंग योग्यता एवं बल प्रदान करता है, जबकि आवेश को हम केवल लेन देन की एक मुद्रा (currency) मात्र समझ सकते हैं।

- क्रिया प्रकृति पदार्थ के कणों की दिशा को सृष्टि के संवेग से युक्त करती है तथा उनमें आकर्षण, विकर्षण, आदि की उपस्थिति में गति करने की योग्यता प्रदान करती है। इसके कण का वाह्य आवेश -1 है और इसके बिंदु का रंग लाल है। यह भी अपने मूल आवेश का एक तिहाई अपने कण इलेक्ट्रोन के लिये रखते हुए, अपने लाल रंग के साथ -1/3 सब्ज प्रकृति को और -1/3 ही श्वेत अथवा नील प्रकृति को प्रदान कर देती है। अब इसके पास अपने कण इलेक्ट्रोन की अंत:संरचना के लिये हरे और लाल रंग आ जाते हैं और इसका आवेश -1/3, -2/3 = -1 हो जाता है, जो इसके पदार्थ कण इलेक्ट्रोन के वाह्य आवेश के समान है। तथापि अभी तक इलेक्ट्रोन की अंत:संरचना के विषय में कुछ ज्ञात नहीं है, और अधिकांश भौतिक विज्ञान शास्त्री मान लेते हैं कि संभवत: इसकी कोई अंत:संरचना ही नहीं है, क्योंकि वैज्ञानिक अभी तक लघुता के जिस स्तर तक पहुंचने में सक्षम हुए हैं, इलेक्ट्रोन का आकार उससे लगभग १००० गुणा छोटा होता है।
- अपनी बारी आने पर ज्ञान शक्ति, जो प्रायोजिका प्रकृति है (और जिसको अब केन्द्रस्थ स्थिति विभाग में अपने कण प्रोटोन की तथा उसके बड़े भ्राता के समान न्युट्रोन की संरचनाओं को एक अंतिम रूप प्रदान करना है) विशेष कुछ नहीं करती केवल अपने मूल धनात्मक आवेश के एक तिहाई +1/3 का अपनी नीली बूंद के एक छींटे के साथ सब्ज प्रकृति को हस्तांतरण कर

देती है। अब प्रोटोन की अंत:संरचना के लिये इसके पास तीनों रंग की प्रकृतियां हैं और वाह्य के समान आवेश भी, जैसे कि नीला +2/3, हरा भी +2/3 तथा लाल -1/3 = +1 और यह संरचना ठीक वैज्ञानिकों के दो अप क्वार्क और एक डाउन क्वार्क वाली प्रोटोन की अंत:संरचना के अनुरूप है।

- अब प्रधान प्रकृति, जो क्वार्क, इलेक्ट्रोन और प्रोटोन आदि को, तथा अपनी किसी भी अभिव्यक्ति में मन और शरीर को बाधने का कार्य करती है, जब अपने कण न्यूट्रोन की अंत:संरचना के लिये उपलब्ध सामग्री का निरीक्षण करती हैं तो वह देखती है कि उसके पास हरी छींट में -1/3, +1/3, लाल छींट में -1/3, तथा नीली छींट में +1/3 = 0 आवेश है। इच्छा प्रकृति भी न्यूट्रोन की अंत:संरचना के लिये अधिक कुछ नहीं करती, केवल अपनी हरी छींट के खेमें से +1/3 को खोल कर नीली छींट के +1/3 से बांध देती है। वैसे भी आवेश कोई गुण नहीं है केवल मुद्रा (currency) मात्र है, और एकबार कण की अंत:संरचना पूर्ण होने के बाद मुद्रा (currency) और रंगों का संबंध समाप्त होकर ये स्वतंत्र हो जाते हैं, जैसे किसी कोशिका के अंदर प्रोटीन, डी-एन-ए और अन्य वस्तुएं स्वतंत्र रहते हुए ही अपने कार्य करते रहते हैं। न्यूट्रोन की अंत: संरचना के लिये जो घटक अब इच्छा प्रकृति के पास हैं, वे इस प्रकार हैं - रंगों के संदर्भ में लाल, नीले और हरे तीनों बिंदु तथा मुद्राओं के रूप में -1/3, -1/3 एवं +2/3 = 0. हम देख सकते हैं कि ये तीन मुद्रायें जो वैज्ञानिकों के एक अप क्वार्क और दो डाउन क्वार्क के समान है, सर्वथा उनके द्वारा प्रमाणित न्यूट्रोन की संरचना के सदृश ही हैं।

जो स्थिति विभाग से संबंध रखने वाले कण होते हैं, वे एक प्रकार से प्रकृति के गुणों को उत्पन्न करने वाले संयत्र में आधार का कार्य करते हैं और गतिज विभाग का कार्य होता है उन गुणों का प्रकाश करना अथवा उन्हें कार्य रूप में बदलना। इस गुणों के आधार वाले कणों की अंतर्रचना में तीनों प्रकृतियों की साम्यावस्था से एक श्वेत रंगविहीन शक्तिपट्ट अथवा स्क्रीन का निर्माण होता है और इसकी तुलना हम कई प्रकार के और हजारों प्रकाश विंदुओं या बत्तियों वाले सर्किट बोर्ड से कर सकते हैं जिनमें से प्रत्येक में लाल, नीली और हरी बत्तियां, आवश्यकतानुसार जलते बुझते हुए, किसी भी आवश्यक गुण, अथवा गुण समूह को इनके उपगुणों के साथ प्रकट कर सकती हों। स्थूल सृष्टि क्रिया से उत्पन्न होने वाला एक कार्य है, तथा यह क्रिया प्रकृति ही भौतिक जगत में

सब कार्यों का भी संपादन करती है। विद्युत-चुंबकत्व का बल जो सबसे अधिक उपयोग में आने वाला सर्वत्र कार्यकारी बल है वह संभवतया इसी क्रिया प्रकृति की स्थूल अभिव्यक्ति है, तथापि गुणों की रचना करने का कार्य ज्ञान प्रकृति का है जो परमाणु में केन्द्र स्थानीय घटकों में अवस्थित होकर कार्य करती है और संभवतया केवल केन्द्र बल ही नही अपितु गुरुत्वाकर्षण की भी जनक प्रकृति है। इसी प्रकार इच्छा प्रकृति केवल स्ट्रौंग न्युक्लियर बल को ही नहीं बल्कि संभवतया वीक न्युक्लियर बल को भी उत्पन्न करती है क्योंकि यह गतिज विभाग वाले इलेक्ट्रोन की अंतर्रचना में भी सन्निहित होती है।

परिप्रेक्ष्य (PARADIGM) में परिवर्तन

साधारण स्थिति में अध्यात्म के लेखक, भौतिक शास्त्र के विभागों में प्रवेश करके क्वार्क, लेपटान, न्युट्रोन, प्रोटोन, आदि की चर्चा में नहीं पड़ना चाहेंगे। इसका प्रधान कारण है कि परंपरा के अनुसार अध्यात्म और पदार्थ-विज्ञान, ये दोनों दो विभिन्न दिशाओं में अन्वेषण करते हुए अपने-अपने विभागों का प्रतिनिधित्व करते आये हैं। फिर भी एक प्रकार से दोनों ही एक दूसरे के बिना अधूरे के समान हैं, और यह भी कि दोनों ही सापेक्षता की बात भी कहते हैं एवं और भी अनेक मिलती जुलती बातें कहते आये हैं, जैसे कि क्रिया से कार्य रूप फ़ल की उत्पत्ति की बात, जैसे समान और विपरीत प्रतिक्रिया का और कर्मफल का सिद्धांत, गुणों के योगदान का महत्व, आदि। अल्बर्ट आइंस्टाईन का कहना था कि अध्यात्म के ज्ञान के बिना विज्ञान लंगड़े के समान होता है जिसे एक पैर पर कार्य करने का प्रयास करना होता है और विज्ञान के अभाव में धर्म अंधे के समान बन जाता है। अत: विज्ञान और अध्यात्म में प्रतियोगिता वाली कोई बात तो होनी ही नहीं चाहिये। यह पुस्तक भी केवल इस स्वाभाविक सत्य को पाठकों से साझा करते हुए समझने का एक प्रयास मात्र है, कि एक शाश्वत चैतन्य से ही एक क्रमविकास के रूप में समस्त प्रकार की सृष्टि होती है।

अगर न्यूटन और आइन्सटाईन आदि क्लासिकल परंपराओं का अनुसरण करने वाले वैज्ञानिकों को छोड़ भी दिया जाये, तो भी प्लैंक, हेजेनबर्ग, श्रौडिंगर, बोहम आदि अनेक क्वांटम परंपरा के जनकों एवं वैज्ञानिकों ने स्पष्ट शब्दों में चेतना की प्राथमिकता को स्वीकार किया है और फिर भी लगभग सौ वर्षों से इस मूलभूत सत्य को हमारे वैज्ञानिक सहजता से स्वीकार करने में हिचकते चले

आ रहे हैं। इसका एक कारण अवश्य यह है कि चेतना का अपना एक विज्ञान भी है, यह बात भी अधिकांश वैज्ञानिकों को ज्ञात नहीं है। इस परिप्रेक्ष्य में एक अज्ञात को स्वीकार करने में उनका झिझकना भी संभवत: उतना अस्वाभाविक नहीं है, क्योंकि विज्ञान का अभिप्राय होता है वैज्ञानिक प्रणाली से घटनाओं को समझने का प्रयास - क्षेत्र कोई भी हो।

हमें विश्वास है कि संवित विज्ञान के विषय में जो विशद जानकारी हम अपनी इस पुस्तक में सन्निहित करने का प्रयास कर रहे हैं, उसकी सहायता से वैज्ञानिक समुदाय भी सहजता से चेतना के स्वभाव को और अधिक अच्छी तरह समझ सकेगा। हमारे वैज्ञानिक तब देख सकेंगे कि एक ओर जहां इस विज्ञान का भौतिक विज्ञान आदि से कोई विरोध नहीं है, वहीं दूसरी ओर यह एक अनेक बड़े परिप्रेक्ष्य का विकास करते हुए उनके अपने क्षेत्रों में उनकी सहायता भी कर सकता है। बल्कि अनेक वैज्ञानिकों के लिये तो यह एक परम संतोष का विषय हो सकता है कि वे विज्ञान की भी सृष्टि करते रह सकते हैं - इसको आगे भी ले जाते रह सकते हैं - और बिना किसी अपराध बोध के अपने परिवार के साथ चर्च भी जा सकते हैं तथा अन्य सामान्य व्यक्तियों के समान किसी पादरी या सिस्टर से सहज वार्तालाप भी कर सकते हैं।

> *Consciousness may be an essential aspect of the universe and we may be blocked from the further understanding of material phenomenon if we insist on excluding it*
>
> - Werner Heisenberg

अध्याय

०३

मानव संरचना का विज्ञान

पिछले दो अध्यायों में हमने भारत के प्राचीन आगम शास्त्रों में वर्णित अव्यक्त परा क्षेत्र, तथा कारण, सूक्ष्म एवं स्थूल, इन तीन भूमियों पर विस्तृत इस विश्व सृष्टि की अभिव्यक्ति के संबंध में एक विशद विवेचना को प्रस्तुत करने का प्रयास किया है। साथ ही हमने यह भी दिखाने का प्रयास किया है कि आगम के ऋषियों के द्वारा प्रायोजित सृष्टि की उत्पत्ति एवं विकास का व्याख्यान न केवल वैज्ञानिकों के द्वारा ज्ञात किये गये तथ्यों की तुलना में अधिक मौलिक स्तरों के विवरणों से प्रारंभ होता है, बल्कि इसमें ऐसी कोई भी बात नहीं कही गई है जिसका वैज्ञानिकों के द्वारा ज्ञात किये गये किसी भी तथ्य से तनिक भी विरोधाभास हो। अपितु, यह भी स्पष्ट देखा जा सकता है कि आधुनिक विज्ञान की जो सबसे मौलिक और महत्वपूर्ण अभिज्ञतायें हैं वे या तो आगम के ऋषियों के द्वारा पूर्व उद्घोषित कर दी गई हैं, अथवा वे उनके व्याख्यान से स्वाभाविक रूप से स्वत: उदित हो जाती हैं।

एक और बात भी है। ऋषियों का कथानक अव्यक्त से प्रारंभ होकर और स्थूल जगत की सृष्टि पर आकर ठहर नहीं जाता, अपितु मानव के उदय के पश्चात यह और भी विकास प्राप्त करता हुआ इसकी भी विशद आख्या प्रदान करता है कि किस प्रकार विश्व का समग्र ज्ञान मानव संरचना के मध्य ही

अवस्थित है एवं किस प्रकार इसे प्रयत्न के द्वारा आयत्त किया जा सकता है। आधुनिक विज्ञान का ज्ञान केवल उस फल का ज्ञान है जो उन्हें एक पेड़ से लटकता हुआ दिखाई पड़ता है और जो प्रकृति प्रदत्त एक सापेक्षता की कुर्सी पर बैठे होने के कारण ही उन्हें दिखाई पडता है, तथापि यह फल इतना आकर्षक होता है कि न तो उनका ध्यान पेड़ की ओर जाता है और न ही वे उसी पेड़ से दूसरी ओर लटकते हुए किसी अन्य फल के विषय में कोई अन्वेषण करना आवश्यक समझते हैं। दूसरी ओर, ऋषियों का यह कथानक अनेक दूर तक जाने वाली गाथा है अत: यह स्वाभाविक ही है कि आगम के मौलिक सिद्धांतों को भली भांति स्थापित करने के उपरांत अब हम ऋषियों के द्वारा प्रणीत योग विज्ञान की दिशा में बढ़ने का प्रयास करेंगे। इसी प्रकार यह भी स्वाभाविक ही है कि जैसे-जैसे हम आगे बढते जाएंगे, शनै:शनै: भौतिक, रासायनिक एवं जैव विज्ञानों का साथ छोड़ते हुए हमें पुन: चेतना की वापसी की दिशा में, सूक्ष्म और अधिक सूक्ष्म स्तरों की ओर लौटना होगा और यह केवल एक समुचित रूप से विकसित मानव के क्षेत्र में ही संभव है, अन्य किसी प्राणी के क्षेत्र में नहीं।

जब कोई सृष्टि नहीं होती, तो उस अवस्था में शाश्वत चेतना की अवधारणा हम एक अत्यंत लचीले विंदु के रूप में कर सकते हैं जो पूर्ण रुप से गोल है और किसी भी सीमा तक विस्तृत हो सकता है। इसका कोई अंतर और वाह्य नहीं है और एक विंदु के रूप में भी यह सूक्ष्मता की समस्त सीमाओं से परे है। इसी सीमाविहीन चैतन्य में, इसकी प्रकृति, जिसे परा शक्ति कहा जाता है, एक स्पंदन की अनुभूति के रूप में प्रकट होती है, जैसे शीर्ष-स्थानस्थ ज्ञान से अलग होकर उसके लिये एक हृदय उत्पन्न हो जाये जो उसका अपेक्षाकृत आंतरिक विभाग हो और अब एक आंतरिक स्पंदन के रूप में जिसका अनुभव होने लग गया हो। शाश्वत चैतन्य में एक तरंग के रूप में पराशक्ति का उदय एक आनंद के कंपन के समान अनुभूत होता है। पराशक्ति के तरंगायमान होने से एक चित एवं उसके अनुभूत एक आनंद के रूप में आदि चैतन्य का विभाजन हो जाता है, जिसमें चित वाह्य स्थानीय है जो परिधि के समान रहता है एवं अंतर में प्रविष्ट नहीं होता तथा आनंद उसके अंतर में स्थित एवं हृदय (core) स्थानीय होता है। चित स्थिर था और स्थिर ही रहता है, जबकि आनंद चंचल एवं तरंगवत ही रहता है। वास्तव में एक अंत: रश्मि के समान स्वप्रकाश चित से ही इस आनंद का स्रवण होता रहता है एवं उसके स्थिरत्व के आधार को

ग्रहण करके ही यह उसी के, परंतु उससे अलग, एक चंचल विभाग के समान अवस्थित रहता है।

जो स्थिर है और चंचल का आधार है एवं जो वाह्य का ज्ञान है और आनंद की तरंगों का अनुभव करता है, आगम के द्वारा उसे शिव तत्व के नाम से वर्णित किया गया है। यह भौतिकी का भी एक साधारण नियम है कि जो आधार होता है उसका एक गुण स्थिरत्व होता है और दूसरा आकर्षण। यह आधार का स्वभाव है और इसी के कारण इसमें धारण करने की योग्यता है। जो चंचल है और जो आधार का विपर्यय है एवं प्रकाश से स्रवित होने के कारण शिव का विमर्श है तथा उसके द्वारा अनुभूत अंतर्स्थानीय आनंद स्वरूप है, उसका वर्णन आगम शास्त्रों में शक्ति तत्व के नाम से किया गया है। यह आकर्षण के स्वभाव वाले शिव का विपर्यय है, अत: विकर्षण के स्वभाव वाला तत्व है, जो उसके अंतर में आनंद की अधिकाधिक प्रगाढ़ता को प्राप्त करने का प्रयास करते हुए उससे दूर हटने का प्रयास करता है।

इस प्रकार इस पूर्ण (एवं गोल) की परिधि एवं हृदय (नाभि) के मध्य अवकाश में वृद्धि होती रहती है और परिधि एवं केन्द्र के मध्य एक ऐसे बल क्षेत्र की सृष्टि हो जाती है जिसमें दो प्रकार के बल कार्य करते हैं। इसके अतिरिक्त, इस बल क्षेत्र के मध्य में एक ऐसी अवस्था भी होती है जिसमें दो समान बलों वाले प्रतिद्वंदियों के समान शिव और शक्ति एक युगल के रूप में अवस्थित रहते हुए शिव-शक्ति के रूप में भी कार्य कर सकते हैं। यह शिव-शक्ति की युगल अवस्था, जिसमें ये दोनों समान बल ग्रहण करके एक दूसरे को निरस्त करते हुए एवं आधार प्रदान करते हुए स्थित होते हैं, इसी की अभिव्यक्ति हो सकती है, केवल शिव या केवल शक्ति की नहीं (चित्र-४)। इसी स्पंदायमान ऊर्जा क्षेत्र में परम शिव की 'मैं अनेक हो जाऊं' इस प्रकार की सिसृक्षा एक सृष्टि-बीज के रुप में विकास को प्राप्त होने लगती है।

सृष्ट्योन्मुख मंडल क्षेत्रों की परंपरा

शास्त्रों एवं ऋषियों के अनुसार अपने स्वभाव के अनुरूप एक प्रसार एवं संकोच की परंपरा का अनुसरण करते हुए पराशक्ति सृष्टि की स्थूल अभिव्यक्ति की दिशा में अग्रसर होती है, तथापि यह परिधि के रूप में अवस्थित चित अथवा

शिव से उसके हृदय अथवा अंतर की दिशा में अग्रसर होती है और इसकी अभिव्यक्ति सूक्ष्म से तीव्र एवं तीव्रतर स्पंदन की दिशा में और अनुभूति में अधिक प्रगाढ़ता के स्तरों का निर्माण करते हुए होती है। इस घटनाक्रम की अवधारणा हम सभी दिशाओं में एक वृत्त के समान पूर्ण और समान प्रभाव वाले मंडल की परिधि एवं उसके केन्द्र के मध्य अवस्थित, अलग-अलग खंडों के अलग-अलग स्तरों पर विकसित होने के रूप में कर सकते हैं।

अपनी पुस्तक कैवल्य दर्शनम् के तेरहवें श्लोक में स्वामी युक्तेश्वर गिरी कहते हैं, "यह विश्व चौदह भुवनों के रूप में विभाजित होकर परिदृश्यमान है, जिनमें सात स्वर्ग के एवं सात पातालों के भुवन हैं"। हम देख सकते हैं कि योगोदा सतसंग सोसाइटी के सिद्ध परम गुरु का इंगित सात अलग-अलग भुवनों की दो विशिष्ट परंपराओं की ओर है। इनमें से जो पहली सात लोकों की परंपरा है वह चेतना के विभिन्न स्तरों से होकर पृथ्वी तत्व के रूप में स्थूल धरातल पर अवतरण की घटना की ओर इंगित करती है। इसी प्रकार जो दूसरी परंपरा है वह इस स्थूल पर अवतरण के पश्चात मानव की उत्पत्ति एवं उसकी चेतना में विकास को प्राप्त होने वाले अंतर्लोकों अथवा उसके अंत: स्थित मंडलों का निर्देश करती है।

पुरुष एवं प्रकृति रूपी आंतर एवं वाह्य की अभिज्ञताओं के संयुक्त होने पर संवित अथवा व्यवहार में आने के योग्य चेतना का उदय होता है, जिसमें ज्ञान एवं अनुभव दोनों का समावेश होता है। इस संवित का उदय होने के पश्चात पराशक्ति सर्वप्रथम एक सृष्टि बीज के समान, 'मैं अनेक हो जाऊं' इस प्रकार की इच्छा के बल से युक्त होकर, कारण भूमि के रूप में, एक आत्मिक ऊर्जा के प्रभाव-क्षेत्र का विकास करती है।

कटोरे में कटोरे का खेल

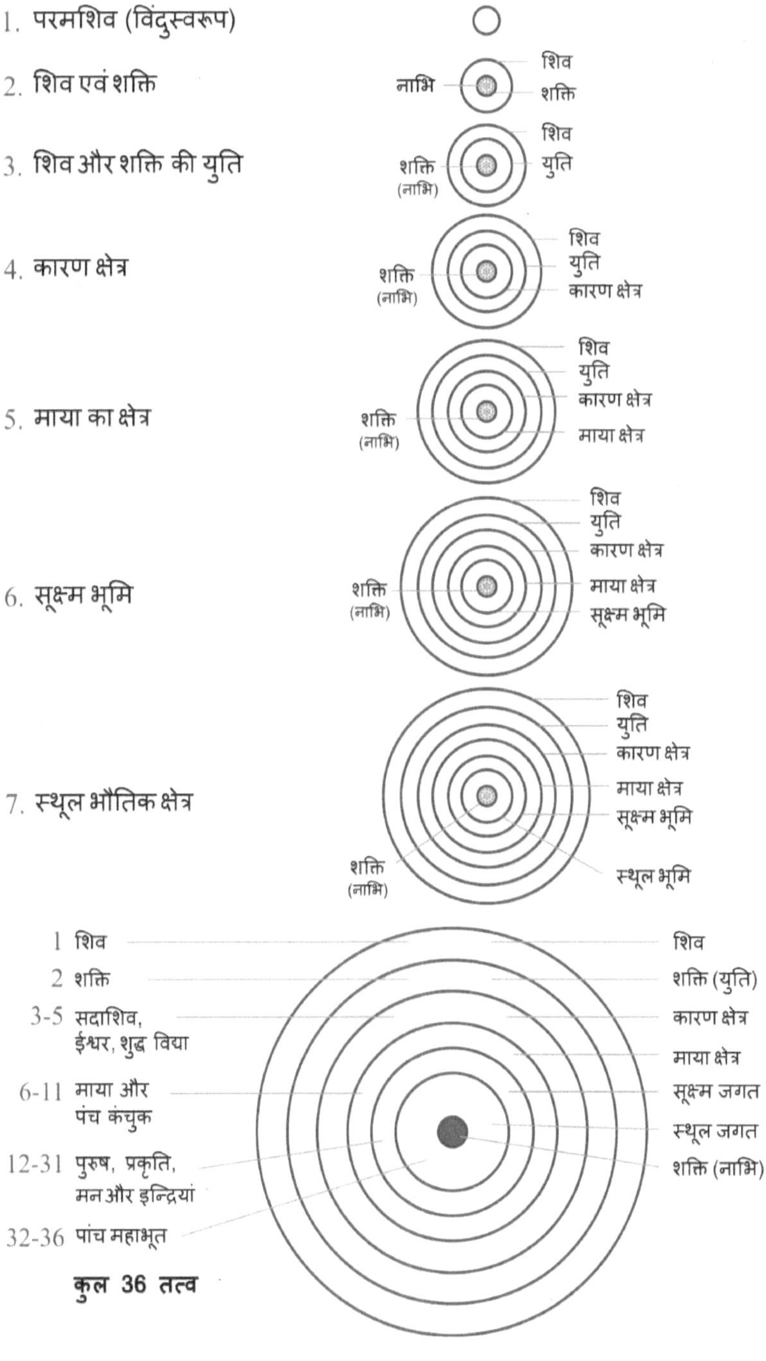

चित्र - ५ सृष्टि के सात स्तर (कटोरे में कटोरा)

आत्मिक ऊर्जा अथवा प्राण शक्ति का क्षेत्र एक विंदु के रूप में अभिव्यक्त होते हुए एवं एक शब्द सृष्टि के रूप में इस सृष्टि बीज का विकास करते हुए उच्छून होने लगता है (तीव्र गति से विस्तार को प्राप्त होने लगता है)। यह मात्रिका ध्वनियों के द्वारा निर्मित एक ऐसे विशाल क्षेत्र का रूप ले लेता है, जो परिधि से आंतर की ओर, केन्द्र की दिशा में विकसित होकर, परिधि एवं केन्द्र के मध्य अवकाश की सृष्टि करते हुए उच्छून होता है। यह शिव-शक्ति के युग्म और केन्द्र के मध्य एक कारण क्षेत्र की रचना करता है जिसमें इन दो प्रधान तत्वों के गुणों और स्वभावों का ही सृष्टि की दिशा में विकास होता है। इस प्रकार यह शिव और शक्ति के युग्म के अंतर्भुक्त एक चौथे भुवन के रूप में अवस्थित होता है, जिसके शीर्ष की ओर युग्म, शक्ति एवं शिव के भुवन होते हैं और जिसका आंतर एक ऐसा विंदु है जो केन्द्रस्थानस्थ है, जो सृष्टि बीज है और जो कारण भूमि के विकास को समन्वित करते हुए अब और अधिक विकास की दिशा में उन्मुख है (चित्र-५)।

इसी प्रकार यह सृष्टि बीज एक नयी नाभि के समान विंदु की अवस्था से माया क्षेत्र के पांचवे भुवन के रूप में विकसित होकर आगम के छठे से बारहवें तत्वों का विकास करने के पश्चात फिर एक नये और बारह तत्वों से युक्त विंदु (नाभि) के रूप में संकुचित होते हुए प्रतीत होगा, क्योंकि सृष्टि परिधि से केन्द्र की दिशा में अग्रसर होते हुए हो रही है। यह नया केन्द्र विंदु छठे भुवन के रूप में सूक्ष्म धरातल पर उपस्थित हो जाता है, जो कि मानसिक ऊर्जा की भूमि है। इसी स्तर पर सृष्टि बीज का मन, बुद्धि, ज्ञानेन्द्रियों, कर्मेन्द्रियों तथा तन्मात्राओं के सहित एक लिंग शरीर के रूप में विकास होता है। इसी भूमि पर असंख्य आत्म-कण अपने लिये एक सूक्ष्म लिंग शरीर को प्राप्त करके एक सार्वभौम और दीर्घ समय तक विद्यमान रहने वाले सृष्टि-बीज के रूप में विकसित होकर स्थित हो जाते हैं।

वास्तव में तो ये सभी लिंग-शरीर धारी और विंदु-समान व्यष्टियां एक वैश्विक लिंग शरीर अथवा सृष्टि-विंदु में समन्वित रहते हुए ही स्थित होती हैं, और अगले स्तर पर विकसित होने के हेतु इसी विंदुस्वरूप वैश्विक लिंग शरीर के स्थूल स्तर पर विकास की प्रतीक्षा करती हैं (इस विषय में अधिक चर्चा आगे की जायेगी)। इस प्रकार यह नया केन्द्र विंदु इन सभी सूक्ष्म तत्वों से जड़ित सृष्टि बीज के रूप में सातवें भुवन का विकास करने के लिये और स्थूल भूमि पर पदार्थ के कणों के रूप में अभिव्यक्ति के लिये प्रस्तुत एवं उद्योग-युक्त हो जाता है। (चित्र-४ देखें)

महा कुंडलिनी

सीमाविहीन चैतन्य में इसकी प्रकृति, जिसे परा शक्ति कहा जाता है, एक स्पंदन की अनुभूति के रूप में प्रकट होती है। यह एक अंत:प्रेरणा के समान एक ऐसे परिवेश में उदित होती है जहां केवल शाश्वत चैतन्य होता है जो स्वयं में तृप्त होता है, जिसमें कोई अवकाश नहीं होता, कोई मन भी नहीं और जिसमें न ही कोई समय की अवधारणा होती है। अगर नित्यता की हम एक समय की रेखा के रूपमें अवधारणा करें जो अतीत से ऊर्ध्व की ओर जाने वाली एक सरल रेखा के समान हो, तो हम अचल होकर स्थिर रहने वाले शिव तत्व को भी सहजता से इसी में समाहित मान सकते हैं। इस अवस्था मे जब एक स्पंद का उदय होता है, तो यह इस रेखा के एक विंदु पर सब ओर से लंबवत एक समतल भूमि की सृष्टि करते हुए उत्पन्न हो सकता है, जिसे एक प्रकार का अवकाश समझा जा सकता है, जिसमें कुछ उत्पन्न होकर अवस्थित हो सकता है।

परमशिव का जो गतिशील अंश है यह उसका वह प्रकट होने वाला स्वभाव है जो उसमें अस्त के समान सम्मिलित होकर रहता है। इसी की संज्ञा परा शक्ति होती है, जो परम शिव की ऊर्जा के स्वरूप होती है और जो सदैव उपस्थित रहते हुए भी आवश्यकता के अनुरूप ही प्रकट होती है। जब इसका उदय होता है तो यह शिव के ज्ञान के प्रकाश से विमर्श के रूप में उसके विकिरण के समान होता है और एक ध्रुवीकृत चेतन क्षेत्र का रूप ग्रहण करते हुए होता है। यह ऊर्जा स्वरूप शक्ति एक गतिशील प्रवाह के समान स्थिति विंदु की परिक्रमा करती है, परंतु स्थिति विंदु शिव का समय की रेखा से समवाय होने के कारण यह वर्तुलाकार भ्रमण करते हुए एक कुंडली के समान ऊर्ध्व दिशा में उठते हुए विस्तार को प्राप्त होती हुई प्रतीत होती है। अपनी इस प्रकार की सर्पिल के समान परिदृष्ट होने वाली गति के कारण ही इस सृष्टि कर्त्री शक्ति को योग एवं तंत्र विज्ञानों में कुंडलिनी शक्ति कहा जाता है (चित्र-७)।

एक सृष्टि की रचना की दिशा में गतिशील स्पंदायमान ऊर्जा के रूप में प्रकृति स्थानीय प्रधान के द्वारा स्थिति शील पुरूष स्थानीय प्रधान का परिभ्रमण करना भविष्य में दृष्टिगोचर होने वाली संरचनाओं की एक पूर्व सूचना के समान प्रतीत होता है। एक ओर जहां हमें केन्द्र में स्थित नाभिक के चारों ओर परिभ्रमण करते हुए इलेल्ट्रोन परमाणु की रचना करते हुए दिखाई पड़ते हैं, वहीं दूसरी ओर पृथ्वी आदि ग्रह सूर्य की, सूर्य और इसके सहयोगी तारे आकाश गंगा के मध्य विष्णु नाभि की और हमारी आकाश गंगा अपने सहयोगी

गैलेक्सी समूहों के सहित 'दि ग्रेट अट्रैक्टर' की परिक्रमा करते हुए इस विश्व में भ्रमण करते रहते हैं। वैसे एक मुहावरा भी है - यथा राजा तथा प्रजा। जैसे जनक जननी होते हैं वैसी ही संतति होती है और आरंभ और अंत चाहे कुछ भी हो, मध्य में तो जैव वैज्ञानिकों को भी एक क्रम-विकास की ही प्रतीति होती है - और यही सत्य भी है। एक ही कुंडलिनी एक क्रम का अनुसरण करते हुए, उन्हीं तीन प्रमुख गुणों का विकास करते हुए, पदार्थ के पहले कण से आरंभ करते हुए एक विकसित मनुष्य तक की यात्रा करती है।

पहले सृष्टि और फिर नियंत्रण भी

परा संवित अथवा विश्व चैतन्य की चेतना का क्षेत्र दो प्रधान तत्वों के संयुक्त होने से उद्भूत होता है और चिदाकाश के नाम से ख्यात होता है। इसी चिदाकाश को तंत्र एवं योग शास्त्रों में महा कुंडलिनी कहा जाता है और यह शक्ति तत्व की ही एक अवस्था विशेष होती है। ऋषियों के अनुसार यह महा कुंडलिनी पहले इस विश्व की रचना करती है और फिर इसके मध्य अवस्थित होकर यह इसका नियमन करती है।

जैसा कि हम जान चुके हैं, दो अलग दिशाओं में कार्य करने वाली दो असीम शक्तियों के ध्रुवीकरण से उनके मध्य एक विराट बल क्षेत्र का निर्माण होता है, और इसीसे इस विश्व में प्रत्येक वस्तु की उत्पत्ति होती है। तथापि उत्पन्न होने वाली कोई भी वस्तु प्रकृति की सुविधा के अनुसार और उसके द्वारा चुने गये समय पर ही उत्पन्न हो सकती है। इस बल क्षेत्र के कार्य स्वरूप जिस मौलिक स्पंदायमान ऊर्जा का उदय होता है ऋषिगण उसे प्राण शक्ति कहते हैं, और यह प्रकाश, उष्णता, विद्युत, चुंबकत्व एवं जैविक, आदि समस्त भौतिक शक्तियों की जनक, मातृ-ऊर्जा, होती है। तथापि यह चेतन ऊर्जा होती है, और इसी के स्पंदन से नाद की ध्वनि का उदय होता है जिसमें विश्व के उपादानों की परिभाषायें एवं विनिर्देश मात्रिकाओं की समष्टि के रूप में अवस्थित होते हैं और यथासमय विकास को प्राप्त होते हैं।

एक विंदु में कोई दिशा नहीं होती, परंतु जब दो विपरीत शक्तियां इस पर कार्य करती हैं तो ये एक दूसरे पर लंबवत कार्य करते हुए, तथा x-अक्ष और y-अक्ष के समान स्थित रहते हुए, किसी भी ज्यामिति या आयतन की सृष्टि कर सकती हैं। घड़ी की सूईं कि दिशा में या विपरीत दिशा में घूमते हुए ये वृत्त की सृष्टि करती हैं और इसी प्रकार ये किसी आधार से युक्त होकर किसी

चणक, ग्रह अथवा तारे का आकार एवं आयतन ग्रहण कर सकती हैं। वास्तव में तो इन दो एवं इन दोनों के संयोग तथा सहयोग से ही न केवल स्थूल विंदु, रेखा, आयतन और ज्यामिति का सृजन होता है, बल्कि एक प्रकार से समस्त गणित भी इस मौलिक '*पूर्ण की अवस्थिति*' की तुलना में ही किसी *सापेक्ष अवस्थिति* को परिभाषित एवं सांख्यायित करने का प्रयास मात्र करता है।

अव्यक्त से बाहर या अभिव्यक्ति की दिशा में जिस आकाश एवं स्पंदायमान ऊर्जा का निस्सरण होता है, उसको सबसे सरल शब्दों में समझाने के लिये हम कह सकते हैं कि जैसे सृष्ट्योन्मुख प्रकृति ने एक अंड के रूप में श्वेत और रक्त दो विभागों वाले सृष्टि बीज का एक विसर्ग के रूप में उत्सर्जन कर दिया हो। यह विसर्ग वास्तव में स्वयं विमर्श अथवा शक्ति ही है जो एक कुंडलिनी के रूप में अब सृष्टि की अभिव्यक्ति के लिये उद्यत एवं उद्युक्त होती है। वास्तव में यही चिदाकाश या संपूर्ण ज्ञातव्य है, जिसमें शक्ति की दिशा में शिव की उन्मुखता के कारण शक्ति का एक भाग चैतन्य के प्रकाश से नहाये हुए के समान अनुभूत अथवा ज्ञापित होने की योग्यता तथा अनुस्यूत चेतना से युक्त होकर स्थित रहता है। यहां से यह कुंडलिनी एक क्रमविकास के पथ पर अग्रसर होते हुए गुणों के चतुराई पूर्ण हेर-फेर के द्वारा जानने के योग्य विविधता एवं उनको जानने के साधनों से युक्त शरीर-समष्टियों या संरचनाओं का भी विकास करते हुए अग्रसर होती है। अंत में यह एक ऐसे क्रेनियम और बुद्धि से युक्त पशु का विकास कर लेती है जिसमें पशुता को वश में करने और मनुष्य के रूप में पुरुष तत्व की समस्त क्षमता को प्राप्त करने की योग्यता होती है। अपने विवेक पूर्ण आचरण से यह पशु-मानव (Animal-Man) एक मानव-पुत्र (Son of Man) तो बन ही सकता है, प्रयत्न के द्वारा यह ईश्वर पुत्र (Son of God) कहलाने की योग्यता भी प्राप्त कर सकता है। ऋषियों के अनुसार यहां से परम शिव की अंतिम कला, निवृत्ति कला, का कार्य समाप्त हो जाता है। कुंडलिनी रूपा भगवती अब विश्राम कर सकती है।

विश्व का अंत कैसे होगा

डा. कविराज लिखते हैं, "विसर्ग के रूप में विमर्श शक्ति, दृष्टा के द्वारा उपभोग्य एक ज्ञातव्य के रूप में अभिव्यक्त होती है। तथापि इस प्रक्रिया में वह शिव रूपी दृष्टा के स्वाभाविक अधिकार क्षेत्र का अतिक्रमण करते हुए स्वयं प्रमाता का स्थान ले लेती है जो प्रायोज्य की अभिलाषा करने वाला

प्रायोजक होता है"। इसे हम कुछ इस प्रकार समझ सकते हैं कि विश्व उद्यान की स्वामिनी एवं स्वागतकर्त्री के रूप में शक्ति अथवा प्रकृति जो दिखा सकती है (या दिखाना चाहती) है, पुरुष अभ्यागत के रूप में शिव का उद्यान भ्रमण इसी आधार पर अथवा इसी नियम के साथ संभव होता है। "यद्यपि दृष्टा शिव ही होता है," डा. कविराज आगे लिखते हैं, "तथापि अपने स्वातंत्र्य की हानि करके एक जीव के रूप में वह प्रमाता के स्थान पर प्रमेय (अर्थात प्रकृति के द्वारा प्रस्तुत ज्ञान प्राप्ति के उपकरणों) पर निर्भर होने के कारण (उनसे बंधे हुए) एक पशु-प्रमाता का स्थान ग्रहण कर लेता है (एक सापेक्ष दृष्टा के समान चालित होता है।)"

वे और भी लिखते हैं, "जब ज्ञातव्य ज्ञाता के अधीन होता है तो वह 'ज्ञाता' स्थिर रूप में अवस्थित समग्र का दृष्टा एवं पति प्रमाता होता है। परंतु जब यह ज्ञातव्य के अधीन हो जाता है तो इसकी संज्ञा पशु प्रमाता की हो जाती है। परमशिव में (स्वयंभुव के रूप में - शिव एवं शक्ति) दोनों का यामल अवस्था में सामंजस्य होता है और शिव रूप में यह जब माया का विनाश करना चाहता है, तो यह अपने विमर्श का संकोच कर लेता है और विंदुरूप धारण कर लेता है।" यह व्यष्टि और समष्टि दोनों क्षेत्रों में हो सकता है।

अगर हम आगम के ऋषियों की दृष्टिभंगी के अनुसार देखने का प्रयास करें तो हम यह समझ सकते हैं कि वैज्ञानिकों के द्वारा अनुमानित किसी हीट डेथ या बिग क्रंच इत्यादि की सहायता के बिना ही, यह सर्पिल पथ से चलने और कार्य करने वाली 'कुंडलिनी शक्ति' जैसे निर्माण करती है वैसे ही अत्यंत द्रुत गति से यह अपने निर्माण का ध्वंश भी कर सकती है। खरबों परमाणुओं से बनाये गये अपने एक डी-एन-ए के अणु को यह क्षण भर में ही मध्य से अलग करते हुए समाप्त कर सकती है। इसी प्रकार यह, सूक्ष्म आधार से अलग करके स्थूल विश्व का संकोचन, कारण से अलग करके सूक्ष्म जगत का संकोचन, और भौतिक ऊर्जा का मानसिक ऊर्जा में तथा मानसिक ऊर्जा का आत्मिक ऊर्जा में संकोचन करते हुए पुन: विंदु रूप में अवस्थित हो सकती है और समय आने पर यह सब एक क्षण में भी घटित हो सकता है। उस समय, अन्य सभी स्पंद प्राण में और सभी शब्द नाद में विलीन हो जाते हैं और फिर नाद और प्राण भी परा शक्ति में और परा शक्ति परम शिव में लीन हो जाती है। इस प्रकार एक सृष्टि चक्र का अवसान हो जाता है। व्यष्टि एवं समष्टि, दोनों क्षेत्रों में इसी प्रकार चक्रांत होता है।

विश्व की गेंद में पर्तों का चमत्कार

हम सब जानते हैं कि पृथ्वी के चारों ओर वायुमंडल के विभिन्न स्तर स्थित होते हैं, जैसे ट्रोपोस्फेयर, स्ट्रेटोस्फेयर, मेसोस्फेयर, थर्मोस्फेयर, आदि। विश्व की एक विशाल गेंद के समान संरचना में भी, जिसका वर्णन भारत के प्राचीन ऋषियों के द्वारा किया गया है, लगभग उसी प्रकार ऊर्जा एवं अनुभूति की प्रगाढता के अनुरूप अनेक स्तर अथवा मंडल अवस्थित होते हैं। स्थूल भूमि तक विस्तृत इस संरचना में इस यांत्रिकी की एक अत्यंत महत्वपूर्ण भूमिका है। इसमें स्थूल पृथ्वी की रचना सबसे अंतिम स्तर के रूप में होती है, और यह एक विंदु में एक केन्द्र के उदय होने के पश्चात उसके इस विंदु की परिधि से दूर अंतर दिशा में विस्फारित होते हुए और विभिन्न प्रकार की परिभाषाओं, गुणों, संरचनाओं, उपकरणों एवं अन्य अनेक प्रकार की प्रगाढ़ताओं से जडित होते हुए, इस विस्फार के अंतिम चरण में होती है। हर नये स्तर के हर विंदु पर पिछले स्तर के समस्त विकास को संयोजित करते हुए, अंतिम चरण में एक अत्यंत प्रतिभाशाली और तकनीक संपन्न सृष्टि-कण का विकास होता है। और इस सृष्टि-कण का उपयोग न केवल स्थूल पदार्थ के कणों का निर्माण करने में, बल्कि इस पृथ्वी की और इसपर अवस्थित समस्त पदार्थों, पशुओं एवं मनुष्य की संरचना में भी होता है।

ऋषियों ने भौतिक पदार्थ के स्तर को विश्व चेतना में अनुभूति के स्पंदन की प्रगाढ़ता की प्राप्ति की दिशा में सातवां स्तर कहा है। उनके अनुसार यह चेतना के प्रकाश से जड़ता की ओर उन्मुख शक्ति के अधिकतम विस्फार प्राप्ति का स्तर है। एक संवेग को लेकर, स्थिर ध्रुव शिव से दूर हटती हुई शक्ति अपने विकर्षण की सीमा तक पंहुच कर लौट पडती है और तब शिव के आकर्षण का कार्य प्रारंभ होता है। यह संवेग से युक्त एवं अत्यधिक घनीभूत ऊर्जा संभवतया एक सिंगुलैरिटी के समान रूप ग्रहण कर सकती है, जैसा कि भौतिकी की बिग बैंग थ्योरी की अवधारणा है। परंतु जैसा भी हो, यह लौटती है और भौतिक ऊर्जा के स्तर पर पंहुचते हुए एवं पदार्थ के कणों के रूप में अभिव्यक्त होते हुए तथा एक क्रमविकास के मार्ग का अवलंबन करते हुए, यह अपनी चेतना की दिशा में वापसी की यात्रा आरंभ कर देती है।

यह विश्व कितना भी विशाल हो गया हो, परंतु सात स्तरों पर विकास एवं लेंस के समान संकुचन, पुनर्विकास एवं पुन: एक नये लेंस के समान पुनर्संकुचन

- इसी प्रक्रिया का अनुसरण करते हुए विश्व की सृष्टि करने वाली आदि-चेतना स्थूल भूमि पर उत्पन्न प्रत्येक कण से युक्त रहती है, चाहे वह इस सृष्टि में कहीं भी विद्यमान हो। यह संभव होता है कुंडलिनी के एक नये अप्रतिम चतुराई वाले वाले पदक्षेप से। कुंडलिनि का यह पदक्षेप एक विपरीतीकरण की मुद्रा होता है जिसके परिणाम स्वरूप मूल त्रिकोण अपना शिव त्रिकोण का रूप त्याग कर, अपने प्रतिबिंब के रूप में, एक शक्ति त्रिकोण का रूप धारण कर लेता है। पुरुष के रूप में बद्ध एवं अवरुद्ध आभास चैतन्य के सम्मुख, इस प्रक्रिया के माध्यम से, यह चतुर प्रकृति अब एक सापेक्ष अनुभूति एवं सीमित उपयोग का मार्ग प्रशस्त कर देती है। इस प्रकार, यहां से यह सृष्टि-कण, छोटी बड़ी इकाइयों और समष्टियों के रूप में अपनी संसार यात्रा का आरंभ करने में सक्षम हो जाता है।

इस दृष्ट के परावर्तन के कारण से जो सबसे अंतरतम, सर्वाधिक प्रगाढ़ ऊर्जा का स्तर था और एक प्रकार से शक्ति तत्व की ही अपनी स्थूलतम अवस्था में अभिव्यक्ति के समान था (चित्र-५) - जगत की वस्तुओं के रूप में विकासोन्मुख चेतना को ऊर्जा के उस अत्यधिक प्रगाढ़ एवं अंतिम स्तर की अब एक वाह्य के समान अनुभूति होने लग जाती है। विश्व सृष्टि रूपी गेंद के जो अन्य स्तर थे, जो परिधि से अंदर की दिशा में अधिकाधिक घनत्व की ओर उन्मुख थे, वे अब इस विकासोन्मुख स्थूल सृष्टि के कण के अंतर में एक अंत:रचना एवं एक सार्वभौम डी-एन-ए के समान समाहित हो जाते हैं, जबकि स्थूल भौतिक सृष्टि का स्तर अब इस कण की चेतना में वाह्य रूप में अनुभूत होने लग जाता है। इस प्रकार एक सापेक्ष दृष्टा की उत्पत्ति हो जाती है - भले ही अपनी प्रारंभिक अवस्था में यह एक साधारण पदार्थ का कण ही क्यों न हो।

परिधि से केन्द्र की ओर

तंत्र-विज्ञान के ऋषि एवं योग-विज्ञान के सिद्ध गुरु, दोनों सृष्टि की रचना अथवा अभिव्यक्ति में विभिन्न स्तरों के निर्माण की बात कहते हैं, जिन्हें मंडल अथवा लोक भी कहा गया है। इस संरचना में सर्वप्रथम एक विंदु में एक केन्द्र के उदय होने के समान चेतना में अनुभव के रूप में स्पंदायमान ऊर्जा प्रकट होती है और यह केन्द्र विभिन्न स्तरों का निर्माण करते हुए इस विंदु की परिधि से अंतर दिशा में दूरत्व प्राप्त करते हुए एक गेंद के समान संरचना की सृष्टि करता है।

ऋषियों एवं गुरुओं के यह विवरण एक अत्यंत ही विशिष्ट संरचना का निर्देश देता है, जैसे कोई बैलून अथवा गुब्बारा बाहर की ओर नहीं बल्कि अंदर

की ओर उच्छून हो रहा हो। यह कुछ इस प्रकार प्रतीत होगा जैसे कि गेंद की परिधि की हर दिशा से एक लेंस के समान इसके सत अथवा गुण को एक मध्यस्थान में केन्द्रित कर लिया गया हो, और इस परिधि एवं केन्द्र के मध्य विकास को प्राप्त होने वाले समस्त गुण एवं स्वभाव इस केन्द्र में भी समाहित हो गये हों। एक साधारण गेंद को इस प्रकार विस्फारित होने की स्वतंत्रता होने पर यह एक बार में ही अपना आकार ग्रहण कर सकती थी, पर यह विश्व कोई साधारण गेंद नहीं बल्कि एक अत्यंत जटिल गेंद है जो अत्यंत चतुराई से अपना निर्माण करती है अत: इसमें सात स्तरों पर लेंसीकरण के द्वारा इसके केन्द्र में विभिन्न गुणों और स्वभावों का समावेश करते हुए प्रकृति के लिये एक अति विशिष्ट एवं सशक्त सृष्टि के कण का विकास करना संभव हो जाता है।

इसी प्रकार, अपनी क्षमता का विकास करते हुए और इसी प्रणाली का विपरीत क्रम में अनुसरण करते हुए, यह पुरुष अथवा पशु प्रमाता पुन: अपने उत्स की ओर, उस प्रकाश पुंज की ओर जो अंधकार से परे आदित्य स्वरूप है और जिससे एक किरण के रूप में इसका विकिरण हुआ है, लौटने का उद्यम भी कर सकता है। तथापि यह यात्रा, जैसा कि हम इस पुस्तक में आगे बढ़ने पर देखेंगे, भूमि, जल अथवा वायु में किसी वाहन पर आरूढ़ होकर नहीं, बल्कि अपनी चेतना के अंदर अपने मन पर आरूढ़ होकर, अपनी इस आत्म चेतना अथवा संवित के सूक्ष्मतर स्तरों पर बढ़ते हुए ही सम्पन्न की जा सकती है।

अपनी इस अत्यंत विशिष्ट मौलिक संरचना के कारण ही, विश्व सृष्टि में प्रत्येक कण अपने ही अंदर, विपरीतीकरण की प्रक्रिया का अनुसरण करते हुए उत्पन्न होने वाले अपने केन्द्र अथवा हृदय के माध्यम से, समस्त विश्व के केन्द्र से संयुक्त रहते हुए ही अवस्थित होता है। इसके अतिरिक्त, कण और केन्द्र का यह संबंध लंबवत एवं सबसे छोटे पथ का अवलंबन करते हुए स्थिर रहता है, जैसे हम में से प्रत्येक प्राणी इस पृथ्वी के केन्द्र से जड़ित रहते हुए कार्यरत होता है। ऋषियों के अनुसार प्रत्येक अणु अथवा पुरुष, और प्रत्येक मनुष्य भी, अपने कारण शरीर के माध्यम से इस विश्व के केन्द्र से युक्त रहते हुए ही चलायमान रह सकता है। हम इसी संदर्भ में निकोलस टेसला का यह कथन भी समझने का प्रयास कर सकते हैं, कि "मेरा मस्तिष्क इस विश्व में केवल एक तरंगों को ग्रहण करने वाले उपकरण के समान है, और (कहीं) एक केन्द्र है जिससे हम ज्ञान, ऊर्जा एवं प्रेरणा प्राप्त करते रहते हैं"।

भौतिक अनुभूति एवं स्थूल की उत्पत्ति

विज्ञान के विद्यार्थियों को यह बताया जाता है ऊर्जा कभी विनष्ट नहीं होती, केवल इसका रूप बदल जाता है, जैसे कि स्थितिज ऊर्जा (potential energy) गतिज ऊर्जा (kinetic energy) में परिवर्तित हो सकती है, यांत्रिक ऊर्जा उष्मा में, और उष्मा रासायनिक अथवा नाभिक ऊर्जा में या विद्युत चुंबकत्व में परिणत हो सकती है, इत्यादि। संक्षेप में एक प्रकार की ऊर्जा अन्य प्रकार की ऊर्जा में परिवर्तित हो सकती है और ऐसा कोई कारण अथवा नियम ज्ञात नहीं है कि यह सिद्धांत और अधिक सूक्ष्म ऊर्जाओं के क्षेत्र में कार्य नहीं कर सकेगा अथवा ऊर्जा के एक पूर्व स्वीकृत एवं घोषित स्तर तक तो कार्य कर सकेगा और उसके बाद यह कार्य करना बंद कर देगा।

ऋषियों के अनुसार, व्यक्त भूमि पर परा शक्ति सर्वप्रथम प्राण के रूप में आविर्भूत होती है, जिसे सृष्टि का निर्माण करने वाले एक आद्य स्पंदन अथवा मौलिक ऊर्जा के रूप में ग्रहण किया जा सकता है। विश्व का निर्माण करने वाली शक्ति वास्तव में चेतना की अनुभूति में आनंद के रूप में उदय होने वाली शक्ति ही है, जो अत्यंत सूक्ष्म से अधिकाधिक प्रगाढ़ अनुभूति की ओर बढ़ते हुए अपने मौलिक स्वरूप में हमारी आत्मिक शक्ति के रूप में कार्य करती है। इसका कार्यक्षेत्र हमारा कारण शरीर होता है। हमारे सूक्ष्म शरीर के मध्य-प्रगाढ़ता वाले स्तर पर यह मानसिक शक्ति के रूप में अवतरित होती है एवं यही शक्ति स्थूल शरीर के स्तर पर भौतिक एवं रासायनिक शक्तियों में परावर्तित होते हुए इस विश्व का निर्माण एवं संचालन करती है।

शिव एवं शक्ति तत्वों की असीमित क्षमताओं एवं ऊर्जासमष्टि में से, इसका एक अंश-विशेष ही किसी विश्व विशेष की सृष्टि के हेतु निर्गत एवं उद्युक्त होता है। सृष्टि के निर्माण कार्य में संलग्न कुंडलिनी शक्ति की दो प्रधान एवं स्वाभाविक क्रियायें हैं संकोचन एवं प्रसार अथवा आकर्षण और विकर्षण, जिनके माध्यम से ही इस अधिकांश में स्थितिज एवं केवल आवश्यकतानुसार ही गतिज ऊर्जा समष्टि के अंश का उपयोग इस कुंडलिनी के द्वारा अपने प्रायोजित विश्व के निर्माण एवं संचालन के लिये कया जाता है और एक क्रमविकास के पथ पर अग्रसर होते हुए यह चपला और चंचला कुंडलिनी अपने इस जटिल किंतु आह्लादपूर्ण एवं मनोरंजक कार्य में उद्युक्त होती है। यह प्रत्येक स्तर पर पहले तो अपना विस्तार करती है और फिर उस विस्तार को एक सार रूप में

ग्रहण करते हुए एवं संकुचित होते हुए, एक नये स्तर के विकास एवं विस्तार के लिये प्रस्तुत हो जाती है।

आगम के तीसरे तत्व सदाशिव तत्व के स्तर, पर जो 'मैं' के रूप में आत्म तत्व का स्तर है, प्राण शक्ति के रूप में तो यह विकास को प्राप्त होती है, परंतु विज्ञात के रूप में यह पूर्ण अंधकार अथवा एक अज़ान-विंदु के रूप में संकोच ग्रहण कर लेती है। चौथे ईश्वर तत्व के स्तर पर इस अज़ान-विंदु में मौलिक परिभाषाओं वाली मात्रिकाओं के रुप में ज्ञान का मौलिक विकास होता है। इसी प्रकार अगले स्तर पर इन अभिव्यक्त मात्रिकाओं की सहायता से समस्त विधियों एवं मंत्रों के रूप में विस्तार प्राप्त होकर, यह कुंडलिनी भावी विश्व को एक शब्द सृष्टि के रूप में अवस्थित कर लेती है।

इसी प्रकार अग्रसर होते हुए यह कुंडलिनी शक्ति माया क्षेत्र में सापेक्षता का और सूक्ष्म धरातल पर एक पूर्ण लिंग शरीर के रूप में देखने, विचार करने, तथा अनुभव एवं कर्म करने के साधनों का विकास करते हुए और इन समस्त विकासों को अपने अंदर समेटे हुए, पुन: एक विंदु का रूप धारण करते हुए और भी अधिक स्थूलता, घनत्व एवं प्रगाढता की प्राप्ति की दिशा में अपनी यात्रा पर चलती रहती है। फिर एक समय आ जाता है जब विकर्षण की क्रिया पर आकर्षण की क्रिया भारी पड़ने लगती है और इस सृष्टि प्रवाह का परावर्तन आरंभ हो जाता है। संभवतया एक सिंगुलैरिटी का रूप धारण करते हुए इस वाह्य के संवेग का उपशम हो जाता है और एक वापस लौटने की क्रिया आरंभ हो जाती है। तत्पश्चात, पुन: एक दहलीज विशेष को पार कर लेने पर भौतिक वैज्ञानिकों के द्वारा अनुमानित एक बिग बैंग के तुल्य स्फोट अथवा बड़े विस्फोट से भौतिक ऊर्जा एवं पदार्थ के कणों की उत्पत्ति हो सकती है। तथापि, ऋषिगण विस्फोट का नहीं बल्कि 'स्फोट' शब्द का प्रयोग करते हैं और यह स्फोट प्रत्यके स्तर पर - पिछले स्तर के सिमटने से बने हुए विंदु में होता है।

इस स्थान पर पंहुचकर हम कह सकते हैं कि ऋषियों का विज्ञान और भौतिक विज्ञान, हमारे इस कथानक कें कुछ समय एवं कुछ दूरी के लिये एक पृष्ठ पर आ जाते हैं और फिर पहले मानव का जन्म और फिर इसका पशु-मनुष्य से एक मानव-पुत्र के रूप में विकास आरंभ हो जाता है। यहां से भौतिक विज्ञान एक बार फिर पीछे छूट जाता है और यहीं से ऋषियों का योग विज्ञान प्रारंभ होता है, जो मानव-पुत्र को ईशा-पुत्र के रूप में विकसित करने वाला विज्ञान है और जिसकी चर्चा हम आगामी अध्यायों में करना चाहते हैं।

मन और शरीर को जोड़ने का कार्य

ऋषियों के अनुसार, सृष्टि क्रम में माया के क्षेत्र में अवतरण के पूर्व 'मैं' एवं 'यह' को एक दूसरे से अलग करके एक दृष्टा अथवा अनुभव कर्ता तथा उससे भिन्न एक दृश्य अथवा अनुभूत के रूप में चेतना का विभाजन हो जाता है। यह विभाजन माया शक्ति के द्वारा होता है जो सभी सृष्ट वस्तुओं में एक अपूर्णता या अभाव की अनुभूति की सृष्टि कर देता है, और उनमें एक सार्वभौम क्रियात्मकता की प्रेरणा भी उत्पन्न कर देता है, तथापि इसके लिये एक मन जिसमें अपूर्णता का भाव उत्पन्न हो सकता है तथा एक शरीर जो क्रिया कर सकता है, इन दोनों का साथ आना आवश्यक होता है और यही इस अभाव की पूर्ति करने की दिशा में सबसे पहला कदम होता है। इसी अपूर्णता की पूर्ति करने के लिये ऋणात्मक एवं धनात्मक आवेशों से युक्त पदार्थ के कण एक दूसरे की ओर आकर्षित होकर परस्पर युक्त होने का प्रयास करते हैं। वैज्ञानिकों के अनुसार स्थूल सृष्टि में तापमान ३,०००° केल्विन को स्पर्श करते ही एक सेकेंड़ से भी कम समय में यह क्रिया सर्वत्र संपादित हो जाती है एवं इसी अभाव की पूर्ति के हेतु, प्राणियों में नर एवं मादा भी एक दूसरे से युक्त होने की दिशा में प्रयास करते हैं। इस प्रक्रिया से यद्यपि अपूर्णता का आंशिक तथा कालसापेक्ष उपशमन ही होता है, परंतु प्रधानत: इस विधि के माध्यम से ही कुंडलिनी अपने सृष्टि कार्य का अबाध रूप से संपादन करने में सफल रहती है एवं इस उद्देश्य की सफलता के हेतु युक्त होने के समान ही विलग्न होने की प्रक्रिया का भी उतना ही महत्व होता है।

एक क्रम-विकास की धारा का अनुसरण करते हुए जब सृष्टि का प्रवाह स्थूल भूमि पर उपस्थित होता है, तो जहां एक ओर गतिज ऊर्जा की एक बड़ी मात्रा प्रकाश एवं उष्मा के रूप में अवतरित होती है, वहीं दूसरी ओर आंशिक रूप से विकसित सूक्ष्म लिंग शरीरों (व्यष्टि प्रकृतियों) से युक्त पुरुष अथवा सृष्टि कण भी उसी अनुपात में उपनीत होते हैं। ये सभी पुरुष कण भी प्रकृति के द्वारा निर्मित स्थूल कणों एवं उनकी समष्टियों से स्वत: एवं स्वाभाविक रुप से युक्त होते हुए, उन्हें तुरंत ही पदार्थ के कणों के रूप में क्रियमाण भी करते रहते हैं। सिद्ध गुरुओं के अनुसार ये सभी सृष्टि-कण तथा उनके सहयोग से उद्भूत पदार्थ के कण भी एक मध्य के आकर्षण के द्वारा ही प्रेरित एवं संचालित होते हुए कार्य करते हैं।

इसके अतिरिक्त कारण भूमि पर अवस्थित कतिपय मंत्र एवं मंत्र समष्टियां भी स्थूल धरातल पर अवतरित होते हुए इन सृष्टयोन्मुख पदार्थ के कणों एवं कण समष्टियों को, उनकी संरचनाओं के अनुरूप, आकार प्राप्त करने में सहायक होते हैं। ये मंत्र एवं मंत्र समष्टियां भी पृथक आत्म कणों से संयुक्त जीव ही होते हैं और ये सूक्ष्म भूमि पर अवस्थित विभिन्न तत्वों के भुवनों अथवा आकारों को भी ग्रहण करते हुए ही उपनीत होते हैं। जैसे जैव शास्त्री अब शरीर संरचना के लिये मौरफोजेनेटिक विकास क्षेत्रों की उपस्थिति आवश्यक समझने लगे हैं, उसी प्रकार अजैविक जड़ शरीरों की संरचनाओं के विकास में भी यही प्रणाली उद्‌युक्त होती है। जैव अथवा अजैव, सभी शरीरों में उनके आकार-प्रकारों का निर्धारण एवं विकास इसी प्रणाली का अनुसरण करते हुए ही होता हुआ प्रतीत होता है और यह भी एक महत्वपूर्ण तथ्य है कि अपने आकार और प्रकार के अनुसार ही वस्तुएं कार्य करती हुई परिलक्षित होती हैं। चाहे कोई मौलिक कण हो, सैंकडों परमाणुओं में से कोई एक परमाणु हो, या जीवित वस्तुओं के लिये आवश्यक लाखों प्रोटीनों के अणुओं में से कोई एक, उन सभी के गुण विशेष उनके शरीरों के आकार प्रकार आदि पर विशेष रूप से निर्भर होते हैं।

जो संपूर्ण विश्व का दृष्टा है, चैतन्य की उस भूमिका से संयोग के फलस्वरूप यह कुंडलिनी उसके लिये एक वैश्विक मन एवं एक विश्व रूपी शरीर का विकास करती है। ठीक इसी प्रकार चिदाभास रूपी पुरुष से संयुक्त होकर प्रकृति पहले उसके लिये उसके लिंग शरीर के रूप में एक सूक्ष्म मानस पक्ष का विकास करती है, एवं तत्पश्चनात उसके भोगायतन के रूप में स्थूल शरीरों का विकास करती रहती है। प्रारंभ में सूक्ष्म एवं स्थूल शरीरों का विकास समानांतर रुप से होता है। वास्तव में तो सूक्ष्म भूमि पर विकसित होकर अवस्थित एक वैश्विक लिंग शरीर में सभी विभाग पहले से ही उपस्थित होते हैं तथापि वे एक वैश्विक शरीर निर्माण की पुस्तक के समान कार्य करते हैं। इसी विश्व निर्माण की पुस्तिका से, विशिष्ट अवयवों के गुण एवं आकारों सहित उनकी निर्माण विधियों एवं भुवनों को ग्रहण करते हुए, प्रकृति इन दो प्रकार के शरीरों का विकास करती है। अपनी आवश्यकता के अनुसार इन प्रावधानों एवं उपादानों को ग्रहण करते हुए और क्रमविकास के मार्ग का अवलंबन करते हुए, चैतन्य की अनुस्यूत अवस्था से संपन्न प्रकृति के रूप में, यह कुंडलिनी इस विविधता से पूर्ण विश्व का विकास करने की दिशा में धावमान होती है।

मन एवं शरीर के जोड़े (युग्म)

श्री युक्तेश्वर के अनुसार, "(सापेक्ष दर्शन की) अनुभूति के पांच विषयों अथवा तन्मात्राओं की समष्टि से भौतिक सृष्टि के अनुभव के लिये आवश्यक आकाश, मरुत (वायु), तेजस् (अग्नि), अप (तरल पदार्थ) एवं क्षिति (ठोस पदार्थ) की अवधारणाओं की उत्पत्ति होती है (और पहचान भी होती है)।" वे आगे और भी कहते हैं, "पुरुष अथवा अणु की चेतना पांच कोषों के द्वारा आवृत्त होती है, जिनमें -

1. पहले कोष को आनंदमंय कोष कहा जाता है। यह 'चित्त' का स्थान है जो आनंद का अनुभव करता है।
2. दूसरे को ज्ञानमय कोष कहा जाता है और इसमें उस बुद्धि का निवास होता है जो सत्य को जानने में सहायक होती है।
3. तीसरा कोष मनोमय कोष होता है, जिसमें मन तथा इसके उपयोग कि लिये इसके विषयों की ज्ञान प्राप्ति के पांच करण स्थित होते हैं।
4. चौथे कोष को प्राणमय कोष कहा जाता है, जिसमें प्राणमयी ऊर्जा कार्य करती है और इसीमें मन के द्वारा संचालित होने वाले पांच प्रकार के कार्यों को करने के करण भी स्थित होते हैं।
5. पांचवा और अंतिम कोष स्थूल पदार्थ से निर्मित होता है और यही एक (आकार सहित) वाह्य आवरण के रूप में विज्ञात (एवं अनुभूत) होता है। (भौतिक एवं रासायनिक ऊर्जाओं के माध्यम से) पुष्टि (प्राप्त एवं) प्रदान करने वाला कोष होने के कारण यह अन्नमय कोष के नाम से आख्यायित होता है।"

अपनी पुस्तक कैवल्य दर्शनम् में स्वामीजी पुन: लिखते हैं, "इस प्रकार सर्व सामर्थ्य से युक्त ऊर्जा-स्वरुप शक्ति-बीज (आनंद) की विकर्षण के रूप में अभिव्यक्ति की क्रिया के पूर्णता लाभ करने के पश्चात, आकर्षण की क्रिया प्रारंभ होती है। सर्वज्ञ और आकर्षण के स्वभाव वाले प्रेम-बीज (चित) के प्रभाव से (पुरुष अथवा सृष्टि कण रूपी) अणु एक दूसरे के समीप और अधिक-समीप आते हैं और (स्पंदायमान रहते हुए) आकाशीय, वायवीय, आग्नेय, तरल एवं ठोस आकार धारण करते रहते हैं।"

लिंग और स्थूल शरीरों की जोड़ियों अथवा सृष्टिकणों के रूप में उत्पन्न होने वाले प्राणियों एवं अन्य वस्तुओं का रूप ग्रहण करने वाले पुरुषों का विकास,

वाह्य के अन्नमय कोष से प्रारंभ होकर अंतर की दिशा में आगे बढता है। अन्नमय कोष के भली भांति विकसित हो जाने के बाद, लगभग क्रमविकास का अनुशीलन करते हुए ही, शनै: शनै: ज्ञानेन्द्रियों एवं कर्मेन्द्रियों के कोषों का विकास होता है, और पुरुष के लिये इस विश्व के उपभोग के माध्यम स्वरूप उपकरणों के द्वार अधिकाधिक उन्मुक्त होते चले जाते हैं।

पदार्थ के कण, अणु एवं अन्य वस्तुएं

जब इस भौतिक सृष्टि के उदय होने का समय आता है तो असीम बल से युक्त और अत्यधिक घनत्व की अवस्था को प्राप्त एक अत्यंत तीव्र गति से स्पंदायमान ऊर्जा का पुंज अपनी अवस्था के अनुरूप एक अवकाश को साथ लेकर प्रकट होता है। भौतिक विज्ञानविदों के अनुसार प्रकाश से भी हजारों गुणा अधिक गति से विस्तार (Inflation) प्राप्त करते हुए यह ऊर्जा पुंज चारों दिशाओं मे विस्तृत होते हुए इस विश्व के रूप में अवस्थित होने का प्रयास करता है। उत्पन्न होते ही यह द्रुत गति से इस प्रकार उच्छून होना प्रारंभ कर देता है कि इसकी प्रत्येक छलांग या इसके प्रत्येक विस्फार में इसका आकार अपने पिछले आकार से द्विगुणित हो जाता है। वैज्ञानिकों के अनुमान के अनुसार यह इतनी द्रुत गति से उच्छूनता प्राप्त होता है कि उत्पन्न होने के पहले सेकेंड के उतने छोटे विभाग में ही जो शून्य के पश्चात तीस से भी अधिक दशमलव विंदुओं के समान हो, इसका आकार (व्यास) 1000,000,000,000,000,000,000,000,000 गुणा बढ जाता है तथा इसका आयतन १ के पश्चात ७८ शून्य से भी अधिक गुणित होकर विकसित हो जाता है। इसके बाद इसके संवेग में शिथिलता आने लगती है और इसके आकार के द्विगुणित होने के समय में वृद्धि होने लगती है। तथापि जैसे नाद के प्रसर का अंत नहीं होता, उसी प्रकार इस ऊर्जा पुंज (ऊर्जा समष्टि) एवं इसके द्वारा अधिष्ठित आकाश के विस्तार को प्राप्त होते रहना भी कभी शून्य अवस्था को प्राप्त नहीं होता। ऋषियों के अनुसार, समय (एवं स्थिति तत्व की एकीकृत एवं) ऊर्ध्व की ओर अग्रसर रेखा से लंबवत, समतल दिशा में विकास को प्राप्त होते हुए और फैलते हुए यह सृष्टि-संवेग एवं ऊर्जा-प्रवाह इस समय इस विश्वके रूप में सृष्ट होकर आज हमारे सन्मुख अवस्थित है।

इस विश्व की विभिन्न खंड समष्टियों को एक साथ बद्ध करते हुए, इन्हें एक विश्व के रूप में स्थिर करने का कार्य ज्ञान प्रकृति के द्वारा एक

मध्याकर्षण की क्रिया के माध्यम से संपादित होता है। स्थूल धरातल पर यह गुरुत्वाकर्षण शक्ति के रूप में कार्य करती है। आगम के ऋषि जब ज्ञान शक्ति की बात कहते हैं, तो इसका तात्पर्य होता है कि तीन दिशाओं में कार्यरत त्रिशूलवत तीन प्रकृतियों की समष्टि का अपने ज्ञान कोण से अथवा ज्ञान मुखी होकर कार्य करना। इस अवस्था में इच्छा-बल एवं क्रिया-बल इसके पृष्ठ में इससे समान दूरी पर एक समतल रेखा के समान अवस्थित होते हैं और ज्ञान बल सन्मुख होकर कार्य करता है। यद्यपि सृष्टि के तीन स्तरों पर कार्य करने वाली प्रकृति-समष्टि का स्थूल स्तर पर आकलन करना एक असंभव के समान कार्य प्रतीत हो सकता है तथापि आधुनिक वैज्ञानिकों में से कुछ का यह अनुमान है कि जिस बल के प्रयोग से गुरुत्वाकर्षण के बल का सृजन हो सकेगा, उसका मान अभिव्यक्त विश्व में गुरुत्व बल के मान से १ के बाद ३८ शून्य लगाने से जो संख्या प्राप्त होगी उतने गुणा अधिक होना अवश्यंभावी प्रतीत होता है। आधुनिक स्ट्रिंग थ्योरी, जो भौतिकी के नवीनतम सिद्धांत के रुप में उभर कर सामने आते जा रही है, उसके अनुसार सृष्ट जगत में कार्यरत बलों एवं सृष्टिकारी बल के मध्य का यह संबंध अति विशेष है और उन्हें इसका अनुमान नहीं लगाना पड़ता बल्कि उनके गणित में यह स्वत: ही उत्पन्न होता है।

संवित या चेतना की वापसी की यात्रा का सूत्रपात भी एक प्रकार से भौतिक सृष्टि के प्रारंभ एवं पदार्थ के मौलिक कणों की उत्पत्ति के साथ ही हो जाता है। एक विस्फोट के समान घटना से, अकल्पनीय उच्च तापमान पर, एक ऊर्जा प्रवाह के रूप में उत्पन्न होकर प्रवाहित होने वाले इन मौलिक कणों में विद्युत आवेश भी होते हैं और अलग संरचनायें भी, तथापि इनमें जो ज्ञान होता है वह व्यष्टि के रूप में नहीं बल्कि समष्टि के रूप में और विशेष श्रेणियों या कक्षाओं के रूप में ही होता है। इनमें जो ज्ञान होता है वह सृष्टि में अनुस्यूत चेतना के माध्यम से ही होता है, क्योंकि अभी इनमें द्रव्यमान नहीं होता और न ही इनकी एकल कणों के रूप में स्वतंत्र अनुभूति होती है। परंतु जब इनके स्पंदन में और न्यूनता आती है तो वैज्ञानिकों के अनुसार इनका अवतरण हिग्स बल क्षेत्र (Higg's Field) में हो जाता है। इस क्षेत्र की यह विशेषता होती है कि यह क्षेत्र इन मौलिक कणों में इनकी संरचना के अनुरूप एक विशिष्ट द्रव्यमान भी जड़ित कर देता है। यह लगभग उसी प्रकार की एक घटना होती है, जिसकी चर्चा हम इसके पूर्व पुरुष तत्व (अथवा मन विभाग) के माया क्षेत्र से सूक्ष्म भूमि पर अवतरण के संदर्भ में कर चुके हैं।

प्रकृति पहले पुरुष अथवा अणु के लिये एक सूक्ष्म लिंग शरीर अथवा मानस पक्ष की रचना करती है और फिर स्पंदनों की विविधता के माध्यम से यह उसके लिये भौतिक विश्व के उपयुक्त एक स्थूल शरीर के निर्माण की दिशा में उद्युक्त होती है। इस प्रकार सृष्टि कण रूपी पुरुष में दो प्रकार की चेतनाओं का समावेश हो जाता है, जिनमें एक उसकी अंतर की चेतना के रूप में कार्य करती है तथा दूसरी उसके स्थूल शरीर के माध्यम से कार्य करते हुए उसे वाह्य जगत की अनुभूति प्रदान करती है। और दोनों ही विभागों में स्पंदनों के स्तर के अनुरूप मलों अथवा द्रव्यमानों के संयोजन से उनमें परमाणु-वृत्ति का विकास करते हुए, यह उन्हें परमेश्वर की विश्व अभिव्यक्ति के योग्य बना लेती है।

इस प्रकार विभिन्न श्रेणियों के सूक्ष्म एवं स्थूल शरीरों का समानांतर क्रम से विकास करते हुए और इस विश्व की विविधताओं की सृष्टि करते हुए प्रकृति अपने लक्ष्य की ओर अग्रसर होती है। दूसरी ओर, कारण भूमि पर अवस्थित मंत्रों तथा कतिपय तत्वों एवं उनके भुवनों के सृजन इत्यादि के माध्यम से, कुंडलिनी रूपी परमेश्वर की प्रकृति, एक ही मूलवस्तु को विभिन्न सापेक्ष दृष्टाओं और उनके द्वारा अनुभूत विविधता के रूप में विकसित करते हुए, अपने प्रधान लक्ष्य की दिशा में धावित होती रहती है। प्रकृति के द्वारा अभिव्यक्त इस विश्व सृष्टि का प्रधान लक्ष्य होता है बुद्धि एवं विवेक से युक्त मानव का विकास। चित्त रूपी व्यष्टि की चेतना में यह बुद्धि-विवेक शिव तत्व का प्रतिनिधि होता है, एवं मन एवं उसके विषय एवं उपकरण शक्ति तत्व के। ऋषियों के अनुसार मानव शरीर के विकास के साथ ही कुंडलिनी शक्ति के सृष्टि के कार्य का अवसान हो जाता है। एक प्रकार से संवित की अभिव्यक्ति का कार्य यहीं आकर पूर्ण होता है और यहीं से, मानव-पुत्रों की चेतना के विकास के साथ ही, चेतना की वापसी का मार्ग भी प्रशस्त होकर स्थिर हो जाता है।

व्यष्टि संरचनाओं से समष्टियों का विकास

भौतिक विज्ञान शास्त्र की बिग बैंग वाली परिकल्पना के अंतर्गत, जैसे-जैसे विश्व का विस्तार होता है, इसके तापमान में गिरावट आती रहती है और एक ऐसा समय आ जाता है जब कि प्रसरोन्मुख विश्व का तापमान 3,000° केल्विन की सीमा का उलंघन कर लेता है। यही वह सेकेंड से भी छोटा क्षण होता है जब समस्त प्रोटोन इलेक्ट्रोन आदि एक दूसरे के साथ बद्ध होकर हाइड्रोजन,

हीलियम आदि हल्के तत्वों का रूप ग्रहण कर लेते हैं। इसके साथ ही विंदु स्वरूप सूक्ष्म शरीरों और स्थूल शरीरों के योग से उत्पन्न वाह्य के ज्ञान एवं अंतर की अनुभूति से संपन्न विभिन्न प्रकार के पदार्थ-कणों एवं अन्य वस्तुओं के उत्पन्न एवं विकसित होने की परंपरा का प्रारंभ हो जाता है।

तथापि, स्थूल जगत के विकास की इस प्रारंभिक अवस्था में चेतना का अधिकांश अभी आवृत्त रहता है और इन संरचनाओं में केवल अन्नमय कोश का ही अत्यल्प के समान विकास होता है, जिसे अत्यंत प्रारंभिक विकास मात्र ही कहा जा सकता है। इस अन्नमय आवरण के तनिक क्षीण होने के परिणाम स्वरूप संवित के अंतर एवं वाह्य ध्रुवों के मध्य मानसिक धरातल पर कार्य करने वाली ऊर्जा अपने न्यूनतम स्तर पर प्रकट होती है। इसके माध्यम से इलेक्ट्रोन-प्रोटोन आदि अपने समान और विपरीत आवेशों वाले कणों को पहचान पाते हैं और उसी के अनुसार उनमें एक दूसरे के समीप आने या दूर हटने की प्रवृत्ति तथा क्षमता उत्पन्न होती है। तथापि पदार्थ के इन कणों के केन्द्र में जो आत्मप्रवृत्ति अथवा 'मैं' की भावना जड़ित होती है, उसके कारण ये परस्पर एक दूसरे के निकट तो आ सकते हैं, परंतु एक न्यूनतम दूरी की सीमा का लंघन नहीं करते। जीवित प्राणियों के ही समान इन पदार्थ के कणों में भी एक आत्मरक्षा का भाव सदैव उपस्थित रहता है जिसकी अवहेलना करना इनके लिये संभव नहीं होता और इनका एक अपना अलग अवकाश भी होता है जिसकी अवहेलना या अतिक्रमण अन्य कण नहीं कर पाते। भौतिक विज्ञान में इसी प्रथा को वौल्फगैंग पॉली का Exclusion Principle कहा जाता है।

वास्तव में तो एक इलेक्ट्रोन के किसी प्रोटोन की ओर बढ़ने में जो क्रिया होती है, प्रधानतः इलेक्ट्रोन के द्वारा ही उसका निर्वाह किया जाता है। यह इलेक्ट्रोन ही क्रिया-प्रकृति का प्रधान कण है और इस प्रकार गतिशील होकर यही एक प्रोटोन से संयुक्त होकर एक हाइड्रोजन के परमाणु की रचना करता है, तथापि एक अपेक्षाकृत बड़े परमाणु की निकटता लाभ होने पर जिसमें अनेक प्रोटोन होते हैं और लगभग उसी अनुपात में इलेक्ट्रोन भी, एक नवागंतुक इलेक्ट्रोन को सबसे छोटे पथ का चुनाव भी करना होता है तथा दायें बायें के ज्ञान के अनुसार भी अपनी क्रिया का चयन करना होता है। किसी इलेक्ट्रोन अथवा अन्य पदार्थ के कण में इस प्रकार के ज्ञान एवं निर्णय की क्षमता का स्थान उनका सूक्ष्म शरीर होता है, जो उसके स्थूल से भिन्न होते हुए भी उससे ओत-प्रोत होकर ही उसकी संवित के प्रकाश (आभा या aura) के समान स्थित

रहता है। इलेक्ट्रोन में अवस्थित इसी ज्ञान के आधार पर विभिन्न तत्वों के परमाणु भी एक दूसरे से युक्त होकर विभिन्न पदार्थों के रूप ग्रहण करने में सक्षम होकर रासायनिक एवं जैव विज्ञानों को जन्म देते हैं।

ज्ञान एवं क्रिया के परिसीमन से पदार्थ का नियंत्रण

इलेक्ट्रोन या अन्य किसी कण का भी एक अपना संसार होता है, जिसमें वह ज्ञान भी प्राप्त कर सकता है और क्रिया भी कर सकता है, यद्यपि यह एक अत्यंत ही सीमित संसार होता है। वास्तव में तो उनके शरीर में उपलब्ध ज्ञान एवं क्रिया की क्षमता के नियंत्रण के द्वारा ही प्रकृति उनको पदार्थ के कणों मे परिवर्तित करती है। एक जाति के कणों का एक जैसा ही संसार होता है और उसमें वे एक समान ही आचरण करते हैं। जहां अपने इन पैदल सिपाहियों (foot soldiers) के स्थूल शरीरों में यह द्रव्यमान, आवेश आदि का समावेश करती है, वहीं इनके सूक्ष्म शरीरों में यही प्रकृति अन्य कणों को पहचानने एवं क्रिया करने की क्षमताओ का भी एक अत्यंत सीमित रूप में ही संयोजन करती है।

स्थूल सृष्टि के प्रारंभ में प्रधान रूप से हाइड्रोजन एवं हीलियम इन दो परमाणुओं की रचना ही हो पाती है और इन दो गैसों से व्याप्त होकर ही यह विश्व अपनी प्रारंभिक अवस्था में स्थित होता है। परंतु ये परमाणु स्वयं में इतने छोटे और नगण्य के समान होते हैं कि इकाईयों के रूप में संसार के कार्य कलाप मे उनका कोई विशद योगदान नहीं हो पाता। इसके अतिरिक्त, इनमें हाइड्रोजन अत्यंत क्रियाशील और हीलियम रासायनिक परिप्रेक्ष्य में लगभग क्रियाविहीन तत्व होते हैं। अत: विश्व में अनुस्यूत होकर स्थित रहने वाली चेतना के अधीन रहते हुए और वाह्य के बलों के प्रभाव से ये परमाणु एक दूसरे के समीप आते रहते हैं और एक गैस के बादल आदि का आकार धारण करते हुए ये अपनी वाह्य की चेतना का एकत्रीकरण के समान करने का प्रयास करते हैं। इस प्रकार अलग-अलग व्यष्टि परमाणुओं के स्थान पर, वे वाह्य के विश्व से एक परमाणु समष्टि या एक बादल आदि के रूप में व्यवहार करना प्रारंभ कर देते हैं। इस प्रकार दो अलग परमाणु समष्टियां, दो बादलों के रूप में, एक दूसरे से क्रिया-प्रतिक्रिया करने में समर्थ हो जाती हैं - वे स्वतंत्र समष्टियों के समान एक दूसरे से टकरा सकती हैं और एक दूसरे की परिक्रमा भी कर सकती हैं (आदि)।

स्थूल सृष्टि में सर्वप्रथम उद्भूत होने वाले पुरुषों में से अधिकांश इलेक्ट्रोन, प्रोटोन अथवा न्यूट्रोन आदि पदार्थ के तीन प्रधान कणों के रूप में स्थूल शरीरों

का ग्रहण करते हुए अवस्थित हो जाते हैं। तत्पश्चात प्रोटोन और न्यूट्रोन मिलकर बड़े नाभिकों के रूप में लघु समष्टियों का निर्माण करते हैं और फिर जब विश्व का तापमान ३००० डिग्री से कम हो जाता है तो ये नाभिक और इलेक्ट्रोन मिलकर अणु-परमाणुओं का रूप ग्रहण कर लेते हैं। ये सभी दीर्घ कालों तक स्थायी रहने वाले कण होते हैं तथापि न्यूट्रोन का स्वतंत्र अवस्था में मिलना कठिन होता है क्योंकि यह बड़ी सहजता से एक प्रोटोन और इलेक्ट्रोन में परिवर्तित हो सकता है। एक प्रोटोन के रूप में स्थूल और सूक्ष्म शरीर की जोडी का जीवन काल इस विश्व के जीवन काल के समान दीर्घ होता है। परंतु दूसरी ओर, अणु और परमाणु आदि की समष्टियां स्थिर नहीं होती, बल्कि बनती बिगड़ती रह सकती हैं और उनके स्थूल शरीर के अवयव और उनके सूक्ष्म शरीर रूपी मन विभाग एक दूसरे से विलग भी हो सकते हैं। तथापि, जहां स्थूल शरीर के अवयवों का विघटन हो जाता है, सूक्ष्म शरीर का कभी विघटन नहीं होता। यह सदैव अवस्थित रहता है, अत: इसका विभिन्न स्तरों पर विकास करना संभव होता है। स्थूल शरीरों से अलग होकर ये सूक्ष्म शरीर अपने विकास के स्तरों के अनुसार अलग कक्षाओं में अलग जातियों के समान सूक्ष्म धरातल पर विभिन्न झुंडों में अवस्थित रहते हैं और अपनी आवश्यकता के अनुरूप स्थूल शरीरों के निर्मित एवं उपलब्ध होने की प्रतीक्षा करते हैं (५वें अध्याय में भी)।

कणों और कण-समष्टियों में आपसी सहयोग

तनिक ध्यान देने पर हम देख सकते हैं कि प्रकृति के द्वारा सृष्ट पदार्थों में और विशेषकर इसकी छोटी अथवा मौलिक संरचनाओं में, एक ही माता-पिता की संतानों में परस्पर से सहयोग एवं सहायता से कार्य संपादन करने की भावना के समान एक प्रवृत्ति विद्यमान रहती है, जो सर्वथा स्वाभाविक भी है। एक तैरते हुए गैस के बादल के केन्द्र स्थानीय क्षेत्र में स्थित कोई अणु या परमाणु सहज रूप से ही उस समूचे बादल की वाह्य चेतना के रूप में कार्य करना प्रारंभ कर सकता है और उस अवस्था में वह बादल में उपस्थित प्रत्येक अणु या परमाणु की वाह्य चेतना का एक समष्टि की चेतना के समान प्रतिनिधित्व कर सकता है। उस अवस्था में एक ऐसे पुरुष चैतन्य का विकास हो जाता है जिसकी अंत:चेतना इस समूचे बादल को ही अपना शरीर समझते हुए इसके साथ जड़ित होकर अवस्थित हो जाती है। पुन: मंत्र-रूपी पुरुष-जीवों की प्रेरणा और प्रभाव से ऐसे ही अनेक बादल-पुरुषों के विकास की परंपरा अपना कार्य

करने लगती है और इन अलग अलग बादल-पुरुषों में से कोई एक पुन: एक और बड़ी और विशाल समष्टि को अपना शरीर समझते हुए उससे संलग्न हो जाता है। इसी प्रकार पुरुष चेतनायें किसी किसी तारे या आकाश गंगा, किसी नदी या पहाड़, अथवा किसी तूफ़ान या बवंडर आदि के रूप में भी विकसित होकर कार्य करने लग जाती हैं (आदि)। इसी परंपरा का अनुसरण करते हुए क्रमश: सूक्ष्म शरीरों में अवस्थित पुरुष चेतना का विकास होता रहता है, और अधिकाधिक जटिल स्थूल शरीरों को धारण करने की योग्यता वाले सूक्ष्म शरीर विकसित होते रहते हैं। पहले सूक्ष्म शरीर का और फिर स्थूल का विकास, इसी परंपरा का अनुगमन करते हुए, प्रकृति, इस अनंत विविधताओं से पूर्ण विश्व के निर्माण की दिशा में अग्रसर होती है।

इस विकास क्रम में ऐसी परिस्थितियां भी आती रहती हैं जब किसी घटनाक्रम में एक बड़ी पदार्थ समष्टि रूप स्थूल शरीर का विघटन हो जाता है। उस अवस्था में पुन: अनेक छोटी समष्टियां उदित हो जाती हैं और उनकी पुरुष चेतनायें भी अलग-अलग केन्द्रों से कार्य करना प्रारंभ कर देती हैं। तथापि, यह भी संभव हो सकता है कि किसी गैस के बादल में किसी केन्द्र की चेतना की भली प्रकार अवस्थिति एवं विकास ही नहीं हो पाया हो। इस अवस्था में इसके अवयव छिन्न भिन्न होते हुए अनियंत्रित के समान कार्य करते रहते हैं और एक अपेक्षाकृत स्थायी शरीर का निर्माण संभव नहीं हो पाता।

अंत: प्रेरणा का ग्रहण एवं सूक्ष्म संवेदना का प्रसार

अंत:प्रेरणा ही वह सहज और सार्वभौम माध्यम है जिस का भरपूर उपयोग प्रकृति किसी पदार्थ के कण, किसी अत्यल्प विकसित शरीर वाले प्राणी या एक झुंड के रूप में एकत्रित अनेक कोशिकाओं या अन्य मौलिक जीवाणुओं आदि को किसी दिशा विशेष में प्रेरित करने, या किसी क्रिया विशेष में उद्युक्त करने के लिये करती रहती है। इस अंत:प्रेरणा की पहुंच इतनी गहरी होती है कि यह बिना किसी प्रकार के स्थूल मस्तिष्क या नर्व प्रणाली आदि के भी कार्य करने में सक्षम होती है। कीट पतंगों से लेकर छोटी बड़ी मछलियों तक और पशुओं से पक्षियों तक, इसी माध्यम और इसी प्रणाली से प्रकृति उनमें भोजन की उपलब्धि संबंधित या उनके जीवन के लिये घातक किसी स्थिति की सूचना संबधित तथा रात्रि में भी बिना भ्रमित हुए सही दिशा में यात्रा करने में और महासागरों को पार करते हुए भी प्रजनन के उपयुक्त स्थान पर सही समय में

पहुंचने में सहायता करने वाली, आत्मप्रवृत्तियों को भी सतत उत्पन्न करती हुई दिखाई पड़ती है। यह कहने की आवश्यकता नहीं होनी चाहिये कि ये समस्त कार्य चेतना के अनुस्यूत विभाग के माध्यम से ही संपन्न हो सकते हैं और यह भी कि आत्मप्रेरणा के उदय और प्रभाव से अधिकांश मनुष्यों का भी कुछ परिचय तो अवश्य ही होता है।

अगर हम सृष्टि को एक अंतर की दिशा में विस्फारित होने वाले गोलक के रूप में देखने का प्रयास करें तो हम प्रकृति की इस सदैव कार्यरत संदेशों के प्रसारण की प्रणाली को, जिसमें ये संदेश आत्म प्रवृत्ति के रूप में उत्पन्न होते रहते हैं, अपेक्षाकृत अधिक सहजता से समझ सकेंगे। विकास के सात स्तरों में, इसके हर स्तर पर प्रकृति के द्वारा किये गये विकास को एक लेंस के समान संकुचित एवं केन्द्रित करने और पुनर्विकसित करने की प्रक्रिया कोई सामान्य प्रक्रिया नहीं है। इसी के माध्यम से प्रकृति अपनी एक ऐसी सार्वभौम एवं दो दिशाओं मे कार्य करने वाली प्रणाली का विकास करती है, जिसके द्वारा विश्व के किसी भी स्थान पर घटने वाले स्पंदन में परिवर्तन को केन्द्र में स्थित रहते हुए अनुभव किया जा सकता है तथा उसी प्रकार केन्द्र से प्रसारित किये गये निर्देश को किसी भी कण, कोशिका या प्राणी तक तत्क्षण पंहुचाया भी जा सकता है। इसके अतिरिक्त, दोनों दिशाओं मे चलने वाला यह आदान प्रदान एक ही समय में सम्पन्न हो सकता है, जैसे कि किसी संभावित खतरे की सूचना का अंतर्ग्रहण और उसके प्रति सचेत करने के निर्देश का अपने लक्ष्य तक पहुंचना लगभग एक समय में ही घटित होते हुए दिखाई पड़ते हैं।

एक विंदु चैतन्य से ही समस्त सृष्टि का विकास होना, इस विंदु को केन्द्र में रखते हुए ही इसकी प्रत्येक अभिव्यक्ति का विकसित होना और सर्वत्र अनुस्यूत रहने वाली इसकी अंतर की अनुभूति वाली चेतना के माध्यम से प्रत्येक वस्तु का एक ही सूत्र में जड़ित रहते हुए कार्य करना, एक बहुत बड़ा परंतु सामान्य सत्य है। एक स्थूल गोलक के समान अवस्थित एवं ज्ञानियों के द्वारा इसी भांति परिदृष्ट भी (अध्याय-६), इस स्थूल ब्रह्मांड में उपस्थित प्रत्येक वस्तु, उपवस्तु या अवस्तु, इसी सूत्र के माध्यम से एक सार्वभौम केन्द्र से, तथा एक दूसरे से भी, संबद्ध रहते हुए ही अवस्थित होती है। कारण और सूक्ष्म भूमियों से उतरते हुए तथा बिना उनसे अलग हुए, हमारे इस सापेक्ष रूप में अनुभूत विश्व में अवस्थित प्रत्येक व्यष्टि सत्ता की एक सबसे अलग और विशिष्ट

पहचान होती है। यह एक सामान्य सार्वभौम आवश्यकता है, क्योंकि इस पहचान के अभाव में तो संपूर्ण विश्व के सृष्टा के परिप्रेक्ष्य से सापेक्षता और इसका गणित दोनों ही असंभव के समान हो जायेंगे (भले ही *आधुनिक विज्ञान* के धुरंधरों के मत में किसी सृष्टा अथवा समष्टि के दृष्टा का होना एक कल्पना मात्र और सर्वथा अनावश्यक ही क्यों न हो। वैसे भी सौ वर्ष पूर्व के किसी भी विज्ञान के धुरंधर ने ऐसा कभी नहीं कहा होगा। बल्कि, सर आइजक न्यूटन ने तो अपने विज्ञान के कार्य से मुक्त होते ही पूर्ण रूप से अध्यात्म का मार्ग ग्रहण कर लिया था)।

इस प्रकार परमेश्वर की प्रत्येक व्यष्टि अभिव्यक्ति की एक पहचान पंजिका होती है, जिसकी तुलना हम आज के परिप्रेक्ष्य में एक चिप (chip) से कर सकते हैं। प्रत्येक आत्मकण से जड़ित इस पंजिका में, पहले के सभी छह स्तरों के विकास की एक पूर्ण प्रतिछाया एक विलोम के रूप में अंतर्भुक्त होकर अवस्थित होती है तथा तीन तलों पर अवस्थित इस सत्ता के प्रत्येक धरातल पर इसके व्यक्तित्व के विकास का इतिहास भी इसी पंजिका पर अंकित होता रहता है। प्रकाश, ध्वनि, या अन्य श्रेणी के संदेशों के आदान-प्रदान की गति एवं समय आदि का संबंध केवल स्थूल जगत से होता है, जबकि प्रत्येक व्यष्टि सत्ता का सबंध तीनों धरातलों से बना रहता है। विशेष रूप से, कारण तथा सूक्ष्म शरीरों से इसका कभी संबंध-विच्छेद नहीं होता और इसकी प्रत्येक संवेदना उत्पन्न होते ही विश्व चैतन्य के द्वारा जान ली जाती है और इसी प्रकार चैतन्य प्रकृति के आदेश, निर्देश और चेतावनी भी व्यष्टि चेतनाओं के अंतराल में तत्काल भासमान हो सकते हैं।

एक और भी समझने की बात है। आत्मप्रेरण या आत्मप्रवृत्ति के कार्य का निर्वाह आत्मिक ऊर्जा के माध्यम से होता है, जो एक पश्यंति वाक की भूमि पर होने वाली घटना है। उसी प्रकार विचार या अनुभूति की संवेदना का प्रसार मध्यमा वाक एवं मानसिक ऊर्जा के क्षेत्र में होता है, जिसे अन्य व्यष्टि चेतनायें ग्रहण कर सकती हैं। मनुष्यों से इतर प्राणियों में इस क्षमता का ह्रास अपेक्षाकृत कम होता है तथापि अभ्यास के द्वारा अनेक मनुष्य भी दूसरों के विचारों को जान सकते हैं। इसी प्रकार स्थानीय परिप्रेक्ष्य में किसी शिकारी या भोजन की उपस्थिति आदि की सूचना मध्यमा के स्तर वाले स्पंदनों में भी गुंजायमान होती रहती है। ये दोनों प्रकार के स्पंदन, आपसी सहयोग एवं अपनी अपनी सूचनाओं के माध्यम से, मनुष्यों से इतर प्राणियों की सहायता करने का

प्रयास करते रहते हैं। यद्यपि व्यष्टि के क्षेत्र में इन सूचनाओं को पकड़ पाना सदैव संभव नहीं होता पर एक जाति या झुंड विशेष के द्वारा ये सहजता से ग्रहण कर ली जाती हैं।

कोशिकाएं और चैतन्य

Dictyocelium Discoideum नाम से जानी जाने वाली अमीबा (एक कोशिका विशेष) के विषय में चर्चा करते हुए लायल वाटसन कहते हैं कि यह एक जालीदार जैसी दिखने वाली फुंगी होती है जो जंगलों में गीली सतहों पर फैल जाती है। यह व्यष्टि अमीबाओं का झुंड अपने मार्ग में आने वाले सभी बैक्टीरिया को अपने भोजन के रूप में घेरते हुए फैलना प्रारंभ करता है और इन में से प्रत्येक अमीबा हर तीन या चार घंटे में एक नई अमीबा का प्रजनन करने में सक्षम होती है। इसी प्रकार यह झुंड अपने क्षेत्र का विस्तार करता रहता है। ये फुंगी कोशिकायें, एक दूसरे से समान दूरी बनाते हुए, क्षेत्र के अनुरूप किसी भी दिशा में किसी भी आकार में फैलते हुए बढ़ती रहती हैं। परंतु जब भोजन का अभाव होने लगता है, तो यह व्यष्टि अमीबाओं से भरा हुआ फुंगी का क्षेत्र सिकुड़ना प्रारंभ कर देता है। कुछ ही मिनटों में यह कोशिकाओं का झुंड एक केन्द्र के चारों ओर सिमटते हुए एक रोयेंदार छोटी सी डंडी के समान (एक ग्रेक्स के रूप में) अवस्थित हो जाता है।

लायल वाटसन के अनुसार, “इस अमीबा कालोनी में लगभग चालीस हजार व्यष्टि अमीबायें होती हैं, जो एक अकेले जीव के समान कार्य करती हुई दृष्टिगोचर होती हैं। ये प्रजनन में उद्युक्त होने के लिये अपेक्षाकृत गर्म और रोशन दिशा में बढ़ने का प्रयास करती हैं, और एक घंटे में लगभग एक मिलिमीटर की दूरी तय कर लेती हैं। तथापि इस ग्रेक्स की रचना में कुछ विविधता होती है। विशेषकर गति की दिशा में, जो अमीबायें आगे (शीर्ष की ओर) स्थित होती हैं, उन्हें किसी न किसी प्रकार यह ज्ञान होता है कि उन्हें ही इस झुंड में आगे रहकर इसका नेतृत्व करना है। हार्वर्ड यूनिवर्सिटी के जौन बोनर ने इस ग्रेक्स के अगले भाग की कुछ अमीबाओं को अलग करके, उन्हें एक हानिरहित रंग से चिन्हित करके इसके पृष्ठ भाग में जोड़ दिया था। उसने देखा कि कुछ ही मिनटों में ये व्यष्टि अमीबायें (कोशिकायें) इस कीचड़ के समान पदार्थ में रंगीन धारियां बनाती हुई फिर से अपने शीर्ष स्थान पर आकर उपस्थित हो जाती हैं”।

आधुनिक विज्ञान के अनुसार न केवल अणु-परमाणु चेतना विहीन होते हैं, बल्कि जीवित कोशिकाओं में भी चेतना का होना संभव नहीं है। परंतु यह उन वैज्ञानिकों का भ्रम मात्र ही है। प्रतिक्षण हजारों प्रोटीनों का निर्माण करते हुए, हमारी कोशिकायें ही हमारे स्थूल शरीर के अवयवों का निर्माण भी करती हैं, और इसे कार्यशील भी बनाती हैं। हमारी प्रधान पुस्तक के विज्ञान खंड में हम देख चुके हैं कि एक आधुनिक कोशिका की तुलना हम हजारों औद्योगिक उत्पाद शृंखलाओं, लाखों उत्पादों, और सैकड़ों सेवाओं में सतत संलग्न लाखों कार्यकर्ताओं के द्वारा संचालित एक विशाल औद्योगिक-संस्थान से कर सकते हैं। आश्चर्य की बात यह है कि आधुनिक कोशिका का यह संपूर्ण स्वायत्त और आत्मनिर्भर संचालन किसी भी आयाम में 20 माइक्रोन से कम के क्षेत्र में स्थित होता है, और इसका यह आयाम अंग्रेजी भाषा में उपयोग में आने वाले पूर्ण विराम बिंदु से भी कई गुणा छोटा होता है तथापि सदैव इतने सारे कार्यों का निष्पादन करते रहने वाली कोशिका में कोई ज्ञान ही नहीं है, ऐसी उदघोषणा एक साधारण और कलुषविहीन बालक को भी सर्वथा अवैज्ञानिक ही प्रतीत होगी।

हमारा विज्ञान या हमारा धर्म सबसे बड़ा और शक्तिशाली है, इतना मात्र कह देना किसी के लिये भी पर्याप्त नहीं होना चाहिये। यह सापेक्षता की उपज है जो ज्ञान पर नहीं बल्कि भ्रम अथवा किसी दुर्नीति पर आधारित है और बालकों के द्वारा इसी कारण से इसे सत्य मान लिया जाता है क्योंकि दृढ़ता के साथ और छोटी आयु से ही यह बात उनके दिमागों में ठूंस कर भर दी जाती है। हम जितना भली भांति जानते हैं और जो और हमें ईमानदारी के साथ ज्ञात है, बालकों को उतना ही बताना चाहिये। जो हम नहीं जानते हैं उसे इस बुद्धिमान प्राणी (Homo Sapiens) के पुत्र को स्वयं जानने का प्रयास करने की स्वतंत्रता होनी चाहिये। वास्तव में यही डिमोक्रेसी है और यही क्रिकेट (ईमानदारी) है। भविष्य में अगर कभी मानव समाज में संपूर्ण विश्व का संविधान बनाने की कोई बात उठाई जा सके, तो एक अवयस्क मानवपुत्र को उसके अभिभावकों एवं गुरुजनों के द्वारा मिथ्या अथवा अज्ञान के माध्यम से भ्रमित किये जाने के प्रयास को भी (अमानत में खयानत अथवा) उसके मानव-अधिकार का उल्लंघन समझा जाना चाहिये। इसी प्रकार, सत्य को जानने के उसके अधिकार का उलंघन करने की अनुमति भी उसके किसी शिक्षक या अभिभावक को नहीं होनी चाहिये।

अमीबा एक ऐसी कोशिका है जिसने झुंड में रहना सीख लिया है। ऐसा प्रतीत होता है कि इनके झुंड में अनेकों व्यष्टि चेतनाओं के अतिरिक्त एक समूह की वाह्य चेतना के आसन (पीठ) का भी विकास हो गया है और संभवत: यह अमीबाओं की एक निश्चित या उससे अधिक संख्या में एक निश्चित दूरी के अंदर एकत्रित होने से बन जाता है। यह एक प्रकार से उन कोशिकाओं के मन विभाग का विकास है, जो नर्व, मस्तिष्क आदि के अभाव में उनके शरीरों से बाहर भी अवस्थित हो सकता है। गोर्डन आर टेलर के शब्दों में, "कम से कम जैव विभाग में तो ऐसी प्रतीति होती रहती है कि जैसे जीवन में जो सबसे छोटे स्तर हैं वहीं से स्वत: वाह्य संरचना बनाते हुए एकत्रित होने की एक प्रवृत्ति उपस्थित रहती है"। तथापि ध्यान देने पर हम समझ सकते हैं कि वास्तव में तो यह प्रवृत्ति और अधिक मौलिक स्तर पर ही दिखाई पड़ने लग जाती है, जब अणु-परमाणुओं के झुंड साथ आकर बड़े आकार ग्रहण करने का प्रयास करते हैं, और बादलों और अन्य पदार्थ गंगाओं के रूप ग्रहण करना आरंभ कर देते हैं। ये सभी अणु-परमाणु और कोशिकायें इस प्रकार के प्रयास संभवतया आत्मसुरक्षा की भावना से, अधिक सुरक्षाप्रद स्थिति लाभ करने के उद्देश्य से करते हैं।

किसी कोशिका के अंदर के पदार्थ को जिसमें जीवन होता है तथा एक केन्द्र के अतिरिक्त कुछ अन्य सामग्री होती है, प्रोटोप्लाज्म कहते हैं। लायल वाटसन ने लिखा है, "अगर हम जैव सृष्टि के प्रारंभ की ओर, उस अवस्था से पूर्व के काल में जाते हैं जब किसी प्रकार के नर्व संचार आदि का विकास नहीं हुआ था, तो उस समय एक विकासोन्मुख प्रोटोप्लाज्म के लिये, वाह्य के प्रभावों से क्षतिग्रस्त हुए बिना एकत्रित रूप में अवस्थित रह पाना एक बड़ी चुनौती रही होगी। इसके लिये इसमें कम से कम एक ऐसी चेतना तो होनी ही चाहिये थी कि वह जान सके कि 'मैं स्वयं यह हूं' ताकि जो स्वयं से भिन्न हो उसे वह अस्वीकार कर सके"।

आवश्यक प्रतीत होने पर भी, चेतना के विषय में अपने ज्ञान की अस्पष्टता एवं अपर्याप्तता के कारण, वैज्ञानिक अभी तक आत्म तत्व अथवा Self को परे रखते हुए ही अपने विवेक एवं विचार का प्रयोग करने का प्रयास करते आये हैं। तथापि, 'मैं यह हूं', इस प्रकार का ज्ञान और अपने इस 'मैं' के अस्तित्व की यथासंभव रक्षा करने की प्रवृत्ति, भोजन प्राप्त करने का प्रयास और प्रजनन के लिये उद्योग - ये सभी जीवन की वे मौलिक प्रवृत्तियां हैं जो एक कोशिका से लेकर हम मनुष्यों तक सभी में उपस्थित रहती हैं। ज्ञान, प्रवृत्ति और उद्योग,

ये परमेश्वर की तीन वाह्य प्रकृतियों ज्ञान, इच्छा एवं क्रिया की ही अलग-अलग स्तरों पर विभिन्न परिमाणों में विकसित होते रहने वाली अभिव्यक्तियां मात्र हैं। इन्हीं के द्वारा यह विश्व संचालित होता है।

मृत्यु की ध्वनि

क्लीव बैकस्टर एक पोलीग्राफ़ ऐक्सपर्ट थे जो साठ के दशक में न्यूयॉर्क में पुलिस कर्मियों की ट्रेनिंग के लिये एक स्कूल चलाते थे। वे अपने यंत्र की सहायता से प्रयोग करते रहते थे, और झूठ पकड़ने का उन्हें विशेष अनुभव था। उन्होंने एक बार अपने आफिस में रखे हुए एक रबड़ के पौधे के दोनों ओर दो पीजीआर इलेक्ट्रोड लगा दिये ताकि अपने टेप पर वे उसमें उत्पन्न होने वाली वृत्तियों का अध्ययन कर सकें। अपने अनेक प्रयासों के बाद भी उन्हें पौधे में कोई प्रतिक्रिया उत्पन्न होती हुई नहीं दिखाई पडी। इसके पहले बैकस्टर सीआईए के लिये इंटेरोगेटर के रूप में कार्य करते थे। अत: उन्हें यह विचार आया कि एक बार मनुष्यों के क्षेत्र में सबसे कार्यगर उपाय 'अस्तित्व पर संकट' या संभावित मृत्यु का डर उत्पन्न करके देखना चाहिये।

लायल वाटसन लिखते हैं, "सबसे पहले बैकस्टर ने इस पौधे की एक पत्ती को गर्म कॉफी के कप में डुबा कर देखा, पर कहीं कोई परिवर्तन नहीं हुआ और उन्होंने यह निर्णय लिया कि अब इसको माचिस से जला कर देखता हूं। परंतु जैसे ही यह विचार उनके दिमाग में उत्पन्न हुआ, उन्होंने देखा कि तुरंत ही पीजीआर पर चल रही ट्रेसिंग में एक ऊंचा उछाल जैसा दिखाई पड़ा। न तो वे हिले ही थे और न ही उन्होंने पौधे को स्पर्श किया था, अत: स्क्रीन पर चलने वाली कलम की यह प्रतिक्रिया उनमें विचार के उत्पन्न होने मात्र से ही उत्पन्न हो गई थी। बैकस्टर ने इस विषय में और अन्वेषण करने का निर्णय लिया। वे कुछ समुद्री झींगे अपने आफिस में ले आये और उन्होंने एक जीवित झींगे को उबलते हुए पानी में डाल दिया। उन्होंने देखा कि जितनी बार भी वे एक जीवित झींगे को उबलते जल में डालते थे, पोलीग्राफ की कलम में तीव्र उछाल वाले झटके अंकित हो जाते थे।

"यह संभावना दूर करने के लिये कि उनके अपने विचार ही किसी प्रकार कलम को प्रभावित कर रहे हों, बैकस्टर ने समस्त प्रयोग विधि को एक स्वचालित प्रणाली से इस प्रकार युक्त कर दिया कि किन्हीं अज्ञात क्षणों में

एक इलेक्ट्रोनिक रैंडमाइजर के द्वारा एक एक झींगे को उबलते पानी के ट्रफ में गिरा दिया जायेगा और यह भी कि प्रयोगशाला में उस प्रयोग के समय कोई भी उपस्थित नहीं रहेगा। यह देखा गया कि पौधे ने प्रत्येक झींगे की मृत्यु पर अपनी वैसी ही प्रतिक्रिया दर्ज करवाई, पर जब स्वचालित उपकरण ने एक पहले से मरे हुए झींगे को गर्म पानी में गिराया तो पौधे ने किसी प्रतिक्रिया का आभास नहीं दिया"। मृत्यु की पीड़ा होने पर ही उसकी संवेदना का स्पंदन होता है, और तभी किसी अन्य प्राणी या पौधे को उस विचार का स्पंदन स्पर्श कर सकता है या उसे उस मृत्यु की ध्वनि सुनाई पड़ती है।

एक बंद और सीमित स्थान में अवस्थित पौधे के द्वारा अपने स्वामी के विचार का आशय समझ लेना यह इंगित करता है कि एक पौधे और मनुष्य के मध्य मानसिक ऊर्जा का आदान-प्रदान संभव है तथापि यह आशा करना कि उस अवस्था में हर पौधा इसी प्रकार आचरण करता हुआ द्रष्टिगोचर होगा उतना संभवप्रद होना आवश्यक नहीं है। यह उस पौधे में उपस्थित उसके सूक्ष्म शरीर अथवा मन के विकास से संभव होता है और यह आवश्यक नहीं है कि सभी पौधों के सूक्ष्म शरीर एक ही समान विकसित होंगे। उसी परिवेश में अवस्थित रहते हुए उसे अपने स्वामी के विचार समझ में आने लग गये थे और उस पौधे के लिये झींगा मछली की मृत्यु की संवेदना को हर बार ग्रहण कर लेना भी सभी पौधों की समान उपलब्धि, या पौधों में केवल जाति के विकास का इंगित ही नहीं बल्कि व्यक्ति पौधे के विशेष विकास का इंगित भी समझना अधिक उचित होगा। साथ ही, स्वाभाविक मृत्यु और पीड़ा के स्पंदन साधारण प्राणियों या पौधों के द्वारा इस प्रकार ग्रहीत नहीं होते। इसी प्रकार हिंसा अथवा दुर्घटना में अकस्मात मृत्यु को प्राप्त मनुष्यों को शीघ्र पुनर्जन्म ग्रहण करते हुए देखा जाता है और उनकी पिछले जीवन की स्मृति भी लुप्त नहीं होती।

चेतना के चलते फिरते विभाग

हम यह बता चुके हैं कि ऋषियों के अनुसार यह विश्व एक ही सार्वभौम सत्य के दो ऐसे पक्षों की, जो मौलिक रूप में परस्पर के विरूद्ध गुणों वाले पक्ष हैं, एक ऐसी अभिव्यक्ति है जिसमें ये दोनों समान बलों के साथ परस्पर को आधार प्रदान करते हुए स्थित होते हैं - और ये इसी प्रकार अभिव्यक्त होते हैं। आगम के द्वारा इनका वर्णन शिव एवं शक्ति तत्वों के नाम से किया जाता है।

एक दूसरे से आलिंगन में बंधे हुए के समान चैतन्य की अभिव्यक्ति के ये दो पहलू, एक ही वस्तु के एक या दूसरी दिशा में लुढकते रहने के समान अग्रसर होते हुए, किसी भी दिशा में गहरी और दूर तक विस्तृत विविधताओं की सृष्टि करने में समर्थ होते हैं। सृष्टि की हर अभिव्यक्ति में ये किसी सिक्के के दो पहलुओं के समान उपस्थित होते हैं - होते दोनों ही हैं, पर एक बार में एक ही पहलू दिखाई पड़ता है।

उदाहरण के रूप में, ऊर्जा शक्ति है तो शिव पदार्थ रूप है, पदार्थ शरीर के रूप में शक्ति है तो मन शिव स्थानस्थ है, मन स्वयं एक अंत: चेतना का उपकरण (शक्ति) है जो अनुभव लाभ करता है तो शिव बुद्धि स्वरूप है, बुद्धि भी प्रकृति की उपज होने के कारण शक्ति है तो शिव 'मैं' की अवधारणा वाले आत्म तत्व के रूप में अवस्थित है और अंतिम अवस्था में शिव तटस्थ और उदासीन रहते हुए केवल आधार प्रदान करते हैं और उस संबंध से 'मैं' की अवधारणा भी शक्ति में ही सृष्टि बीज का वपन या विकास मात्र है। इन सभी स्तरों का विकास एक ही सार वस्तु में एक ओर एक दृष्टा या उपभोक्ता चित का और दूसरी ओर उसके द्वारा अनुभूत आनंद का एक विविधता के रूप में विकास होता है, जो विकसित होकर एक विश्व का रूप ले लेता है। यह विश्व एक क्रम विकास की परंपरा का अनुशीलन करते हुए विकास प्राप्त करता है, जिसमें प्रकृति के द्वारा मन और शरीर, अथवा दृष्टा एवं दृश्य, दोनों विभागों का समानांतर परंतु अलग-अलग विकास होता है।

समाज बनाकर रहने वाले छोटे जीव

चींटी, दीमक, मधुमक्खी आदि अनेक छोटे जीव झुंडो में रहने के आदी हो जाते हैं। अमीबाओं के समान जब उनके झुंड में व्यष्टियों की संख्या एक न्यूनतम से अधिक हो जाती है, तो उनके मध्य एक आसन (पीठ) की अभिव्यक्ति हो जाती है, जिसमें उनकी व्यष्टियों से अलग उनकी एक सामूहिक चेतना उदित होकर अपना स्थान ले सकती है। प्रकृति का उद्देश्य कुछ भी हो, पर इसमें व्यष्टि की बेहतर सुरक्षा, बेहतर भोजन की उपलब्धि एवं प्रजनन की सहूलियत का आश्वासन आदि के लाभ तो मिलते ही हैं, अत: व्यष्टियों का सहयोग स्वाभाविक रूप में स्वत: प्राप्त हो जाता है।

कई बार औद्योगिक उत्पादों की प्रदर्शनियों में किसी उत्पाद को अलग अलग भागों में विभक्त करके प्रदर्शित किया जाता है, जिससे भ्रमणार्थियों

के लिये उस उत्पाद के कार्य करने की पद्धति और प्रक्रिया आदि को भली भांति समझना आसान हो जाता है। अपनी एक अलग कालोनी बनाकर रहने वाले छोटे जीवों की इस परंपरा को हम चाहें तो प्रकृति के एक प्रदर्शन कक्ष के समान भी समझ सकते हैं जहां यह मन स्थानीय लिंग शरीर को स्थूल आवरण में बद्ध करने के स्थान पर एक खुले हुए रूप मे प्रदर्शित करने का प्रयास करती है। एक कालोनी के रुप में एकत्र और एक ही स्थान पर रहने वाले इन प्राणियों में एक अलग व्यष्टि मन के अंतर्गत होने के समान भोजन, प्रसूति एवं बाल-गृह और सुरक्षा से संबंधित कार्यों का अलग-अलग विभागों में बंटवारा हो जाता है जो सभी व्यष्टि सदस्यों को एक अंत:प्रेरणा के समान विदित होता है। अलग-अलग होते हुए भी प्रत्येक विभाग और उसका प्रत्येक सदस्य एक ही कालोनी को अपना ही वाह्य में फैला हुआ शरीर समझते हुए कार्य करते हैं। उनके शरीर और आंतर का एक व्यष्टि ज्ञान होता है, जो उन्हें व्यष्टि क्रिया-प्रतिक्रिया करने की योग्यता प्रदान करता है तथा प्रत्येक का एक ही विभाग-विशेष का मन होने के समान, उस विभाग-ज्ञान से भी भिन्न एक ही वाह्य का विभाग-ज्ञान भी होता है। इसी प्रकार प्रत्येक विभाग, उपविभाग आदि का एक ही पूरी कालोनी के मन होने के समान एक ही वाह्य का कालोनी ज्ञान होता है। इसी प्रकार अंतर ज्ञान के स्तर पर व्यष्टि का अंतर का ज्ञान, प्रत्येक विभाग का अलग अंतर्ज्ञान, और समूची कालोनी के अलग मन का एक अंतर्ज्ञान भी होता है। कम से कम एक विवेकशील बाह्य दर्शक को यह सब कुछ इसी प्रकार प्रतीत होता है।

इस परंपरा में सभी सदस्य प्राय: एक ही माता की संतान होते हैं, तथापि एक विभाग के सभी सदस्यों का पिता भी एक हो सकता है और एक ही विभाग में दो या तीन पिताओं की संतानों के अलग उप-समूह भी हो सकते हैं, तथापि माता सबकी एक ही होती है, और इस प्रकार कालोनी के सभी सदस्य एक ही परिवार के सदस्यों के समान सहज भाव से परस्पर सहयोग करते हुए कार्य करते हैं। संभवत: विभागों की अलग सामूहिक चेतना अथवा उप-मन भी होते हैं। उदाहरण के तौर पर यदि एक व्यष्टि सदस्य ने कुछ देखा है तो वह विभाग के मन को भी ज्ञात हो जाता है और अगर उस विभाग के एक पर्याप्त संख्या में सदस्यों ने उसे देख लिया है तो वह कालोनी के मन को भी ज्ञात हो जाता है (आदि)। और इसी प्रणाली से यदि विभागों और सदस्यों को निर्देश भी प्राप्त होने लग जायें, तो कालोनी अस्तित्व में आ जाती है।

जैव विज्ञान के क्षेत्र में अत्यंत सम्मान की दृष्टि से देखे जाने वाले यूजिन मैरेइ (Eugene Marais) को जीव जंतुओं के व्यवहार के अध्ययन (ethology) का पिता कहा जाता है। उनकी लापरवाही के कारण जो नोबल पुरस्कार उन्हें मिलना चाहिये था वह किसी और के द्वारा कब्जा लिया गया था और उनकी असमय मृत्यु में पश्चिम के वैघानिकों की इस दबंगता एवं चतुराई का भी यथेष्ट योगदान था। मैरेइ ने दक्षिण अफ्रीका में रहते हुए दीमकों (white ants) के द्वारा निर्मित सैंकड़ों वर्ग फुटों में फैली हुई सैंकड़ों जीवित कालोनियों का गहन अध्ययन और अन्वेषण किया था। ये चींटी के समान प्राणी बहुत चतुराई और दक्षता से इन संरचनओं का निर्माण कर लेते थे जो ऊपर नीचे की दिशा में भी आठ से दस फीट तक, कुछ जमीन के ऊपर और कुछ नीचे, विकसित की जाती हैं। हजारों की संख्या में दृश्यमान कालोनियों की, महराबों से सज्जित महलों, उद्यानों, पुलों और गुफ़ाओं से समन्वित, कलाकृतियों के समान रचनाओं में विभिन्नता भी दृष्टिगोचर होती है और समानता भी। इन वातानुकूलित और कार्बन डाइ-आक्साइड़ गैस को भी नियंत्रण में रखने वाली संरचनाओं का निर्माण और इनके भग्न होने पर इनकी यथावत के समान मरम्मत यद्यपि ये छोटे जीव स्वयं ही करते हैं पर, मैरेइ के अनुसार इनकी परिकल्पना और परियोजना कर पाना उनके लिये सर्वथा असंभव है।

उन्होंने अपने शोधपत्र में लिखा है, “हम इस निष्कर्ष से बच नहीं सकते कि चाहे किसी प्रकार भी हो, कहीं एक पहले से बनाया हुआ पूरी कालोनी का नक्शा उपलब्ध है, और ये नन्हे प्राणी केवल उसे संरचना में बदलने का कार्य करते हैं। परंतु यह नक्शा (plan) कहां अवस्थित होकर रहता है, यह एक बड़ा प्रश्न है?” मैरेइ का विश्वास था दीमक की कालोनी के कुनबे में एक से अधिक प्रकार के उप-परिवार होते हैं और उनमें से प्रत्येक की तुलना हम रीढ़ की हड्डी वाले प्राणियों में विकसित होने वाले एक अंग विशेष से कर सकते हैं। उनके अनुसार, दीमकों में से जो दीमकें फुंगी उद्यानों की देखभाल करने वाले माली का कार्य करती हैं, वे हमारे भोजन पचाने के तंत्र का प्रतिनिधित्व करती हैं, सैनिक हमारी बाजुओं का, मजदूर हमारी रक्त कोशिकओं का और कालोनी की रानी हमारे प्रजनन अंगों का प्रतिनिधित्व करती हुई प्रतीत होती है। मैरेइ को यह विदित था कि कालोनी में रानी का स्थान केन्द्रस्थ के समान था और उसको कालोनी से विलग कर देने पर कालोनी में टूट-फूट की मरम्मत का कार्य भी स्वत: स्थगित हो जाता था। भले ही कालोनी का मन और कहीं

तथा पूरी कालोनी में विस्तृत होकर अवस्थित हो, पर व्यष्टि दीमकों को मिलने वाले निर्देश उनके लिये उनकी रानी के ही निर्देश होते थे। मैरेइ को ऐसा प्रतीत होता था कि जैसे हमारे शरीर के विशिष्ट अंग, हमारे अचेतन मन के अधीन पर हमारे जागृत मन के लिये अज्ञात रहते हुए, (और) स्वसंचालित के समान कार्य करते हैं, वैसे ही ऐसी किसी कालोनी की एक अलग व्यष्टि चेतना तथा उससे अलग अनेक विभागों की व्यष्टि स्व-चेतनायें मिलकर एक साथ कार्य करते हुए इसकी संरचना को पूर्ण करती हैं।

रानी का महल और आंगन

अपनी पुस्तक 'सुपरनेचर' में लायल वाटसन ने लिखा है, "इवान सैंडरसन जिन्होंने ट्रौपिकल अमेरिका में हार्वेस्टर चींटी की अट्टा प्रजाति का अध्ययन किया है, उन्होंने इस सामाजिक कीट की गतिविधियों के विषय में अनेक बातों की चर्चा की है। ये चींटियां अपने भूमिगत नगर से बाहर हर दिशा में लगभग आधे मील तक एक जटिल सड़कों का जाल बिछा लेती हैं। ये मार्ग, जो सभी अड़चनों से मुक्त मार्ग होते हैं, उनके सदस्यों को विभिन्न भोजन की उपलब्धि के स्थानों तक पहुंचाते हैं। अगर इनमें से कोई मार्ग किसी वृक्ष की टहनी गिरने से या अन्य किसी प्रकार बाधित हो जाता है, तो यातायात तब तक के लिये ठहर जाता है जबतक विशिष्ट पुलिस चींटियां आकर अपने निर्देशन में एक दूसरा मार्ग तैयार नहीं करवा लेतीं।

"सैंडरसन को यह देखकर आश्चर्य हुआ कि मार्ग बाधित होने के पश्चात कितनी शीघ्रता से उसका उपचार करने चींटियों के जत्थे वहां पहुंच जाते थे। उसने कई स्थानों पर मार्गों में बाधाओं की सृष्टि करते हुए अपने सहयोगियों को वहां समय नापने के यंत्रों (stop watches) के साथ तैनात कर दिया। उन्होंने देखा कि लगभग तुरंत ही बिना किसी विलंब के हर बार बाधा के स्थान पर चींटियों के नगर से पुलिस चींटियां कंधे से कंधा मिलाते हुए लगभग पचास चींटियों की चौड़ाई वाले एक दस्ते के समान पंक्ति के बाद पंक्ति बनाते हुए निकलकर तीव्र गति से वहां पहुंचती जा रही थीं।

"मार्ग अवरूद्ध होने की सूचना उनके शिरों पर स्थित एंटीना से एंटीना मिलाकर उनके नगर तक पंहुचने में काफी समय लग जाता, वायु के बहने की दिशा भी उनके घोंसले से विपरीत थी अतः किसी गंध के रूप में भी कोई संदेश पंहुचाना संभव नहीं था। दृष्टि के संदर्भ में रात का समय और अंधकार था एवं

(वायु की दिशा के विपरीत होने से) किसी ध्वनि के पहुंचने का भी प्रश्न नहीं था, तो फिर घोंसले में सूचना किस प्रकार पहुंच रही थी? इसका यह अर्थ है कि अट्टा चींटियां किसी ऐसी टेली-संचार व्यवस्था का उपयोग करती हैं जो ज्ञात रासायनिक और भौतिक-यांत्रिक परिधियों से परे कार्य करती है। संभव है, ये चींटियां और इस प्रकार की अन्य जातियां किसी प्रकार की टलीपैथी का उपयोग करने में समर्थ हैं और वे इसका उपयोग कर भी रही हों।

"किसी सामाजिक कीट की एक कालोनी वास्तव में एक अलग जीव है। इस जीव में रानी इसका कामांग (sex organ) और एन्डोक्राइन ग्लांड है, मजदूर इसके प्रजनन के अंग एवं प्रजनन और पाचन का मार्ग हैं, पुलिस नियंत्रण की कार्य-प्रणाली और सैनिक इसके सुरक्षा विभाग के अंग हैं। ये सभी कतिपय अंत: निर्देशों के द्‌वारा एक स्वयं में पूर्ण संरचना के साथ जुडे होते हैं जिसमें संपूर्ण का हित प्रधान होता है और व्यक्ति का हित दूसरे स्थान पर होता है। अगर भविष्य में इन कालोनियों में एक मन के समान कोई अवस्थिति पाई जाती है, तो यह आश्चर्य का विषय नहीं होना चाहिये"।

सबसे अधिक-सामाजिक कीट-पतंगों में मधुमक्खियों, ततैयों, चींटियों और दीमकों की गणना होती है। इनमें से चींटियों और दीमकों की सभी प्रजातियां कालोनियों के रूप में ही पाई जाती हैं। सभी कालोनियों में एक रानी होती है जो बहुत सी संतानों को उत्पन्न करती है, जिनमें से अधिकांश बांझ पुत्रियों के समान होती हैं और ये सब अपनी उम्र के अनुसार कालोनी से संबंधित सभी कार्यों में उद्‌युक्त रहती हैं।

रानी के पंख होते हैं और वह उड़ सकती है। यह एक दिन में सैंकडों अंडे दे सकती है और कई वर्ष तक जीवित रहती है। नर चींटियों और बांझ पुत्रियों की आयु कुछ महीने ही होती है। नर चींटों का उपयोग केवल प्रजनन के हेतु रानी को गर्भित करने में होता है। रानी नर चींटे से एक बार ही संभोग करती है और उसके बाद या तो उसकी मृत्यु हो जाती है, अन्यथा अकेले में मरने के लिये रानी की पुत्रियां उसे कालोनी से बाहर खदेड़ देती हैं। इस प्रकार सभी कार्यवाहक पुत्रियां रानी को ही अपना जन्मदाता समझती हैं, उसके प्रति निष्ठावान रहती हैं और उसके निर्देशों का निर्वाह करती हैं। गइया के समर्थक चींटियों और दीमकों को प्रकृति के घर में बचे खुचे सामान के विभंजक-विसर्जक विभाग का प्रतिनिधि कहते हैं, तथापि हम यह भी देखते हैं कि कालोनी के विकास के संदर्भ में शरीर के विकास को कुंद करके प्रकृति बांझ पुत्रियां उत्पन्न करती है, जो

उतना स्वाभाविक विकास नहीं है, अत: यह संभव है कि प्रकृति इनका उपयोग भविष्य में होने वाले स्थूल शरीरों के विकास के पूर्व सूक्ष्म शरीरों के विकास की एक कार्यशाला-समन्वित पाठशाला के रूप में करती हो।

वैज्ञानिकों में अचेतन मन की अवधारणा

लायल वाटसन एक ईमानदार वैज्ञानिक थे, जिनकी सुकरात और अरस्तु की श्रेणी वाली सोच थी। विज्ञान उनके लिये एक पवित्र ज्ञान पर्व के समान था और वे विज्ञान से कुछ लेना नहीं बल्कि इस विश्व को कुछ देकर जाना चाहते थे। वे एक निष्पक्ष वैज्ञानिक अन्वेषक थे, अत: वे आधुनिक जैव विज्ञान की व्याख्याओं में परिलक्षित होने वाली असंगतियों एवं अपूर्णताओं को दबाने के स्थान पर उजागर करना अधिक आवश्यक समझते थे। नर्व और मस्तिष्क की अनुपस्थिति में भी आत्मप्रवृत्तियों का उदित होना, कीट-पतंगों के द्वारा टेलीपैथी से सूचना का आदान-प्रदान, झुंड या कालोनी में समष्टि की चेतना का आभास आदि, जिन्हें लायल वाटसन एवं कुछ अन्य वैज्ञानिकों नें उजागर करना उचित समझा, ये सभी ऐसी घटनायें या वास्तविकतायें हैं जिन्हें न तो जैवशास्त्री भली भांति समझ सकते हैं और न ही वे उनकी समुचित व्याख्या कर सकते हैं। दूसरी ओर ऋषियों के द्वारा प्रस्तुत की गई एक ही सार्वभौम व्याख्या का अनुशीलन करने पर भौतिकी और रसायन के समान ही जैवशास्त्र की अनबूझ पहेलियां भी सरलता से समझ में आ जाती हैं।

जब भारत के प्राचीन ऋषि स्थूल सृष्टि के संदर्भ में प्रकृति की बात करते हैं, तो उनकी आख्या में यह पूर्व समन्वित होता है कि विश्व-चैतन्य का एक अनुस्यूत-चेतना वाला विभाग इस विश्व के रुप में अभिव्यक्ति प्राप्त प्रत्येक छोटी बड़ी वस्तु में सदैव विद्यमान रहता है। इस प्रकार सभी पदार्थ और सभी अभिव्यक्तियां एक ही सूत्र में पिरोये हुए होकर एवं परस्पर संबंधित रहते हुए ही कार्य करते हैं। प्राणधारी जीवों में, विशेषकर अपेक्षाकृत बड़े और अधिक विकसित प्राणियों के संदर्भ में इसे उनका अचेतन मन कहा जा सकता है। हमारे अज्ञात सार में हमारे शरीर की विभिन्न अंग प्रणालियों में, जो स्वचालित (autonomic) के समान कार्य करती हुई प्रतीत होती हैं, प्रत्येक की एक अलग व्यक्ति चेतना होती है जो उसे स्वचालित बनाती है। इस प्रकार की छोटी बड़ी

अनेक उप-चेतनायें हमारे अज्ञात सार में हमारे शरीर में कार्यरत रहती हैं और ये सभी हमारे अचेतन मन के अंतर्गत कही जा सकती हैं।

आज से लगभग दस करोड़ वर्ष पूर्व, क्रेटाशियस की प्रारंभिक शताब्दियों में, जिस समय ये सामाजिक जीवन का भरपूर लाभ उठाने वाले कीट पतंग निश्चित रूप से उपस्थित थे, ठीक उसी समय प्रकृति अधिक जटिल प्रणालियों से युक्त स्थूल शरीरों के रूप में वाहनों की और उनका उपयोग करने में समर्थ मन के रूप में अधिक दक्षता वाली चालन-क्षमता से युक्त सूक्ष्म लिंग शरीरों का विकास करने की दिशा में भी अग्रसर हो रही थी। जटिल वाहनों का अर्थ है अधिक दक्षता से कार्य करने वाले वाहन, जिनमें–अधिकाधिक, उपयंत्रों के समान उनके अवयव स्वचालित होकर कार्य कर रहे हों अथवा उनके अलग विश्वसनीय उप-चालक नियुक्त रहकर कार्य कर रहे हों।

लगभग दस करोड़ वर्ष पूर्व, प्रकृति एक ओर तो जटिल वाहनों को विकास करने की दिशा में अग्रसर थी, और दूसरी ओर यह इन वाहनों के लिय चतुर चालकों का और वाहन के उपविभागों के उपचालकों का विकास करने की दिशा में भी अग्रसर थी। यह स्वाभाविक प्रतीत होता है कि समानांतर विकास की परंपरा का अनुशीलन करते हुए भी प्रथम स्थान में चालक का विकास होना चाहिये और फिर उसके उपयुक्त वाहन का, पहले किसी उपग्रह के चालक का विकास होना चाहिये और भले ही एक सेकेंड के दस खरबवें भाग के बाद ही प्रकृति के द्वारा उसउपग्रह का विकास भी कर लिया जाये। इसी प्रकार पहले एक ग्रह के चालक का और फिर मंगल ग्रह का, पहले एक तारे के चालक का और फिर सूर्य का, पहले एक गैलेक्सी के चालक का और फिर आकाश गंगा का विकास किया जाना अधिक स्वाभाविक प्रतीत होता है। जटिल शरीरों के निर्माण के लिये एक अलग लिवर के उप-चालक का, किडनी के उप-चालक का, और इसी प्रकार आमाशय, मूत्राशय, गर्भाशय आदि सभी विशिष्ट आशयों के उप-चालकों का विकास करना भी आवश्यक है तभी ये यंत्रों के समान प्रतीत होने वाले अवयव विभिन्न बड़े पशुओं के शरीरों में स्वचालित रहते हुए कार्य कर सकेंगे और तभी उनका संबंध एक सार्थक परंपरा के अंतर्गत नर्वस प्रणाली और मस्तिष्क से जोड़ा जा सकेगा। सूक्ष्म और स्थूल शरीरों का इंटरफेस होना, दोनों का एक ही पृष्ठ पर रहना आवश्यक है - तभी कोई शरीर संरचना संभव हो सकती है।

हमारा मस्तिष्क हमारे स्थूल शरीर का हिस्सा होने के कारण हार्डवेयर के समान है। यह भोजन आदि के रूप में स्थूल ऊर्जा ग्रहण करते हुए कार्य करता

है। तथापि यह स्वयं अपने स्विच को ऑफ तो कर सकता है पर ऑन नहीं कर सकता। इसका ऑन करने वाला बटन और इसको चलाने वाला सॉफ्टवेयर हमारे लिंग शरीर में अवस्थित होता है और हमारे मन के नियंत्रण में रहता है। कुंडलिनी शरीर के सभी अंगों, अवयवों, यंत्रों एवं प्रणालियों का विकास मंत्रों की सहायता से कर सकती है, पर उनकी कार्यवाहक चेतना के लिये स्वतंत्र लिंग-शरीरों का विकास भी आवश्यक होता है। एक सामाजिक जीवन प्रणाली के अंतर्गत ही कार्य करने में सक्षम दीमकों आदि का विकास, संभवतया, मानव मस्तिष्क के विकास की दिशा में भी एक महत्वपूर्ण पद-निक्षेप था। हमारा मस्तिष्क एक अत्यंत महत्वपूर्ण यंत्र है जिसका उपयोग हमारी सूक्ष्म स्तर पर अवस्थित रहने वाली चेतना के द्वारा किया जाता है। यह भी स्पष्ट है कि इसका विकास, इसका उपयोग करने वाली चेतना के स्वभाव और साधनों के अनुरूप होने से ही इसकी उपादेयता है। इसीलिये मानव-पुत्र को इस भूमि पर उतारने के लिये, जो कि विश्व सृष्टि का केन्द्र स्थानीय हेतु है, इसके मस्तिष्क के विकास का कार्य प्रकृति के द्वारा अनेक पूर्व ही प्रारंभ कर दिया जाता है, और संभवतया प्रकृति यह कार्य सामाजिक-कीटों को उत्पन्न करने से भी पूर्व ही आरंभ कर देती है।

हमने लायल वाटसन और युजिन मैरेड़ की ईमानदारी और उनके विज्ञान के प्रति समर्पण की बात कही है। इसका केवल यही अर्थ है कि उनकी ईमानदारी भी उनके समर्पण का ही एक विशिष्ट पहलू थी। उनके वैज्ञानिक व्यक्तित्व में स्वार्थ का योगदान संभवतया कार्य करने की स्वतंत्रता बनाये रखने तक ही सीमित था, तथापि यह सत्य है कि जैवशास्त्री और मनोवैज्ञानिक जिसे 'अचेतन' मन कहते हैं, उन सभी को इस 'अचेतन' को और अधिक समझने का एक ईमानदार प्रयास अवश्य करना चाहिये। विज्ञानविदों को इस शब्द का आविष्कार कर लेने के पश्चात आत्मसंतुष्ट होकर ठहर नहीं जाना चाहिये - जो अज्ञात है अथवा भली भांति ज्ञात नहीं है, उसके अन्वेषण का प्रयास करते रहना चाहिये।

चेतना का विकास

भारत के सभी दर्शनों के ऋषि इस विषय में एक मत हैं कि जब चेतना का अवतरण स्थूल धरातल पर होता है, तो उसका प्रकाश पांच आवरणों से ढंका

हुआ होता है। इनमें से जो वाह्यतम आवरण होता है और प्राणियों का स्थूल शरीर होता है, उसी को ऋषिगण अन्नमय कोष कहते हैं। चेतना का विकास वाह्य से अंतर की दिशा में इन पांच कोषों को क्षीण करते हुए होता है, जो अधिकाधिक अंतर की दिशा में अग्रसर होते हुए क्रमश: अन्नमय, प्राणमय, मनोमय, विज्ञानमय एवं आनंदमय कोषों के रूप में अवस्थित होते हैं।

जो आत्म तत्व अथवा दृष्टा है, वह 'मैं' की अवधारणा के सहित कारण शरीर में स्थित रहता है, जिसे आनंदमय कोष कहा जाता है। इसी की उपस्थिति के कारण सृष्टि के दूसरे धरातल पर चित्त की उत्पत्ति होती है जिसमें व्यष्टि की चेतना का विकास होता है। वाह्य की दिशा में अगले तीनों कोष सूक्ष्म शरीर में अवस्थित होते हैं। विज्ञानमय कोष में बुद्धि का क्षेत्र स्थित होता है, जिसका विकास केवल मानव-पुत्रों में ही होता है, मनोमय कोष में मन एवं ज्ञानेन्द्रियों का तथा प्राणमय कोष में कर्मेन्द्रियों का क्षेत्र होता है। वाह्य दिशा में अंतिम कोष को ही अन्नमय कोष कहा जाता है जो भौतिक और रासायनिक ऊर्जाओं का कार्य क्षेत्र होता है और जिसमें स्थूल शरीर का विकास होता है। सृष्टि की संरचना में मौलिक आधार सभी अभिव्यक्तियों में समान होता है और जैव-अजैव का विभाजन भी क्रम-विकास का अनुसरण करते हुए ही स्वत: उपस्थित होता है।

पदार्थ के अंधकार से चेतना के प्रकाश की ओर

चेतना के प्रकाश पर स्थूल पदार्थ के आवरण की, जिसे योग विज्ञान एवं तंत्र विज्ञान के ऋषियों के द्वारा अन्नमय कोष कहा गया है, तुलना हम एक मोटे कपड़े की चादर से कर सकते हैं, जिसके द्वारा किसी लैंप के प्रकाश को भली भांति ढंक दिया गया हो। इसी स्थान की अवस्था को, जहां आत्म तत्व से निसृत होने वाले चेतना के प्रकाश को पूर्ण रूप से ढंक दिया गया है, हम पुरुष के विकास की शून्य अवस्था समझ सकते हैं। विकासोन्मुख प्रानी को इस शून्य-अवस्था से ही अपनी चेतना का क्रम विकास करते हुए, अपने अंतर में निहित अपनी क्षमताओं के आवरणों को क्षीण करते हुए, अपनी यात्रा पर अग्रसर होना है। जैसे जैसे ये आवरण क्षीण होते जाते हैं और कोषों का विकास होता जाता है, पदार्थ से जीवन का, फिर कीट पतंगों का, पोधौं और पशुओं के साम्राज्ञों का, और अंत में मानव-पुत्रों का जन्म भी इसी परंपरा के अंतर्गत, सूक्ष्म और स्थूल शरीरों के समानांतर रूप से क्रम-विकास के माध्यम से ही हो पाता है।

इस स्थान पर पंहुचकर मनोमय कोष का विकास पूर्ण हो जाता है और विज्ञानमय कोष का विकास होना आरंभ हो जाता है। इसी स्थल पर लिंग शरीर के वाहन के रूप में कार्य करने वाले स्थूल शरीरों का विकास पूर्णता लाभ कर लेता है। पांच ज्ञानेन्द्रियों और पांच कर्मेन्द्रियों की पूर्ण क्षमताओं के अनुरूप स्थूल उपकरणों तथा एक विशाल और शक्तिशाली मस्तिष्क के विकास के साथ ही, कुंडलिनी शक्ति की क्रम विकास की क्रिया का उपशम हो जाता है। यहां से चेतना का विकास सूक्ष्म शरीर में स्थित केन्द्रों के मार्ग पर आगे बढ़ता है अथवा मूल व्यक्तित्व अथवा व्यष्टि के अंतर की दिशा में होता है - और यह प्रयत्न सापेक्ष भी होता है।

पदार्थ के किसी भी कण या अन्य किसी वस्तु की स्थूल अभिव्यक्ति के समय उसकी जो सबसे पहली आवश्यकता है होती वह है उसका एक अपना मन। यही उसके अंदर स्थित होने वाली 'मैं' रूपी सत्ता के उपयोग के लिये प्रधान करण है। यह इसकी इच्छा का प्रतिनिधि है, जिसमें जानने और क्रिया करने की क्षमताओं का संयोजन हो सकता है। एक सूक्ष्म शरीर का विकास वास्तव में मन का ही विकास है। पदार्थ के कण को भी अपने आवेश का और अपने से भिन्न आवेश का ज्ञान होना आवश्यक है तथा आकर्षण अथवा विकर्षण के रूप में क्रिया का भी और इन दोनों का स्थान उस कण का मन होता है। इस मन में ही पांच ज्ञानेन्द्रियों की क्षमताओं का विकास होता है और इसी में कर्मेन्द्रियों की क्षमताओं का भी क्रम विकास होते हुए अन्न, जीवन, कीट-पतंग, पेड़-पौधे, पशु-पक्षी आदि का विकास संभव होता है।

पहले सूक्ष्म शरीर में, और फिर उसी के अनुरूप स्थूल शरीरों में गुणों और क्षमताओं में वृद्धि करते हुए, कुंडलिनी शक्ति इन दोनों शरीरों का समानांतर क्रम में विकास करते हुए अपने पथ पर अग्रसर होती है। एक ओर देखने, सुनने आदि की क्षमताओं का विकास होता है, तो दूसरी ओर चलने, पकड़ने आदि की क्षमताओं का। उदाहरण के तौर पर पकड़ने की क्षमता का विकास पहले तालुओं या मुख के माध्यम से होता है, फिर पैरों से और फिर एक समय आने पर हाथ का विकास आरंभ हो जाता है। स्थूल शरीरों में समुचित उपकरणों के विकास के साथ-साथ ही मन के क्षेत्र का भी विस्तार होता रहता है। पहले विकास अन्नमय कोष में होता है, और समय के साथ प्राणमय और मनोमय कोषों में भी विकास प्रारंभ हो जाता है। फिर एक समय आता है कि पहले प्राइमेट और बाद में होमो जीनस के रूप में मानव के पूर्वजों का उदय हो जाता

है। यह इस बात की पूर्व सूचना के समान है कि अब विज्ञानमय कोष में भी विकास प्रारंभ होने वाला है।

विज्ञानमय कोष में विकास

अत्यंत दीर्घ काल तक सूक्ष्म शरीर (मन) एवं स्थूल शरीरों के समानांतर रूप से क्रम विकास के पथ पर अग्रसर होते हुए, एक समय वह विशिष्ट क्षण उपस्थित हो जाता है, जब उस दहलीज का उलंघन हो जाता है, जिसके दूसरी ओर बुद्धि से युक्त प्राणी (होमो सैपिएंस) का विकास हो सकता है। मानव-जन्म से पूर्व मनोमय कोष का तो यथेष्ट विकास हो जाता है पर उचित और अनुचित में विवेक करने की क्षमता का अभाव होता है। इसका एक कारण यह भी होता है कि वाणी की उत्पत्ति मनुष्य के आविर्भाव के पश्चात ही होती है। वाणी से विचार और विचार से विवेक उत्पन्न होता है और विवेक से पशु-मानव का मानव-पुत्र के रूप में विकास संभव हो जाता है - जो प्रयत्न के द्वारा ईश्वर-पुत्र कहलाने की योग्यता भी प्राप्त कर सकता है। इस प्रकार क्रम विकास की परंपरा में इस स्थान पर पहुंच कर प्रकृति के केन्द्र-स्थानीय हेतु की सिद्धि हो जाती है। यहां आकर स्थूल शरीरों के विकास की परिसमाप्ति हो जाती है। मनोमय कोष के विकास की गति अत्यंत तीव्र हो जाती है और इसमें बुद्धि का सम्मिश्रण हो जाने से विभिन्न प्रकार के ज्ञान-विज्ञानों का विकास होने लगता है। अलग-अलग मानव जातियां-प्रजातियां, अलग-अलग स्थानों पर, अलग समाजों में रहते हुए, मानव जाति के लिये पदार्थ, जीवन और अंतरिक्ष के ज्ञानों में वृद्धि करते हुए और अपने-अपने इतिहास और भूगोल बनाते हुए विकास को प्राप्त होती हैं - और फिर ये सारे मनुष्य और उन सभी के सभी ज्ञान-विज्ञान एक साथ आ जाते हैं। यही वह केन्द्र विंदु है, जो प्रकृति के रूप में कुंडलिनी का अभिधेय है। अनेक ऋषियों, महामानवों एवं भविष्यवक्ताओं के अनुसार यहां आकर पुन: एक बड़े स्फोट की स्थिति आ जाती है। इस स्थिति के उत्पन्न होने का समय प्रोफेट्स ने नहीं बताया पर कुछ चिन्ह बताये गये थे, जो आज उपस्थित हो गये प्रतीत होते हैं और उनके अनुसार यह परिवर्तन एवं सुधार दोनों के एक नये युग का प्रारंभ होगा।

मानव विकास में यही वह समय है, जहां उसके लिये यह विश्व इतना संकुचित हो गया है कि मानव जाति का समस्त ज्ञान सभी के लिये लगभग समान रूप से उपलब्ध हो गया है और हर समुदाय में एक बड़ी संख्या में

ऐसे लोग भी हैं जो ज्ञान-विज्ञान की सभी बातों को सहजता से समझ सकते हैं। यही वह समय प्रतीत होता है जब मनुष्य के ज्ञान में एक ऐसा स्फोट हो सकता है कि सभी प्रकार के ज्ञानों में से सत्य का ज्ञान तो एक ओर हो जाये और जो सत्य नहीं है और भ्रमपूर्ण है, उसकी सभी को एक 'अन्य' के समान स्पष्ट प्रतीति हो सके। ऐसा होने पर ही हम ऋषियों के इस कथन का अर्थ समझ सकेंगे कि भ्रम को हटा देने पर सत्य स्वयं प्रकट हो जाता है। यही सत्य की कसौटी होती है कि उसके प्रकाश में जो हम देखते हैं उसका सार हमारे सामने प्रकट हो जाता है। उस समय सारे मनुष्य एकमत होकर चाहें तो, जो भी पुरानी टूट-फूट या झाड़-झंखाड़-कबाड़ बचता है जो अनावश्यक और भ्रमपूर्ण हो - उसकी साफ सफाई करके एक नये मानव युग का, एक नये मानव संविधान का सूत्रपात कर सकेंगे।

मनुष्य का शरीर प्राप्त कर लेने के पश्चात, एक दर्शक-उपभोक्ता के रूप में, इस विश्व के भ्रमण पर निकले हुए आत्म-कण की चेतना में विवेक की उत्पत्ति हो जाती है, जो उसे सत्य और असत्य में भेद करने की क्षमता प्रदान करता है। भले ही शिव-शक्ति की संतान स्वरूप यह आत्मकण अपने विवेक का प्रयोग न करे (क्योंकि इस विश्व उद्यान में प्रलोभनों की भरमार है), एक माता के रूप में प्रकृति का कार्य पूर्ण हो जाता है। अपना ध्यान स्वयं रखने के परामर्श के साथ अपनी सर्वश्रेष्ठ संतति को अब यह स्वतंत्र कर देती है। स्थूल विश्व क्रिया का क्षेत्र है तथा क्रिया से कार्य की उत्पत्ति होती है एवं प्रत्येक क्रिया की एक समान और विपरीत प्रतिक्रिया होती है, यद्यपि वह सदैव सतह पर देखने में नहीं आती। प्रत्येक कर्म का एक प्रतिफल होता है जो तुरंत प्रभावी हो यह आवश्यक नहीं है, यद्यपि कारण के स्तर पर यह तत्काल अवस्थित हो जाता है। अतएव क्रिया का फल एक स्वाभाविक सार्वभौम सिद्धांत है और मानवपुत्र को इच्छा के अनुरूप कर्म की स्वतंत्रता जगन्माता के द्वारा इसी निर्देश के सहित प्रदान की जाती है, कि 'इस बात को स्मरण रखना'।

यह विश्व परमेश्वर की इच्छा रूपी प्रकृति के द्वारा सृष्ट किया जाता है। परमेश्वर की अंतर की चेतना इसमें सदैव अनुस्यूत रहते हुए कार्य करती है और अपने द्वारा सृजित सभी कर्मों का संतुलन यह स्वयं करती है। इसी प्रकार एक विवेक से युक्त व्यष्टि के समान अपनी स्वतंत्र-इच्छा के प्रयोग से उत्पन्न सभी कर्मों की प्रतिक्रिया अथवा प्रभाव का वहन, अपनी इच्छा के अनुरूप कर्म करने वाले मनुष्य (आभास चैतन्य) को स्वयं करना पड़ता है। एक विश्व नागरिक

के रूप में मनुष्य को अधिकार एवं कर्तव्य दोनों एक साथ ही प्राप्त होते हैं। इसका विवेक इसे सही और गलत निर्णय लेने में सहायक होता है, पर निर्णय व्यष्टि चेतना का होता है। कर्म और प्रलोभन एक साथ उपस्थित होते हैं, अत: यह व्यष्टि चेतना सही दिशा का चुनाव भी कर सकती है, गलत का भी, और अधिकांश क्षेत्रों में तो थोड़ी सही एवं थोड़ी गलत दिशा का भी।

ईश्वर का प्रतिद्वंदी होना संभव नहीं है, पर प्रतिस्पर्धी होने में कोई बाधा नहीं है। विश्व की सृष्टि परमेश्वर की इच्छा से मूल प्रकृति के द्वारा ईश्वर के संसार के रूप में की जाती है। उसी प्रकार आभास चैतन्य स्वरूप मनुष्य (पुरुष) के संसार की सृष्टि उसकी व्यष्टि प्रकृति के द्वारा की जाती है। अत: विकास करते हुए तथा अपने इच्छा, ज्ञान और उद्योग के बलों के माध्यम से अपनी क्षमताओं में वृद्धि करते हुए, यह पुरुष तथा (उसकी) प्रकृति की जोड़ी भी अपने जनक शिव-शक्ति के समस्त गुणों को एक के बाद एक हस्तगत करते हुए और उसके अधिक समीप पंहुचने का प्रयास करते हुए अपनी जीवन यात्रा पर अग्रसर हो सकती है। अवश्य ही यह मानव-पुत्र की सृष्टि में सबसे उज्ज्वल पक्ष और सबसे बड़ी स्वतंत्रता है। इसी प्रकार इसका एक सामान्य पक्ष और इसके अधिकाधिक अंधकार की दिशा में अग्रसर स्तर भी होते हैं, जो अकल्याणकारी और महान अहितकारी परिणामों की सृष्टि करते हैं और जो संपूर्ण मानव जाति को भी विभिन्न प्रकारों से प्रभावित कर सकते हैं। तथापि, प्रकृति अपने संवेग के संतुलन को यथावत रखते हुए, व्यष्टि स्वतंत्रता के उपयोग में स्वयं कोई बाधा नहीं डालती। यह विश्व स्वचालित रहते हुए कार्य करता है और व्यष्टियों एवं व्यष्टि समूहों के कर्मों के फल अपना समय आने पर स्वयं परिपक्व होते रहते हैं। व्यष्टियों के क्षेत्र में यह सुविधा है कि किसी व्यष्टि के स्थूल शरीर का समय पूरा हो जाने पर उसका लिंग शरीर इससे विलग हो जाता है। उस अवस्था में वह मानसिक ऊर्जा के स्तर पर अपनी कर्मसमष्टि के अनुसार किसी एक स्तर विशेष पर अवस्थित होकर प्रतीक्षा करता हैं कि कर्मप्रवाह कब पुन: उसके उपयुक्त स्थूल शरीर की उपलब्धि के अवसर उत्पन्न करता है।

मन का विकास

एक शिशु अपनी सभी आवश्यकताओं की पूर्ति के लिये दूसरों पर आश्रित होता है और जब तक वह बोलना नहीं सीख लेता, उसकी सबसे प्राथमिक उपलब्धि होती

है कि किस प्रकार दूसरों से अपनी इच्छाओं और आवश्यकताओं की पूर्ति करवाई जा सके। उदाहरण के तौर पर यह किसी शारीरिक मुद्रा या शब्द या दोनों के द्वारा यह समझाने का प्रयास कर सकता है कि उसे भूख लगी है, उसका वस्त्र गीला हो गया है या वह उसे गीला करना चाहता है, अथवा उसे किसी खिलौने की जरूरत है, या वह बाहर आना, या घर से बाहर जाना चाहता है, इत्यादि, और यह भी कि उसे कौनसा खिलौना या स्नैक चाहिये और कौनसा नहीं, आदि। लगभग इसी प्रकार, घरों में पल रहे पशु भी ये सभी बातें समझा देते हैं।

परंतु शीघ्र ही शिशु अपने मित्र कुत्ते अथवा बिल्ली से आगे निकल जाता है। यह नामों को समझने लग जाता है और बोलना भी प्रारंभ कर देता है। यह एक पहला शब्द बोलता है, फिर दूसरा, और शीघ्र ही इसे किसी संकेत आदि से अपनी बात समझाने की आवश्यकता नहीं रह जाती। सभी जड़ और जीवित वस्तुओं की तुलना में जो सबसे बड़ी विशिष्टता मनुष्य को उपलब्ध है, वह है उसकी शब्दों के गठन के द्वारा अर्थपूर्ण वाणी को उत्पन्न करने की क्षमता। अतः इसके समुचित उपयोग को सुनिश्चित करने के लिये कुंडलिनी शक्ति के द्वारा, प्रकृति के माध्यम से, मनुष्य के स्थूल शरीर में एक अति-विशिष्ट वाक-यंत्र एवं उससे भी विशिष्ट एक मस्तिष्क का निर्माण कर लिया जाता है, ताकि मनुष्य के लिये इस समस्त वाक परंपरा का पूर्ण लाभ उठाना संभव हो सके।

लायल वाटसन ने लिखा है, "शैशव अवस्था से ही एक बालक, जैसे-जैसे वह वस्तुओं आदि का ज्ञान ग्रहण करता है, अपनी बात को समझाने के लिये एक संचार प्रणाली का विकास करने का प्रयास करता है। जो कुछ भी उसे दिखाई या सुनाई पड़ता है उसके अनुरूप वह इस विश्व के विषय में अपनी एक अवधारणा विकसित करता रहता है (जिसमें यह देखा, सुना या अन्य प्रकार से जाना हुआ ज्ञान स्थित होता है)। हमारा मस्तिष्क भी इसी प्रकार जो ज्ञान हमें प्राप्त होता रहता है उसको एकत्रित करते हुए और पिछली अनुभूतियों से उनकी तुलना करते हुए, हमारी इस विश्व की अनुभूति का परिमार्जन और विकास करता रहता है। मस्तिष्क के सर्वोच्च स्तर पर (विज्ञानमय कोष के स्तर पर) पहले अनुभूत हुई घटनाओं की स्मृति की सहायता से, यद्यपि वे घटनायें इस समय अनुपस्थित हैं, वह निष्कर्ष पर पंहुचने का प्रयास करता है - वह उनसे स्वतंत्र होकर भी सोच सकता है"।

विचार का उदय भाषा का सापेक्ष है, जबकि भाषाओं का उदय वर्णों से होता है। अगर हम लिखित भाषा को छोड़ दें तो हम देखेंगे कि वर्ण उतने ही हैं और

स्वर एवं व्यंजनों के रूप में हैं, तथापि उन सभी को लेकर या उनमें से कुछ को लेकर ही किसी भाषा का निर्माण संभव होता है। ऋषिगण सृष्टि में स्वत: उत्पन्न इन वर्णों का मात्रिकाओं के नाम से वर्णन करते हैं। इनका एक ध्वनि रूप होता है और एक वाणी रूप, जिन्हें सम्मिलित रूप से शब्द कहा जाता है। श्री परमहंस योगानान्द के अनुसार, "यह विश्व ईश्वर के विचारों की ही अभिव्यक्ति है"। और ईश्वर के ये विचार मात्रिकाओं के माध्यम से ही ध्वनि के रूप में व्यक्त होते हैं। ऋषिगणों के अनुसार, एक नई सृष्टि के प्रारंभ में शाश्वत चैतन्य के परा क्षेत्र में असीम बल से युक्त शुद्ध ऊर्जा की एक स्पंदायमान तरंग का उदय होता है और इस स्पंदायमान ऊर्जा को कुंडलिनी शक्ति के द्वारा इस विश्व के रूप में परिवर्तित कर दिया जाता है, जिसे हम नामों और आकारों (रूपों) के माध्यम से जान पाते हैं।

अधिकाधिक प्रगाढ़ता को प्राप्त होती हुई यह ऊर्जा, कारण भूमि पर इच्छा प्रकृति के प्रभाव से आत्मिक ऊर्जा और सूक्ष्म भूमि पर ज्ञान प्रकृति के प्रभाव से मानसिक ऊर्जा का रूप ग्रहण करते हुए उदित होती है और अंत में स्थूल भूमि पर क्रिया प्रकृति के प्रभाव से यह भौतिक ऊर्जा के रूप में उदित होती है, जहां एक सापेक्षता की दृष्टि से विश्व को देखने वाले दृष्टा की अवस्थिति होती है। उपलब्ध प्रमेयों अथवा अपने अनुभव के साधनों के माध्यम यह दृष्टा एक सापेक्ष ज्ञान का अर्जन करते हुए अपने एक विशिष्ट संसार की सृष्टि और विकास करता है और उसके संबंध में विचार करने का प्रयास भी करता है।

मस्तिष्क की आवश्यकता

किसी भी क्रिया अथवा कार्य की उत्पत्ति के लिये कुछ समय के लिये ऊर्जा का उपयोग आवश्यक होता है। संपूर्ण स्थूल सृष्टि क्रिया प्रकृति का ही एक कार्य है। स्थूल विश्व के धरातल पर जो सबसे कम स्थूल क्रिया संभव होती है, उसे क्रिया की इकाई (Elementary Quantum of Action) के नाम से जाना जाता है और जिसकी गणना वाट-सेकेंड्स में की जाती है। इसके मूल्य की गणना मैक्स प्लैंक के द्वारा की गई थी और संक्षेप में इसे '*h*' लिखा जाता है। ऊर्जा का एक क्वांटम, या प्रकाश का एक कण, जिसका स्पंदन इस न्यूनतम स्पंदन से अधिक होता है, उसे $2h$, $3h$, $4h$, $9h$, आदि के क्रमानुसार ही लिखा जाता है, परंतु यह कभी भी आधा h, तीन चौथाई h, नहीं हो सकता क्योंकि इस न्यूनतम क्रिया का विभाजन नहीं हो सकता।

इस न्यूनतम क्रिया का मूल्य, जिसकी गणना मैक्स प्लैंक के द्वारा की गई थी, केवल 6.626 x 10^{-34} वाट-सेकेंड्स आंका गया है, जो एक अत्यंत ही छोटी मात्रा है। अगर किसी के पास एक वाट ऊर्जा हो तो प्रति सेकेंड एक '*h*' की गति से उसे पूरा खर्च करने में उस व्यक्ति को 2 के बाद अगर 25 शून्य लगा दिये जायें तो जितने वर्ष बनेंगे, उससे भी कुछ अधिक समय लग जायेगा। इसकी तुलना में प्रकाश की गति जो सबसे बड़ी राशि के रूप में जानी जाती है और जिसकी सटीक गणना की जा चुकी है लगभग 299,800 किलोमीटर प्रति सेकेंड होती है। ये दोनों ही संख्यायें सापेक्षता की सृष्टि करती हैं और उसकी सीमाओं को निर्धारित करती हैं।

कारण भूमि पर चेतना को, विश्व की अनुभूति निरंतर के समान होती है, जो एक खंडविहीन अनुभूति होती है। वहीं सूक्ष्म धरातल पर चेतना में खंडों और विभागों के रूप में भिन्नता की स्पष्ट प्रतीति होती है। तथापि, केवल स्थूल भूमि के स्पंदनों के स्तर पर ही भिन्नता इस प्रकार अवस्थित हो सकती है कि उसे समय और आकार के मापदंड में बांधा जा सकता है। अभिव्यक्ति के इसी स्तर पर पहुंच कर किसी दृष्टा-उपभोक्ता के लिये अपने आस-पास चारों ओर बिखरी हुई विभिन्नता से सांसारिक माप दंडों के अनुरूप सापेक्ष लेन-देन करना भी संभव हो जाता है।

एक अमीबा के स्तर पर और संभवत: एक कीट-कालोनी की समष्टि की चेतना के विकास के स्तर पर भी, जहां मजदूर या सैनिक चींटियां को भेज देना ही पर्याप्त के समान होता है, सटीक या सटीक के समान समय और दूरी आदि की गणना की कोई आवश्यकता नहीं होती। परंतु क्रमिक विकास करते हुए प्रकृति के लिये अग्रसर होते रहना और अधिक आगे बढ़ना आवश्यक था। उसके लिये अपने विचार का ही नहीं, अपितु साधनों का भी विकास करते हुए अग्रसर होने की आवश्यकता थी। अत: प्रकृति अब सूक्ष्म और स्थूल शरीरों के समानांतर विकास के माध्यम से विकासोन्मुख-दृष्टा-उपभोक्ता के लिये मन और उसके ज्ञान प्राप्ति तथा कर्म करने के उपकरणों के विकास में उद्‌युक्त होती है।

सृष्टि के विकास के साथ अब विकासोन्मुख जीवित प्राणियों के लिये, केवल उनके मन और शरीरों के मध्य ही नहीं, बल्कि उनके और प्रकृति के मध्य भी, सूचनाओं और निर्देशों के आदान-प्रदान के कार्य को विकसित और संतुलित की अवश्यकता थी। एकाधिक प्रकार की और अनेक कोशिकाओं की समष्टियों के

रूप में विकसित होने वाले जीवित प्राणियों में, अब एक चमत्कार के समान प्रतीत होने वाले विकास का सूत्रपात होता है जिसमें एक अद्भुत संगठन की क्षमता निहित होती है।

लायल वाटसन कहते हैं, "इन कोशिकाओं के कुछ अवयव अपना आकार बदलना आरंभ करते हैं और शनैः-शनैः उनकी लंबाई उनकी चौड़ाई से एक लाख गुणा अधिक हो जाती है। अवयवों मे इस प्रकार के अनुपातों का होना केवल जैव पदार्थ में ही संभव है। इन विस्मयजनक आकार को प्राप्त करने वाली डोरियों के समान कोशिकाओं को नर्व कहा जाता है, जो पशुओं के शरीरों के विभिन्न भागों के मध्य अनुभूतियों को लाने और लेजाने वाली (दो प्रकार की) वाहिकाओं के कार्य करती हैं और ये ज्ञान-तंतु, विद्युत-चुंबकत्व पर आधारित संकेतों और क्रिया वाहक निर्देशों, दोनो के संचार के लिये एक यांत्रिक माध्यम के रूप में अवस्थित होकर अपना कार्य करते हैं"।

इस प्रकार एक विकासोन्मुख मन के अनुरूप समानांतर स्थूल शरीरों का विकास करने के लिये, प्रकृति एक स्थूल मस्तिष्क एवं उसके कार्य करने के लिये समस्त शरीर में फैल जाने वाले एक ज्ञान-तंत्र के विकास की दिशा में कार्य करना प्रारंभ कर देती है। विकासोन्मुख दृष्टा-उपभोक्ता की अनुभूति करने अथवा ज्ञान प्राप्त करने तथा क्रिया करने, दोनों प्रकार की क्षमताओं के क्षेत्र में प्रकृति एक समानांतर क्रम-विकास के सिद्धांत के आधार पर अग्रसर हो रही थी। तथापि, मानव-पुत्र के रूप में पूर्ण रूप से विकसित दृष्टा-उपभोक्ता का उदय होने में अभी देर थी। उसके उत्पन्न होने के बाद ही मात्रिकायें स्थूल भूमि पर वैखरी वाक के रूप में वाणी का, और मनुष्यों में विचार के रूप में मध्यमा वाक का विकास करने में समर्थ हो सकेंगी। अवश्य इसके परिणाम अनेक दूरगामी होने वाले थे, परंतु यह केवल प्रकृति को ही ज्ञात था कि क्या आवश्यक था और भविष्य में क्या-क्या और कब-कब होने वाला है। इसी कारण से हम देखते हैं कि सृष्टिक्रम में आवश्यकता बाद में उत्पन्न होती है जबकि उसके उपचार का कार्य लाखों-करोड़ों वर्ष पूर्व से ही प्रारंभ हो जाता है।

आवश्यकता से अनेक बड़ा उपहार

लायल वाटसन के अनुसार, "लगभग दस लाख वर्ष पहले आरंभ होकर और फ़िर धीरे धीरे गति प्राप्त करते हुए, हमारे मस्तिष्क के आकार में अचानक विस्फार होने लगा और हवा भरने पर जैसे एक बैलून फूलना आरंभ कर देता हो, उसी

प्रकार तेजी से इसका आकार बढ़ने लग गया। इतनी शीघ्रता से और किसी प्राणी के किसी भी अंग या अवयव में इसके शेष शरीर की तुलना में इस प्रकार का विकास पहले कभी नहीं देखा गया। हमारे मस्तिष्क में जो कोर्टेक्स है, वह ऐसी ही एक संरचना है जो हमारे इसके पूर्व के पशु मस्तिष्क (Mamellian Brain) के ऊपर अलग के समान अवस्थित है और जिसमें निहित असीम संभावनाओं की हमें अभी केवल झलक मिलनी प्रारंभ हुई प्रतीत होती है। जैव शास्त्र की अन्य घटनाओं की तुलना में, जिनका अनुमान लगाना अधिक कठिन नहीं है, मानव मस्तिष्क का यह विकास उसकी एक प्राणी के रूप में अनुमानित की जा सकने वाली सभी आवश्यकताओं से कई गुणा–बहुत ही ज्यादा–प्रतीत होता है।

"कला एवं साहित्य का विकास और विज्ञान एवं दर्शन का विकास इसमें निहित संभावनाओं के केवल प्रारंभिक फलों के समान प्रतीत होते हैं। अवश्य ही यह सब कुछ भी आश्चर्यजनक एवं अद्भुत प्रतीत होता है और फिर भी मानव का मस्तिष्क एक ऐसी नायाब, अपने आप में अलग वस्तु है, कि इसके विकास को किसी भी प्रकार प्राकृतिक चुनाव (natural selection) की प्रक्रिया के अंतर्गत समझ सकना संभव नहीं है। हमारे समय के पृथ्वी पर जीवन के विकास के वातावरण और घटनाक्रम में ऐसे क्रांतिकारी विकास का कहीं कोई इंगित नहीं था, और आर्थर कोएसलर के शब्दों में (मनुष्य को प्रकृति का) यह एक सर्वथा अयाचित या अ-अनुमानित उपहार आज भी एक बहुत बड़ी पहेली के समान प्रतीत होता है। 'अन्यथा', कोएसलर पूछते हैं, 'किस प्रकार इस मौखिक सवाल के जबाब में कि दशमलव अंकों में 4/47 का क्या परिमाण बनेगा, मात्र चार सेकेंड के बाद, कोई उत्तर देना प्रारंभ कर सकता है: 0.0851063829787234042553 1914'?"

अवश्य यह अचंभित करने वाली क्षमता है, भले ही अधिकांश मनुष्यों के लिये ऐसा करना संभव न हो। तथापि ऋषियों के अनुसार बुद्धि और विवेक से पूर्ण मानव की उत्पत्ति सृष्टि की अभिव्यक्ति में एक केन्द्र स्थानीय घटना है। होमो सैपिएंस की उत्पत्ति के पश्चात और वाणी एवं विचार प्रणाली का विकास होने के पूर्व ही होमो जीनस में मनोमय कोष का यथेष्ट विकास हो गया था और अब विज्ञानमय कोष में भी विकास प्रारंभ हो जाता है। यहां आकर स्थूल शरीरों के विकास का कार्य पूरा हो जाता है। यहां से लिंग शरीर, जो हमारा प्रधान शरीर है, अपनी पूरी क्षमता के साथ कार्य करने के योग्य हो जाता है। यहीं से सृष्टि की अभिव्यक्ति में परस्पर से युक्त पुरुष और प्रकृति विभागों के

मध्य की क्रीड़ा का (मन और शरीर विभागों के माध्यम से) प्रधान क्रीड़ा क्षेत्र में अवतरण हो जाता है।

होमो सैपिएंस की उत्पत्ति होने के पश्चात हमारे प्रधान शरीर के वाहन के रूप में स्थूल शरीर का विकास पूर्ण हो जाता है। यहां से आगे होने वाले विकास की जिम्मेवारी हमारे मस्तिष्क की सहायता से अब हमारे अपने मन के ऊपर आ जाती है और यह आगे का विकास मुख्य रूप से प्रयत्न सापेक्ष है, तथापि कुछ हद तक यह परिवेश और परिस्थिति सापेक्ष भी हो सकता है। यह हमारे ऊपर निर्भर है कि हम किस दिशा में या किन-किन दिशाओं में विकास करना चाहते हैं और कितना सार्थक प्रयास कर पाते हैं। अतः यह स्वाभाविक है कि विज्ञान जगत में कई दशकों से यह प्रश्न हवा में विद्‌यमान है कि क्या केवल प्राकृतिक चुनाव (Natural Selection) की व्याख्या मनुष्य और उसके मस्तिष्क की उत्पत्ति के लिये पर्याप्त है? क्या इसके आधार पर जीवन के सभी रहस्यों को सुलझाया जा सकता है?

इसके विपरीत दृष्टिगोचर अथवा अनुभूत के अन्वेषण के स्थान पर, ऋषियों के दृष्टा-केंद्रित अन्वेषण के मतानुसार, इस स्थूल शरीर के साथ जड़ित होकर हमारा यह जन्म, हमारे अनगिनत जन्मों की शृंखला में केवल एक कड़ी के समान है। हमारा यह स्थूल शरीर भी और इसमें विकसित हमारा मस्तिष्क भी केवल इसी जन्म के लिये हमारे सभी आवश्यक यंत्रों से सज्जित वाहन (और हार्डवेयर) के रूप में कार्य करते हैं। इस दृष्टि से मानव-पुत्र की यात्रा तो अभी अपनी प्रारंभिक अवस्था में ही है। अपने विज्ञानमय कोष का विकास करते हुए अभी तो दीर्घ काल तक हमें, असीम ऊंचाइयों को प्राप्त करते हुए, अनेक प्रकाश वर्षों की दूरियों को तय करना है। तथापि, यह तो स्पष्ट है कि प्राकृत-चुनाव (Natural Selection) की सीमा का हम उलंघन कर चुके हैं और सभी प्रकार के छोटे बड़े प्राणी और उनकी समस्यायें भी अब पीछे छूट चुकी हैं। अब तो एक सुनहरा समय है और हमारे पास अपने वर्तमान से अनेक आगे के लिये भी उपयुक्त एक मस्तिष्क भी है तथा दूरियां हैं जो मानव जाति को तय करनी हैं।

मन और मस्तिष्क का संबंध

विल्डर पेनफील्ड (Wilder Penfield) को, जिन्होंने 1930 और 1940 के दशकों में मानव के मस्तिष्क के पूरे नक्शे का विस्तृत अंकन किया था, मस्तिष्क की सर्जरी का पिता माना जाता है। हमारे मानव मस्तिष्क के क्रियाकलापों से

संबंधित आज के ज्ञान का भी अधिकांश उन्हीं की देन समझा जाता है। अपने समय के अन्य बड़े चिकित्सा शास्त्रियों के समान अनेक वर्षों तक पेनफिल्ड की भी यही धारणा थी कि मस्तिष्क के अतिरिक्त हमारी किसी अन्य आत्मा या स्वतंत्र चेतना का कोई अस्तित्व नहीं होता। उन्हें विश्वास था कि हमारे मस्तिष्क के न्युरोन हमारे सभी कार्यकलापों की व्याख्या कर सकते हैं।

परंतु पचास वर्षों के अनुभव के बाद और जब उनका शरीर भी कुछ दुर्बल हो गया था, पेनफील्ड की यह धारणा बदल चुकी थी। अपनी पुस्तक दि मिस्ट्री आफ माइंड (मन के रहस्य) में उन्होंने लिखा है, "और मुझे यह गंभीरता से यह स्वीकार करना पड़ा, बल्कि मुझे यह विश्वास के समान हो गया कि मनुष्य की चेतना अथवा उसका मन कोई ऐसी वस्तु नहीं है जिसे केवल मनुष्यके मस्तिष्क की यांत्रिक संरचना के माध्यम के द्वारा समझना संभव हो"। पेनफील्ड ने बाद में पुन: लिखा है कि मन और मस्तिष्क में क्या संबंध है, इसका निर्णय कर पाना आधुनिक विज्ञान की "बड़ी समस्याओं में भी सबसे बड़ी" समस्या है। उन्हें यह विश्वास हो गया था कि ऐसी कोई वस्तु है जो मन को भौतिक मस्तिष्क से अलग करती है।

मस्तिष्क से संबंधित अपनी एक वक्तृता में डा. पेनफील्ड ने यह अत्यंत सहज रूप से स्वीकार किया था कि मन की शक्तियों के पीछे कौन सी ऊर्जा कार्य करती है यह एक बड़ा रहस्य है जो अज्ञात है। यह हमारे अंदर जीवन की अग्नि भर देती है (जीवन ज्योति प्रज्ज्वलित कर देती है), जिसे जीवन के अंत में मृत्यु की फूंक के द्वारा एक मोमबत्ती के समान बुझा दिया जाता है। अगर हम यौगिक विज्ञान की दृष्टि से यह जानने का प्रयास करें कि जो ऊर्जा हमारी मानसिक शक्तियों के पीछे रहकर कार्य करती है, जो हमारे लिंग शरीर को क्रियमाण रखती है, और जिसे डा. पेनफील्ड अत्यंत रहस्यमयी ऊर्जा समझते हैं, उसका उद्गम कहां से होता है, तो ऋषियों का स्पष्ट कथन है कि इसका उदय हमारे प्रधान शरीर में आधार स्थल में अवस्थित हमारी कुंडलिनी शक्ति से होता है।

जब विश्व सृष्टि का कार्य पूर्ण हो जाता है

हम महा कुंडलिनी के विषय में ऋषियों की कही हुई कुछ बातें बता चुके हैं। यह कुंडलिनी, शक्ति तत्व की ही एक क्रियमाण अवस्था है, जिसमें सृष्टि बीज

का विकास होता है। जब सृष्टि का समय होता है तो अनादि चैतन्य में एक स्पंदन होता है और उसकी चेतना में एक ध्रुवीकृत बल क्षेत्र उत्पन्न हो जाता है और उस बल क्षेत्र में जो दो दिशाओं में कार्य करने वाली शक्ति कार्य करती है उसीकी संज्ञा महा कुंडलिनी शक्ति होती है। ऋषियों के अनुसार यह कुंडलिनी शक्ति पहले इस विश्व की रचना करती है, और फिर उसीके मध्य अवस्थित होकर यह उसका नियंत्रण करती है।

जब परमशिव की चेतना में स्पंदन होता है तो उसमें चित अथवा ज्ञान और आनंद अथवा अनुभव के रूप में जो विभाजन हो जाता है, यही चेतना का ध्रुवीकरण है। इनमें चित चैतन्य स्थानीय और आनंद जड़ स्थानीय विभाग हैं। उसी प्रकार चित स्थिरता तथा आकर्षण का केंद्र होता है जिसकी शक्ति को चित शक्ति कहा जाता है और आनंद गति तथा विकर्षण का प्रतीक माना जाता है, जिसकी शक्ति आनंद शक्ति कही जाती है। कुंडलिनी शक्ति में चित शक्ति और आनंद शक्ति इन दोनों का समन्वय होता है। इसी के द्वारा सृष्टि होती है और इसे 'चिति' भी कहा जाता है। सूर्य से प्रकाश किरणों की भांति, सृष्टि के प्रारंभ में चेतना से इसका नाद के रूप में विकिरण होता है। इस नाद की ध्वनि एक सूक्ष्म गुंजन के समान होती है जो समस्त मात्रिकाओं की समष्टि स्वरूप एक अत्यंत सूक्ष्म ध्वनि के रूप में प्रत्येक कारण शरीर में अवस्थित रहती है। ये मात्रिकायें भी ध्वनि एवं स्पंदन युक्त आद्य शक्तियां होती हैं। इनकी ध्वनियों के द्वारा ही विश्व के सभी अवयव एवं क्रियायें परिभाषित होती हैं। ये उन अवयवों तथा क्रियाओं से उत्पन्न होने वाली प्राकृतिक ध्वनियां होती हैं और एक क्रम का अनुशीलन करते हुए ये उनका प्रकाश करती हैं।

ऋषिगण इस विश्व को जगत कहते हैं, जो सदैव गतिशील रहते हुए अवस्थित होता है। उनके अनुसार इस विश्व का चलायमान पक्ष इसके स्थिर पक्ष की परिक्रमा करते हुए गतिशील होता है। दूसरी ओर इसका यह स्थिर पक्ष समय की ऊर्ध्व दिशा में अग्रसर रेखा से एकीकृत होकर अवस्थित होता है। इसी समय रेखा के चारों ओर गतिशील ऊर्जा, इसका परिभ्रमण करते हुए, एक सर्पिल आकार में, एक वर्तमान की सृष्टि करते हुए उत्थित होती रहती है।

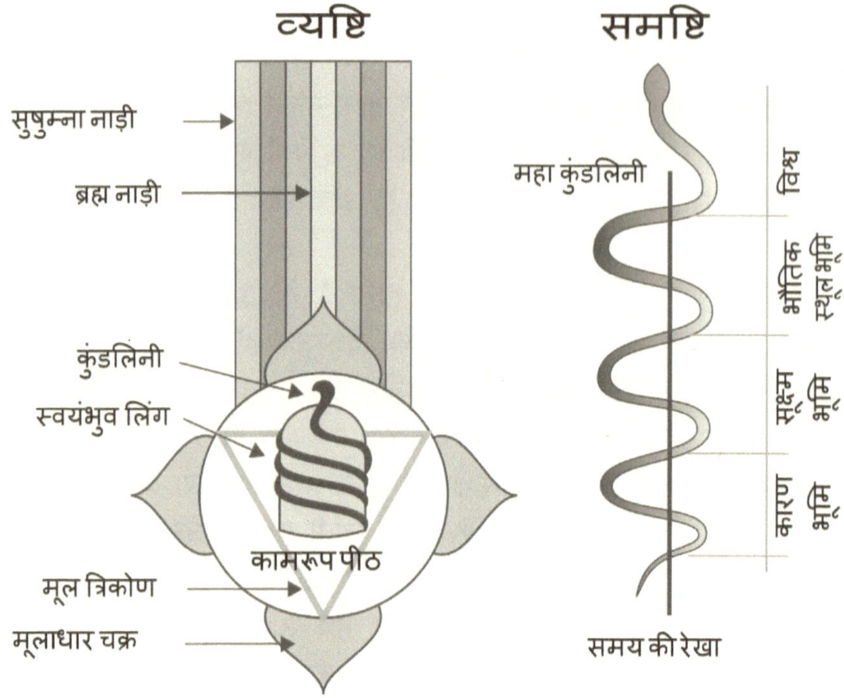

चित्र - ६ मानव संतति की आधार भुमि

चित्रों और मूर्तियों में कुंडलिनी को एक शिवलिंग के चारों ओर तीन पूर्ण और एक अपूर्ण कुंडली बनाते हुए अवस्थित एक नाग के रूप में दर्शाया जाता है। इसमें शिव को हम समय की रेखा में एक विशिष्ट काल खंड के समान समझ सकते हैं, जो इस वर्तमान सृष्टि चक्र की अवधि है। इस प्रकार अवस्थित होकर अपने तीन कुंडलि-निक्षेपों या परिक्रमाओं में, यह कुंडलिनी, कारण भूमि अथवा आत्म भूमि, सूक्ष्म भूमि अथवा मन की भूमि एवं स्थूल शरीरों की भूमि का निर्माण कर लेती है। स्थूल सृष्टि के विकास के पश्चात, वर्तमान में यह कुंडलिनी स्वरूपा महाशक्ति एक विकसित विश्व के रूप में, एक चौथी और बड़ी परिक्रमा के मध्य किसी विंदु पर अवस्थित है। (चित्र-६ देखें)

एक दूसरे परिप्रेक्ष्य से भी इस संरचना की विवेचना की जाती है। इस विश्व सृष्टि का निर्माण गुणों के द्वारा होता है। जैसे इसमें अवस्थित तीन प्रधानों की तीन प्रकृतियां होती हैं, वैसे ही इन प्रकृतियों के तीन ही गुण भी होते हैं। इस दृष्टि से देखने पर कुंडलिनी की तीन पूर्ण कुंडलियों को तीन गुण समझा जाता है जो विश्व का निर्माण करते हैं और जिनकी साम्यावस्था को प्रकृति

कहा जाता है तथा इसी संदर्भ में चौथी अपूर्ण कुंडली को एक विकृति (असाम्य) के रूप में देखा जाता है जो विविधता की अवधारणा उत्पन्न करती है।

संचित स्थितिज ऊर्जा के भंडार में से उसका एक अंश विशेष ही, एक नये सृष्टि चक्र में, एक विश्व के रूप में, अभिव्यक्त होता है। अपने संचित स्थितिज ऊर्जा के अंश में से इसके कुछ परिमाण को गतिज ऊर्जा में परिवर्तित करते हुए और अपनी आवश्यकतानुसार एक विश्व की सृष्टि करने के पश्चात जो स्थितिज ऊर्जा का अधिकांश बच जाता है उसको साथ लेकर, कुंडलिनी ठहर जाती है और कामरूप पीठ में विश्राम करती है, जिसे ऋषिगण इस विश्व के केन्द्र के रूप में देखते हैं। यह विश्व महा कुंडलिनी के रूप में चिति शक्ति का ही विकास है।

वैश्विक लिंग शरीर की पूर्ण क्षमताओं के उपयोग के अनुरूप एक स्थूल शरीर का विकास कर लेने के पश्चात व्यष्टि के परिप्रेक्ष्य में, व्यष्टि कुंडलिनी, जो चित शक्ति एवं माया शक्ति का समन्वित रूप है, विकसित व्यष्टि लिंग शरीरों में भी उनके मूल आधार के स्थान में एक व्यष्टि कामरूप पीठ का निर्माण कर लेती है। इस श्रेणी के सभी लिंग शरीरों में यह कुंडलिनी, उनके आभास चैतन्य से उद्भूत ऊर्जा के एक बड़े अंश को स्थितिज ऊर्जा के रूप में धारण किये हुए और उन लिंग शरीरों को क्रियमाण करते हुए, इसी विंदु पर अवस्थित होकर विश्राम करती है। ऋषियों के अनुसार, मानव शरीर में इसके सृष्टि के कार्य का अवसान हो जाता है, और यह एक पीठ की रचना करते हुए एक स्थिति विंदु के रूप में अवस्थित होकर विश्राम करती है।

त्रिपुर-सुंदरी की निद्रा

सृष्टि के मुहाने पर मात्रिकाओं के रूप में अभिव्यक्त होते हुए महा कुंडलिनी कारण जगत का विस्तार करती है जिसमें ध्वनियों के रूप में अथवा भविष्य में सृष्ट होने वाली वस्तुओं के प्राकृतिक नामों के रूप में, भावी विश्व की समस्त विविधता अवस्थित हो जाती है। इसके पश्चात यह माया शक्ति को अपने साथ लेकर पांच कंचुकों की सृष्टि करती है, जो चैतन्य से समन्वित इस शक्ति तत्व की पांच असीमताओं को आवृत्त कर देते हैं और माया से आवृत्त सृष्टि-कण के कारण-शरीर के रूप में कार्य करते हैं। इसके पश्चात प्रकृति तत्व के सहयोग से यह कुंडलिनी एक वैश्विक लिंग शरीर की सृष्टि करती है और फिर उसीके आधार पर यह प्रकृति की सहायता से ही विभिन्न क्षमताओं से युक्त

और विभिन्न आकारों वाले स्थूल शरीरों को विकसित करती है। पुरुष के रूप में (मन-स्थानीय) शिव के लिये एक मानव-शरीर का विकास करने के पश्चात कुंडलिनी के सृष्टि के कार्य का अवसान हो जाता है, और यह त्रिपुरा सुंदरी एक लघु निद्रा (beauty sleep) में अवस्थित होकर विश्राम करती है।

केवल मानव-पुत्र की संपूर्ण संरचना में ही कुंडलिनी अपनी सभी क्षमताओं का विकास करके अवस्थित होती है और यह उसके सूक्ष्म शरीर में स्थित रहते हुए, उसके लिंग शरीर के संचालन के लिये एक सतत विद्यमान ऊर्जा के स्रोत के समान कार्य करना आरंभ कर देती है। हमारे मन और इन्द्रियां इसी ऊर्जा के माध्यम से कार्य करते हैं, जबकि हमारे मस्तिष्क के संचालन के लिये भौतिक और रासायनिक ऊर्जाओं की आवश्यकता होती है अत: स्थूल शरीर के अभाव में भी यह सूक्ष्म शरीर (लिंग शरीर से युक्त कारण शरीर) विद्यमान रहता है और कार्य भी कर सकता है। हमारी शरीर संरचना की इस विशिष्टता के कारण ही हमारा पुनर्जन्म संभव होता है और इसी के माध्यम से दूरदर्शन, दूरश्रवण, मानसिक शक्ति के द्वारा भौतिक वस्तुओं का चालन, आदि संभव होते हैं।

मानव शरीर के विकास के पश्चात पूर्ण विकसित लिंग शरीरों वाली व्यष्टियों के विकास की परंपरा का उदय हो जाता है। तथापि यह किसी विद्यार्थी के स्नातक बन जाने के समान ही होता है, क्योंकि एक प्रकार से यह केवल उच्च शिक्षा प्राप्ति की योग्यता अर्जन करना मात्र होता है। अत: यहीं से व्यष्टियों के लिय पूर्णता प्राप्ति की दिशा में उत्थान करने का पथ प्रशस्त होता है। विभिन्न व्यक्तियों के कर्मों की गति के अनुसार उन्हें समय-समय पर स्थूल शरीर उपलब्ध होते रहते हैं और वे बार-बार भौतिक जगत में जन्म ग्रहण करते रहते हैं क्योंकि किन्हीं अवशेष स्थूल कर्मों का निस्तारण स्थूल ऊर्जा की भूमि पर ही संभव होता है।

यद्यपि लिंग शरीरों का कभी विनाश नहीं होता तथापि सभी लिंग-शरीर मानव देह प्राप्त नहीं कर पाते। उदाहरण के तौर पर जो लिंग-शरीर सृष्टि के प्रारंभ में ही प्रोटोन के द्रव्यमान से युक्त हो जाता है, उसके लिये वही तुष्टिकर स्थान प्रतीत होता है और वैज्ञानिकों के प्रयोगों के आधार पर एक प्रोटोन की आयु दस बिलियन-ट्रिलियन-ट्रिलियन वर्षों से भी अधिक है। इसकी तुलना में हमारे विश्व की वर्तमान आयु केवल 13.7 बिलियन वर्ष आंकी गई है। इसी कारण से ऋषिगण मानव शरीर की उत्पत्ति को विश्व सृष्टि के विकास में इसके प्रधान लक्ष्य की उपलब्धि के रूप में स्वीकार करते हैं।

जैसा कि हम कह चुके हैं कि ऋषियों के अनुसार कुंडलिनी के शरीरों के निर्माण का कार्य यहां आकर पूर्ण हो जाता है। जो मूल त्रिकोण सृष्टि के मुहाने पर निर्मित होता है, उसे पुन: मानव जाति के सूक्ष्म शरीर में प्रकट करते हुए कुंडलिनी उसमें अवस्थित होकर विश्राम को प्राप्त होती है। इससे इतर शरीरों में यह स्वाभाविक रूप से कार्य करते हुए उनका संचालन मात्र करती है। जब शक्ति के प्रतिनिधि के रूप में कुंडलिनी निद्रित होती है, तो सापेक्ष के दृष्टा पुरुष के रूप में शिव की चेतना इस विश्व से युक्त होकर अपने संसार का निर्माण करते हुए उसमें संलिप्त होकर अवस्थित होती है। शिव की इसी अवस्था में प्रकृति के रूप में यह कुंडलिनि, विश्व उद्यान के पांच विभागों के भ्रमण के लिये इसका आह्वान करती है। इसमें इंद्रिय सुखों के नाना भांति के पुष्प एवं फल अपनी सुगंधों और रंग-बिरंगी छटाओं को बिखरते हुए विभिन्न प्रकार की सुंदरताओं, मधुर ध्वनियों, मधुर स्पर्शों, स्वादिष्ट रसों और मदिर गंधों के मधु उंडेलते हुए और हर दिशा में फैलते हुए, शिव को विश्व के सापेक्ष दृष्टा और भोक्ता पुरूष के रूप में आमंत्रित करते रहते हैं। फिर वहीं कहीं, किसी मोड़ पर, एक दिन ये सभी प्रकार के आकर्षक प्रलोभन एकत्र होकर समष्टि का रूप लेते हुए, अगर पुरुष सिंह है तो उसके समक्ष एक सिंहनी के रूप में, और एक शेरनी है तो उसके लिये शेर के रूप में, अनायास सामने आकर खड़े हो सकते हैं - और उनकी दृष्टियां मिलती हैं तो एक ऐसी बात निकल के आ सकती है जो बहुत दूर तक जाने वाली हो।

आधुनिक मस्तिष्क की सर्जरी के जनक डा. पेनफील्ड को यह विश्वास हो गया था कि मृत्यु के पश्चात मन की जो चेतना होती है, वह ऊर्जा के किसी अन्य स्रोत से संयुक्त होकर, एक या अधिक अन्य व्यष्टि चेतनाओं से संपर्क स्थापित कर सकती है। भारत के ऋषियों के अनुसार स्थूल शरीर से विलग्न अथवा संलग्न मन को ऊर्जा प्रदान करने वाला यह स्रोत उसके सूक्ष्म शरीर में अवस्थित उसकी अपनी कुंडलिनी शक्ति ही होती है। जब कुंडलिनी की यात्रा पूर्ण हो जाती है, तो मन के रूप में मनुष्य की यात्रा प्रारंभ होती है तथापि सत्य यही है कि एक ही शाश्वत चेतना लीला के हेतु स्वयं को ज्ञान एवं अनुभव, अथवा मन और शरीर के रूप में, दो भागों में विभक्त करते हुए अपने लिये आमोद की सृष्टि करते हुए क्रीड़ा करती रहती है। अपने एक रूप में तो यह संपूर्ण की दृष्टा बन कर अचल होकर अवस्थित रहती है और अपने दूसरे रूप में, एक सापेक्ष के दृष्टा और उपभोक्ता के रूप में यह हर कण और वस्तु में

भी अवस्थित होती है। केवल मानव शरीर में ही यह चेतना सापेक्ष के साथ-साथ संपूर्ण को भी देखने और अनुभव करने की क्षमता का विकास कर सकती है।

शून्य से सृष्टि का विकास

यह एक महत्वपूर्ण और तनिक ध्यान से समझने की बात है कि कई सिद्ध आचार्यों ने कुंडलिनी के तीन वलयों की विवेचना - सत्, रजस एवं तम - प्रकृति के इन तीन गुणों की दृष्टि से की है। विश्व की किसी भी वस्तु को अन्य वस्तुओं से इसके दिखाई पड़ने वाले और अनुभव में आने वाले गुणों के आधार पर ही अलग किया जा सकता है। इन तीन प्रधान गुणों से ही आकर्षण, विकर्षण और सभी प्रकार की क्रिया-प्रतिक्रियाओं की उत्पत्ति होती है और इन्हीं के अलग-अलग स्तरों पर अलग-अलग परिमाणों में अवस्थित होने के कारण ही समस्त विभिन्नताओं की प्रतीति होती है। यह कहना अनुचित नहीं होगा कि न्यूनतम क्रिया के स्थिरांक '*h*' के समान ही किसी भी गुण का सटीक मूल्यांकन करने के लिये इसकी गणना भी शून्य के पश्चात इसके अल्पतम संभावित परिमाण से आरंभ करके किसी दिशा में इसके विकास को मापने के द्वारा ही की जा सकती है।

तीन प्रमुख रंगों, लाल, नीले और हरे रंगों की साम्यावस्था में परिवर्तन के द्वारा ही किसी भी अन्य रंग का विकास करना संभव होता है। शरीर और मन, दोनों विभागों में ही किसी गुण की शून्यता की अवस्था की तुलना में ही, किसी एक विशिष्ट परिमाण में उसका विकास और सम्मिश्रण करते हुए, प्रकृति सभी प्रकार की विभिन्नताओं का सृजन करती है। एक व्यष्टि का शरीर विभाग, इस समस्त विविधता को एक निर्धारित क्षेत्र में 'देखने के योग्य' के रूप में उपस्थित करता है और उसका मन विभाग इस समस्त के 'एक अंश विशेष' को ग्रहण करता है अथवा उनकी अनुभूति करता है।

अपनी पुस्तक 'कुंडलिनी योग' में स्वामी शिवानंद लिखते हैं, "कुंडलिनी योग में जब तीन वलयों की बात कही जाती है, तो उसका तात्पर्य प्रकृति से होता है, और साढ़े तीन वलयों में प्रकृति तथा उसमें उत्पन्न विकृति दोनों का समन्वय होता है। कुंडलिनी के वलयों में ही पचास वर्णों के रूप में मात्रिकायें अवस्थित होती हैं। जैसे-जैसे इसके वलय खुलते जाते हैं, इसके द्वारा तत्वों और वर्ण-मात्रिकाओं का निस्सारण (या विकिरण) होता जाता है। यह इस प्रकार ही

गतिशील होती है और सभी तत्वों की सृष्टि (अथवा अभिव्यक्ति) के पश्चात भी यह अपने द्वारा सृजित किये गये इन तत्वों के मध्य गतिशील बनी रहती है। उसी प्रकार (कुंडलिनी के) चलन से उत्पन्न हुए तत्व भी गतिशील बने रहते हैं (अपनी गति का त्याग नहीं करते)। अपने नाम के संस्कृत में अर्थ के अनुसार ही यह जगत (सदैव) चलायमान रहता है"।

ऋषिकेश के प्रसिद्ध योगी स्वामी शिवानंद सन् 1963 में एक पूर्व घोषित तिथि की घोषणा करने के पश्चात ठीक उसी दिन अपने स्थूल शरीर का त्याग करके विश्व चैतन्य में विलीन हो गये थे। इसके पूर्व हम स्थिर एवं चलायमान ध्रुवों के रूप में चेतन पदार्थ के ध्रुवीकरण की समुचित विवेचना कर चुके हैं। अपनी उपरोक्त पुस्तक में स्वामी शिवानंद ने लिखा है, "ध्रुवीकरण इस सृष्टि में आधार स्थानीय और सबसे प्राथमिक विकास है जो चरम के समीप पंहुचने का प्रयास करते हुए स्थित होता है, तथापि यह स्मरणीय है कि पूर्ण स्थिति अथवा विश्रांति केवल चित में ही संभव है (सृष्ट विश्व में किसी स्थान पर नहीं)। वैश्विक ऊर्जा मात्र एक साम्य की अवस्था है जो एक सापेक्ष (relative and non-absolute) अभिव्यक्ति है, चरम अथवा स्वयं में पूर्ण नहीं"।

स्वामी जी के अनुसार यह विश्व व्यापी साम्य की अभिव्यक्ति सापेक्ष है, सदैव के लिये नहीं। अगर कोई अभिव्यक्ति है तो वह एक सापेक्ष अभिव्यक्ति ही है और जो सदैव अवस्थित है वह चैतन्य मात्र है। अपनी पुस्तक 'दि ग्रैंड डिजाइन' में स्टीफेन हाकिंग ने लिखा है, "अगर विश्व में संपूर्ण ऊर्जा का मान सदैव शून्य रहना आवश्यक है जबकि किसी भी वस्तु की सृष्टि में ऊर्जा खर्च करना आवश्यक होता है तो शून्य से विश्व की सृष्टि किस प्रकार संभव हो सकती है? यही वह कारण है कि हमें गुरुत्वाकर्षण के सिद्धांत की आवश्यकता होती है, क्योकि गुरुत्व का कार्य है आकर्षण करना जबकि गुरुत्व की ऊर्जा विकर्षण की ऊर्जा होती है"!

वे ख्यातनामा प्रोफेसर पुन: लिखते हैं, "चूंकि गुरुत्व से ही आकाश और समय आकार ग्रहण करते हैं, (केवल) स्थानीय परिप्रेक्ष्य में ही ये दोनों स्थैर्य की अवधारणा उत्पन्न करते हैं, जबकि वैश्विक स्तर पर ये स्थिर नहीं रह सकते। वैश्विक स्तर पर, पदार्थ में अवस्थित (अथवा बद्ध) धनात्मक ऊर्जा को पूर्ण रूप से संतुलित करते हुए, गुरुत्व की ऋणात्मक ऊर्जा अवस्थित हो सकती है और इस प्रकार एक संपूर्ण विश्व की सृष्टि हो सकती है। चूंकि (मूल प्रकृति में) गुरुत्व का नियम है, विश्व स्वयं उत्पन्न हो सकता है और होता रहेगा! ...

अकस्मात (spontaneous) सृष्टि (की संभावना) ही वह कारण है कि शून्य नहीं है बल्कि कुछ है, कैसे इस विश्व का अस्तित्व संभव हो सकता है, कैसे हमारा अस्तित्व संभव है"!

मानव संरचना के सबंध में

अगर हम तकनीकी परिप्रेक्ष्य में विश्व की संरचना की मानव की संरचना से तुलना करें, तो मानव का पलड़ा ही भारी प्रतीत होगा। केवल इसी संरचना में विश्व के सभी तत्व एक ही स्थान पर उपस्थित होते हैं और मानव शरीर का विकास ही ऋषियों के द्वारा इस सृष्टि में केन्द्र स्थानीय लक्ष्य के रूप में स्वीकृत होता है। मानव शरीर में ही आगम का १४वां तत्व 'बुद्धि तत्व' विद्यमान होता है और विशेष रूप से, अपनी अन्य परिभाषाओं के अतिरिक्त, मनुष्य ही एक ऐसी संरचना है जिसका अपना एक आधार एवं अपना एक केन्द्र होता है। केवल मानव शरीर में ही शैव सिद्धांत के सभी छत्तीस तत्व उपस्थित होते हैं, जिनमें सबसे अंतिम तत्व पृथ्वी तत्व होता है जो सभी वस्तुओं को आधार प्रदान करता है। मानव शरीर में, यह तत्व, इसके लिंग शरीर विभाग में, इसके मूलाधार चक्र के रूप में अवस्थित होता है और इसी चक्र के मध्य, कुंडलिनी शक्ति अपने सृष्टि के कार्य के समापन के पश्चात विश्राम करती है।

स्थूल शरीर के संदर्भ से मूलाधार चक्र का स्थान हमारे रीढ़ की हड्डी के तल के समीप होता है। 'कुंडलिनी योग' नामक पुस्तक में स्वामी शिवानंद के द्वारा दिये गये विवरण के अनुसार इसका स्थान हमारे मल-विसर्जन एवं प्रजनन के अंगों के मध्य के क्षेत्र में होता है। इसकी चौड़ाई लगभग चार अंगुल होती है और स्थूल शरीर के संदर्भ में गुदा द्वार से दो अंगुल ऊपर तथा गुप्तांग के स्थान से दो अंगुल नीचे इसकी अवस्थिति होती है। इसे आधार चक्र कहा जाता है, क्योंकि इसी से ऊपर की दिशा में एक सीधी रेखा में अन्य चक्र अवस्थित रहते हैं, जिनमें सबसे ऊपर, हमारे क्रेनियम के शीर्ष स्थान पर, हमारे सहस्रार चक्र की स्थिति होती है। इसी सहस्रार में एक शिव त्रिकोण की रचना करते हुए महा कुंडलिनी अवस्थित होती है, जिसे शरीर संरचना के ३६ तत्वों के संदर्भ में शिव स्थान कहा जाता है। अत: मानव शरीर में समस्त संरचना को वहन करते हुए और आधार-स्थली के मूल में अवस्थित इस चक्र को मूलाधार चक्र कहा जाता है।

इस चक्र का आकार एक चार दलों वाले पुष्प के समान होता है। इसके मध्यस्थान में बनने वाले वृत्त के क्षेत्र में मूल त्रिकोण के विपरीतीकरण से उत्पन होने वाले त्रिकोण 'शक्ति त्रिकोण' का स्थान होता है। इस त्रिकोण के केन्द्र में एक पीठ का निर्माण होता है, जिसे व्यष्टि के संदर्भ में कामरूप पीठ ही कहा जाता है। इसी पीठ स्थान में स्थित व्यष्टि स्वयंभुव लिंग के चारों ओर तीन पूर्ण और एक अर्ध वलय बनाते हुए, एक नाग के समान अपने सर को नीचे किये हुए कुंडलिनी शक्ति विश्राम करती है। मानव संरचना में यही शक्ति स्थान है जो एक ध्रुव के समान लिंग शरीर के संचालन अथवा मन के कार्य करने के निमित्त ऊर्जा की उत्पत्ति करता है। सहस्रार और मूलाधार में अवस्थित शिव एवं शक्ति तत्वों के मध्य ही आगम के अन्य ३४ तत्वों का विकास होता है। विश्व सृष्टि का निर्माण करने वाली पचास मात्रिकायें इस कुंडलिनी में ही निहित होती हैं और उन्ही में से चार मात्रिकायें इन पुष्पदलों के रूप में इस मूलाधार चक्र में अभिव्यक्त होती हैं (चित्र-७)।

सृष्टि के सात स्तरों की विपरीत क्रम में अवस्थिति

मानव के सूक्ष्म शरीर में अवस्थित सात प्रमुख चक्रों में से मूलाधार चक्र भू-लोक अथवा स्थूल विश्व के स्तर का प्रधान चक्र है। शेष छह लोक क्रमश: भुव-लोक, स्व-लोक, और महा, जन, तप एवं सत्य लोकों के नाम से वर्णित किये जाते हैं। लोकों के प्रतिनिधि चक्रों में से अनेक आज्ञा एवं सहस्रार चक्रों के मध्य स्थित होते हैं जिनके विषय में हम अधिक आगे बढ़ने पर चर्चा करेंगे। मूलाधार से ऊपर सहस्रार चक्र की दिशा में अवस्थित पांच चक्रों को क्रमश: स्वाधिस्ठान, मणिपुर, अनाहत, विशुद्धि एवं आज्ञा चक्र कहा जाता है।

इनमें से स्वाधिस्थान चक्र गुप्तांग के मूल स्थान पर, मणिपुर नाभि क्षेत्र में, अनाहत वक्षस्थल के स्थान पर और विशुद्धि चक्र कंठ स्थान में अवस्थित होता हैं। मूलाधार के सहित इन पांचों चक्रों का संबंध हमारे स्थूल शरीर के संचालन आदि से होता है। अन्य दोनों चक्रों का संबंध सूक्ष्म शरीर से होता है और ये क्रमश: दोनों भ्रुवों के मध्य तथा शरीर के शीर्ष स्थान पर अवस्थित होते हैं। (चित्र-७ में देखें)

जब प्रकृति के द्वारा, वैश्विक लिंग शरीर में अवस्थित प्रावधानों के अनुरूप और इसी के समानांतर रहते हुए, एक मानव शरीर का विकास किया जाता है, तो इसमें सूक्ष्म और स्थूल शरीरों के मध्य तीन संपर्क विंदुओं की भी सृष्टि

होती है, जिन्हें ग्रंथि कहा जाता है, और जिनके स्थान मूलाधार, अनाहत और आज्ञा चक्र होते हैं।

और इन्हीं तीन चक्र स्थानों पर कुंडलिनी का आवास संभव होता है। अगर मानव शरीर में इसका व्युत्थान होता है तो यह मूलाधार से उत्थित होकर अनाहत में अवस्थान कर सकती है और अगर यह वहां से भी ऊपर उठती है तो आज्ञा चक्र में आवास ग्रहण कर सकती है। तथापि अधिकांश साधकों के क्षेत्र में यह ऊपर के किसी चक्र तक उठती तो अवश्य है, परंतु कुछ समय के पश्चात पुनः मूलाधार स्थान पर लौट आती है। इन तीन ग्रंथियों को क्रमशः (मूलाधार में) ब्रह्म ग्रंथि (या क्रिया ग्रंथि), विष्णु ग्रंथि (अनाहत चक्र, ज्ञान ग्रंथि), एवं रुद्र ग्रंथि (आज्ञा चक्र, इच्छा ग्रंथि) के नाम से संबोधित किया जाता है (चित्र-८ देखें)।

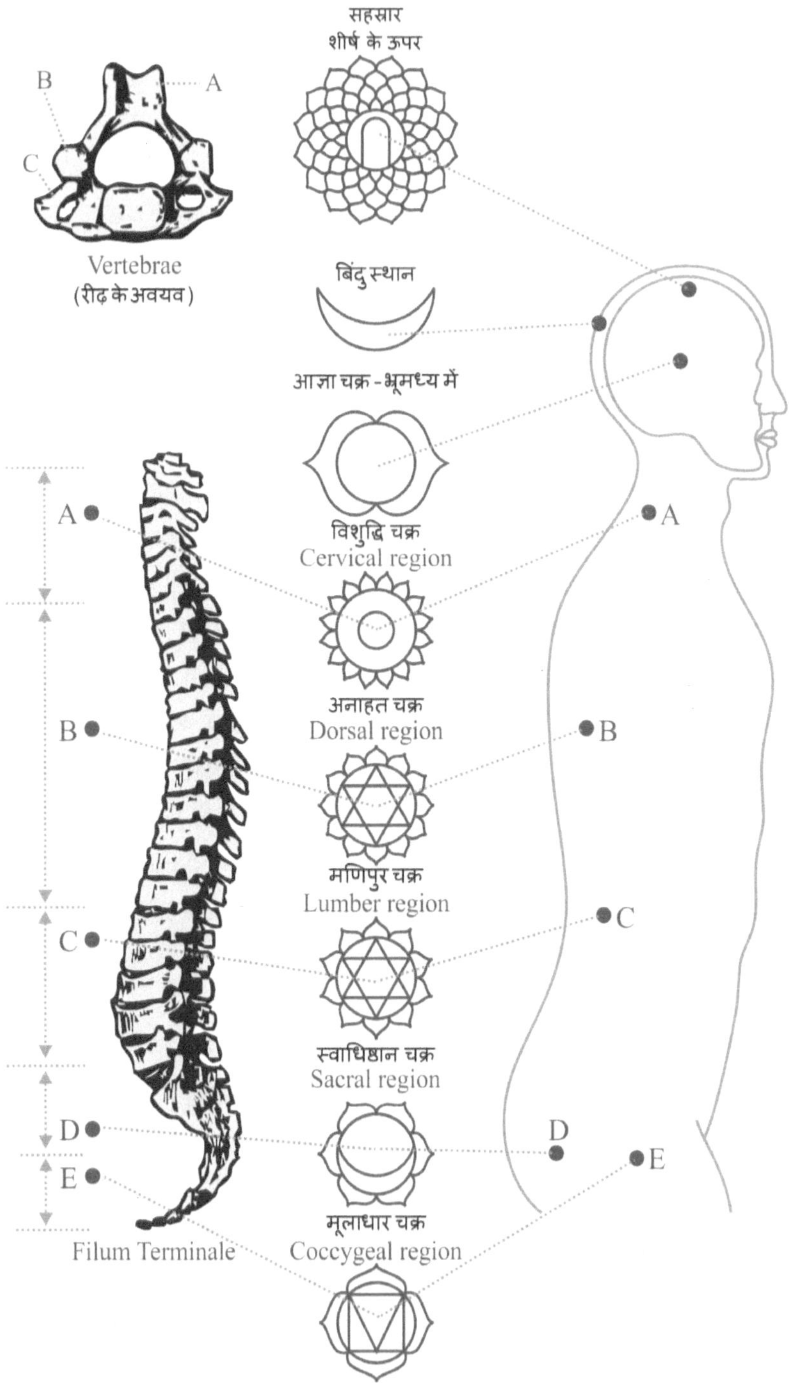

चित्र - ७ रीढ का स्तंभ और सूक्ष्म चक्र

व्यष्टि में समष्टि, क्षुद्र ब्रह्मांड

स्वामी शिवानंद के अनुसार, "मनुष्य एक क्षुद्रांड के सदृश है। जो कुछ भी बाहर के विश्व में अवस्थित है, वह उसमें भी अवस्थित होता है। सभी तत्व एवं लोक तथा शिव-शक्ति भी उसमें स्थित होते हैं। मानव शरीर का हम दो भागों में विभाजन कर सकते हैं, एक तो उसका सिर एवं धड़, तथा दूसरा उसके पैर। मानव शरीर में मध्य-स्थान इन दो भागों के संधि स्थान के निकट, रीढ़ के आधार स्थल, पर होता है जहां से पैर आरंभ होते हैं। धड़ (ऊपरी भाग) को सहारा प्रदान करते हुए और (ऊपर की दिशा में) पूरे शरीर तक व्याप्त होकर हमारी स्पाइनल कॉर्ड अवस्थित होती है। यही हमारे शरीर की अक्ष रेखा का कार्य करती है"।

मूलाधार से विशुद्धि तक निचले पांचों चक्र इसी अक्ष रेखा पर स्थित होते हैं। हमारा सूक्ष्म शरीर हमारे समस्त स्थूल शरीर में एक आभा के समान फैलकर अवस्थित रहता है। हमारा सहस्रार चक्र हमारे शरीर के शीर्ष स्थान पर क्रेनियम से लगभग दो अंगुल ऊपर, स्थूल शरीर के बाहर अवस्थित होता है। यह शिव और शक्ति के युगल स्वरूप महा कुंडलिनी का आवास स्थल होता है। हमारी शरीर संरचना, अथवा क्षुद्रांड़ में यह शिव तत्व का प्रतिनिधित्व करते हुए धनात्मक ध्रुव के रूप में अवस्थित रहता है। 'डिवाइन लाइफ सोसाइटी' के संस्थापक स्वामी शिवानंद लिखते हैं, "एक ओर सहस्रार में चिदरूपिणी शक्ति के रूप में महा कुंडलिनी एक पूर्ण विश्रांति के विंदुस्थान (position of absolute rest) के समान अवस्थित होती है तथा दूसरी ओर हमारे शरीर में विश्रांति को प्राप्त करते हुए हमारी व्यष्टि कुंडलिनी एक स्थिति-विंदु के रूप में अवस्थित होती है।

"इसी स्थिति-विंदु के चारों ओर हमारे शरीर को कार्यशील बनाने वाली सभी शक्तियां चलायमान रहती हैं। ये सभी 'शक्तियां' होती हैं, उसी प्रकार जैसे कुंडलिनी (स्वयं भी) 'शक्ति' होती है, जो सभी शक्तियों की माता (जनक) होती है। इन दो प्रकार की शक्तियों में यह अंतर होता है कि जहां पूर्वोक्त शक्तियां विशिष्ट रूप (अथवा क्षमता) ग्रहण करते हुए चलायमान रहती हैं, कुंडलिनी किसी भी विशिष्टता से मुक्त सभी शक्तियों की समष्टि के रूप में एवं 'शेष' (अनुद्‌युक्त) शक्ति होती है, जो एक नाग ('शेष' नाग) के समान कुंडली बनाकर सुप्त रूप में (इन विभिन्न शक्तियों के संदर्भ से) एक सापेक्ष स्थिति-विंदु के रूप में अवस्थिति लाभ करती है।

"यह मूलाधार में वलय बनाते हुए अवस्थित होती है। मूलाधार का अर्थ होता है मौलिक स्तर का आधार। (शरीर संरचना में) यह पृथ्वी तत्व अथवा (सृष्टि में) अंतिम एवं ठोस तत्व, तथा (अनुद्‌युक्त एवं) शेष शक्ति (स्थितिज ऊर्जा) - इन दोनों को वहन करने वाले आधार के रूप में कार्य करता है। हमारे शरीर की तुलना हम दो ध्रुवों वाले एक चुंबक से कर सकते हैं। कुंडलिनी के आधार के रूप में, जो चित (चेतना) की एक अपेक्षाकृत प्रगाढ़ अवस्था (माया संक्रमित चित) है, यह चक्र, हमारे समस्त शरीर की सापेक्षता में जो (सभी कार्यशील शक्तियों की उपस्थिति के कारण) सदैव गतिशील रहता है, एक स्थिर ध्रुव के समान कार्य करता है"।

कोई भी व्यष्टि पुरुष जिसमें एक आत्मा (मैं) की अनुभूति और एक लिंग शरीर हो, अपने इस शरीर को, भले ही यह किसी भी अवस्था तक विकसित हुआ हो, इस सृष्टि के चक्रांत तक कायम रख सकता है। इस प्रकार अवस्थित रहते हुए, समय की रेखा के साथ साथ और एकाधिक स्थूल शरीरों से युक्त और विलग होते हुए यह अपने पथ पर अग्रसर होता रहता है। सृष्टि के उदय के समय जो पुरुष सबसे पहले धावित होते हैं, उनमें से अधिकांश एक प्रोटोन के स्थूल शरीर से युक्त होकर प्रारंभ में ही अत्यंत दीर्घ आयु प्राप्त कर लेते हैं। इस प्रकार इनके सूक्ष्म शरीर का विकास यहीं ठहर जाता है। अन्य पुरुष गण अन्य कणों में से जो उपलब्ध हो है उससे युक्त हो जाते हैं, तथापि इन पुरुषों में से अधिकांश प्रोटोनों के समान दीर्घ आयु को प्राप्त नहीं हो पाते। एक बड़ी संख्या में स्थूल शरीर बनते हैं और फिर नष्ट हो जाते हैं। इन विनष्ट संरचनाओं से विलग होने वाले सूक्ष्म शरीर (पुरुष) अपने सूक्ष्म धरातल पर स्वतंत्र अवस्था में अवस्थित रहते हुए अपने लिये अगले स्थूल शरीर की उपलब्धि की प्रतीक्षा करते हैं जो कुछ सेकेंड़ों में, कुछ मिनटों में अथवा कुछ घंटो या वर्षों के अंतराल के पश्चात, कभी भी उपलब्ध हो सकता है। इन सभी सूक्ष्म शरीरों में उनके स्पंदनों के समस्त अनुभवों और इतिहास को अपने साथ लेकर कुंडलिनी अवस्थित होती है, तथापि इसकी स्वतंत्र अभिव्यक्ति केवल मानव-शरीर में ही होती है।

ऋषियों के अनुसार, लगभग चौरासी लाख अन्य, क्रमश: विकास को प्राप्त होने वाली, इतर योनियों में उत्पन्न होकर अपने लिंग शरीर का विकास करने के पश्चात ही किसी पुरुष को मानव शरीर की प्राप्ति संभव होती है। तभी इसके विज्ञानमय कोष के द्‌वार उन्मुक्त होते हैं। तथापि एक बार मानव शरीर प्राप्त

करने के पश्चात यह पुरुष अपने सभी कर्मों के लिये स्वयं उत्तरदायी हो जाता है, जो अच्छे, बुरे या मिश्रित कर्म होते हैं और जिनके अलग-अलग फल होते हैं। विभिन्न कार्मिक बलों के अपने-अपने समय पर अपने-अपने फलों के साथ कार्य करते रहने के फलस्वरूप, एक मनुष्य के रूप में यह व्यष्टि पुरुष बार बार जन्म लेता और मृत्यु को प्राप्त होता रहता है। ऋषियों के द्वारा इसी को 'आवागमन का चक्र' कहा जाता है और इस समस्त अवधि में मानव-पुत्र की व्यष्टि कुंडलिनी निद्रा निमग्न रहते हुए मूलाधार में विश्राम करती है। दूसरी ओर प्रकृति के रूप में यही शक्ति - एक जीवन यात्रा से दूसरी, तीसरी एवं अनेकों अन्य यात्राओं में - पुरुष रूप में मायामुग्ध शिव को, इन्द्रिय सुखों और वैचारिक भोग विलासों से युक्त विश्व उद्यान के विभिन्न विभागों में भ्रमणों पर भेजती रहती है जब तक कि यह वाह्य को छोड़कर अंतर दिशा में आकर्षित नहीं हो जाता।

शीर्ष की दिशा में यात्रा

स्थूल सृष्टि के मुहाने पर, आगम के ऋषियों के द्वारा वर्णित विश्वयोनि का एक दर्पण में प्रतिबिंबित होने के समान विपरीतीकरण हो जाता है। विश्व चैतन्य में एक अंतर की दिशा में सिकुड़ते या विकसित होते हुए एक गोलक के समान, सृष्टि प्रवाह में जो नाभि क्षेत्र (core) या सबसे अंतरतम स्तर अथवा उप-गोलक था, वह भौतिक जगत में सापेक्ष के दर्शक और उपभोक्ता पुरुषों को वाह्य के समान प्रतिभासित होता है। विकास-प्राप्त किसी नये नवेले विश्व की संरचना में इसका जो धरातल उन सापेक्ष के दर्शक पुरुषों के दृष्टिपथ में आता है, सापेक्षता के उन दर्शकों को वही यथार्थ प्रतीत होता है (यद्यपि यह अभिव्यक्त विश्व का प्रतिबिंब मात्र होता है)। इस प्रतिबिंबित यथार्थ में विश्व की परतों के पिछले सभी स्तर उस सापेक्ष के दृष्टा के सूक्ष्म शरीर के अंदर समा जाते हैं। इस वाह्याभिमुखी सापेक्ष के दर्शक पुरुष को उन स्तरों की कोई प्रतीति नहीं होती, तथापि अपने अंदर समायी हुई इस समस्त जटिलता से मुक्त रहते हुए ये सापेक्ष के ग्राहक पुरुष सहजता से अपने समान माप-दंडों वाले ग्राहकों से संदेश-निर्देशों एवं क्रिया-प्रतिक्रियाओं का आदान-प्रदान करने में सक्षम हो जाते हैं। मनुष्य के क्षेत्र में तो वह अन्य माप-दंडों वाली व्यष्टियों एवं समष्टियों से भी सार्थक व्यवहार करने में सक्षम होता है।

अन्नमय कोष से प्रारंभ करते हुए, प्राणमय तथा मनोमय कोषों का भी समुचित विकास करते हुए तथा विज्ञानमय कोष के द्वार को भी उन्मुक्त करते हुए, पुरुष की चेतना अपने आरंभिक प्रोटोजैविक दिनों की अपेक्षा से खरबों वर्ष तक विस्तृत एक यात्रा के उपरांत आज मानव के रूप में उपनीत हो सकी है और इस दीर्घकाल व्यापी यात्रा एवं अपने प्रधान कार्य की परिसमाप्ति के पश्चात क्लांति का अनुभव करते हुए कुंडलिनी अब विश्रांति को प्राप्त होकर अवस्थित है। सृष्टि विकास के क्षेत्र में कुंडलिनी का कार्य यहां समाप्त हो जाता है। चेतना का विकास यहां से अंतर की दिशा में होता है और यह विकास अंत:स्थित चक्रों में चेतना के ऊर्ध्व की दिशा बढ़ते रहने से होता है। उच्चतर चक्रों में उठने का अर्थ है बौद्धिक मलों में न्यूनता आना और मन की शुद्धता में वृद्धि होना। अरबों और खरबों वर्षों तक भौतिक पदार्थों में जड़ित रहते हुए विकास को प्राप्त होती हुई चेतना के लिये इस अवस्था से ऊंचे उठने का यही एक मार्ग है। तथापि, अनायास नहीं बल्कि खोजने पर ही इस मार्ग का संधान प्राप्त होता है। कर्मेन्द्रियों और पांच प्रकार की ज्ञानेन्द्रियों से प्राप्त होने वाले विभिन्न सुखों के आकर्षण और उनकी कभी तृप्त न होने वाली लालसाओं में उलझे हुए अधिकांश मनुष्य दीर्घ समय तक जीवन और मृत्यु के चक्र में फंसे रहते हैं और फिर, अपने समय से और अपनी प्रकृति के अनुसार, उनमें सत्य के संधान की प्रेरणा उत्पन्न होती है।

हृदय का स्थान: अनाहत चक्र

स्वामी शिवानंद के अनुसार, "स्थूल इच्छाओं और जनून के द्वारा संचालित एक सांसारिक मनुष्य का मन (उदर और काम संबंधी वासनाओं में लिप्त रहते हुए) गुदा एवं गुप्तांग के क्षेत्र में अवस्थित मूलाधार और स्वाधिष्ठान चक्रों में संचरण करता है। अगर किसी का मन शुद्धि प्राप्त कर लेता है तो वह नाभि स्थान के निकट मणिपुर चक्र तक उठ जाता है और उसके आनंद की अनुभूति एवं (आत्म) बल में कुछ विकास होता है। अगर मन की शुद्धता और बढ़ती है, तो यह हृदय स्थान में अनाहत चक्र तक उठ जाता है।"

ऋषियों के अनुसार अनाहत चक्र दूसरा चक्र है जहां कुंडलिनी अभिव्यक्ति लाभ कर सकती है (या ठहर सकती है)। इस चक्र में अवस्थान होने से कारण-भूमि पर स्थित मात्रिकओं के गुंजन की ध्वनि सुनाई पडने लग जाती है और यहीं से ॐ की कारण ध्वनि का उदय भी होता है। इन ध्वनियों का श्रवण प्राय:

दाहिने कर्ण में एक निरंतर चलने वाली और तेल की धार के समान अविछिन्न रहते हुए सुनाई पड़ने वाली ध्वनि के समान होता है। यह ध्वनि कभी ठहरती नही है, धीमी या तेज होते हुए सतत सुनाई पड़ती है। कभी कभी यह स्वप्न में भी यथावत सुनाई पड़ती रहती है और स्वप्न टूटने पर भी वैसे ही अविच्छिन्न रहते हुए चलती रहती है।

प्रकृति के नाम और रूप (ध्वनि और आकार) दो पक्ष कहे जाते हैं। इनमें से ध्वनि पक्ष को, जो विश्व के अवयवों को परिभाषित करने वाला निर्देशक पक्ष है, नाम पक्ष कहा जाता है। दूसरे पक्ष को आकृति पक्ष कह सकते हैं, क्योंकि सृष्ट जगत में यह पक्ष किसी नाम के द्वारा निर्देशित वस्तु का रूप अथवा आकार प्रकट करता है। कुछ लोगों को अनेक प्रकार के सूक्ष्म (आकाशीय, बादलों के सदृश) आकार एवं चक्र भी इसी प्रकार दिखाई पडते हैं, जैसे कि चित्र-५ में वृत्तों के द्वारा निर्मित विभिन्न प्रकार के चक्र दर्शित किये गये हैं। इनमें भी एक प्रधान चक्र है जो कभी लुप्त नहीं होता, तथापि ये स्पष्ट आकृतियां कम लोगों को ही दृश्यमान होती हैं। ये श्रवण (नाम) और दर्शन (रूप) हमारे कारण और लिंग शरीर में अवस्थित रहते हुए हमारी जाग्रत अवस्था में भी अनुभूत होते हैं। एक मानव के रूप में कार्यशील रहने के लिये हम अपने तीनों शरीरों का उपयोग करते हैं, यद्यपि अधिकांश लोगों को इसका ज्ञान नहीं होता।

हम में से अनेक लोगों की भांति और संभवतया हम सभी से अधिक, प्राचीन काल के ऋषियों को भी कारण और सूक्ष्म भूमि की ये ध्वनियां श्रवण में आती रहती थीं तथा विभिन्न प्रकार के चक्र एवं अन्य रूप भी दृष्टिगोचर होते थे। ऋषियों ने प्रकृति के द्वारा उपलब्ध किये गये सभी सूत्रों का गहन और दीर्घ काल व्यापी अन्वेषण किया था। उन्होंने चेतना के धीमे और क्रमिक विकास की स्वाभाविक क्रिया पद्धति को समझते हुए अनेक प्रकार की तकनीकों का भी विकास कर लिया था और वे यह भी समझ गये थे कि किस प्रकार सुसुप्त कुंडलिनी को जाग्रत करने पर मनुष्य की चेतना का अत्यधिक तीव्र गति से विकास कर सकना भी संभव था।

प्राण और जीवन

स्पंदायमान और गतिशील रहते हुए और एक स्थिर अक्ष की परिक्रमा करते हुए सृष्टि के निर्माण कार्य में उद्युक्त ऊर्जा प्रवाह की उपलब्धियों की चर्चा करते समय हमें परमाणु संरचना का ध्यान आना स्वाभाविक है, जिसमें केन्द्र

में अवस्थित एक वा अधिक नाभिकों की परिक्रमा करते हुए एक वा एकाधिक इलेक्ट्रोन, विद्युत चुंबकत्व रूपी बल की उत्पत्ति और विकिरण करते रहते हैं। सृष्टि और अवस्थिति के कार्यों में सर्वत्र इसी प्रथा का उपयोग होता है, तथापि सृष्टि के निर्माण में जिस ऊर्जा का स्वाभाविक रूप से विकिरण होता है वह अधिक प्राथमिक स्तर की ऊर्जा होती है जिसका कार्य क्षेत्र, विद्युत चुंबकत्व से सादृश रखते हुए भी, एक अनेक विस्तृत और बहु आयाम वाले विभिन्न स्तरों पर कार्य करने वाला क्षेत्र होता है।

प्राथमिक ऊर्जा का यही विश्वव्यापी विकिरण कुंडलिनी शक्ति के वाहन का कार्य करता है और इस स्पंदायमान प्राथमिक ऊर्जा के विकिरण को ही यह इस विश्व के रूप में परिणत करते हुए इसका विकास करती है। इसमें चुंबकत्व का गुण शिव अथवा चित की देन होता है जिसका स्वभाव आकर्षण होता है, जबकि इसका वैद्युतिक प्रभाव शक्ति तत्व से आता है जिसका स्वभाव विकर्षण है। इस स्पंदायमान, और आकाश के समान व्यापक, प्राथमिक विकिरण को ऋषिगण प्राण कहते हैं, और यह हमारे अंदर तथा बाहर सभी ओर सदैव उपस्थित होता है। ऋषियों के अनुसार एक ओर तो यह प्राण हमारे मन को हमारे शरीर से युक्त करता है और दूसरी ओर यही हमारे मन का संपर्क हमारी आत्मा (Self) से भी करता है तथा इसी के माध्यम से हमारी इच्छा शक्ति हमारे शरीर की उन क्रियाओं का निर्वाह करती है जो हमारे मन के अधिकार क्षेत्र में होती हैं। अपने स्थूल रूप में यही प्राण हमारी श्वास-निश्वास की क्रिया का निष्पादन करने में हमारा सहायक होता है। जब हम सांस अंदर खींचते हैं तो यह विपरीत दिशा में मूलाधार से ऊपर की दिशा में चलन करता है, और जब हम सांस छोड़ते हैं तो यह ऊपर से नीचे की ओर गमन करता है। आगे आने वाले अध्यायों में हम इसके विषय में विस्तार से चर्चा करेंगे।

भारत की गुरु-शिष्य परंपरा

इन पंक्तियों और अध्यायों में ऋषियों से प्राप्त महाज्ञान के रूप में जो कुछ भी लेखक के द्वारा वर्णित किया गया है, उसकी पृष्ठभूमि में भारत भूमि पर अत्यंत प्राचीन समय से चली आ रही एक गुरू-शिष्य परंपरा सदैव कार्य करते हुए आज भी विद्यमान है। यही कारण है कि यद्यपि हमारे विश्वविद्यालय और पुस्तकालय ध्वंश कर दिये गये, पर संपूर्ण मानव जाति की धरोहर इस

ज्ञान को कभी पूर्णतया नष्ट नहीं किया जा सका और जिन पुस्तकों की आवश्यकता थी, उन्हें फिर से लिख लिया गया।

इस पुस्तक में विश्व की अभिव्यक्ति के प्रकरण को समझने और पाठकों के सन्मुख रखने के प्रयास में, जहां एक ओर हमने आगम शास्त्रों में वर्णित विशद व्याख्याओं का सहारा लिया है, वहीं दूसरी ओर आभास चैतन्य अथवा पुरुष, सात भुवनों, और पंचकोषों को समझने और पाठकों के सन्मुख रखने के हमारे प्रयास में १९वीं शताब्दी के अंतिम दशक में स्वामी युक्तेश्वर गिरि के द्वारा सार-वस्तु के समान लिखी गई संक्षिप्त पुस्तक कैवल्य दर्शनम् की भी अत्यंत महत्वपूर्ण भूमिका रही है।

श्री युक्तेश्वर गिरि योगोदा (एवं S.R.F.) गुरुओं की परंपरा में तीसरे गुरू हैं और उनके शिष्य एवं 'योगी कथामृत' (Autobiography of a Yogi) के लेखक तथा इन संस्थानों के संस्थापक, श्री परमहंस योगानंद इस परंपरा में चौथे एवं अंतिम गुरू हुए हैं। श्री युक्तेश्वर के देहत्याग के अगले दिन 10 मार्च, 1936 को जगन्नाथ-पुरी में श्री योगानंद जब उनकी अंत्येष्टि क्रिया करने के लिये प्रस्तुत हो रहे थे, तो उनकी त्वचा चिकनी और मुलायम थी और उनके चेहरे पर दिव्य शांति की सुंदरता थी। उन्होंने चेतन अवस्था में स्वयं अपनी चुनी हुई तिथि और समय पर अपनी स्थूल देह का त्याग किया था और ठीक उसी समय और क्षण में, वे ट्रेन में सवार होकर पुरी की दिशा में यात्रा कर रहे योगानंदजी के सन्मुख सूक्ष्म शरीर में उपस्थित हुए थे, उन्हें यह बताने के लिये कि उन्होंने अपने स्थूल शरीर का त्याग कर दिया था।

समाधि के तीन मास पश्चात

जैसा कि उन्होंने 'योगी कथामृत' मे लिखा है, पुन: 19 जून, 1936 को दिन में तीन बजे, जब श्री योगानंद बंबई शहर में अपने होटल के कमरे में बैठे थे तब, "अचानक कमरे में एक दिव्य प्रकाश के फैलने से मेरा ध्यान टूट गया। मेरे खुले और विस्मय-विस्फारित नेत्रों के सामने संपूर्ण कमरा एक अद्भुत विश्व में बदल गया और सूर्य का प्रकाश एक स्वर्गीय तेज में परिणत हो गया। रक्त-मांस के शरीर में श्री युक्तेश्वरजी को अपने सामने खड़े देखकर मुझ पर आनंदातिरेक की लहरों पर लहरें छाने लगीं।"

अवश्य ही यह उनके गुरु का रक्त और मांस से बना शरीर ही रहा होगा जिसे भावनाओं के प्रबल प्रवाह का अनुभव करते हुए योगानंदजी ने अपनी बाहों

में जकड़ लिया था। कुछ समय बाद उन्होंने पूछा, "पर क्या यह आप ही हैं गुरुदेव? ईश्वर के वही सिंह? अभी आपने जो शरीर धारण किया है, वह क्या बिल्कुल उसी शरीर के समान है, जिसे मैंने पुरी की निर्दय बालु में समाधिस्थ कर दिया था?

"'हाँ, पुत्र, मैं बिल्कुल वही हूं। यह रक्त मांस का शरीर ही है। मेरी दृष्टि में यह शरीर केवल आकाश तत्व का है, परंतु तुम्हारी दृष्टि के लिये यह जड़ देह है। मैंने सृष्टि के परमाणुओं से एक पूर्णतः नये शरीर की सृष्टि की है, जो बिल्कुल उस स्वप्न-सृष्टि के शरीर जैसा ही है, जिसे तुमने अपनी स्वप्न-सृष्टि की स्वप्न-बालू में समाधि दे दी थी। वस्तुतः मेरा पुनरुत्थान हो चुका है - पृथ्वी पर नहीं, बल्कि एक सूक्ष्म लोक में। इस पृथ्वी के मानवों की तुलना में उस लोक में वास करने वाले लोग मेरे उच्च आदर्शों के अधिक अनुरूप हैं। तुम और तुम्हारे उन्नत प्रियजन भी किसी दिन उस लोक में मेरे पास आ जाओगे'।

"...मुंबई के उस होटल के कमरे में उन्होंने मेरे साथ जो दो घंटे बिताये, उन दो घंटों में उन्होंने मेरे प्रत्येक प्रश्न का उत्तर दे दिया। 1936 के जून महीने के उस दिन इस विश्व संबंधी उनके द्वारा की गयी अनेक भविष्यवाणियाँ साकार भी हो चुकी हैं। 'अब मैं तुमसे विदा लेता हूं, प्रिय योगानंद!' ये शब्द मेरे कानों से टकराते ही मैंने अनुभव किया के मेरे बाहुपाश में ही गुरुदेव के शरीर का विलय हो रहा था। 'बेटा! जब भी तुम निर्विकल्प समाधि के द्वार से प्रवेश कर मुझे पुकारोगे, तब आज ही की तरह रक्तमांस के शरीर में मैं तुम्हारे पास आ जाऊंगा'। यह दिव्य वचन देकर श्री युक्तेश्वरजी मेरी दृष्टि से ओझल हो गये।"

निर्विकल्प समाधि के विषय में तथा और भी अनेक भेद जो उस दिन श्री युक्तेश्वरजी ने योगानंद जी के समक्ष प्रकाशित किये थे उनके विषय में भी, हम आगे आने वाले एक अध्याय में चर्चा करेंगे। अभी हम श्री युक्तेश्वरजी के अप्रकट हो जाने के बाद उनकी अनुकंपा से श्री योगानंदजी को जो अनुभव प्राप्त हुआ उसकी चर्चा अवश्य करना चाहते हैं।

अपने सूक्ष्म शरीर का दर्शन

योगानंदजी लिखते हैं, "वियोग का मेरा दुख दूर हो गया। उनकी मृत्यु पर करुणाभाव और शोक ने मेरी शांति छीन ली थी; अब वे शोक-करुणा मानो लज्जित होकर भाग गये। आत्मा के नव-उन्मुक्त अनंत रंध्रों से परमानन्द के फव्वारे छूट रहे थे। बहुत समय से अप्रयुक्त रहने के कारण रुद्ध हुए रंध्र

परमानन्द की तेज बाढ़ से पवित्र और बड़े होते गये। मेरे अंतर्चक्षु के सामने मेरे पूर्वजन्म (एक साथ ही एक के बाद एक परंतु एक ही समय में) चलचित्र की भांति प्रकट हो रहे थे। अतीत के सारे अच्छे और बुरे कर्म गुरुदेव के दिव्य दर्शन के कारण मेरे चारों ओर फैले दैवीय प्रकाश में घुल गये।" (ऋषियों एवं सिद्ध गुरुओं के द्वारा इसी को व्यष्टि लिंग शरीर का दर्शन कहा जाता है। किसी योगी के द्वारा अपने लिंग-शरीर का दर्शन एक बहुत बड़ी उपलब्धि मानी जाती है। यह दर्शन हमारी तुरियावस्था में ही संभव है। इसकी विशद विवेचना हम आगे आने वाले अध्यायों में करेंगे। हमारी प्रधान पुस्तक के मध्यवर्ती 'रहस्य खंड' में मृत अवस्था से जीवित लौटने वाले लोगों के अनुभवों के संबंध में पाश्चात्य वैज्ञानिकों के अन्वेषण का विस्तार से वर्णन किया है। जब स्थूल शरीर से विलग होकर कोई आत्मा सूक्ष्म लोक में उपस्थित होती है तो उसे वापस स्थूल शरीर में लौटने के निर्देश के साथ उसके द्वारा तबतक जिये गये उसके वर्तमान जीवन के सभी दृश्य एक चलचित्र के समान एक ही क्षण में उसके सामने से एक वर्तमान के समान अनुभूत होते हुए निकल जाते हैं। पुनर्जन्म के विषय में पाश्चात्य शोध वाले अध्याय में उन आत्माओं के जिन्हें वापस लौटने के निर्देश नहीं दिये जाते वरंच सूक्ष्म लोक में ही रोक लिया जाता है और बाद में जिनका पुनर्जन्म हो जाता है, लगभग इसी प्रकार के अनुभवों के भी विवरण हैं। ये समस्त एक क्षण में घटित होने वाले चल-चित्रात्मक प्रकार के अनुभव केवल तुरंत जिये गये जन्म से संबंध रखते हैं, जबकि किसी योगी के द्वारा अपने लिंग शरीर के दर्शन का अर्थ है करोड़ों वर्षों तक विस्तृत उस आत्मा विशेष के सभी जन्मों का एक क्षण में ही एकत्र ज्ञान के समान अनुभूत एवं स्मरण हो जाना।)

श्री योगानंद आगे लिखते हैं, "पुनरुत्थान द्वारा प्रकट होने वाले गुरुदेव के दर्शन कर पाने वाला मैं अकेला नहीं था। श्री युक्तेश्वरजी के शिष्यों में एक वृद्ध महिला थीं, जिन्हें प्यार से लोग मां कहते थे। उनका घर पुरी में आश्रम के निकट ही था। गुरुदेव जब सुबह घूमने जाते थे, तब प्राय: उनसे बातचीत करने के लिये थोड़ी देर रुकते थे। 16 मार्च 1936 के दिन शाम को मां ने आश्रम में पहुँचकर अपने गुरु से मिलने की इच्छा व्यक्त की।

'आपको मालूम नहीं? गुरुदेव के स्वर्गवास को तो एक सप्ताह हो गया!' पुरी आश्रम के प्रभारी स्वामी सेवानन्द ने उनकी ओर खिन्न बदन से देखते हुए कहा।

'हो ही नहीं सकता! उन्होंने मुस्कुराते हुए कहा।

'नहीं!!' सेवानन्द ने गुरुदेव के शरीर को समाधि दिये जाने का सविस्तार वर्णन किया। फिर उसने कहा: 'आइये, मैं आपको सामने के बगीचे में उनकी समाधि के पास ले चलता हूं'।

मां ने सिर हिलाते हुए कहा: "उनकी कोई समाधि नहीं है। आज सुबह दस बजे वे हमेशा की तरह मेरे दरवाजे के सामने से घूमने गये। बाहर सूर्य के उज्ज्वल प्रकाश में कई मिनटों तक मैंने उनसे बातें कीं। उन्होनें ही मुझसे कहा: 'आज शाम आश्रम में आ जाना'। मैं आ गयी हूं। मेरे बूढ़े सफेद सर को आशीर्वाद प्राप्त हो! अमर गुरु मुझे बता देना चाहते थे कि किस दिव्य शरीर में उन्होंने आज सुबह मुझे दर्शन दिया था।"

विस्मयचकित सेवानन्द ने उनके चरणों में प्रणाम करते हुए कहा: 'मां! मेरे हृदय पर से शोक का कितना भारी बोझ आपने दूर कर दिय। उनका पुनरुत्थान हो गया है'।"

श्री युक्तेश्वर के मुंबई के होटल में प्रकट होने तथा उनके समक्ष अनेक तथ्य उजागर करने के संबंध में योगानन्द जी लिखते हैं, "अपनी आत्मकथा के इस प्रकरण में मैंने अपने गुरु की आज्ञा का पालन कर इस सुखद वार्ता का प्रसार किया है, जब कि जिज्ञासा-रहित पीढ़ी फिर एक बार इससे संभ्रमित और व्याकुल हो उठेगी।" संभवत: जब ये बातें श्री युक्तेश्वर योगानन्द जी को बता रहे थे उस समय की पीढ़ी के लिये उन बातों को समझ पाना सहज नहीं था। संभवत: स्वामीजी ने अपने प्रिय शिष्य को यह निर्देश इस कारण से दिया था क्योंकि वे उन सभी बातों को भावी पीढ़ियों के लिये सहेज कर रखना चाहते थे, ताकि जब सही अवसर उपस्थित हो तो लोग उन्हें ग्रहण कर सकें।

Attempts to resolve this dualism was also made in the West, but the attempt was always carried out on the material plane and it failed. This was no good. If we decide to have only one sphere, it has to be the psychic one since it exists anyway

- Erwin Schrodinger

अध्याय

०४

चेतना का प्रत्यावर्तन

भारत के प्राचीन आगम शास्त्रों के ऋषियों के अनुसार विश्व के समस्त पदार्थों की अभिव्यक्ति पराशक्ति के द्वारा होती है जो अव्यक्त से एक स्पंदन अथवा प्राण शक्ति के रूप में अवतरण करती है। इस स्पंदनशील प्राण की भित्ती पर ही पराशक्ति इस सृष्टि का विकास करती है और यह प्राण शक्ति ही इस विश्व की प्रधान सृजनात्मक ऊर्जा के रूप में कार्य करती है। इस विश्वव्यापी ऊर्जा की उत्पत्ति आगम के पहले एवं द्वितीय तत्व, शिव एवं शक्ति तत्वों के मध्य, उनके संयोग के माध्यम से होती है। यह मौलिक ऊर्जा अथवा आद्य शक्ति धनात्मक एवं ऋणात्मक दोनों प्रकार के अवयवों से युक्त होती है और परमेष्टि के हृदय की धड़कन के समान, यह संकुचन एवं प्रसार को प्राप्त होते हुए विद्यमान रहती है।

अपनी पुस्तक 'श्री विज्ञान भैरव तंत्र' की प्रस्तावना में स्वामी सत्यसंगानंद सरस्वती लिखती हैं, "प्राण की सूक्ष्म प्रकृति अपने स्वभाव-वश ही तरंगायमान एवं अत्यंत तीव्रता से स्पंदन करते रहने वाली (very high frequency) होती है। ऊर्जा के इस प्रारंभिक स्तर की अवस्था में चैतन्य अभी पदार्थ के आवरण से लिप्त अथवा इसके द्वारा बद्ध नहीं होता अत: 'वैश्विक प्राण' केवल विशुद्ध चेतना के स्पंदन का क्षेत्र होता है।"

कारण, सूक्ष्म एवं स्थूल, इन तीनों भूमियों पर सतत कार्यरत रहते हुए यह सृजनात्मक ऊर्जा ही समस्त अभिव्यक्तियों का रूप ग्रहण करती है एवं जीवन का भी विकास करते हुए उसे क्रियमाण करती है तथापि, सूक्ष्म एवं स्थूल भूमियों में भिन्नता होती है अत: इन भूमियों पर शिव एवं शक्ति के रूप में दोनों प्रधान तत्वों का संयोग उनके कार्यों के अनुरूप भिन्न प्रकार से होता है और उसी के अनुरूप उन भूमियों पर प्राण शक्ति का भी उसी प्रकार पुनरावतरण होता है।

स्वामी सत्यसंगानंद सरस्वती पुन: लिखती हैं, "जैसे चेतना की अभिव्यक्ति में (स्तरों के अनुरूप) भिन्नता होती है, ऊर्जा के विभिन्न स्तरों पर अवतरण करते हुए चैतन्य से उद्भूत होने वाले प्राण की अनुभूति, विकास एवं चेतना में उसका पुनर्विलय भी उसी के अनुरूप होता है। प्राण शक्ति के इन तीनों स्तरों पर इसके स्पंदनों की अपनी अलग विशिष्टता होती है जिनके माध्यम से इस शक्ति से उत्पन्न इलेक्ट्रो-मैगनेटिक (विद्युत-चुंबकत्व का) क्षेत्र भी हमारे शरीर के चारों ओर सदैव फैलते-सिकुड़ते हुए विद्यमान रहता है।

"सृष्टि के संदर्भ में इसके स्पंदन का पहला स्तर 'प्राण-शक्ति' अथवा वैश्विक प्राण के रूप में प्रकट होता है, जो विशुद्ध चैतन्य की शक्ति में इसका सृजनात्मक पक्ष है। यह चेतना में निहित वह ऊर्जा होती है जो सृष्टि चक्र को गति प्रदान करती है और जिसके द्वारा जड़ एवं चेतन सभी जीव उत्पन्न होते हैं। समस्त सृष्टि की उत्पत्ति इस प्राण-शक्ति के द्वारा ही होती है - सूर्य, चन्द्र, तारे, पशु, वनस्पति, वृक्ष, नदियां और पर्वत, ये सभी प्राणशक्ति के द्वारा ही सृष्ट होते हैं। इस शक्ति के अभाव में तो इस समस्त सृष्टि का विघटन होकर यह सब कुछ अपने आस्तित्व से ही विहीन होकर विलुप्त हो जायेगा"।

प्राण शक्ति या जीवन की ऊर्जा

जिस प्रकार महा कुंडलिनी शक्ति से वैश्विक ऊर्जा के रूप में प्रकट होकर प्राणशक्ति विश्व का निर्माण करती है, उसी प्रकार व्यष्टियों के क्षेत्र में भी होता है। व्यष्टियों के क्षेत्र में भी व्यष्टि कुंडलिनी ऋषियों के द्वारा 'प्राण' के नाम से ही संबोधित की जाने वाली इसी प्रकार की एक दूसरी श्रेणी की ऊर्जा को उत्पन्न करती है। यह दूसरी श्रेणी का प्राण व्यष्टियों के सूक्ष्म शरीर में प्रकट होकर उन व्यष्टि सूक्ष्म शरीरों को क्रियमाण करता है।

स्वामी सत्यसंगानंद के अनुसार, "इस जीवनी ऊर्जा अथवा व्यष्टि 'प्राण' का क्षेत्र प्राणियों के संपूर्ण स्थूल शरीरों में व्याप्त रहते हुए एवं इन्हें सब ओर से घेर कर केवल इनका पोषण ही नहीं करता बल्कि इनके मन और शरीर को एक दूसरे से युक्त करने का कार्य भी करता है। अत: एक ओर तो 'प्राण' शरीर और मन के मध्य एक सेतु का कार्य करता है, वहीं दूसरी ओर यह हमारे मन को उच्चतर ज्ञान एवं मानसिक शक्तियों के क्षेत्र - हमारे विज्ञानमय कोष - से भी युक्त करता है। उसके भी अंतर्स्थानीय हमारे पंचम कोष - आनंदमय कोषमें प्राण साम्यावस्था अथवा समत्व के भाव में आनंद एवं प्रकाश से पूर्ण अवस्था में स्थित होता है। ...इस द्वितीय स्तर पर प्रकट होने वाली प्राणशक्ति को 'प्राण' कहा जाता है जिसे (अंग्रेजी भाषा में) बड़ी 'P' से लिखा जाना चाहिये क्योंकि इसी पर एक व्यष्टि के रूप में हमारा समस्त आस्तित्व निर्भर करता है, जिसमें पहले कहे गये हमारे पांच स्तर की ऊर्जा समन्वित पंचकोष अथवा हमारा शरीर सम्मिलित रहते हैं।

"यह व्यष्टि प्राण सदैव समष्टि अथवा वैश्विक प्राण से अपना पोषण ग्रहण करते हुए ही विद्यमान रहता है, क्योंकि इन दोनों के मध्य का सूत्र कभी भी विच्छिन्न नहीं होता। हम कह सकते हैं कि हमारे आनंदमय कोष (अथवा कारण शरीर) से हमारा व्यष्टि प्राण सदैव उसी प्रकार युक्त रहते हुए कार्य करता है, जिस प्रकार एक भ्रूण नौ महीनों तक एक गर्भ-नाल के माध्यम से अपनी माता के शरीर से संबद्ध रहते हुए विकास को प्राप्त होता है। इस प्रकार वैश्विक प्राण ही वह सार्वभौम माता है जिससे हम जीवन भर एक व्यष्टि के रूप में अपना पोषण प्राप्त करते रहते हैं। (दूसरी ओर) व्यष्टि प्राण के माध्यम से ही हम अपने मानसिक एवं बौद्धिक कार्यों का निर्वाह करने में सक्षम होते हैं, जिस (प्राण) का क्षेत्र पांच प्रकार से विभक्त होकर 'प्राण', 'समान', 'अपान', 'उदान' एवं 'व्यान' के नामों से कथित एवं विज्ञात होता है"।

स्वामी जी के अनुसार, जो स्वामी शिवानंद की प्रशिष्या एवं स्वयं एक उन्नत योगी हैं, "प्राणशक्ति की तीसरे स्तर की अभिव्यक्ति हमारी श्वास होती है जो जीवन भर बिना प्रयास के हमारे शरीर में प्रतिदिन २१,६०० बार प्रवेश करती है और हमारे शरीर की कोशिकाओं एवं ऊतकों का ऑक्सीजन एवं ऊर्जा से सिंचन करती रहती है। अपने शरीर में श्वास-प्रश्वास की चेतना के विकास के सहारे, जो प्राण की ही अधिक स्थूल अभिव्यक्ति होती है, हम अपने मन और शरीर के मध्य के सूत्र को सहज रूप से जान सकते हैं।"

यह 'प्राण' ही है जो अपने पांच प्रकार की कार्य विधियों के माध्यम से हमारे शरीर को सही अर्थ में कार्यशील बनाता है। यह हमारे मन और शरीर के मध्यस्थ के समान कार्य करता है और अन्य क्रियाओं के अतिरिक्त यह वायु एवं अन्य तरल पदार्थों को हमारे शरीर में ऊपर, नीचे और अन्य समस्त दिशाओं में भी उनके एकल एवं एकत्र रूप से संचरण करने में सहायक होता है। हमारा यह व्यष्टि प्राण ही हमारी इच्छाओं अथवा निर्देशों को हमारे स्थूल शरीर तक पहुंचाता है जिनका निर्वाह हमारा शरीर, प्रकृति की सीमाओं में रहते हुए और हमारे शरीर की वर्तमान की अवस्था के अनुरूप, करते रहने का प्रयास करता है।

व्यष्टि प्राणों की उत्पत्ति एवं उनके कार्य

ऋषियों के अनुसार ऊपर बताये गये पांच प्राणों में से प्रत्येक के अंतर्गत एक उप-प्राण भी होता है। इन पंचप्राणों में 'प्राण' हमारे हृदय क्षेत्र में कार्य करता है और ऊर्ध्व दिशा में चालित होता है तथा 'अपान' पेट के निचले हिस्से में कार्य करता है एवं अधो-दिशा में गमन करता है। इनके साथ-साथ इसी प्रकार, 'समान' नाभि क्षेत्र एवं 'उदान' गले के क्षेत्र में कार्यरत रहते हैं। इन चारों के उप-प्राण क्रमशः डकार लेने, हमारी पलकों के झपकने, छींकने एवं उबासी लेने की क्रियाओं का संपादन करते हैं।

पंचम प्राण जिसे ऋषियों के द्वारा 'व्यान' कहा गया है, अपने उप-प्राण 'धनंजय' के साथ, हमारे समस्त शरीर में व्याप्त होकर विद्यमान रहता है। यह थोड़े विस्मय की बात प्रतीत हो सकती है कि 'धनंजय' जो अपने वरिष्ठ प्राण 'व्यान' के साथ संपूर्ण शरीर में फैलकर स्थित रहता है, उसका कार्य होता है मृत्यु के पश्चात भी स्थूल शरीर को एक अवधि के लिये सुरक्षित रखने अथवा विनष्ट होने से बचाने में सहायक होना! यह प्राण परिवार का वह अंश अथवा विभाग है जो सबसे अंत में मृत शरीर का त्याग करता है और यह धीरे-धीरे स्थूल शरीर के विभिन्न हिस्सों से सूक्ष्म शरीर को अलग करते हुए इन दो प्रकार के शरीरों के एक दूसरे से विलग होने की प्रक्रिया में प्रकृति का सहायक होता है।

पुष्प, फ़ल एवं वनस्पति इत्यादि पौधों और वृक्षों से अलग होने के पश्चात भी इसकी उपस्थिति के माध्यम से अपना जीवन सुरक्षित रख सकते हैं, यद्यपि वे वृद्धि को प्राप्त नहीं हो पाते। सिद्ध पुरुषों के स्थूल शरीर भी इसी

प्रक्रिया के माध्यम से दीर्घ काल तक क्षय को प्राप्त नहीं होते एवं उनमें प्राण की आभा भी विद्यमान रहती है (पिछले अध्याय में स्वामी युक्तेश्वर गिरी एवं परमहंस योगानंद जी के संदर्भ में हम इस प्रकार की चर्चा कर चुके हैं)। जिन लोगों की अकस्मात हृदय गति बंद होने से मृत्यु हो जाती है परंतु जिन्हें पुनर्जीवित कर लिया जाता है अथवा दुर्घटना में मृत होने के पश्चात जिनमें जीवन लौट आता है, इस प्रकार के सभी कार्यों में इस अंतिम प्राण के धीमी गति से निर्गत होने के प्रकृति के विधान की अत्यंत महत्वपूर्ण भूमिका होती है।

मानव संरचना को कार्यशील बनाने एवं कार्यरत रखने में इन तीनों स्तरों के प्राणों की अपनी-अपनी एवं विशिष्ट भूमिकायें होती हैं। इसी प्रकार किसी मनुष्य के कारण, सूक्ष्म एवं स्थूल, इन तीनों शरीरों को सही प्रकार से युक्त करते हुए एक ही पृष्ठ पर बनाये रखना भी एक अत्यंत महत्वपूर्ण कार्य होता है जिसका निष्पादन भी इन तीन स्तरों के प्राणों के माध्यम से ही संभव होता है। इनमें पंचप्राण मध्यस्थानीय होते हैं, जिन्हें पवनपुत्र भी कहा जाता है और एक प्रकार से ये मध्यस्थानीय प्राण ही मानव शरीरों में चालक-कक्ष का कार्य भी करते हैं। इन पांच प्राणों में प्राण एवं अपान अपने ऊर्ध्व एवं अधो दिशाओं में गमन के माध्यम से एक ओर तो वैश्विक प्राण रूपी ऊर्जा को अंदर खींचते और उसका निर्गमन करते हुए हमारे सूक्ष्म शरीर का नवीन ऊर्जा से सिंचन करते रहते हैं, वहीं दूसरी ओर एक विपरीत क्रम में ये दोनों हमारी नासिका के माध्यम से चलने वाली हमारे स्थूल शरीर में स्थूल-वायु के ग्रहण-निष्कासन की क्रिया से भी जड़ित होकर अवस्थिति को प्राप्त होते हैं।

ऋषियों के अनुसार प्राण और अपान अपने वैश्विक ऊर्जा के ग्रहण एवं निष्कासन के कार्य से विपरीत क्रम में हमारे श्वास लेने और छोड़ने के कार्य से जड़ित होकर हमारे शरीरों में अवस्थित होते हैं। जब प्राण ऊर्ध्व गमन करते हुए वैश्विक ऊर्जा को हमारे सूक्ष्म शरीर में खींचता है, तो वायु का हमारे स्थूल शरीर से निश्वास के माध्यम से निष्कासन होता है। इसी प्रकार जब अपान अधोगमन करते हुए वैश्विक प्राण की ऊर्जा को बाहर के पथ पर संचालित करता है, तो श्वास के माध्यम से हमारा शरीर स्थूल वायु को अंदर की ओर खींचने का कार्य करता है। सूक्ष्म वैश्विक प्राण के ग्रहण एवं निष्कासन का स्थान हमारे लिंगशरीर में अवस्थित होता है जो हमारे स्थूल शरीर में हमारी गर्दन के पीछे स्थित मेडुला औब्लौंगाटा नामक स्थान से सादृश रखते हुए अवस्थित होता है।

तांत्रिक दर्शनों में इस स्थान को बिंदु-स्थान कहा जाता है और योग विज्ञानविदों के द्वारा स्वीकृत ॐकार के द्वादश सोपानों में से इसे चतुर्थ-स्थानीय सोपान माना जाता है (पिछले अध्याय में चित्र-७ देखें)।

हमारे सूक्ष्म शरीर में वैश्विक ऊर्जा के संचरण करने के लिये सूक्ष्म स्तर के पदार्थों से निर्मित नलिकाओं को नाड़ी कहा जाता है। हमारे सूक्ष्म शरीर में सर्वत्र फैलते हुए अवस्थित वैश्विक ऊर्जा की वाहक बहत्तर हजार नाड़ियों में से चौदह नाड़ियों की हमारे शरीर संचालन में विशिष्ट भूमिका है और इन सभी की उत्पत्ति हमारे सूक्ष्म शरीर के आधार में अवस्थित 'कंद' स्थान से होती है। स्वामी शिवानंद के अनुसार यह एक झिल्लियों से ढंके हुए अंडे के समान होता है और इसका स्थान हमारे मूलाधार चक्र से ठीक ऊपर होता है।

स्वामी शिवानंद जो सन्यास ग्रहण के पूर्व स्वयं चिकिसा शास्त्र के स्नातक एवं एक कार्यरत डाक्टर थे, लिखते हैं, "सूक्ष्म शरीर में अवस्थित इस केन्द्र से तारतम्य बनाते हुए हमारे स्थूल शरीर में Cauda Equina की स्थिति होती है। हमारी रीढ़ की हड्डी के मध्य से गुजरने वाली हमारी तंतु वाहिका Spinal Cord हमारे मष्तिस्क से प्रारंभ होकर हमारी रीढ़ के अंत में पतली होती हुई एक सिल्क के धागे का रूप ग्रहण कर लेती है। इसी अवस्था में अस्त होने के पूर्व इससे असंख्य रोंएं के समान सूक्ष्म नसों का एक झुंड निकलता है। हमारे स्थूल शरीर में इसे Cauda Equina कहा जाता है, जबकि हमारे सूक्ष्म शरीर में यही हमारा कंद-स्थान है"। (आगे चित्र-८ देखें)

फोटो प्लेट पर वैश्विक प्राण की ऊर्जा

सन् १९३९ में Semyon Kirlian जो एक इलेक्ट्रीशियन भी थे उन्हें एक यूनिवर्सिटी की प्रयोगशाला में इलेक्ट्रोथेरेपी के एक उपकरण को ठीक करने के लिये बुलाया गया। उन्होंने देखा कि जब किसी मरीज को इस उपकरण के माध्यम से थेरेपी दी जाती थी तो उपकरण के दोनों इलेक्ट्रोडों के मध्य एक चिन्गारी के समान प्रकाश की कौंध दिखाई पड़ती थी। उन्होंने इस चिंगारी के प्रकाश में फोटो लेने का प्रयास किया तो उन्हें ज्ञात हुआ कि इसके लिये किसी कैमरे की आवश्यकता नहीं थी बल्कि अपने हाथ और इस उच्च फ्रीक्वेंसी वाले प्रकाश के मध्य एक फोटो प्लेट रखने मात्र से ही वे अपने हाथ की फोटो अनुकृति को इस प्लेट पर अंकित करने में सफल हो गये थे।

फोटोग्राफी की प्लेट को डेवलप करने पर किर्लियन ने देखा कि उसमें अनेक प्रकार से विस्तृत होकर चमकते हुए और आभा बिखेरते हुए उनके हाथ की फैली हुई अंगुलियो की एक अद्भुत प्रतिकृति अंकित हो गई थी। अन्य जैव पदार्थों की भी इसी प्रकार की चमकदार बिंदुओं एवं लपटों के समान रेखाओं से निर्मित प्रतिकृतियां इन प्लेटों पर अंकित हो रही थीं तथापि जीवन से विहीन पदार्थों से इस प्रकाश में किसी प्रतिकृति का निर्माण नहीं होता था। किर्लियन नें अपने उपयोग के लिये अलग से एक ऐसे उपकरण का निर्माण कर लिया जिसके दोनों इलेक्ट्रोडों के मध्य एक सेकेंड़ में दो लाख बार कौंधकर चमकने वाले प्रकाश की किरणें उत्पन्न की जा सकती थी। शीघ्र ही वे बिना फोटो इमल्सन के प्रयोग के इन आकृतियों को देख सकने के उपयुक्त एक उपकरण निर्मित करने में भी सफल हो गये और अब अन्य वैज्ञानिक भी सरलता से इस प्रकार के प्रयोगों में सम्मिलित हो सकते थे।

लायल वाटसन लिखते हैं, "किर्लियन ने देखा कि प्रत्येक जीवन से युक्त वस्तु इस उच्च फ्रीक्वेंसी के डिस्चार्ज की उपस्थिति में एक इस प्रकार की जीवंत प्रतिकृतियों की सृष्टि करती है और यदि किसी मनुष्य का एक पूरा हाथ इनके मध्य रख दिया जाये तो उससे बनने वाली प्रतिकृति एक नीली एवं सुनहरी पृष्ठभूमि में चमकते एवं टिमटिमाते रहने वाली आकाश गंगा के समान प्रतीत होगी। एक नई तोड़ी गई पत्ती की प्रतिकृति इस प्रकार प्रतीत होगी जैसे इसके रोमकूपों से जीवन के प्रकाश की लपटें विकीरित हो रही हों और जैसे-जैसे इसके जीवन (प्राण) का ह्रास होता जायेगा ये ज्वालायें एक के बाद एक बुझती चली जायेंगी"।

सूक्ष्म का प्रतिबिंब

लायल वाटसन पुन: लिखते हैं, "रहस्य-ज्ञान की अनेक शाखाओं में ऐसी 'आकाशीय' अथवा ईथर से निर्मित सूक्ष्म देहों की अवधारणा एक मूलभूत विश्वास की बात होती है और ये हमारे भौतिक शरीरों की प्रतिकृतियों के समान होती हैं। ऐसे मनुष्य जिनका एक पैर काट दिया गया हो, कहते पाये जाते हैं कि वे अब भी इसको महसूस कर सकते हैं और वे अब भी इसकी अंगुलियों में होने वाली खुजली की शिकायत भी करते पाये जाते हैं। इसे हमारे मष्तिस्क में उपस्थित पहले की अनुभूति की स्मृति कहकर भी समझाने का प्रयास किया

जाता है तथापि कुछ लोग (अपनी सर्जरी के कुछ समय बाद तक भी) यह भी कहते पाये जाते हैं कि अब भी उन्हें उनके काट दिये गये हाथ अथवा पैर अपने शरीर से जुड़े हुए के समान दिखाई पड़ते रहते हैं।

"अब किर्लियन प्रभाव के प्रकाश में देखने पर हमें प्रतीत होता है कि उन लोगों का सर्जरी के बाद (अभी जुड़े रहने) का अनुभव सत्य हो सकता है। मॉस्को में इस यंत्र का उपयोग पहले एक संपूर्ण पत्ते की आभा-मूर्ति देखने के लिये किया गया। इसके पश्चात उस पत्ते का एक तिहाई भाग काट कर अलग करने के बाद जब पुन: उसके बिंब को इस यंत्र के द्वारा देखा गया, तो देखने में आया कि पत्ते के एक भाग को काट दिये जाने के बाद भी कुछ समय तक पूरे पत्ते का ही चमकता हुआ बिंब यंत्र के स्क्रीन पर पूर्ववत विद्यमान था।"

लायल वाटसन आगे और भी लिखते हैं, "इन प्रयोगों के परिप्रेक्ष्य में मॉस्को की यात्रा करने वालों में लेनिनग्राड के एक सर्जन मिखाइल गाल्किन भी थे। अपने हाथों के सक्रिय और चमचमाते हुए प्रकाश बिंब को देखने के पश्चात उन्होंने इसके उत्स के विषय में विचार करना प्रारंभ किया। हाथों से निकलने वाली प्रकाश की सबसे अधिक शक्तिशाली ज्वालायें यद्यपि चर्म क्षेत्र से सर्चलाइटों के समान निकलती दिखाई पड़ रही थीं, परंतु हथेली में फैले हुए उनके उद्गम स्थलों की न तो किन्हीं मुख्य नर्व के अंतिम स्थलों से ही कोई साम्यता अथवा सादृश था और न ही किन्हीं रक्त वाहिनी नसों अथवा धमनियों से। फिर उन्हें जबाईकाल के युद्ध-स्थल पर १९४५ के अपने उन अनुभवों का स्मरण हुआ जब उन्हें एक चीनी डाक्टर से एक्वापंक्चर थेरेपी की कला के विषय में जानने का अवसर प्राप्त हुआ था। (वापस लौटने पर) उन्होंने चीनी एक्वापंक्चर थेरेपी के सात सौ (से अधिक) बिंदुओं वाली सामान्य तालिका की एक प्रति किर्लियन दंपत्ति के पास भिजवा दी जिन्होंने इन प्रकाश की ज्वालाओं के उद्गम स्थलों की एक अपनी तालिका भी बनानी प्रारंभ कर रखी था और यह देखा गया कि किर्लियन के प्रकाश की ज्वालाओं के उद्गम स्थलों का एक्वापंक्चर थेरेपी के द्वारा चिन्हित स्थानों से पूर्ण साम्य अथवा सादृश्य था।"

चीनी एक्वापंक्चर थेरेपी हमारे सूक्ष्म शरीर में फैले हुए 'ची' अथवा प्राणिक ऊर्जा के संचरण की नाड़ियों की स्थिति के ज्ञान पर आधारित है। इस चिकित्सा पद्धति में इस ऊर्जा को इसके नर एवं मादा के सदृश दो चेहरों के अनुरूप 'यिन'

एवं 'यांग' कहा जाता है और इसमें सात सौ से कुछ अधिक ऐसे विज्ञात स्थलों पर एक अथवा अनेक सूइयों को चुभाकर इन दो प्रकार की शक्तियों में उत्पन्न असाम्य को दूर करने का प्रयास करते हुए इनकी साम्यता को पुन: स्थापित किया जाता है। इस तालिका में दिये गये विंदु हमारे शरीरों में वे स्थान होते हैं जहां हमारे स्थूल शरीर से हमारे सूक्ष्म शरीर का संपर्क-साधन किया जा सकता है और जो भी अतिरिक्त ऊर्जा उत्पन्न हो गई है सूई के संपर्क के माध्यम से उसे बाहर निकलने का मार्ग प्राप्त हो जाता है।

धीमी गति से निर्गमन करने वाला प्राण

यह सर्वथा स्पष्ट है कि किर्लियन फोटोग्राफी के उपकरण में परिलक्षित होने वाली प्रकाश रूपी ऊर्जा की लपटें जो जीवित वस्तुओं से निकलती रहती हैं और जिन्हें उच्च फ्रीक्वेंसी वाले विद्युत क्षेत्र में देखना संभव होता है, वास्तव में प्राण रूपी ऊर्जा की ही अभिव्यक्ति होती है। अन्य स्थानों मे लायल वाटसन ने सभी जीवित मनुष्यों के शरीरों से निकलकर उसे चारों ओर से व्याप्त करते हुए अवस्थित रहने वाली एक आभा की चर्चा भी की है जिन्हें क्षमतावान मध्यस्थ (mediums) और क्षमताशील प्राकृतिक चिकित्सक सहज रूप से देख सकते हैं। वे लिखते हैं, "न्यू यॉर्क की प्रसिद्धि प्राप्त आइलीन गैरेट के अतिरिक्त और भी ऐसे सूक्ष्म दृष्टा हैं जिन्होंने तुरंत मृत्यु को प्राप्त होने वाले शरीरों से सर्पिल एवं चक्राकार प्रकाश की लहरों को उठते हुए देखा है"। यह लगभग स्पष्ट के समान ही है कि वे दोनों श्रेणी के सूक्ष्म-दृष्टा शरीर से वाह्य निर्गमन करने वाली प्राण की सूक्ष्म ऊर्जा को ही उसका धीरे-धीरे त्याग करते हुए देख पाते हैं।

वृक्ष के तुरंत काटे गये पत्ते से निकलने वाली ऊर्जा का कुछ समय तक पूर्ण पत्ते के रूप में परिलक्षित होने और मृत्यु को प्राप्त होने के कुछ समय पश्चात तक भी किसी शरीर से उठते रहने वाले वलयाकार प्रकाश की आभा के दिखाई पड़ने के पीछे ऋषियों के द्वारा वर्णित धनंजय नामक उप-प्राण की ही भूमिका प्रतीत होती है। जीवित वस्तुओं के शरीर में ऊर्जा की यही एक ऐसी अवस्था है, जिसकी यह ख्याति एवं विशिष्टता ही है कि यह प्रकृति की आवश्यकता के अनुरूप धीरे-धीरे ही किसी शरीर का त्याग करती है।

मष्तिस्क विहीन चेतना के आस्तित्व की संभावना एवं सूक्ष्म ऊर्जा को पूर्ण रूप से अस्वीकार करने वाले वैज्ञानिकों में से कुछ का यह विचार है कि काट

दिये गये पत्ते के कुछ समय तक पूर्ण पत्ते के रूप में दिखाई पड़ने के पीछे संभवत: ठहरी हुई आर्द्रता है जो किर्लियन फोटोग्राफी के समय दिखाई पड़ जाती है, यद्यपि यह निर्विवाद है कि यह सभी वस्तुओं में नहीं, केवल जैव पदार्थों के क्षेत्र में ही दिखाई देती है। तथापि यह भी सत्य है कि व्यान वायु एवं इसके सहायक धनंजय नामक उप-प्राण दोनों का ही संबंध हमारे सूक्ष्म शरीर में अवस्थित स्वाधिस्थान चक्र से होता है, जो ऋषियों के अनुसार हमारे शरीर में विद्यमान जल-तत्व से संबंधित रहने वाला चक्र है और यह स्वाभाविक प्रतीत होता है कि यह शरीर की आर्द्रता को भी बनाये रखने का कार्य करता हो। संभवत: यह इस प्राण एवं इसके उप-प्राण की ही विशिष्टता है जो भोज्यश्रंखला (food chain) में पदार्थों को शीघ्र अभोज्य में बदलने से रोकती है।

जैव ऊर्जा से निर्मित हमारा शरीर

हमारे स्थूल शरीर को इसके तीन प्रधान विभागों में बांटा जा सकता है, जिन्हें हम सिर, धड़ और हस्त-पाद आदि वाह्यांगों के रूप में जानते हैं। हमारी शरीर संरचना को समझाते हुए स्वामी शिवानंद बताते हैं कि हमारी रीढ़ की संरचना में प्रकृति के द्वारा तैंतीस हड्डियों का उपयोग होता है जिन्हें vertibra कहा जाता है (पिछले अध्याय में चित्र-७) और हमारी रीढ़ का स्तंभ हमारी ऐटलस नाम वाली पहली वर्टिब्रा से आरंभ होकर इसके अंतिम छोर तक विस्तार प्राप्त होकर अवस्थित होता है (चित्र-७)।

वर्टिब्रा नाम से कथित हमारी रीढ़ के ये तैंतीस अवयव एक के ऊपर एक अवस्थित होते हुए हमारे शीर्षस्थ क्रेनियम एवं पृष्ठ में अवस्थित रीढ़ के स्तंभ को स्थिरत्व प्रदान करते हैं। हमारी वर्टिब्रा के प्रत्येक जोड़े के मध्य से ऐसे मार्ग (apertures) निकलते हैं जिनसे होकर हमारी स्पाइनल कॉर्ड से निकलने वाली नसें (spinal nerves) हमारे शरीर के विभिन्न अंगों एवं विभागों की दिशा में गमन करती हैं। इसके अतिरिक्त हमारी प्रत्येक वर्टिब्रा के मध्य एक बड़ा एवं गोल छिद्र अथवा पथ होता है और ये सभी वर्टिब्रा एक दूसरे से युक्त होते हुए हमारी Spinal Cord के अधोगमन करते हुए अवस्थित रहने के लिये सभी ओर से हड्डियों से ढंके हुए एक बेलनाकार खोखले पथ का निर्माण करती हैं जिसके मध्य से होकर यह स्पाइनल कॉर्ड हमारे रीढ़ के स्तंभ के अंत तक पहुंचकर स्थिति प्राप्त करती है।

विभिन्न वर्टिब्राओं के आकारों में अंतर होता है। उदाहरण के रूप में सर्विकल क्षेत्र की वर्टिब्रा आकार में डोर्सल क्षेत्र की वर्टिब्रा से छोटी परंतु अधिक घुमावदार होती है। लंबर क्षेत्र की वर्टिब्रा हमारी रीढ़ की सबसे अधिक लंबी और बड़ी वर्टिब्रा होती है। स्वामी जी का कथन है कि हमारी रीढ़ एक कठिन दंड के समान नहीं होती बल्कि इसमें थोड़ा लचीलापन भी होता है और यह एक स्प्रिंग के समान भी कार्य कर सकती है। हमारे शरीर की अन्य सभी प्रधान अस्थियां भी हमारी रीढ़ की हड्डी से संलग्न होती हैं।

हमारा केन्द्रीय नर्वस सिस्टम प्रधानत: हमारे मष्तिस्क एवं हमारी स्पाइनल कॉर्ड के माध्यम से कार्य करता है और यह कॉर्ड हमारी शारीरिक विद्‌युत की एक केन्द्रीभूत अक्ष रेखा के समान कार्य करती है। हमारे शरीर में बिंदुस्थान अथवा बल्ब (medulla oblongata) के ऊपर की ओर हमारा मष्तिस्क होता है और इसी के नीचे की दिशा में हमारी स्पाइनल कॉर्ड का विस्तार होता है। स्पाइनल कॉर्ड हमारी स्पाइनल कैनाल के शीर्ष से प्रारंभ होकर हमारे शरीर के निम्न भाग में कौकीजीनल क्षेत्र की दूसरी वर्टिब्रा तक निर्बाध गमन करती है और इस स्थान पर आकर यह सूक्ष्मता प्राप्त करते हुए सिल्क के रेशों के समान Filum-Terminale का रूप धारण करते हुए समाप्त हो जाती है (चित्र-७)। स्वामी शिवानंद के अनुसार जो medulla oblongata नाम की संरचना इस स्पाइनल कॉर्ड को हमारे मष्तिस्क से संयुक्त करती है हमारे निगलने एवं हमारे श्वास-प्रश्वास लेने की क्रियाओं में उसके केन्द्र अथवा बिंदुस्थान की महत्वपूर्ण भूमिका होती है।

हमारी जीवनी शक्ति की वाहक प्रधान नाड़ियां

हमारा मष्तिस्क एवं हमारी स्पाइनल कॉर्ड (cerebrospinal fluid नामक) एक तरल पदार्थ में तैरते रहते हैं जो इन्हें क्षतिग्रस्त होने से बचाता है। इसके अतिरिक्त स्पाइनल कॉर्ड की सुरक्षा के लिये इसके चारों ओर एक तैलीय पदार्थों (fatty tissues) का सुरक्षा कवच भी होता है परंतु हमारी जीवित अवस्था में यह स्पाइनल कॉर्ड कभी भी हमारे मष्तिस्क से अलग नहीं होती। तथापि इसके अगले और पिछले हिस्सों में बनने वाली दो दरारें इसे मध्य से दो एक जैसे और समान भागों में विभक्त कर देती हैं। इसके केन्द्र में एक बहुत पतली छिद्र के समान वाहिका अथवा पथ होता है जिसे Canalis Centralis कहा जाता है (चित्र-९)। हमारे सूक्ष्म शरीर में केन्द्र-स्थानीय अति

सूक्ष्म नाड़ी जिसे ब्रह्मनाड़ी कहा जाता है और जो हमारे मूलाधार चक्र-स्थान से निकल कर हमारे सहस्रार चक्र तक जाती है वह हमारे स्थूल शरीर में इसी Canalis Centralis के मध्य से तथा इसी का अनुगमन करते हुए अवस्थित होती है। यही वह नाड़ी है जागृत होने जिसके मध्य से हमारी कुंडलिनी हमारे ब्रह्मरंध्र तक की यात्रा करती है,जिसका स्थान हमारे मष्तिस्क में शीर्शस्थ होता है (चित्र-९)।

स्वामी शिवानंद के अनुसार हमारी सबसे प्रधान तीन प्राण-वाहक नाड़ियों में केन्द्र-स्थानीय 'सुषुम्ना' नाड़ी, हमारे स्थूल शरीर में हमारी रीढ़ के मध्य जो खोखला बेलनाकार स्थान होता है जिसके मध्य से हमारी स्पाइनल कॉर्ड नीचे उतरती है, उसी खोखले स्थान के मध्य से ही परंतु सूक्ष्म धरातल (astral plane) पर ऊपर की दिशा में हमारी नासा की ओर ऊर्ध्वगमन करती है। इसके अथवा स्थूल भूमि पर रीढ़ के बायीं ओर 'इड़ा' नाड़ी की तथा दाहिनी ओर 'पिंगला' नाड़ी की अवस्थिति होती है और 'सुषुम्ना' सहित ये तीनों नाड़ियां ही कन्द-स्थान से उदित होकर ऊपर की दिशा में गमन करती हैं (चित्र-८)।

स्वामी शिवानंद लिखते हैं, "जब हम संरचना, स्थान और कार्यों की दृष्टि से तुलना करते हैं, तो हमें सहज ही समझ में आ जाता है कि (स्थानीयता के संदर्भ में) जिसे हम अपने (स्थूल) शरीर में स्पाइनल कॉर्ड कहते हैं, प्राचीन योगीजनों के द्वारा उसे ही (हमारे सूक्ष्म शरीर में अवस्थित) 'सुषुम्ना' नाड़ी की संज्ञा दी गई है।

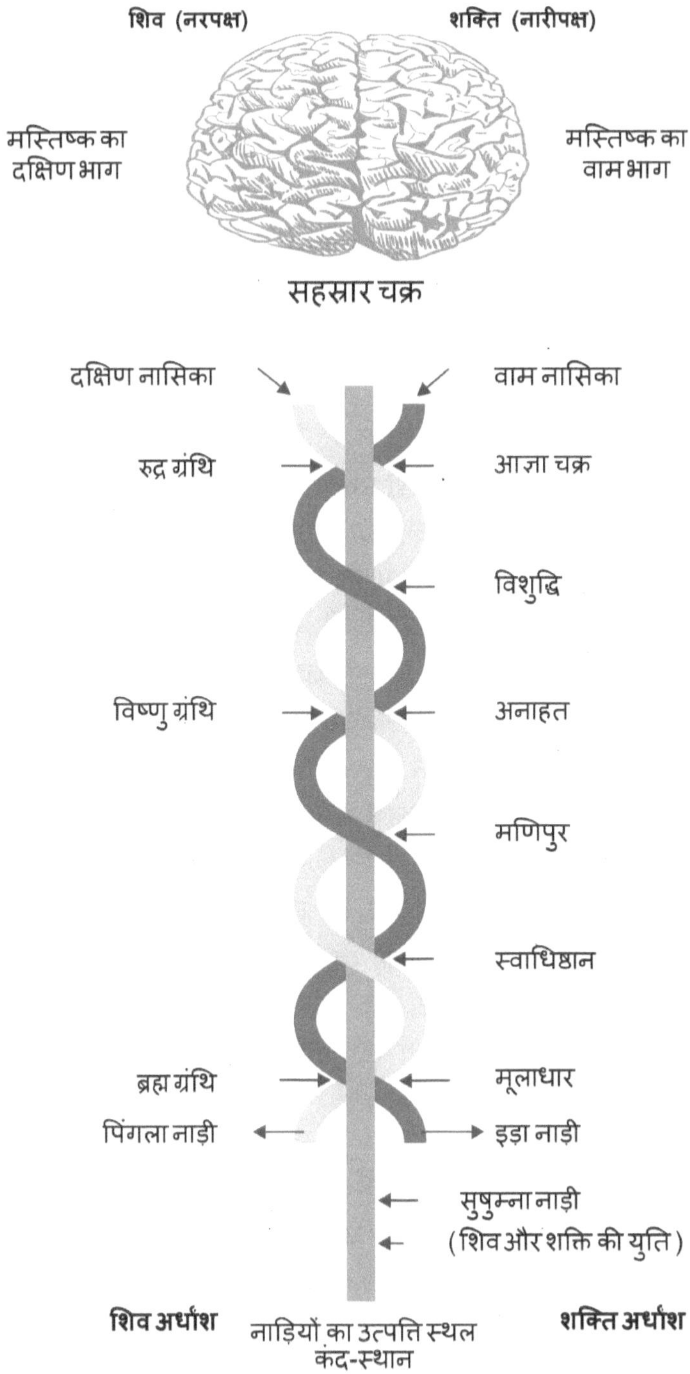

चित्र - ८ आधार से सहस्रार तक का सूक्ष्म मार्ग

"पाश्चात्य शरीर शास्त्र स्वीकार करता है कि शरीर में स्पाइनल कॉर्ड के मध्य इसके केन्द्र में एक Canalis Centralis नाम का पथ होता है और यह भी कि मष्तिस्क के समान स्पाइनल कॉर्ड के निर्माण में भी वैसे ही श्वेत एवं श्याम (white and grey) पदार्थ का उपयोग होता है। स्पाइनल कॉर्ड को इस खोखले स्थान में शून्य में लटकाया अथवा तैराया जाता है जबकि इसी प्रकार सुषुम्ना नाड़ी भी इसी शून्य स्थल में अवस्थित होती है और इसके भी अपने अलग विभाग होते हैं।"

एक अत्युच्च अवस्था प्राप्त 'योगी' स्वामी शिवानंद पुन: लिखते हैं, "'इड़ा' और 'पिंगला' नाड़ियां स्थूल (शरीर में अवस्थित) sympathetic chains नहीं हैं, ये तो सूक्ष्म प्राण की वाहिका सूक्ष्म नाड़ियां हैं। स्थान की दृष्टि से स्थूल शरीर में इनका दाहिनी एवं बायीं sympathetic शृंखलाओं से सादृश्य होता है। स्थूल शरीर के निम्न भाग में पुरुषों के अंडकोषों के प्रारंभ स्थान की स्थिति के दाहिने से इड़ा और बायें से पिंगला का उदय होता है और मूलाधार चक्र में ये सुषुम्ना नाड़ी से मिलकर एक ग्रंथि की रचना करती हैं। मूलाधार चक्र में इन तीन नाड़ियों के द्‌वारा निर्मित त्रिवेणी को ब्रह्म-ग्रंथि अथवा ब्रह्मा की गांठ कहा जाता है। इसके पश्चात अनाहत चक्र तथा आज्ञा चक्रों में पुन: एकत्रित होकर इन तीनों नाड़ियां का मिलन होता है"।

मनुष्यों के सूक्ष्म शरीरों में जिनमें प्राणवाही नाड़ियां स्थित होती हैं, नर या मादा का कोई विभाजन नहीं होता। यद्‌यपि इस प्रकार का विभाजन केवल स्थूल शरीरों में ही संभव होता है, तथापि इस संदर्भ में एकबार डा. कविराज के एक प्रश्न के उत्तर में श्री विशुद्धानंद परमहंस ने यह स्पष्टीकरण किया था कि चूंकि महिलाओं को गर्भ धारण करना पड़ता है भौतिक शरीरों के परिप्रक्ष्य में नर एवं नारी शरीरों में कुंडलिनी के स्थान में कुछ अंतर आ जाता है।

रीढ़ के संदर्भ से सूक्ष्म चक्रों की अवस्थिति

हमारी रीढ़ का पांच भागों में विभाजन किया जाता है और हमारे सूक्ष्म शरीर में भी एक चक्र विशेष से इन पांचों में से एक का सादृश होता है। स्वामी शिवानंद के अनुसार रीढ़ के ये पांच विभाग और उनसे संबंधित होकर हमारे सूक्ष्म शरीर में अवस्थान करने वाले चक्र इस प्रकार हैं:

1. सात वर्टिब्राओं से युक्त हमारे गर्दन क्षेत्र (cervical region) का हमारे विशुद्धि चक्र से स्थान-सादृश होता है।
2. बारह वर्टिब्राओं से युक्त हमारी पीठ के क्षेत्र (dorsal region) का सादृश हमारे अनाहत चक्र के स्थान से होता है।
3. पांच वर्टिब्राओं से युक्त हमारी कमर के क्षेत्र (lumbar region) का हमारे मणिपुर चक्र से स्थान-सादृश होता है।
4. इसी प्रकार पांच वर्टिब्राओं से ही युक्त हमारे कूल्हों के मध्य क्षेत्र (sacral region) का सादृश हमारे स्वाधिस्थान चक्र के स्थान से होता है, जबकि -
5. हमारे निम्न भाग के क्षेत्र (जिसमें चार भिन्न प्रकार की वर्टिब्रायें होती हैं) (coccygeal region) का स्थान सादृश हमारे मूलाधार चक्र से होता है।

और बहत्तर हजार प्राणवाही नाड़ियों का एक ऐसा विशाल जाल जिसमें प्रत्येक नाड़ी कि एक शत शाखायें और प्रत्येक शाखा की इतनी ही उप-शाखायें भी होती हैं, हमारे संपूर्ण शरीर में व्याप्त होकर अवस्थित होता है और हमारे शरीर के हर भाग में पहुंच कर जीवनी शक्ति से सिंचित करते हुए उसे जीवित रखता है। योगियों के मतानुसार इन बहत्तर हजार नाड़ियों में चौदह नाड़ियां प्रमुख होती हैं, तथापि इनमें से भी तीन नाड़ियां प्रधान होती हैं जिनकी हम संक्षेप में चर्चा कर चुके हैं और जिनमें उन्हें विशेष रुचि होती है। अन्य प्रमुख नाड़ियां हमारे शरीर के महत्वपूर्ण अवयवों तक पहुंचती हैं, जैसे हमारी जिह्वा, कर्ण, आंखें, नासिका, ओष्ठ, गाल, हाथ और पैर के अंगूठे, जनन और विसर्जन के अंग, आदि।

मन और शरीर के संबंध

इच्छा, ज्ञान एवं क्रिया, चैतन्य पराशक्ति के तीन प्रधान विभागों की ये तीन शक्तियां ही विश्व की सृष्टि एवं संचालन के कार्यों में अवस्था भेद से तीन विशिष्ट प्रकृतियों के रूप में कार्य करती हैं और इन्हीं से प्रकृति के तीन रंगों अथवा सत्व, रजस एवं तमस नाम से कथित तीन गुणों की उत्पत्ति होती है।

तीन प्रकृतियों की साम्यावस्था एक श्वेत पट्ट के समान होती है जिसमें किसी भी गुण का प्रकाश नहीं हुआ है। प्रकृति की वह अवस्था ज्ञान के परे की अवस्था होती है, जिसकी तुलना हम किसी दृष्टा के मन की सुप्तावस्था से

कर सकते हैं। तथापि इन गुणों का एक विशिष्ट सम्मिश्रण प्रकृति के द्वारा अभिव्यक्त प्रत्येक वस्तु अथवा घटना विशेष में अवश्य उपस्थित होता है जिसमें वस्तु के उपयोग अथवा घटना के घटित होने पर परिवर्तन भी अवश्य होता है क्योंकि सभी गुण अथवा परिवर्तन इन तीन मौलिक गुणों से ही उत्पत्ति को प्राप्त होते हैं।

इसके अतिरिक्त, ऋषियों के अनुसार पुरुष को छोड़कर अभिव्यक्ति को प्राप्त होने वाली प्रत्येक वस्तु एवं मन भी स्वभाव से ही स्पंदन से निर्मित होते हैं और सदैव स्पंदायमान बने रहते हैं जिनमें परिवर्तन भी होते रहते हैं एवं स्पंदनों से ही गुणों की उत्पत्ति होती है। अत: स्पंदनों में परिवर्तन से ही अभिव्यकत होने वाली वस्तुओं के गुणों में भी परिवर्तन होते रहते हैं।

जब एक गेंद के समान वृत्ताकार विश्व-गोलक में विस्तार प्रारंभ होता है तो इसमें सर्वप्रथम एक स्पंदायमान नाभि अथवा केन्द्र की सृष्टि होती है और इस गोलक के स्पंदन से युक्त आंतरिक अवकाश में ही एक परिवर्तन की परंपरा का जन्म होता है। इस गोलक में अचल अथवा स्थिर रहने वाले वाह्य विभाग को आगमों के द्वारा शिव के नाम से संबोधित किया गया है और प्रकृति में यह 'नर' विभाग का प्रतिनिधि तत्व होता है। यह शाश्वत, अचल, अपरिवर्तनीय और अस्पर्श्य रहने वाली वाह्य की चेतना होती है जिसका स्वभाव ही होता है प्रेम और आकर्षण। इसी प्रकार स्पंदन से युक्त इस विश्व-गोलक का अंतर विभाग शक्ति तत्व का प्रतिनिधि विभाग होता है जिसका स्वभाव होता है बल एवं विकर्षण एवं स्पंदन से युक्त इसी विभाग में समस्त परिवर्तनों का सूत्रपात होता है।

इन दो विपरीत स्वभाव वाले तत्वों के मध्य एक ऐसे बल-क्षेत्र का उदय होता है जिसमें दोनों के गुणों का प्रकाश होता है और जिसे इन दोनों की युक्तावस्था की भूमि अथवा संगम-स्थल कहा जा सकता है। परावर्तित होने के पूर्व शिव का प्रकाश शक्ति तत्व के एक अंश का भेदन करते हुए एक आंशिक प्रकाश-से युक्त क्षेत्र को जन्म देता है और इसी में समस्त प्रकार की सृष्टि का बीज निहित रहता है।

संदेश-वाहक या अनुवाद-कर्ता का महत्व

इस प्रकार सृष्ट्योन्मुख वैश्विक-गोलक में एक सम्मिलन का क्षेत्र उत्पन्न होता है जिसमें इसके ऊर्जास्वरूप स्पंदायमान अवयव का एक अंश चेतना

के परावर्तित प्रकाश के द्वारा आंशिक रूप से प्रकाशमान हो जाता है, और सृष्ट्योन्मुख विश्व के इस स्पंदायमान एवं आंशिक रूप से प्रकाशमान शरीर की संज्ञा ही प्राण होती है जिसकी भित्ती पर परमेश्वर के द्वार इस विश्व की रचना की जाती है। यह प्राण ही विश्व सृष्टि का मूल अवयव एवं प्रथम कारण होता है जो एक ओर तो शिव तत्व अथवा दृष्ट जगत में प्रकृति के मन विभाग से युक्त रहते हुए अवस्थित होता है तथा दूसरी ओर जो विश्व में ऊर्जा अथवा शक्ति विभाग से भी युक्त रहता है जिसे समस्त जड़ एवं चेतन शरीरों की जननी समझा और कहा जाता है।

परिदृष्ट होने वाले दृश्यमान जगत पर आधारित आधुनिक विज्ञान के अन्वेषण से भिन्न 'दृष्टा' पर आधारित ऋषियों के अन्वेषण के अनुसार, व्यष्टियों के मष्तिस्क एवं नर्वस सिस्टम भी उनके शरीर विभाग के अंतर्गत ही समझे जाते हैं। हमारे शरीर के कोशिकाओं में निवास करने वाले डी-एन-ए के समान हमारे मन की भी एक अलग भाषा होती है जिसके माध्यम से यह अनुभव करता है, विचार कर सकता है और क्रिया से संयुक्त भी हो सकता है। इसी प्रकार हमारी कोशिकाओं में निर्मित होने और उपस्थित रहने वाले प्रोटीनों के समान ही हमारे शरीर विभाग की भी अपनी एक अलग भाषा होती है जिसका उपयोग प्रकृति के द्वारा व्यष्टि दृष्टा-उपभोक्ताओं के शरीरों के निर्माण एवं चालन की प्रक्रियाओं में किया जाता है।

हमारे शरीर के संचालन में हमारे द्वितीय स्तर के प्राणों की भूमिका की तुलना हम RNA के समान कार्य करने वाले एक ऐसे दुभाषिये से कर सकते हैं जो एक ओर तो स्थूल शरीर से प्राप्त होने वाली सूचनाओं एवं संदेशों को मन के द्वारा ग्रहीत होने के योग्य सूचनाओं तथा संदेशों में परिवर्तित करते रहते हैं और दूसरी ओर जो मन की इच्छाओं को हमारे शरीर के द्वारा ग्रहीत हो सकने वाले इलेक्ट्रो-मैगनेटिक निर्देशों में बदल देते हैं। हमारा प्राण भी विपरीत गुणों वाले दो प्रधानों के संयोजन का प्रतिनिधित्व करता है, जिसका एक उद्देश्य होता है और जो नर एवं नारी दोनों तत्वों की आवश्यकता के अनुरूप कार्य करने में सक्षम होता है, ठीक वैसे ही जैसे कि हमारी कोशिकाओं में RNA कार्य करता है। अत: यह विशेष आश्चर्य की बात नहीं समझी जानी चाहिये कि वर्तमान समय में हमारे जैव शास्त्रियों ने हमारे डी-एन-ए और प्रोटीनों के स्थान पर अब RNA को एक ऐसे एवं अधिक मौलिक स्थान देने के विषय में सोचना प्रारंभ कर दिया है जिसके माध्यम से जीवन की सृष्टि का प्रारंभ संभव हो सकता हो।

जैसे-जैसे विज्ञान की सोच का विकास हो रहा है यह स्पष्ट के समान होते जा रहा है कि जिस किसी दिशा में भी हम दृष्टिनिपात करते हैं या अधिक सूक्ष्म अन्वेषण करने का प्रयास करते हैं, हर ओर शिव, शक्ति एवं उनकी युक्तावस्था ही किसी न किसी रूप में हमारे दृष्टिपथ में आकर उपस्थित होती रहती है।

अपनी पुस्तक 'विज्ञान भैरव अथवा दिव्य चैतन्य' (*Vijnana Bhairva or Divine Consciousness*) की प्रस्तावना में जयदेव सिंह लिखते हैं, "*प्राण* मन नहीं है। यह अचेतन है परंतु यह स्थूल ऊर्जा से भिन्न है। यह सूक्ष्म जैविक ऊर्जा (subtle biological energy) है जो एक ओर मन के स्पंदनों को ग्रहण करते हुए उनका नसों और चक्रों (nerves and plexuses) की दिशा में हस्तांतरण कर देती है और दूसरी ओर भौतिक स्पंदनों को भी किसी प्राणी के मन तक पहुंचा देती हैं (वैसे ही जैसे डी-एन-ए और प्रोटीन की मध्यस्थता में RNA की भूमिका होती है)। मन के नियंत्रण के द्‌वारा हम अपने प्राणों को नियंत्रित कर सकते हैं और दूसरी ओर प्राणों के नियंत्रण के द्‌वारा अपने मन को भी नियंत्रित कर सकते हैं। ...संवित अथवा चेतना के लिये *प्राण* कोई अपरिचित वस्तु नहीं है। वास्तव में तो सृष्टि की प्रक्रिया में संवित अथवा चेतना की ही प्राण के रूप में अभिव्यंजना होती है। अत: यह (निम्नाभिमुखी) चेतना का ही एक चरण (phase) या (निम्नतर) अवस्था है। ...इसी कारण से प्राण अथवा जीवनी शक्ति से सन्मुख होकर सीधा संपर्क साधन नहीं किया जा सकता। हम केवल श्वास-प्रश्वास के माध्यम से ही इसे प्रभावित कर सकते हैं।"

त्रिपथगा के तीन पथ

प्राण के नाम से ख्यातिप्राप्त सूक्ष्म स्पंदनों से युक्त वैश्विक ऊर्जा की उत्पत्ति चेतना से होती है। यह भौतिक एवं मानसिक दोनों प्रकार की ऊर्जाओं से अधिक मौलिक एवं प्राथमिक ऊर्जा है। अत: यह इन दोनों के मध्य आसीन होकर इनकी मध्यस्थता की भूमिका का निर्वाह कर सकती है। जिस प्रकार भौतिक ऊर्जा हमारे मष्तिस्क सहित हमारे शरीर के सभी भागों में फैलते हुए इन्हें क्रियमाण करती है, इसी प्रकार प्राण भी इन सभी भागों और रोम-कूपों में व्याप्त होकर इनकी अनुभूतियों और प्रतिक्रियाओं के विवरण हमारे मन तक पहुंचाते हुए और हमारे मन को भी क्रियमाण करते हुए अवस्थित रहता है।

अपनी अपेक्षाकृत स्थूल अभिव्यंजनाओं (phases) के अतिरिक्त, प्राण ही जीवन है। हमारे शरीर में (कारण भूमि से) इसके ग्रहण और निष्कासन का कार्य हमारे सूक्ष्म शरीर में अवस्थित तीन प्रधान प्राणवाहिका नाड़ियों के द्वारा संपादित होता है, जिनमें सुषुम्ना नाड़ी केन्द्रस्थानस्थ होती है जबकि इड़ा नाड़ी इसके बायीं ओर रहकर संचरण करती है और पिंगला इसके दाहिनी ओर से संचरित होती है। इनमें सुषुम्ना आत्म तत्व अथवा संयोजन-विभाग एवं अग्नि का, इड़ा शक्ति-तत्व अथवा नारी-विभाग एवं चन्द्र का तथा पिंगला 'शिव तत्व' अथवा पुरुष-विभाग एवं सूर्य का प्रतिनिधित्व करती है।

इड़ा एवं पिंगला नाड़ियां आधार से ऊर्ध्व की ओर आज्ञा चक्र तक एक सर्पिल पथ से घुर्णायमान होते हुए यात्रा करती हैं, जबकि सुषुम्ना नाड़ी जागृत होने पर एक सरल मार्ग का अनुकरण करते हुए सीधे ऊपर की दिशा में उठती है (चित्र-८)। इसके अतिरिक्त सुषुम्ना नाड़ी की अपनी एक अलग अंत:संरचना भी होती है। वास्तव में यह एक के अंदर एक अवस्थित होते हुए चार अलग-अलग नाड़ियों के द्वारा निर्मित होने वाली एक विशिष्ट केन्द्रीय संरचना है (चित्र-९)। सुषुम्ना के अंदर की ओर अगली नाड़ी 'वज्रा' नाड़ी है जो पिंगला के समान ही सूर्य एवं उष्णता का प्रतिनिधित्व करती है, उसके बाद अंतर की दिशा में 'चित्रिणी' नाड़ी है जो इड़ा के समान ही चन्द्र एवं शीतलता की प्रतिनिधि नाड़ी है और ('नाड़ी-शास्त्र' के अनुसार) सबसे अंतरतम एवं केन्द्रस्थ ब्रह्मनाड़ी है जो सुषुम्ना के समान ही युति एवं अग्नि की परिचायिका है।

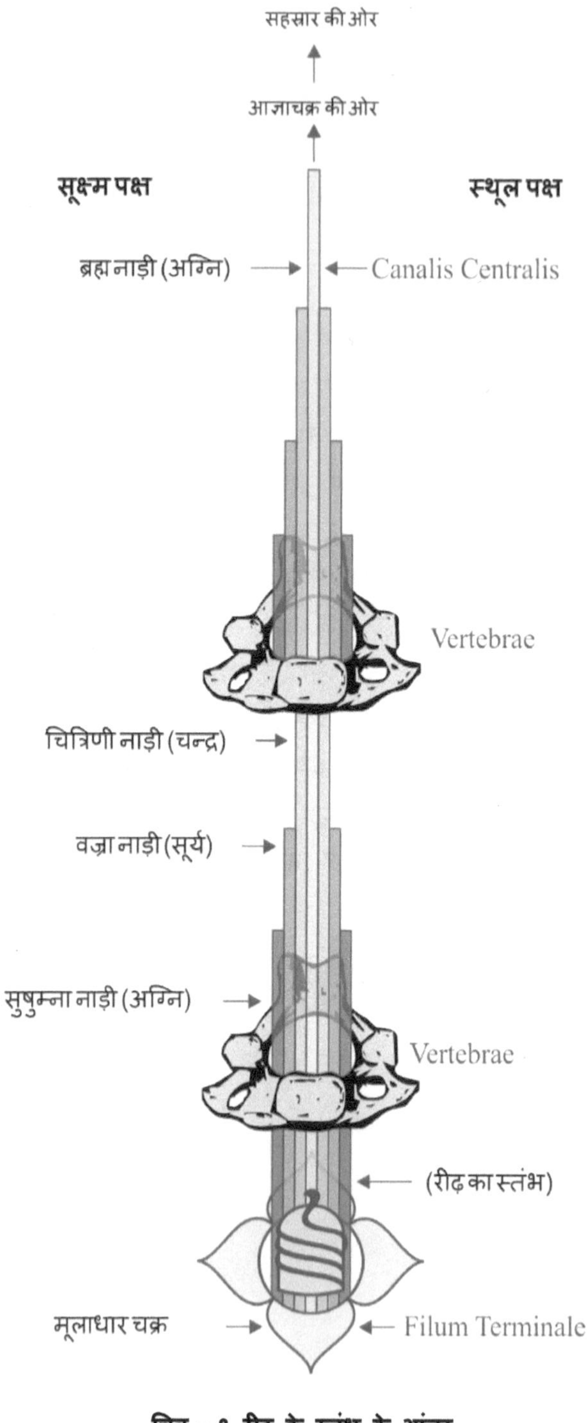

चित्र - ९ रीढ के स्तंभ के आंतर

हम सांस लेते हैं तो हमारी तीन प्रमुख नाड़ियों में से एक ही नाड़ी कार्य करती है। जब इड़ा नाड़ी कार्य कर रही होती है तो श्वास हमारी बायीं नासिका से प्रवेश करती है, पिंगला कार्य कर रही होती है तो दाहिनी नासिका से और जब सुषुम्ना कार्यान्वित होती है तो वायु हमारी दोनों नासिकाओं से एक साथ प्रवेश करती है।

कार्यरत नाड़ी को पहचानना बहुत सरल है

अनेक पाठकों को श्वास के बायीं अथवा दाहिनी नासिका से कार्य करने की बात कुछ अविश्वसनीय के समान प्रतीत हो सकती है तथापि इसकी स्वयं जांच करना भी अवश्य ही उन्हें इस विश्व के सरलतम कार्यों में से एक प्रतीत होगा। इसके लिये आप स्वाभाविक रूप से सांस खींचते हुए अपनी दाहिनी नासिका को अपने दाहिने अंगूठे से हल्के से दबाकर बंद करके देखें। आप देखेंगे कि दो में से कोई एक घटना घटित हो रही है। एक संभावना यह है कि आप सरलता से अपनी दूसरी नासिका से, जो खुली हुई है, सांस लेते रहेंगे। ऐसा होने का अर्थ होगा कि या तो आपकी इड़ा नाड़ी कार्य कर रही है अन्यथा इस समय आपकी सुषुम्ना कार्यान्वित अवस्था में है।

अब आप अपने बायें अंगूठे से अपनी बायीं नासिका को हल्के से दबा कर बंद करके स्वाभाविक रूप से सांस लेकर देखें। इस बात की यथेष्ट संभावना है कि आप पायेंगे कि जैसे सांस कुछ अटक रही है ठीक वैसे ही जब ठंड बैठ जाने से नाक बंद के समान लगती है। यदि ऐसा होता है, तो इसका स्पष्ट अर्थ होगा कि आपकी इड़ा नाड़ी ही इस समय कार्यरता है। परंतु यदि आपको ऐसा अनुभव नहीं होता और दाहिनी नासिका से भी श्वास सहजता से आती हुई प्रतीत होती है, तो उसका अर्थ होगा कि वास्तव में इस समय आपकी सुषुम्ना ही कार्यान्वित अवस्था में है।

तीसरी अवस्था वह होती जब अपने प्रयोग के प्रारंभ में ही, जब आपने दाहिने अंगूठे से अपनी दाहिनी नासिका को बंद करके सांस लेने का प्रयास किया था तो आपको उसी समय असुविधा का अनुभव हुआ होता जिसका अर्थ था कि बायीं नासिका कार्यरत नहीं थी और यह भी कि इस वक्त केवल आपकी सूर्य नाड़ी अथवा पिंगला ही कार्य कर रही थी तथा आप केवल अपनी दाहिनी नासा से ही सांस ले रहे थे।

तीन नाड़ियों मे विभक्त कार्य

जब स्वाभाविक सांस लेने के संदर्भ में ऋषिगण यह कहते हैं कि इस समय हमारी सुषुम्ना नाड़ी कार्य कर रही है तो उसका अर्थ संभवत: यह होता है कि उस समय उसके अंदर अवस्थित वज्रा एवं चित्रिणी नाड़ियां एक साथ कार्य कर रही हैं।

ऋषियों के अनुसार, हमारी ये तीन प्रधान नाड़ियां एक प्रणाली के अंतर्गत कार्य करते हुए और एक संतुलन बनाते हुए हमारी श्वास-प्रश्वास के कार्य का निर्वाह एवं नियंत्रण, दोनों करती हैं। सूर्योदय के पश्चात पहली अढ़ाई घटी अथवा एक घंटे तक हमारी दोनों में से एक नासिका कार्य करती है, फिर आठ-दस सांसें हम दोनों नासिकाओं से लेते हैं और इसके बाद हमारी दूसरी नासिका इस अनवरत और स्वत: चलने वाले कार्य का भार अगले एक घंटे के लिये संभाल लेती है। इस प्रकार हमारे सांस लेने के कार्य का सामान्य विभाजन प्रकृति के द्वारा प्रधानत: हमारी इड़ा एवं पिंगला नाड़ियों के मध्य किया गया प्रतीत होता है। यह भी संभव है कि व्यक्ति विशेष एवं अवस्था विशेष के क्षेत्र में अढ़ाई घटी की समय सीमा में कुछ परिवर्तन भी होते रहता हो।

उपरोक्त बातों का अनुमोदन करते हुए स्वामी शिवानंद लिखते हैं, "इड़ा को चन्द्र नाड़ी और पिंगला को सूर्य नाड़ी भी कहा जाता है। इड़ा शीतल नाड़ी है और पिगला उष्णता प्रदान करती है तथा भोजन को पचाने में सहायता करती है। इड़ा पीत वर्णा और शक्ति स्वरूपा है जो विश्व का पोषण करती है जबकि पिंगला रुद्र स्वरूपा है जो एक रक्त वर्ण की और ज्वलंत आभा से युक्त नाड़ी है।

"यदि योग, ध्यान और मानसिक शक्तियों के विकास से सबंधित कार्य सुषुम्ना के प्रवाह के समय किये जाते हैं तो वे अधिक अच्छा परिणाम देते हैं। यदि सूर्योदय के समय पहले इड़ा कार्य करती हो और दिन भर यही नाड़ी कार्य करती रहे और सूर्यास्त के समय पिंगला का उदय होता हो और यह समस्त रात्रि कार्य करती रहे तो इसके उत्तम परिणाम होते हैं। (साधक) ऐसा प्रयास करें कि पूरे दिन उनकी इड़ा नाड़ी का प्रवाह चलता रहे और रात भर पिंगला का। वह (साधक) जो ऐसा प्रयास करता है, वह वास्तव में महान योगी होता है।

"इड़ा के प्रवाह को पिंगला में परिवर्तित करने के लिये अपने बायें नथुने को किसी मुलायम कपड़े अथवा रुई से कुछ मिनटों तक रुद्ध करना चाहिये।

साधनकर्ता बायीं ओर करवट लेकर दस मिनटों तक लेटकर भी इड़ा के प्रवाह को पिंगला में बदल सकते हैं। यह इतना सरल है, कि कोई भी सहजता से इसे कर सकता है।"

विश्व-सृष्टि के संचालन में प्रेम का स्थान

यह विश्व बहुत बड़े क्षेत्र में विस्तृत एक विशाल उद्योग के अंतर्गत एक अत्यंत विशाल कार्य क्षेत्र के समान है किंतु यह एक पारिवारिक संस्था के रूप में ही कार्य करते हुए प्रतीत होता है और यह अचरजपूर्ण लग सकता है कि इसके शीर्ष स्थल में किसी वाह्य पदाधिकारी के लिये कोई स्थान नहीं होता। आरंभ में एक चतुर, मेधावान और कलाओं से युक्त परमशिव ही होता है। क्रीड़ावश यह 'एक' ही अपने आप को इस प्रकार दो में विभाजित कर लेता है कि इन परस्पर पर आधारित परंतु एक दूसरे से विपरीत गुणों वाले इसके पुरुष (Father) और महिला (Holy Spirit) विभागों के मध्य असीम विविधताओं की अभिव्यक्ति संभव हो सके। 'एक' से ही उदित होकर 'ये दोनों' अपने मध्य विभिन्न बलों के एकत्रीकरण के द्वारा निर्मित एवं अपरिमित संभावनाओं से युक्त एक विशाल मैट्रिक्स (Unified Force Field) को उत्पन्न करते हैं। इस मैट्रिक्स अथवा बल क्षेत्र में सभी पट्टिकायें अभी बिना किसी अंकण के और सर्वथा श्वेत होती हैं और इसी के मध्य ये दोनों परस्पर की विरोधी शक्तियां अपनी साम्यावस्था के रूप में ऐसे आसन का निर्माण करती हैं, जिसमें यह चतुर मेधावान एक प्रकार से अपने ही पुत्र (Son या स्वयंभुव) के रूप में अवतरित होकर अपनी इच्छा के अनुरूप अपने साम्राज्य (Kingdom of Heaven) का विकास कर सके।

ऋषियों के अनुसार, "हमारा यह विशाल विश्व 'आनंद से उत्पन्न होता है', 'आनंद के द्वारा ही यह पोषण प्राप्त करता है' और वास्तव में तो 'आनंद की उल्लासमयी ऊर्जा' ही इसका स्वरूप होती है"। जो नित्य एवं शाश्वत है, वह स्वयं ज्ञान-एवं-आनंद स्वरूप दोनों है तथापि जब कोई सृष्टि नहीं होती और चेतना में कोई स्पंदन नहीं रहता, उस समय चेतना के द्वारा अनुभूत होने वाले आनंद का उपभोग अत्यल्प एवं शून्य के समान ही होता है। इस सृष्टि की किसी भी अभिव्यक्ति में उपभोक्ता सदैव उस अभिव्यक्ति का मन विभाग होता है जो अनुभव कर सकता है और उसके द्वारा भोग्य उसी अभिव्यक्ति का शरीर विभाग होता है जिसका अनुभव वह एक उपभोक्ता के रूप में कर सकता

है। इन दोनों का संयोग ही भोग (consumption or consummation) कहा जाता है और यह भी एक आनंद स्वरूप भोग ही होता है।

परिवार में ही सब कुछ

पुरूष, प्रकृति एवं इन दोनों की युति - यह विश्व इन तीन प्रधान खिलाड़ियों के एक पारिवारिक संस्थान अथवा उस उद्यान के समान ही है जिसमें ये तीनों आनंद की सृष्टि एवं उपभोग के हेतु क्रीड़ा करते हुए भ्रमण करते रहते हैं। इस सृष्टि के जिस किसी विभाग में हम जिस किसी कार्य के लिये भी जायें, अभिव्यक्त विश्व के हर काउंटर अथवा खिड़की पर हमें इन तीन में से ही कोई एक, अलग-अलग रंगों और वेष-भूषाओं में, हमारी आवश्यकता अथवा समस्या के निदान के लिये - कहीं एक मुस्कान के साथ और कहीं एक कठोर दृष्टिभंगी का प्रदर्शन करते हुए, हमें अपने सन्मुख उपस्थित दिखाई पड़ता है। एक प्रकार से यह सारा विश्व तीन सदस्यों वाले इस परिवार के ही मध्य, परिवार के ही लिये और परिवार के द्वारा ही अभिव्यक्त होता है।

ऋषियों के अनुसार तो हम सब भी इसी परिवार के ही सदस्य हैं। "तत् त्वम असि" - वे कहते हैं - "आप भी वही हैं (परंतु देश एवं काल के व्यवधान की प्रतीति के कारण आप इसे देख नहीं पाते, तथापि इन दोनों का अतिक्रमण संभव है - प्रयास के द्वारा आप सापेक्षता पर आधारित इस अनेक की प्रतीति के पार जा सकते हैं और इस एकत्व का अनुभव भी कर सकते हैं)।"

'आप वही हैं', यह प्रस्ताव हमारे अधिकांश पाठकों को, विशेषकर उनको जिनका कुछ झुकाव दार्शनिकता की ओर है, अवश्य ही अधिक 'दार्शनिक' एवं 'गंभीर' ज्ञान का परिचायक होगा और यह वास्तव में विवकपूर्ण एवं गंभीर सत्य ही है। दूसरी ओर जब अपने ग्रंथों में हमारे ऋषि एक नर विभाग (Male Principle), उससे भिन्न एक नारी विभाग (Female Principle) एवं उन दोनों के संयोग (Son Principle) से समस्त सृष्टि की बात करते हैं, तो हमारी इस इक्कीसवीं शताब्दी के अधिकांश बुद्धिजीवी, चाहे वे साम्यवादी हों अथवा सर्वश्रेष्ठतावादी, इसे आदिम एवं ग्रामीण अथवा असभ्य एवं अशहरी (pagan) बता कर इसका उपहास बनाने का प्रयास अवश्य करना चाहेंगे।

जहां तक छह या सात हजार वर्ष पूर्व के ऋषियों का प्रश्न है, वे नगरों के स्थान पर गांवों या जंगलों में आश्रम बना कर रहना ही अधिक पसंद करते थे और वे सृष्टि निर्माण के नियम निर्धारित करना नहीं चाहते थे, बल्कि केवल

उन्हें जानना और उजागर करना चाहते थे। अत: सृष्टि के जन्म एवं नर्सरी के प्रकरण के विवरण के संदर्भ में उन्हें मानव शब्दावली के प्रयोग में कुछ भी अश्लील प्रतीत नहीं होता था। उनकी समझ के अनुसार यह समस्त विश्व उस 'एक' की ही अभिव्यक्ति है जो एक ही प्रणाली का अनुसरण करते हुए क्रम-विकास को प्राप्त होकर हमारे सन्मुख उपस्थित है। एक रानी और एक सामान्य नारी की संतति उत्पत्ति की चाहत, प्रयास एवं योग्यता समतुल्य एवं स्वाभाविक हैं और हमें प्रकृति के कार्य इसी प्रकार होते हुए भी दृष्टिगोचर होते हैं। यही प्रकृति है। स्पंदनों की भिन्नता से एक ही ऊर्जा मन एवं शरीर या अनुभूति कर्ता एवं अनुभूत का रूप धारण करते हुए अभिव्यक्त होती है। एक ही 'मौलिक वृत्ति' एक विचार-हीन सिषृक्षा की अवस्था से इच्छा, विचार एवं क्रिया के रूप में अधिकाधिक स्थूलता को प्राप्त होते हुए स्थूल प्रेम एवं भौतिक शरीरों से प्रजनन का मार्ग प्रशस्त करती है। इसी प्रकार जीव जगत की उत्पत्ति संभव होती है और इसमें अश्लीलता जैसा कुछ नहीं होता।

प्रेम में ही सृष्टि निहित है

प्रेम ही सृष्टि का कारक है और यही किसी भी संबंध और उसकी परिणति की दिशा में पहला कदम है। जिस किसी पदार्थ में (अथवा बद्ध ऊर्जांश में भी) अपने आस्तित्व का ज्ञान है उसमें प्रेम एक आत्म प्रेरित एवं स्वाभाविक गति अथवा क्रिया है। वास्तव में यह एक मौलिक पूर्णता को, जिसका सृष्टि की अभिव्यक्ति की दिशा में ह्रास हो गया है, उसे पुन: प्राप्त कर लेने की एक स्वाभाविक वृत्ति अथवा आत्म-प्रेरणा मात्र है। प्रत्येक सृष्टि-कण के केन्द्र में एक मौलिक आधारभूत विभाजन एवं अपूर्णता का यह ज्ञान उसके सबसे प्रधान डी-एन-ए के समान जड़ित होता है और उसमें इस अपूर्णता की पूर्ति करने की दिशा में चालित होने की एक आत्मवृत्ति भी सदैव उपस्थित रहती है। यही वह मोटर है जो इन सृष्टि कणों को इस विश्व के रूप में परिवर्तित होने की दिशा में निर्देशित और संचालित करती है।

इस मौलिक अपूर्णता का ज्ञान सभी पदार्थों एवं जीवित प्राणियों में एक प्रेम के स्पंदन के रूप में अनुभूत होता है जो अपने सादृश परंतु विपरीत गुणों वाले पदार्थ के कणों अथवा अपने बायोलॉजिकल जोड़े को अपनी अवस्थिति एवं उपलब्धि की सूचना भी देता है और उसे उनकी दिशा में धकेलता या आकर्षित भी करता है। यह योग अथवा मिलन के द्वारा पूर्णता के आनंद की पुनर्प्राप्ति

की आकांक्षा के रूप में समस्त अभिव्यक्तियों में उपस्थित रहने वाली एक स्वाभाविक वृत्ति अथवा आत्म-प्रेरणा होती हैं। अत: जब भी और जहां भी दो विपरीतों की युति होती है उन दोनों के मध्य 'आनंद' की ऊर्जा का प्रवाह स्वत: उत्पन्न होता है। इसी अवस्था में सृष्टि बीज का वपन होता है और परिस्थिति अनुकूल होने पर उसमें अंकुरण एवं विकास भी होता है।

श्रद्धावान साधन-कर्ताओं को लक्ष्य करते हुए, ऋषिगण मानव संतति के समक्ष इस बात को बार-बार दोहराते आये हैं, "वास्तव में यह आनंद तुम्हारे अपने अंदर ही होता है (बाहर से प्रवेश नहीं करता) और इसका अनुभव एक प्रकाश की कौंध के समान भी होता है और ह्रदय को स्पर्श करने वाली एक ऐसी अनुभूति के रूप में भी जो प्रेम की वर्षा से भिगोकर तुम्हारे अंतर को स्वर्गीय आनंद से भर देती हो तथापि माया के द्वारा उत्पन्न सापेक्षता के भ्रम के कारण तुम इस पूर्णता के आनंद को अपने से बाहर ढूंढ़ते हो।"

प्रेम ही आनंद है

'विज्ञान भैरव' (जयदेव सिंह की टीका) की ६९ वीं उक्ति कहती है, "नारी से संभोग करते समय आवेश के कारण एक नररूपी मनुष्य ऐसा अनुभव करता है जैसे वह उसी में समा गया हो और अंत में स्खलन होने पर उसे ब्रह्मानंद के समान अनुभूति होती है। तथापि वास्तव में यह आनंद उसे अपने ही अंदर अनुभूत होता है।"

अगली ही धारणा संख्या ७० में भैरव अपनी भार्या से कहते हैं, "हे देवी, प्रेमिका की अनुपस्थिति में भी उससे मिलन की स्मृति मात्र से–उसे चूमने, बाहों में भरने और अनुभव करने आदि की स्मृति मात्र से–(प्रेमी के अंतर में) एक आनंद प्रवाह उत्पन्न हो जाता है"। गुरु के रूप में भैरव कहते हैं, "(ऐसे आनंद की स्मृति मन में लाने के पश्चात) आनंद के 'कारण' (prop) को छोड़कर या भूलते हुए अपनी ही अंत:स्मृति में उत्पन्न होने वाले उस आनंद का ही ध्यान करो (उसे धारण करने का या धारणा में बदलने का प्रयास करो), वही तुम्हारे अंतर में स्थित प्रेम है, वही तुम्हारे अंतर का आनंद भी है और वही तुम्हारी वास्तविक प्रकृति अथवा स्वभाव है।"

यह एक साधारण यथार्थ है कि दो के मिलने से आनंद की उत्पति होती है और इसी अभाव या अपूर्णता से प्रेरित मिलन से उत्पन्न होने वाले आनंद के लालच का उपयोग प्रकृति के द्वारा अपने शिव और शक्ति तत्वों अथवा नर

और नारी विभागों की क्रीड़ा तथा आत्म तत्व के प्रमोद के लिये किया जाता है। इस आकर्षण और समर्पण के सिद्धांत पर चलने वाली यह युगल क्रीड़ा इस विश्व के अधिकाधिक विकास के साथ-साथ एक दीर्घ समय तक इसी प्रकार चलती रहती है जिसमें संलग्न 'प्रधान' तत्व अपने आप को अभिव्यक्त करने (expression of a skilled artist) की दिशा में आत्मप्रेरित होकर व्यस्त रहता है और इसी प्रकार दूसरा तत्व या उपप्रधान उसकी अनुभूति के रूप में या उसे एक अभिव्यक्ति अथवा शरीर प्रदान करने की प्रतिबद्धता के साथ उतने ही दीर्घ समय तक सतत कार्यशील बना रहता है।

ऋषियों के अनुसार आनंद की इस आकांक्षा का अंत केवल चरम संयोग अथवा पूर्णता की प्राप्ति पर ही होता है जब सापेक्षता का आवरण हट जाता है और जीव को कभी समाप्त न होने वाले आनंद स्वरूप अपने आत्म स्वभाव की उपलब्धि हो जाती है। इसके पूर्व शब्द, रूप, स्पर्श, रस एवं गंध आदि गुणों से युक्त विभिन्न प्रकार के वाह्य शरीरों से जड़ित होते हुए और उनका उपभोग करते हुए जीव, वास्तव में तो अपने उसी आनंद को खोजता रहता है जो बाहर नहीं बल्कि उसके अंदर ही अवस्थान करता है और जो उसका अपना स्वभाव ही होता है। सत्य से सापेक्षता का आवरण हटते ही प्रत्येक मनुष्य को अपने इस स्वरूप अथवा आनंद के स्वभाव की स्वत: उपलब्धि हो जाती है, इसके लिये अलग से प्रयास नहीं करना पड़ता।

ऊपर के कक्ष की कुंजी

कुंडलिनी की भूमिका में शक्ति 'तत्व'–ब्रह्मांड और क्षुद्रांड दोनो ही क्षेत्रों में, आत्मा के शरीर एवं इसकी आत्म-शक्ति दोनों का ही कार्य करता है (चित्र-६) और अपने इस रूप में शक्ति को मनुष्यों के द्वारा देखा भी जा सकता है तथा इसकी ध्वनि को भी सुना जा सकता है। यही कारण है कि योगी जनों के द्वारा इसका विवेचन एक नाद-ज्योतिर्मयी शक्ति के रूप में किया गया है।

आत्म-तत्व की इस प्रधान शक्ति में शिव एवं शक्ति दोनों तत्वों की शक्तियों का संयोजन होता है जो इस विश्व के बाजार में चलने वाली आत्म-कण रूपी मुद्रा के दो पक्षों के समान कार्य करती हैं और जो एक दूसरे की विपरीत दिशा में अवस्थित रहते हुए ही एक दूसरे को आधार भी प्रदान करती हैं। अपने एक कदम पर यह आत्मशक्ति अपने आपको बिंदु स्वरूपा ज्योति

के रूप में और अपने दूसरे पद-न्यास में मात्रिका समष्टि अथवा नाद के रूप में उजागर करती है। कदम दर कदम, यह चेतना से निम्न दिशा में अवतरण करते हुए स्थूल सृष्टि का विकास करती है और इसी क्रम से विपरीत दिशा में–पदार्थ से चेतना की ओर–इसका प्रत्यावर्तन भी संभव होता है।

कारण, सूक्ष्म एवं स्थूल, इन तीन भूमियों की चर्चा हम कर चुके हैं। अव्यक्त पराक्षेत्र में अवस्थित तीन प्रधानों के तीन विभागों का, इन्हीं तीन धरातलों पर, एक क्रम के अनुसार सृष्टि के रूप में विकास होता है। संपूर्ण सृष्टि वास्तव में सृष्टि बीज का ही विकास है जिसमें शिव, शक्ति एवं उभय, ये तीनों ही अवस्थित होते हैं। सर्वप्रथम उभय पक्ष का विकास होता है जो अत्यधिक सूक्ष्म स्पंदनों से युक्त इच्छा प्रकृति का क्षेत्र होता है। इस स्तर पर शिव एवं शक्ति के मध्य जिस सृजनात्मक वैश्विक ऊर्जा का प्रवाह उत्पन्न होता है उसे प्राण एवं उस सबसे सूक्ष्म स्पंदन के स्तर वाली ऊर्जा की भूमि को कारण भूमि कहा गया है। कारण भूमि ही अन्य भूमियों को धारण करते हुए और उनमें अनुस्यूत रहते हुए अवस्थान करती है। तथापि चेतना में यह ऊर्ध्व दिशा में (शिव त्रिकोण में शीर्षस्थ होकर) अवस्थान करती है। इस भूमि से नीचे अवतरण करने के लिये सृष्टि-कण को एक कारण शरीर की प्राप्ति होती है और इसकी संज्ञा पुरुष हो जाती है। आगम का यह बारहवां तत्व, पुरुष तत्व, वास्तव में शिव तत्व का ही प्रतिनिधित्व करता है।

स्पंदनों की मध्यावस्था सूक्ष्म भूमि का स्तर कही जाती है। इस स्तर पर शिव के प्रतिनिधि के रूप में पुरुष तत्व का विकास होता है और उसका यह विकास प्रकृति के द्‌वारा एक भावी दृष्टा एवं भोक्ता अथवा अनुभूति कर्ता के रूप में किया जाता है। दूसरे शब्दों में, अभिव्यक्त पदार्थ एवं जैव प्राणियों में किसी भी श्रेणी के ज्ञान अथवा अनुभूति के अधिष्ठान 'उनके मन विभाग' के रूप में पुरुष तत्व का विकास होता है। इस प्रक्रिया में पुरुष के लिये उसके कारण शरीर की तुलना में अधिक घनत्व वाले एक दूसरे शरीर का सृजन आवश्यक होता है जिसे लिंग शरीर कहा जाता है। यह दूसरा शरीर उस सृष्टि-कण के लिये एक चालक-कक्ष अथवा 'मन विभाग' के समान कार्य करता है। यह चर्चा की जा चुकी है कि समस्त परिवर्तन शक्ति तत्व में ही होते हैं। प्रकृति तत्व के रूप में शक्ति ही तीन गुणों की साम्यावस्था के साथ पुरुष से युक्त होकर मन और बुद्धि के रूप में उसके चित्त अथवा ज्ञान विभाग का स्थान ग्रहण कर लेती है तथा इसी विभाग के अंतर्गत सूक्ष्म इन्द्रियों आदि का विकास होता है।

इस धरातल पर पुरुष से प्रकृति के संयोग अथवा युति से जिस ऊर्जा प्रवाह की सृष्टि होती है उसे 'प्राण शक्ति' की दूसरे स्तर की अभिव्यक्ति कहा जाता है। ये प्राण ही एक प्रकार से पांच दिशाओं में कार्य करने वाली मानसिक शक्ति के रूप में भी कार्य करते हैं, जो शिव तत्व की वाह्य प्रकृति 'ज्ञान शक्ति' के द्वारा प्रकाशित होते हैं। इस ज्ञान शक्ति के द्वारा संचालित होते हुए ये प्राण ही 'चालक कक्ष' रूपी उस सृष्टि-कण के मन विभाग में उसकी अपनी स्वोपज ऊर्जा के समान कार्य करते हैं।

सूक्ष्म स्पंदनों वाली मानसिक ऊर्जा के इस स्तर पर पुरुष तत्व की 'आत्म तत्व' से समीचीनता होती है और यह शिव तत्व का प्रतिनिधित्व करता है, जबकि मन स्थानीय प्रकृति 'शक्ति तत्व' की प्रतिनिधि होती है। सृष्टि के अंतिम स्तर 'स्थूल' भूमि पर 'मन' सहित संपूर्ण लिंग शरीर 'शिव' का प्रतिनिधि बन जाता है, जिसकी युति या संयोग शक्ति के प्रतिनिधि स्थूल शरीर से होता है और इस भूमि पर इन दो प्रधानों के मिलन से उनके मध्य जिस ऊर्जा का प्रवाह होता है वह प्राण-शक्ति का तीसरा स्तर होता है जो जीवित प्राणियों में श्वास-प्रश्वास के रूप में दृष्टिगोचर होता है।

श्वास ही वह कुंजी है

मानव शरीर की संरचना इस प्रकार होती है कि इसका एक वाह्य रूप होता है जो हमें दिखाई पड़ता है और एक आंतर रूप जिसका हम केवल अनुमान लगाते हैं और जिसका कुछ अंश चीर-फाड़ के द्वारा या कुछ उपकरणों के माध्यम से हम देख सकते हैं। फिर भी केवल आधुनिक विज्ञान के माध्यम से इस संरचना को पूर्ण रूप से समझ पाना संभव नहीं है। हमारा यह मानव शरीर तीन स्तरों की प्रगाढ़ता वाले तीन प्रकार के पदार्थों से निर्मित होकर तीन धरातलों पर अवस्थित रहते हुए तीन श्रेणी की ऊर्जाओं का उपयोग करते हुए कार्य करता है। अपनी पूर्णता में हमारा आस्तित्व तीन स्तरों पर कार्य करने वाले तीन शरीरों की एक समष्टि होती है और ऋषियों के द्वारा बताई गई तीन ग्रंथियों के माध्यम से हम इन तीनों शरीरों से जड़ित रहते हुए एवं तीन स्तरों की ऊर्जाओं का उपयोग करते हुए अपने कार्यों का निर्वाह करने में सक्षम होते हैं। एक ही पद्धति से तीन अलग स्तरों पर उत्पन्न होने वाली इन ऊर्जाओं में एक परस्पर का संबंध होता है। एक प्रकार से तीन स्तरों वाले त्रिपुर के रूप में अवस्थान करते हुए कार्य करने वाली हमारी शरीर संरचना में, स्थूल से ऊपर

उठने का प्रयास करने एवं सूक्ष्म कि चेतना का विकास करने की कुंजी भी हमारे द्वारा कार्य में लाये जाने वाली इन तीन ऊर्जाओं के परस्पर के संबंध में ही निहित होती है। यह प्राचीन भारत के योग विज्ञानविदों द्वारा ज्ञात किया गया एवं योगियों के द्वारा प्रयोग में लाया जाने वाला एक सामान्य तथापि अति विशिष्ट ज्ञान है।

समस्त विश्व में व्याप्त वैश्विक प्राण की जीवन-ऊर्जा के उपयोग से ही हम जीवित के समान कार्य करने में सक्षम होते हैं। इस अत्यंत सूक्ष्म जैविक ऊर्जा से हमारे अपेक्षाकृत स्थूल शरीरों का सीधा संबंध होना संभव नहीं होता। हमारे लिंग शरीर में उत्पन्न होने वाले दूसरे स्तर के प्राणों की ऊर्जा का उपयोग करते हुए हम केवल कारण भूमि से इसका ग्रहण और निष्कासन कर सकते हैं ताकि यह हमारे समस्त सूक्ष्म शरीर में फैल कर उसे जीवित एवं क्रियान्वित रख सके। दूसरी ओर ये मध्यस्थानीय पंचप्राण हमारे स्थूल शरीर से भी संबंधित होकर उसे क्रियमाण करते हैं और न केवल इसकी स्थूल अनुभूतियों को हमारे मन तक पहुंचाते हैं बल्कि हमारी इच्छाओं और निर्देशों का भी हमारे स्थूल शरीर को हस्तांतरण करते हुए इसके उद्देश्यपूर्ण (objective) संचालन में सहायक होते हैं। इसके अतिरिक्त, जैसा कि हम पहले चर्चा कर चुके हैं, एक विपरीत क्रम में ये हमारी श्वास-प्रश्वास (स्थूल प्राण) की क्रिया से भी युक्त होकर अवस्थान करते हैं। अत: इसी सूत्र को पकड़कर तथा अपनी इच्छा शक्ति का प्रयोग करते हुए हम अपने स्थूल प्राणों के अवरोध एवं नियंत्रण के माध्यम से एक विपरीत क्रम में प्रधान प्राण के हमारे शरीर में प्रवेश एवं निर्गमन को प्रभावित या नियंत्रित करने का प्रयास कर सकते हैं।

सभी मनुष्यों को सहज रूप में उपलब्ध रहने वाली संवित अथवा चेतना की तीन शक्तियों, इच्छा, ज्ञान एवं क्रिया का उपयोग करते हुए और गुरू-शिष्य परंपरा के सूत्र का अवलंबन करते हुए सैंकड़ों और हजारों वर्षों तक भारत के ऋषि एवं योगी जन इस विशिष्ट 'कुंजी' के प्रयोग से अपनी चेतना की इसके उत्स की दिशा में वापसी की यात्रा में सहायक अनेक उन्नत एवं अत्युन्नत तकनीकों का विकास करने में सफल हुए। अपने उद्देश्य को समर्पित एवं उद्योग करने वाले मानव पुत्रों के लिये एक अतिमानव के रूप में अपना विकास करने का मार्ग इस प्रकार उपलब्ध हो गया था और इसी के साथ सैंकड़ों और हजारों वर्षों तक अपने स्थूल शरीर को जीवित रखने में सक्षम अतिमानवों की एक परंपरा भी उदित होकर आज भी विद्यमान है।

प्रकाश की ओर अग्रसर एक सूक्ष्म पथ

शक्ति तत्व में उसका वह अंश अथवा अवस्था कुंडलिनी शक्ति कही जाती है जिसका शिव से संयोग है और जो उसके प्रकाश एवं शक्तियों से युक्त होकर क्रियमाण है। इस संयोगस्थल अथवा मिश्रित गुणों वाले स्थल में ही विश्व की अभिव्यक्ति होती है और कुंडलिनी ही इस मिश्रित अथवा सांध्य स्थल में प्रधान शक्ति होती है। कुंडलिनी भी शक्ति ही होती है परंतु यह शक्ति की वह अवस्था अथवा अंश है जो शिव से युक्त होकर अवस्थित है और जिसमें प्रविष्ट होकर शिव की चेतना अनुस्यूत चैतन्य (immanent aspect of consciousness) के रूप में विद्‌यमान रहती है।

कारण, सूक्ष्म एवं स्थूल, इन तीन पुरों अथवा भूमियों की सृष्टि एवं सूक्ष्म भूमि पर एक वैश्विक लिंग शरीर के विकास के साथ ही स्थूल भूमि पर मानव का जन्म संभव हो जाता है एवं वाह्य की दिशा में कुंडलिनी के विकास की परिणति हो जाती है तथापि अपने अव्यक्त से निर्गमन के संवेग को लिये हुए यह विश्व विस्तार को प्राप्त होता रहता है। सूक्ष्म भूमि पर विराट वैश्विक लिंग शरीर में महाकुंडलिनी के रूप में और मानव शरीर के रूप में विकसित व्यष्टि-सत्ताओं में व्यष्टि कुंडलिनी के रूप में यह महाशक्ति अब विश्राम ग्रहण करती है।

मनुष्यों के सूक्ष्म शरीर की अवस्थिति

एक नये स्थूल शरीर की प्राप्ति हो जाने पर व्यष्टि सूक्ष्म शरीरों में कुंडलिनी हमारे उपचेतन मन (subconscious mind) के रूप में अवस्थिति प्राप्त करते हुए निद्रित के समान स्थित रहती है और हमारा मन विभाग एक नये वाहन में चालक स्थान पर अवस्थित होकर अपनी एक नई जीवन-यात्रा का विवरण एक नई श्वेत पट्टिका पर लिखने के लिय प्रस्तुत हो जाता है। हमारे सभी पूर्व के जन्मों की स्मृतियों को अपने अंदर समेटे हुए और अधिकांश क्षेत्रों में हमारे लिये पूर्व की सभी स्मृतियों से विहीन एक नवीन अनुभव पट्टिका की सृष्टि करने के पश्चात, हमारे संपूर्ण अस्तित्व में एक स्थितिज ऊर्जा के केन्द्र का रूप ग्रहण करते हुए हमारी कुंडलिनी हमारे मूलाधार चक्र में विश्राम करती है। यह प्रकृति में अनुस्यूत चेतना (immanent awareness) की सदैव कार्यरत विशिष्टता है कि इस नवीन जीवन पट्टिका में वर्तमान जन्म के समस्त अनुभव

स्वतः अंकित होते रहते हैं और एक नये वृत्तांत (file) का लेखन भी चलता रहता है। जब वर्तमान जीवन का अंत होता है तो मानव रूपी व्यष्टि जीव के इतिहास का यह नया फाइल भी पिछले सभी फाइलों के साथ उसकी उपचेतना अथवा कुंडलिनी की तहबील में जमा हो जाता है।

डिवाइन लाइफ सोसाइटी के संस्थापक स्वामी (डा.) शिवानंद जी के अनुसार, "मनुष्य की चेतना में कुंडलिनी वह केन्द्र होता है जो विश्व एवं शरीर से संबंधित इसकी चेतना को एक केन्द्र स्थानीय अचलत्व प्रदान करता है और उसकी शरीर संरचना में इसी केन्द्र के चारों ओर विभिन्न गतियों से कार्य करती हुई भिन्न प्रकार की ऊर्जायें अपने-अपने कार्यों में संलग्न रहते हुए मन एवं शरीर की युक्ति से निर्मित इस संरचना को कार्यशील बनाती हैं।"

प्राण-अपान की क्रिया द्वारा शरीर में खींची जाने वाली जीवनी शक्ति हमारी गर्दन के पीछे बिंदुस्थान से हमारे शरीर में प्रवेश करते हुए हमारे मूलाधार में अवस्थित केन्द्र की ओर गमन करती है और वहां से प्राणवाही नाड़ियों के द्वारा यह शरीर के प्रत्येक भाग में पहुंचाई जाती है। निद्रित कुंडलिनी को केन्द्र में रखते हुए यह प्रक्रिया एक स्वचालित प्रणाली के रूप में कार्य करती है। इस प्रकार एक क्रियाशील ऊर्जा के शरीर का निर्माण होता है जिसका ज्ञान सहज रूप में और किर्लियन प्रणाली के अंतर्गत भी उपलब्ध है और ऋषिगण तथा एक्वापंक्चर के माध्यम से उपचार करने वाले चिकित्सकगण भी जिसका भिन्न हेतुओं के निमित्त उपयोग करते रहते हैं। ऋषिगण इस जीवनी शक्ति को प्राण कहते हैं और एक्वा-चिकित्सक इसी जीवन-दायी ऊर्जा का 'ची' के नाम से संबोधन करते हैं।

सूक्ष्म शरीरधारी के द्वारा एक वाहन के समान प्रयुक्त होने वाले स्थूल शरीर में मस्तिष्क एवं नर्व इत्यादि इसके कार्यकारी अंग विशेष ही हैं जो चालक कक्ष में विराजमान चालक की सहायता के लिये प्रकृति के द्वारा उपलब्ध किये जाते हैं तथापि वाहनों के अंगों की दक्षता एवं दोष अथवा गुण अवश्य ही चालक की क्षमता को प्रभावित कर सकते हैं। हमारा सूक्ष्म शरीर और इसे स्थूल शरीर से जोड़ने वाले हमारे पांच प्राण हमारे उपयोग में आने वाले एक नियंत्रण कक्ष के समान कार्य करते हैं जिनके माध्यम से हम अपनी इच्छानुसार अपने शरीर का सही अथवा गलत उपयोग भी करते रहते हैं।

चेतना के उच्च स्तरों पर उठने के लिये क्रमशः अशुद्धि अथवा मलों का त्याग करते हुए ही विभिन्न स्तरों की प्राप्ति संभव हो सकती है। स्वामी शिवानंद के

अनुसार, "एक सांसारिक व्यक्ति का मन जिसमें निम्न स्तर की इच्छायें एवं उन्माद ही प्रधान होते हैं वह मूलाधार एवं स्वाधिस्थान चक्रों के आस पास ही घूमता है जो प्रधानत: मल-विसर्जन एवं जननांगों से संबंधित चक्र होते हैं। यदि किसी के मन में शुद्धता का विकास प्रारंभ होता है, तो उसका मन नाभिस्थान के निकट अवस्थित मणिपुर चक्र तक उठ सकता है और उसे किंचित (आत्म) शक्ति एवं आनंद की अनुभूति होती है। और अधिक शुद्धता प्राप्त होने पर व्यक्ति का मन उसके हृदय-क्षेत्र में अवस्थित अनाहत चक्र तक उठ सकता हैं।"

कुंडलिनी का निद्रा भंग

कुंडलिनी का निद्रा-प्राप्त होना स्रष्टि-क्रम के संदर्भ में केवल एक अवस्था विशेष का परिचायक है जिसका उदय सृष्टि क्रम में मनुष्य के जन्म लेने के साथ हो जाता है। सृष्टि-क्रम में इस घटना विशेष के पूर्व प्रकृति स्वयं सूक्ष्म एवं स्थूल शरीरों को अपनी आवश्यकता के अनुसार एक क्रम का अनुसरण करते हुए और विभिन्न प्राणियों एवं जीवधारियों के विकास की दिशा में प्रेरित करते हुए अपने लक्ष्य की ओर अग्रसर हो रही थी। उन प्राणियों एवं जीवधारियों को प्रकृति स्वयं एक स्वाभाविक रूप से प्रेरित एवं निर्देशित करते हुए उनका विकास कर रही थी और इस विकास में उनका अपना स्वतंत्र योगदान नहीं के समान होता था, परंतु मनुष्य के जन्म के पश्चात इस विकास की परंपरा में एक मूलभूत परिवर्तन आ जाता है। मानव जन्म के साथ ही विज्ञानमय कोष में विकास प्रारंभ हो जाता है और इस नयी श्रेणी के प्राणियों को विवेक की उपलब्धि एवं उसके अनुसार कर्म के चुनाव की स्वतंत्रता भी प्राप्त हो जाती है। सृष्टि-क्रम में इस स्थल से सूक्ष्म शरीर अथवा मन विभाग में विकास व्यष्टि के स्तर पर ही होता है एवं यह प्रयत्न सापेक्ष भी हो जाता है अत: कुंडलिनी के द्‌वारा नवीन शरीरों के विकास के कार्य का इस स्थान पर उपशम हो जाता है।

मानव के रूप में विकसित हो जाने पर 'जीव' को विवेक की प्राप्ति हो जाती है और वह अपनी इच्छा से चुनाव करते हुए और विभिन्न स्थूल कर्मों मे प्रवृत्त होते हुए अपने जीवन में अग्रसर होता है तथापि इन सभी कर्मों के प्रभाव स्वत: उसके चित्त के पटल पर अंकित होते हुए उसके साथ ही विद्‌यमान रहते हैं। कर्म के चुनाव की स्वतंत्रता प्राप्त जीव 'मानव' की संरचना में उसकी व्यष्टि कुंडलिनी निद्रित के समान अवस्थान करती है। अधिकांश मनुष्यों के क्षेत्र में परावर्तित होकर विकिरण को प्राप्त होने वाला चेतना का प्रकाश स्थूल इच्छाओं वाले निम्न

क्षेत्र के चक्रों में ही उलझा रहता है अत: कुंडलिनी की निद्रा की स्थिति बनी रहती है। चेतना के मणिपुर चक्र से ऊपर उठने की अवस्था में कुंडलिनी का सहयोग आवश्यक हो जाता है और इसकी निद्रा भंग हो जाती है। चेतना का अनाहत चक्र तक उठना अवश्य ही एक विशिष्ट घटना है जिसे क्रम विकास के संदर्भ में भी समझने का प्रयास किया जा सकता है क्योंकि ऐसे मनुष्यों की संख्या नितांत नगण्य भी नहीं होती और उनमें सभी योगाभ्यास करने वाले भी नहीं होते।

मानव के लिये विज्ञानमय कोष के द्वार उन्मुक्त होने के पश्चात उसकी चेतना का विकास उसके सूक्ष्म शरीर में उपस्थित चक्रों में निम्न से ऊर्ध्व की दिशा में होता है। इस प्रक्रिया में यद्यपि अनेकों बार उसके स्थूल शरीर बदल सकते हैं तथापि प्रयास के द्वारा एक ही जीवन में यथेष्ट उन्नति करना भी संभव है। चेतना के संदर्भ में दो ही दिशायें होती हैं–अच्छाई की और बुराई की दिशा अथवा चेतना के द्वारा वहन किये जाने वाले मल के अभाव अथवा प्राचुर्य का प्रश्न और शुद्धि एवं अशुद्धि का गणित। अत: मल, अशुद्धि एवं बुराई के बोझ को कम करते हुए ही सूक्ष्म की ओर अथवा उच्चतर चेतना की दिशा में उठना संभव होता है।

कई जन्मों के अपेक्षाकृत अच्छाई की दिशा में उन्मुख अनुभवों के पश्चात, वर्तमान जीवन में भी शुद्धि एवं बुद्धि से युक्त मनुष्यों में, कुंडलिनी स्वत: भी जागृत हो सकती है और अक्सर अनाहत चक्र तक उठ जाती है, तथापि यह वहां स्थिति प्राप्त नहीं होती–कभी यह मूलाधार में और कभी अनाहत में अवस्थान करती है। इस प्रकार स्वत: और स्वाभाविक रूप से होने वाले विकास की गति अत्यंत धीमी होती है और अनेक जन्मों तक शुद्ध बुद्धि वाले मनुष्यों के क्षेत्र में भी यथास्थिति मात्र ही बनी रहती है तथापि इस श्रेणी के मनुष्यों में जो योग विज्ञान को समझते हैं और अभ्यास करते हैं, उनकी चेतना का विकास अत्यंत द्रुत गति से हो सकता है।

श्वास के नियंत्रण और आसनों अथवा मुद्राओं की सहायता से वायु को शरीर के विभिन्न भागों में बद्ध करना संभव होता है एवं इस माध्यम से प्राण अथवा जीवनी शक्ति के स्वाभाविक प्रवाह को भी अवरुद्ध अथवा बाधित करने का प्रयास किया जा सकता है। उद्योग एवं दीर्घ अभ्यास के द्वारा स्वचालित के समान चलने वाले जीवनी शक्ति के सामान्य प्रवाह के बाधित होते रहने से प्रधान प्राणवाही नाड़ियों में यह ऊर्जा घनीभूत हो जाती है। इस गतिज जीवनी शक्ति के घनीभूत होने पर केन्द्र के क्षेत्र में स्थितिज ऊर्जा

के केन्द्र के रूप में अवस्थित कुंडलिनी पर एक दबाव की स्थिति उत्पन्न होने लगती है एवं कुंडलिनी जागृत, सतर्क एवं क्रियमाण हो जाती है। यह कुंडलिनी के जागरण की आरंभिक अवस्था होती है जिसमें विभिन्न प्रकार की सूक्ष्म ध्वनियां सुनाई पड़ती हैं और सूक्ष्म आकारों अथवा रूपों के दर्शन भी हो सकते हैं।

जब कुंडलिनी निद्रित होती है तो यह तीन वलय बनाकर कामरूप पीठ में अवस्थित 'अवकाश मात्र' अथवा 'लिंग' या 'चिन्ह' मात्र आत्म क्षेत्र का अवगुंठन करते हुए अपने इन तीन वलयों पर ही एक चौथे अर्धवलय के समान अपने शीर्ष को टिका कर विश्राम करती है। कुंडलिनी की विश्रामावस्था में इसके सिर के ऊपरी भाग से ब्रह्मनाड़ी का प्रवेश द्वार भी भली भांति रुद्ध हो जाता है। संपूर्ण शरीर संरचना में केन्द्रस्थ इस ब्रह्मनाड़ी के प्रवेश द्वार को ब्रह्मद्वार भी कहा जाता है, क्योंकि योग-विज्ञान के अनुसार यही हमारी संरचना में शीर्षस्थ ब्रह्मरंध्र एवं सहस्रार तक पहुंचने का सीधा एवं एकमात्र पथ है। सतत प्रयास, धैर्य और दृढ़ निश्चय से योगविज्ञान के साधक अपनी कुंडलिनी को इस प्रकार विक्षोभित कर सकते हैं कि यह जागृत होकर सीधे ब्रह्मनाड़ी का अवलंबन करते हुए ऊर्ध्वगामिनी हो सकती है। अल्प आहार-निद्रा आदि, मानसिक शुद्धता एवं उद्योग के द्वारा योग साधक प्रयास करते हैं कि उनकी कुंडलिनी अधिकाधिक ऊर्ध्व निवासिनी बन कर जागृत बनी रहे और इसके पुन: नीचे लौटने की संभावना भी कम से कम होती चली जाये। वे ऊपर के चक्रों में अधिक देर तक ठहरने के लिये प्रयास करते रहते हैं। योगविज्ञान के ज्ञाताओं का कहना है कि यदि निष्ठावान साधक को इस प्रक्रिया में कार्यरत समस्त सिद्धांतो का पूर्ण ज्ञान नहीं हो तो भी तकनीक अथवा क्रियाओं को सही प्रकार से करते रहने पर उसकी उन्नति में कोई बाधा उत्पन्न नहीं होती।

शिष्यों की एक सामान्य शंका का समाधान

स्वामी शिवानंद लिखते हैं, "यद्यपि एक (स्वामी अथवा अधिष्ठाता स्थानीय) चैतन्य से युक्त शरीर संरचना में संपूर्ण संरचना का स्थिति-विंदु (अथवा अवस्थिति-केन्द्र) इसकी व्यष्टि-कुंडलिनी होती है, तथापि शरीर के हर अंग एवं प्रत्येक कोशिका के अलग अवस्थिति-केन्द्र होते हैं जिनके माध्यम से वे अंग अथवा कोशिका विशेष अपनी व्यष्टि (भूमिका) को संभालते हुए विद्यमान रहते

हैं"। योग विज्ञान के अद्‌वितीय ज्ञाता, प्रत्यक्षकर्ता और प्रत्यक्ष-प्रदर्शक स्वामी शिवानंद के इस सारभूत आख्यान से परिचय प्राप्त करते समय हमारे विद्‌वान पाठकों को हमारे उन प्रस्तावों का भी स्मरण आ रहा होगा जहां हमने पदार्थ-कण-पुरुषों, कोशिका-पुरुषों, उन दोनों के समष्टि पुरुषों और स्वतंत्र प्रभार से युक्त अंग विशेष के पुरुषों अथवा नक्षत्र एवं आकाश-गंगा (के व्यष्टि आस्तित्व एवं मन विभाग के धारक) पुरुषों की बात कही थी। वक्ता अथवा लेखक चाहे स्वामी शिवानंद हों, श्री युक्तेश्वर हों, सर वुड्रौफ़ हों, स्वयं महायोगी गोरक्षनाथ हों या आगम के ऋषिगण हों, सत्य की सत्यता एक समान ही रहती है, यद्‌यपि परिप्रेक्ष्य में परिवर्तन हो सकता है।

एक सुदीर्घ व्यष्टि-यात्रा के उपरांत कुंडलिनी का चलायमान होना युग्मावस्था से निसृत संतति के रूप में स्थित 'शक्ति तत्व' का मानव संरचना में सहस्रार में अवस्थित (महाकुंडलिनी स्थानीय) शिव की दिशा में चलायमान होना है। इस व्यष्टि रूपी शक्ति की जब समष्टि रूपी शिव से युक्ति अथवा मिलन हो जाता है तो योगी को दिखाई पड़ने वाले उसके संसार में भी एक रूप-परिवर्तन हो जाता है, क्योंकि उसके लिये सापेक्षता का परिप्रेक्ष्य बदल जाता है। स्वामी शिवानंद योग-जिज्ञासुओं के इस प्रश्न का उत्तर देने का प्रयास कर रहे हैं कि यदि केन्द्र के क्षेत्र में घनीभूत होते हुए जीवनी शक्ति एवं प्राण कुंडलिनी के साथ ही ऊपर उठते हैं तो शरीर में जीवन रक्षा किस प्रकार होगी।

स्वामी जी वास्तव में शिष्यों के इस भय का निवारण करने का प्रयास कर रहे हैं कि यदि आसन प्राणायाम आदि की क्रिया करते समय कुंडलिनी के अचानक जाग्रत होने से इसके कुंडल खुल जायें तो कहीं उनका शरीर-पात तो नहीं हो जायेगा। तथापि कुंडलिनी-साधना में वह अंतिम चरण इतनी शीघ्र उपस्थित नहीं होता। श्री शिवानंद लिखते हैं, "कुंडलिनी की स्थितिज ऊर्जा को आधार बनाकर उससे साम्य लाभ करते हुए जो चलायमान ऊर्जा समस्त शरीर में फैलकर व्याप्त होती है वह पांच प्राणों की ऊर्जा की समष्टि ही होती है जिसे स्थितिज कुंडलिनी संतुलित करती है और अगर ये पांच प्राण केन्द्र की ओर घनीभूत भी हो जायें तो इस संतुलन पर कोई प्रभाव नहीं होता–यह यथावत विद्‌यमान रहता है।

"इस दृष्टि से देखने पर (कुंडलिनी से) जो शक्ति उठती है वह समस्त स्थितिज ऊर्जा नहीं होती बल्कि विद्‌युत के समान कौंध जाने वाली, घनीभूत प्रकाश की एक किरण, एक ज्वाला के समान उससे निर्गत होकर ऊर्ध्वगमन

करती है जो अंत में परम शिव के स्थान पर पहुंचने में सफल हो जाती है। इस अवस्था में वह केन्द्र बल जो एक धुरी के समान उस व्यष्टि चेतना के वैयक्तिक संसार विषयक ज्ञान के प्रवाह को वहन करते हुए अवस्थित था वह परम चैतन्य में लीन हो जाता है (अथवा आत्म तत्व का परमात्म तत्व से एकीकरण हो जाता है)। ...जब कुंडलिनी शक्ति मूलाधार में निद्रित होती है तो मनुष्य की संसार सापेक्ष चेतना जाग्रत रहती है परंतु जब कुंडलिनी जाग्रत हो जाती है और परम चैतन्य से युक्त होने का प्रयास करते हुए उससे एकत्व लाभ कर लेती है तो व्यष्टि की चेतना संसार की दिशा में सुप्त हो जाती है और सबको प्रकाशित करने वाले प्रकाश सूर्य से एकीकृत हो जाती है"। हम कह सकते हैं कि सापेक्ष का दृष्टा इस अवस्था में सुप्तवत हो जाता है और वह सतत प्रयासशील योगी अब समष्टि के दृष्टा के रूप में जागृति लाभ कर लेता है।

विद्युत के कौंधने के समान दो प्रकाशों का मिलन

स्वामी शिवानंद पुन: कहते हैं, "योगियों का यह सिद्धांत है कि जब कुंडलिनी (सहस्रार तक) उठ जाती है तो एक संपूर्ण जीव संरचना के रूप में (योगी के) शरीर का पोषण स्थूल प्राणों के द्वारा नहीं बल्कि शक्ति और शिव के सहस्रार में मिलन से प्रवाहित होने वाले अमृत से होता है। यह अमृत प्रवाह (इन दोनों के) इस संयोग से स्वत: निर्गत होकर प्रवाहित होता है।"

इसके पूर्व हम तीन सृष्टि के तीन स्तरों इन प्रधान तत्वों के मिलन से उत्पन्न होकर प्रवाहित होने वाली तीन प्रकार की ऊर्जाओं के विषय में जान चुके हैं। जब मनुष्य की चेतना कारण शरीर में सिमट जाती है तो वह चेतना के लिये सुषुप्ति की अवस्था होती है, परंतु जब यह केवल सूक्ष्म के स्तर तक सिमट कर अवस्थित होती है तो वह हमारी स्वप्नावस्था होती है जिसमें केवल हमारी स्थूल की चेतना का अभाव होता है। जाग्रत अवस्था में हमारे तीनों शरीर कार्य करते हैं। कुंडलिनी में अवस्थित शक्ति के महाकुंडलिनी में अवस्थित शिव से मिलन से एक नई अवस्था और एक नई ऊर्जा उत्पन्न होते हैं। यह चतुर्थ श्रेणी का ऊर्जा-प्रवाह दृष्ट जगत अथवा संसार के दूसरी ओर तुरिया अवस्था में उपलब्ध होने वाला अमृत के प्रवाह के समान आनंद प्रदान करने वाले प्रवाह के रूप में विज्ञात है। इस चतुर्थ श्रेणी के ऊर्जा प्रवाह का ज्ञान सभी को नहीं होता, केवल सफलता प्राप्त सौभाग्यशील योगियों को ही इसकी उपलब्धि होती है।

इसके आगे स्वामी पुन: लिखते हैं, "परंतु यदि मूलाधार में कुंडलीकृत शक्ति पूर्ण रूप से अपनी कुंडलियों का त्याग करते हुए ऊर्ध्व में चालित हो जाती है तो स्थूल, सूक्ष्म एवं कारण तीनों शरीरों में बद्ध समस्त ऊर्जा विमुक्त हो जाती है। यह शरीर के समस्त बंधनों से मुक्त विदेह मुक्ति की अवस्था कही जाती है जिसमें स्थितिज ऊर्जा के केन्द्र के साथ ही व्यष्टि के रूप में अलग आस्तित्व का ही ध्वंश होकर परम तत्व की उपलब्धि प्राप्त हो जाती है।" इस अवस्था में समय की रेखा के समानांतर घटित होने वाले व्यष्टि चेतना के अच्छे और बुरे समस्त पिछले कर्म सहस्रार स्थान में कुंडलिनी एवं महाकुंडलिनी के मिलन से उत्पन्न होकर कौंधने वाली विद्‌युत के प्रकाश में सदा के लिये भस्म होकर पूर्ण रूप से प्रभावहीन हो जाते हैं।

तथापि यह विदेह मुक्ति इतनी सरलता से प्राप्त होने वाली उपलब्धि नहीं है, क्योंकि इस पथ पर और इस यात्रा में अनेक पड़ाव आते हैं और इस मार्ग पर फिसलन भी होती है जो योगी को पीछे ले जाती है और इसके प्रत्येक पड़ाव पर अभ्यास में रत योगी के लिये उच्चतर श्रेणी के विभिन्न प्रलोभन भी उसकी प्रतीक्षा करते हैं। जैसे-जैसे योगी अग्रसर होते हुए शीर्ष के समीप पहुंचता है उसके सन्मुख प्रत्यक्ष होने वाले विश्व की सुंदरता और विशालता उसके लिये इतनी मोहक होती है कि उसे इन मध्य के आकर्षणों में ही अधिक समय तक अटके रहना उचित प्रतीत हो सकता है। इस अवस्था में अनेक योगी शीर्ष पर पहुंचने में शीघ्रता करने के स्थान पर इन ऊर्ध्व स्थलों पर समतल विकास प्राप्त करने की दिशा में भी उन्मुख हो सकते हैं। उन आप्त काम योगियों में से अनेक शीर्ष का विस्मरण किये बिना भी मध्य में ही ठहर कर और विभिन्न प्रकार के दैवी आनंदों का उपभोग करते हुए मानव-जाति के उत्थान के कार्य में प्रकृति की सहायता करते रहने में भी प्रवृत्त हो सकते हैं।

ऊर्ध्व की दिशा में बढ़ते कदम

जयदेव सिंह लिखते हैं, "शैवागमों में यह एक स्पष्ट निर्देश अथवा धारणा है कि अभिव्यक्ति की ओर उन्मुख विश्व चैतन्य सर्वप्रथम प्राण अथवा जीवनी शक्ति में परिवर्तित होता है और इसी के माध्यम से जीवन (विश्व) का प्रारंभ होता है"। प्राण शक्ति है–यही शिव से संयुक्त शक्ति अथवा कुंडलिनी का शरीर है। यह कुंडलिनी नाद-ज्योतिर्मयी है–ध्वनि एवं प्रकाशरूपा है। इसमें नाद ही शक्ति

है जो परमेश्वर की इच्छा का प्रकाश है, जो ॐ कार है और जिसे प्रयत्न के द्वारा सुना जा सकता है।

नाद-बिंदु उपनिषद के अनुसार इसकी ध्वनि आरंभ में जल के प्रवाह के समान, झरने की ध्वनि के समान, बादलों के परस्पर टकराने की ध्वनि के समान, समुद्र के घोष के समान और एक भेरी के समान भी सुनाई पड़ सकती हैं। ये सब इतनी मृदु ध्वनियां नहीं होतीं तथा धीरे-धीरे ये मधुर ध्वनियों में बदल जाती हैं, जैसे किसी भंवरे का गुंजन, चांदी की छोटी घंटियों की या बांसुरी की ध्वनि, सितार या वीणा की ध्वनि, आदि और अंत में यह एक सतत सुनाई पड़ने वाली मधुर मिश्र-ध्वनि या प्रणव का रूप लेते हुए स्थिर हो जाती है।

कुंडलिनी शक्ति में जो शिव का विभाग अथवा शिवांश है वह एक प्रकाश पुंज के समान योग का अभ्यास करने वालों को आंखें बंद होने पर मस्तक में सामने की ओर आंखों से ऊपर के स्थान पर दिखाई पड़ता है। अनेक अवसरों पर अपने ही अंदर यह तीव्र प्रकाश की एक झलक के समान प्राय: हम सभी को दिखाई पड़ जाता है—जब हमें जोर की खांसी या छींक आती है या सिर में चोट लगती है और जब भी हमारा स्खलन आदि होता है। यह शब्द या ध्वनि के अंदर रहने वाला प्रकाश है और अनेक साधकों को यह कभी-कभी बंद आंखों के सामने अंगूठे के आकार की एक शीतल ज्योति अथवा शांति एवं आनंद का विकिरण करने वाली अग्नि शिखा के समान भी दृष्टि में आ सकता है।

प्रकाश की अपेक्षा हम ध्वनि अथवा शब्द के अधिक निकट रहते हैं जो हमारा मानस पक्ष होता है और जिसमें हमारे विचार और अपने दृश्य जगत एवं इसके अनुभवों से संबंधित विवरण एवं भाव आदि अवस्थान करते हैं। सृष्टि के स्पंदनों को ध्वनि के रूप में हम अपेक्षाकृत अधिक सहज रूप से अनुभव कर पाते हैं अत: यह ध्वनि-श्रवण हमारे लिये श्रंखलाओं से मुक्त होते हुए शुद्ध चैतन्य की दिशा में वापसी का सबसे सरल मार्ग है। वास्तव में तो जिन अशुद्धियों से जड़ित रहते हुए या उनको साथ लेते हुए हम इस विश्व में भ्रमण करते रहते हैं वे ही शृंखलाओं के रूप में हमें बांधकर रखने का प्रयास करती हैं। ये अशुद्धियां ही हमारी चेतना के ऊपर की दिशा में उठने में बाधक होती हैं और उन्हीं के प्रभाव से हममें से अधिकांश मनुष्यों का चेतन अस्तित्व हमारे आधार के निकट और स्थूलतर चक्रों को छोड़कर उनसे ऊपर उठने में सक्षम अथवा उस दिशा में प्रयास-रत भी नहीं होता।

अध्यात्म की दिशा में उठने के संदर्भ में कुंडलिनी जागरण केवल इसका एक पक्ष-विशेष मात्र ही है। वास्तव में तो जो आवश्यक होता है वह है मन से मलों अथवा अशुद्धियों का क्रमश: और अधिकाधिक त्याग करते हुए जीवन पथ पर अग्रसर होने का प्रयास करते रहना ताकि किसी मनुष्य के लिये अपनी ही चेतना में सूक्ष्म एवं सूक्ष्मतर स्पंदनों की अनुभूति कर पाना संभव हो सके। साधना से कुंडलिनी को जाग्रत कर पाने पर वह हमारे पिछले सभी कर्मों के प्रभाव को जलाकर भस्म कर देती है और हमारी अपनी प्रकृति अथवा स्वभाव में ही अनुस्यूत इच्छा (निश्चय), ज्ञान (तकनीक) एवं क्रिया (उद्योग) के माध्यम से इसे जाग्रत कर पाना भी अवश्य ही संभव है।

अनुभूति की सूक्ष्मता को मापने की विधि

ऋषियों के अनुसार 'ओम' ही वह ध्वनि है जो मनुष्यों में 'मैं' अथवा 'आत्म' की अवधारणा की उत्पत्ति करती है। ध्यान में बैठे हुए अनेक योगी अपने मन को अपने अंतर में विद्यमान इन्द्रियों के द्वारा ग्रहीत होते रहने वाले विभिन्न अनुभूति के विषयों एवं अन्य विचारों से मुक्त करने तथा एक आंतरिक शांति की अवस्था प्राप्त करने का प्रयास करते हैं। ऐसे योगी नाद की ध्वनि पर अपना ध्यान केन्द्रित करते हैं या वाह्य रूप में ध्वनित करने के पश्चात 'ओम' के उच्चारण का मन के अंदर विस्थापन कर लेते हैं। यह एक सुखद अनुभव होता है - विशेषकर, अगर मन शांत हो। अत: योगी को अपने एक उच्चारण को समाप्त करके दूसरा आरंभ करने की कोई शीघ्रता नहीं होती और वह इसके अंत में आने वाले ...म् की ध्वनि को अपनी संवित की स्मृति अथवा अनुभूति में अधिक आंतरिक और सूक्ष्मता की दिशा में चलते देने और उसी को अपना 'मैं' समझते हुए उससे युक्त बने रहने का प्रयास करता है।

'ओम' शब्द 'अ', 'उ' तथा 'म' तीन लघु वर्णों से निर्मित है और एक लघु वर्ण के उच्चारण काल को योग विज्ञान में एक मात्रा कहा जाता है। ॐ का उच्चारण करने में इन तीन मात्राओं के अतिरिक्त जो नासिका में '......म्' की गूंज सुनाई पड़ती है समय की दृष्टि से उसे योग-विज्ञान में अर्धमात्रा माना जाता है। संवित की चेतना के संदर्भ में योगीजन इसे 'बिंदु' अवस्था कहते हैं। इस 'बिंदु' अवस्था में विचारों का उदय नहीं होता अथवा वे रूप ग्रहण नहीं कर सकते। यह उस 'पश्यंति वाक' के समान एक अवस्था कही जा सकती है, जिसकी चर्चा हम कर चुके है। अपने ध्यान में योगी गण इसी विचार

शून्य अवस्था से अनुभूति की और अधिक सूक्ष्मता की ओर बढ़ने का प्रयास करते हैं।

व्यास से अर्धव्यास और फिर शून्य की ओर

अंग्रेजी भाषा में लिखी गई अपनी पुस्तक में जयदेव सिंह लिखते हैं, "यदि हम प्राण की ऊर्जा की सूक्ष्मता को समय की द्रष्टि से नापने का प्रयास करें, तो 'बिंदु' में अनुभूति के स्तर पर उच्चारण में लगने वाले समय का मान अर्धमात्रा कहा जायेगा। ...यह 'बिंदु' प्रकाश (ज्ञान) के एक विंदु के समान है जिसमें समस्त दृष्ट जगत (all objective phenomena) की बिना किसी विस्तार के, अविभाजित रूप में, एक विंदुस्वरूप उपलब्धि होती है। ...यहां से सूक्ष्मता की दिशा में आगे बढ़ने पर बिंदु 'नाद-ध्वनि' में परिवर्तित हो जाता है और व्यष्टि चेतना में अंतर्निहित ज्ञान के समस्त विषयों के विवरण (*predominance of objectivity*) का क्रमश: अभाव होता चला जाता है।

"संवित अब अर्धचंद्र का रूप ग्रहण करते हुए ललाट में अवस्थित हो जाती है। इस स्तर पर स्पंदन की सूक्ष्मता की अवधि 'एक मात्रा का चौथाई भाग' होती है। इसकी अगली अवस्था में जब बिंदु में अंतर्निहित समस्त 'विषय बोध' पूर्णतया विलुप्त हो जाता है तो (संवित में) जीवनदायी ऊर्जा ललाट के ऊपरी भाग में एक समतल सरल रेखा के रूप में प्रकट होती है। इसके स्पंदन की सूक्ष्मता एक मात्रा का आठवां भाग रह जाती है और इसे 'निरोधिनी' कहा जाता है। (इसे क्रम विकास की दृष्टि से मानव के विकास में एक नई 'स्नातकोत्तर' प्रकार की दहलीज या एक threshold समझा जा सकता है) इसे निरोधिनी इसलिये कहा जाता है क्योंकि यह ऐसे साधकों या प्रयासकर्ताओं को इस स्थान का अतिक्रमण करने नहीं देती जिनमें आवश्यक न्यूनतम योग्यता का अभाव हो और इसी प्रकार जो योगी इस अवस्था को प्राप्त कर चुके हैं उनके लिये भी द्वैत की अभिव्यक्ति के द्वारा पुन: पराभूत होना (*slipping back into dualism*) संभव नहीं होता।"

श्री जयदेव सिंह के अनुसार, "नाद एक रहस्यभरी (सदैव गुंजायमान रहने वाले सृष्टि घोष के समान) गुंजन जैसी ध्वनि है जो हमारे शीर्ष के स्थान से उदय होकर हमारी मध्य नाड़ी सुषुम्ना में फैलते हुए विद्यमान रहती है। यह अनाहत ध्वनि है जो बिना किसी आघात के स्वत: उत्पन्न हुई है और जिसे शब्दों में व्यक्त नहीं किया जा सकता। यह कभी रुकती नहीं है और सभी

जीवित प्राणियों में सदैव गुंजायमान रहती है (*It never sets, i.e., it always goes on sounding in all living creatures*)। इसके स्पंदन की सूक्ष्मता एक मात्रा का सोलहवां भाग होती है। 'नादांत' ...(स्पंदायमान) ऊर्जा का अगला सोपान है जो 'नाद' के पश्चात वाला सोपान है। यह अत्यंत सूक्ष्म (स्पंदन का स्तर) होता है और इसका स्थान ब्रह्मरंध्र है जो हमारे स्थूल शरीर में हमारे शीर्ष से तनिक ऊपर अवस्थित होता है। इसके स्पंदन की सूक्ष्मता एक मात्रा का बत्तीसवां भाग होती है।" ऊपर की दिशा में कदम के बाद कदम उठाते हुए और एक के बाद एक सोपान चढ़ते हुए जैसे-जैसे एक योगी अपनी ध्यानावस्था में अपनी आत्मा (Self) की ओर अग्रसर होता है उसकी अनुभूति का स्तर अधिकाधिक सूक्ष्म होता चला जाता है।

अंतिम छलांग से पूर्व

बारह भागों में विभक्त 'ओम' की सूक्ष्मता की दिशा में नवम स्थान (9th digit) जिसे हम अब तक की अपनी सभी चर्चाओं में 'महा कुंडलिनी' कहते आये हैं, जयदेव सिंह के अनुसार "स्वयं शक्ति अथवा ऊर्जा ही है। इस स्तर पर आनंद की अनुभूति होती है और यह स्पंदन में एक मात्रा के चौसठवां भाग वाला स्तर है तथा यह चर्म स्थानीय अनुभूति का (स्थूल शरीर में वाह्यतम) स्तर भी होता है।

"इससे अगला सोपान व्यापिनी अथवा व्यापिका शक्ति का है। यह सभी कुछ को बेधते हुए या उसका भेदन करते हुए अनुस्यूत होकर विद्यमान रहने वाली 'शक्ति' (शक्ति तत्व की अवस्था) है। क्षेमराज के अनुसार इस स्तर पर पहुंच कर योगी के लिये किसी शरीर की कोई सीमा शेष नहीं रहती और उसे स्वयं के आकाश के समान सर्वत्र व्याप्त होने जैसी अनुभूति होती है। ऐसा बताया गया है कि इसका अनुभव सिर पर (अधिकांश ब्राह्मणों के द्वारा आज भी रखी जाने वाली) शिखा की उत्पत्ति के स्थल पर होता है। इसकी मात्रा (इकाई का) एक सौ अट्ठाइसवां भाग होती है"। (क्षेमराज १२वीं शताब्दी के काश्मीर शैव दर्शन के प्रसिद्ध एवं आधिकारिक विद्वान थे।)

संवित के स्पंदन के अगले सूक्ष्मतर और संख्या में ११वें स्तर, 'समना शक्ति के स्तर' के विषय में जयदेव सिंह लिखते हैं, "जब चेतना व्यापिनी के स्तर पर अवस्थान करती है, तो उसके लिये देश और काल के सभी व्यवधान लुप्त हो जाते हैं और उसके लिय कोई उद्देश्य भी नहीं रहता (*all spatial and temporal limitations have been overcome and all objectivity has disappeared*)। इसके पश्चात ही 'समना' का स्तर होता है जो केवल 'बोध' मात्र होता है जो क्षेमराज के अनुसार विचारहीन सोच के समान होता है जिसमें किसी सोच के लिये कोई (विषय या वस्तु रूपी) आधार ही नहीं है। स्थूल शरीर में इसका स्थान सिर से निकलने वाली शिखा है और इसकी मात्रा इकाई का दो सौ छप्पनवां भाग होती है। यह वह शक्ति (की अवस्था है) जिसके माध्यम से शिव अपने पंचकृत्यों का निर्वाह करते हुए सृष्टि (*manifestation*), स्थिति (*maintenance*) एवं विनाश (*withdrawal*) की दिशा में उन्मुख होते हैं और एक ओर तो वे अपने संवित के प्रकाश को आवरित कर देते हैं (*veiling*) एवं दूसरी ओर अनुग्रह-वश उसका अनावरण करने (*revealing*) में भी सहायक होते हैं।

"वह योगी जिसने संवित का 'समना' के स्तर तक विकास कर लिया है यदि वह विश्व की ओर दृष्टि रखता है तो उसमें सर्वज्ञता, सर्वत्रता आदि की क्षमता होती है परंतु यदि वह समस्त सिद्धियों आदि का त्याग अथवा उनकी अनदेखी करके अपनी संवित को और सूक्ष्म एवं उच्चतर स्तर पर ले जाने का प्रयास करता है तो वह शक्ति की 'उन्मना' अवस्था ('ओम' के १२वें सोपान) को प्राप्त कर लेता है और फिर परम शिव या परम सत्य से युक्त होकर अवस्थित हो जाता है।"

शैव आगम और 'शब्द' के सोपान

ऋषियों के अनुसार यह विश्व ध्वनि अथवा शब्द का अनुसरण करते हुए ही अपनी अभिव्यक्ति की दिशा में अग्रसर होता है। यही वह पथ है जिसका उपयोग संवित के द्वारा निम्न दिशा में अवतरण करने के लिये किया जाता है। इसी कारण से योग-विज्ञान के ऋषियों ने संवित के एक विपरीत क्रम में अव्यक्त की दिशा में लौटने के पथ को भी उन्हीं स्तरों में विभक्त करते हुए अंकीकृत करने का प्रयास किया है। तथापि ये दसमलव के पश्चात के अंक (*digits*) नहीं होते। हमारी प्रधान पुस्तक के प्रथम खंड (विज्ञान खंड) में हम देखेंगे कि भौतिक शास्त्री भी विश्व सृष्टि कें संदर्भ में दसमलव का नहीं बल्कि इसके आकार के दुगुने होने में लगने वाले समय का विवरण देना ही ज्यादा उपयुक्त समझते हैं।

ऋषियों के द्वारा तालिका बद्ध किये गये अनुभूति की सूक्ष्मता के इन बारह अंकों (*twelve digits*) का वर्णन 'स्वच्छंद तंत्र', 'नेत्र तंत्र', 'त्रिशिरोभैरव', और

'विज्ञान भैरव तंत्र' पर क्षेमराज तथा शिवोपाध्याय की टीकाओं में भी उपलब्ध है। इन बारह अंकों में से पहले तीन हमारे सूक्ष्म शरीर में तथा शेष नौ अंक हमारे कारण शरीर में अवस्थित होते हैं। 'ओम' शब्द का स्थूल उच्चारण करने में प्रयुक्त 'अ', 'उ' तथा 'म', इन तीन लघु वर्णों को ही पहले तीन अंक माना गया है और वेदांत के सभी स्कूलों में ये इसी प्रकार मान्य हैं। हमारी चेतना में अनुभूति के ये तीनों स्तर हमारे सूक्ष्म शरीर में विद्यमान होते हैं। शेष नौ अंक क्रमश: बिंदु-४, अर्धचंद्र-५, निरोधिका-६, नाद-७, नादांत-८, कुंडलिनी-९, व्यापिनी-१०, समना-११ एवं उन्मना-१२ हमारे कारण शरीर में स्थित होते हैं और उन्मना के स्तर पर स्पंदन की गति शून्य हो जाती है।

इन अंकों अथवा स्पंदन के स्तरों में उन्मना का स्तर आगम में 'शिव तत्व' का स्तर है, समना, व्यापिनी और कुंडलिनी शक्ति-तत्व की अवस्थायें हैं, नादांत, नाद एवं निरोधिनी सदाशिव तत्व की भूमिकायें हैं, अर्धचंद्र का ईश्वर तत्व से साम्य है तथा बिंदु हमारे कारण शरीर में 'शुद्ध विद्या तत्व' की अवस्थिति का स्थान माना जाता है।

एक परम चैतन्य ही है जो सदैव विद्यमान रहता है और जो समय-समय पर इस विश्व के रूप में अभिव्यक्त होता है। इस एक ही 'प्रधान' का इसके कार्यों, दायित्वों और अभिव्यक्ति की अवस्थाओं और उनके स्तरों के अनुसार ऋषियों ने शिव, शक्ति, सदाशिव, ईश्वर एवं शुद्ध विद्या तत्वों में विभाजन करते हुए इसकी सृष्टि के रूप में अभिव्यक्ति का विवेचन करने का प्रयास किया है। वास्तव में तो केवल एक शाश्वत चैतन्य ही विद्यमान रहता है जो व्यापक, सर्वज्ञ, सर्वसामर्थ्य से युक्त एवं पूर्ण होता है।

'शून्य' की विवेचना

डा. गोपीनाथ कविराज अपने समय के एक ऐसे ख्यात नामा विद्वान एवं दर्शन शास्त्री थे जिन्हें सन् १९३२ में ब्रितानिया सरकार के द्वारा 'महामहोपाध्याय' की उपाधि प्रदान की गई था और पुन: सन् १९६७ में उन्हें स्वतंत्र भारत में द्वितीय सर्वोच्च असैनिक सम्मान 'पद्म विभूषण' से भी विभूषित किया गया था। उनकी जन्म शताब्दी के अवसर पर सन् १९८२ में संपूर्णानंद संस्कृति विश्वविद्यालय, वाराणसी के द्वारा 'कविराज प्रतिभा' के नाम से उनके लेखों का एक संग्रह प्रकाशित किया गया था। यह पुस्तक इसके संकलन कर्ताओं, प्रकाशक एवं संपादक का मानव जाति के लिये एक अनुपम उपहार है और

कविराज जी के द्वारा छोड़ी गई अमूल्य धरोहर को भावी मानव संतति के लिये संजोकर रखने का अत्यंत विवेकपूर्ण प्रयास है। उनकी प्रतिभा को नमन करते हुए हम इस संग्रह में 'मैं कौन हूं' शीर्षक के अंतर्गत सम्मिलित उनके एक लेख से कुछ अंश यहां हमारे विद्वान पाठकों के अवलोकन के लिये यथावत उधृत कर रहे हैं। "अतीत अवस्था से जब 'एक' का आविर्भाव होता है, तब क्षणमात्र में ही होता है और अखंड भाव से ही होता है, उसमे क्रम नहीं रहता।

"सब समष्टियां एक साथ प्रकट होती हैं। यह नित्यसिद्ध परमात्मा की अवस्था है। किंतु बीच के रहस्य के जाल को काट सकने पर जो दिखाई देता है, उससे वैज्ञानिक स्तब्ध हो पड़ते हैं। इसीलिए 'आश्चर्यवत पश्यति' कहकर विस्मय प्रकट किया गया है। एक में जो अनंत का खेल चल रहा है वह यदि दिखाई दे तो चकित हुए बिना रहने का कोई उपाय नहीं है। 'एक'मात्रा ही एकाग्र मन की मात्रा है, जिसके ऊपर सृष्टि का सामूहिक ज्ञान अथवा विश्व प्रतिष्ठित होता है। एक का भंग हो जाने पर ही सर्प्रथम दो भागों का पता चलता है। ये दो प्रधान भाग ही गुण-प्रधान भाव से रहित साम्य में स्थित होकर अद्वय रूप में या एकरूप में अपने को प्रकट करते हैं। भंग होने से पूर्व 'एक' पहले दो रूपों में विभक्त होता है। इसलिये 'एक'मात्रा से अर्धमात्रा में उन्नयन होता है। 'एक' में दो अर्धमात्राएं प्रकट होती हैं। उनमें एक मात्रा 'एक' की ओर सम्बद्ध होकर 'एक' में प्रतिष्ठित समूची सृष्टि के साथ शक्तिराज्यी (energy/force-field) का संबंध अक्षुण्ण रखती है, दूसरी क्रमश: पहले के तरह अर्धमात्रा के क्रम से विभक्त होते-होते अनन्त की ओर दौड़ती है।

"अर्थात अर्धमात्रा के दो भागों में विभक्त होने पर उससे भी फिर अर्धमात्रा उत्पन्न होती है। यहां भी उसकी एक अर्धमात्रा पहली अर्धमात्रा से सम्बद्ध होती है और दूसरी अर्धमात्रा अर्थात 'आदि-दृष्टि' सम्मत एक चतुर्थांश मात्रा अनंत की ओर धावित होती है। ये सब मात्रायें मन की ही मात्रायें हैं। अतएव 'एक'-मात्र मन से 'अर्ध'-मात्र मन सूक्ष्म है। उससे एक चतुर्थांश मन और भी सूक्ष्म है। इस तरह मन पिसकर चूर्णाकार को धारण करता है, यह ज्ञात होता है। इस विभाग या विश्लेषण क्रम में कहीं भी विश्राम का स्थान नहीं है। व्यवहार के अनुरोध से विश्रांति माननी पड़ती है। योगी लोगों ने भी उसी तरह मन के विश्लेषण का व्यवहार-सम्मत एक अभाव स्थान माना है जो इकाई की पांच सौ बारहवीं (१/५१२) मात्रा है। युक्ति द्वारा इसका भी विभाग किया जा सकता है।

किंतु परिमित शक्ति वाले योगियों को भी, चाहे वे कितने भी ऐश्वर्यबल-सम्पन्न क्यों न हों, कहीं न कहीं विश्राम लेना पड़ता है। अमित शक्ति के अधिकार में स्थित होने पर यह अवधि होगी इकाई की तुलना में अनंत सूक्ष्म (१/अनंत मात्रा) (एक Planck's time जैसा विधान या प्रस्ताव)। यही परब्रह्म से अभिन्न महाशक्ति की मात्रा है। महायोगी लोग इसी को ब्रह्म का अणु कहकर परमाणु के रूप में निर्देश करते हैं।"

भगवद् गीता में 'योगमाया' शब्द का प्रयोग हुआ है। कविराज लिखते हैं, "जिसका हम पूर्व में महामाया के नाम से उल्लेख कर आये हैं, उसी का एक दूसरा पहलू योगमाया है। इस योगमाया का राज्य ही अर्धमात्रा का लीलागृह है। एक मात्रा से अनंत विभज्यमान अर्धमात्रायें इसके अंतर्गत जाननी चाहिये। यही विज्ञान राज्य है, बैन्दव जगत है, अप्राकृतिक विशुद्धसत्वमय है (और) ज्ञानानंदमय लीला-भूमि है। अर्धमात्रा ही योगमाया है। माया कारण-समुद्र है। 'कार्य'रूप में मायिक जगत की उत्पत्ति होती है। निष्कल स्थिति से स्पंद के सहयोग से कलामयी प्रकृति का उन्मेष होने पर उसकी कुछ कलायें उस कारण-जल में गिरती हैं। इन्हीं कलाओं के कारणजल में गिरने के बाद योगमाया का आविर्भाव होता है। महामाया का जगत शुद्ध (मल-हीन) विश्व का रूप है, माया का जगत मलिन (मल-युक्त) (Higg's Principle का अनुगामी) विश्व का रूप है एवं योगमाया विश्व में भगवत्-लीला की संयोजनकारिणी शक्ति अर्धमात्रा है। कारण सलिल से ही काल का आविर्भाव होता है।"

शिव की शक्ति ही उसका स्वातंत्र्य है और इसीलिए इसके द्वारा पदार्थ की सृष्टि संभव है। कविराज जी कहते हैं, "स्वातंत्र्यवश जब स्पंदन का उदय हुआ, तब एक ओर जैसे सर्वज्ञ नित्य जाग्रत् अवस्था का आविर्भाव हुआ, दूसरी ओर वैसे ही ज्ञानहीन अनादि निद्रामग्न एक अवस्था का आविर्भाव हुआ। पहला महान् और दूसरा अणु है, अर्थात अनन्त अणुओं का सामूहिक स्वरूप है। जो महान् हैं, वे नित्यबुद्ध परमात्मा और एक हैं तथा जो अणु है वह अनन्त अणुओं के संघातरूप सुषुप्त महासत्ता, अर्थात 'नाना' है। यद्यपि बुद्धि की दृष्टि से दिखलाई देता है कि संकोचवश अणुभाव का उदय होता है एवं साथ ही साथ वे सब अणु मायाकवलित होते हैं, तथापि यह सत्य है कि इस स्थिति में कालगत क्रम नहीं रहता, इसलिये क्रमिक व्यापार दिखाई नहीं देता।

"अणुत्व महामाया द्वारा किया गया संकोच है, जिससे स्वरूपगत अहंनिष्ठ पूर्णता का अभाव होता है एवं अहं का अवलम्बन कर इदं-रूप का या द्वितीय

भाव का (और अणु भाव का भी) उदय होता है। (तथापि) निर्विकल्प अद्वय सत्ता ही मूल (इसका आधार) है।" (अणु अथवा यह विश्व स्वत: केवल स्टीफेन हाकिंग साहब के द्वारा पूर्वानुमानित 'गुरुत्वाकर्षण की संभावना' के आधार पर शून्य से उत्पन्न नहीं हो सकता!)

"इस महासत्ता में सहसा एक स्पंद सा उठता है, किंतु इस स्पंदन का उदय होने पर भी महासत्ता की नि:स्पंदता ज्यों की त्यों ही रहती है। यह स्पंदन केवल एक ही बार उठता है, अथवा निरंतर उठता है, यह मनुष्यों की सीमाबद्ध भाषा द्वारा निर्देश करना कठिन है। ...काल के ऊपर महाकाल के वक्ष:स्थल में नाना स्पंदन दिखाई नहीं देते - महाकाल का एक ही स्पंदन काल के राज्य में अनेक स्पंदनों के रूप में फूट उठता है। ...यह स्पंद का उदय वास्तव में प्रणव का ही उल्लास है, अर्थात परब्रह्म-सत्ता में शब्दब्रह्म का आविर्भाव है। वस्तुत: यह विशुद्ध सत्वमय महामाया का उन्मेष है, जिसके प्रभाव से परब्रह्म मे स्वरूप का संधान, ज्ञान और साक्षात्कार होता है।

"पूर्णानंदमयी निष्ठा या स्वरूप में स्थिति चित् और सत् की अविभक्त प्रतिष्ठा है। किंतु महामाया और माया की स्थिति में चित् से सत् और सत् से चित् का विभाग-सा होता है। सच्चिदानंदमय पूर्ण अद्वय स्थिति के ऊपर स्पंदन के उदय या प्रणव के प्रकाश से एक ओर चित् और दूसरी ओर सत् दोनों मानो अनादि सिद्धरूप से ही फूट उठते हैं। यही विरुद्ध भाव के पहले-पहल स्फुरण की पृष्ठभूमि है। चित् की ओर सदा जाग्रत्भाव और सत् की ओर एक तरह की सदा सुषुप्ति का भाव विद्यमान रहता है। अविभक्त स्वरूप भावातीत, गुणातीत और नि:स्पंद है। किंतु विभक्त (होने पर) ऐसे सत्-चित् स्वरूप की एक ओर (चित् की ओर) बाहरी भाग में विशुद्ध सत्त्वमय शुद्धा प्रकृति और दूसरी ओर (सत् की ओर) त्रिगुणमयी मलिन प्रकृति या माया स्थित है, यह जानना होगा। भावातीत के ऊपर भाव एक प्रकार का आवरण सा है। चाहे वह स्वच्छ ज्ञानमय आलोक का आवरण हो अथवा चाहे गाढ़ अज्ञानरूप अंधकार का आवरण हो, दोनों ही भावातीत नग्न-स्वरूप के स्वेच्छा से ग्रहीत आवरण हैं, यह मानना ही होगा। इसके मूल में रहता है प्रणव का उन्मेष। अवधूत मत में महामाया प्रणवपुरुष की अर्धमात्रा है और माया उसकी तृतीय मात्रा या मकार है। जल जमकर हिम-शिला बन जाता है एवं वह हिमशिला जल पर ही भासती है और जल को आवृत्त करती है, वस्तुत: जल का स्वरूप आवृत्त नहीं होता।"

सबसे ऊपर और आस-पास

स्वामी शिवानंद लिखते हैं, "अभ्यास करते-करते एक समय आ सकता है जब आपको प्रतीत होगा कि आप अपने शरीर से अलग हो गये हैं। उस समय आपको अत्यंत आनंद का अनुभव होगा यद्यपि उसमें भय का भी सम्मिश्रण हो सकता है - एक नई और हल्की काया प्राप्ति के कारण आपको आनंद का अनुभव होगा पर साथ ही एक अनजाने तथा अज्ञात क्षेत्र में प्रवेश होने के कारण आपको भय की भी अनुभूति होगी। प्रारंभ में इस नये क्षेत्र की नई चेतना में कुछ ही बातें आपके अनुभव में आयेंगी। आपको ऐसा अनुभव होगा कि आपका शरीर वायु के समान हल्का हो गया है तथा एक सीमित, स्पंदन से युक्त एवं घुर्णायमान के समान वायुमंडल और सुनहले प्रकाशों, वस्तुओं एवं लोगों की भी प्रतीति होगी। आपको यह अनुभव हो सकता है कि आप हवा में तैर रहे हैं।

"आप गिरते नहीं हैं, पर आरंभ में इन नये अनुभवों और सूक्ष्मता की उपलब्धि से चेतना में उत्कृष्ट श्रेणी की भावनायें एवं अनुभूतियां उत्पन्न होती हैं। आप कैसे अपना स्थूल शरीर छोड़ते हैं और विद्यमान रहते हैं यह पता नहीं चलता, पर आपको यह ज्ञान होता है कि आप उस शरीर से बिल्कुल अलग हो गये हैं। इस अवस्था में अनुभव होने वाले आनंद का (वाणी से) वर्णन करना कठिन होता है, इसे आप स्वयं अनुभव से ही समझ सकते हैं।

"जब आपमें पुन: स्थूल शरीर की चेतना वापस आ जाती है, तो पहले वाली स्थिति में लौट जाने और वहीं बने रहने की आपमें तीव्र इच्छा होती है। बार-बार प्रयास करते रहने और साधना में लगे रहने पर प्राय: एक मास में आपको एक बार ऐसा सुअवसर मिल सकता है। तथापि यदि (ऐसे लोग) धैर्य से अपनी साधना में लगे रहते हैं तो फिर (उनके लिये) अपनी इच्छा से शरीर को छोड़कर निकलना और अधिक समय तक बाहर बने रहना संभव हो जाता है।

"(इस अवस्था को प्राप्त होने के बाद) केवल इच्छा करने से ही आप किसी भी स्थान पर अपने सूक्ष्म शरीर से यात्रा कर सकते हैं और वहां प्रकट होने के लिये प्रकृति के भंडार से या अपने 'अहंकार' (Self) से आवश्यकता के अनुसार (शरीर) सामग्री भी ग्रहण अथवा सृष्ट कर सकते हैं। जिन योगियों या रहस्यविदों को इसके पीछे कार्यरत सिद्धांत एवं इसके लिये प्रयुक्त पद्धति का विस्तृत ज्ञान है उनके लिये यह एक सामान्य के समान प्रणाली होती है। जो

लोग अपने सूक्ष्म शरीर का उपयोग करने में सक्षम हो जाते हैं, उनके लिये दूसरे के विचार जान लेना, अपने विचार दूसरे के मन तक पहुंचा देना, विचार से चिकित्सा और दूर से भी चिकित्सा आदि अत्यंत सहज हो जाते हैं। विचार की किरणों को केन्द्रित कर लेने पर वे मोटी दीवारों को भी पार कर जाती हैं और मीलों दूर तक पहुंच सकती हैं"।

जब योगी का परिश्रम फलीभूत होने लगता है

साधारण भाषा में 'सिद्धि' शब्द का अर्थ होता है किसी विषय में इस प्रकार की विशिष्टता प्राप्त कर लेना जिसकी अन्य व्यक्ति प्रशंसा कर सकें। अध्यात्म के क्षेत्र में इसका अर्थ होता है किसी एक वा एकाधिक तत्वों पर विजय प्राप्त कर लेना और किसी एक तत्व को भी जय कर लेने का अर्थ होता है उच्चतर श्रेणी की एकाधिक शक्तियों की प्राप्ति। जो साधक अथवा योगी एकाधिक अवसरों पर चमत्कारी घटनाओं की सृष्टि कर सकते हैं, उन्हें सिद्ध कहा जाता है। उन सिद्धों को परमसिद्ध कहा जाता है जिनके जीवन में स्वाभाविक रूप से सदैव चमत्कारिक घटनायें घटित होते हुए दिखाई पड़ती रहती हैं।

गृहस्थ जीवन यापन करने वाले सिद्धों में कतिपय सर्वोच्च परम-सिद्धों मे गण्यमान होने वाले 'बाबा विशुद्धानंद परमहंस' से उनके शिष्य, वाराणसी में संस्कृत कालेज के प्रिंसिपल डा. गोपीनाथ कविराज निवेदन करते हैं, "बाबा, (अपनी बातें बताते हुए) आप कुछ ज्यादा ही ऊपर उठ गये हैं, पर आज जो प्रश्न मैं आपसे पूछना चाहता हूं वे इससे कुछ निचले स्तर के संदर्भ में हैं। आप इस स्तर पर आकर मेरे प्रश्नों के उत्तर देने की कृपा करें। आपने सिद्धि के विषय की चर्चा की है। सिद्धि एक होती है, या एकाधिक? कितने प्रकार की सिद्धियां होती हैं? क्या प्रत्येक सिद्धि लाभ करने के लिये अलग पद्धति का अनुसरण करना आवश्यक होता है?"

इसके उत्तर में बाबा कहते हैं, "निसंदेह सत्य यही है कि केवल एक ही सिद्धि होती है और वह अविभाज्य होती है। तथापि इनके विभिन्न स्वभाव होने के कारण योगी जन इन्हें भिन्न नामों से संबोधित करते हैं। जिन्हें मैं सिद्धि, महा-सिद्धि और अति-सिद्धि कहता हूं, उन्हीं को भिन्न संदर्भ में क्रिया-सिद्धि, ज्ञान-सिद्धि एवं इच्छा-सिद्धि भी कहा जा सकता है।"

कुछ क्षण ठहर के बाद बाबा पुन: बोलना आरंभ करते हैं, "अनिमा, महिमा, लघिमा, गरिमा, ईशित्व, वशित्व, प्राप्ति और यत्रकामवश्यित्व - पातंजलि योग

में इन आठ सिद्धियों की बात कही गयी है। इनके अतिरिक्त और भी बहुत प्रकार की सिद्धियां, जैसे आकाश-गमन, परकाया प्रवेश, दूसरों के मन की बातें जान लेना, दूर-दृष्टि, दूर-श्रवण, इत्यादि का भी योग शास्त्रों में वर्णन हुआ है। तथापि, योगी को प्रत्येक सिद्धि की प्राप्ति के लिये अलग से प्रयास करने की आवश्यकता नहीं होती। जैसे-जैसे योगी अपने योग पथ पर अग्रसर होता है और जैसे-जैसे स्तरों को पार करते हुए उसकी चेतना में विकास होता है, उसमें उन स्तरों से संबंध रखने वाली शक्तियों का भी स्वत: विकास होते रहता है। यह स्वाभाविक रूप से बिना उनकी कामना किये ही होते रहता है। परंतु जो व्यक्ति इन शक्तियों की प्राप्ति के हेतु से ही योग मार्ग पर बढ़ने का प्रयास करते हैं, उन्हें सत्यनिष्ठ योगियों के द्वारा आकांक्षित एवं उपलब्ध हो सकने वाली सिद्ध अवस्था की कभी भी प्राप्ति नहीं होती।"

गीता में भी योग को ही सर्वोच्च पथ कहा गया है

बाबा विशुद्धानंद का यह दृढ़ विश्वास था कि दिव्य शक्तियों की प्राप्ति केवल उच्च स्तर के योगाभ्यास एवं कठिन संयम से ही संभव हो सकती है। उन्होंने कविराज जी से कहा था, "कुंडलिनी के सुषुम्ना में प्रवेश करने और ऊर्ध्व गमन करने के लिये, पहले नाभि क्षेत्र में अवस्थित ब्रह्म ग्रंथि का उन्मोचन आवश्यक होता है तथा बाद में योगाभ्यास में और अधिक उन्नति करने के लिये पहले विष्णु ग्रंथि का एवं फिर रुद्र ग्रंथि का उन्मोचन भी आवश्यक होता है।"

बाबा ने बताया, "एक बार कुंडलिनी जब कुंडलिनी कुछ उठ जाती है तो सुषुम्ना के पथ में ऊर्जा प्रवाह की एक तरंग अपनी एक विशिष्ट ध्वनि के साथ उठती रहती है। साथ ही एक दूसरी लहर ऊपर से नीचे की दिशा में प्रवाहित होना प्रारंभ करती है। दो विपरीत दिशाओं से उत्पन्न होकर गतिमान इन दो प्रकार के विद्युत प्रवाहों का मिलन आज्ञा चक्र के क्षेत्र में बिंदुस्थान पर होता है और यह एक शीतल, तेजोमय एवं मुग्ध करने वाले प्रकाश के रूप में दिखाई देता है। इसका यह प्रकाश यदि बाहर पड़ता है तो यह वाह्याकाश में भी (चक्रों आदि के रूप में) दृष्टिगोचर होता है।"

नाभि धौती क्रिया के विषय में बात करते हुए, जिससे खेचरी सिद्धि की प्राप्ति होती है और जिसके माध्यम से योगी जन आकाश मार्ग से शून्य पथ में गमन कर सकते हैं, बाबा ने बताया, "इस शक्ति का संबंध वायू एवं आकाश तत्वों से है। जब कोई योग के पथ पर उन्नति करते हुए अग्रसर होता है तो

नियम यही है कि उसमें इस प्रकार की क्षमताओं का स्वत: ही विकास होता है। एक के पश्चात एक - योगी को चाहिये कि वह सभी तत्वों को जय करने का प्रयास करता रहे। तभी उसके अंदर चिदाकाश में उठने और अवस्थान करने की क्षमता उत्पन्न हो सकती है।"

डा. कविराज का यह स्वभाव ही बन गया था कि वे अपने गुरू से प्रश्न पूछने और अपने ज्ञान में वृद्धि करने का कोई भी अवसर जाने नहीं देते थे अत: विषय को और आगे बढाते हे उन्होंने पूछा, "नाभि धौती की क्रिया को सीखने में, जिसके द्वारा नाभि क्षेत्र को मलों से मुक्त किया जाता है, योगी का उद्देश्य होता है कुंडलिनी को मध्य पथ से प्रवाहित करना ताकि सहस्रार में इसका मिलन 'शिव' से हो सके। उस अवस्था में ज्ञान चक्षु खुल जाते हैं और दिव्य आनंद का प्रवाह होता है। अपने इस प्रधान उद्देश्य की प्राप्ति की दिशा में उद्युक्त योगी के लिये यह आवश्यक नहीं होना चाहिये कि वह साथ ही साथ आकाश में गमन करने की योग्यता भी अर्जित कर ले।"

बाबा और विस्तार से समझाते हुए कहते हैं, "पुत्र, नाभि केन्द्र एवं सहस्रार के मध्य एक घनिष्ट संबंध होता है। (योग क्रियाओं के परिणाम स्वरूप) सहस्रार में जिस तीव्र शक्ति का उदय एवं प्रकाश होता है उससे कोई भी ऐसा मनुष्य जिसने इस प्रकार की क्रियाओं के ज्ञान एवं दीर्घ अभ्यास के द्वारा अपनी अंत:संरचना को सुदृढ़ नहीं कर लिया हो वह सहज ही अभिभूत होकर क्षतिप्राप्त हो सकता है। जब एक योगी अपने शरीर को साथ लेकर आकाश में उठने और यात्रा करने में सफलता प्राप्त कर लेता है तो (उसकी) यह सफलता नाभि क्रिया में उसकी पटुता प्राप्ति की परिचायक होती है।"

आकाश से नीचे का दृश्य

जब कभी भी डा. कविराज अपने गुरू से मिलने जाते थे, वे ऐसे सुअवसर की प्रतीक्षा में रहते थे जब वे अपने किसी संदेह का निवारण कर सकें। कभी-कभी ऐसा भी होता था कि गुरू से उनके कई साक्षात्कारों में एक ही विषय पर चर्चा चलती रहती थी जब तक कि वह पूर्ण न हो जाये। योगी जनों के द्वारा व्योम-संचरण भी ऐसा ही एक विषय था।

पिछली चर्चा को आगे बढाते हुए बाबा विशुद्धानंद ने कहा, "जब योगी के शरीर के अवयव पूर्ण रूप से परिवर्तित हो जाते हैं और उसे एक नवीन शरीर

की प्राप्ति हो जाती है, तो योगी की काया आकाश के समान शुद्ध हो जाती है और वह इच्छा मात्र से इसका संकुचन (लघिमा) तथा विस्तार (गरिमा) कर सकता है तथापि आकाश में उठने के लिये यह भी आवश्यक होता है कि पृथ्वी से संबंधित सभी विचारों से संबंध विच्छेद करते हुए उन्हें पीछे छोड़ दिया जाये।

"ज्ञान का विकास वहीं तक होता है जहां तक मध्याकर्षण का प्रभाव रहता है (मध्याकर्षण में गुरुत्वाकर्षण सम्मिलित होता है तथापि यह गुरुत्वाकर्षण से अधिक मौलिक होता है), वहीं तक ज्ञान शक्ति का विकास होता है, उसके पश्चात और अधिक ऊपर उठ जाने पर ज्ञान एवं अन्य वृत्तियां निस्तब्ध हो जाती हैं। अपक्व देह को लेकर ऊर्ध्वगमन करना संभव नहीं है क्योंकि ऊपर उठते-उठते देह में अस्थि एवं मांस इत्यादि एकाकार होकर पिंड का रूप ग्रहण कर लेते हैं और समस्त शरीर कोमल होकर तरल–बल्कि वाष्प के समान - अवस्था को प्राप्त हो जाता है। आकाश-मंडल में ग्रह नक्षत्र, आदि तक सर्वत्र स्थूल शरीर को लेकर यातायात करना संभव होता है तथापि जिस स्थान पर जाने का प्रयोजन होता है वहां के परमाणुओं को आकर्षित करके (वहां के उपयुक्त) स्थूल देह के उपादानों की सृष्टि कर लेना आवश्यक होता है। जिस प्रकार एक मत्स्य जल में संतरण करती है, उसी प्रकार योगी की स्थूल देह भी विशाल वायुमंडल में संतरण करते हुए तीव्र वेग से अपने गंतव्य पर उपस्थित हो जाती है। शून्य पथ पर अग्रसर होने के लिये केवल अपने गंतव्य स्थान का एकाग्र मन से स्मरण करना होता है - वैसा करने पर नियमानुसार स्वाभाविक रूप से ही योगी कि देह एक सरल रेखा (सबसे छोटे पथ) का अवलंबन करते हुए स्वत: उस दिशा में अग्रसर होती रहती है, इसके लिये पथ की पहचान या किसी दिशा निर्णय की आवश्यकता नहीं होती।

"उड़कर जाते (ऊपर उठते) समय पृथ्वी से संबंधित किसी भी स्मृति का मन में उदय होने पर तत्क्षणात् मध्याकर्षण के क्रियाशील होने से तुरंत नीचे गिर जाने की सभावना होती है - अभ्यास के प्रारंभिक दिनों में इस प्रकार की बड़ी आशंका बनी रहती है। गुष्करा में एक बार मैं एक बादाम के वृक्ष पर गिर गया था और शरीर में कुछ चोटें भी आ गई थी। एक और बार मैं एक छत पर गिर गया था - तथापि ये प्रारंभ के समय की ही घटनायें थी। स्थूल देह को लेकर पृथ्वी पर एक स्थान से दूसरे स्थान पर जाने के लिये कुछ अधिक ऊपर उठकर यात्रा करना उचित होता है। ऐसा करने पर किसी प्रतिबंधक के द्वारा कोई बाधा उत्पन्न नहीं हो पाती। तथापि, शून्य मार्ग से यातायात करने

में कई प्रकार की बाधायें उपस्थित हो सकती हैं। मार्ग में ऊंचे पर्वत आदि होने पर (गंतव्य के) स्वाभाविक आकर्षण के फलस्वरूप सहज रूप से ही देह उनका लंघन करते हुए (अपने पथ पर) बढ़ जाती है। परंतु सूक्ष्म वायु-मंडल में जो गहरे आवर्त होते हैं, उनमें अटक जाने की आशंका सदैव बनी रहती है। इसके अतिरिक्त किसी-किसी स्थान पर (चुंबक के समान) प्राकृतिक आकर्षण इतना अधिक होता है कि उसके द्वारा खींचे जाने से पथभ्रष्ट होकर भ्रांति उत्पन्न होने का भी डर रहता है। इस प्रकार के सभी संकटों से उत्तीर्ण होने के लिये (इच्छा शक्ति के) तीव्र बल का प्रयोग करते हुए विशेष संयम से कार्य करना आवश्यक होता है।"

"कभी-कभी मेघ के समान वातावरण से स्वयं को आच्छादित करके चलना पड़ता है - उस अवस्था में योगी के गमन को कोई देख नहीं पाता किंतु इच्छा होने पर योगी लोगों के दृष्टिपथ में रहते हुए भी आकाश में गमन कर सकते हैं। यदि योगी रात्रि के अंधकार में पृथ्वी से यथेष्ट ऊंचाई पर और तीव्र गति से गमन कर रहे होते हैं तो पृथ्वी से देखने पर प्रतीत होता है जैसे कि कोई उज्ज्वल नक्षत्र सहसा आकाशमंडल को भेदते हुए निकल गया हो।"

देह सहित व्योम में विचरण करते समय देह की जो अवस्था होती है उसे चत्वर कहा जाता है। विशुद्धानंद जी ने कविराज जी को यह भी बताया था, "चत्वर के समय योगी के लिये शव-आसन में अवस्थित होना आवश्यक होता है। चत्वर अवस्था में स्थित योगी अपने स्थूल शरीर को छोड़कर यात्रा कर सकता है और उसके साथ भी। यदि वह अपने स्थूल शरीर को छोड़कर यात्रा पर जाना चाहता है तो उसे किसी बंद कमरे आदि किसी सुरक्षित स्थान पर छोड़ना चाहिये ताकि कोई अन्य उसे स्पर्श न कर सके, क्योंकि वैसा होने पर योगी के लिये उसे शरीर में पुन: प्रवेश करना संभव नहीं होगा। इसी प्रकार सशरीर यात्रा करते समय आंखों को बंद करके यात्रा करनी चाहिये, अन्यथा वायु अथवा तीव्र प्रकाश से उन्हें क्षति पहुंच सकती है।"

तिब्बत मे स्थित ज्ञानगंज आश्रम से समतल भूमि पर आने या वहां जाने के लिये प्रस्तुत अपने गुरू-भ्राताओं एवं गुरू-भगिनियों से मिलने के लिये विशुद्धानंद जी को कभी कभी जालंधर जाना पड़ता था जो उन दिनों संभवत: रेल मार्ग पर उस दिशा में अंतिम स्टेशन था। बाबा ने कविराज जी को बताया था कि (पश्चिम बंगाल में) बर्दवान से जालंधर तक की ९०० मील की दूरी वे प्राय: आधे घंटे में तय कर लेते थे (लगभग २,९०० किलोमीटर प्रति घंटा की

गति)। अपने लिये सुविधाजनक गति का चुनाव करने के लिये संभवत: प्रारंभ के दिनों में उन्होंने कुछ प्रयोग भी किये थे क्योंकि उन्होंने कविराज जी को यह भी बताया था कि अपनी तीव्रतम गति से यात्रा करते हुए उन्होंने यह दूरी केवल बारह मिनटों में तय कर ली थी।

आकाश में अवस्थान करते समय

कविराज जी बाबा से पुन: प्रश्न करते हैं, "आकाश गमन करते समय क्या योगी को वाह्य ज्ञान रहता है?" इसके उत्तर में बाबा कहते हैं, "उपयुक्त उपाय का अवलंबन करने पर वाह्य ज्ञान को कायम रखा जा सकता है, परंतु वाह्य ज्ञान के साथ तीव्र गति से यात्रा करना संभव नहीं होता और गिर जाने की आशंका बनी रहती है। मैं पहले यह बता चुका हूं कि देह सिद्धि कर लेने के पश्चात यदि (पार्थिव देह के लिये अनुपयुक्त) किसी स्थान पर जाना हो तो उसके पूर्व आवश्यक उपादानों का आकर्षण करके उस स्थान के उपयुक्त देह की सृष्टि करना आवश्यक होता है। परंतु यहां पृथ्वी पर जिस प्रकार देह का सन्निवेश होता है, तब वह ठीक उसी प्रकार नहीं रहता। अपने लक्ष्य से भिन्न अन्य कोई विचार या भाव उस में (उस देह में) उदित होने पर उसके विक्षिप्त होकर (पथ) भ्रष्ट होने की आशंका बनी रहती है। चित्त की एकाग्रता को सिद्ध किये बिना ऐसा करना संभव नहीं होता।

"चंद्रलोक, सूर्यलोक या अन्य कोई लोक, जहां जाने की इच्छा हो, उसके अनुरूप देह का गठन कर लेना आवश्यक होता है। जिस देह से चंद्रलोक जाते हैं, उसे लेकर सूर्य लोक जाना संभव नहीं होता। ऐसा प्रयास करने पर उस देह का ध्वंश अवश्यंभावी है। स्वर्ग की देह, नर्क की देह, लोक-लोकांतरों की देहें—सब अलग-अलग होती हैं। सर्वत्र परमाणुओं और उनके संस्थित होने की अवस्था में तारतम्य होता है। मुख्य बात है कि मध्याकर्षण के विपरीत शक्ति का विकास करने और मध्याकर्षण को अभिभूत किये बिना व्योमपथ पर विचरण कर सकने का विचार बहुत दूर की बात है। जीव के सभी निम्न स्तर से संबंधित भाव (स्वभाव) मध्याकर्षण के प्रभाव से प्रभावशाली बन जाते हैं। स्थूल वायुमंडल की सीमा तक, अर्थात जहां तक मध्याकर्षण की क्रिया वर्तमान रहती है, पार्थिव वासना एवं कामनाओं की छाया विद्यमान रहती है। मृत्यु के पश्चात भी जीव इन्हीं वासनाओं से जड़ित रहता है, इसी लिये मध्याकर्षण के आकर्षण के कारण निम्न भूमि की ओर आकृष्ट होकर अपने वासना के अनुरूप योनि में जन्म

ग्रहण करने के लिये बाध्य होता है"। (डा. गोपीनाथ कविराज के द्वारा बंगला भाषा में रचित "श्री श्री विशुद्धानन्द प्रसंग" से उद्धृत।)

हाथों में हाथ, साथ साथ

श्री विशुद्धानंद जी के मत में सशरीर व्योम संचरण करने के पूर्व, दीर्घ काल तक ब्रह्मचर्य का पालन करते हुए नाभि धौति और किरात कुंभक में प्रवीणता प्राप्त करना आवश्यक था। नाभि का अर्थ हम सभी जानते हैं, 'धौति' का अर्थ है एक धौत वस्त्र की सहायता से शरीर के आंतरिक संयंत्र की भली प्रकार सफाई करने का प्रयास करना।

इस उद्देश्य की प्राप्ति के लिये प्रयोग की जाने वाली एक और भी उच्चतर पद्धति का नाम किरात-धौति है, जिसका अभ्यास केवल नाभि धौति में प्रवीणता प्राप्त योगी ही कर सकते हैं। योग-विज्ञान में व्यवहारिक दृष्टि से ये उच्च श्रेणी की मल विपाक की दिशा में प्रयुक्त होने वाली धौतियां इस विज्ञान के व्यवहारिक विभाग (Practical Side of the Science of Yoga) में अंतिम अध्यायों में गणित होने के योग्य हैं। नाभि धौति का अभ्यास करने वाले योगी लगभग एक मीटर चौड़े और बीस मीटर लम्बे महीन वस्त्र का अपने मुख से नाभि के मध्य चालन करते हैं - पहले एक दिशा में और फिर दूसरी में। नाभि धौति के एक अभ्यास का अर्थ होता है एक निश्चित संख्या में बार बार इस वस्त्र को पहले अंतर की दिशा में और फिर वाह्य में चालन करने में कुशलता प्राप्त कर लेना। गुरू के निर्देशन में जैसे जैसे अभ्यास आगे बढ़ता है, दैनिक अभ्यास में धोति क्रिया की संख्या में वृद्धि की जाती है। यह एक अत्यंत कठिन अभ्यास है और दीर्घ समय तक अनुभव प्राप्त योगी भी प्राय: इसके प्रारंभित अभ्यास में ही असफल हो जाते हैं, इसमें प्रवीणता प्राप्त करना तो बहुत दूर की बात होती है।

इस तकनीक के प्रयोग में प्रवीणता प्राप्त योगी का शरीर योग विज्ञान की शब्दावली में 'शून्य का शरीर' प्राप्त होना कहा जाता है जिसका यथेच्छा संकोच एवं प्रसार किया जा सकता है। इसके प्रयोग के अनेक उदाहरण अगले अध्याय में हमारे पाठकों के दृष्टिपथ में आयेंगे। उन्नीसवीं शताब्दी से भारत में समकालीन सिद्धों की विस्तृत जीवनियां लिखने की एक परम्परा चल पड़ी है और ये जीवनियां इस प्रकार की घटनाओं से भरी हुई हैं। किरात धौति के अभ्यास में पारंगत योगी वाह्य वायु को अपने स्थूल शरीर में कुंभक के उपयुक्त विभिन्न स्थानों में से किसी एक में भर कर वहीं इसे स्तब्ध कर देते

हैं और वे जब तक चाहें इसे वहीं रोक कर अथवा धारण कर के रख सकते हैं। इस प्रकार के कुंभक को किरात कुंभक कहा जाता है, यह शून्य शरीर के चालन में विशेष सहायक एक और भी उच्चतर प्रकार की क्रिया है।

इस कुंभक के प्रयोग से जिस विशिष्ट बल की सृष्टि होती है उसकी सहायता से आकाश पथ से गमन करते समय भी योगी का समस्त वाह्य ज्ञान यथावत विद्यमान रहता है। उसकी चेतना में किसी अवकाश या चेतना भंग की अवस्था उत्पन्न नहीं होती। किरात कुंभक में दक्ष योगी व्योम संचरण के मध्य, और ऊपर की दिशा में उठते हुए भी, परस्पर एक दूसरे से बात भी कर सकते हैं। उदाहरण के रूप में यदि ज्ञान गंज के दो सिद्ध साथ यात्रा कर रहे हैं, तो वे आकाश मार्ग से भी एक दूसरे का हाथ पकड़े हुए और बातें करते हुए भी अपनी यात्रा पर अग्रसर हो सकते हैं। जैसे जैसे यह सहस्राब्दि आगे बढ़ती है, अगली कुछ शताब्दियों में, यह संभव प्रतीत होता है कि १०-१२ वर्षों का ब्रह्मचर्य निभाकर और योग में पूर्ण पारंगति प्राप्त २०-३० वर्षीय साधक-साधिकाओं में से भी कुछ योगी-योगिनियों का इधर-उधर आकाश मार्ग से अपने-अपने कार्यों पर आते-जाते एक दूसरे का सान्निध्य लाभ करते हुए दृष्टिपथ में आ जाना उतने आश्चर्य का विषय न रहे। रात्रि के समय UFO आदि का दिखाई पड़ना तब एक सामान्य घटना प्रतीत होगी।

योगियों में अधिराज श्री विशुद्धानन्द

सन् १८६९ ई. में १४ और १६ वर्ष की आयु के दो अल्पवयस्क बालक भोलानाथ और हरिपद पूर्वी बंगाल के ढाका जिले में रमना नदी के तट पर स्वामी नीमानंद परमहंस के समक्ष उपस्थित होकर उन्हें प्रणाम करते हैं। स्वामी जी की इस स्थान पर उपस्थिति की सूचना प्राप्त करने के पश्चात और अपनी अपनी माताओं की अनुमति एवं सांसारिक जीवन को त्याग कर सन्यास ग्रहण के लिये उनकी स्वीकृति प्राप्त करने के बाद ये दोनों बालक ढाका पहुंचे थे और यहां पहुंचकर इन्हें स्वामी जी को खोज लेने में भी सफलता मिल गई थी। स्वामी उसी दिन संध्या के समय ढाका से प्रस्थान करना चाहते थे और उन्होंने अपने साथ अपने आश्रम ले जाने के बालकों के आग्रह को भी स्वीकार कर लिया था।

डा. कविराज एवं रायबहादुर अक्षयकुमार दत्तगुप्त के जैसे ही नंदलाल गुप्त भी श्री विशुद्धानन्द जी के शिष्य थे और उनकी जीवन-कथा के लेखक भी। पहली

दोनों जीवन-कथायें बंगला भाषा में हैं जबकि नंदलाल जी लिखित जीवन-कथा हिंदी एवं अंग्रेजी में उपलब्ध है। नंदलाल जी लिखते हैं, "सांध्य बेला में जब निश्चित समय पर दोनों बालक उपस्थित हुए तब स्वामी नीमानंद ने दोनों की आंखों पर इस प्रकार पट्टी बांध दी कि उन्हें कुछ भी दिखाई न दे सके। दोनों को अपनी दोनों ओर अपने हाथों से पकड़े हुए स्वामी उन्हें जंगलों से भरे पहाड़ों और मैदानों के ऊपर से आकाश मार्ग से लेकर चल पड़े। दोनों को ऐसा प्रतीत होता रहा कि जैसे वे एक समतल सिल्क के गलीचे पर चल रहे हों। प्रात: सूर्योदय की बेला तक उनकी यात्रा का पहला चरण पूर्ण हो गया था। उनकी आंखो से पट्टियां खोल दी गई और उन्होंने देखा कि वे एक जनविहीन पहाड़ी स्थान पर उपस्थित थे और चारों ओर से अन्य पहाड़ियों से घिरे हुए उस पहाड़ के शिखर पर एक भव्य मंदिर विद्यमान था। ठीक उसी समय सूर्य पूर्व दिशा में उदय हो रहा था। पूछताछ करने पर उन बालकों को विदित हुआ कि वे विंध्याचल नगर के समीप विंध्यवासिनी देवी के मंदिर के सन्मुख उपस्थित थे और एक रात्रि में ही उन्होंने लगभग एक हजार किलोमीटर की यात्रा पूर्ण कर ली थी।"

उसी स्थान पर लगभग दस दिन बिताने और छोटी अवधि की तीन अन्य यात्रायें भी उसी प्रकार करने के पश्चात उनकी यात्रा का अंतिम चरण आरंभ हुआ और यह भी उसी प्रकार एक रात्रि पर्यंत चलने वाली और सिल्क के गलीचे पर चलने के समान यात्रा थी। अगले दिन प्रात: जब उनकी आंखों की पट्टियां खोली गई तो उन्हें विदित हुआ कि वे तिब्बत में ज्ञान गंज नाम के योगाश्रम में उपस्थित हो गये थे। वहां पहुंचने के पंद्रह दिनों में ही दोनों बालकों की योग शिक्षा प्रारंभ हो गई थी और अपनी तीक्ष्ण बुद्धि के कारण भोलानाथ को शीघ्र ही आश्रम के विज्ञान विभाग में भी शिक्षा ग्रहण करने की अनुमति प्राप्त हो गई थी एवं उसकी शिक्षा भी प्रारंभ हो गई थी। कठिन नियमों का पालन करते हुए और योग एवं विज्ञान के विभागों में विश्व में सर्वश्रेष्ठ शिक्षकों की देखरेख में रहकर कठोर परिश्रम करते हुए भोलानाथ, जिनकी उम्र नीमानंदजी से मिलने के समय चौदह वर्ष तीन महीने थी अगले पंद्रह वर्षों में उन सभी शक्तियों को प्राप्त कर चुके थे जिनके लिये बाद में वे स्वामी विशुद्धानंद परमहंस के नाम से अध्यात्म जगत में विख्यात थे।

आश्रम में उनका विकास एवं प्रगति अत्यंत तीव्र गति से अपने लक्ष्य की दिशा में अग्रसर था। वे योग एवं विज्ञान दोनों विभागों में इतनी शीघ्रता से प्रगति कर रहे थे कि उनकी उपलब्धियों से उनके शिक्षक भी विस्मित थे। अत:

यह उतने आश्चर्य का विषय नहीं था कि (बाद में) जब वे मात्र ४४ वर्ष के थे और नाभि धौति की शिक्षा के लिये उनका चयन हो गया था तो योगाश्रम में एक तनाव की स्थिति उत्पन्न हो गई थी क्योंकि अनेक साधकों को जो नब्बे एवं कुछ तो सौ वर्ष की उम्र को प्राप्त हो गये थे तब तक भी इस शिक्षा एवं अभ्यास के उपयुक्त नहीं समझा गया था। अत: इसे भी अधिक आश्चर्य का विषय नहीं समझा जाना चाहिये कि नन्दलाल गुप्त को उनकी जीवन कथा के रूप में प्रकाशित होने वाली अपनी पुस्तक का नाम "योगिराजाधिराज स्वामी विशुद्धानन्द परमहंस" रखना सर्वथा उचित एवं दुविधा-विहीन लगा होगा।

गंधी बाबा के नाम से ख्याति

भारत का इतिहास एक प्रकार से विश्व में अध्यात्म का इतिहास है और यहां अलौकिक क्षमता से युक्त सिद्धों और महापुरुषों का कभी भी अभाव नहीं रहा तथापि बाबा विशुद्धानंद ही एकमात्र ऐसे महापुरुष हुए हैं जो विभिन्न अवसरों पर न केवल सभी ज्ञात सिद्धियों का सहजता से उपयोग करते हुए लोगों के दृष्टिपथ मे आते रहते थे, बल्कि जो अनेक विशिष्ट श्रेणी के प्राचीन विज्ञानों के ज्ञाता भी थे और अपने शिष्यों एवं अन्य आगंतुकों के समक्ष उनका प्रदर्शन भी करते रहते थे। बाबा के अनुसार यह केवल विज्ञान का प्रदर्शन होता था, योग का नहीं, अत: ऐसे प्रदर्शन में कोई हर्ज नहीं था। बल्कि इसके माध्यम से उन्हें लोगों का ध्यान अध्यात्म की दिशा में आकर्षित करने में सहायता मिलती थी।

इस प्रकार के विशिष्ट श्रेणी के विज्ञानों की शिक्षा उन्हें अपने ज्ञानगंज आश्रम में प्रवास में, वहां के विज्ञान विभाग के गुरुओं के द्वारा प्राप्त हुई थी। अपने शिष्यों एवं अन्य आगंतुकों के समक्ष बाबा विशुद्धानंद जी इस प्रकार के एकाधित विज्ञानों का जीवंत प्रदर्शन करने के लिय प्रख्यात थे जिनका उपयोग प्राचीन काल में ऋषियों के द्वारा किया जाता था, परंतु जो समय के साथ लुप्त हो गये थे और वर्तमान में बहुत कम लोगों को उनके विषय में कुछ पता था। सूर्य विज्ञान, चन्द्र विज्ञान तथा वायु और गंध विज्ञानों के अतिरिक्त जिनका वे अक्सर उपयोग करते रहते थे, वे नक्षत्र विज्ञान, शब्द विज्ञान और क्षण विज्ञान आदि की चर्चा भी अपने शिष्यों के सन्मुख करते रहते थे। उनका कहना था कि ये सभी विज्ञान एवं उनका उपयोग केवल ज्ञान और दक्षता पर आधारित हैं और उनकी योग-सिद्धि से इनका कोई संबध नहीं था।

विशेषकर आगंतुकों के क्षेत्र में, संभवत: प्रदर्शन में सहजता की सुविधा के कारण ही वे गंध विज्ञान का प्रदर्शन ही अधिक किया करते थे। वे केवल अपने दाहिने हाथ की तर्जनी उंगली आगे बढाते थे और अंगुली के स्पर्श मात्र से ही वे किसी भी प्रकार की सुगंध को किसी रूमाल या अन्य वस्त्र में डाल देते थे या उससे युक्त कर देते थे। यदि किसी आगंतुक समूह में छह सदस्य हों और उनमें से प्रत्येक एक अलग सुगंध की मांग कर रहा हो, तो उस एक ही आगे बढाई हुई अंगुली के स्पर्श से वे उन सभी के रुमालों को उनकी इच्छित सुगंध से युक्त कर देते थे और उसकी सुवास कई दिनों तक उसी प्रकार विद्यमान बनी रहती थी। इसके अतिरिक्त बाबा के शरीर से सदैव एक ताजे कमल के पुष्प की गंध निकलती रहती थी। इन्हीं कारणों से उनके वाराणसी प्रवास काल में वहां बहुत से लोग उन्हें गंधी बाबा के नाम से ही पहचानते थे।

बाबा के जीवन का वह दौर जिसमें उनके शरीर से सदैव कमल-गंध निकलती रहती थी, लगभग बीस वर्षों तक चलता रहा। फिर वह बंद हो गई। उनका कहना था कि अब इसकी आवश्यकता नहीं रही। संभवत: इस काल में बाबा योग की किसी क्रिया विशेष में संलग्न थे तथापि बाबा के परिचय पत्र के रूप में उनके शिष्यों को इसका अनुभव होता रहता था, जब भी बाबा सूक्ष्म शरीर में उनमें से किसीके स्थान का भ्रमण करते थे। जब किसी शिष्य के परिवार का कोई सदस्य अधिक बीमार होता था और उनसे प्रार्थना की जाती थी, या किसी विशिष्ट उत्सव अथवा पूजा के अवसर पर अथवा किसी दुर्घटना से अपने शिष्य या उसके परिवार के किसी सदस्य की रक्षा करने के लिये, जब भी बाबा सूक्ष्म शरीर में उस स्थान पर उपस्थित होते थे तो उनकी उपस्थिति की सूचना इस पद्मगंध के माध्यम से उन्हें सदैव मिल जाया करती थी। बाबा के देह त्याग के पश्चात भी कठिन परिस्थितियों में उनके शिष्य यदि इस गंध का अनुभव करते थे तो वे समझ जाते थे कि बाबा सूक्ष्म शरीर में आये थे और आश्वस्त हो जाते थे और उनके संकट का समाधान भी तब अवश्य हो जाता था।

आवरण की बाध्यता

सूर्य की किरणों को एक लेंस के माध्यम से केन्द्रित करने मात्र से विशुद्धानंद जी अनेक प्रकार की वस्तुओं की सृष्टि कर सकते थे और एक वस्तु का दूसरी

वस्तु में परिवर्तन भी कर सकते थे। जब भी किसी शिष्य अथवा आगंतुक के द्वारा किसी चमत्कार के प्रदर्शन के लिय उनसे प्रार्थना की जाती थी तो वे प्राय: सूर्य विज्ञान का ही प्रदर्शन किया करते थे।

एक बार एक अमेरिकन भ्रमणकारी जिन्होंने बाबा के सूर्य विज्ञान के बारे में सुन रखा था, अपनी पत्नी के साथ बाबा के दर्शन के लिय उपस्थित हुए। उनकी यह इच्छा थी कि बाबा विशुद्धानंद उनके लिये इत्र की सृष्टि करके दिखायें और वे अपने साथ एक छोटी इत्र रखने के उपयुक्त शीशी भी लेकर आये थे ताकि वे इत्र को अपने साथ अपने घर ले जा सकें। बाबा ने उस शीशी को एक नीले रंग के कागज में लपेट कर ढंक दिया जो सहज उपलब्ध था और इसी प्रकार उपलब्ध एक तांबे के तार के टुकड़े से उसे भली प्रकार बांध भी दिया गया। उन्होंने अब उस शीशी को आगंतुक अमेरिकन की फैली हुई हथेली पर रख दिया और एक छोटे लेंस के द्वारा सूर्य की किरणों को अल्प समय के लिये उस पर केन्द्रित किया। इसके बाद उस दंपत्ति ने जैसे ही उसके आवरण को खोला तो एक प्रसन्नता मिश्रित आश्चर्य के साथ उन्होंने देखा कि वह शीशी अब एक अत्यंत उच्च कोटि के इत्र से पूर्ण हो गई थी।

उनके जाने के बाद जब बाबा की उपस्थिति में शिष्यों के मध्य इस घटना की चर्चा हो रही थी तो उनके शिष्य एवं बायोग्राफर अक्षयकुमार दत्तगुप्त ने अपना विचार व्यक्त किया कि संभवत: इत्र की शीशी को ढंकने की वास्तव में आवश्यकता नहीं थी। शिष्यों को बीच में टोकते हुए बाबा ने कहा, "यह आवश्यक था अन्यथा वह कांच की शीशी टूट कर कई टुकड़ों में बिखर जाती।" जब भी बाबा शून्य से किसी वस्तु की सृष्टि करते थे तो उपलब्धि के अनुसार वे सदैव रुई या किसी वस्त्र का उपयोग सृष्टि की प्रक्रिया को लोगों की सीधी दृष्टि से दूर रखने के लिये एक आवरण के रूप में करते थे। बाबा ने बताया, "सूर्य की किरणों से जो शक्ति सृष्टि का कार्य करने के लिये निकलती है वह इतनी शक्तिशाली होती है कि देखने वाले को अंधा बना सकती है और उससे विस्फोट भी हो सकता है।"

प्रकृति अपने आंतरिक एवं सूक्ष्म व्यवहारों को अनाधिकारी व्यक्तियों की दृष्टि से ओझल रखना चाहती है। प्रकृति के व्यवहारों एवं इसकी प्रतिक्रियाओं में एक आंतर चेतना सदैव अनुस्यूत रहती है - इसे जड़ एवं अंधी प्रकृति समझना आधुनिक विज्ञान की एक भूल धारणा है। सृजन अथवा प्रजनन की सामान्य प्रक्रिया के अनुरूप हम यह भी कह सकते हैं कि सभी वस्तुओं का सृजन करने

वाली यह प्रकृति स्वाभाविक रूप से कुछ शर्मीली भी होती है। प्रकृति स्वयं यह निर्धारित करती है कि किसी दृष्टा को यह क्या और कितना दिखाना चाहती है। जैसे एक अनाधिकारी की दृष्टि से विस्फोट हो सकता है उसी प्रकार यह किसी होने वाले कार्य को ही घटित होने से रोक भी सकती है (चाहें तो परिशिष्ट-१ भी देख लें)।

सूर्य से सम्बंधित एक प्राचीन विज्ञान

यूरोप के प्रसिद्ध शोधकर्ता पत्रकार एवं लेखक डा. पॉल ब्रंटन ने अपनी पुस्तक In Search of Secret India में बाबा विशुद्धानंद जी से अपनी मुलाकातों की विस्तार से चर्चा की है। डा. कविराज ने उनके और बाबा के मध्य वार्ता में अनुवादक की भूमिका स्वीकार कर ली थी क्योंकि बाबा हिंदी अथवा बंगाली में ज्यादा अच्छी प्रकार बात कर सकते थे। बाबा ने पहले ही स्पष्ट कर दिया था किं वे योग-शक्ति का कोई प्रदर्शन नहीं करेंगे, केवल सूर्य विज्ञान का ही उपयोग एवं प्रदर्शन करेंगे।

ब्रंटन जब कविराज जी के साथ निश्चित समय पर पहुंचे तो वहां बाबा के छह अन्य शिष्य भी पहले से उपस्थित थे। बाबा उनकी प्रतीक्षा ही कर रहे थे और उनके आते ही उन्होंने सीधे उद्देश्य पर आना उचित समझा। उन्होंने पूछा, "तो आप चाहते हैं कि मैं आपको कुछ चमत्कार दिखाऊं"?

"जी महोदय", ब्रंटन ने कहा, "यह आपकी कृपा होगी और मुझे प्रसन्नता होगी।"

"तो यदि आपके पास हो तो आप मुझे अपना रूमाल दीजिये और यदि यह सिल्क से बना हो तो अधिक उत्तम होगा", बाबा बोले, और कविराज जी ने उनकी बात का अनुवाद कर दिया। "जो कोई भी सुगंध (fragrance) आप कहेंगे, उसी सुगंध की सृष्टि केवल सूर्य की किरणों और एक लेंस के माध्यम से कर दी जायेगी।"

डा. ब्रंटन के पास जो रूमाल था वह सिल्क से ही बना था जो उन्होंने विशुद्धानंद जी को सौंप दिया। बाबा ने एक छोटा लेंस निकाला और उपस्थित सज्जनों की ओर देखते हुए कहा, "मैं सूर्य की किरणों को केन्द्रित (focus) करना चाहता हूं, परंतु सूर्य की स्थिति और कमरे में पड़ने वाली छायाओं के कारण यह कार्य भली भांति नहीं किया जा सकेगा। यदि आपमें से कोई एक

दर्पण की सहायता से दालान से सूर्य की करणों को कमरे में परावर्तित कर सके तो इस समस्या का निदान हो जायेगा।"

जब बाबा की संतुष्टि के अनुरूप व्यवस्था कर दी गई, तो बाबा ने घोषणा की, "अब मैं वायु से तुम्हारे लिये एक सुगंध की सृष्टि करूंगा। बताओ तुम कौनसी सुगंध की सृष्टि करवाना चाहते हो?"

"क्या आप जेस्मिन की सृष्टि कर सकते हैं?" ब्रंटन ने अपना प्रस्ताव दिया।

विशुद्धानंद जी ने रूमाल को अपने बायें हाथ में लेकर इसपर लेंस को केन्द्रित किया। कुछ सेकेंडों के लिये प्रकाश की एक चमकती हुई किरण उसपर थिरकती रही और बाबा ने लेंस को रख दिया और रूमाल को ब्रंटन की ओर बढ़ा दिया। ब्रंटन इसे अपनी नाक के निकट ले गये और अपनी इच्छा के अनुरूप श्वेत जेस्मिन की सुगंध मिलने पर उन्होंने अपनी प्रसन्नता व्यक्त की। उन्होंने रूमाल का भली भांति निरीक्षण किया। इसमें किसी प्रकार की कोई नमी नहीं थी और न ही ऐसा प्रतीत होता था कि इसपर कुछ छिडक दिया गया हो। वे आश्चार्यान्वित हो गये तथापि उनके संशय का अभी निवारण नहीं हुआ था और चूंकि वे अपनी आंखों को आधी बंद करके एक अनिश्चय जैसी स्थिति में बाबा की ओर देखते जा रहे थे, तो बाबा ने स्वयं प्रदर्शन को दोहराने का प्रस्ताव दिया।

डा. ब्रंटन ने इस बार गुलाब के इत्र की फर्माइश की और जब बाबा अपना प्रयोग दोहरा रहे थे तो वे बड़े ध्यान से बाबा का निरीक्षण कर रहे थे। उनके हाथों और पैरों का हिलना डुलना और उनके आस पास उपस्थित प्रत्येक वस्तु - कुछ भी उनकी दृष्टि के क्षेत्र से बाहर नहीं था पर कहीं किसी भी संदेह के लिये कोई स्थान नहीं था। बाबा ने उसी प्रक्रिया को फिर से दोहराया और इस बार उस रूमाल के एक दूसरे कोने से गुलाब की महक निकल कर फैल रही थी। तीसरी बार ब्रंटन ने बैंजनी फूलों का नाम सुझाया और इस बार भी किसी भूल की जरा भी गुंजाइश नहीं थी।

बाबा ने इस सफलता पर किसी गर्व का प्रदर्शन नहीं किया। उनके लिये ये सामान्य घटना थी जो एक क्रीड़ा मात्र थी और उनके चेहरे पर कोई भी भाव नहीं था। तभी उन्होंने स्वयं अपनी इच्छा से घोषित किया, "अब मैं एक ऐसे पुष्प की गंध की सृष्टि करूंगा जो केवल तिब्बत में पाया जाता है।" उन्होंने सूर्य की करणों को इस बार रूमाल के बचे हुए कोने पर केन्द्रित किया और इसमें से जो सुगंध प्रस्फुटित होकर फैल रही थी वह ब्रंटन के लिये सर्वथा अनजान थी।

अत्यधिक और वास्तविक आश्चर्य से भरपूर ब्रंटन ने रूमाल को अपनी जेब में रख लिया। उन्हें यह सब अत्यंत रहस्यपूर्ण और चमत्कारिक प्रतीत हो रहा था। विशुद्धानंद जी के लिये इतने प्रकार की सुगंधियों को अपने चोंगे में छिपाकर रखना किसी प्रकार संभव नहीं था और फिर उन्हें क्या पता था कि ब्रंटन कौन सी सुगंध की मांग करने वाले थे। इसके अतिरिक्त उन्होंने एक बार भी अपने किसी हाथ को अपने चोंगे में नहीं डाला था। डा. ब्रंटन ने बाबा की अनुमति से उनके लेंस का भी परिक्षण किया। यह किसी भी अन्य लेंस के जैसे एक साधारण लेंस ही था जिसमें धातु के तारों के मध्य इसके कांच को अटका दिया गया था और इसकी मूठ भी उसी तार से बनी हुई थी। कहीं किसी संदेह की गुंजाइश नहीं थी। इसके अतिरिक्त सात आठ अन्य सभ्रांत और शिक्षित लोग भी वहां पूरे समय तक उपस्थित रहते हुए बाबा के समस्त कार्य-कलाप को भली भांति देख रहे थे।

हिप्नोटिज्म आदि को भी खारिज करने के लिये ब्रंटन ने अपने वास स्थल पर लौटने के पश्चात अपने रूमाल को तीन अलग-अलग व्यक्तियों को दिखाया था और उनमें से प्रत्येक ने अनेक सुगंधियों की उपस्थिति स्वीकार की थी। ब्रंटन के रूमाल में ये गंधें कई दिनों तक विद्यमान रहीं।

एक मृत चिड़िया का जीवित हो जाना

अपनी पुस्तक में डा. ब्रंटन को उद्धरित करते हुए नन्दलाल गुप्ता लिखते हैं, “अगला प्रश्न जो मेरे मस्तिष्क में उदित हुआ, वह था, ‘क्या ये योगी गुरू किसी मृत प्राणी को जीवन दान भी कर सकते हैं’?” परंतु ब्रंटन से कहा गया कि सूर्य विज्ञान के अगले प्रदर्शन के लिये वे दूसरे दिन दोपहर के समय आयें जब सूर्य की किरणें अधिक बलशाली होती हैं (संभव है कि बाबा ने ब्रंटन के दिमाग में उठने वाले प्रश्न को भांप कर ही ऐसा कहा हो)।

अगले दिन आश्रम में प्रवेश करने पर ब्रंटन को बताया गया कि इस बार बाबा सूर्य विज्ञान के प्रयोग से एक मृत चिड़िया को पुनर्जीवित करने का प्रदर्शन करने वाले थे। एक छोटी गौरैया को पकड़ कर उसकी गर्दन को उमेठकर कर उसका गला घोंट दिया गया। उसके बाद एक घंटे तक वह चिड़िया सभी लोगों के सन्मुख उसी प्रकार मृतावस्था में पड़ी रही ताकि किसी को भी उसकी मृत्यु में कोई संदेह न रहे। गौरैया की आंखें स्थिर थीं और उसका शरीर भी काष्ट के समान स्पंदनविहीन था।

बाबा ने तब अपना एक लेंस निकाला और उसके माध्यम से सूर्य की किरणों को उस मृत चिड़िया की आंखों पर केन्द्रित किया। कुछ मिनटों के बाद बाबा मंद स्वर में एक मंत्र का भी उच्चारण करने लगे। अल्प समय में चिड़िया के शरीर में कंपन होने लगा और झुरझुरी होने लगी। ब्रंटन के अनुसार उसे देखते समय उनको उस कुत्ते का स्मरण हो आया एक बार जिसे उन्होंने मरते समय इसी प्रकार तड़पते हुए देखा था। धीरे धीरे चिड़िया के पंखों में फड़फड़ाहट होने लगी और कुछ ही मिनटों में गौरैया अपने पैरों पर खड़ी हो गई। फिर उसने इधर उधर फुदकना आरंभ कर दिया। शीघ्र उसमें इतनी शक्ति उत्पन्न हो गई थी कि वह इधर उधर उड़ने लगी थी - उस बड़े कमरे में कभी यहां और कभी उड़कर वहां बैठते हुए।

इसी प्रकार लगभग आधे घंटे का समय व्यतीत हो गया जिसमें ब्रंटन अपने विचारों को एकत्र करते हुए वहां बैठकर उस छोटी सी गौरैया को इधर उधर उड़कर बैठते हुए देखते रहे। अचानक वह चिड़िया धप से जमीन पर गिर पड़ी और गतिहीन होकर वहीं पड़ी रही। वह फिर से मर गई थी। ब्रंटन और वहां उपस्थित अन्य लोगों ने उसका निरीक्षण किया - उसकी सांस रूक चुकी थी और इसमें कोई संदेह नहीं था कि वह मर गई थी। ब्रंटन ने तब बाबा से पूछा, "क्या आप इसके जीवन को और अधिक लंबा कर सकते थे।" विशुद्धानंद जी ने उत्तर दिया, "अभी मैं इसके आगे जाने में समर्थ नहीं हूं।"

तिब्बत आश्रम का एक विज्ञान

ब्रंटन स्वयं लिखते हैं, "मैं शब्दों की सीमा से बाहर जाकर आश्वस्त हो चुका था। इन महात्मा के विषय में प्रचलित अन्य कथायें मेरे विश्वास को और दृढ़ बना रहीं थी। मुझे ज्ञात हुआ के वे शून्य से ताजा अंगूरों की सृष्टि कर सकते थे, हवा से मिठाइयां उत्पन्न कर सकते थे और एक मुर्झाये हुए फूल को फिर से जीवन एवं ताजगी प्रदान कर सकते थे और मैंने बाबा से सीधा प्रश्न किया, 'आप इन चमत्कारिक घटनाओं को किस प्रकार संपादित कर लेते हैं'?"

बाबा का उत्तर था, "आपने जो कुछ भी देखा है, उसमें योग का कोई प्रयोग नहीं किया गया है - ये सब केवल मेरे सूर्य विज्ञान के ज्ञान पर आधारित घटनायें हैं। योग का सार है योगी में मानसिक एकाग्रता की क्षमता

का होना और अपनी इच्छा शक्ति का विकास, जबकि सूर्य विज्ञान का अभ्यास एवं उपयोग करने में इनकी कोई भूमिका नहीं होती। यह विज्ञान प्रकृति में विद्यमान रहस्यों का ही एक संकलन है और इनका उपयोग करने के लिये किसी योगाभ्यास की आवश्यकता नहीं होती। पाश्चात्य के भौतिक विज्ञान के समान ही यह भी एक विज्ञान है जिसका अध्ययन किया जा सकता है।"

डा. ब्रंटन लिखते हैं, "अपनी ओर से डा. कविराज ने एक इंगित देने का प्रयास करते हुए कहा कि यह विज्ञान अन्य प्रकार के विज्ञानों की तुलना में विद्युत एवं चुम्बकत्व के अधिक निकट था।" इन बातों को समझने में ब्रंटन की असमर्थता उनके चेहरे पर स्पष्ट परिलक्षित हो रही थी। अत: अधिक स्पष्टीकरण करते हुए, विशुद्धानंदजी बोले, "तिब्बत का यह सूर्य-विज्ञान कोई नयी उपलब्धि नहीं है। प्राचीन काल में अनेक योगी इसे अच्छी तरह जानते थे। परंतु वर्तमान समय में भारत में भी बहुत कम लोग इसके विषय में जानते हैं और एक प्रकार से इसका ज्ञान लुप्त हो चुका है। सूर्य से निकलने वाले विकिरण में कतिपय सृजनात्मक शक्तियां भी विद्यमान रहती हैं। यदि किसी को इन प्राणदायिनी शक्तियों को विकिरण में उपस्थित अन्य शक्तियों से अलग करने तथा उन्हें एक विशिष्ट दिशा में प्रवाहित करने की विधि का समुचित ज्ञान हो तो वह व्यक्ति न केवल इस प्रकार की, बल्कि अनेकों अन्य चमत्कारिक घटनाओं की भी सृष्टि कर सकता है।"

रसायन विज्ञान

ज्येष्ठ शुक्ला १, संवत १९९८, ता. २७ मई १९४१ ई. को बिरला हाउस, नई दिल्ली में श्री पं. कृष्ण पाल शर्मा ने हमलोगों के सामने एक तोला पारे से लगभग एक तोला सोना बनाया था। पारा एक रीठे के अन्दर डलवाया गया। उसमें एक जड़ी बूटी का सफेद चूर्ण और दूसरा पीला चूर्ण जो शायद ही वजन में एक या डेढ़ रत्ती होगा, पारे में डाले गये। फिर वह रीठा गीली मिट्टी से बंद कर दिया गया और रीठे को मिट्टी के दियों के सम्पुट में बंद करके आग पर रखवा दिया। लगभग पौन घंटे तक पंखों से आग को धौंक कर तेज कराया गया। जब कोयले जल कर राख होने लगे, तब उसमें पानी में छुडवाया। दिये के संपुट के अन्दर से सोना बनकर निकल आया। तोलने पर कोई एक या दो रत्ती कम एक तोला उतरा। बिल्कुल खरा था। इस क्रिया के अंदर क्या रहस्य

था, वह दोनों चूर्ण क्या थे, यह हमें मालुम नहीं हो सका। पं. कृष्णपाल यह सारी क्रिया के कराते समय हमसे १०-१५ फुट की दूरी पर खडे रहे। उस समय श्री अमृतलाल वि. ठक्कर (प्रधान मंत्री अ. भा. हरिजन सेवक संघ), श्री स्वामी गणेशदत्त जी लाहौर, बिरला मिल, दिल्ली के सेक्रेटरी श्री सीतारामजी खेमका, चीफ इंजीनियर श्री विल्सन और श्री वियोगी हरि उपस्थित थे। हम सबको यह क्रिया देखकर आश्चर्य हुआ। श्री जुगल किशोर बिरला ने यह क्रिया कृपा कर हमलोगों को दिखलाई। मार्गशीर्ष कृ. ५, सं. २०००, दिल्ली। Sd. Amritlal V. Thakkar, Sitaram Khemka, Viyogi Hari.

स्व. पं. कृष्णपाल शर्मा रसवैद्य शास्त्री को यह विद्या एक साधु ने बताई थी किंतु उनकी दृष्टि में सुपात्र व्यक्ति न मिलने के कारण उन्होंने यह विद्या किसी को नहीं बताई।

(दिल्ली में मादिर मार्ग पर स्थित बिरला मंदिर के संग्रहालय में पत्थर पर उकेरी हुई यह प्लेट तथा अगली प्लेट लगभग १५ वर्ष पूर्व लेखक ने देखी थी। अब भी अवश्य वहां लगी होगी, जिसे सभी दर्शक देख सकते हैं।)

महायोगी रसायनाचार्य तथा रसवैद्य सिद्ध नागार्जुन, जिन्होंने प्राचीन आर्य रसायन शास्त्र के अनेक गुप्त रहस्यों को प्रकट करते हुए कहा था कि पारद के द्वारा स्वर्ण बनाने की रसायन विद्या जानने पर कोई भी मनुष्य दरिद्र नहीं रह सकेगा। *(लेखक: यह ज्ञातव्य है कि पारे के नाभिक से केवल एक प्रोटोन निकाल देने से ही यह सोने के आइसोटोप में बदल जायेगा, अगर दो न्यूट्रोन भी निकाल दिये जायें तो यह सामान्य सोने में बदल जायेगा।)*

यद्यपि रसायन विद्या का वह रहस्य इस वर्तमान समय में लुप्तप्राय हो गया है कन्तु इस समय भी उक्त विद्या के जानने वाले भारत में कोई कोई हैं। एक उदाहरण नीचे दिया जाता है।

विक्रम संवत १९९९ चैत्र मास में, ऋषिकेश में पंजाब निवासी श्री कृष्णपाल शर्मा रसवैद्य शास्त्री ने पारद से सुवर्ण बनाने की इस क्रिया को प्रत्यक्ष कर दिखा दिया। दर्शकों में उस समय महात्मा गांधी के मंत्री श्री महादेव देसाई, श्री गोस्वामी गणेश दत्त तथा श्री जुगल किशोर बिरला थे जिनकी उपस्थित में २०० तोला (ढ़ाई सेर) पारद में १ तोला अन्य औषधि (चूर्ण) मिलाकर अग्नि में रखने से आधे घंटे में सम्पूर्ण पारद स्वर्ण बनकर जम गया। इस प्रकार कुल बनाया गया १८ सेर सोना जो अनुमान से ७५ हजार रु. के मूल्य का था दान करने के लिये उनलोगों के हाथ में उसी समय दे दिया गया।

भौतिकी के एक विद्वान और सूर्य विज्ञान

राय बहादुर अभय चरण सान्याल कुछ समय पूर्व ही वाराणसी के क्वीन्स कालेज के भौतिकी विभाग के अध्यक्ष के पद से सेवानिवृत्त हुए थे और विशुद्धानंद जी का सूर्य की किरणों के द्वारा एक वस्तु को अन्य वस्तु में बदलने का प्रयोग अपनी आंखों से देखने की उनकी एक विशेष इच्छा थी। डा. कविराज के माध्यम से पहुंचाये गये उनके अनुरोध को बाबा ने स्वीकार कर लिया था। निश्चित समय पर अभय सान्याल दो अन्य व्यक्तियों के साथ बाबा के स्थान पर उपस्थित हुए। बाबा अपने आसन पर बैठे हुए उनकी प्रतीक्षा कर रहे थे और कविराज जी भी उपस्थित थे।

जैसे ही प्रकरण आरंभ हुआ, अभय सान्याल ने दृढ और स्पष्ट शब्दों में अपना उद्देश्य व्यक्त करते हुए कहा, "विशुद्धानंद जी की बातें जो मुझे बताई गई हैं, वे विज्ञान के नियमों के विरुद्ध हैं और मुझे स्वीकार्य नहीं हैं। अपनी संतुष्टि के लिये मैं स्वयं इनकी जांच करना चाहता हूं और मेरा प्रस्ताव है कि अपनी पसंद की किसी वस्तु की सृष्टि करने के स्थान पर श्री विशुद्धानन्द जी अपने प्रदर्शन में मेरे द्वारा सुझाई गई एक वस्तु की सृष्टि करके दिखायें। यदि यह स्वीकार्य हो तो मैं वस्तु का नाम बताऊं।"

यह कहने के बाद भौतिकी के उन प्राध्यापक ने अपनी बात और आगे बढ़ाई, "इसके अतिरिक्त प्रदर्शन के पूर्व विशुद्धानंदजी अपने हाथों को भली भांति धो लेंगे तथा प्रदर्शन के वक्त उनके आस-पास अन्य कोई वस्तु नहीं होनी चाहिये।"

इन कठोर प्रतीत होने वाले नियमों को सुनकर बाबा हंस पड़े और सभी शर्तों को सहर्ष स्वीकार करते हुए उन्होंने कहा, "पुत्र, तुम्हारी शंकाओं को मिटाने के लिये जैसा तुम कहते हो वैसा ही किया जायेगा।" और जब सभी कुछ प्राध्यापक महोदय की इच्छा के अनुरूप व्यवस्थित हो गया तो उन्होंने उनसे पूछा, "अब बताओ तुम मुझसे किस वस्तु की सृष्टि करवाना चाहते हो"?

अभय सान्याल थोड़ी देर तक सोचते रहे। कविराज जी लिखते हैं, लगता था कि वे किसी ऐसी वस्तु का नाम बताना चाहते थे जो असाधारण हो और किसी निश्चय पर नहीं पहुंच पा रहे थे। अंत में एक निर्णय पर पहुंचते हुए अभय ने कहा, "आप सूर्य की किरणों का उपयोग करते हुए एक लाल ईंट के रंग वाले ठोस ग्रेनाइट पत्थर की सृष्टि करके दिखायें। क्या ऐसा किया जा सकता है"?

श्री विशुद्धानंदजी ने उत्तर दिया, "अवश्य इसकी सृष्टि संभव है। ऐसी जिस किसी वस्तु का नाम भी तुम सुझा सकते हो जो पहले से ही सूर्य के द्वारा प्रकाशित होकर इस विश्व में विद्यमान है, उसकी सृष्टि संभव है। विश्व के समस्त पदार्थ इस प्रकाश के विकिरण के संयोजन से ही बने हुए हैं। एक ऐसा योगी जो प्रकाश किरणों के विज्ञान को जानता हो, जो सृजन की शक्ति से युक्त इन किरणों को अलग-अलग पहचान सकता हो और जो इनके जोड़ने-घटाने के नियमों को भी समझता हो, उसके लिये इस विश्व में ऐसी कोई वस्तु नहीं है जिसकी सृष्टि न की जा सके"।

अभय के एक दूसरे प्रश्न के उत्तर में बाबा ने कहा, "तुम स्वयं देखोगे कि इस विज्ञान की सहायता से मैं जो भी सृष्टि करूंगा वह कोई काल्पनिक सृष्टि नहीं होगी बल्कि विश्व की अन्य वस्तुओं के सदृश उसका भी उसी प्रकार उपयोग किया जा सकेगा।"

रुई से लाल ग्रेनाइट की सृष्टि

बाबा ने तब निर्देश दिया, "मुझे कुछ रुई की आवश्यकता होगी जिसपर मैं सूर्य की किरणों को केन्द्रित कर सकूं। किसी अन्य पदार्थ का भी उपयोग किया जा सकता है, पर प्रायः रुई का प्रयोग अधिक सुविधाजनक होता है। यह किरणों को शीघ्रता से सोख लेती है। धीरे-धीरे प्रकाश किरणों में उपस्थित रहने वाली सृजनात्मक ऊर्जा के आकर्षण के कारण इसके विघटन की शुरुआत होगी और उपयोग में आने से इसका क्षय होना प्रारंभ होगा। किसी शक्ति का आकर्षण करने के लिये एक आधार की जरूरत पड़ती है। आधार आवश्यक होता है।"

जब बाबा की इच्छानुसार रुई की व्यवस्था हो गई तो प्राध्यापक महोदय ने अपने हाथ में लेकर उसका भली भांति निरीक्षण कर लेने के पश्चात उसे बाबा को सौंप दिया। विशुद्धानंद जी अपने पास अलग अलग क्षमता वाले कई लेंस रखा करते थे। इस बार उन्होंने एक छोटे लेंस का चुनाव किया। अभय ने तुरंत कहा, "यह तो एक आकार में वृद्धि करने वाला कांच प्रतीत होता है"। बाबा ने उत्तर दिया, "हां, यह दिखने में उसी प्रकार का है, परंतु यह कांच नहीं क्रिस्टल है। इसका निर्माण एक विशेष पद्धति से ज्ञानगंज आश्रम में किया गया है। ज्ञानगंज आश्रम के विज्ञान विभाग में प्रत्येक शिक्षार्थी को इस प्रकार का एक लेंस उपहार में दिया जाता है। यह 'तकनीक' के सीखनें में उनकी सहायता

करता है। क्षमता में भिन्नता के अनुरूप ऐसे अनेक प्रकार के लेंस होते हैं और उन सभी के आकार भी एक जैसे नहीं होते। तुम्हारी पाश्चात्य परंपरा में तुम्हें इस प्रकार का लेंस दिखाई नहीं पड़ेगा"।

अपने हाथों में लेंस को लेकर उसका परीक्षण करते समय अभय मंत्रमुग्ध के समान लग रहे थे। उन्होंने कहा, "एक कलाकृति के रूप में यह अतीव सुंदर है। इसकी मूठ इतनी दक्षता से निर्मित की गई है कि प्रतीत होता है जैसे किसी अत्यंत कुशल शिल्पकार के द्वारा अपने हाथों से इसकी रचना की गई हो।"

विशुद्धानंद जी ने लेंस को अपने दाहिने हाथ में लेकर अपने दूसरे हाथ में रुई के गुच्छक लेकर उस पर प्रकाश के रंग की विभिन्न छटाओं को संयोजित करना प्रारंभ कर दिया। रूई पर परावर्तित होने वाली प्रत्येक प्रकाश रश्मि का एक अलग रंग था। जैसे जैसे बाबा एक किरण को रूई पर केन्द्रित कर रहे थे वे उसके रंग की घोषणा भी साथ साथ करते जा रहे थे। तथापि यह इतनी शीघ्रता से हो रहा था कि रंगों के क्रम को याद रख पाना वहां उपस्थित किसी भी व्यक्ति के लिये असंभव के समान था। तभी बाबा बोले, "देखो! कैसे रुई जमती जा रही है। इसके पकने की प्रक्रिया ने अब पूरा जोर पकड़ लिया है।"

सभी उपस्थित व्यक्ति देख रहे थे कि रूई का गुच्छक कुछ लंबा जैसा हो गया था और प्रतीत हो रहा था जैसे गर्म तेल से भरी कढाई में उसे पकाया जा रहा (sizzling) हो। उन्हें यह भी स्पष्ट प्रतीति हो रही थी जैसे उसका आकार जम गया हो और उन्हें उस जमे हुए आकार से एक लाल रंग की आभा भी निकलती हुई दिखाई पड़ रही थी। बाबा ने कुछ समय के लिये अपने उद्यम को रोक दिया ताकि लोग देख सकें कि रुई के गुच्छक का कुछ भाग एक लकड़ी के समान जम गया था जबकि उसका एक भाग अब भी रुई जैसा ही दिखाई पड़ रहा था।

इसके पश्चात और लगभग आठ-दस सेकेंड़ों के बाद ही पूरी रुई एक लंबाई लिये हुए लकड़ी जैसे टुकड़े में परिवर्तित हो चुकी थी। इसमें अब रुई का नामो-निशान भी शेष नहीं रहा था तथा लकड़ी के टुकड़े में एक लाल रंग का आभास भी स्पष्ट दृष्टिगोचर हो रहा था। जब बाबा ने लकड़ी का वह टुकड़ा निरीक्षण के लिये भौतिकी के प्रोफेसर की ओर बढाया तो उनका भौंचक्कापन उनके मुख और आंखों से प्रकट हो रहा था। लकड़ी के टुकड़े को प्रोफेसर को सौंपते समय

विशुद्धानंदजी ने कहा, "इस कार्य का पहला भाग अब पूर्ण हो गया है। प्रयोग के अगले चरण में यह पत्थर में परिवर्तित हो जायेगा।"

अभय ने बड़े ध्यान से उस टुकड़े का निरीक्षण किया और कहा, यह लकड़ी जैसी कोई वस्तु प्रतीत हो रही है"। विशुद्धानंदजी ने उस टुकड़े को फिर से हाथ में लेकर अपने शुद्ध प्राकृतिक क्रिस्टल से बने हुए लेंस से पुन: उस पर कार्य प्रारंभ कर दिया। बाबा का कार्य इस बार पंद्रह सेकेंड़ तक चला और अब वह लकड़ी जैसी वस्तु एक कठोर पत्थर में परिवर्तित हो गई थी। प्रारंभ से अंत तक समस्त प्रक्रिया में लगभग दो मिनटों का ही समय लगा था और चमकते हुए ग्रेनाइट का एक पत्थर अब बाबा के हाथों में था। इसका लाल रंग भारत में पारंपरिक रूप से उपयोग की जाने वाली ईंट के समान आकर्षक था। बाबा बोले, "इसे भली प्रकार से देख लो कि क्या यह ठीक वैसा ही है जैसा तुम्हारे जेहन में था"।

आश्चर्य से पराभूत प्रोफेसर के पास कहने के लिये अधिक कुछ नहीं था। रुक-रुक कर हकलाते हुए से वे बोले, "यह मेरे लिये एक अत्यंत आश्चर्य का विषय है"। कुछ ठहरकर उन्होंने पूछा, "क्या मैं इसे अपने साथ ले जा सकता हूं? मैं इसे अपने मित्रों को दिखाना चाहता हूं। क्या वे इसे देख पायेंगे"?

बाबा ने उन्हें आश्वासन देते हुए कहा, "तुम इसे बिना किसी हिचक के ले जा सकते हो। तुम्हारे सभी मित्र अवश्य ही इसे भली भांति देख सकेंगे।"

योग से नही केवल विज्ञान से सृष्ट

विशुद्धानंद जी के द्वारा सूर्य विज्ञान के प्रदर्शन को देखने की अपने मित्र की अभिलाषा की पूर्ति के पश्चात कविराज जी ने उनसे पूछा, "क्या आप अब भी बाबा के सूर्य विज्ञान को नकार सकते हैं जब आपने स्वयं अपनी आंखों से इसे देख लिया है"?

अभय सान्याल बोले, "यह सत्य है कि मैंने स्वयं अपनी आखों से इसे देखा है और यह भी सत्य है कि यह पत्थर ही है एवं ग्रेनाइट ही है। परंतु मैं यह समझ पाने में सक्षम नहीं हूं कि सूर्य की रश्मियों से ऐसा किस प्रकार संभव हो सकता है। मेरी विज्ञान की समझ के अनुसार सूर्य की किरणों से ऐसा कर पाना संभव नहीं हो सकता। संभव है कि बाबा ने अपनी योग शक्ति के प्रयोग से यह सृष्टि की हो। मैं अब भी इसे विज्ञान की सृष्टि मानने के लिये प्रस्तुत नहीं हूं।"

उनकी बातचीत में बाधा देते हुए विशुद्धानंद जी ने कहा, "क्या तुम्हें योग के विषय में अथवा इसकी शक्ति के विषय में कोई ज्ञान है? यदि किसी को

योग का ज्ञान नहीं हो और सूर्य विज्ञान की समझ भी नहीं हो, तो उसके लिये प्रदर्शन के प्रस्तुतकर्ता के द्वारा दिये गये स्पष्टीकरण को स्वीकार करना ही उचित एवं श्रेयस्कर है।" प्रोफेसर सर झुकाकर अपनी मौन स्वीकृति देते हुए और बाबा को प्रणाम करते हुए उनकी अनुमति लेकर वहां से निकल पड़े। वे अत्यंत गहरी सोच में डूबे हुए थे और ग्रेनाइट पत्थर का वह टुकड़ा जो कुछ देर पूर्व एक रूई का गुच्छक था उनके हाथों में था।

सूर्य विज्ञान की पृष्ठभूमि

प्रोफेसर के विदा होने के बाद बाबा ने स्पष्टीकरण देते हुए कविराज जी को बताया, "किसी भी सृष्टि में इच्छा ज्ञान एवं क्रिया, ये तीन प्रधान बल कार्य करते हैं। जिस व्यक्ति को इस प्रकार की सृष्टि-प्रक्रिया की पृष्ठभूमि में कार्य कर रहे विज्ञान का 'ज्ञान' (Knowledge) होता है वह प्रकाश में उपस्थित 'क्रिया' के अवयवों को पहचानते हुए अपने उद्देश्य के अनुरूप उनका संयोजन करने में सक्षम होता है।"

सूर्य से निकलने वाले विकिरण में केवल प्रकाश ही नहीं बल्कि अन्य प्रकार की सृजनात्मक एवं जीवन दायी रश्मियां भी होती हैं। इससे निकलने वाले श्वेत प्रकाश का विभिन्न मौलिक एवं मध्य के मिश्रित रंगों (Color Spectrum) में विभाजन किया जा सकता है जिसमें सात रंगों को सभी स्वीकार करते हैं, तथापि इसी से ऐक्स-रे, पराबैंजनी, रेडियो-तरंगें, इन्फ्रा-रेड और गामा-किरणों का भी प्रसार होता है। बाबा के अनुसार, "सूर्य के स्पेक्ट्रम में सभी पदार्थों के अवयव उपस्थित रहते हैं। सूर्य विज्ञान के ज्ञाता इसके विकिरण (radiation) को ३६० डिग्री में विभाजित करते हुए अग्रसर होते हैं और वे इसका प्रयोग एक वर्णमाला की तरह करने में सक्षम होते हैं।

"जिस प्रकार एक भाषा में वर्णों के संयोजन से शब्द, जुमले, वाक्य और छंदों की रचना की जाती है, उसी प्रकार सूर्य विज्ञान का ज्ञाता इसके प्रकाश की वर्णमाला का उपयोग करके किसी पदार्थ की सृष्टि, उसका विध्वंश एवं किसी अन्य पदार्थ में उसका परिवर्तन करने में सक्षम होता है। सबसे पहले इस विकिरण से उसे श्वेत प्रकाश को अलग करते हुए उसे एक आधार के रूप में प्रतिष्ठित करना होता है और जहां एक ओर उसे यह विदित होता है कि अपने मन में सोची हुई वस्तु के निर्माण में किन रंगों का सम्मिश्रण करना आवश्यक है, वहीं दूसरी ओर वह इस श्वेत प्रकाश के आधार को भी अपनी

धारणा में स्थिर रखते हुए अग्रसर होता है। विकिरण में उपस्थित इसी (श्वेत अथवा शून्य) आधार को स्थिर रखते हुए वह इसी के ऊपर विभिन्न रंगों का आवश्यकतानुसार विभिन्न बलों के साथ एक के पश्चात एक, एक निश्चित क्रम में संयोजन करते हुए अपने लक्ष्य को प्राप्त करने में सफल हो जाता है। विज्ञानविद के मन (ज्ञान क्षेत्र) में उपस्थित वस्तु की प्रतिकृति का अनुसरण करते हुए 'प्रकाश' में उपस्थित सृजनात्मक प्राणिक ऊर्जा में सन्निहित 'क्रिया' शक्ति (मन के द्वारा ही संचालित होकर) सभी आवश्यक पदार्थ के कणों को आकर्षित करते हुए सृजन अथवा परिवर्तन के कार्य का संपादन करने में समर्थ होती है"।

इस प्रक्रिया में प्रयोगकर्ता के मन में अवस्थित ज्ञान एवं क्रिया बलों का ही सूक्ष्म एवं स्थूल धरातलों पर उपयोग होता है। इसमें कारण धरातल पर अवस्थित आत्मिक बल का अथवा 'इच्छा शक्ति' का उपयोग नहीं होता। अत: यह योग-सृष्टि नहीं है जिसमें एक योगी केवल अपनी इच्छा शक्ति के प्रयोग से ही किसी वस्तु की सृष्टि करने में समर्थ होते हैं। सिद्धि शब्द का अर्थ होता है किसी आशय का सिद्ध होना (achievement of an objective)। योगियों एवं सिद्ध पुरुषों के क्षेत्र में लोग उनसे संबंध रखने वाली समस्त चमत्कारिक उपलब्धियों की सिद्धि के रूप में गणना करते हैं। इन सिद्धियों के अनेक प्रकार होते हैं, तथापि क्रिया-सिद्धि, ज्ञान-सिद्धि एवं इच्छा-सिद्धि में इनके विभाजन की बात भी केवल विशुद्धानंदजी के द्वारा ही कही गई है। एक और भी महत्वपूर्ण बात जो इस प्रदर्शन के संबंध में उन्होंने कही थी, वह यह थी कि योगी या विज्ञानविद केवल उसी वस्तु की सृष्टि करने में समर्थ होता है जो पृथ्वी पर कहीं पहले से मौजूद होती है। इसका आशय यही है कि जिस वस्तु की कल्पना का कारण जगत में पहले से ही आस्तित्व होता है, ज्ञान और विज्ञान के माध्यम से केवल उसी की सृष्टि संभव है, किसी सर्वथा काल्पनिक वस्तु का निर्माण ऐसी किसी प्रक्रिया के द्वारा संभव नहीं है।

अध्याय

०५

विश्व-गुरु सदैव उपलब्ध होते हैं

हजारों वर्षों से भारत की प्रसिद्धि केवल ज्ञान भूमि के रूप में ही नहीं, अपितु एक चमत्कारी महात्माओं का देश होने लिये भी है। यद्यपि ईश्वर की कृपा प्राप्त ऐसे महापुरुष विश्व में लगभग सभी स्थानों में उत्पन्न हुए हैं जो अनेक प्रकार के चमत्कार करने में सक्षम थे, तथापि ज्ञात ऐतिहासिक समय से भी हजारों वर्ष पूर्व से ही ऐसे साधन एवं क्षमता संपन्न महापुरुषों की उपलब्धि का भारत की भूमि में कभी अभाव नहीं हुआ। उसी प्रकार उन्हें तलाश करने वालों का भी इस भूमि पर कभी अभाव नहीं हुआ। स्वभाव से ही करुणाशील इन महामानवों ने, जिन्हें भी इनकी यथार्थ में तलाश थी उनकी कामना सदैव पूर्ण की है बल्कि समय समय पर अयोग्य एवं अपात्र लोगों पर भी इनकी अहैतुकी कृपा की वर्षा हो जाना भी इनके स्वभाव की एक विशेषता होती है। दैवी प्रेरणा से ही और संभवतया ऐसे ही एक महापुरुष बहरा बाबा की प्रेरणा से भी, अनायास ही लेखक ने एक सहभागी के रूप में एक लघु परंतु सफल पारिवारिक उद्योग से अलग होकर प्रयाग से कलकत्ता वापस आकर फिर से एक नौकरी की तलाश करने का निर्णय कर लिया।

लेखक को बहरा बाबा के दर्शन

यह घटना सन् १९७८ ई. की है। लेखक को एक सुविधाजनक क्षेत्र में अपनी सीमित क्षमता के अनुरूप परंतु एक अच्छे आवास की आवश्यकता थी जो किराये पर उपलब्ध हो सके। यथासमय गंगा के उस पार एक ऐसे घर का चुनाव भी हो गया जिसके स्वामी एक वृद्ध ब्राह्मण दंपत्ति थे। उनकी दोनों पुत्रियों का विवाह हो चुका था और वे अकेले ही एक छोटे घर में रहते थे। उनसे जो ऐग्रीमेंट हुआ, उसके अनुसार डिपोजिट में दी जाने वाली राशि से वे दूसरी मंजिल में छत पर अपने लिये एक दो कमरों वाले फ्लैट का निर्माण करके ऊपर चले जायेंगे और पहली मंजिल का फ्लैट लेखक को एक स्थायी रूप से किराये पर दे दिया जायेगा।

जब ऐग्रीमेंट पर सहमति बन गई तो लेखक ने गृह-स्वामिनी से मुख्य दीवार पर सम्मान के स्थान पर टांगे गये एवं माल्यार्पित एक बड़े चित्र के विषय में जिज्ञासा की कि ये किन महापुरुष का चित्र है। गृहस्वामिनी ने बताया कि यह बहरा बाबा का चित्र है जो उनके गुरु थे। वे बिहार में रहते थे और समय समय पर कोलकाता आते रहते थे। गांगुलि दंपत्ति ने बताया कि बाबा एक शक्ति-सम्पन्न योगी थे और उन्हें बड़ी सावधानी के साथ अपने सभी कार्य करने होते थे, क्योंकि बाबा का यह नियम था कि कुछ भी गड़बड़ होने पर वे उनके स्वप्न में आकर उन्हें डांट अवश्य ही लगाते थे।

लेखक को बाबा के व्यक्तित्व में गहरी दिलचस्पी और आकर्षण का अनुभव हुआ। सौभाग्यवश अगले तीन चार महीनों में ही बाबा का दो बार कोलकाता आना हुआ, दोनों बार ही सूचना मिलने पर लेखक को गांगुलि दंपत्ति के साथ जाकर उनके दर्शन करने का सौभाग्य भी प्राप्त हुआ और उनके चमत्कारों को देखने तथा उनकी कृपा प्राप्ति के अवसर भी।

पहली बार उनके दर्शन के लिये जब गांगुलि परिवार गृहस्वामिनी को पीछे छोड़कर और लेखक को साथ लेकर निकला तो छः सदस्यों की उनकी मंडली तीन साइकिल रिक्सों पर सवार होकर उनके आवास से मध्य हावड़ा की दिशा में चल पड़ी। वाहनों और पैदल यात्रियों की भीड़ में रिक्सों का आगे पीछे हो जाना स्वाभाविक था यद्यपि तीनों रिक्से गंगा के समानांतर एक सीधी सड़क पर चल रहे थे। एक व्यस्त क्रॉसिंग पर जहां दाहिनी ओर मुड़ना था तेजी से घूमते समय वह रिक्सा जो सबसे आगे चल रहा था और जिस पर गांगुलि

महाशय अपनी बड़ी पुत्री के साथ बैठे थे, संभवत: एक पत्थर से टकराकर, एकाएक उलट गया। गनीमत थी और बड़े संतोष एवं आश्चर्य का विषय भी, कि किसी को जरा भी कोई चोट खंरोच आदि नहीं लगी थी। तुरंत ही दूसरा रिक्सा जिसपर लेखक और बड़े दामाद बैठे थे वहां पहुंच गया था और तुरंत ही तीसरा रिक्सा भी वहां पहुंच गया था और एक अन्य खाली रिक्सा भी मिल गया था (पहले वाला रिक्सा यात्रा के उपयुक्त नहीं रह गया था)।

जब गांगुली परिवार के सदस्य बहरा बाबा के सन्मुख उपस्थित हुए, तो उनके आश्चर्य का पारावार नहीं रहा जब प्रणाम स्वीकार करने के साथ साथ बाबा ने वहां उपस्थित अन्य शिष्यों और उनके परिजनों को उनके साथ मार्ग में जो दुर्घटना घटी थी उसके विषय में बताना प्रारंभ कर दिया। साथ ही साथ वे यह बताना भी नहीं भूले कि अस्वस्थ होते हुए भी उनकी रक्षा के लिये कैसे उन्हें तुरंत दौड़कर जाना पड़ गया, अन्यथा उन्हें गंभीर चोटें आना अवश्यंभावी था। गांगुलि महाशय की ओर देखते हुए और अपने दोनों हाथों से दिखाते हुए उन्होंने उनसे प्रश्न किया, "क्या यह सत्य नहीं है कि उस रिक्से के पहिये का रिम ही टेढ़ा होकर इस प्रकार मुड़ गया था (जो अक्षरश: सत्य भी था)"?

परिचय दिये जाने और पदस्पर्श की अनुमति प्राप्त होने के पश्चात लेखक ने जब उनके आशीर्वाद की प्रार्थना की तो बाबाने लेखक को एक मुद्रा (सिक्का) निकालने के लिये कहा जिसे बाबा ने अपनी तर्जनी और अंगूठे के मध्य ग्रहण कर लिया। फ़िर उसी प्रकार पकड़े हुए उस सिक्के को बाबा ने लेखक की फैली हुई हथेलियों में छोड़ दिया और कहा अपने हाथों को बंद करलो और बोलो, "ले जा मैया, ले जा"। जैसे ही लेखक ने इन शब्दों को दोहराया, वह सिक्का उसके बंद हाथों से गायब हो गया। बाद में बाबा के शिष्यों ने बताया कि वह सिक्का सुदूर बिहार में जगन्माता के एक मंदिर में जहां बाबा पूजा करने जाते थे माता की प्रतिमा के चरणों में पहुंचकर अर्पित हो गया था।

दूसरी बार जब लेखक ने बाबा के दर्शन किये तो अपने शरीर से संबंधित कई वर्षों से परेशान करने वाली उसकी एक समस्या का निदान हो गया था। उस समय बाबा का स्वास्थ्य काफी ठीक लग रहा था और वे अकेले में भक्तों से मिल भी रहे थे। अपनी बारी आने पर लेखक को भी अपनी पत्नी एवं दो पुत्रियों के साथ उनके कक्ष में जाकर भली-भांति उनके चरणों में अपना मस्तक रखकर प्रणाम करने का एक स्वर्णिम अवसर प्राप्त हो गया था। तथापि इस बार भी दर्शन की अवधि छ: या सात मिनटों तक ही सीमित थी। कक्ष से बाहर

निकलते वक्त बाबा ने लेखक को यह निर्देश भी दिया था कि बाहर हॉल में उपस्थित लोगों को बता दिया जाये की अब और दर्शन नहीं होंगे। अवश्य ही लेखक को उस समय यह ज्ञात नहीं था कि उसे ज्ञानगंज आश्रम के एक सिद्ध की चरण धूलि लेने का सौभाग्य मिल गया था और न ही यह कि बाबा के पास समय अधिक नहीं था और संभवत: उन्हीं के द्वारा प्रेरित होकर लेखक ने अकस्मात परिवार में सभी को चौंकाते हुए कोलकाता लौटने का निर्णय कर लिया था।

लेखक के जीवन में एक गंभीर समस्या की सृष्टि

जैसे-जैसे ऐग्रीमेंट के अनुसार लेखक को घर की उपलब्धि की तारीख निकट आती जा रही थी, अपने निर्माण कार्य को पूरा करने के लिये गांगुलि महाशय की लेखक से धन की मांग भी बढ़ती जा रही थी। एक ऐसा समय भी आ गया कि लेखक ने न केवल बचा हुआ डिपोजिट बल्कि अगले चार वर्षों का किराया भी गांगुलि महाशय को सौंप दिया था। परंतु ऐग्रीमेंट की तारीख के छ: महीने पूरे हो जाने के बाद भी अभी निर्माण अधूरा ही था और गांगुलि दंपत्ति नीचे का घर खाली करके ऊपर जाने की स्थिति में नहीं थे। उन्हें अब भी निर्माण कार्य को पूरा करने के लिये अतिरिक्त धन की आवश्यकता थी। लेखक को ज्ञात हुआ कि दंपत्ति के दामादों के उत्साह के कारण ऊपर की मंजिल पर दो कमरों का आवास बनाने के स्थान पर चार कमरे बना लिये गये थे परंतु कुछ कार्य अभी अपूर्ण थे और घर अब भी रहने के योग्य नहीं हो पाया था।

समस्त प्रक्रिया एक अनुलंघनीय स्थान पर पहुंचकर ठहर गई थी। लेखक के पास और अधिक धन जुटाने का कोई साधन नहीं था और जल एवं स्नान आदि की सुविधा हुए बिना वृद्ध दंपत्ति का पहली मंजिल खाली करके ऊपर चले जाना भी किसी प्रकार संभव नहीं था।

लेखक के सामने जो कठिन परिस्थिति उत्पन्न हो गई थी उसके दो पहलू थे। पहला पक्ष था कि उसके लिये अगले छ: सप्ताह के मध्य अपना वर्तमान आवास खाली करना आवश्यक था। दूसरा पहलू यह था कि उसने अपनी समस्त जमा-पूंजी नये आवास के निमित्त मकान मालिक को सौंप दी थी। यह स्पष्ट था कि गांगुलि महाशय पर आवास उपलब्धि के लिये दबाव बनाने से कुछ लाभ होने वाला नहीं था। कानूनी कार्यवाही की बात सोचना भी व्यर्थ था क्योकि यह एक लंबी प्रक्रिया थी और अगले छ: सप्ताह में संबंध खराब करने के अतिरिक्त

कुछ भी प्राप्त नहीं हो सकता था। गांगुली दंपत्ति काफी वृद्ध भी थे और वास्तव में उनका कोई दोष भी नहीं था। दामाद भी उतने अनुभवी नहीं थे और शायद उनका उत्साह भी उतना अक्षम्य नहीं था। परंतु लेखक के लिये भी इस समस्या का निदान कर पाना असंभव के समान था।

लेखक की समस्या का अद्भुत निदान

उस दिन रविवार को गांगुलि महाशय से और एक मुलाकात के पश्चात जब लेखक को अपनी समस्या की विकटता का भली प्रकार बोध हो गया था और उससे निकलने का कोई भी रास्ता नहीं सूझ रहा था, तो उसने जो उपाय सोचा और जो निर्णय लिया वह इस पुस्तक के अधिकांश पाठकों को अत्यंत बचकाना और मूर्खतापूर्ण प्रतीत हो सकता है। तथापि तीर वही होता है जो निशाने पर पहुंच सकता हो और लेखक के अनाड़ी हाथों के द्वारा चलाये गये तीर के साथ ठीक यही घटना घटित हो गयी।

अगले दिन प्रात: अपनी स्वाभाविक ध्यान-क्रिया के स्थान पर लेखक ने बहरा बाबा के रूप का ध्यान करते हुए दस मिनट तक मन ही मन यह प्रार्थना की, "बाबा मैंने अपनी समझ में कोई गलत कार्य नहीं किया है, आपके शिष्यों के माध्यम से मुझे इस प्रकार का दंड नहीं मिलना चाहिये था"। अपनी योजना के अनुसार अगले सात दिनों तक लेखक ने प्रतिदिन अपनी स्वाभाविक ध्यान-क्रिया के स्थान पर पूरे दस मिनटों तक इसी प्रार्थना को दोहराया और सातवें दिन जो फिर से रविवार था इस बार इसके पूर्व के रविवारों की भांति गांगुलि महाशय के पास जाकर समय व्यर्थ करना भी लेखक को उचित नहीं लगा।

आठवें दिन, जो सोमवार था, लेखक ने न तो कोई प्रार्थना की और न ही कोई ध्यान-क्रिया। उस समय सुबह के लगभग साढे ग्यारह बजे थे जब आफिस में स्वागत कक्ष से अरुण चटर्जी का फोन आया, "सर, आप एक बार रिसेप्शन में आ सकते हैं क्या"? वहां पहुंचने पर गांगुलि दंपत्ति को वहां प्रतीक्षा करते हुए देखकर लेखक को आश्चर्य हुआ। लेखक ने जब उनकी अभ्यर्थना करने का प्रयास किया तो जो हुआ वह सामाजिक दृष्टि से सर्वथा अकल्पनीय था। यह कहते हुए कि "विज्ञान बाबू हमें क्षमा कर दीजिये, हमसे बड़ी भूल हो गई है" वृद्धावस्था प्राप्त गांगुलि महाशय ने नीचे झुककर लेखक के पैर छूने का उपक्रम किया।

लज्जा और भावना से अभिभूत होकर कांपते हुए नीचे झुकने का प्रयास करते हुए गांगुलि महाशय को लेखक ने अपनी बाहों में थामकर यह अशोचनीय कृत्य करने से रोका और वृद्ध दंपत्ति को वहां रखे हुए एक सोफे पर बैठाया। उन्होंने लेखक को जो बताया वह अत्यंत चकित करने वाला था। पिछले दिन रात्रि के समय बहरा बाबा उन दंपत्ति में से दोनों के स्वप्न में अलग-अलग उपस्थित हुए थे और वे अत्यंत क्रोध में प्रतीत हो रहे थे। स्वप्न में उन्होंने गांगुलि बाबू से कहा था, "तुमने विज्ञान के मन को बड़ी चोट पहुंचाई है। वह मेरा भक्त है। तुम्हें उसके पैसे तुरंत लौटाने चाहियें और अपनी पत्नी के साथ उसके पास जाकर उसके पैर छूकर क्षमा मांगनी चाहिये। अन्यथा तुम लोगों के जीवन में 'गोपाल' फिर कभी नहीं आयेंगे"।

गांगुलि बाबू ने लेखक से मिले हुए धन का एक बड़ा भाग, जो वे साथ लेकर आये थे, उसी समय लेखक को लौटा दिया। शेष रकम को उन्होंने दस मासिक किस्तों में वापस करने का आश्वासन दिया और लगभग उसी प्रकार लौटा भी दिया। बाद में लेखक को विदित हुआ कि पिछले दिवस प्रातः उठने के साथ ही दंपत्ति ने एक दूसरे को अपने स्वप्नों के विषय में बताया था और अपनी दोनों पुत्रियों एवं दामादों को अविलंब प्रातः समय में ही आकर उनसे मिलने के लिये सूचित कर दिया था। संध्या से पूर्व ही युद्ध-स्तर पर कार्य करते हुए उसी क्षेत्र के एक व्यवसायी के साथ उनका अनुबंध हो गया था जिसने उन्हें लेखक का देय तथा निर्माण को पूरा करने के लिये आवश्यक शेष राशि देना भी स्वीकार कर लिया था। तथापि इस प्रक्रिया में गांगुलि परिवार को ऊपरी मंजिल पर चार कमरों वाले नये घर का सौदा करना पड़ गया था। उस समय की बाजार दरों के अनुसार वैसा ही उचित भी था और गांगुलि दंपत्ति अपने घर में पहले की भांति ही रह सकते थे जबकि उन्हें एक अतिरिक्त मासिक आय की उपलब्धि हो गई थी।

संयोगवश और संभवतः बाबा की ही एक अतिरिक्त कृपा के रूप में लेखक को उसके एक सप्ताह बाद ही एक अपेक्षाकृत बेहतर और नवनिर्मित चार कमरों वाला पहली मंजिल का फ्लैट डिपोजिट के स्थान पर अग्रिम किराये की शर्तों पर मिल गया था, जहां वे अगले चौदह वर्ष तब तक सपरिवार रहे जब तक उन्हें जिस उद्योग में वे कार्यरत थे उसके चेयरमैन के द्वारा एक नये कार्य का भार सौंपकर राजधानी क्षेत्र में स्थानांतरित नहीं कर दिया गया।

गुरू अपने कार्य पूर्ण करते हैं

इस घटना के पश्चात, लेखक मे मन में बहरा बाबा के प्रति श्रद्धा कई गुणा बढ़ गई थी और उन्होंने निश्चय कर लिया था कि अगली बार जब बाबा कोलकाता आते हैं तो वे अपने कौन से प्रश्न उनके समक्ष रखना चाहेंगे। परंतु कुछ महीनों के बाद एक दिन फिर अपने कार्यस्थल के क्षेत्र में गांगुलि परिवार के बड़े दामाद से जो उसी क्षेत्र में कार्य करते थे उनका मिलना हो गया और इस बार उन्होंने बताया कि बाबा कोलकाता में ही थे परंतु उन्हें ह्रदय का स्ट्रोक हो गया था और वे बेल व्यू अस्पताल में भर्ती थे। दामाद नें यह भी बताया कि उन्हें सतत निरीक्षण (ICU) में रखा गया था और उनके सामान्य शिष्यों के लिये भी उनका दर्शन करना संभव नहीं था।

अपने व्यस्त जीवन के विभिन्न व्यवसायों में उलझे हुए लेखक को बाबा के अस्पताल में होने की घटना विस्मृत हो गई थी और तभी अचानक एक दिन उन्हें पहली बार बाबा के दर्शन एक स्वप्न के माध्यम से हुए। स्वप्न में लेखक एक हाते में प्रवेश करते हैं और अपने सामने उपस्थित एक विशाल भवन के बायीं ओर कुछ दूर चल कर दाहिने घूमकर उस भवन कें बायें पार्श्व से उसमें प्रवेश करते हैं। वहां सीढ़ियां चढ़कर वे पहली मंजिल पर पहुंचते हैं और एक दीर्घ कॉरीडोर में अपने दाहिनी पार्श्व के अनेक कमरों को पार करते हुए भवन के अंतिम कक्ष में पहुंचते हैं जो एकमात्र ऐसा कक्ष है जिसका द्वार सामने की ओर खुलता है।

उस कक्ष में प्रवेश करने पर लेखक देखते हैं कि कक्ष के मध्य में सामने ही द्वार की ओर मुख करके जमीन पर बिछे हुए एक आसन पर बहरा बाबा विद्यमान हैं। ऐसा प्रतीत हो रहा था कि बाबा ने मौन धारण किया हुआ है, क्योंकि पास ही एक स्लेट एवं चाक रखे हुए थे जिसपर वे आवश्यक होने पर कुछ लिख सकते थे। लेखक बाबा से अपना पहला प्रश्न पूछते हैं, जिसके उत्तर में वे सिर नीचे करके अपनी सहमति प्रदान करते हैं। लेखक के दूसरे प्रश्न के उत्तर में बाबा दो बार अपने सिर को दायें-बायें हिलाकर स्पष्ट रूप से मना करते हैं। लेखक के तीसरे प्रश्न के उत्तर में बाबा अपनी बायीं हथेली पर अपने दायें हाथ को थोड़ा घुमाकर ऐसा इंगित करते हैं जैसे एक ताला अभी बंद किया हुआ हो और जो भविष्य में समय आने पर ही खुलने वाला हो। लेखक जैसे ही बाहर निकलने के लिये उद्यत होकर बाबा को प्रणाम करते हैं, निद्रा भंग होकर उनकी आंखें खुल जाती हैं।

तथापि पांच या छह दिनों के पश्चात पुन: अपने कार्य क्षेत्र में लेखक को बड़े दामाद दिखाई पड़ जाते हैं जो अत्यंत खेद के साथ उन्हें बताते हैं कि अमुक तिथि को बाबा का निधन हो गया था। गणना करने पर लेखक को यह स्पष्ट हो जाता है कि जिस दिन बाबा ने अपनी स्थूल देह का त्याग किया था, ठीक उसी रात्रि को लेखक के स्वप्न में आकर उन्होंने उनके प्रश्नों का उत्तर देकर अपना यह अधूरा कार्य भी पूर्ण कर दिया था।

साक्ष्य और औचित्य जो तब अज्ञात थे

इस घटना के लगभग पंद्रह या सोलह वर्षों के बाद उसी प्रकार एक विशाल भवन के हाते में प्रवेश करने के बाद उसी प्रकार सीढियों पर चढकर पहली मंजिल पर पहुंच कर एक बड़े और चौड़े गलियारे के अंत में अपने कमरे की ओर बढ़ते हुए लेखक के दिमाग में वह इतने दिनों पुराना स्वप्न अचानक एक विद्युत के समान कौंध गया। राजधानी क्षेत्र में यह विशाल भवन उस फैक्ट्री का भवन था जिसे स्वयं लेखक ने उस उद्योग समूह के लिये बनवाया था जिसमें वे कार्य करते थे और इसका निर्माण उस नक्शे के अनुरूप किया गया था जो एक उद्योग विशेष में जर्मनी में स्थित तकनीकी सहभागी के द्वारा भेजा गया था।

इस पूर्ण रूप से वातानुकूलित भवन में नीचे की संपूर्ण मंजिल तथा ऊपर की मंजिल के अधिकांश भाग का निर्माण उत्पादन में उपयोग की दृष्टि से किया गया था। जबकि ऊपर की मंजिल में दाहिनी ओर उत्तर से दक्षिण कि दिशा में कंपनी के कार्यालय के रूप मे उपयोग किये जाने वाले कमरों की एक लंबी कतार थी। ये सब कुछ ठीक उसी प्रकार था जैसा कि पंद्रह से सोलह वर्ष पूर्व लेखक ने अपने उस स्वप्न में देखा था और इस १०० फीट लंबे कॉरीडोर के अंत में जो सामने की ओर खुलने वाला वह एकमात्र कक्ष था वह ठीक उसी प्रकार था जिसमें स्वप्न में बहरा बाबा बैठे हुए थे और जिसमें बैठकर अगले बारह वर्षों तक कंपनी के चीफ ऐग्जीक्यूटिव के रूप में लेखक को इस उद्योग एवं कंपनी का संचालन करना था। जर्मनी से प्राप्त होने वाले बिल्डिंग के प्लान में उद्योग के स्वामियों के द्वारा वास्तु सलाहकार की राय के अनुरूप केवल दो परिवर्तन किये गये थे, पहला तो भवन में प्रवेश सामने से पश्चिम दिशा से पूर्व की ओर होने के स्थान पर भवन के बगल में उत्तर से दक्षिण की ओर कर दिया गया था और दूसरा संचालक को अपने कक्ष में उत्तर दिशा से प्रवेश करना एवं उसी ओर देखते हुए बैठना था।

लेखक के लिये अब यह समझना कठिन नहीं था कि बहरा बाबा ने देह त्याग से पूर्व न केवल भली भांति उनके प्रश्नों के उत्तर दे दिये थे, अपितु उसी के साथ भविष्य की एक झलक भी उन्हें दिखला दी थी ताकि सही समय आने पर और विचार करने पर उन्हें बाबा के अनुग्रह एवं उनकी दिव्यता की और अधिक स्पष्ट प्रतीति हो सके।

लेखक का दूसरा प्रश्न नौकरी में परिवर्तन के विषय में था और बाबा ने अपने नकारात्मक उत्तर के औचित्य को इस स्वप्न के यथार्थ में परिवर्तित होने के माध्यम से भली भांति स्पष्ट कर दिया था। किसी भी संस्थान में साधारण पद पर प्रवेश करके उच्चतम स्थान पर पहुंच पाना एक कल्पना से बाहर की बात थी और कोलकाता से राजधानी क्षेत्र में आ जाने से लेखक के परिवार की जीवन शैली में भी एक सुखद एवं सकारात्मक परिवर्तन आ गया था। दूसरी ओर लेखक के समक्ष यह स्पष्ट हो गया था कि अपने शिष्यों के स्वप्न-जगत के समान ही बहरा बाबा न केवल अन्य किसी के भी स्वप्न-जगत में प्रवेश कर सकते थे, बल्कि वे उसके भविष्य को भी भली भांति देखने में सक्षम थे। एक और तीसरी बात जो लेखक के समक्ष स्पष्ट हो गई थी, वह यह थी कि स्थूल देह त्याग के पश्चात भी सिद्ध महापुरुषों की अपने कार्यों का निर्वाह करने की क्षमता के विषय में जो सुनने और पढ़ने में आता है वह अक्षरश: सत्य होता है।

बहरा बाबा: एक संक्षिप्त पृष्ठभूमि

बहरा बाबा का बचपन का नाम सरयू तिवारी था। उनका जन्म लगभग १८९० ई. में गंगा नदी के तट पर स्थित बिहार के सारण जिले की बनियापुर तहसील के बंगाली पट्टी नामक गांव के एक धर्मपरायण ब्राह्मण परिवार में हुआ था। जब उनकी उम्र मात्र पांच वर्ष की थी तभी उनकी माता का देहांत हो गया था और आठ वर्ष की आयु में एक ग्राम्य मेले से लौटते समय वे अपने मार्ग से भटक गये थे। जंगल में रात्रि के समय उनकी मुलाकात गरंगोल बाबा नाम के एक अत्यंत उच्च कोटि के संन्यासी से हो गई। बालक के बार बार प्रार्थना करने पर वे उसे ईश्वर के पथ पर चलने का संधान देने के निमित्त अपने साथ ले जाने के लिये सहमत हो गये।

अनेक दुर्गम पथों को पार करते हुए कुछ समय के बाद वे सिद्ध पुरुष बालक सरयू तिवारी के साथ तिब्बत में स्थित ज्ञानगंज योगपीठ में उपस्थित

हो गये जहां उन्हें गरंगोल बाबा के गुरू और अत्यंत उच्च कोटि के संत हेलहार महाराज के द्वारा योग दीक्षा प्रदान कर दी गई।

दस वर्षों के लंबे समय तक केवल कंद मूल एवं फल खाकर जीवन निर्वाह करते हुए सरयू अपने गुरू के निर्देशन में योगाभ्यास में लगे रहे और इस अवधि में उन्हें अनेक कठिन परीक्षाओं से भी गुजरना पड़ा। एक बार तो उन्हें दस दिनों तक लगातार दिन-रात केवल दो बांसो की चौड़ाई वाले एक ऊंचे मंच पर एक चिड़िया के अपने पंजों पर बैठने के समान अपने दो पैरों पर बैठकर अभ्यास करना था। परंतु नवम दिवस उन्हें झपकी आ गई थी और वे नीचे गिर पड़े थे। इस परीक्षा में अनुत्तीर्ण होने पर उनके गुरू ने चिमटे से उनकी पिटाई भी की थी, तथापि अगले प्रयास में उन्होंने सफलता प्राप्त कर ली थी।

एक दूसरे अवसर पर जब वे अपने गुरू की उपस्थिति में उनके निकट बैठकर प्रात:कालीन जप कर रहे थे, पास ही में अत्यंत मधुर स्वर में किसी ने गायन प्रारंभ कर दिया था और अल्प समय के लिये उनका ध्यान अपने जप से भटक गया था। गुरू महाराज को इसकी प्रतीति हो गई थी और वे अत्यंत क्रुद्ध हो गये थे। अपना एक हाथ सरयू के कान पर रखकर उन्होंने कहा था, "अब से तुम बहरे हो जाओगे" और उसी समय सरयू को सुनाई पड़ना बंद हो गया था। यद्यपि उनकी श्रवण शक्ति उन्हें बाद में पुन: प्राप्त हो गई थी पर तभी से उनके नाम के साथ 'बहरा' शब्द जुड़ गया था।

अट्ठारह वर्ष की अल्प आयु में ही सरयू तिवारी उच्च श्रेणी के योगाभ्यासों में पारंगत हो चुके थे तथापि अनिच्छा होते हुए भी अपने गुरू की आज्ञा के अनुसार उन्हें अपने गांव में अपने पिता लालजी तिवारी के पास लौटना पड़ा क्योकि हेलहार महाराज का आदेश था कि उन्हें विवाह करके एक गृहस्थ योगी के रूप में अपना जीवन यापन करना है। जब बहरा बाबा की आयु तीस वर्ष की थी तभी उनके पिता का भी स्वर्गवास हो गया। उसके पश्चात वे एक बार फिर से अपने घर का त्याग करके आसाम में स्थित प्रसिद्ध शक्ति पीठ कामाख्या में जाकर जगन्माता को प्रसन्न करने के लिये अपनी साधना में संलग्न हो गये। इस स्थान पर उन्होंने पांच वर्षों तक साधना की और यहीं प्रथम बार उन्हें माता का दर्शन भी प्राप्त हुआ।

बाबा के शिष्य सूर्यप्रकाश बंदोपाध्याय एवं अमिताभ चक्रवर्ती के अनुसार, जिन्होंने बाबा के जीवन चरित्र पर लिखे गये संकलन का एक पुस्तक के रूप

में संपादन किया है, बाबा अपनी दैनिक चर्या और अनुशासन के विषय में सदैव सतर्क रहते थे और जब १९७५ ई. में इस पुस्तक का संकलन किया जा रहा था उस समय तक भी वे अपने दैनिक अभ्यास एवं जप (प्रार्थना) से विमुख होते हुए दिखाई नहीं पड़ते थे। बंगला भाषा में सती देवी एवं नित्यानंद बंदोपाध्याय के द्वारा प्रकाशित इस पुस्तक में उनके तथा बाबा के अन्य भक्तों के उनसे ४५ वर्ष व्यापी संबंधों एवं अनुभवों के अनेक व्यापक एवं रोचक विवरण उपलब्ध हैं। अध्यात्म के इतिहास के शोधकर्ता एवं मानव समाज इस कार्य के लिये इस परिवार का सदैव ऋणी एवं कृतज्ञ रहेगा।

इस पुस्तक में बाबा के शिष्यों के द्वारा देखे या अनुभव किये गये अनेक वृत्तांत और कुछ तो अत्यंत ही चमत्कारपूर्ण विवरण सम्मिलित किये गये हैं। बाबा विशुद्धानंद जी के समान बहरा बाबा भी वायु विज्ञान का खुल कर उपयोग करते थे, जिसकी शिक्षा उन्हें भी ज्ञानगंज में रहते हुए वहां के विज्ञान विभाग से प्राप्त हुई थी। एक बार तो उन्होंने इसी प्रकार पटना में स्थित अपने एक शिष्य की स्टेशनरी की दुकान से एक दर्जन फाउंटेन पेनों का आयात कर लिया था (जो उन दिनों उतने सस्ते नहीं हुआ करते थे)। और ठीक उसी समय जब दुकान में कर्मचारी इधर-उधर उन पेनों को खोज रहे थे, तभी एक पत्र वहां उनके शिष्य के पास पहुंच गया था कि बाबा ने पेन अपने स्कूल के लिये मंगवा लिये थे, कोई चिंता का विषय नहीं था और न ही किसी कर्मचारी से कोई भूल हुई थी तथा दुकान की खिड़कियां एवं दरवाजा भी भली प्रकार बंद थे।

एक दूसरे अवसर पर कोलकाता के समीप अवस्थित हिंदुस्तान मोटर्स के प्रेसिडेंट श्री भट्टर का एक अत्यंत महत्वपूर्ण चाबियों को गुच्छा किसी प्रकार गुम हो गया था। उसी अवस्था में जब श्री भट्टर बाबा के एक शिष्य के आवास पर उनके दर्शन के लिये उपस्थित हुए तो उनके मन में चाबियों के उस गुच्छे को लेकर बड़ी चिंता थी। इसी कारण जब वे बाबा की उपस्थिति में अपनी प्लेट में परोसी गई मिठाई का एक टुकड़ा कुछ अनमने होकर अपने मुख में डाल रहे थे, तभी अकस्मात उनका खोया हुआ गुच्छा एक झमाके के साथ छत से आकर उनके पार्श्व में गिर पड़ा, जबकि बाबा उनकी आश्चर्य मिश्रित प्रसन्नता को देखकर मुस्कुराते भर रहे।

बाबा वर्षा को रोक या सीमित कर सकते थे, किसी ट्रेन को चलने से रोक सकते थे, सरिये लगी हुई खिड़की से निकल सकते थे और उनसे मिलने

के लिये आने वाले व्यक्ति की प्रत्येक गतिविधि से अवगत रहते थे। उनकी उपस्थिति में सीमित खाद्य सामग्री में आवश्यकतानुसार वृद्धि होती रहती थी और जहां भी वह होते थे इस प्रकार की परिस्थितियां भी प्राय: उत्पन्न होती रहती थी।

मात्र १८ वर्ष की आयु में ही बाबा अत्युच्च कोटि के योगाभ्यास में पारंगत हो गये थे। अध्यात्म जगत का यह नियम ही है कि जिन्हें योग्य गुरू की प्राप्ति हो जाती है और जो छोटी उम्र में योगाभ्यास प्रारंभ कर देते हैं वे तीव्र गति से प्रगति भी कर पाते हैं। वे शीघ्र नये अभ्यास सीख लेते हैं, उनका शरीर अधिक लचीला होता है और उनका मन भी अपेक्षाकृत निर्मल होता है। बहरा बाबा ने आठ वर्ष की उम्र में, विशुद्धानंद जी ने चौदह वर्ष में और जीसस क्राइष्ट ने भी लगभग उसी उम्र में योगाभ्यास प्रारंभ कर दिया था।

वायु विज्ञान: एक चर्चा

यद्यपि श्री विशुद्धानंद जी और बहरा बाबा दोनों ने ही योग एवं कतिपय विज्ञानों की शिक्षा ज्ञानगंज योगाश्रम में ही प्राप्त की थी तथापि उनके गुरू भिन्न थे एवं काल में भी उनके मध्य लगभग चालीस वर्षों का अंतराल था। उसी प्रकार उनके ज्ञानगंज में प्रवेश के माध्यम भी भिन्न प्रकार के थे। उनमें से एक स्वामी नीमानंद का संधान मिलने पर बंगाल में बर्दवान से ढाका पहुंचने पर ज्ञानगंज ले जाये गये जबकि दूसरे केवल आठ वर्ष के थे और केवल बिहारी भाषा बोल सकते थे, जिनकी नियति उन्हें जंगल में गरंगोल बाबा तक खींच लाई थी। यह एक निर्विवाद सत्य है कि अपनी भाषा में शिक्षा ग्रहण सहज और अधिक प्रभावी होता है।

जबकि सूर्य विज्ञान के ज्ञान का प्रदर्शन अपने आप में अनोखा और विशुद्धानंदजी तक ही सीमित था, ये दोनों ही गृहस्थ योगी अपने विभिन्न कार्यों के लिये वायु विज्ञान का उपयोग करने के लिये प्रख्यात थे। तथापि इस सिद्धि का उपयोग हजारों वर्षों से प्रचलन में था और ऐसे अनेक महात्माओं के द्वारा भी इस विभूति के उपयोग के अनेकों विवरण उपलब्ध हैं जिनके ज्ञानगंज से संबंधित होने की कहीं कोई चर्चा नहीं देखी गई है।

इस प्रणाली का उपयोग विशुद्धानंदजी अक्सर ज्ञानगंज से पत्रों, लिफाफों और अन्य वस्तुओं के आदान प्रदान के लिये भी कर लिया करते थे। उनसे

वरिष्ठ उनके अनेक गुरूभाई प्राय: ज्ञानगंज में ही रहते थे। जब उनका कोई शिष्य दान के रूप में या किसी लेंस अथवा अन्य वस्तु के मूल्य की राशि ज्ञानगंज भेजना चाहता था तो उसे मनी आर्डर के माध्यम से जालंधर में एक विशेष ठिकाने पर भेज दिया जाता था जहां से उसे तथा अन्य आवश्यक वस्तुओं को समय-समय पर ज्ञानगंज मंगवा लिया जाता था। परंतु यदि कई प्रकार की राशियां भेजनी हो और सब मिलाकर एक बड़ी राशि बन रही हो तो मनी आर्डर का खर्च बचाने के लिये बाबा उसे वायु विज्ञान के माध्यम से सीधे भेज दिया करते थे। उस अवस्था में सभी राशियों को एकत्र करके एक लिफाफे में बंद कर दिया जाता था और बाबा के द्वारा अपनी कुर्सी के बाजू पर दी गई एक थपकी मात्र से ही वह लिफाफा अपने गंतव्य पर पहुंच जाता था।

वायु विज्ञान के उपयोग के कुछ उदाहरण

बर्दवान में विशुद्धानंदजी के आश्रम की व्यवस्था तथा वहां प्राप्त होने वाले धन एवं उपहारों की संभाल का दायित्व बाबा ने अपने शिष्य मनीन्द्रनाथ कविराज को सौंप रखा था। उनके अनेक शिष्य और विशेषरूप से उनके उड़ीसा के शिष्य जब बाबा का दर्शन करने आते थे तो वे प्राय: बाबा को सिल्क की धोती उपहार में दिया करते थे। ऐसी धोतियों को बाबा अपने एक अन्य शिष्य रमेश मैत्र को सौंप देते थे जो इन्हें भगवा रंग से रंगवा कर उसमें एक ओर एक कपड़े की किनारी सिलवा कर उसे एक साड़ी में बदलवा देते थे।

बाबा के जीवन चरित्र के लेखकों को मनीन्द्र कविराज ने बताया था, “जब इस प्रकार की एक दर्जन साड़ियां एकत्र हो जाती थी तो मैं बाबा को सूचित कर देता था और बाबा मुझसे कहते, ‘इन साड़ियों को एक (गत्ते के) डिब्बे में रखकर एक मजबूत डोरी से बांध दो और दो या तीन स्थानों पर इसमें सील लगा दो’। बाबा मुझे अपनी धातु से बनी हुई सील भी सौंप देते थे और कार्य पूरा हो जाने पर मैं उसे भली भांति बांधे हुए और सील किय गये ड़ब्बे के साथ बाबा को लौटा दिया करता था। गत्ते के बक्से का चारों ओर से भली भांति निरीक्षण और उसमें लगी सील को भी जांचने के बाद बाबा कहते थे, ‘इन सब को ज्ञानगंज में कुमारियों के उपयोग के हेतु भेज दिया जाये’ और उसे दीवार की ओर उछाल देते थे, यद्यपि वह मध्य में ही कही गायब हो जाता था। लगभग आधे घंटे के बाद वही डिब्बा खाली होकर तथापि उसी डोर से बंधा हुआ और केवल ‘स्वामीजी का ज्ञानगंज का आश्रम’ इस सील के साथ पुन: आश्रम

की तीसरी और दूसरी मंजिलों की छतों को भेदता हुआ आकर बाबा के पूजा कक्ष में गिर जाता था और उससे निकलती हुई एक अद्भुत दिव्य गंध सभी ओर फैल जाती थी"।

बाबा के एक जीवनीकार अक्षय कहते हैं कि अपने काशी में अवस्थान के समय बाबा ने एक बार कोलकाता की प्रसिद्ध बटो कृष्ण पाल की दुकान से एक थर्मोमीटर का इसी प्रकार आयात किया था। बाबा को बुखार हो गया था और उनके एक डाक्टर शिष्य उनके शरीर का तापमान मापना चाहते थे। बाबा ने केवल अपने बिछौने के बगल में एक सामान्य आघात किया था और वहां उपस्थित अपने शिष्यों से कहा था कि टेबल पर रखे हुए उनके बैग से थर्मोमीटर निकाल लें और वास्तव में बैग में एक नया थर्मोमीटर अपनी पैकिंग के सहित उपलब्ध था। तापमान को मापने के पश्चात थर्मोमीटर को पुन: पैक करके बैग में वापस रख दिया गया और बिछौने के पार्श्व में फिर बाबा की एक थपकी मात्र से बैग से गायब होकर (बाबा के अनुसार) वह वहीं वापस पहुंच गया जहां से उसे मंगवाया गया था।

अक्षय दत्तगुप्त के अनुसार थर्मोमीटर को लेकर लगभग इसी प्रकार की एक घटना कोलकाता में भी हुई थी। ऐसी ही एक घटना एक पार्कर पेन को लेकर भी घटित हुई थी पर उस मामले में पेन वापस नहीं भेजा गया था बल्कि उसका मूल्य इसी विधि के माध्यम से भेज दिया गया था। अपने स्मृतिलेख में मनीन्द्र कविराज ने लिखा है कि यह मेरा सौभाग्य था कि मुझे ऐसी अनेक घटनाओं को अपनी आंखों के सन्मुख घटित होते हुए देखने के बहुत से अवसर प्राप्त हुए थे।

एक उच्चतर प्रकृति भी है

हम मनुष्यों की स्मृति में चाहे वह लिखी हुई हो, बोली गई हो, पत्थरों पर तरासी या रंगों में उकेरी गई हो अथवा विशाल संरचनाओं के माध्यम से सुरक्षित की गई हो - दिव्य अनुभूति एवं चमत्कारिक घटनाओं का किसी काल में भी सर्वथा अभाव दृष्टिगोचर नहीं होता। पाश्चात्य देशों में इनकी विशेष चर्चा ईसा मसीह के परवर्ती काल में ही अधिक देखने में आती है, पर भारत के क्षेत्र में इनकी नियमितता में पिछले सात हजार वर्षों में कभी भी व्यवधान नहीं हुआ।

इस पुस्तक में अब तक हमने जिन चमत्कारों की चर्चा की है, विद्वत जनों के अनुसार उनकी गणना सच्चे चमत्कारों में करना उचित नहीं होगा। वे सभी

प्रदर्शन केवल 'ज्ञान' एवं सही 'क्रिया' प्रणाली के अनुसरण के माध्यम से किये गये चमत्कार मात्र कहे जा सकते हैं। जिन विद्वानों को 'परा' अथवा उच्चतर प्रकृति का ज्ञान है, उनके अनुसार वास्तविक चमत्कार उन्हें कहा जाता है जो केवल 'इच्छा' शक्ति के प्रयोग के माध्यम से फलित या घटित कर दिये गये हों।

इनमें से कोई भी चमत्कार ऐसा नहीं है जिसमें अत्यंत प्राचीन काल से ही तथा वर्तमान समय में भी विभिन्न सिद्धों एवं महापुरूषों के द्वारा विश्व के इस भूभाग में किये जाते रहने वाले चमत्कारों की तुलना में कोई विशिष्टता हो। जब हम वर्तमान समय की बात करते हैं, तो भी पिछली पांच शताब्दियों में से प्रत्येक शताब्दी में कम से कम दो ऐसे महापुरुषों के नामों का चुनाव करने में हमें तनिक भी कठिनाई का अनुभव नहीं होगा जो अपनी इच्छा मात्र से भौतिक प्रकृति के किसी भी नियम का उलंघन करने में पूर्ण रूप से सक्षम कहे जा सकते हैं।

वर्तमान समय में चमत्कारिक घटनायें

पुस्तक का आकार सीमित रखने के लिये यहां हम केवल पिछली तीन शताब्दियों से –१८वीं, १९वीं और २०वीं शताब्दियों से ही –ऐसे छः महापुरुषों का चुनाव करके अग्रसर होने और यह देखने का प्रयास करेंगे कि क्या पारंपरिक रूप से चमत्कारों की श्रेणी में गणमान्य घटनाओं की पुनरावृत्ति आज के परिप्रेक्ष्य से संबद्धता कायम रखते हुए संभव हो सकती है। दूसरी ओर यह कतई आवश्यक नहीं है कि सच्चे महापुरूष केवल उन्हीं चमत्कारों की सृष्टि करने के लिये बाध्य हों जिनके ज्ञान की पारंपरिक रूप से मानव समुदायों में उपलब्धि रहती आई है। ये वे महापुरुष थे जिन्होंने परम स्वातंत्र्य प्राप्त कर लिया था और जो अपनी देश एवं काल की परिस्थिति के अनुरूप केवल इच्छा के प्रयोग मात्र से किसी भी प्रकार की चमत्कारिक घटना की सृष्टि करने में सक्षम थे।

साम्यवाद और श्रेष्ठ-धर्म वाद के आज के युग में अधिकांश ख्यातनामा विद्वान चमत्कारों की किसी बात को ही हेय दृष्टि से देखने के आदी बन चुके हैं और ऐसे परिप्रेक्ष्य में चमत्कारों की बात को उठाने में लेखक के दो प्रधान उद्देश्य हैं। हमारा पहला उद्देश्य है कि पिछले चार अध्यायों में जिन बातों की विशद एवं सारगर्भित विवेचना की गई है, व्यवहारिक रूप में परिदृश्यमान

घटनाओं के माध्यम से उनकी पुष्टि करना एवं उन्हें संबल प्रदान करने की दिशा में एक प्रयास, क्योंकि संस्कृत एवं अंग्रेजी की कहावतों के अनुसार कल्पना के आंवले के स्थान पर हाथ के आंवले या अन्य किसी खाद्यवस्तु को खाना अपेक्षाकृत अधिक विश्वसनीय और पुष्टि एवं संतुष्टि प्रदान करने वाला समझा जाता है।

दूसरी ओर अब तक जो बताया गया है और जिसे समझने में अधिकांश पाठकों को कुछ कठिनाई का अनुभव अवश्य हुआ होगा, इस अध्याय में वर्णित चमत्कारिक घटनाओं के माध्यम से न केवल उन बातों के आधार की पुष्टि होगी बल्कि पाठकों के लिये एक समतल धरातल पर सामान्य रूप से चल सकने की संतुष्टि अथवा संतोष प्राप्ति भी। इस प्रकार एक समतल आधार पर चलते हुए और सफलता प्राप्त महापुरुषों की चमत्कारिक उपलब्धियों को मूलप्रकृति की दृष्टि से अपेक्षाकृत निम्न किंतु स्थूल दृष्टि से सामान्य व्यवहारिक धरातल से संबद्ध करते हुए हमारे पाठक अगले अध्याय में वर्णित उन विषयों को अपेक्षाकृत अधिक सहजता से समझ पायेंगे जिनकी लेखक के द्वारा अभी तक कोई चर्चा नहीं की जा सकी है और जिनका हम सभी के जीवन से सहज संबंध होने के कारण जो अधिकांश पाठकों को और भी अधिक रहस्यमय प्रतीत हो सकते हैं।

पिछले तीन सौ वर्षों के कुछ महामानव

प्रागैतिहासिक काल से ही हिमालय के दक्षिण में स्थित भारत भूमि अपनी आध्यात्मिक जागृति के आभा चक्र के लिये विश्व में ख्यात रही है और जहां तक एक हिंदू की स्मृति उसे ले जा सकती है उसके अनुसार इस भूमि पर कभी भी सच्चे महापुरुषों का अभाव नहीं रहा। तथापि जिन तीन शताब्दियों की बात हम करना चाहते हैं, स्थानाभाव के कारण हम कुछ महापुरुषों की चर्चा ही यहां करेंगे और इसी काल में स्वामी रामकृष्ण परमहंस (१८३६-१८८६) एवं उनके गुरू तोतापुरी महाराज (१७११-१९६१ ई.), रमण महर्षि (१८७९-१९५० ई.) एवं साई बाबा के दो अवतारों के अतिरिक्त ऐसे अनेकों संत हुए हैं जिनके जीवन में घटित होने वाली अगणित चमत्कारिक घटनाओं की चर्चा करना यहां युक्तिसंगत एवं संभव नहीं होगा।

इसके अतिरिक्त ऐसे अधिकांश महापुरुषों की उपस्थिति में एक ही दिन में दर्जनों चमत्कार एकाधिक स्थानों पर घटित होते रह सकते हैं। अत: केवल

कुछ विशिष्ट श्रेणी के चमत्कारों को ही यहां स्थान दिया गया है जबकि एक ही प्रकार की चमत्कारिक घटनायें इनमें से एकाधिक महापुरुषों की जीवनियों में इनके सभ्रांत एवं विद्वान शिष्यों के द्वारा सम्मिलित की गई हैं। उदाहरण के रूप में श्री श्यामाचरण लाहिरी, श्री नीमकरोली महाराज एवं श्री बहरा बाबा की जीवनकथाओं में से प्रत्येक के क्षेत्र में भी विभिन्न परिस्थितियों में ट्रेनों को रोके जाने की दो या अधिक घटनाओं के विशद विवरण उपलब्ध हैं, तथापि केवल बामा क्षेपा बाबा के द्वारा ट्रेन रोके जाने की घटनाओं को इस अध्याय में सम्मिलित किया गया है। ऐसी चमत्कारी घटनाओं को केवल इन्हें समझ पाने के लिये ही उधृत किया गया है, हमारा उद्देश्य इन्हें तालिकाबद्ध करने का नहीं है। जिन महापुरुषों की चर्चा हम यहां करने वाले हैं, उनमें से बहरा बाबा का संक्षिप्त परिचय हम दे चुके हैं।

बामा क्षेपा बाबा (१८३७-१९११ ई.)

बाबा बामा क्षेपा स्वामी रामकृष्ण के समकालीन थे। अल्प आयु में एक बालक के रूप में ही उन्होंने अपने गृह का त्याग कर दिया था। उन्होंने अपने गुरू कैलाशपति के निर्देशन में रहते हुए योगाभ्यास एवं तंत्र साधन सिद्ध किया था। ठाकुर रामकृष्ण और साधक रामप्रसाद की ही भांति वे भी जगन्माता के भक्त थे और मां 'तारा' के रूप में उनकी उपासना करते थे। पश्चिम बंगाल के प्रसिद्ध तारा पीठ के नाम से विख्यात मंदिर के निकट की श्मशान भूमि में रहकर वे उसी स्थान पर अपना ध्यान-साधन किया करते थे। यद्यपि अवांछित तत्वों और अनावश्यक व्यवधान को दूर रखने के लिये उन्होंने क्षेपा या पागल का चोला धारण कर लिया था तथापि जानकारों के द्वारा उन्हें तारा पीठ का चलायमान ईश्वर और स्वयं मां तारा का ही मनुष्य के रूप में अवतरण समझा जाता था।

तैलंग स्वामी (१६०७-१८८७ ई.)

इसी प्रकार विश्व के नियंता 'विश्वनाथ' के नगर के नाम से प्रसिद्ध काशी या वाराणसी में अपने जीवन के अंतिम १५० वर्षों तक वास करने वाले और वहां आने के पश्चात कभी उस स्थान का त्याग नहीं करने वाले तैलंग स्वामी को भी चलंत विश्वनाथ कहा जाता था। उनका जन्म तटीय आंध्र प्रदेश में विशाखापटनम के निकट विजना जिले के होलिया नामक ग्राम में सन् १६०७ ई.

के जनवरी मास में हुआ था। उनका बचपन का नाम शिवराम था और उन्होंने विवाह करने से मना कर दिया था। वे भी श्मशान भूमि के निकट रहने लग गये थे और जब वे ७२ वर्ष के हो गये थे तब उसी स्थान पर उनके भावी गुरू भगीरथ स्वामी का आगमन हुआ था।

अल्प समय में ही शिवराम को विश्वास हो गया था कि यही वे गुरू थे जिनकी उन्हें दीर्घ समय से प्रतीक्षा थी और फिर पूछने पर भगीरथ स्वामी ने भी उन्हें बता दिया था कि वास्तव में इसी उद्देश्य को लेकर वे अपने पथ से इतनी दूर हटकर उस स्थान पर पहुंचे थे। तथापि शिवराम के इस प्रश्न को सुनकर उन्हें हंसी आ गई थी कि क्या प्रयास के द्वारा शिवराम अपनी कुंडलिनी को जाग्रत कर सकेंगे। इसके उत्तर में उन्होंने बताया था कि इसका समय अभी नहीं आया था और इसके लिये उन्हें पहले शिवराम की आवश्यक प्रस्तुति करनी होगी। इसके कुछ दिनों के पश्चात ही स्वामी अपने शिष्य को साथ लेकर होलिया ग्राम से निकल कर उत्तर दिशा की ओर चल पड़े थे और अंत में उन्होंने राजस्थान में अजमेर के निकट पुष्कर नगरी का चुनाव अपने शिष्य के साथ स्थायी रूप से रहने के लिये कर लिया था।

अपने गुरू से जिस दीक्षा की शिवराम को प्रतीक्षा थी वह उन्हें ७८ वर्ष की आयु में मिली और उसके बाद उनका नाम गणपति सरस्वती हो गया। उसके पश्चात सन् १६९५ ईं में जब भगीरथ स्वामी ने पहले से एक शुभ तिथि निश्चित करने के बाद अपने स्थूल शरीर को त्यागने का निर्णय कर लिया, तब उन्होंने गणपति स्वामी को यह अंतिम निर्देश दिया कि वे पहले सभी तीर्थों का भ्रमण करें और उसके बाद वे किसी स्थान का अपना स्थायी निवास के लिये चयन कर सकते हैं।

विशुद्धानन्द परमहंस (१८५३-१९३७ ई.)

बाबा विशुद्धानंद का जन्म पश्चिम बंगाल में बर्दवान के निकट बांडुल ग्राम में हुआ था और वे श्री युक्तेश्वर गिरी (१८५५-१९३६ ई.) के समकालीन थे। तथापि जहां युक्तेश्वर जी का प्रकाश जिस गुरू-शिष्य परंपरा के अंतर्गत हुआ था वह महावतार बाबाजी तक जाती है, वहीं विशुद्धानंदजी एवं बहरा बाबा का संबंध ज्ञान गंज आश्रम से था जो माताजी के अंतर्गत विकसित होने वाली गुरू-शिष्य परंपरा में गण्य होता है जिसमें उन्हें क्षेपाई माता के नाम से पुकारा जाता है।

इन दोनों परंपराओं के प्रवर्तकों के विषय में यह कहा जाता है कि दोनों ही अब भी अपने स्थूल शरीर के साथ विद्यमान हैं, दोनों की वर्तमान आयु का अनुमान १८०० वर्ष से अधिक का किया जाता है और दोनों का ही निवास स्थल हिमालय पर्वत पर बताया जाता है। संभवत: महावतार बाबाजी की चचेरी बहन, जिनका वर्णन परमहंस योगानंदजी के द्वारा अपने आत्मकथा में 'माताजी' नाम से किया गया है, तथा तिब्बत में अवस्थित ज्ञानगंज आश्रम की पूजनीया गुरूमाता क्षेपाई माता एक ही परमसिद्धा भैरवी का इंगित करते हैं।

नीमकरोली महाराज (१८९८-१९७३ ई.)

नीमकरोली महाराज स्वतंत्र भारत के उत्तरी भूभाग में आध्यात्मिक गगन में चमकने वाले सबसे ज्वाजल्यमान सितारे थे। उन्होंने ग्यारह वर्ष की आयु में गृहत्याग कर दिया था और बीस वर्ष की उम्र मैं वे सिद्ध एवं तीस वर्ष की आयु में परमसिद्ध बन गये थे। वे विनोदप्रिय एवं हंसमुख स्वभाव के संत थे। जब वे छोटे थे तो गांव वालों से बचने के लिये वे एक पेड़ पर चढ़ जाते थे। परंतु जब गांव वालों में से कुछ उनके पीछे-पीछे उस पेड़ पर चढ़कर उनके पास पहुंचने का प्रयास करते थे, तो वे उन्हें उस पेड़ पर नहीं बल्कि कुछ दूरी पर दूसरे पेड़ पर बैठ हुए दिखाई देते थे और यदि वे छलांग लगाकर भी वहां पहुंचते हों तो भी कम से कम नीचे खड़े हुए लोगों में से तो वे किसी को ऐसा करते हुए नहीं दिखते थे।

उनकी कई जीवनियों में से एक के लेखक राजीदा ने अपनी हिंदी की मूल पुस्तक में महाराज से संबंधित जितनी भी घटनाओं के विवरण दिये हैं, उन सभी को क्रमवार नंबर भी प्रदान किये हैं, जिनमें लेखक के पास जो प्रति है उसमें आखिरी घटना का नंबर ४१९ है (दि डिवाइन रीयेलिटी नाम से अंगरेजी अनुवाद में आखिरी घटना ३६५ है)। उन्होंने इन घटनाओं को सर्वज्ञता, सर्वत्रता, सर्वसक्षमत्व और अन्य लीलाओं के अंतर्गत विभाजित किया है। महाराज कहीं भी अचानक प्रकट हो जाते थे और उसी प्रकार कहीं से भी क्षणभर में ही गायब भी हो जाते थे।

उनके एक दूसरे जीवनी लेखक 'मुकुन्दा' के अनुसार, "उनके शरीर का आकार, आयाम और भार सदैव परिवर्तित होते रहते थे। कई बार जब वे अपने आश्रम में अपने भक्तों के मध्य उपस्थित रहकर पूरी चेतनावस्था में रहते हुए अपने कार्यों का निर्वाह कर रहे होते, तभी ठीक उसी समय किसी दूरस्थ

स्थान पर अपने किसी भक्त के सामने उपस्थित होकर वे उससे बात कर रहे और उसकी समस्या का निदान भी कर रहे हो सकते थे। एक ही समय पर एकाधिक स्थानों और परिप्रेक्ष्य मे चल रही उनकी क्रिया-प्रतिक्रिया आदि की झलक उनके पास उपस्थित भक्तों को उनके मुख के भावों में होते रहने वाले परिवर्तनों और उनके शरीर पर पड़ने वाले प्रभावों से मिलती रहती थी। उनके चेहरे के भाव और प्रकाश, उनके शरीर की मुद्रायें और उनके रंग में भी सतत परिवर्तन होता रहता था"।

अपनी पुस्तक *Miracle of Love* में रिचर्ड एल्पर्ट (राम दास) लिखते हैं, "उनका शरीर अचंभित कर देने वाली मुद्रायें ग्रहण करता रहता था। वे आकाश के सदृश बहते रहते थे और उनका शरीर बिल्कुल तरल के समान कार्य करते हुए दिखाई पड़ता था। महाराज के शरीर में एक दिव्य आभा की चमक दिखाई पड़ती थी जबकि स्पर्श करने पर वह एक छोटे बालक के शरीर के समान नर्म और लचीला प्रतीत होता था।"

योगीराज श्यामाचरण लाहिड़ी (१८१८-१८९५ ई.)

श्री युक्तेश्वर गिरी के गुरू और परमहंस योगानंदजी के परमगुरू लाहिड़ी महाशय का नाम भारत के आध्यात्मिक इतिहास में १९वीं शताब्दी के सबसे सामर्थ्यवान गृहस्थ योगी के रूप में सदैव स्वर्णिम अक्षरों में दमकता रहेगा। हमने पिछली तीन शताब्दियों के जिन छह महापुरुषों का चयन उनकी चमत्कारी विभूतियो की चर्चा करने के लिये किया है, उनमें यह अंतिम नाम है। उन्होंने स्वयं महावतार बाबाजी से योग दीक्षा ग्रहण की थी और यद्यपि बंगला भाषा में उनकी जीवनी एवं साहित्य अलग से उपलब्ध है, तथापि अनेक भाषाओं में अनुदित परमहंस योगानंदजी की आत्मकथा में भी उनके विषय में विशद चर्चा की गई है।

चमत्कारिक घटनाओं की चर्चा के लिये इस अध्याय में एक विभिन्न प्रकार से मिश्रित मंजुषा (basket) का चयन मात्र किया गया है। चूंकि इनमें से सभी महापुरुष यहां वर्णित सभी प्रकार की विभूतियों का अपने स्तर पर स्वतंत्र रूप से प्रदर्शन करने में सक्षम थे अत: उनके मध्य किसी प्रकार की तुलना करने का प्रयास नहीं किया गया है। इस प्रकार की समस्त घटनायें बिना किसी पूर्व योजना के अकस्मात घटित होती हैं अत: पूर्व एवं पश्चिम दोनों परिप्रेक्ष्यों को ध्यान में रखते हुए केवल विविधता की दृष्टि से एवं कथा प्रवाह के अनुरूप ही घटनाओं का चयन किया गया है।

सड़क और जल पर यातायात एवं पेट्रोल

अपनी पुस्तक 'भारत के महान योगी' के पंचम खंड में विश्वनाथ मुखर्जी लिखते हैं, "यह घटना कैंची आश्रम की है। उस समय नीमकरोली महाराज की कार के ड्राइवर हबीबुल्ला खान थे। एक दिन उन्होंने महाराज से पूछा, 'महाराज गाड़ी में पेट्रोल नहीं है अत: यदि आपको कहीं जाना हो तो मैं जाकर गाड़ी में पेट्रोल भरवा कर ले आता हूं (पेट्रोल भरवाने के लिये उस समय नीचे की ओर छह या सात किलोमीटर की दूरी पर भवाली जाना पड़ता था)।' महाराज ने उनसे कहा था कि उनका कहीं भी जाने का विचार नहीं था। तथापि उसी दिन रात्रि के समय उन्होंने खान को बुलवाया और उनसे कहा, 'गाड़ी बाहर निकालो, हमें जाना है'।

"गाड़ी निकालने के बाद खान ने कहा, 'आपने मुझे पेट्रोल नहीं भरवाने दिया था, गाड़ी चलेगी किस प्रकार? परंतु रात में इस वक्त आप जाना कहां चाहते हैं (ऊपर की दिशा में या नीचे की ओर)?'

"महाराज ने कहा, 'हमें अलमोड़ा नगर (ऊपर की ओर लगभग ४५ किलोमीटर) जाना है। तुम गाड़ी चलाओ'। हबीबुल्ला खान ने आज्ञा का पालन करते हुए गाड़ी स्टार्ट कर दी। तथापि उसकी आशा के अनुरूप छह या सात किलोमीटर चलने के बाद गाड़ी रुक गई। होनी को स्वीकार करते हुए कि अब तो जंगल के क्षेत्र में उस सड़क पर रात बिताने के अतिरिक्त कोई चारा नहीं था, खान महाराज की जीप के पिछले भाग में जाकर नींद की झपकी लेने का उद्यम करने लगे।

"यह देखकर महाराज बोले, 'तुम सोने की तैयारी में क्यों लग गये? जाओ! आस-पास में कोई पानी का स्रोत तलाश करो! पानी लेकर आओ और उससे टंकी को भर दो!'

"खान को अपने कानों पर भरोसा नहीं हुआ, और वह बोला, 'ये आप क्या कह रहे हैं? आप कह रहे हैं कि मैं पेट्रोल के स्थान पर टंकी में पानी भर दूं। अगर मैंने ऐसा कर दिया तो गाड़ी एकदम बर्बाद हो जायेगी'। उसने महाराज को डर दिखाने का प्रयास किया, 'अगर आप फिर ऐसा करने के लिये कहेंगे, तो मै कल से ही आपकी नौकरी छोड़ दूंगा'!

"'अच्छा ठीक है', महाराज कुछ नर्म पड़ते हुए बोले, 'ज्यादा पानी मत भरो, केवल तीन कैन पानी गाड़ी की टंकी में डाल दो'। पानी टंकी में डालने के बाद हबीबुल्ला ने गाड़ी चलाना आरंभ कर दिया और वे अल्मोड़ा पहुंच गये

और सारी रात गाड़ी चलाने के बाद प्रात: काल वे आश्रम में वापस पहुंच गये। हबीबुल्ला खान सोचते ही रह गये कि केवल पानी से रात भर गाड़ी का चलना किस प्रकार संभव हो सकता था!

"यह महाराज की 'इच्छा' शक्ति थी जिसने तीन कैन पानी को उतने ही पेट्रोल में परिवर्तित कर दिया था। इसी प्रकार अनेक अवसरों पर उन्होंने पानी को दूध में भी परिवर्तित कर दिया था और जब उनकी माता के मेजबान एक ऐसी ही एक विषम परिस्थिति में उलझ गये थे तो जीसस क्राइष्ट ने भी खाली मटकों में पानी भरवा कर अपनी इच्छा शक्ति के प्रयोग से उसे शराब में परिवर्तित कर दिया था।"

'मुकुंदा' के द्वारा संकलित 'अनन्त कथामृत' से

कानपुर में अपने प्रवास के प्रारंभिक दिनों में नीमकरोली महाराज गंगा नदी के किनारे लाड़ली पंड़ा के घर पर ठहरा करते थे। यहां नदी के किनारे से कुछ दूर एक बालुकामय छोटा सा टापू बना हुआ था और किनारे तथा टापू के मध्य जल का स्तर उथला था अत: पैदल चलकर टापू तक पहुंचा जा सकता था। टापू के दूसरी ओर जल पर्याप्त था और स्नान के उपयुक्त भी। लाड़ली के घर आवास करते समय प्रात: के समय महाराज उथले जल से पैदल चलकर टापू पर चले जाते थे और वहीं अपने दैनिक स्नान आदि कृत्यों का संपादन करके वापस लौट आते थे।

एक दिन जब महाराज लाड़ली के एक सहायक को साथ लेकर अपने दैनिक प्रात:कृत्यों का निर्वाह करने के लिये जा रहे थे तो लाड़ली भी उनके साथ साथ नदी के किनारे की ओर चल पड़े। गीले होने से बचने के लिये लाड़ली किनार पर ही खड़े हो गये जबकि महाराज और उनके सहायक टापू की ओर चल पड़े। पर लाड़ली और उनके सहायक दोनों यह देखकर आश्चर्य से भर गये कि महाराज पानी पर इस प्रकार चल रहे थे जैसे वे समतल भूमि पर चल रहे हों और उनके पीछे लाड़ली का सहायक भी उसी प्रकार सूखे पैरों से नदी के जल पर चलते हुए टापू तक पहुंच गया और दैनिक कृत्यों का निर्वाह करने के पश्चात उसी प्रकार वे नदी के तट पर लौटकर भी आ गये थे। यह कहने की आवश्यकता नहीं होनी चाहिये कि इसके पूर्व अन्य दिन वे उथले जल में चलकर ही आना जाना करते थे। यह विनोदप्रिय महाराज का एक कौतुक मात्र ही था जिसे देखने का सौभाग्य उस दिन गीला होने के भय से तट पर ही रुक

गये लाड़ली तथा प्रतिदिन महाराज के साथ जाने वाले सहायक को भी प्राप्त हो गया था।

महाराज गाड़ी में आगे बैठकर ही यात्रा करते थे

एक दिन जब महाराज के दर्शन करने के बाद कमिश्नर प्रकाश किशन नैनीताल वापस लौटने के लिये प्रस्तुत हो रहे थे तो महाराज ने उनसे अगले दिन अपनी गाड़ी भेजने के लिये कह दिया ताकि वे उससे नैनीताल आना जाना कर सकें। अगले दिन प्रात: ८ बजे कमिशनर साहब ने अपनी कार और ड्राइवर को महाराज जी की सेवा में भेज दिया।

तथापि जब प्रात: दस बजे कमिश्नर अपने दफ्तर पहुंचे तो उन्हें ज्ञात हुआ कि भारी वर्षा के कारण रात में नैनीताल भवाली रोड़ क्षतिग्रस्त हो गई थी और उसे यातायात के लिये बंद कर दिया गया था। परंतु उस अवस्था में कैंची जाने में असमर्थ उनकी कार को बहुत पहले ही वापस आ जाना चाहिये था। चिंता का अनुभव करते हुए प्रकाश किशन अपनी कार को खोजते हुए वहां पहुंच गये जिस स्थान पर सड़क क्षतिग्रस्त हो गई थी। उन्होंने देखा कि सड़क इतनी दूर तक क्षतिग्रस्त हो गई थी कि केवल दुपहिया वाहन ही उसपर होकर आ-जा सकते थे। इधर-उधर किसी खाई में भी उन्हें कार गिरी हुई नहीं दिखाई पड़ी और दिन भर वे इस विषय में चिंतित बने रहे।

तथापि इस मध्य कमिश्नर का ड्राइवर कैंची पहुंच चुका था और उसी सड़क से होकर वह महाराज को नैनीताल लेकर आ गया था। नैनीताल में महाराज ने अपने कुछ भक्तों के घरों का भ्रमण भी किया था और उसी सड़क से होकर वे वापस कैंची भी पहुंच गये थे। शाम को ४ बजे उन्होंने ड्राइवर को गाड़ी वापस ले जाने के लिये कह दिया था और उसी सड़क पर गाड़ी चलाकर यथासमय वह वापस कमिश्नर के घर वापस भी पहुंच गया था। उसे देखकर कमिश्नर ने उससे प्रश्न किया, “तुमने किस रास्ते से आना जाना किया? नैनीताल भवाली रोड़ तो कल रात से ही बंद थी।” आश्चर्यचकित होकर ड्राइवर ने उत्तर में कहा कि वह तो उसी सड़क से होकर उस दिन चार बार आया गया था पर उसने तो कहीं भी न तो सड़क पर मलबा देखा था और न ही उसे कहीं पर सड़क बैठी हुई या क्षतिग्रस्त मिली थी।

एक दूसरे अवसर पर महाराज को वृंदावन से दिल्ली जाना था। कई दिनों से लगातार वर्षा हो रही थी और इस संदर्भ में उस समय के उनके ड्राइवर रामानंद

ने यह कथा लोगों को बताई थी: "मैं महाराज को जीप से लेकर जा रहा था और मथुरा रोड़ पर एक ढलान वाले स्थान पर इतना जल भर गया था कि वह एक नदी के समान बह रहा था। दिल्ली से आने वाली सभी गाड़ियां उस नदी के दूसरी ओर से ही वापस लौट रही थी और मैंने भी गाड़ी घुमाकर वापस लौटने के लिये महाराज से अनुमति मांगी, पर उन्होंने मेरी प्रार्थना पर ध्यान नहीं दिया और कहा, 'इस नदी के ऊपर से ही ड्राइव करके चलते रहो'। मैं चिंता में पड़ गया और उनसे कहा कि गाड़ी के इंजिन में पानी भर जायेगा और हम बीच में ही फंस जायेंगे। महाराज बोले, 'तुम अपनी आंखें बंद कर लो और गाड़ी चलाते रहो'। मेरे पास उनकी आज्ञा का पालन करने के अतिरिक्त कोई मार्ग नहीं था, परंतु गाड़ी सहजता से उस पानी की सतह पर चलती रही और हम दूसरी ओर पहुंच गये'।"

अपाहिज या मृतक का उठकर बैठ जाना

जैसा कि हम कह चुके हैं, एक पूर्व निर्धारित दिवस में अपने स्थूल शरीर का त्याग करने के पूर्व गणपति सरस्वती (तैलंग स्वामी) के गुरू भगीरथ स्वामी ने उन्हें तीर्थ भ्रमण पर जाने का निर्देश दिया था। सन् १६९५ ईं में गुरू के देह त्याग के पश्चात गणपति स्वामी ने दक्षिण भारत से अपने तीर्थाटन को प्रारंभ करके उत्तर की दिशा में बढ़ने का निश्चय किया। राजस्थान में पुष्कर तीर्थ से निकलकर पहले वे पूर्वीय तट क्षेत्र में स्थित पुरी पहुंचे और फिर तटीय रेखा का अनुगमन करते हे वे नवंबर १६९७ ई. भारत के दक्षिण तट पर स्थित रामेश्वरम में आकर उपस्थित हो गये।

रामेश्वरम की पावन नगरी में उस समय एक मेला चल रहा था जहां दूर दूर के लोग आये हुए थे और यहां अपने पैतृक ग्राम होलिया से आये हुए कई लोगों से भी उनका मिलना हुआ जिन्होंने उन्हें पहचान लिया था। वे लोग स्वामी को पुन: अपने ग्राम में वापस ले जाना चाहते थे, परंतु स्वामी ने इसके लिये अपनी स्वीकृति नहीं दी। अगले दिन दोपहर के समय स्वामी अकेले ही मेले के मैदान में घूम रहे थे और जिधर भी उनकी दृष्टि जाती उन्हें मानवता का एक विशाल समुद्र जैसा दिखाई दे रहा था। तभी एक दिशा से उन्हें उच्च स्वर में लोगों के रोने और औरतों के चीत्कार करने के शब्द सुनाई पड़े और वे उसी ओर बढ़ चले। समीप पहुंचने पर उन्होंने देखा कि कुछ लोग एक मृत व्यक्ति को रस्सियों से बांधने का प्रयास कर रहे थे।

गणपति स्वामी ने उन लोगों से पूछा, 'तुम लोग इस व्यक्ति को बांध क्यों रहे हो'? उनमें से एक व्यक्ति ने उत्तर दिया, "स्वामी गर्मी सहन न कर पाने के कारण यह बेहोश होकर गिर गया था और कुछ समय पूर्व इसकी मृत्यु हो गई है। अब हम इसके शरीर को जलाने के लिये ले जा रहे हैं।" गणपति बोले, "तुम लोगों को भ्रम हुआ है। यह व्यक्ति अभी जीवित है। तुम एक जीवित व्यक्ति को ले जाकर उसे जलाने का प्रयास क्यों कर रहे हो"? स्वामी की बात सुनकर उस व्यक्ति के संबंधियों और मित्रों ने रोना बंद कर दिया। उन्होंने उसे बांधने का काम भी बीच ही में छोड़ दिया। तब स्वामी ने अपने कमंडल से थोड़ा जल लेकर उस व्यक्ति पर छिड़क दिया और जब वे लोग उसकी रस्सियों को खोल रहे थे तो उसमें जीवन के चिन्ह भी दृष्टिगोचर होने लगे और वह इस प्रकार उठकर बैठ गया जैसे कोई नींद से जाग कर बैठ जाये। वहां इकट्ठी होती जा रही भीड़ को चकमा देकर स्वामी अपनी यात्रा पर आगे चल पड़े।

गणपति स्वामी की तिब्बत से वापसी

विश्वनाथ मुखर्जी के द्वारा संकलित 'योगीराज तैलंग स्वामी' से उद्धरित: उस समय अट्ठारहवीं सदी का प्रारंभ हो चुका था जब कुछ अर्से तक नेपाल में ठहरने के बाद गणपति (तैलंग) स्वामी ने उत्तर दिशा में हिमालय पर्वत पर चढ़ना प्रारंभ किया। यहां वे लगभग बीस वर्षों तक रहे और इसमें अधिकांश समय उन्होंने उच्चावस्था प्राप्त परम सिद्धों की संगति में यापन किया। अपनी साधना का अंतिम चरण तिब्बत में अवस्थित मानसरोवर झील के क्षेत्र में पूरा करने के पश्चात स्वामी ने पुन: लोकायतन की ओर निम्न दिशा में अवतरण करना प्रारंभ किया। अपने अवतरण के मध्य स्वामी जब हिमालय के नीचे अवस्थित पर्वत शृंखला में आज के समय उत्तराखंड के नाम से परिचित भूमि पर उतरते चले आ रहे थे तो एक आश्चर्यप्रद घटना की सृष्टि हुई।

ठीक उसी समय जब स्वामी ऊपर से उतर कर इस स्थान पर पहुंच रहे थे, समीप के एक गांव में एक विधवा के एकमात्र पुत्र की मृत्यु होकर चुकी थी। ग्रामवासी एक झूलने (sling) में लटका कर मृत बालक को अंतिम संस्कार के लिये ले जा रहे थे और उनके पीछे-पीछे उस बालक की माता जोर-जोर से रोती और बिलखती हुई अपनी सुध-बुध खोकर चली आ रही थी। अपने सामने से गुजरते हुए उस समुदाय को देखकर स्वामी अपने पथ पर ठहर गये। मानसरोवर की दिशा से अवतरण करते हुए स्वामी को देखकर बालक की माता ने भी रोना

बंद कर दिया। उसके साथ के ग्रामीण समुदाय ने भी ठहर कर मृत बालक को नीचे उतार दिया। देव भूमि के नाम से जाने वाले इस पर्वतीय क्षेत्र के लोग सरल चित्त वाले और ईश्वर में श्रद्धा रखने वाले मनुष्य होते हैं। साधु संतों पर उन्हें श्रद्धा और विश्वास होता है और कैलाश मानसरोवर क्षेत्र की ओर जाने वाले संतों की सेवा करना वे अपना धर्म समझते हैं।

बालक को अपनी गोद में उठाकर उस औरत ने स्वामी के पैरों के समीप जमीन पर लिटा दिया और वह कहने लगी, "स्वामी! मेरे पति की कुछ वर्षों पूर्व ही मृत्यु हो गई थी। मेरा यह पुत्र ही मेरे भविष्य का एकमात्र सहारा और मेरे जीवित रहने का एकमात्र उद्देश्य था जिसके इर्द-गिर्द रहते हुए मैं अपना जीवन व्यापन कर रही थी और अब यह भी मुझे छोड़कर जा रहा है। आप मुझपर कृपा करें और इस बालक को जीवन का उपहार प्रदान करें। मैंने इसके पूर्व भी मानसरोवर क्षेत्र से उतर कर आने वाले संतों की दया और सामर्थ्य देखी है। आज आपको मेरी कातर प्रार्थना सुननी पड़ेगी और मुझ पर और इस बालक पर अपनी कृपा की वर्षा करनी ही होगी"!

गणपति स्वामी उस मृत बालक के समीप बैठ गये और उसके मृत शरीर पर अपने हाथ फेरने लगे। मन ही मन उन्होंने अपने गुरू और परमेश्वर का स्मरण करते हुए उन्हें प्रणाम किया और वे उस बालक के शरीर को धीरे धीरे अपने हाथ से सहलाते रहे। कुछ ही देर में बालक के प्राण उसके शरीर में लौट आये और वह फिर से जीवित हो गया। क्षणभर में होने वाले इस चमत्कार को देखकर ग्राम्यवासी प्रसन्नता से झूम उठे। एक के बाद एक वे आकर स्वामी के चरणों का स्पर्श करने लगे। उसके पश्चात वे बड़ी श्रद्धा और सन्मान के साथ स्वामी को अपने गांव ले गये, जहां गणपति कुछ दिनों तक ठहरने के बाद पुन:अपने पथ पर निकल पड़े। यह लगभग १७२० ई. की घटना है। इसके पश्चात स्वामी का अगला आविर्भाव सन् १७२६ ई. में मध्य प्रदेश में नर्मदा नदी के उद्‌गम स्थल पर अमर-कंटक में देखने में आता है, जिसका विवरण उपलब्ध है।

एक घटना जिसे महाराज घटित होते हुए देख रहे थे

एक अवसर पर नीमकरोली महाराज अपने कुछ भक्तों के साथ समतल भूभाग से उत्तराखंड के कुमांऊ पर्वतीय क्षेत्र में स्थित नैनीताल नगरी में (स्वयं महाराज के द्‌वारा बनवाये गये) हनुमानगढ़ी पर स्थित हनुमान मंदिर की ओर यात्रा कर रहे थे। तथापि नैनीताल जिले के सबसे बड़े शहर हल्द्‌वानी पहुंचने के

पूर्व, जहां से पर्वतीय क्षेत्र प्रारंभ होता है, काफी पहले से ही अचानक वे अपने ड्राइवर रामानंद को गाड़ी तेज और फिर बहुत तेज चलाने का निर्देश देने लग गये जैसे उन्होंने किसी से मिलने का समय नियत कर रखा हो। नैनीताल मार्ग पर काठगोदाम और ज्योलिकोट के मध्य एक निर्जन स्थान पर उन्होंने रामानंद से गाड़ी रोकने के लिये कहा और वे गाड़ी से उतर कर एक ओर चल दिये। उनके पीछे उनके भक्तगण भी गाड़ी से उतर पड़े।

पास के जंगल में एक औरत अपने मरे हुए पुत्र के शरीर के निकट बैठकर रो रही थी। कुछ समय पूर्व ही एक सांप के काटने से बालक की मृत्यु हो गई थी। यद्यपि महाराज को सब विदित था, फिर भी उन्होंने उस औरत से पूछा कि वह क्यों रो रही थी। उसके उत्तर की प्रतीक्षा करने के स्थान पर महाराज ने पुन: उस औरत से पूछा, 'क्या यह तुम्हारा एकमात्र पुत्र था'? औरत ने सिर हिलाकर हामी भरी। महाराज ने फिर पूछा, 'तुम्हारा पति भी जीवित नहीं है'? जिसकी स्वीकारोक्ति के रूप में वह औरत फिर से रो पड़ी। महाराज बोले, 'तुम्हारा लड़का मरा नही है। फिर तुम क्यों रो रही हो? चुप हो जाओ'।

महाराज ने बालक के शरीर को अपने हाथों से सहलाया और बालक के प्राण उसके शरीर में वापस लौट आये। कुछ ही समय में बालक में चेतना का भी संचार हो गया। महाराज उसी समय उठकर बिना उस औरत को अपना आभार प्रकट करने का अवसर दिये अपनी गाड़ी में बैठकर चल पड़े।

खाट पर आना ओर चलकर जाना

यह एक शारदीया नवरात्रि की अष्टमी तिथि की घटना है। इस दिन जगन्माता की पूजा 'तारा' के परिवेश में करने की परंपरा है जिसे नवदुर्गा का आठवां रूप माना जाता है। बाबा बामाक्षेपा इस दिन अपेक्षाकृत अधिक समय तक अधिक सौम्य रूप में और अपने ही स्थान पर रहते थे, कहीं आना जाना नहीं करते थे। तभी निकट के ही किसी अज्ञात गांव से कुछ लोग बांस से बनी हुई एक खाट को ऊंचा उठाये हुए तारा पीठ के निकटस्थ श्मशान भूमि पर पहुंच गये। उन्होंने उस खाट को वहां विराज रहे बाबा के समीप जमीन पर उतार दिया। खाट पर लिटा कर वे एक ऐसे व्यक्ति को लेकर आये थे जो अत्यंत बीमार था और जिसकी कभी भी मृत्यु हो सकती थी। उन ग्रामवासियों में से एक ने बाबा को बताया कि बीमार व्यक्ति अपने माता-पिता का एकमात्र पुत्र था और

उसके परिवार वालों ने हर प्रकार की चिकित्सा करवा कर देख ली थी परंतु किसी से भी उसका उपचार नहीं हो पाया था। उसने बाबा से उसके जीवन की रक्षा के लिये प्रार्थना की।

बाबा में एक आदत थी। वे हर किसी को 'साला' कहकर संबोधित करते थे। उन्होंने कहा, "अबे साले, मैं क्या कोई डॉक्टर या कविराज हुं जो बीमार को ठीक कर दूंगा। भाग जा।" परंतु सभी लोग बाबा की आदतों से परिचित थे, इसलिए एक साथ मिलकर उनके निकट बार-बार निवेदन करते रहे। एकाएक बाबा क्रोधित मुद्रा में उठे और रोगी का गला दबाते हुए बोले, "साले, जिन्दगीभर पाप करेगा और आखिरी वक्त मेरे पास आयेगा? अब मर साले!" सहसा बाबा का यह रूप देखकर आने वाले सभी लोग घबरा उठे। कहां आये थे हरि-भजन को और कहां ओटन लगे कपास वाली हालत हो गई। एकाएक बाबा ने उसके गले को छोड़ दिया और कहा, "जा साले, तेरी किस्मत अच्छी रही। तू बच गया!" इसके बाद उसे एक लात मारते हुए बोले, "चल उठ!"

तुरंत वह रोगी उठकर खड़ा हो गया। उसे देखने पर ऐसा लगता था जैसे वह कभी बीमार ही नहीं था। इस चमत्कार को देखकर लोग दांतो तले अंगुली दबाने लगे।

भारत में जब ट्रेनें चलने लगी

उन्नीसवीं शताब्दी का मध्य काल भारत में एक नये प्रकार के चमत्कार का चलन लेकर आया जब यहां के सिद्ध समुदाय के लोगों ने ट्रेनों और ट्रेन के इंजिनों का आवश्यकता के अनुरूप नियंत्रण करना आरंभ कर दिया। लाहिड़ी महाशय, बहरा बाबा तथा नीम करोली महाराज - इन सभी के संबंध में दो या अधिक इस प्रकार की घटनायें बहुचर्चित एवं भली भांति विज्ञात हैं, तथापि बाबा बामा क्षेपा का अंदाज इन सभी से कुछ हट कर और अलग प्रकार का था।

जब एक ट्रेन ढीठ बनकर खड़ी हो गई

बाबा बामा क्षेपा एक बार सैंथिया में अपने एक भक्त के यहां आये, जहां इसी नाम का एक रेलवे स्टेशन भी है जो पश्चिम बंगाल के रामपुर हाट और बोलपुर

स्टेशनों के मध्य में स्थित है। वहां बातचीत में काफी देर हो गयी। भक्त को यह ज्ञात था कि बाबा आज ही शाम को तारापीठ वापस जायेंगे। बाबा भी इस बात से परिचित थे। लेकिन किसी का ध्यान इस ओर नहीं था। इधर सैंथिया स्टेशन पर अंतिम गाड़ी आकर खड़ी हो गई। ट्रेन छूटने का समय हो गया। स्टेशन मास्टर ने घंटी बजाकर गाड़ी को छोड़ने की सूचना दी। सिगनल गिर गया। गार्ड ने ड्राइवर को सीटी बजाकर गाड़ी छोड़ने का निर्देश दिया। इतना होने पर भी ट्रेन आगे नहीं बढ़ी। स्टेशन का सारा स्टाफ, गार्ड, ड्राइवर आदि सभी मिलकर प्रत्येक डिब्बे की जांच करने लगे कि आखिर गाड़ी क्यों नहीं आगे बढ़ रही है।

यात्री लोग परेशान हो उठे। स्टेशन मास्टर ने रामपुरहाट जंक्शन को तार भेजा कि एक इंजिन तुरंत भेजो। दूसरा इंजिन आया। लाइन पर बालू छिड़का गया। यहां तक कि इंजिन का वैक्युम भी बढ़ाया गया, फिर भी गाड़ी आगे नहीं बढ़ी। सभी लोग परेशान हो गये।

ठीक इसी समय यात्रियों में से कुछ लोगों ने देखा कि बामा क्षेपा बाबा भक्तों के साथ स्टेशन की ओर आ रहे हैं। इन यात्रियों में जो लोग भक्त थे, उन्हें विश्वास हो गया कि बाबा अगर कृपा करेंगे तो गाड़ी अवश्य चलेगी।

बाबा गाड़ी में आकर बैठे। यात्रियों ने कहा, "बाबा, गाड़ी चल नहीं रही है। जरा कृपा कीजिये। यहां कई घंटे से रुकी है।"

बाबा ने कहा, "अच्छा"! फिर खिड़की को थपकाते हुए बोले, "चल भाई, काफी देर तक इंतजार किया"। बाबा के कहने की देर थी कि गाड़ी तुरंत चल पड़ी। (यहां यह समझने की बात है कि यह बाबा की योजना अथवा इच्छा मात्र थी कि वे उस अंतिम ट्रेन से लौटना चाहते थे। उन्होंने ट्रेन को नहीं रोका था। उन्हें केवल समय का भान नहीं रहा था जबकि उनकी इच्छा विश्व की इच्छा में सम्मिलित हो चुकी थी। ट्रेन को विश्वेच्छा के द्वारा ही बाधित किया गया था और बाबा की यह अनजाने में समय को भूल जाने की स्वीकृति मात्र ही थी जब उन्होंने कहा था, "अब चलो, काफी देर इंतजार कर लिया या करना पड़ गया"।)

केवल लोक कल्याण नहीं, आत्म कल्याण भी

बाबा के आकर्षण से प्रभावित होकर कलकत्ता के कुछ लोगों ने निश्चय किया कि इस बार दीवाली के अवसर पर तारापीठ जायेंगे। इस अवसर पर यहां बृहद् मेला लगता है और दूर-दूर से लोग यहां आते हैं। सबेरे के समय लाहिड़ी महाशय

से बनर्जी बाबू ने कहा, "आप मेरे साथ इस बार तारापीठ चलियेगा। आज शाम को आफ़िस से लौटने के बाद मैं आपके पास आऊंगा। शाम को सात बजे वाली गाड़ी से चलेंगे। साढ़े छह बजे आप तैयार रहियेगा। मेला भी देखेंगे और क्षेपा बाबा का दर्शन करेंगे।"

लाहिड़ी महाशय साथी के अभाव के कारण अब तक जा नहीं पा रहे थे। इस समाचार से उन्हें प्रसन्नता हुई। वे छः बजे पूरी तरह तैयार होकर बनर्जी बाबू की प्रतीक्षा करने लगे। घड़ी की सूई धीरे-धीरे आगे बढ़ने लगी। एकाएक लाहिड़ी महाशय ने सोचा कि कहीं बनर्जी बाबू स्टेशन पर प्रतीक्षा न कर रहे हों। यह ख्याल आते ही वे स्टेशन की ओर रवाना हो गये। रास्ते में एक जगह उन्हें यह स्मरण आया कि बामा क्षेपा बाबा गांजा बड़े चाव से पीते हैं। उनके लिये एक पुड़िया ले लूं। (सन् १९८६ तक जैसे शराब का ठेका होता था उसी प्रकार ठेके वाली गांजे की दुकानें भी होती थी। इसका नशा सात्विक प्रकार का होता है अतः यह साधु-सन्यासियों के आमोद का साधन होता है और आज भी ऐसे लाखों लोग हैं जो उपलब्ध होने पर गांजे का सेवन तो कर लेते हैं पर शराब को तामसिक प्रकृति का नशा मानते हैं और इसे छूना भी पसंद नहीं करते। अमेरिकन शराब बनाने वालों की लौबी के प्रभाव के कारण भारत सहित इसे अनेक देशों में अवैध घोषित कर दिया गया था। तब सामान्य मजदूर भी इसका सेवन करते थे और अपेक्षाकृत शांति से बिना झगड़े झंझट के अपने परिवारों में रहते थे।) (परिशिष्ट ५: एक गणतांत्रिक व्यवस्था में व्यक्ति की इच्छा को जनता पर लादना कितना उचित)।

गांजे की दुकान पर गये तो लाहिड़ी महाशय ने देखा कि दुकानदार दुकान बंद करके भीतर हिसाब मिला रहा है। इनके मांगने पर उसने कहा, "गांजा पीते हैं और यह भी नहीं जानते कि छः बजे दुकान बंद हो जाती है। जाइये कल आइयेगा। आबकारी के आदमी लगते हैं। इस वक्त हम गांजा नहीं बेचते।"

लाहिड़ी बाबू ने कहा, "आपका ख्याल गलत है। न तो मैं आबकारी का आदमी हूं और न ही मैं गांजा पीता हूं। तारा पीठ दर्शन करने जा रहा हूं। बामा क्षेपा बाबा के लिये ले जाना है।"

बामा क्षेपा का नाम सुनते ही दुकानदार के चेहरे की रंगत बदल गयी। बोला, "आप जरा ठहरिये।" फिर अपने कर्मचारी से कहा, "बक्से से बढिया गांजा एक तोला बाबू को दे दे।" लाहिड़ी महाशय ने पांच का नोट बढाया तो दुकानदार

ने कहा, "दाम की जरूरत नहीं। अब आप जल्दी चले जाइये, वर्ना गाड़ी नहीं मिलेगी। आपको जो पुण्य मिलेगा, उसमें से कुछ हमें दे दीजियेगा।"

बस से उतरते ही लाहिड़ी महाशय की निगाह एक साइनबोर्ड पर पड़ी। लाहिड़ी महाशय को ज्ञात था कि बाबा शराब भी पीते हैं। साइनबोर्ड पर 'विलायती शराब' लिखा था। सीधे दुकान के पास आये। दुकानदार ने पूछा, "कौन सी शराब चाहिये"? लाहिड़ी बाबू ने कहा, "मैं शराब पीता नहीं, बामा क्षेपा बाबा को देना है।" दुकानदार ने अपने कर्मचारी से कहा इन्हें एक बोतल एक्सा नंबर वन दे दो। दूसरा मत देना वर्ना हजारों गाली देंगे।" लाहिड़ी बाबू ने (बोर्ड पढ़कर) साढ़े पांच रुपये दिये। दुकानदार ने कहा, "आप से साढ़े चार ही लूंगा।"

हावड़ा पुल पर चढ़ते समय लाहिड़ी बाबू की निगाह घड़ी की ओर उठ गई तो उन्होंने देखा कि आठ बजकर चौबीस मिनट हो गये हैं। अब वे सोचने लगे कि गाड़ी तो चली गयी होगी। हावड़ा स्टेशन जाना बेकार है। ज्यों ही यह विचार उनके मन में आया त्योंही उन्हें लगा जैसे कोई कमर और गर्दन पर हाथ लगाकर उन्हें आगे की ओर धकेल रहा है। स्टेशन से वे कुछ दूर थे कि उन्हें गाड़ी की सीटी सुनाई दी। द्रुत गति से वे आगे बढ़ते गये। प्लेटफार्म पर एक गाड़ी खड़ी थी। बिना टिकट लिये वे उस पर सवार हो गये। उस वक्त आठ बजकर चालीस मिनट हो चुके थे। लाहिड़ी महाशय ने यह भी नहीं पूछा कि यह गाड़ी कहां जायेगी और कब छूटेगी।

आश्चर्य की बात यह हुई कि ज्योंही वे सवार हुए गाड़ी चल पड़ी। इन्हें भयाक्रांत भाव से खड़ा देखकर एक यात्री ने कहा, "आप खड़े क्यों हैं। पूरे डिब्बे में इतनी जगह खाली है, बैठ जाइये।" लाहिड़ी ने पूछा, "यह गाड़ी कहां जायेगी"?

यात्री ने कहा, "वाह जनाब! गाड़ी पर सवार होने और रवाना होने के बाद आप यह पूछ रहे हैं कि यह कहां जायेगी? कम से कम किसी भी गाड़ी पर सवार होने के पूर्व यह पता लगाना चाहिये कि यह कब छूटेगी और कहां जा रही है। बहरहाल, आपको जाना कहां है"?

लाहिड़ी ने कहा, "मुझे तारापीठ बामा क्षेपा बाबा का दर्शन करने जाना है।"

यात्री ने कहा, "घबराइये नहीं। गाड़ी उधर ही जा रही है। शायद इंजिन में कुछ खराबी आ गई थी, तभी आज यह गाड़ी इतनी लेट हो गयी है। मुझे लगता है यह सब बाबा की करतूत है, तभी इतनी देर से आने पर आपको गाड़ी मिल गई!"

इसके बाद लाहिड़ी बाबू ने उसे अपनी सारी रामकहानी सुनाई। कुछ देर बाद बर्दवान स्टेशन पर टिकट चेकर आया और इनके पास बैठकर उसने सभी यात्रियों के टिकट चेक किये। आश्चर्य की बात यह हुई कि लाहिड़ी महाशय से उसने टिकट दिखाने के लिये नहीं कहा। इस प्रकार बिना टिकट लाहिड़ी महाशय तथा उन्हें ट्रेन में मिला एक अन्य साथी तारापीठ पहुंच गये।

अभी बाबा की कुटिया काफी दूर थी। अचानक अंधेरे से एक आदमी इन लोगों के सामने आया और पूछा, "क्या आप कलकत्ता से आ रहे हैं? अगर आपके पास शराब और गांजा है तो तुरंत मुझे दे दीजिये।"

आगंतुक की बात सुनकर लाहिड़ी सन्नाटे में आ गये। इन लोगों को चुप रहते देख आगंतुक ने पुन: कहा, "मैं बाबा का सेवक हूं। दया करके आप चुप मत रहिये। शाम से मैं उनकी गालियां सुन रहा हूं। उनका कहना है कि कलकत्ता से एक लड़का साहबों वाली विलायती शराब और गांजा लेकर आ रहा है। उसके साथ एक लड़का और है। जा, उन्हें अपने साथ लेकर आ। अगर आपके पास ये दोनों चीजें हैं तो झटपट मुझे दीजिये, वर्ना मुझे फिर गाली सुननी पड़ेगी।"

दोनों सामान सेवक के हवाले कर लाहिड़ी महाशय उनके पीछे-पीछे चलने लगे। बाबा ने बोतल लेकर एक बर्तन में शराब उड़ेली। थोड़ी सी पीने के बाद बोले, "इस साले को कब से कह रहा हूं कि मेरे लिये माल आ रहा है। जा, ले आ। जानता है, कल से इनके पीछे हूं। पूछ साले, रात सात बजे गांजा खरीदवाया। रात सात बजे कहीं गांजा मिलता है? रात आठ बजे शराब खरीदवायी। कहीं गाड़ी छूट न जाये, इसलिये इंजिन खराब कर दिया। यहां तक कि बिना टिकट तारा मां के पास तक ले आया। साले, तुम चुप क्यों हो, कहते क्यों नहीं कि ये सारी बातें सही हैं या गलत? ये लोग मुझे शराबी और पागल समझते हैं!"

बाबा का आशीर्वाद

श्री नंदलाल भट्टाचार्य ने एक घटना के बारे में लिखा है—एक दिन तारापीठ के महाश्मशान में बाबा दिगंबर रूप में बैठे हुए थे। रह-रहकर 'जय मां तारा' की हांक लगा रहे थे। ठीक इसी समय दूर कहीं से बाजा बजने की आवाज आयी जो क्रमश: पास आती हुयी ज्ञात हुई। स्थानीय एक भक्त ने मंदिर में आकर सूचना दी कि लाव-लश्कर, गाजा-बाजा के साथ दरभंगा के महाराजा साहब बाबा के पास आ रहे हैं।

बामा क्षेपा ने तारा मंदिर के पुजारी नगेन पण्डा से पूछा, "कौन आ रहा है"?

नगेन पण्डा ने कहा, "दरभंगा के राजा साहब आ रहे हैं, बाबा।"

बाबा ने पूछा, "वे क्यों आ रहे हैं? मैं तो नंगा फकीर हूं। अगर राजा महाराजा मेरे पास आने लगेंगे तो मुझे यहां से भागना पड़ेगा।"

राजा साहब सामान्य पहनावे में तथा विनयावनत होकर आये। बामा बाबा ने कहा, "मैं मूर्ख आदमी ठहरा। राजा-महाराजा से कैसे बात करनी चाहिये, मैं नहीं जानता।"

राजा ने उत्तर में कहा, "मैं आपका एक छोटा भक्त हूं। आपके लिये विलायती शराब लेकर आया हूं। कृपया आप इसे ग्रहण करें।"

बामा बोले, "अच्छा किया बेटा। जीते रहो राजा साहब। तुम्हें दो-दो संतान प्राप्त हों!" महाराजा अपुत्रक थे। बाबा के आशीर्वाद से उन्हें जुड़वा पुत्रों की प्राप्ति हुई।

भोजन एवं खाद्य में वृद्धि

प्रकाश चन्द्र जोशी (मुकुंदा) के द्वारा लिखित 'अनंत कथामृत' नामक नीम करोली महाराज की जीवनी के विषय में हम चर्चा कर चुके हैं। यहां उसी में वर्णित दो घटनायें उद्धृत की जा रही हैं। पहली घटना उस समय की है जब उत्तर प्रदेश के कानपुर शहर में पनकी नामक स्थान पर महाराज के द्वारा प्रणीत हनुमान जी के एक भव्य मंदिर की स्थापना होने वाली था।

जब रोकने का बटन महाराज के हाथ हो

कानपुर के पनकी मंदिर में हनुमान जी के प्रतिष्ठापन हेतु बाबा जी महाराज की मंशा थी कि इतना वृहद् भण्डारा हो कि जिसमें हजारों-हजार की संख्या में जनता प्रसाद पाये। परंतु संयोजकों द्वारा केवल सीमित वर्ग एवं संख्या के लिए ही व्यवस्था हो पाई। साथ में हनुमान जी का भण्डारा प्रसाद बनाने के लिए भी केवल डालडा वनस्पति के तेल का ही प्रबंध हो पाया था (जबकि महाराज जी के समस्त ऐसे कार्यों में केवल शुद्ध घी का प्रयोग होता रहा -चाहे वह नीब करोरी में एक माह का यज्ञ हो, चाहे हनुमान मंदिरों - आश्रमों में नित्य का भोजन प्रसाद या भण्डारा-प्रसाद अथवा लड्डू आदि का भोग अर्पित होता हो और चाहे कोई भी अन्य अनुष्ठान सम्पन्न होता हो) और तब कानपुर (पनकी) में भी

महाराज जी की इस इच्छा को कौन अवरुद्ध कर सकता था। अस्तु, प्रथम तो डालडा घी ही देशी घी में परिवर्तित हो गया!! संयोजक देखते ही रह गये। और फिर संयोजित सामग्री में स्वत: इतनी अधिक वृद्धि होती गई कि बिना बुलाये ही हर वर्ग, हर वर्ण, हर जाति की हजारों-हजार की संख्या में जनता न केवल प्रतिष्ठापन दिवस में हनुमान जी का प्रसाद पाने टूट पड़ी अपितु आगे के कुछ दिनों तक भी यह सिलसिला जारी ही रहा!! (सामग्री इतनी प्रचुर मात्रा में बची रही!!) लगता था मानों महाराज जी धकेल धकेल कर जनता को भेजते जा रहे हैं पनकी को अपना प्रसाद पवाने!! प्रबंधकों-व्यवस्थापकों का भण्डारा न होकर यह बाबा जी महाराज की मंशा-शक्ति द्वारा संचालित भण्डारा हो गया।

इससे भी अधिक आश्चर्यजनक बात यह रही कि प्रतिष्ठा के दिन महाराज जी इलाहाबाद में ही दादा के घर एक कमरे में साढ़े तीन-चार घंटे बंद रहे -घोर निद्रा में निमग्न!! वहीं से ही रहस्यपूर्ण रूप से संचालन होता रहा?! क्योंकि पनकी में उपस्थित प्रत्यक्षदर्शियों के अनुसार बाबा जी महाराज स्वरूप में भी तथा अन्य रूपों में भी मंदिर के आस-पास ही घूम घूम कर प्रबंध संचालित कर रहे थे तथा कई भक्तों से उनकी बातचीत भी हुई, यद्यपि हम सब उस समय दादा के घर उन्हें कमरे में सोते हुए देखते रहे!! (और उनके जागने पर मैंने खिड़की की दरार से स्पष्ट देखा कि बाबा जी ने कम्बल से मुंह बाहर निकाला और उसी समय कमरे में प्रवेश करती हुई श्री सिद्धि मां के हाथ में कुछ रख दिया - क्या वह पनकी हनुमान जी के प्रतिष्ठापन का प्रसाद था?!)

भंडारगृह में खाद्यान्न की आपूर्ति

यह १९६६ में इलाहाबाद में होने वाले कुंभ मेले की घटना है, जहां महाराज ने भी अपना एक कैम्प लगाया था जो एक माह से भी अधिक समय तक एक अन्न-क्षेत्र के रूप में भी विद्यमान रहा जिसमें प्रतिदिन सैंकड़ों लोग दोनों समय प्रसाद के रूप में भोजन ग्रहण करते थे। सुबह ८-९ बजे से जो भीड़ बाबा जी महाराज का प्रसाद पाने आती थी, वह देर रात तक बनी ही रहती थी। महाराज का आदेश था कि 'भरपेट खिलाओ और बांध कर भी दो'।

कहां से सब कुछ आता था, पता न चल पाता। कभी शुद्ध घी में तरबतर हलवे का भण्डारा तो कभी खीर और कभी आलू-मटर-गोभी मिश्रित खिचड़ी का। दाल-चावल-रोटी तो बनती ही थी। बाबा जी महाराज अक्सर देर रात में आ पहुंचते और धुंए से भरे रसोईघर में जाते, फिर भण्डार गृह में पहुंच कभी इस

बोरे के ऊपर बैठते और कभी उसे बोरे के ऊपर तथा कहते - दाल नहीं है? चीनी नहीं है? चावल-आटा नहीं है? आदि। सुबह पता नहीं किस माया के अंतर्गत दो-तीन ऊंट नजर आते, दोनों ओर पीठ पर लदी खाद्य सामग्री के साथ! पौष मास की पूर्णिमा को प्रारंभ यह भंडारा माघ पूर्णिमा तक यथावत चलता रहा। इस पूरे प्रकरण में आद्योपान्त बाबा महाराज की ही मनसा-शक्ति अपना काम कर रही थी और जब अन्य अन्न-क्षेत्र बसंत पंचमी को बंद हो गये तो उन क्षेत्रों के आश्रित भी महाराज जी के अन्न-क्षेत्र पर टूट पड़े, पर महाराज के नित्य के भंडारे खूब चले! खुल कर चले!

शब्दवाही उपचार एवं कौतुक

विश्वनाथ मुखर्जी की पुस्तक के पंचम खंड से: नीब करोरी गांव में कई वर्षों तक रहने के उपरांत, जहां का ब्राह्मण समुदाय उनसे कुपित हो गया था, नीमकरोली महाराज ने सदा के लिये उस गांव का परित्याग कर दिया। यहां से वे फतेहगढ़ आये और फिर अनेक स्थानों पर घूमते फिरते वे अपने जन्म-स्थल अकबरपुर में उपस्थित हो गये। यहां पहुंचकर अपने पैतृक घर पर ठहरने के स्थान पर उन्होने सरकारी अतिथि-गृह को अपना आवास बनाया। जैसे ही उनके वहां रुकने का समाचार लोगों तक पहुंचा उनके कुछ भक्त एवं संबंधियों का भी महाराज के दर्शन करने के लिये अतिथि गृह में आना प्रारंभ हो गया।

एक दिन जब वे वहां उपस्थित लोगों से बात कर रहे थे, तो अचानक उन्होंने वहां उपस्थित और अपने निकट बैठे हुए श्याम सुंदर शर्मा को यह निर्देश दिया, “आप एक बार बाहर लॉन में जाकर वहीं प्रतीक्षा कीजिये। वहां कोई नीमकरोली बाबा को खोजते हुए आयेगा। उसके साथ एक गूंगा और बहरा लड़का भी होगा। आप उनसे कहियेगा कि यहां ऐसे कोई बाबा नहीं हैं, परंतु यह लड़का ठीक हो जायेगा। इसके अतिरिक्त आप जैसा चाहें उनसे कह सकते हैं।”

शर्मा जी तुरंत बाहर आ गये और वे लॉन को पार करके गेट तक पहुंचे ही थे कि तभी एक कार वहां आकर अतिथि गृह के निकट खड़ी हो गई। एक भद्र व्यक्ति कार से उतर कर गेट के समीप आये और उन्होंने शर्मा जी को बताया, “मेरा नाम डा. बेग है। मैं फिरोजाबाद में सिविल सर्जन हूं। मुझे ज्ञात हुआ है कि नीब करोरी के बाबा यहां ठहरे हुए हैं। मैं उनसे मिलना चाहता हूं। मेरा यह

पुत्र जन्म से ही गूंगा और बहरा है। मैं सभी प्रकार के प्रयास कर चुका हूं, पर किसी भी चिकित्सा से कोई लाभ नहीं हुआ। अगर मुझे बाबा की कृपा प्राप्त हो जाये, तो मेरा पुत्र ठीक हो जायेगा।"

जैसे महाराज ने निर्देश दिया था, उसी को दोहराते हुए शर्मा जी ने कहा कि ऐसे कोई बाबा वहां उपस्थित नहीं थे पर उनका लड़का ठीक हो जायेगा। फिर एक अंत:प्रेरणा के वश उन्होंने बालक से पूछा, "तुम्हारा नाम क्या है"? इसके पहले कि डा. बेग कुछ कहते, लड़के ने स्वयं अस्पष्ट शब्दों में अपना नाम बता दिया। यह देखकर डा. बेग सन्न रह गये कि उनके गूंगे और बहरे लड़के ने न केवल प्रश्न को सुन लिया था, बल्कि अस्पष्ट ही सही पर स्वयं ही अपना नाम बताने का प्रयास भी किया था।

तब शर्माजी ने, जिन्हें महाराज ने अधिकृत करते हुए कहा था कि वे जो चाहे कह सकते हैं, डा. बेग को आश्वासन देते हुए कहा, "आपका पुत्र अब सुन और बोल भी सकता है। आपको चिंता करने की आवश्यकता नहीं है। कुछ समय में ही यह एकदम ठीक हो जायेगा।"

हम पाठकों को बता चुके हैं कि जब भी कोई व्यक्ति किसी सिद्ध महापुरुष से मिलने के लिये अपने स्थान से निकलता है तो सिद्ध योगी को उसके आने के उद्देश्य का ज्ञान हो जाता है। अत: यह कोई आश्चर्य की बात नहीं है कि महाराज को डा. बेग के अपने पुत्र को लेकर उनके पास आने तथा उनके पुत्र को प्रभावित करने वाले कर्म प्रवाह के विषय में सब कुछ स्वत: विज्ञात हो गया था। संभवतया बालक को प्रभावित करने वाले कर्म का प्रवाह इतना क्षीण हो चुका था कि दूर से ही एक शब्द वाहक के माध्यम से ही महाराज के हाथों उसका उपचार संभव था।

सिद्धेच्छा का प्रकृति को हस्तांतरण

महाराज के प्रयाण का समय नजदीक आ रहा था जब होत्रीदत्त शर्मा जी की पुत्री के विवाह की तिथि १८ जून १९७३ निश्चित हो गयी। विवाह के तीन दिन पूर्व १५ जून को विवाह से संबंधित व्यस्तता के रहते हुए भी शर्माजी स्वयं यात्रा करके नीम करोली महाराज का आशीर्वाद प्राप्त करने एवं प्रथा के अनुरूप गुरू स्थानीय बाबा को निमंत्रित करने के लिय भी (भले ही स्वीकारोक्ति की संभावना शुन्यवत हो) उनके समक्ष कैंची आश्रम में उपस्थित हो गये।

महाराज ने उनसे कहा, "पंडित, मेरे करने के योग्य (विवाह में सहायक) कुछ कार्य हो तो बताओ।" शर्माजी के दिमाग में ऐसा कुछ नहीं था अत: प्रत्युत्तर में वे चुप ही रहे। आमोदप्रिय महाराज ने कौतुकवश तब स्वयं ही कहा, "ठीक है, मैं ऐसा कुछ करता हूं, जो (इस विवाह के निमित्त) और कोई नहीं कर सके।" शर्मा जी महाराज के मन की दिशा को समझने के प्रयास में केवल उनकी ओर देखते भर रहे। महाराज ने तब अपनी योजना उनसे साझा करते हुए बोले, "तुम्हारे गांव में बिजली नहीं है और गर्मी के कारण बारात के लोगों को असुविधा की अनुभूति होगी अत: हम तुम्हारे लिये मौसम को ही बदल देते हैं। तुम आवश्यक ओढने बिछाने की व्यवस्था अवश्य कर लेना, क्योंकि १८ ओर १९ जून को वहां काफी ठंड रहेगी (यह सामान्य ज्ञान का विषय है कि भारत में मैदानी क्षेत्रों में मई और जून के महीने सर्वाधिक गर्म होते हैं जब तापमान ४५ डिग्री के निकट पहुंच जाता है)।"

निश्चित समय पर जब बारात आ गई तो दिन के समय से ही हल्की बूंदा बांदी प्रारंभ हो गई और शीघ्र पूर्व दिशा से हवा भी बहने लगी। तापमान कम हो गया और सभी के लिये मौसम सुहावना हो गया। रात के समय तक तो ठंड इतनी बढ़ गई थी जैसे नवंबर और दिसंबर के महीनों मे होती है। तथापि होत्रीदत्त जी ने सभी आवश्यक इंतजाम पहले से ही महाराज के निर्देशानुसार कर रखे थे। जैसा कि उनकी प्रकृति थी, उन्होंने सभी को यह बता दिया कि महाराज ने कैंची में उनसे क्या कहा था और विवाह में उपस्थित सभी इन बातों पर आश्चर्य करते रहे। जैसे ही बारात विदा हुई, मौसम अपने स्वाभाविक रूप में लौट आया और वहां पहले की तरह भीषण गर्मी हो गई। (राजीदा की पुस्तक 'अलौकिक यथार्थ' से उधृत।)

सलाखों के अंदर और बाहर

प्रयाग में लगभग सात वर्षों तक निवास करने के बाद १३० वर्ष की आयु में गणपति तैलंगधर स्वामी (१६०७-१८८७ ई.) अपने गुरू के द्वारा निर्देशित तीर्थाटन की इतिश्री करते हुए सन् १७३७ ई. में काशी पहुंच गये। अपने जीवन के अंतिम १५० वर्ष उन्होंने विश्वनाथ की नगरी कहे जाने वाली काशी (वाराणसी) में ही व्यतीत किये, जहां श्रद्धा से लोग उन्हें जीवंत विश्वनाथ भी कहते थे। आरंभ में अनेक वर्षों तक उन्होंने नगर के दक्षिण में भदैनी क्षेत्र में

तुलसी बाग में वास किया, परंतु बाद में गंगा के किनारे दशाश्वमेध घाट पर एक एकाकी जनहीन स्थान का चुनाव करके वे वहीं रहने लगे।

तैलंग स्वामी से अंग्रेजी शासक वर्ग की छेड़छाड़

अपने एकांत और जनविहीन स्थान पर तैलंग स्वामी वस्त्रहीन अवस्था में ही रहते थे पर जब इधर-उधर कहीं जाना आवश्यक होता था तो वे एक लंगोट धारण कर लेते थे। एक बार घाट पर घूमने के लिये आने वाले कुछ भ्रमणकारियों ने अंग्रेज अधिकारी से इस विषय में शिकायत कर दी और पुलिस आकर स्वामी को गिरफ्तार करके ले गयी।

आदिम प्रकृति एवं संस्कारों से युक्त उन मुगल आक्रांताओं का, जिन्होंने प्राचीन आदि विश्वनाथ मंदिर का ध्वंस करने के बाद उस स्थान पर एक मस्जिद का निर्माण कर दिया था, शासन अब समाप्त हो चुका था। काशी का जिला मजिस्ट्रेट अब एक अंग्रेज व्यक्ति था। मुस्लिम शासकों से अंग्रेज कुछ ही बेहतर थे। तथापि वे इसाई धर्म के अनुयायी थे जो मुस्लिम धर्म से बहुत भिन्न था और जो मानवता के प्रति अपराध का महिमा मंडन करने के स्थान पर अपराध की स्वीकारोक्ति और क्षमा याचना का पक्षधर था। इसाई धर्म को मानने वाले मंदिरों को ध्वंस नहीं करना चाहते थे और यद्‌यपि अपने धर्म को स्वीकार करने के लिये वे अनेक प्रकार के प्रलोभन अवश्य देते थे, पर वे जोर जबर्दस्ती के माध्यम से धर्म परिवर्तन के विरुद्ध थे।

स्वामी को जब अंग्रेज मजिस्ट्रेट की अदालत में लाया गया, तो सारा मामला सुनने के पश्चात उसने स्वामी से कहा कि इसके बाद यदि वे घाट पर नग्न अवस्था में पाये गये तो उन्हें दंडित किया जायेगा। परंतु जब उसने वस्त्रों के गुणों और उन्हें धारण करने की आवश्यकता के संबंध में एक वक्तृता देनी प्रारंभ की तो उसे यह देख कर बड़ा क्रोध आया कि स्वामी का ध्यान उसकी ओर नहीं था और वे एक असंबद्ध की भांति इधर उधर निहार रहे थे। इसे अपना अपमान समझते हुए उसका क्रोध एक तीव्र आक्रोश में बदल गया और उसकी सारी सज्जनता एक क्षण में विलुप्त हो गई। उसने आदेश दिया कि स्वामी को जेल में डाल दिय जाये, परंतु जैसे ही पुलिसकर्मी उन्हें पकड़ने के लिये आगे बढे, स्वामी अचानक अदृश्य हो गये।

पुलिसकर्मियों ने स्वामी को अदालत के अंदर और बाहर सभी जगह ढूंढ़ने का प्रयास किया पर वे कहीं नहीं मिले। तब तक स्वामी की गिरफ्तारी का

समाचार मिलने पर अनेक सभ्रांत नागरिक अदालत में एकत्रित हो गये थे। दूसरी ओर मजिस्ट्रेट बहुत अपमान का अनुभव कर रहा था यद्यपि उसकी समझ में नही आ रहा था कि वह क्या करे।

तभी स्वामी जी को श्रद्धा की दृष्टि से देखने वाले एक बंगाली सज्जन जो उसी परिसर में एक अन्य अदालत में जज के पद पर नियुक्त थे समय निकाल कर वहां पहुंच गये। उन्होंने मजिस्ट्रेट को समझाया कि भारत में धार्मिक स्थलों पर दिगंबर साधुओं की उपस्थिति एक सामान्य घटना है जिसमें स्थानीय नागरिकों को कोई आपत्ति नहीं होती। उन्होंने मजिस्ट्रेट को यह भी बताया कि तैलंग स्वामी अनेक विभूतियों से संपन्न एक उच्च कोटि के योगी थे और यह प्रार्थना भी की कि उचित यही होगा कि वे इस मामले को रद्द कर दें। जैसे ही उन बंगाली जज ने अपना कथन समाप्त किया तैलंग स्वामी पुन: प्रकट होकर उसी स्थान पर गवाह कक्ष में खड़े दृष्टिगोचर होने लगे, जहां से वे लुप्त हो गये थे।

मजिस्ट्रेट ने स्वामी की योगशक्ति का प्रत्यक्ष प्रमाण देखकर आश्चर्य की अनुभूति करते हुए यह निर्देश दिया कि तैलंग स्वामी अपनी इच्छा के अनुरूप रहने के लिये स्वतंत्र रहेंगे और पुलिस प्रशासन भविष्य में उन्हें किसी प्रकार से परेशान नहीं करेगा।

अंग्रेजी शासन तंत्र की स्वामी से एक और भिड़ंत

दशाश्वमेध घाट वाराणसी में एक प्रमुख स्थानों में गण्य था। अपनी बढती हुई प्रसिद्धि एवं लोकप्रियता और एक खुले स्थान में रहने के कारण स्वामी के पास विभिन्न प्रकार की परेशानियों में राहत और वर प्राप्ति के इच्छुक लोगों का तांता लगना प्रारंभ हो गया था। लगभग १७९० ई. में मंगल दास भट्ट, जो एक महाराष्ट्रियन ब्राह्मण हुआ करते थे और जिन्हें बाद में स्वामी ने एक शिष्य के रूप में स्वीकार कर लिया था, तैलंग स्वामी को अपने पुश्तैनी आवास के निकट पंचगंगा घाट में जाकर रहने के लिये मनाने में सफल हो गये। तथापि स्वामी की यह शर्त थी कि वे उनके घर के समीप खुले स्थान पर एक पेड़ के नीचे ही रहा करेंगे ताकि उनके पास विभिन्न प्रार्थनाओं को लेकर आने वाले लोगों तथा जनमानस की नजरों से दूर रहते हुए रात्रि में किसी भी समय उनसे मिलने के लिये आने वाले सिद्ध पुरुषों के आवागमन से उनके परिवार को किसी प्रकार की असुविधा नहीं हो।

प्रशासन के तैलंगधर स्वामी से टकराव की दूसरी घटना सन् १८१० में घटित हुई। काशी में भ्रमण पर आने वाले बाहर के सैलानी और तमाशबीन अक्सर पंचगंगा घाट पर भी पहुंच जाते थे। काशी का नया मजिस्ट्रेट एक कठोर प्रकृति के प्रशासक के रूप में जाना जाता था। तथापि स्वामी के रहन सहन में कोई परिवर्तन नहीं हुआ था। इस बार कुछ यूरोपियन महिलाओं की शिकायत पर स्वामी को पकड़कर पुन: एक पुलिस स्टेशन की हवालात में बंद कर दिया गया। जैसे-जैसे स्वामी की गिरफ्तारी का समाचार फैलने लगा पुलिस स्टेशन के बाहर उद्‌विग्न लोगों की भीड़ एकत्रित होने लगी जिसकी सूचना पुलिस विभाग द्‌वारा मजिस्ट्रेट को भेज दी गई।

यह सोचकर कि कहीं भीड़ के दबाव में आकर पुलिस वाले स्वामी को रिहा न कर दें, अगले दिन प्रात:काल के समय ही मजिस्ट्रेट स्वयं गाड़ी से वहां पहुंच गया। वहां पहुंचने पर मजिस्ट्रेट ने देखा कि स्वामी बाहर पुलिस स्टेशन के लाउंज में चहल कदमी कर रहे थे। आग-बगूला होकर अंग्रेज मजिस्ट्रेट पुलिस कर्मियों और दारोगा पर चिल्लाने लगा। लेकिन दारोगा ने उसे बताया, “सर, इसमें हमारी कोई गलती नहीं है। आप स्वयं देख सकते हैं कि हवालात के दरवाजे पर दो-दो ताले लगे हैं। किसी को ज्ञात नहीं है कि यह स्वामी कैसे बाहर आ गया। जब हम उसे पकड़ने के लिये उसके समीप जाते हैं तो वह गायब हो जाता है और कुछ समय के पश्चात वह फिर से उसी प्रकार लाउंज में टहलते हुए दिखाई पड़ने लग जाता है। मुझे तो लगता है कि यह स्वामी के भेष में कोई जादूगर है।”

अपने मातहत की बातों पर पूरा विश्वास नहीं होने पर मजिस्ट्रेट ने आगे बढ़कर पहले तालों का स्वयं निरीक्षण किया और फिर हवालात के अंदर झांक कर देखा जिसकी जमीन हर ओर से गीली थी और जिससे से एक अजीब गंध भी उठ रही थी। उसने पूछा, “लॉक-अप की जमीन इतनी गीली क्यों है?”

इसके पहले कि दारोगा कुछ कह सके, उसके प्रश्न के उत्तर में स्वामी ने स्वयं बता दिया, “उसे इस विषय में कुछ भी ज्ञात नहीं है। रात में लघु शंका उत्पन्न होने पर मैंने वहीं थोड़ा मूत्र त्याग कर दिया था क्योंकि उस वक्त मेरी बाहर आने की इच्छा नहीं थी। किंतु प्रात: काल मेरी इच्छा हुई कि मैं बाहर आकर कुछ चहल-कदमी कर लूं, और मैं स्वयं बाहर आ गया। तुम्हारे द्‌वार रक्षक ने मुझे बाहर नहीं निकाला है”। अंग्रेज मजिस्ट्रेट को इस पर यकीन नहीं

हुआ और उसने निर्देश दिया कि उसकी उपस्थिति में स्वामी को पकड़कर तालों में बंद कर दिया जाये। स्वामी ने कोई विरोध नहीं किया और उन्हें फिर से हवालात में बंद कर दिया जिसकी चाभी मजिस्ट्रेट अपने साथ लेकर वहां से चला गया।

उसी दिन, जब मजिस्ट्रेट अपनी अदालत में बैठकर किसी मामले में जिरह सुन रहा था, तभी उसने स्वामी को अपने ही अंदरूनी कक्ष से निकल कर बाहर आते हुए देखा और इस वक्त वे अपनी स्वाभाविक नग्नावस्था में थे। पुलिस कर्मियों ने हवालात में जो वस्त्र उनकी कमर में लपेट दिया था, उसका अब कहीं भी अता पता नहीं था। यह देखकर मजिस्ट्रेट सदमें से अवाक रह गया। तैलंग स्वामी ने उससे कहा, "भोग विलास में लिप्त और भौतिक संपदाओं के भंडारण में व्यस्त रहने वाले तथा भारत के संत ओर योगियों से अपरिचित तुम पाश्चात्य जगत के वाशिंदों में वह शक्ति नहीं है कि तुम मुझे जेल में बंद कर सको। भविष्य में कभी किसी संत को परेशान करने का प्रयास मत करना, अन्यथा तुम्हारा सर्वनाश हो जायेगा।" और स्वामी अदृश हो गये।

यह देख-सुन कर मजिस्ट्रेट अपने होश गंवाकर जमीन पर गिर पड़ा। होश में आने पर और जब उसे पिछली घटना का पता चला जब स्वामी को पहली बार गिरफ्तार करके कोर्ट में लाया गया था, मजिस्ट्रेट ने यह लिखित आदेश दिया कि महान संत तैलंग स्वामी काशी नगरी में अपनी इच्छा के अनुरूप रहने के लिये स्वतंत्र होंगे, आने वाले समय में कोई अन्य मजिस्ट्रेट इसमें कोई दखल नहीं देंगे और यदि उनके रहने के तरीके से किसी को कुछ असुविधा का अनुभव होता हो तो उसके लिये स्वयं उनसे दूरी बनाकर रहना उचित हागा। (ये दोनों ही विवरण लेखक के द्‌वारा विश्वनाथ मुखर्जी के द्‌वारा संकलित 'योगीराज तैलंग स्वामी' नामक पुस्तक से लिये गये हैं)।

बंद खिड़कियों और दरवाजों से आवागमन

श्री सच्चिदानंद बंध्योपाध्याय की पत्नी सती देवी उन विरल सौभाग्यवान व्यक्तियों में एक थीं जिन्हें न केवल बहरा बाबा की अनेक लीलाओं को देखने का अवसर प्राप्त हुआ था बल्कि जो उनमें से अनेक घटनाओं में किसी न किसी प्रकार सम्मिलित भी रही थीं। जब भी बहरा बाबा कोलकाता आते थे तो

वे कुछ दिन हावड़ा में उनके घर पर भी अवश्य ठहरते थे और लेखक को जो दो बार बाबा के दर्शन हुए वे इन्हीं के आवास पर हुए थे।

वे इस बात की प्रत्यक्षदर्शी थीं कि रात्रि के समय बिना किसी को बताये बहरा बाबा कभी किसी से मिलने के लिये और कभी किसी की सहायता करने के लिये घर से निकल जाया करते थे। उन्हें इससे कोई फर्क नहीं पड़ता था कि घर के द्वार आदि खुले हैं या बंद। बंद दरवाजे और जहां उन्हें जाना होता उस स्थान की दूरी का बाबा के लिये कोई अर्थ नहीं था, वे उनके लिये कोई व्यवधान उत्पन्न नहीं कर पाते थे। केवल रात्रि ही नहीं, कभी-कभी दिन के समय भी बाबा अल्प समय में ही अपने स्थान से गायब होकर अपने कार्य का निर्वाह करके लौट आते थे। ऐसी ही एक घटना सती देवी के दृष्टिपथ में तब आई थी जब एक बार बाबा उनके हावड़ा स्थित आवास में ठहरे हुए थे।

यह एक स्वाभाविक नियम बन गया था कि जब भी बाबा बंध्योपाध्याय परिवार के यहां ठहरते, तो उनका खाट-बिछौना ऊपर की मंजिल पर पूजा के कक्ष में लगा दिया जाता था। उस दिन प्रात: सती देवी बाबा के कक्ष में आईं तो बाबा अपने बिस्तर पर बैठकर उनसे बातें कर रहे थे और वे कक्ष में दैनिक झाड़-पोंछ करती जा रहीं थी। साफ-सफाई का कार्य पूरा हो जाने पर वे बाबा के उपयोग के लिये एक बाल्टी जल लाने के निमित्त नीचे की मंजिल पर उतर गईं। कुछ ही मिनटों में वे जल लेकर कक्ष मे लौट भी आईं, पर बाबा कहीं दिखाई नहीं पड़ रहे थे। आश्चर्य में पड़कर जब वे वहां खड़ी हुई थीं, तभी उन्होंने देखा कि सलाखों से युक्त खिड़की से होकर बाबा कक्ष में प्रवेश कर रहे थे। वे केवल स्तब्ध होकर देखती भर रहीं। बाबा से कुछ पूछ सकें, वे इस स्थिति में नहीं थीं।

सरलता से पलायन के लिये अधिक उपयुक्त

कोलकाता में खिद्दिरपुर के निवासी भिक्षुराम घोषाल को सन् १९२१ में कुछ महीनों तक बाबा विशुद्धानंदजी के सान्निध्य में उनके वाराणसी के आश्रम 'विशुद्धानंद कुटीर' में रहने का सुयोग प्राप्त हुआ था। इस अवधि में उन्हें आश्रम के संचालन के लिये आवश्यक वस्तुओं की दैनिक खरीददारी का भार सौंपा गया था। बाबा का यह नियम था कि वे प्रतिदिन रात के दस बजे तीसरी मंजिल पर स्थित अपने पूजा कक्ष में चले जाते थे और प्रात: ९ बजे वहां से बाहर निकलते थे। बाबा सदैव इस नियम का दृढ़ता से निर्वाह करते थे, तथापि कदाचित किसी

दिन उन्हें अपने पूजा कक्ष से निकलने में कुछ विलंब भी हो सकता था। प्रात: बाबा के कक्ष से बाहर प्रकट होने पर उनकी आवश्यकताओं का ध्यान रखने का भार भी भिक्षुराम जी के ही सुपुर्द था।

उस दिन बाजार से सभी आवश्यक वस्तुओं की खरीद करने में भिक्षुराम जी को कुछ अधिक समय लग गया था। और जब वे खरीदे गये सामान को टोकरियों में भरवा कर और उन्हें दो मजदूरों के सिर पर रखवाकर आश्रम लौट रहे थे तो लगभग दस बजने वाले थे। समय अधिक हो जाने के कारण आश्रम के निकट पंहुचने पर भिक्षुराम जी कुछ चिंतित मन के साथ बाबा के कक्ष की ओर देखते हुए चल रहे थे कि उसका द्वार अभी खुल गया था या नहीं। जब वे आश्रम से लगभग साठ फीट की दूरी पर थे, तभी उन्हें बाबा दिखाई पड़ गये। वे दक्षिण की ओर से शून्य मार्ग का अवलंबन करके चले आ रहे थे।

बाबा पूर्व की ओर बारांडे में उतर पड़े और उसे पार करके अपने कक्ष की पूर्व दिशा में खुलने वाली खिड़की तक पहुंच कर उन्होंने पहले अपना सिर खिड़की की सलाखों के मध्य के दो इंचों के अवकाश में प्रविष्ट कर दिया और फिर उसी के पीछे अपने शेष शरीर को भी प्रविष्ट करवाते हुए वे अपने कक्ष में पहुंच गये। यह देखकर भिक्षुराम अत्यंत आश्चर्य में पड़ गये। उनके साथ नागपुर से आई हुई एक मध्य वयस की महिला भी थीं और एक अन्य मुस्लिम भक्त भी और इन दोनों ने भी यह माजरा अपनी आंखों से देखा था, कोई भूल चूक की गुंजाइश नहीं थी। भिक्षुराम जी के अनुसार यह बाबा का मुख ही था जिसे उन्होंने स्पष्टरूप से देखा था, यद्यपि आकार में वे अत्यंत छोटे प्रतीत हो रहे थे।

जब उतनी जल्दी नहीं होती

जब आवश्यकता होती है तो सिद्ध योगी एक क्षण में अपने गंतव्य पर पहुंच सकते हैं, जैसा कि पाठक अगले उदाहरण में देख सकेंगे, परंतु उनके अनेक कार्य ऐसे होते हैं जिसमें इतनी शीघ्रता की आवश्यकता नहीं होती। रायगंज के श्री कालीप्रसाद सिंह पिछले तीस वर्षों से बहरा बाबा के शिष्य थे। एक बार जब वे हावड़ा में सच्चिदानंद बंध्योपाध्याय के घर अपने गुरूभाइयों से मिलने आये थे, तो उन्होंने उन्हें अपने साथ घटित होने वाली निम्नवर्णित घटना के विषय में बताया था:

एक दिन रायगंज में अपने मकान में कालीप्रसाद बाबा के पलंग पर बैठकर उनके पैर सहला रहे थे और साथ ही उनके मुखारविंद से झड़ने वाले ज्ञान के मुक्ताकणों को भी चुगते जा रहे थे, कि अचानक उन्होंने देखा कि बाबा के पैर छोटे होते जा रहे हैं और उनके देखते-देखते ही पैर गायब हो गये और बाबा भी।

कालीप्रसाद जी को समझ में नहीं आया कि कैसे और क्या हो गया, बाबा के पैर तो पैर स्वयं बाबा भी कहां गायब हो गये? बाबा की जगह अब उनका वह कक्ष एक दिव्य मधुर गंध से पूरित हो गया था। एक आश्चर्य मिश्रित मतिभ्रम से भरे हुए और सोच में पड़कर वे कुछ काल तक वहीं के वहीं बैठे रह गये। तभी उन्हें दूर से अपनी ओर आती हुई खंड़ाऊं की ध्वनि सुनाई पड़ने लगी। धीरे-धीरे वह ध्वनि और पास आती गई और फिर उन्होंने देखा कि खड़ाऊं पहने हुए स्वयं बाबा उस कक्ष में प्रवेश कर रहे थे।

यह तो निश्चित है कि बाबा इस अवधि में किसी शिष्य या भक्त के किसी संदेह का निवारण करने अथवा अन्य किसी प्रकार की सहायता प्रदान करने के हेतु किसी समीपस्थ अथवा दूर के स्थान का भ्रमण कर रहे थे और यह भी निसंदेह है कि देश और काल की सीमाओं से मुक्त योगी अत्यल्प समय में ही बड़े से बड़े कार्य का निर्वाह करने में सक्षम होते हैं।

एक ही क्षण में पांच सौ मील दूर

यह घटना १९२९-३० ई. में किसी समय घटित हुई थी। डा. गोपीनाथ की पत्नी उस समय बहुत अस्वस्थ थी। उस समय वे अपने परिवार सहित वाराणसी में निवास कर रहे थे और विभिन्न चिकित्सकों को दिखाने पर भी कोई लाभ दिखाई नहीं पड़ रहा था। कविराज जी के गुरू भाइयों ने उनसे कहा कि वे अपने गुरू बाबा विशुद्धानंद जी को कोलकाता में इस विषय में सूचित कर दें तो ठीक होगा, परंतु एक सामान्य भौतिक परिप्रेक्ष्य में उन्हें बाबा को कष्ट देना या सम्मिलित करना उचित प्रतीत नहीं हुआ।

तथापि उस दिन जब कविराज अपनी ऊपर की मंजिल पर पत्नी के कक्ष में उनकी अस्वस्थता के विषय में जानने के लिये पहुंचे, तो उन्हें उस पद्म गंध की अनुभूति हुई जो बाबा के शिष्य वर्ग में उनके परिचय पत्र के समान समझी जाती थी। कविराज जी ने मन ही मन सूक्ष्म शरीर में अपनी शिष्या के कक्ष

में भ्रमण करने के लिये अपने गुरू को प्रणाम करते हुए उनका धन्यवाद किया और उसी दिन से उनकी पत्नी के स्वास्थ्य में सुधार भी होने लगा।

इस घटना के तीसरे दिन जब कविराज घर के निचले तल पर अपने कक्ष में बैठे थे, तभी पत्नी के द्वारा भेजे हुए गृहसेवक ने नीचे आकर उन्हें सूचना दी कि गृहस्वामिनी उन्हें ऊपर अपने कक्ष में बुला रहीं थी। कुछ चिंता का अनुभव करते हुए कविराज अपनी पत्नी के पास पहुंचे और पूछा, "क्या बात है, तुम कुशल तो हो"? पत्नी ने उन्हें बताया कि कुछ समय पूर्व गुरूदेव वहां आये थे। तब तक कविराज को स्वयं भी पद्मगंध की अनुभूति होने लगी थी। वे बोले, "गुरूदेव तो उस दिन भी आये थे और तभी तुम्हारे स्वास्थय में इतना सुधार दिखाई पड़ रहा है। परतु, और क्या बात हो गई?"

पत्नी ने उत्तर दिया, "जब मैं स्नानगृह से बाहर निकल रही थी तो मुझे बहुत कमजोरी का अनुभव होने लगा था। कमजोरी के कारण मैं गिरने ही वाली थी कि गुरूदेव अपने स्थूल शरीर में प्रकट हो गये और उन्होंने मुझे गिरने से रोक लिया। उन्होंने कमरे में वापस लौटने में मेरी सहायता की और समूचे पथ भर जब वे मुझे सहारा देते हुए मेरे साथ आ रहे थे तो उनकी दाढ़ी भी मेरा स्पर्श कर रही थी।"

टेबल पर रखी हुई दवाई की कुछ गोलियां कविराज जी को दिखाते हुए, उन्होंने फिर बताया, "जब बाबा जा रहे थे तो उन्होंने मुझे ये दस गोलियां भी दी थी। परंतु हर्ष और प्रसन्नता के वश मैं भूल गई हूं कि यह औषधि मुझे कैसे लेनी है (तिब्बत में स्थित आश्रम के निर्देशानुसार विवाह करने के बाद उन्हीं के निर्देशानुसार विशुद्धानंद जी ने उन्नीस वर्षों तक जीविकोपार्जन के निमित्त एक आयुर्वेद के चिकित्सक अथवा 'कविराज' के रूप में कार्य किया था।)"

कुछ दिनों के पश्चात कविराज जी को किसी कार्य से कोलकाता जाना पड़ा। परंपरा का निर्वाह करते हुए जब वे गुरू को प्रणाम करने पहुंचे तो उन्होंने ने उनसे पूछा, "बाबा मेरी एक शंका है, आप उसका समाधान करें। कोलकाता में रहते हुए आप ने कैसे काशी पहुंचकर मेरी पत्नी को गिरने से बचा लिया? आप एक ही समय पर दोनों स्थान पर कैसे उपस्थित हो सकते हैं?"

यह सुनकर हंसते हुए बाबा ने उत्तर दिया, "तुम्हारी पत्नी स्नान के स्थान पर गिरने ही वाली थी और उसी समय मैं भी अपना मुख धोने के लिये (स्नान के स्थान पर) गया था। मुझे दिखाई पड़ा कि वह गिरने ही वाली थी और मैंने उसे सहारा देकर रोक दिया।"

कविराज: "मैंने अपनी पत्नी की अस्वस्थता की कोई सूचना आपको नहीं दी थी, फिर भी आपको पांच सौ मील दूर से यह बात किस प्रकार ज्ञात हो गयी?"

बाबा कुछ क्षणों तक कविराज जी की ओर देखते रहे। शायद वे जानते थे कि भविष्य में यह प्रश्न पूछने का सिलसिला दूर तक चलने वाला है। इसके बाद उन्होंने कविराज से पूछा, "तुम योगी शब्द से क्या अर्थ समझते हो? एक (आप्तकाम) योगी अपनी एक अव्याहित और सर्वत्र की चेतना के माध्यम से सदैव परम चैतन्य से जड़ित रहते हुए अवस्थान करता है। वह देश, काल अथवा किसी परिस्थिति से बाधित नहीं होता। मैं अपनी चेतना में सदैव और सर्वत्र वर्तमान में ही अवस्थान करता हूं। मेरे लिये एक क्षण में काशी पहुंचने में कोई शंका या व्यवधान नहीं है।"

यहां यह समझने की आवश्यकता है कि एक सिद्ध योगी अथवा गुरू के द्वारा अपने सूक्ष्म शरीर में किसी स्थान पर पहुंचना, अपनी योजना या सुविधा के अनुसार अपने स्थूल शरीर को साथ लेकर यात्रा करना और परिस्थिति के अनुरूप किसी क्षण विशेष में (काल में) किसी स्थान विशेष में (देश में) तत्काल सशरीर उपस्थित हो जाना, ये सभी अलग श्रेणी की घटनायें होती हैं। इनमें से पहली दो ज्ञान अथवा ज्ञान एवं क्रिया के संयोजन से तथा अंतिम स्वत: तत्क्षणात की इच्छा के माध्यम से फलीभूत होती है।

ध्यान के माध्यम से योग की साधना के लिये प्रात: ब्रह्म मुहुर्त से सूर्योदय के कुछ बाद तक के समय को सर्वश्रेष्ठ माना गया है। यही वह समय है जब गुरू एवं सिद्धगण भी अपनी ध्यानावस्था में स्थित रहते हुए ही अपने शिष्यों, भक्तों एवं अन्य साधकों की सहायता के हेतु उनके अज्ञातसार में अपने सूक्ष्म शरीर से विभिन्न स्थानों पर भ्रमण करते रहते हैं। जो नियमित समय पर इस प्रकार ध्यान साधन आदि में संलग्न होते हैं उन्हें न केवल अपने गरू बल्कि अन्य महापुरुषों से भी अप्रत्याशित कृपा एवं सहायता की प्राप्ति होती रहती है।

विश्व चैतन्य से युक्तावस्था को प्राप्त योगी की चेतना का क्षेत्र अपरिमित होता है। सूक्ष्म रूप से अपनी स्वाभाविक चेतना को किसी प्रकार प्रभावित किये बिना ही वह सभी व्यष्टि चेतनाओं से भी एक सर्वज्ञ के समान युक्त रहता है। तथापि उससे संबंध रखने वाली सभी घटनायें एवं परिस्थितियां उसकी चेतना के पटल पर स्वत: कौंधती रहती हैं, जैसे किसी का उससे मिलने के लिये अपने स्थान से निकलना, किसी शिष्य अथवा भक्त का किसी अप्रत्याशित संकट में पड़ना, इत्यादि। इसी प्रकार युक्तावस्था को प्राप्त योगी की चेतना की गति

असीम होती है। जैसे ही कोई घटना अथवा परिस्थिति उसके संज्ञान में आती है वह इच्छा मात्र से वहां तत्क्षणात उपस्थित के समान होता है। इच्छा एवं ज्ञान के अतिरिक्त तीसरी जो क्रिया शक्ति होती है, उसके माध्यम से युक्तावस्था को प्राप्त योगी तत्क्षणात किसी वाहन को उलटने से रोकने के लिये, किसी नौका को डूबने से बचाने के लिये और किसी वयस्क अथवा बालक के गिरते समय चोटिल होने से बचाने के लिये अपने इच्छा बल का प्रयोग करने में सक्षम होता है।

देखो! देखो! यह बच गया

यह उस समय की घटना है जब नीमकरोली महाराज ने हिमालय के दक्षिण में स्थित निचली पर्वत शृंखला पर अवस्थित नैनीताल शहर के बाहर एक पहाड़ी पर मारुति नंदन हनुमान जी के एक विशाल मंदिर के निर्माण का कार्य समाप्त ही किया था। एक दिन इस मंदिर के परिसर में अपने काष्ठ के तख्त पर बैठे हुए महाराज अपने दोनों हाथों को ऊपर उठाये हुए एकाएक खड़े हो गये जैसे अपने हाथों से उन्होंने किसी वस्तु को थाम रखा हो। उसी प्रकार अपने हाथों को ऊपर किये हुए वे सहर्ष यह उद्घोष करते हुए अपनी कुटिया से बाहर आ गये, "देखो! देखो! यह बच गया।"

वहां उपस्थित उनके जीवनीकार राजीदा और अन्य भक्तों को महाराज की इस कौतुक से भरी क्रीड़ा को देखकर कुछ समझ में नहीं आया और कुछ भक्त बिना कुछ समझे केवल हंस कर रह गये। बाद में इस घटना की पुष्टि करते हुए पूरन चन्द्र जोशी ने राजीदा को बताया कि इस घटना के तीन दिन बाद महाराज की एक महिला भक्त ने वहां पहुंचकर अत्यंत श्रद्धा के सहित महाराज को प्रणाम किया। गहन आभार की भावना के सहित उस महिला ने महाराज के समक्ष तीन दिन पूर्व कानपुर में घटित होने वाली एक घटना के संबंध मे बताया।

उसने बताना, "मेरा पांच वर्षीय पुत्र अचानक छत से नीचे सड़क की ओर गिर गया और मैंने तुरंत आपको पुकारा, 'महाराज'। एक व्यक्ति जो नीचे सड़क से गुजर रहा था उसने उसी समय अपने हाथ ऊंचे करके उस बालक को थाम लिया और उसे कोई चोट भी नहीं आई। उस व्यक्ति ने मुझसे केवल यही कहा, 'देखो! देखो! यह बच गया'। बालक को मुझे सौंपकर वह इतनी शीघ्रता से वहां से चला गया, कि मैं उसका नाम भी नहीं पूछ पाई।" महाराज उसकी कहानी

को सुनते समय केवल मुस्कुराते भर रहे। उन्होंने और कुछ भी नहीं कहा, परंतु वहां उपस्थित उनके भक्तों को तीन दिन पूर्व की वह घटना स्मरण हो आई।

लाहिड़ी महाशय

योगीराज श्यामाचरण लाहिड़ी (१८१८-१८९५ ई.), जो लाहिड़ी महाशय के नाम से विख्यात थे, यद्यपि अपनी योग विभूति को जन-साधारण की दृष्टि से ओझल रखते थे, परंतु उनके शिष्य उनकी अद्भुत यौगिक क्षमताओं से भली भांति परचित थे।

श्यामाचरण भारत में रेलवे के एकाउंट्स विभाग में एक अंग्रेज अफसर की मातहती में कार्य करते थे। उनके अफसर एक बार अपनी पत्नी के स्वास्थ्य को लेकर बहुत चिंतित थे, जो उस समय इंग्लैंड में थी। उनकी परेशानी देखकर और उनकी चिंता का हेतु जानकर लाहिड़ी एक एकांत स्थान पर चले गये जहां बैठकर उन्होंने कुछ देर ध्यान लगाया और फिर वापस आ गये। उन्होंने अपने अफसर को बताया कि उनकी पत्नी अब बेहतर अनुभव कर रही हैं और इस समय उन्हें एक पत्र लिख रही हैं। नियत समय पर उसी तारीख को लिखा गया वह पत्र उनके अफसर को प्राप्त भी हो गया जिसमें उनकी पत्नी ने अपने स्वास्थ्य में सुधार होने की बात भी लिखी थी।

कुछ और दिन बीतने पर स्वस्थ होकर जब अफसर की पत्नी स्वयं भारत पहुंच गई और उनका लाहिड़ी महाशय से सामना हुआ तो श्रद्धा के साथ उनकी ओर देखते हुए उसने कहा, "सर, वह आपका ही दिव्य आभा से युक्त रूप था जो कुछ महीने पूर्व लंदन में मेरी रोग-शैया के निकट उपस्थित हुआ था। उसी समय मैं एकदम ठीक हो गई थी और स्वस्थ होकर कुछ ही दिनों में मैं एक लम्बी समुद्री यात्रा तय करके भारत आने के योग्य भी हो गई थी।"

दृष्टि का उपहार

लाहिड़ी महाशय के शिष्य स्वामी केवलानंद के मन में, जो बाद में स्वयं एक सिद्ध पुरुष के रूप में ख्यात हो गये थे, प्राय: यह विचार आया करता था कि उनके शक्तिशाली गुरू अपने सेवक रामू पर कृपा क्यों नहीं करते जो प्राय: उनके बैठने के स्थान पर छत से लटकने वाले पंखे की डोर खींचकर हवा किया

करता था। केवलानंद ने एक बार रामू से पूछा, "तुम कबसे देखने में अक्षम हो?" रामू ने उत्तर में कहा, "महाशय, मैं तो जन्म से ही अंधा हूं।"

समझा बुझाकर केवलानंद ने रामू को इस बात के लिये तैयार कर लिया कि वह सिद्ध गुरू से यह प्रार्थना करे कि वे उसपर कृपा करके उसे देखने की शक्ति प्रदान करें ताकि वह भी संतों के एवं मंदिर में देवी देवताओं के दर्शन कर सके। अगले दिन बहुत हिचक के साथ, पर अंत में साहस संजोते हुए रामू ने अपनी समस्या और अपनी अभिलाषा को लाहिड़ी महाशय के सन्मुख उपस्थित कर ही दिया। धैर्य के साथ अपने सेवक की बातें सुनने के पश्चात वे बोले, "लगता है किसी ने जान बूझकर तुम्हें बहका कर मेरे लिये समस्या उत्पन्न करने का प्रयास किया है। इस प्रकार की मेरी सामर्थ्य नही है।"

हाथ जोड़कर रामू ने (जैसा उसे सिखाया गया था) पुन: उनसे विनती करते हुए कहा, "परंतु मेरे लिये तो आप ईश्वर के अवतार के तुल्य ही हैं। यदि आप मुझपर प्रसन्न होते हैं और मुझे आशीर्वाद दे देते हैं, तो मुझे ज्ञात है कि मैं अवश्य ही इस संसार को देख सकूंगा।" लाहिड़ी महाशय ने रामू को अपने निकट बैठा कर उसकी दोनों भ्रूवों के मध्य एक स्थान पर अपनी अंगुलि से स्पर्श करते हुए उससे कहा, "अपने मन को इस स्थान पर कैंद्रित करते हुए सात दिनों तक ईश्वर के नाम का जप करते रहो। उसके पश्चात ईश्वर सूर्य के प्रकाश से तुम्हारी आंखों को रौशन कर देंगे।"

एक सप्ताह बीतने पर रामू की आंखें अपना कार्य करने लग गईं और तब उसने इस संसार को, अपने परिजनों को और अपने स्वामी को भी पहली बार देखा। योगीराज की इच्छा के बल से उसमें देखने की क्षमता उत्पन्न हो गई थी। ईश्वर ने उसकी आंखों में सूर्य के प्रकाश को भर दिया था। लाहिड़ी महाशय ने उससे कहा, "अब अपने शेष जीवन में तुम सदैव ईश्वर के नाम का स्मरण करते रहना।"

एक अलौकिक आश्वासन

योगानंदजी की आत्मकथा (Autobiography of a Yogi) में माताजी के विषय में भी बताया गया है जो एक उच्च कोटि की सिद्धा भैरवी हैं। देखनें में वे एक अत्यंत प्रियदर्शिनी युवती के समान दिखाई पड़ती हैं और उन्हें लाहिड़ी महाशय के गूरू महावतार बाबाजी की चचेरी बहन के रूप में जाना जाता है।

लाहिड़ी महाशय के एक अन्य शिष्य रामगोपाल मजूमदार थे, जो बाद में एक सदैव जागते रहने वाले संत के रूप में विख्यात हो गये थे। वे सदा तुरियावस्था के आनंद में मग्न रहते थे और उन्होंने स्वयं यह घटना योगानंद जी को बताई थी: एक दिन मध्य रात्रि के समय वे वाराणसी में लाहिड़ी महाशय के आवास पर उनकी उपस्थिति में कुछ अन्य गुरू भाइयों के साथ मौन अवस्था में बैठे हुए ध्यान में संलग्न थे तभी उनके गुरू ने अपना मौन भंग करते हुए उन्हें दशाश्वमेध घाट पर जाने के लिये कहा जो वहां उपस्थित सभी शिष्यों के लिये एक विस्मयकारी निर्देश था (गंगा नदी के किनारे स्थित इसी घाट की हम पहले तैलंग स्वामी के प्रकरण में चर्चा कर चुके हैं)। तथापि रामगोपाल उस विशाल मैदान में अपने गुरू के द्वारा निर्दिष्ट एक निर्जन स्थान पर पहुंच गये।

उन्होंने योगानंद जी को बताया, "चंद्रमा के प्रकाश और तारों की जगमगाहट से रात उजली थी। कुछ देर ही मैं वहां चुपचाप धीरज के साथ बैठा था, कि मेरा ध्यान अपने निकट ही स्थित एक विशाल शिला की ओर आकृष्ट हो गया। वह शिला धीरे-धीरे ऊपर उठ रही थी और उसके नीचे एक भूमिगत गुफा दिखायी देने लगी। कुछ ही क्षणों में वह शिला हवा में स्थिर हो गई मानों किसी अज्ञात शक्ति ने वहां उसे पकड़ कर संभाल रखा हो और उसके बाद ही उस गुफा से एक अत्यंत लावण्यमयी स्त्री बाहर आई और हवा में ऊंची उठ गयी। वह नारी मूर्ति एक शीतल शांति की अनुभूति प्रदान करने वाली आभा से वेष्टित थी।

धीरे-धीरे नीचे उतरकर वे मेरे सामने आकर कुछ क्षणों तक इस प्रकार खड़ी रही जैसे अपने अंतर के आनंद में मग्न हों। "फिर उनके शरीर में एक हलचल हुई और वे अत्यंत सौम्य वाणी में बोलने लगी, 'मैं बाबाजी की बहन माताजी हूं। मैंने बाबाजी को और लाहिड़ी महाशय को भी आज रात एक अत्यंत महत्वपूर्ण विषय पर चर्चा करने के लिये अपनी गुफा में (अंतिम अध्याय में 'सिद्धभूमि की कतिपय विशिष्टतायें' नामक उप-शीर्षक भी देखें) बुलाया है।'

"उसी समय एक प्रकाशपुंज गंगा के ऊपर तेजी से उड़कर आता हुआ दिखाई दिया। नदी के अपारदर्शी जल में उसका प्रतिबिंब दिखाई दे रहा था। वह प्रकाश हम लोगों की ओर बढ़ता गया और अपनी कौंध से चकाचौंध करते हुए वह माताजी के पास आकर ठहर गया एवं तुरंत लाहिड़ी महाशय के मानव रूप में परिवर्तित हो गया। लाहिड़ी महाशय ने अत्यंत विनम्रता के साथ माताजी के चरणों में प्रणाम किया।

"मैं इस आश्चर्य से उभरा भी नहीं था, कि आश्चर्य का दूसरा धक्का मेरे लिये तैयार था। गोल-गोल घूमता हुआ एक विस्मयकारी प्रकाशपुंज तभी मुझे आकाश मार्ग से आते हुए दिखाई पड़ा। एक अग्नि के गोले के समान तीव्र गति से नीचे आता हुआ वह प्रकाश-पुंज हमारे समीप आया और उसने एक अत्यंत सुंदर युवक का रूप धारण कर लिया। मैं तुरंत ही समझ गया कि वे बाबाजी थे। उनक चेहरा लाहिड़ी महाशय जैसा ही था; परंतु बाबाजी अपने शिष्य से कहीं अधिक युवा दिख रहे थे और उनके केश लम्बे और चमकीले थे। लाहिड़ी महाशय, माताजी और मैंने महागुरू के चरणों में प्रणाम किया। उनके दिव्य शरीर का स्पर्श करते ही मेरे शरीर का रोम-रोम स्वर्गीय अनुभूति एवं अवर्णनीय आनंद से झंकृत हो उठा।

"बाबाजी ने कहा, 'हे कल्याणी! मैं अपने स्थूल शरीर का त्याग कर अनंत प्रवाह में विलीन हो जाने का विचार कर रहा हूं।' 'पूज्य गुरुदेव! मैं आपके मन्तव्य का आभास पा चुकी हूं और इसी लिये आज रात मैं इस विषय पर आपके साथ विचार-विमर्श करना चाहती थी। आपको शरीर त्यागने की क्या आवश्यकता है?' यह कहते हुए दिव्य तेज से युक्त वे स्त्रीमूर्ति उनकी ओर अनुरोध भरी दृष्टि से देखती रहीं।

"बाबाजी बोले, 'अपने ब्रह्मचेतना के सागर में मैं दृश्य या अदृश्य तरंग को धारण करूं, इसमें क्या फर्क पड़ता है?' माताजी ने विलक्षण वाक्पटुता का परिचय देते हुए कहा, 'मृत्युंजयी गुरुदेव! यदि कोई फर्क नहीं पड़ता, तो कृपा करके आप अपने शरीर का त्याग मत कीजिये।'

"इसके उत्तर में बाबाजी ने शांत स्वर में कहा, 'तथास्तु! मैं अपने स्थूल शरीर का त्याग कभी नहीं करूंगा। इस पृथ्वी पर कम-से-कम कुछ लोगों के लिये तो यह शरीर सदैव दृश्यमान रहेगा। तुम्हारे मुख से शायद यह भगवदेच्छा ही व्यक्त हुई है।' (आत्म-प्रेरणा अथवा आत्म-निर्णय आत्मा की इच्छा होती है परंतु जब वह स्पष्ट रूप में किसी अन्य माध्यम से व्यक्त होती है, तभी उसे परमेष्टि की इच्छा समझा जा सकता है।)

"मैं विस्मयविभोर होकर इन दिव्य विभूतियों का संवाद सुन रहा था। मुझपर अपनी कृपादृष्टि डालते हुए अमर महागुरु ने कहा, 'डरो मत, रामगोपाल! इस अमर वचन के साक्षी बन कर तुम धन्य हो गये हो।' (यहां भी इस समस्त घटनाक्रम के प्रयोजन को अधिक सार्थक अथवा स्पष्ट करने के लिय इसकी आवश्यकता को भली भांति समझाने का लेखक का प्रयास उचित ही समझा

जाना चाहिये। यह पुस्तक और ये सारी बातें एवं उदाहरण तथा उद्धृतियां भी हमारा 'चेतन' तत्व को समझने एवं समझाने का एक प्रयास मात्र है। व्यष्टि चेतनायें जैसे-जैसे उच्चतर अथवा सूक्ष्मतर तल या स्तर की ओर अग्रसर होती हैं वे स्वत: 'चेतन तत्व = *Spirit*' के नियमों एवं प्रणालियों को सम्मान देते हुए ही अपने मार्ग पर बढ़ना चाहती हैं। यहां एक भगवदेच्छा का ज्ञापन है, उसके प्रत्युत्तर में एक स्पष्ट रूप से परिभाषित 'संकल्प' है और इस संकल्प का वाहक एक साक्षी है जिसके माध्यम से विश्व-चैतन्य ने अपना यह उद्घोष योगानंद जी तक पहुंचाया है ताकि वे इसे विश्व के समक्ष प्रकाशित कर सकें। अत: इस घटना-क्रम को केवल एक घटना नहीं अपितु एक परमात्म-प्रकाश की दृष्टि से देखना और समझना ही मानव-बुद्धि का अपनी परिपक्वता की दिशा में यात्रा का आरंभ होगा। तभी इन विभूतियों एवं गुरुओं के प्रयास फलीभूत हो सकेंगे। तभी महावतार बाबाजी का युग-परिवर्तन का उद्देश्य पुष्टि प्राप्ति की दिशा में अग्रसर हो सकेगा। तभी योग एवं विज्ञान पर आधारित एक सर्वमान्य वैश्विक धर्म का सूत्रपात संभव होगा।)

एक अति विशिष्ट दायित्व

जब श्री योगानंद अपने गुरुदेव, प्रियजनों एवं अपनी प्रिय मातृभूमि को छोड़कर अमेरिका की अनजान भूमि में जाने की तैयारी कर रहे थे तो उनका हृदय अनेक आशंकाओं से भरा हुआ था। ठीक उसी अवसर पर कोलकाता में गड़पार रोड़ पर स्थित उनके घर के दरवाजे पर दस्तक सुनायी पड़ी। जब उन्होंने दरवाजा खोला तो देखा कि संन्यासियों की तरह केवल कटिवस्त्र धारण किये हुए एक युवक वहां खड़े थे, जिन्होंने घर में प्रवेश किया।

'ये अवश्य ही बाबाजी होंगे!' स्तब्ध होकर वे सोच रहे थे, क्योंकि आगंतुक का चेहरा लाहिड़ी महाशय जैसा ही दिख रहा था। उनके मन में उठ रहे विचार का उत्तर उन तेजस्वी आगंतुक ने स्वयं देते हुए कहा, जो अत्यंत मधुर आवाज में हिंदी बोल रहे थे, "हां, मैं बाबाजी हूं! हम सबके परमपिता ने तुम्हारी प्रार्थना सुन ली है। उन्होंने मुझे तुम्हें यह बताने का आदेश दिया है, 'अपने गुरु की आज्ञा का पालन करो और अमेरिका चले जाओ।' डरो मत; तुम्हें पूर्ण संरक्षण दिया जायेगा।"

थोड़ा ठहरकर वे फिर बोले, "तुम ही वह (विशिष्ट व्यक्ति) हो, जिसे मैंने पाश्चात्य जगत में क्रिया योग का प्रसार करने के लिये चुना है। बहुत वर्ष पहले

मैं तुम्हारे गुरु युक्तेश्वर से एक कुंभ मेले में मिला था और तभी मैंने उनसे कह दिया था कि मैं उनके पास शिक्षा ग्रहण करने के लिये तुम्हें भेजूंगा।"

'योगी कथामृत' में योगानंद जी लिखते हैं, "साक्षात बाबाजी को सामने खड़ा देखकर भक्ति भाव में विभोर होकर मैं अवाक हो गया और उन्होंने ही मुझे श्री युक्तेश्वर जी के पास पहुंचाया था यह स्वयं उनके श्रीमुख से सुनकर तो मेरा हृदय पूर्ण रूप से प्रेम, आदर एवं कृतज्ञता की बाढ़ में डूब गया। मृत्यंजय परमगुरु के चरणों में मैंने साष्टांग प्रणाम किया। उन्होंने अत्यंत प्रेम के साथ मुझे उठाया। मेरे जीवन के बारे में अनेक बातें बताने के बाद उन्होंने मुझे कुछ व्यक्तिगत उपदेश दिये और कई गोपनीय भविष्यवाणियां भी की। अंत में उन्होंने गंभीरता के साथ कहा, 'ईश्वर-साक्षात्कार की वैज्ञानिक प्रणाली क्रियायोग का अंततः सब देशों में प्रसार हो जायेगा और मनुष्य को अनंत परमपिता का व्यक्तिगत इंद्रियातीत अनुभव कराने के द्वारा यह राष्ट्रों के मध्य सौमनस्य एवं सौहार्द्र स्थापित कराने में सहायक होगा।'

"थोड़ी ही देर में बाबाजी यह कहते हुए दरवाजे की ओर बढ़े, 'मेरे पीछे आने का प्रयत्न मत करना। तुम्हारे लिये यह संभव नहीं होगा।'" और ठीक ऐसा ही हुआ। जैसे ही योगानंद जी ने उनके पीछे जाने का प्रयत्न किया, उन्हें ज्ञात हुआ कि उनके पांव जमीन से चिपक गये थे, ठीक उसी प्रकार जैसे कि अनेकों वर्ष पूर्व एक बार वाराणसी में हुआ था। उस समय वे अपने एक मित्र के साथ टोले बाजार जाने के लिये निकले थे और मार्ग में एक संकरी गली के मुहाने पर गेरुआ वस्त्र धारण किये हुए उन्हें एक महापुरुष निश्चल खड़े हुए दिखाई दिये थे जिन्हें देखकर उन्हें ऐसा लगा था जैसे वे उन्हें युग-युगांतरों से जानते हों। तब भी कुछ दूर आगे बढते ही उनके पांव जमीन से चिपक गये थे और उन्हें लौटकर उन महापुरुष के ही पास आना पड़ा था जो और कोई नहीं बल्कि श्री युक्तेश्वर ही थे। शायद यह भी इन महावतार की ही लीला थी. जो उन्हें युक्तेश्वरजी के पास भेजना चाहते थे।

अध्याय

०६

स्वर्ग का साम्राज्य - सूक्ष्म जगत

पिछले पांच अध्यायों में हमने चेतना के विज्ञान के विषय में चर्चा की है, जिसे प्राचीन ऋषियों के द्वारा संवित विज्ञान के नाम से संबोधित किया गया है और हमने सैद्धांतिक एवं व्यवहारिक दोनों दृष्टियों से इस अद्भुत विज्ञान का एक विशद विवरण प्रस्तुत करने का प्रयास किया है। अपनी पुस्तक में अब हम एक ऐसे स्थान पर पहुंच चुके हैं जहां हमारे पाठक न केवल भारत के प्राचीन ऋषियों के द्वारा प्रकट किये गये समस्त सृष्ट जगत के मूल में कार्य करने वाले इस मौलिक एवं सर्वोपरि विज्ञान के सिद्धांतों से भली भांति परिचित हो चुके हैं, बल्कि चेतना के ऊर्ध्व की दिशा में विकास करने के लिये उनके द्वारा विकसित तकनीकों के विषय में भी उन्हें यथेष्ट ज्ञान प्राप्त हो गया है।

हम सभी मनुष्य उस एक शाश्वत चैतन्य की ही संतान हैं, जिसकी सृष्टि उसके द्वारा अपने आनंद व आह्लाद में, एक क्रीड़ा के रूप में की गई है। अपनी इस दीर्घकाल व्यापी क्रीड़ा की आवृत्ति के प्रारंभ में हमारे जनक ने हमारे अंदर अवस्थित अपनी समस्त की चेतना के प्रकाश को इस प्रकार सीमित एवं आवरण युक्त कर दिया है कि समस्त के स्थान पर हमारी अनुभूति एक सापेक्ष की चेतना के रूप में प्रकट होती है। तथापि अत्यंत चतुराई के साथ मानव के रूप में विकसित होने वाली अपनी ही इस संतति की संरचना में हमारे

वास्तविक जनक ने एक ऐसे गुप्त पथ को भी सम्मिलित कर दिया है, जिसका संधान हम प्रयास के द्वारा प्राप्त सकते हैं और जिसका अनुसरण करते हुए हम चाहें तो पुनः अपने असली स्वरूप की उपलब्धि कर सकते हैं।

चेतना के स्वभाव एवं कार्य को समझने की दिशा में कई अध्यायों और अनेक पृष्ठों तक चलकर यहां पहुंचने वाली हमारी यह यात्रा संभवतः हमारे अधिकांश पाठकों को इतनी सहज प्रतीत नहीं हुई होगी, यद्यपि सिद्ध महापुरुषों के दिव्य जीवन की कुछ झांकियां प्रस्तुत करने वाला पिछला अध्याय पाठकों को अवश्य ही अच्छा लगा होगा। अब इनसे निकलते हुए हम एक ऐसे स्थान पर आकर उपस्थित हो गये हैं जहां पहुंचकर हम कुछ और अधिक कठिन एवं अविश्वसनीय से प्रतीत होने वाले प्रकरणों को समझने का प्रयास भी कर सकते हैं जो उन घटनाओं से संबंध रखते हैं जो हमारी स्थूल की चेतना के संज्ञान में आये बिना ही घटित होती रहती हैं।

हम अमृत की संतान हैं, हम अविनाशी हैं

जो सदैव विद्यमान रहता है और जिसका कभी भी अभाव या क्षरण नहीं होता, वही सत है। यह सत ही सबका स्वामी है–एक यही सत्य वस्तु एवं यथार्थ है। अपनी स्वाभाविक अवस्था में यह चेतन एवं आत्मसंतृप्त रहते हुए स्वयं में ही लीन होकर अवस्थान करता है। फिर इसकी इस निर्विकल्प स्थिति में एक परिवर्तन का सूत्रपात होता है। इस चिरंतर चेतना के शांत और सीमाविहीन समुद्र में एक तरंग के समान एक स्पंदन का उदय होता है, इसकी आत्मतृप्ति का आनंद एक उल्लासमय आह्लाद में परिवर्तित हो जाता है और इसमें एक से अनेक होने की सिषृक्षा उत्पन्न हो जाती है। इसके फलस्वरूप इसकी चेतना में एक ध्रुवीकरण होकर इसका विभाजन हो जाता है। इसमें एक अंतः प्रकृति की उत्पत्ति हो जाती है जिसमें एक वाह्य की चेतना बन जाती है जो दृष्टा और ज्ञाता का स्थान ले लेती है और उससे भिन्न एवं अलग एक आंतर की चेतना हो जाती है जो इस वाह्य के दृष्टा के लिये दृश्य के समान अनुभूति की सृष्टि करती है।

इन ध्रुवों में से प्रथम की संज्ञा 'चित' हो जाती है जो इसका दूसरा लक्षण एवं इसकी अंतःप्रकृति का प्रधान गुण होता है तथा दूसरे की संज्ञा 'आनंद' हो जाती है जिसे इसका तीसरा लक्षण एवं इसकी अंतःप्रकृति का दूसरा विशिष्ट

गुण कहा गया है। आगम शास्त्र में पहले ध्रुव को शिव तत्व कहा जाता है जो प्रेम और आकर्षण का प्रतिनिधि एवं सृष्टि में पितृ-स्थानीय तत्व होता है। इसे प्रकृति में स्थिर एवं धनात्मक ध्रुव के रूप में स्वीकार किया गया है। यह स्वप्रकाश होता है और इसी के प्रकाश में वस्तुओं के गुणों की पहचान संभव होती है। आगम शास्त्रों में दूसरे ध्रुव को शक्ति तत्व कहा गया है जो गतिशील एवं ऋणात्मक गुण वाला तत्व है। यह ऊर्जा एवं विकर्षण का परिचायक तत्व है जो शिव से दूर हटते हुए उसकी चेतना में एक अवकाश एवं विभिन्न प्रकार की अनुभूतियों का सृजन करता है।

इस प्रकार अभिव्यक्ति की दिशा में उन्मुख तीन लक्षणों से युक्त सकल अथवा सविकल्प ब्रह्म का आविर्भाव होता है। इस सकल परमेश्वर के तीनों लक्षणों अथवा अंत:विभागों में से प्रत्येक की एक वाह्य प्रकृति भी प्रकट होती है जिनकी विवेचना ऋषिगण क्रमश: इच्छा, ज्ञान एवं क्रिया शक्तियों के रूप में करते हैं। विश्व चैतन्य की इच्छा अभिव्यक्त होने वाले विश्व में भूमि का कार्य करती है, इसका ज्ञान इस भूमि में प्रविष्ट होकर इसे जड़ के समान पकड़कर स्थित हो जाता है एवं सृष्ट वस्तुओं में गुण स्थानीय होता है, जबकि क्रिया के द्वारा उस गुण अथवा वस्तु रूपी पौधे की वाह्य अभिव्यक्ति होती है। इच्छा प्रकृति अन्य दो प्रकृतियों की यामल अथवा साम्यावस्था का परिचायक होती है, जो एक दूसरे पर आश्रित रहते हुए युगपत सूत्र में बंधे रहकर एक साथ प्राकट्य लाभ करते हैं। यही हमारे चारों ओर छितरी हुई समस्त अभिव्यक्तियों की पृष्ठभूमि अथवा कारण स्वरूपा मूल प्रकृति होती है। पुस्तक की प्रस्तावना में हमने विश्व सृष्टि के कारक इन तीन प्रधानों अथवा त्रिदेवों के इसी पारस्परिक सबंध को जंबुकेश्वर महादेव के एक चित्र के माध्यम से जिनकी दक्षिण भारत के एक मंदिर में पूजा की जाती है (तथा इसाई मत के कुछ संप्रदायों में प्रचलित होली ट्रिनिटी के संदर्भ से भी) समझाने का प्रयास किया है।

हमारी जाग्रत, स्वप्न, सुषुप्ति तथा तुरीय अवस्थायें

हमारी मानव संरचना में समन्वित शिव, शक्ति एवं उनकी युग्म अथवा साम्यावस्था रूपी इन तीन देवों तथा इनकी तीन प्रकृतियों के माध्यम से ही हमारी मानव चेतना अपनी जाग्रत, स्वप्न एवं सुषुप्ति के नाम से ख्यात तीन अवस्थाओं का अनुभव करती है। इसी प्रकार, इन तीन देवों और उनकी प्रकृतियों में ही हमारी चेतना को उपलब्ध रहने वाली उस चौथी अवस्था की कुंजी भी

निहित होती है जिसकी अनुभूति केवल उन्नत योगीजन एवं सिद्ध ही कर पाते हैं। सापेक्षता का अनुभव अथवा इसका अभाव, वास्तव में चेतना में ये दो ही मौलिक विभाजन संभव होते हैं। इस मौलिक विभाजन में एक ओर शुद्ध अथवा अकलुषित क्षेत्र का अनुभव होता है जो शिव की चेतना है जिसमें कोई निर्माण नहीं होता तथा दूसरी ओर शक्ति के द्वारा निर्मित क्षेत्र की चेतना का अनुभव होता है जो माया के द्वारा प्रभावित एक सापेक्ष अनुभव होता है और शक्ति का विभाग होता है।

परम शिव का क्षेत्र 'परा' क्षेत्र कहा जाता है जो अव्यक्त क्षेत्र है जिसकी अभिव्यक्ति नहीं होती। इसमें शक्ति तत्व परा शक्ति के रूप में अवस्थान करता है और इसकी संज्ञा 'शांता शक्ति' होती है, जिसमें किसी विभाजन के बिना सभी शक्तियां एकत्र अवस्था में विद्यमान रहती हैं। चेतना की इस अवस्था को ऋषिगण तुरीयावस्था कहकर संबोधित करते हैं। यह विश्व के दृष्टा चेतन की अवस्था है जिसमें विश्व की अनुभूति एक अविभाज्य समष्टि की अनुभूति होती है। इसके विपरीत माया का क्षेत्र होता है जिसमें भिन्नता की अनुभूति होती है। इस क्षेत्र में तीनों प्रधान अथवा त्रिदेव अविभाज्य रहते हुए भी अपनी अलग-अलग प्रकृतियों के कारण क्रमशः भिन्न अवस्थाओं की सृष्टि करते हैं। सर्वप्रथम युग्मावस्था का प्राकट्य होता है जिसकी प्रकृति इच्छा शक्ति होती है और जो कारण भूमि को जन्म देती है। व्यष्टि चेतना में यह उसकी सुषुप्ति की अवस्था को उत्पन्न करती है।

दूसरे स्तर पर शिव तत्व का कार्य होता है जिसकी प्रकृति ज्ञान शक्ति कही जाती है। चेतना में यह सुषुप्ति से निकलती हुई और सूक्ष्म भूमि पर अवस्थान करने वाली अवस्था होती है, जिसे हम स्वप्नावस्था के नाम से जानते हैं। चेतना में तीसरी अभिव्यक्ति शक्ति तत्व की होती है, जिसकी प्रकृति क्रिया शक्ति होती है, जो स्थूल भूमि की चेतना को उत्पन्न करती है जहां भिन्नता एवं अंतर को मापना संभव होता है और जो हमारी जाग्रत की चेतना के नाम से ख्यात होती है।

हमारी चेतना की जाग्रत एवं स्वप्नावस्थायें भिन्नता की द्योतक होती हैं और इनका अनुभव सापेक्षता (Relativity) की अनुभूति होता है। जब हम जाग्रत अवस्था का अनुभव कर रहे होते हैं तो हमारे वाह्य से संबंध रखने वाली हमारी क्रिया शक्ति भी कार्य कर रही होती है, जबकि इच्छा और ज्ञान तो अपने कार्यों में संलग्न होते ही हैं। हमारी चेतना की स्वप्नावस्था में यद्यपि इसकी

वाह्य क्षेत्र में कार्य करने में सक्षम क्रिया शक्ति का अभाव होता है, फिर भी हम अपनी अंत: प्रकृति के रूप में ज्ञान शक्ति का प्रयोग करने में सक्षम होते हैं जो सूक्ष्म भूमि पर कार्य करते हुए भी हमें भिन्नता की अनुभूति से वंचित नहीं करती। चेतना की तीसरी अवस्था में, जिसे हम निद्रा अथवा सुषुप्ति की अवस्था के नाम से जानते है, हमारी ज्ञान शक्ति भी अपना कार्य करना बंद कर देती है और यह क्रिया एवं ज्ञान दोनों शक्तियों का संकुचन करते हुए कारण भूमि पर अवस्थिति को प्राप्त हो जाती है।

सापेक्ष के दृष्टा के संसार की रचना प्रकृति के द्वारा उसकी आवश्यकता के अनुरूप की जाती है। उसकी चेतना के संदर्भ में यह केवल माया के द्वारा सृजित एक भ्रांति की अवस्था मात्र होती है जिसमें वह उसके स्वाभाविक स्वरूप को आवरित करने के पश्चात उसके समक्ष एक सापेक्ष दर्शन को उपस्थित कर देती है। उसका अपना स्वभाव उस अवस्था में सुप्तवत हो जाता है और यह एक सापेक्ष के दृष्टा के रूप में उसके जागरण के समान होता है। तथापि दृष्टा का वास्तविक स्वभाव लुप्त नहीं होता, यह माया के द्वारा सृष्ट इस अज्ञान निद्रा के दूसरी ओर, उस ओर जहां चेतना उप-चेतन मन (Sub-conscious Mind) के रूप में अब भी अपनी अन्य भूमिकाओं का निर्वाह करती रहती है, अपने स्वाभाविक रूप में अवस्थित रहता है।

शिव की चेतना में ज्ञान एवं क्रिया अलग-अलग नहीं बल्कि एकत्र होकर भासते हैं। दृष्टा में विद्यमान शिव की अविभक्त चेतना के माया के द्वारा अव्याहत इस अंश के लिये स्वप्न और सुषुप्ति का भेद अविद्यमान होता है और उसका उप-चेतन रहने वाला मन इस तुरीयावस्था की स्थिति में उसके इतिपूर्व के चैतन्य मन का स्थान ले लेता है। ऋषियों के अनुसार सृष्टि की अभिव्यक्ति शक्ति तत्व की दिशा में होती है। शिव केवल इस अभिव्यक्त-की-समष्टि के दृष्टा के रूप में स्थिर होकर विद्यमान रहते हैं। उनमें कोई परिवर्तन नहीं होता। वे केवल अपने शक्ति की दिशा में उन्मुख होकर एक स्थिर ध्रुवत्व की सृष्टि करते हुए शक्ति के क्षेत्र में अभिव्यक्त होने वाली वस्तुओं और व्यष्टियों को अपने चैतन्य का प्रकाश प्रदान करते रहते हैं, जिसके द्वारा विभिन्न गुणों का ज्ञान अथवा उनकी पहचान संभव होती है। सृष्ट वस्तुओं से निकलने वाले इसी प्रकाश के परावर्तन को अलग-अलग वस्तुओं में अपनी आवश्यकता के अनुरूप कम वा अधिक आवरित करने के पश्चात प्रकृति उसके समक्ष एक सापेक्ष दर्शन को उपस्थित करते हुए विभिन्न

प्रकार की व्यष्टियों, समष्टियों एवं श्रेणियों का विकास करती है। इस प्रकार सापेक्षता के संदर्भ से यह प्रकृति एक विराट बाहुल्य (Multiplicity) की सृष्टि कर लेती है।

चेतना का वह रूप जिसमें भिन्नता की अनुभूति उत्पन्न नहीं होती और जो अब भी अनावृत है, वह सुषुप्ति की अवस्था के दूसरी ओर (जो शिव की दिशा है उसमें) पूर्ववत अपनी स्वाभाविक अवस्था में विद्यमान रहता है। योगाभ्यास के माध्यम से प्रयास के द्वारा जब कोई मानव-संतति (Son of Man) जाग्रत एवं स्वप्न की अवस्थाओं में परिलक्षित होने वाली अपनी सापेक्ष कि बहुलता की चेतना को विश्रांत करते हुए उसे सुषुप्ति के दूसरी ओर ले जाने में सफल हो जाता है, तो वह शिव (Father) की भेद-विहीन चेतन की अवस्था में जाग्रत हो जाता है। इस अवस्था की चेतना को ऋषिगण 'तुरीयावस्था' की चेतना कहते हैं। इस अवस्था में अनुभूति के स्पंदनों का स्तर अत्यंत ही सूक्ष्म हो जाता है।

यह विश्व जैसा है वैसा ही रहता है, पर इस अवस्था में उपनीत होने वाले योगी एवं समष्टि के दृष्टा के मध्य एक सूत्र स्थापित हो जाता है और योगी को दिखाई पड़ने वाले दृश्य में उसे विश्व का एक अधिक विकसित और परिमार्जित रूप में दर्शन होता है। योगी की चेतना में उसके उप-चेतन मन की क्षमता में विकास होते-होते एक ऐसी अवस्था आ सकती है कि इच्छा होने पर वह अपने पिछले जन्मों की घटनाओं को भी अपने स्मृति पटल पर देख सकता है और इसके लिये किसी बाहरी वशीकरण करने वाले (Regression Therapist) की सहायता की आवश्यकता नहीं होती। वास्तव में तो तुरीय अवस्था को प्राप्त करने में सक्षम योगी के विकास क्रम में एक ऐसा अवसर भी स्वत: उत्पन्न होते हुए देखा जाता है जब बिना किसी अतिरिक्त प्रयास के उसके पिछले जन्मों की स्मृतियां स्वत: उत्पन्न होकर अपने कर्मप्रभावों का पूर्ण रूप से क्षय अथवा विनाश कर देती हैं।

प्राणियों की जाति-प्रजातियों की उत्पत्ति

डा. गोपीनाथ कविराज के अनुसार ऐसे असंख्य अणु होते हैं जो माया में सुप्तावस्था में विद्यमान रहते हैं और जिनमें अपनी स्वतंत्र व्यष्टि चेतना होती है और उनसे भिन्न प्रकृति होती है जो भेद एवं विभिन्नता के बाहुल्य की सृष्टि करती है। विभिन्नता की उत्पत्ति गुणों के माध्यम से होती है, अणुओं

के स्वातंत्र्य अथवा कर्मों के द्वारा इसका जन्म नहीं होता। गुणों का विकास 'परमेष्टि की इच्छा' अथवा 'मूल-प्रकृति' के द्वारा किया जाता है।

स्वतंत्र कर्म का प्रादुर्भाव मानव जन्म अथवा बुद्धि से युक्त प्राणी (Homo Sapiens) की उत्पत्ति के साथ होता है। जीव-प्रजातियों में विभिन्नता की उत्पत्ति गर्भ के आधार पर होती है, किसी व्यष्टि अणु अथवा सृष्टि-कण के कर्म के आधार पर नहीं। शाश्वत चैतन्य की अंतर्चेतना में एक स्पंदन के उदय और उसके एक आह्लादपूर्ण उल्लास में परिवर्तित होने के पश्चात उसकी वाह्य प्रकृति कार्य करना प्रारंभ कर देती है, जो जीवों के लिये शरीरों का निर्माण करते हुए उन्हें काल के साम्राज्य में धकेलते हुए क्रम विकास के पथ पर भेजती रहती है।

माया के गर्भ में जीव बेहोशी की अवस्था में पड़े रहते हैं और न तो उनका कोई शरीर ही होता है और न ही कोई ज्ञानेंद्रिय अथवा अवयव। चैतन्य से युक्त सृष्टि कण जैसे ही माया के राज्य में पतित होते हैं, जो उनकी चेतना की निद्रावस्था कही जा सकती है, माया का आवरण उन्हें ढ़ंक देता है। इसके परिणाम स्वरूप माया से ग्रसित दृष्टाओं की एक परंपरा का उदय होता है, जो किसी भी उपलब्ध शरीर को ग्रहण करके उसे अपनी पहचान समझने के लिये प्रस्तुत रहते हैं। यही व्यष्टि की सृष्टि होती है, जो एक पदार्थ का परमाणु, एक कीट, कोई पशु आदि, कुछ भी हो सकता है।

समष्टि के दृष्टा का उदय

माया के द्वारा सृष्ट आवरण सृष्टि कणों में स्थित शिव की वाह्य की चेतना में अनुत्व, लघुत्व, भेद दृष्टि एवं सापेक्षता को जन्म देता है। माया के द्वारा उत्पन्न की गई भ्रांति से प्रभावित चेतना को पशु प्रमाता कहा जाता है जो अपने लिये एक सापेक्षता पर आधारित संसार का प्रमाता होता है जिसके साथ वह सापेक्षता के आधार पर व्यवहार करता है। इसकी चेतना अपने वास्तविक स्वभाव को भूलकर एक सीमित शरीर से युक्त होकर उसी में बद्ध चेतना के रूप में कार्य करने लगती है। ये दोनों - चेतना की अनुभूति अथवा मन तथा शरीर, जिन की परस्पर की युति होती है - एक दूसरे की सहायता करते हुए, एक साथ विकास के पथ पर अग्रसर होते हैं।

मूल अविद्या शक्ति-तत्व (प्रकृति) में निहित होती है और ज्ञान के प्रकाश का उत्स होता है शिव-तत्व (पुरुष)। एक दूसरे के अभाव में किसी "मैं" की कोई

अवधारणा भी नहीं होती। इन दोनों के एकत्र होने पर ही "मैं" अथवा आत्म-तत्व को लेकर व्यष्टि सत्ता का आविर्भाव होता है। चैतन्य के स्वत: प्रकाश को ऋषिगण देवदूत अथवा देववाणी के रूप में स्वीकार करते हैं। अन्यथा गर्भ के माध्यम से एवं क्रमविकास का अनुसरण करते हुए ही व्यष्टि चेतना का प्राकट्य संभव होता है।

माया के गर्भ में पड़े हुए चैतन्य समन्वित सृष्टि कण के क्रम-विकास के पथ पर उपस्थित होने पर ही उसमें अणुत्व की अवधारणा की उत्पत्ति होती है। मानव का जन्म हो जाने पर क्रम विकास का उपशम हो जाता है। केवल मानव शरीर में ही सूक्ष्म भूमि पर विकसित लिंग-शरीर अपने सभी अवयवों के सहित प्रकट होता है। मनुष्य के रूप में ही पुरुष के रूप में आभास चैतन्य का पूर्ण प्रकाश संभव होता ह। इस मानव शरीर में ही कुंडलिनी अपने सृष्टि विकास के कार्य का संपादन पूर्ण करके एक स्थायी आधार में अवस्थित होती है और इसी अवस्था से अमृत की संतान मनुष्य सिद्धत्व की उपलब्धि करने में सक्षम होता है तथा प्रयास के द्वारा इस दिशा में अग्रसर भी हो सकता है।

तकनीकी दृष्टि से यह एक अत्यंत उच्च कोटि का परिप्रेक्ष्य है। इसमें दो दिशाओं में कार्य करने वाली असीमतायें (Infinities) एक युगपत संबंध में एक दूसरे पर आश्रित होकर अवस्थित होती हैं, जिसमें सब कुछ सर्वत्र उपलब्ध होता है, तथापि जब ये दोनों एक यामल अथवा परस्पर से साम्य की अवस्था में एकत्र होती हैं, तभी 'मैं' एवं 'अन्य' की अवधारणा का उदय हो सकता है। पहले इस साम्यावस्था की स्थिति से एक असीमता अंतिम छोर तक अपनी दिशा में विस्तार को प्राप्त होती है और दूसरी असीमता संकुचित होकर पहली असीमता के लिये आधार की भूमि के रूप में कार्य करती है जिस प्रक्रिया में स्थूल पदार्थ अपने अंधकार की सीमा तक - एक ब्लैक होल तक - विकास को प्राप्त होता है। अगले चरण में अंधकार के संकोच होने की क्रिया आरंभ होती है, ज्ञान के प्रकाश का विकास होता है और प्रयास के द्वारा मानव-संतति एक कभी विनष्ट न होने वाली व 'अक्षर' (decay से हीन) 'आनंद एवं प्रसन्नता से पूर्ण' अवस्था का लाभ करने में सक्षम हो जाता है।

स्मृति के लिये आधार की आवश्यकता

डा. कविराज के अंतहीन प्रश्नों में से और एक प्रश्न के उत्तर में, बाबा विशुद्धानंद बोले, "अपने वर्तमान जीवन में भी कई बार अत्यंत पुरानी घटनायें अकस्मात हमारी स्मृति में उदित हो जाती हैं! तब उसी प्रकार किसी पिछले जन्म में घटित हुई किसी घटना का हमारे स्मृति पटल पर उदय क्यों नहीं हो सकता? इसे तुम इस प्रकार समझने का प्रयास करो।

"यद्यपि एक जीवात्मा का एक ही लिंग (सूक्ष्म शरीर) होता है, तथापि यह स्थूल से इतना जड़ित होकर अवस्थान करता है कि यह एक केन्द्र के आकर्षण के अभाव में कार्य नहीं कर पाता। भले ही यह भारहीन सूक्ष्म पदार्थों से ही निर्मित होता है, फिर भी इसके लिये एक (अपेक्षाकृत स्थूल) शरीर की आवश्यकता तो होती ही है। स्थूल शरीर की मृत्यु के बाद भी यह अपने पिछले कर्मों की गठरी के रूप में अपने साथ एक मध्य के आकर्षण के केन्द्र को रखते हुए उससे युक्त रहते हुए ही गमन करता है।

"मन, बुद्धि एवं अहंकार, ये लिंगशरीर के ही अलग-अलग नाम कहे जा सकते हैं और स्वयं को प्रकट करने के लिये इन्हें भी एक आधार की आवश्यकता होती ही है। इंद्रियां भी किसी न किसी प्रकार के स्थूल शरीर के अभाव में कार्य करने में सक्षम नहीं होती। तथापि इस 'स्थूलता' की आवश्यकता को भी एक सापेक्षता के परिप्रेक्ष्य में ही समझा जाना चाहिये। उदाहरण के रूप में, भुवर्लोक एवं स्वरलोक के शरीर 'भू' लोक से सर्वथा भिन्न होते हैं और फिर भी वे व्यवहार की दृष्टि से जीवात्मा के लिये स्थूल शरीर की आवश्यकता की पूर्ति करने में सक्षम होते हैं।

"सबसे ऊर्ध्व लोक से लेकर सर्वापेक्षा निम्न लोक तक, उन्हीं पांच तत्वों की भिन्न-भिन्न घनत्वों वाली अवस्थाओं से निर्मित एक शरीर, जीवात्मा के लिये उपलब्ध होता ही है और तभी उसका लिंगशरीर अपने विकास के अनुरूप अपने कार्य का निर्वाह करने में सक्षम होता है। उपलब्ध शरीर के अनुपात से ही लिंगशरीर के ज्ञान एवं क्रिया करने के स्तर में भी परिवर्तन हो जाता है। इसके अतिरिक्त भूलोक के शरीर के समान ही अन्य शरीरों के द्वारा किये गये इसके कार्य की स्मृति भी इसके लिंगशरीर में संचित होते रहती है।"

अपने पिछले सभी जन्मों का दर्शन

बाबा विशुद्धानंद पुन: अपनी बात प्रारंभ करते हैं, "प्रत्येक 'जीवात्मा का एक ही लिंगशरीर शरीर होता है', इस समय तुम्हारे लिये यह मात्र एक सुने हुए कथन के समान ही है। जब तुम्हें इस लिंगशरीर का दर्शन होगा तो तुम उन सभी (कम वा अधिक) स्थूल शरीरों को जिनसे भी तुम अपने लिंग शरीर की अत्यंत दीर्घ यात्रा के मध्य संबंधित रहे हो, एक ही स्थान पर देख पाओगे।

"यद्‌यपि इस लिंगशरीर का अपना कोई रूप अथवा आकार नहीं होता और यह जल में कमल पत्र के समान गीला हुए बिना अवस्थान करता है, तथापि एक ही काल में यह उन सभी शरीरों को प्रतिबिंबित कर सकता है जिनसे भी यह कभी भी भूत काल में संबद्ध हुआ है। चुंकि तुम इस समय अपने वर्तमान भौतिक शरीर से एकात्म होकर अवस्थित हो, तुम्हारे सूक्ष्म एवं स्थूल अवयव एक जटिल रूप से एक दूसरे में प्रविष्ट होकर अवस्थित हैं। एक बार जब तुम इन्हें एक दूसरे से अलग करने में सफल हो जाते हो, तभी से लिंगशरीर की अभिन्नता की तुम्हें स्पष्ट प्रतीति होने लगेगी और तब तुम देख पाओगे कि पूर्व के वे हजारों शरीर जिनसे भी इसकी पूर्व में संबद्धता रही है वे सदैव इसमें प्रतिबिंबित (और लुप्त) होते रहते हैं।

"इस अवस्था में तुम अपने उन सभी जन्मों को जो एक जीवात्मा के रूप में अपना विकास करते हुए और लाखों शरीरों को ग्रहण करते हुए और उनका त्याग करते हुए तुम्हारे द्‌वारा लिये गये हैं, एक साथ और एक ही स्थान पर देख पाओगे और उसी एक क्षण में एक प्रकार से अभी जिये जाने के समान उनका अनुभव भी कर सकोगे (जैसे हम पुराने फाइलों को देख सकते हैं।" (अपने गुरु युक्तेश्वर जी की कृपा से, योगानंदजी को यह अनुभव प्रत्यक्ष रूप से उस समय हुआ था जब वे अपनी समाधि के तीन माह के पश्चात मुंबई में उनके होटल के कमरे में उनके सामने सशरीर उपस्थित हो गये थे (तीसरे अध्याय के अंत में देखें। उन्होंने एक प्रकार से उसी आश्वासन की पूर्ति भी इसी समय की थी जो एक समय योगानंद जी ने उनसे मांग कर लिया था और जिसकी उन्होंने योगी-कथामृत में चर्चा भी की है।)

दो जन्मों के मध्य की अवस्था

अपनी बात को और आगे बढ़ाते हुए बाबा कहते हैं, "हमारी आत्म-चेतना अपने आप को एक स्थूल शरीर के माध्यम से ही व्यक्त कर पाती है। अत: यह (छोटे-छोटे) काल- खंड़ों में ही अभिव्यक्त होती है। इस क्षण यह उपस्थित होती है और अगले क्षण ही यह अनुपस्थित के समान हो जाती है।

"शरीर से जड़ित चेतना की अनुभूति निरंतर चैतन्य की अनुभूति नहीं होती और हो भी नहीं सकती। श्वास-प्रश्वास के रूप में स्थूल वायु की क्रिया के कारण ही यह स्थिति उत्पन्न होती है। अध्यात्म के संदर्भ में इसकी तुलना चेतना की असंतुलित एवं अस्थिर अवस्था से की जा सकती है। इसका उदय और अस्त होता रहता है। एक क्षण में यह शरीर के ज्ञान से युक्त होती है और दूसरे ही पल यह स्वयं को शरीर से भिन्न समझती है।

"मृत्यु के समय, यह जीवित होने का ज्ञान उस क्षण में जाग्रत नहीं हो पाता और एक दीर्घ निद्रा की स्थिति उत्पन्न हो जाती है। इसके बाद का अनुभव स्वप्न के समान एक बहोशी और निस्तब्धता की अवस्था में होता है।

"जाग्रत की चेतना का कार्य इसके पश्चात मातृ-गर्भ में प्रवेश करने पर पुन: आरंभ होता है। तथापि, चूंकि इस अवस्था में श्वास-प्रश्वास का कार्य नहीं रहता अत: चेतना का ध्यान भटकता नहीं है और इसमें अव्याहत ज्ञान बना रहता है।

"इस अवस्था में 'जीव' को अपने लिंग (सूक्ष्म शरीर) से एकात्मता की प्रतीति होती है और अपने पिछले सभी जीवनों की स्मृतियां इसके समक्ष उत्पन्न होकर इसे उद्वेलित करती रहती हैं। इस अवस्था में जीव को अपने नये स्थूल शरीर का ज्ञान अथवा अनुभूति नहीं होती तथापि जैसे ही यह जीव भूमिष्ठ होता है, इसमें स्थूल श्वास-प्रश्वास की क्रिया आरंभ हो जाती है। पिछली स्मृतियों का लोप होने लगता है, चेतना की निरंतरता में बाधा उत्पन्न होने लगती है और 'जीव' में नूतन शरीर का ज्ञान उत्पन्न होने लगता है।"

जब आत्मज्ञान की उपलब्धि हो जाती है

कुछ क्षण ठहर कर, ताकि जो उन्होंने बताया है उसे कविराज जी भली भांति आत्मसात कर सकें, उनके सिद्ध गुरु अपनी बात और आगे बढ़ाते हैं, "और अब

मैं तुम्हारे प्रश्न का उत्तर देता हूं। एक सामान्य व्यक्ति की चेतना मृत्यु के समय अज्ञान से ढंक जाती है। वाह्य की वायू से उसका संपर्क छिन्न हो जाता है, प्राण और अपान भी अपना कार्य बंद कर देते हैं और उसके लिये चेतना का लोप होकर अज्ञान के द्वारा पराभूत होने के समान एक स्थिति उत्पन्न हो जाती है। उसकी चेतना गहन तमस् से ढंक जाती है। परंतु जिसके ज्ञान चक्षु खुल गये हैं, उसके लिये मृत्यु के समान अवस्था उत्पन्न नहीं होती। उसकी चेतना अज्ञान के द्वारा आवरित नहीं होती।

"मृत्यु क्या है? क्या यह सूक्ष्म से अलग होकर स्थूल शरीर का पतन मात्र नहीं है? जब ज्ञानी के शरीर का पतन होता है, तो वह इसे होते हुए देख पाता है। अज्ञानी की मृत्यु की अनुभुति इस प्रकार की होती है जैसे उसे क्लोरोफॉर्म सुंघा दिया गया हो, जबकि ज्ञानी अथवा योगी का ज्ञान अवछिन्न रहता है और वह अपने ज्ञातसार में अपने शरीर का त्याग करता है।

"ज्ञानी न केवल चेतन रहते हुए ही मृत्यु को स्वीकार करता है, बल्कि यह ध्यान देकर समझने वाली बात है कि उसके सूक्ष्म और स्थूल शरीरों के एक दूसरे से अलग होने में उसकी इच्छा का भी पूर्ण सहयोग रहता है।

"जब एक अज्ञानी व्यक्ति का पुनर्जन्म होता है तो उसका लिंग शरीर उसके स्थूल शरीर से इस प्रकार ओत-प्रोत होकर जड़ित हो जाता है कि उसके पिछले जन्म की स्मृति विलुप्त हो जाती है। निद्रा की अवस्था में पूर्व की स्मृति का लोप नहीं होता और यह उसी रूप में अवस्थित रहती है क्योंकि सूक्ष्म शरीर स्थूल से अलग नहीं होता उसके साथ जुड़ा रहता है। निसंदेह, मृत्यु भी एक प्रकार की निद्रा ही है। तथापि चूंकि पहले के शरीर का त्याग कर दिया गया है और (पुनर्जन्म होने पर) एक नूतन शरीर को ग्रहण कर लिया गया है, पूर्व की स्मृतियां इस नवीन सूक्ष्म-स्थूल की युति को हस्तांतरित नहीं होती (दबी हुई अवस्था में ही अवस्थान करती हैं)।"

जब ईश्वर से सायुज्य हो जाता है

विषय को और अधिक स्पष्ट करते हुए बाबा कहते हैं, "जब कोई योगी अथवा साधक अपने लिंग-शरीर का पूर्ण रूप से शुद्धिकरण कर लेता है तो उसके समक्ष यह स्पष्ट हो जाता है कि व्यक्ति का वास्तविक जन्म तो उस समय होता है जब वह अपने लिंग शरीर में पहली बार जन्म लेता है। साथ ही, यह एक बार ही होता है, इसलिये वास्तव में तो उसका कोई दूसरा जन्म ही नहीं

होता (और न ही मृत्यु होती है)। उसका वास्तव का जीवन काल तो उसी समय प्रारंभ हो जाता है जब उसे पहली बार लिंग-शरीर की प्राप्ति होती है और इसका अंत भी तभी होता है जब वह इस लिंग-शरीर का त्याग करता है और इस (वास्तविक) शरीर के संदर्भ में केवल एक बार ही जन्म और एक बार ही मृत्यु होती है।

"जब योगी की चेतना और अधिक विकास को प्राप्त होती है तो उसके समक्ष यह स्पष्ट हो जाता है कि उसके समान ही और भी करोड़ों और खरबों लिंग शरीर विद्यमान रहते हैं और वे सभी अपनी-अपनी गति से एक तरंग के समान प्रवाहमान होते रहते हैं, जैसे कि एक अत्यधिक बड़े प्रवाह की गति के साथ व्यष्टि तरंगें उसी में अनुस्यूत रहते हुए उसी के साथ प्रवाहित होती रहती हैं।

"तब उस योगी को यह समझ में आने लगता हे कि वास्तव में एक ही विराट समष्टि लिंग शरीर होता है और अन्य सभी व्यष्टि शरीर उसकी इकाइयां मात्र होती हैं अथवा उस समष्टि लिंग के ही विभिन्न प्रतिबिंब मात्र होते हैं। यह समष्टि लिंग ही असली लिंग शरीर है। जब कोई व्यक्ति इस समष्टि लिंग शरीर से एकात्म होने का प्रयास करता है तब उसे सभी प्रकार की अभिव्यक्तियां अपने ही विभिन्न रूपों के समान प्रतीत होने लगती हैं। ज्ञानी (योगी) में तब यह ज्ञान उत्पन्न हो जाता है कि 'एक' ही है जो जीवित है तथा और सभी कुछ इस एक के ही विभिन्न अंग मात्र हैं।

"समष्टि लिंग (की स्पंदावस्था) को प्राप्त करने के बाद और उसके साथ एकात्म की अनुभूति करने के पश्चात, ज्ञानी की आत्मा (Self) अथवा उसका ममत्व अपने कारण शरीर को ही अपना आधार समझने लगता है। ईश्वर (तत्व) के समान वह अभिव्यक्ति को प्राप्त समस्त बाहुल्य की अपने ही शरीर के समान अनुभूति करने लग जाता है। वह संपूर्ण विश्व को ही अपना शरीर समझने लगता है।

"केवल एक ही मूल वस्तु अथवा प्रधान है और इसकी एक ही जीवंत शक्ति है जिसमे गति एवं जीवन (ज्ञान) निहित हैं और ये दोनों परस्पर से इस प्रकार संबद्ध होते हैं कि दोनों एक ही समय में एक दूसरे से भिन्न एवं अभिन्न प्रतीत होते हैं। दोनों सदैव (eternally) एक युगल के रूप में युक्त रहते हुए एक अनादि और अनंत क्रीड़ा में संलग्न होते हैं। इस अवस्था (के ज्ञान) को प्राप्त कर लेने के पश्चात (अभिव्यक्ति को प्राप्त व्यष्टि का) आभास चैतन्य

की पदवी का त्याग होकर केवल (शुद्ध ज्ञान अथवा) प्रकाश शेष रहता है। उस योगी को यह ज्ञान हो जाता है (अनुभूति हो जाती है) कि केवल वही है (जिसका अस्तित्व है) और उसी ने ये सारे रूप धारण किये हुए हैं", यह कहते हुए बाबा विशुद्धानंद अपना वक्तव्य समाप्त करते हैं।

एक दुर्गम पथ पर आरोहण

ऋषियों के अनुसार, मनुष्य के रूप में प्राणी अथवा जीव अन्य प्राणियों से भिन्न होता है, क्योंकि वह् एक विशिष्ट दहलीज को पार करने के पश्चात इस अवस्था में उपनीत होता है। इसे अब मनुष्य का शरीर एवं विवेक से युक्त बुद्धि की प्राप्ति हो गई है। यह उस खाद्य परंपरा (food chain) से बाहर निकल चुका है जहां छोटे प्राणी का भक्षण करके ही एक बड़ा प्राणी पुष्टि को प्राप्त होता है और उसमें कोई स्वतंत्र उद्योग करने की क्षमता का अभाव होता है। अपनी विवेक से युक्त बुद्धि का उपयोग करके वह पशु-मानव से यथार्थ मानव-पुत्र के रूप में विकास को प्राप्त हो सकता है। वह प्रकृति के नियमों को समझ कर एक रंगविहीन श्वेत एवं पारदर्शी व्यवस्था में भागीदारी का अधिकार और एक आदर्श मानव समुदाय का सदस्य अथवा एक आदर्श मानव राष्ट्र का नागरिक बनने की योग्यता अर्जित कर सकता है।

उसमें शाश्वत चैतन्य के बीज का विकास पूर्ण होकर उसके पुष्पित होने की अवस्था की प्राप्ति हो जाती है और उसी के साथ एक आदर्श विश्व नागरिक के अधिकार भी। तथापि मानव जन्म की प्राप्ति के साथ ही एक ओर जहां उसे कर्म करने की स्वतंत्रता प्राप्त हो जाती है दूसरी ओर उसके फल का दायित्व भी अब उसे स्वयं ही वहन करना पड़ता है। अपने कर्मों का फल मनुष्य को भुगतना ही पड़ता है क्योंकि बुद्धि-विवेक का उपहार मिलने के पश्चात नियम की अज्ञता का लाभ अब उसे नहीं मिल सकता।

मानव शरीर की प्राप्ति होने के साथ ही जीवात्मा को एक व्यक्तिगत स्वतंत्रता भी उपलब्ध हो जाती है और अपने उद्देश्य कि प्राप्ति की दिशा में वह अपनी 'इच्छा' के अनुरूप अपने 'ज्ञान' में विस्तार कर सकता है और इच्छानुरूप 'क्रिया' में भी संलग्न हो सकता है। तथापि इस स्वतंत्रता के साथ ही वह एक स्वतःसंचालित निष्पक्ष एवं लोकतांत्रिक रूप से सतत कार्यशील कर्मफल का निर्धारण करने वाली प्रणाली के अनुगत हो जाता है, जिसका उलंघन किसी के लिये संभव नहीं होता। यह नियम है कि न केवल अन्य मनुष्यों के

समानाधिकार का सम्मान किया जाये, बल्कि अन्य प्राणियों एवं प्रकृति के समस्त संसाधनों का भी दुरुपयोग नहीं हो। तथापि, यह न्यूटन के नियम से कुछ भिन्न प्रकार से कार्य करता है क्योंकि मनुष्यों को एक लंबी डोर दी गई है क्योंकि ऋण के साथ सूद जुड़ता रहता है एवं क्रिया की प्रतिक्रिया तुरंत हो यह आवश्यक नहीं है।

प्रत्येक मनुष्य अपने प्रत्येक कर्म के लिये एक दंड अथवा इनाम का उपार्जन करता रहता है, जो स्वत:मेव उसके अचेतन मन में, उसकी अपनी व्यष्टि कुंडलिनी में ही, उसके संचित कर्म के रूप अंकित होता रहता है। इतने बड़े और इतने दीर्घस्थायी इस विश्व में सतत चलने वाले कर्म प्रवाह में सभी के कर्म जुड़ते रहते हैं एवं स्थूल के ऋण स्थूल में ही चुकाये जा सकते हैं, इसलिये क्रिया की तुरंत प्रतिक्रिया सदैव संभव नहीं होती। चूंकि एक मनुष्य का एक ही कर्म अनेकों को प्रभावित कर सकता है, जबकि तुरंत प्रतिफल सदैव संभव नहीं होता और सभी के लिंग शरीर दीर्घ जीवी भी होते हैं, इसीलिये प्रकृति के द्वारा एक संचित कर्म के प्रावधान की व्यवस्था की गई है। जैसे देश की सापेक्षता होती है, उसी प्रकार समय की अवधारणा भी सापेक्ष मात्र ही होती है। चूंकि कर्मफल से निस्तार संभव नहीं होता और व्यक्ति भी परस्पर संबद्ध हो सकते हैं, इसीलिये मानव के संदर्भ से प्रकृति में संचित कर्मों के प्रावधान की आवश्यकता और व्यवस्था होती है।

इसी परंपरा में एक दूसरा पक्ष यह भी है कि जो मनुष्य अशुभ कर्मों से बचते हैं और शुभ कर्मों को करते हुए सन्मार्ग पर अग्रसर होते हैं वे प्रयास के द्वारा अत्युच्च अवस्था को प्राप्त करके प्रकृति को ही अपने वश में करने में भी सक्षम हो सकते हैं। कुछ धर्मों को मानने वालों का यह विश्वास है कि मृत्यु के पश्चात पुन: सशरीर प्रकट होने की क्षमता ही सिद्धत्व की परिचायक होती है। यह एक सत्य है जिसमें उन्हें विश्वास होता है। उसी प्रकार यह भी सत्य है अन्य मनुष्यों के समान ही एक सिद्ध पुरुष को भी अपना चुनाव स्वयं करने की स्वतंत्रता होती है, कि वह मृत्योपरांत क्या करना चाहता है और उसने अपना जो उद्देश्य निर्धारित किया है वह उसे किस प्रकार पूर्ण करता है। जिसने प्रकृति को ही जय कर लिया हो उसके लिये कुछ भी असंभव नहीं रह जाता। अगर उसका कोई कार्य या उसके द्वारा दिया गया कोई आश्वासन अपूर्ण रह गया है, तो पुनरुत्थान अवश्यंभावी समझना चाहिये।

देह त्याग के पश्चात

मार्शल गोविंदन के अनुसार (Babaji and the 18 Siddha Kriya Yoga -Tradition) 'थिरुवरुल्प' (*The Divine Song of Grace* published in 1867 by V. Mudalier) तामिल भाषा का एक महान ग्रंथ है, जिसे स्वयं एक सिद्ध के द्वारा लिखा गया है। इसमें ईश्वर और आत्मा की प्रकृति और स्वभाव के साथ-साथ मानव जीवन की चरम उपलब्धि का एक मुग्धकारी विवरण एक गायन के रूप में प्रस्तुत किया गया है। इस गीतमय विवरण में रामालिंगम स्वामी ने अपने आत्म-ज्ञान की प्राप्ति की दिशा में विभिन्न स्तरों की उपलब्धि का वर्णन करते हुए बताया है कि किस प्रकार उनकी अपनी स्थूल मानव देह एक दिव्य देह में परिवर्तित हो गई थी।

रामलिंगम ने यह बताया है कि कैसे उनकी नश्वर देह पहले स्वर्णिम आभा से मंडित होकर एक शुद्ध देह (प्रेम देह) में परिवर्तित हो गई थी और फिर कैसे इस प्रेम देह ने एक प्रकाशमयी प्रणव देह का रूप ग्रहण कर लिया था। उनकी इस प्रणव देह की यह भी एक विशिष्टता थी कि स्पर्श के द्वारा इसका अनुभव नहीं किया जा सकता था, न ही प्रकृति के प्रहारों से इसे कोई क्षति पहुंचाई जा सकती थी और न ही यह किसी प्रकार से विनष्ट हो सकती थी। उनके द्वारा इस अवस्था की प्राप्ति के कुछ समय बाद ही उनके शिष्यों ने पहली बार उनका फोटो खिंचवाने का प्रयास किया था और इस कार्य के लिये मद्रास से एक प्रसिद्ध फोटोग्राफर श्री ऐम. मुदालियर को बुलवाया गया था।

मुदालियर महाशय ने आठ बार स्वामी का फोटो खींचने का प्रयास किया, परंतु फोटो प्लेट पर केवल उनके वस्त्र ही दृष्टिगोचर होते थे, स्वामी के शरीर का कोई भी हिस्सा किसी भी प्लेट पर दिखाई नहीं पड़ा। स्वामी जी के एक उन्नत शिष्य कांदास्वामी पिल्लई ने इसका स्पष्टीकरण करने का प्रयास करते हुए यह बताया कि चूंकि उनकी प्रणव देह एक दिव्य सूक्ष्म प्रकाश से निर्मित देह के समान लक्ष में आती थी अत: फोटो प्लेट उसका प्रतिबिंब ग्रहण करने में सक्षम नहीं हो पा रही थी (ठीक इसी प्रकार की एक घटना का विवरण श्री श्यामाचरण लाहिड़ी के संदर्भ में श्री योगानंद जी ने अपनी पुस्तक 'योगी कथामृत' में किया है। सारे प्रयास विफल होने के पश्चात लाहिड़ी महाशय की अनुमति से उनका जो फोटो खींचा गया था, वही उनका एकमात्र उपलब्ध फोटोग्राफ है। ऐसी ही एक घटना श्री युक्तेश्वर गिरि के साथ हुई थी जब वे द्वार पर खड़े हुए महावतार बाबाजी के बगल से गुजर गये

थे और बाबाजी ने उन्हें बताया था कि वे उस समय प्रकाश की किरणों के पीछे छिपे हुए थे, और ऐसा ही पद्मपुरी के परमानंद पुरी महाराज के साथ, जिनकी वर्तमान आयु १३२ वर्ष है, १९३० के दशक में हुआ था, जब वे महावतार के बगल से निकलकर अपने गुरु विशुद्धानंद परमहंस के निकट उपस्थित हुए थे)।

इसके अतिरिक्त स्वामी के शरीर की छाया भी पृथ्वी पर नहीं पड़ती थी। इस बात का अनावश्यक प्रचार न हो इसलिये रामालिंगम अपने प्रकाश से निर्मित शरीर के अतिरिक्त अपने सिर को भी कपड़े से ढंक कर रखते थे ताकि उनके पूरे शरीर की छाया जमीन आदि पर दिखाई पड़ती रहे।

इस धरा का त्याग करने के एक मास पूर्व, सन् १८७३ के आखिर में, वह तैल-दीप जिसका उपयोग रामालिंगम अपने कक्ष में करते थे, उन्होंने अपने कक्ष से बाहर द्वार के समीप रख दिया। द्वार बंद करने के पूर्व उन्होंने अपने शिष्यों से कहा के वे इसकी पूजा करते रहें और इसे सदैव प्रज्वलित रखें। उन्होंने उन शिष्यों से कहा कि वे उसके प्रकाश में ईश्वर की कृपा के प्रकाश की अवधारणा करते हुए उसकी कृपा की कामना करते रहें।

ब्रह्म में लीन होने का निर्णय

३० जनवरी, १८७४ के दिन, ५० वर्ष की आयु में, रामलिंगम ने अपने भक्तों के लिये यह संवाद लिखकर अपने शिष्यों को सौंप दिया: "मेरे प्रिय जनों! कुछ समय के लिये मुझे आप के दृष्टिपथ से ओझल रहना होगा। आप कोई चिंता न करें। आप इस दीप को सदैव प्रज्वलित रखें। यह भावना करते रहें कि ईश्वर यहीं हैं और उनके प्रकाश की अर्चना करते रहें। आपको इसका यथेष्ट पुरस्कार मिलेगा। अभी मैं इस शरीर में हूं और कुछ समय में ही मैं उसकी सृष्टि में विद्यमान समस्त शरीरों में प्रविष्ट हो जाऊंगा। आप लोग द्वार को बाहर से बंद करके इसमें ताला लगा दें। यदि इस कक्ष को खोलने का आदेश होता है, तो इसमें मात्र शून्य आकाश ही मिलेगा।"

रामलिंगम ने इसके बाद स्वयं को मेट्टुकुप्पम में अपनी कुटिया में बंद कर लिया। बाद में उसी रात्रि में, जब कुटिया से बाहर बैठे हुए उनके शिष्य कीर्तन कर रहे थे, अचानक एक बैंगनी रंग का प्रकाश रामलिंगम की कुटिया से फैलते हुए बाहर निकला। यह उनके लिये इस बात की सूचना के समान था कि उनके गुरु ईश्वर के द्वारा सृष्ट सभी शरीरों में प्रवेश कर गये थे, क्योंकि अंत में जब

उनके कक्ष को खोला गया, तो वह बिल्कुल खाली था। बिना कोई चिन्ह छोड़े हुए रामलिंगम अप्रकट हो गये थे।

कुछ दिन के बाद एक पुलिस रिपोर्ट मिलने पर, श्री जे. एच. गारस्टिन, जो दक्षिण आरकोट जिले के कलेक्टर थे और श्री जौर्ज बैनबरी, जो जिले के मेडिकल अफसर थे, वहां के उप-जिलाधिकारी श्री वेंकटरमन अय्यर के साथ घोड़ों पर सवार होकर स्वामी के गायब होने की जांच करने के लिये मेट्टूकुप्पम पहुंचे। उन सभी ने मिलकर इस मामले की भली भांति जांच की। सारे ग्रामवासी इतने शोक-संतप्त थे कि उनके गले रुंधे हुए थे। सभी अफसरों ने कुटिया के चारों ओर घूमकर भली भांति निरीक्षण किया परंतु उन्हें कहीं कुछ भी संदेहप्रद दिखाई नहीं पड़ा। सब कुछ देख समझकर वे इस निष्कर्ष पर पहुंचे कि रामलिंगम वास्तव में एक उच्च कोटि की आत्मा थे, जो शून्य में समा गये थे।

सन् १८७८ में दक्षिण अरकोट जिले का मैनुअल प्रकाशित हुआ। इसमें वहां के कलेक्टर श्री जे. एच. गारस्टिन ने रामलिंगम के अप्रकट होने की घटना का उल्लेख किया था। उन्होंने लिखा, "१८७४ ई. में मेट्टूकुप्पम में रामलिंगम स्वामी ने अपने कक्ष में प्रवेश किया और अपने शिष्यों को इस कक्ष को बाहर से बंद करने का निर्देश दिया। फिर वे इस कक्ष से बाहर निकले ही नहीं। उनके शिष्यों का विश्वास है कि वे ईश्वर में समा गये हैं।"

केवल फूलों से भरा एक बक्सा

सन् १८८७ के अगहन मास में, २८० वर्ष की आयु में, तैलंग स्वामी ने एक संदेश के द्वारा अपने सभी शिष्यों को अपने निकट एकत्रित होने का निर्देश सूचित किया। उन्होंने एक मास में अपने शरीर को त्यागने की बात बताई। उन्होंने शिष्यों से अपने लिये एक लकड़ी का ताबूत बनवाने के लिये कहा। उन्होंने निर्देश दिया कि उनकी मृत्यु के पश्चात उनके शरीर को उस बक्से में बंद करके बाहर से ताला लगा कर पंचगंगा घाट के दूसरी ओर एक स्थान विशेष पर गंगा नदी में गिरा दिया जाये।

गुरू के आदेश के अनुरूप शिष्यों ने स्वामी के लिये चंदन की लकड़ी का एक बक्सा बनवा लिया। स्वामी ने जो दिन अपने प्रयाण के लिये निश्चित किया था, उसके एक दिन पूर्व तक वे प्रसन्न मुद्रा में रहते हुए वहां उपस्थित और

आने वाले शिष्यों को अनेक प्रकार के उपदेश देते रहे। उस दिन उन्होंने अगले दिन के लिये एक नौका किराये पर लेने का निर्देश दिया, जिस में रखकर उनके पार्थिव शरीर को पहले अस्सी घाट पर और फिर वरुणा (राजघाट) पर ले जाने के पश्चात पुन: पंचगंगा घाट पर वापस लाकर पूर्व निश्चित स्थान पर जल समाधि दी जा सके।

अगले दिन, पौष मास के शुक्ल पक्ष की एकादशी के दिन, उन्होंने सभी उपस्थित लोगों से अपने साथ उच्च स्वर में भगवान शिव के शिवाष्टक स्त्रोत के पाठ में सम्मिलित होने के लिये कहा। जैसे ही गायन समाप्त हुआ स्वामी के शरीर से निकल कर उनके प्राण शून्य में विलीन हो गये।

स्वामी के अंतिम दर्शन के लिये पंचगंगा घाट पर एक विशाल भीड़ एकत्र हो गई थी। जब स्वामी के शरीर को चंदन काष्ठ से निर्मित बक्से में उनके निर्देश के अनुसार लेटा कर उसे बंद करके कुंदे लगा दिये गये थे, ठीक उसी समय काशी की रानी दौड़ती हुई वहां पहुंच गई। उनके वस्त्र अस्त-व्यस्त थे और उनकी आंखों से अश्रु धारा निकल कर उनके दोनों कपोलों पर बह रही थी। वे स्वामी की परम भक्त थी और उन्हें अपना गुरू समझती थी। वे कहीं दूर गई हुई थी और स्वामी का संदेश उन्हें बहुत देरी से प्राप्त हुआ था।

रानी बक्से में बंद स्वामी के अवशेष के सन्मुख पछाड़ खाकर लुढ़क गई। शोक से संतप्त होकर रोते हुए और बार बार अपने गुरु को पुकारते हुए जब वे उसी अवस्था में वहां लेटी हुई थी, तभी धीरे-धीरे बक्से का ढक्कन ऊपर उठने लगा और शीघ्र ही वह पूरा खुलकर अपने कब्जे पर खड़ा हो गया ताकि रानी अपने गुरु को अंतिम बार देख सकें।

तथापि स्वामी का पार्थिव शरीर जिसे कुछ समय पूर्व ही बक्से में लिटाया गया था अब वहां किसी को दिखाई नहीं पड़ रहा था। उसके स्थान पर बक्से में एक मानव शरीर का आकार लिये हुए फूल भरे हुए थे। जैसे संत कबीर के साथ उनकी मृत्यु के उपरांत हुआ था, उसी प्रकार स्वामी का शरीर फूलों में परिवर्तित हो गया था। धीरे-धीरे बक्से का ढक्कन पुन: बंद होने लगा। जब ढक्कन पूरी तरह बंद हो गया, तो उसके कुंदे और ताले भी यथास्थान पूर्ववत बंद हो गये (जब वे अंग्रेजों की हवालात में बंद थे और बाहर निकलना चाहते थे, तब भी इसी प्रकार द्वार और उसके ताले आदि खुल जाते थे और उनके पुन: प्रवेश करने पर उसी प्रकार बंद भी हो जाते थे)।

पंचगंगा घाट का आकाश तब 'हर हर महादेव' के नारों से गूंज उठा जब लकड़ी के ताबूत को नौका पर लादा जा रहा था। स्वामी के निर्देशानुसार उनके द्वारा पीछे छोड़े गये फूलों को पहले अस्सी घाट और फिर राजघाट तक ले जाकर, पुन: पंचगंगा घाट पर लाकर पहले से निश्चित स्थान पर जल समाधि दे दी गई।

मृत्यु के उपरांत पुनरुत्थान

इसाई धर्म में क्राइष्ट का उठना, अथवा निर्दयता के साथ शूली पर चढ़ाये जाने के तीसरे दिन जीसस का पुनरुत्थान सबसे बड़ी घटना के रूप में माना जाता है। जीसस ने जो कुछ भी बताया या सिखाया था, इसे उसकी आधिकारिक पुष्टि की दृष्टि से देखा जाता है। यह उनके अनुयायिओं के लिये एक जीवंत प्रमाण के स्वरूप था कि स्थूल शरीर की मृत्यु से ही किसी व्यक्ति अथवा आत्मा के संसार का अथवा जीवन का सर्वप्रकार से अंत नहीं हो जाता। जब किसी प्राणी में एक मानव-पुत्र के रूप में जन्म लेने की योग्यता का अर्जन हो जाता है, तो उसमें ईश्वर-पुत्र के रूप में विकास प्राप्त करने की क्षमता भी निहित होती है। तथापि यह दूसरा महत्वपूर्ण संदेश बाद के समय में क्रिस्चियन धर्म के अधिक विकसित हो जाने के बाद इसके समुदायों में एक की अपेक्षा अन्य की श्रेष्ठता की होड़ में कहीं गुम हो गया।

अपनी पुस्तक Jesus Lived in India में होल्गर करस्टेन लिखते हैं, "५४३ ई. में सम्राट जस्टिनियन ने (अपनी पत्नी की अपराध-बोध से मुक्त होने की अभिलाषा की पूर्ति के हेतु) ओरिजेन की शिक्षाओं के विरुद्ध एक प्रकार का युद्ध ही छेड़ दिया था, जब बिना पोप की सहमति के उन्होंने एक विशेष धर्मसभा बुलाकर इन्हें 'विधर्मी' घोषित कर दिया था। (इस पर वैधता की मोहर लगाने के लिये) दस वर्ष के बाद उन्होंने एक कन्स्टैंटिनोपल में एक काउंसिल की मीटिंग भी बुलवा ली थी जिसे बाद में किसी समय पांचवी विश्व सभा के नाम से जाना जाने लगा। तथापि इसे विश्व सभा (Ecumenical Council) मानना कठिन प्रतीत होता है और यह जस्टिनियन की एक आत्म प्रवंचना की यात्रा से अधिक नहीं कही जा सकती, जिसने स्वयं को पूर्वी चर्च के अधिष्ठाता के रूप में देखना प्रारंभ कर दिया था और जो पश्चिम में रोम के बिशप की तुलना में

अपने अधिकार क्षेत्र को सुदृढ़ करना चाहता था।" इसके साथ ही पुनर्जन्म को स्वीकार करना और इस विषय में बात करना भी इसाई धर्म में एक दंडनीय अपराध की श्रेणी में गण्य होने लगा।

दूसरी ओर भारत के लोगों के लिये अवतार, पुनरुत्थान और पुनर्जन्म की अवधारणाओं में कुछ भी नवीनता नहीं थी, क्योंकि उनकी जानकारी और अनुभव में इस प्रकार की घटनायें लगभग नियमित रूप से अक्सर घटित होती रहती थी ओर उनकी दीर्घकाल व्यापी अविछिन्न परंपरा में स्वाभाविक रूप से ज्ञात एवं स्वीकार्य थी और आज भी उसी प्रकार स्वीकार्य हैं। पुनर्जन्म लेने के लिये भारत की पावन भूमि सदा से उच्च कोटि की आत्माओं के लिये एक प्रिय एवं पसंदीदा भूमि रही है और अपने पार्थिव शरीरों को समाधि दिये जाने अथवा जला दिये जाने के पश्चात उनके सशरीर अपने शिष्यों एवं भक्तों के समक्ष प्रकट होने की घटनायें भी यहां अक्सर घटित होती आई हैं।

यहां यह ध्यान में रखने की बात है कि पुनरुत्थान, एक सिद्ध योगी अथवा गुरु के द्वारा अपनी इच्छा से जानबूझ कर सूक्ष्म धरातलों और उच्चतर भूमियों से किसी व्यक्ति, समुदाय अथवा उद्देश्य विशेष के हेतु निम्नतर स्थूल भूमि पर अवतरण करने अथवा प्रकट होने की घटना है। यह ऐसी किसी अशरीरी आत्मा के द्वारा जो किसी भूल अथवा कारणवश स्थूल भूमि पर अटक गई है, उसके किन्ही व्यक्ति विशेषों के समक्ष किसी समय विशेष पर या एकाधिक बार दिखाई पड़ने से सर्वथा भिन्न घटना होती है। इसी प्रकार यह सूक्ष्म मध्यभूमि पर अवस्थान करने वाली आत्माओं से स्थूल भूमि पर रहने वाले मित्रों या संबंधियों के किसी योग्यता संपन्न माध्यम की सहायता से संपर्क स्थापन से भी उतनी ही भिन्न होती हैं।

इसी प्रकार, पुनरुत्थान विशिष्ट योग्यता संपन्न 'ग्राहक' चेतना वाले किसी व्यक्ति से सूक्ष्म लोक में अवस्थित किसी आत्मा के उसके समक्ष उपस्थित होकर संपर्क साधन से भी अलग ही है। डा. ऐलिजाबेथ कुबलर रौस ने एक रहस्यमयी घटना की चर्चा की है जब अपनी मृत्यु के पश्चात उनकी एक अत्यंत दयालु हृदय वाली रोगी ग्राहक महिला उनसे एलीवेटर के द्वार से बाहर निकलने पर उनसे मिलने के लिये उपस्थित होकर कई बार तो उनके दफ्तर तक भी उनसे बात करती हुई उनके साथ चलती रहती थी। एक बार तो उन्होंने डा. एलिजाबेथ को एक स्लिप भी लिखकर दी थी, जिसे उन्होंने

संभाल कर अपने पास रख लिया था। यहां यह ज्ञातव्य है कि डा. कुबलर-रौस स्वयं एक अत्यंत विकसित आत्मा वाली महिला थीं। अपने मार्ग दर्शक कार्य को विश्व के समक्ष प्रस्तुत करने के लिये लिखी गई अपनी प्रसिद्ध पुस्तक On Life After Death में उन्होंने अपने साथ घटित होने वाले एक अकस्मात और अनैच्छिक आध्यात्मिक और आश्चर्यपूर्ण अनुभव का भी वर्णन दिया है।

योगोदा की गुरु परंपरा में पुनरुत्थान

इसके पूर्व हम यह चर्चा कर चुके हैं कि पुरी में स्वयं योगानंदजी के द्वारा भू-समाधि दिये जाने के तीन माह के पश्चात एक बार श्री युक्तेश्वर ने पुनरुत्थान करते हुए मुंबई में उनके होटल के कमरे में उन्हें दर्शन भी दिये थे और न केवल उन्हें उनके अपने लिंग-शरीर का दर्शन करवाया था बल्कि और भी अनेक गूढ बातें बताई थी। अपनी आत्मकथा 'योगी कथामृत' में योगानंद जी ने श्री श्यामाचरण लाहिड़ी के विषय में भी ऐसी ही एक घटना की चर्चा की है, जिसके विषय में उनके एक अन्य उच्चावस्था प्राप्त शिष्य स्वामी केशवानंद ने उन्हें बताया था।

केशवानंद जी ने इस घटना की चर्चा करते हुए कहा था, "लाहिड़ी महाशय का अति सुंदर शरीर जो उनके शिष्यों को बहुत प्रिय था, ग्रहस्थों के उपयुक्त आवश्यक नियमों के अनुसार बनारस में पवित्र गंगा नदी के किनारे मणिकर्णिका घाट पर अग्नि के सुपुर्द कर दिया गया था। परंतु अगले ही दिन प्रातः दस बजे, जब मैं अभी बनारस में ही था, मेरा कक्ष तीव्र प्रकाश से रोशन हो गया। लो! मेरे सामने लाहिड़ी महाशय अपने रक्त-मांस वाले शरीर को लेकर खड़े थे! यह ठीक उनके पुराने शरीर के समान ही था, सिवाय इसके कि यह अपेक्षाकृत कम उम्र का और अधिक ओजपूर्ण प्रतीत हो रहा था।

"मेरे दिव्य गुरु ने मुझसे कहा, 'केशवानंद, यह मैं ही हूं। अग्नि को सुपुर्द मेरे शरीर के अणुओं को लेकर मैंने अपनी इस नवीन देह का निर्माण किया है। ग्रहस्थ के रूप में मेरा विश्व में कार्य अब समाप्त हो गया है, लेकिन मैं पूर्ण रूप से पृथ्वी का त्याग नहीं कर रहा हूं। अब से मैं कुछ समय बाबाजी के साथ हिमालय में और कुछ समय बाबाजी के साथ ब्रह्मांड में व्यतीत (किया) करूंगा।' कुछ और आशीर्वचनों का मुझपर वर्षण करने के पश्चात सिद्ध गुरु की दिव्य निर्मल देह लुप्त हो गई। मेरा हृदय एक अद्भुत उल्लास से पूर्ण हो गया

और मेरा अंतर्मन उसी प्रकार ऊर्ध्व में उठ गया जैसे कि क्राइष्ट और कबीर* के शिष्यों का उठ गया था जब उन्होंने मृत्यु के उपरांत अपने गुरु को अपने समक्ष उपस्थित देखा था।"

महाराज की चमत्कारी प्रतिमा

कैंची में सेवानंद से नीमकरोली महाराज ने स्वप्न में प्रकट होकर कहा था, "हम अपनी प्रतिमा स्वयं बनायेंगे," और बाद में यह हुआ भी ठीक इसी प्रकार। अनंत कथामृत में प्रकाश चन्द्र जोशी (मुकुंदा) लिखते हैं, "एक बार कारीगर ने संगमरमर को काटकर पत्थर को जब एक मौलिक आकृति में बदल दिया तो उसके बाद महाराज का असली रूप स्वयं इस मौलिक आकृति से प्रकट होने लगा। मूर्तिकार ने भी उन्हें बताया था कि उसके करने के लिये एक प्रकार से कुछ नहीं रह गया था क्योंकि प्रतिमा स्वयं अपना रूप ग्रहण करती हुई प्रतीत हो रही थी। और अब तो, इस समय, शुद्ध हृदय वाले और श्रद्धा की दृष्टि से देखने वाले साधारण मनुष्यों को भी कभी-कभी महाराज प्रतिमा में उपस्थित दिखाई पड़ जाते हैं। उन्हें मुस्कुराते हुए, पलकें झपकाते हुए, अपने कंधे पर कंबल ठीक करते हुए, हाथ उठाकर आशीर्वाद देते हुए और कुछ बोलते हुए भी महसूस किया गया है।"

वास्तव में तो दो अवसरों पर स्वयं लेखक ने भी महाराज की प्रतिमाओं को प्रतिक्रिया करते हुए देखा है यद्यपि उनके जीवित रहते हुए उन्हें दर्शन का सौभाग्य प्राप्त नहीं हो सका था। एक बार १९७४ या १९७५ में उत्तराखंड की पहाड़ियों में सड़क मार्ग से अल्मोड़ा की ओर जाते समय उन्हें कैंची के मंदिर दिखाई पड़ रहे थे। सड़क से दिखाई पड़ने वाले मंदिरों के सामने से गुजरते हुए लेखक को एक तीव्र आकर्षण का अनुभव हुआ। कुछ महीनों के पश्चात उन्हें अपनी पत्नी के साथ कैंची जाकर मंदिर देखने का अवसर भी प्राप्त हो गया। मंदिर के प्रांगण में विभिन्न कक्षों के बाहर विभिन्न मुद्राओं में नीम करोली

---

*कथामृत में दिये गये 'नोट' में लिखा गया है, "कबीर सोलहवीं शताब्दी के एक महान संत थे, जिनके बड़ी संख्या में अनुयायी थे और जिनमें हिंदू और मुसलमान दोनों थे। उनकी मृत्यु होने पर उनके शिष्यों में उनके पार्थिव शरीर की अंतिम क्रिया के तरीके को लेकर एक विवाद उत्पन्न हो गया था। तब खिन्नता की अनुभूति के साथ उनके गुरु अपनी अंतिम निद्रा से जाग्रत होकर अपने शिष्यों को यह निर्देश देने के लिये उठ गये थे कि उनके आधे अवशेष मुस्लिम पद्धति के अनुसार भूमिष्ठ कर दिये जायें और शेष को हिंदु पद्धति का अनुसरण करते हुए अग्नि के सुपुर्द कर दिया जाये। यह कहकर वे पुन: अप्रकट हो गये थे। जब शिष्यों ने उनके शरीर को ढंकने वाली चादर को उठाया तो उन्होंने देखा कि उनके शरीर के आकार में सुंदर पुष्प बिछे हुए थे। इनमें से आधे फूलों को मुसलमान शिष्यों ने लेजाकर मगहर में समाधिष्ट कर दिया था, जहां उनकी मजार को आज भी पूजा जाता है और शेष अर्धांश को बनारस में अग्नि के सुपुर्द कर दिया गया था।"

महाराज के चित्र उस समय भी टंगे हुए थे, तथापि उनकी प्रतिमा की स्थापना तब नहीं हुई थी।

कोलकाता से राजधानी क्षेत्र में शिफ्ट होने के बाद १९९४ में लेखक पुन: कैंची में दर्शन के लिये पहुंचे। इस बार उन्हें महाराज पर रिचर्ड एल्पर्ट के द्‌वारा लिखी गई पहली जीवन कथा The Miracle of Love मंदिर के आफिस के काउंटर से उपलब्ध हो गई और वे महाराज के भी भक्त बनते चले गये। बाद में एकाधिक भ्रमणों के वक्त उन्हें मुकुंदा और राजीदा के द्‌वारा लिखी महाराज की जीवन गाथायें भी वहीं से प्राप्त हो गई और उन्हीं के माध्यम से उन्हें दिल्ली के जौनापुर में निर्मित महाराज के मंदिर के विषय में भी ज्ञात हुआ। यद्‌यपि महाराज केवल एक बार कुछ समय के लिये ही वहां पधारे थे पर बाद में उनके भक्तों ने वहां मंदिर का निर्माण कर लिया था। लेखक ने महाराज के इस मंदिर को भी देखकर आने का निर्णय कर लिया।

जौनापुर मंदिर में जब लेखक सीढ़ियों पर चढ़कर मंदिर के तल पर पहुंचे और हॉल में प्रवेश किया तो उन्हें तुरंत समझ में आ गया कि उन्हें गलियारे में अगले द्‌वार से प्रवेश करना चाहिये था जो महाराज की प्रतिमा के सामने वाला द्‌वार था ताकि वे पहले बाहर से प्रणाम करके फिर अंदर प्रवेश कर सकें। तथापि उनका परिवार अंदर प्रविष्ट हो चुका था और कुछ दूरी पर बाईं ओर प्रतिमा दिखाई पड़ रही थी। लेखक को यह कुछ विचित्र लगा कि प्रतिमा में महाराज का मुख सामने देखने के स्थान पर बाईं ओर घूमा हुआ था और ऐसा प्रतीत हो रहा था के वे हॉल में प्रवेश करने वाले परिवार को देख रहे हों।

एक और बात जिसकी उस समय लेखक को स्पष्ट अनुभूति हुई वह था महाराज की दृष्टि जो कौतुक से पूर्ण उनकी ओर निहार रही थी। जब लेखक महाराज की प्रतिमा के सन्मुख उपस्थित हुए और हाथ जोड़कर उन्हें प्रणाम किया तो उनका मुख वास्तव में उसी प्रकार घूमा हुआ ही दिखाई पड़ा और उनकी आंखों में कौतुक भी उसी प्रकार कायम था। अच्छे मूर्तिकार अपने द्‌वारा निर्मित प्रतिमाओं में अपनी दक्षता के माध्यम से अद्भुत भंगिमाओं की सृष्टि करने में सक्षम होते हैं। लेखक सपरिवार मंदिर से बाहर आ गये और उस छोटे आश्रम के अन्य भागों का भ्रमण करके वहां से लौट पड़े।

लगभग एक वर्ष के पश्चात जब लेखक अपने परिवार के सहित पुन: उसी क्षेत्र में उपस्थित थे जो छतरपुर के नाम से अधिक विख्यात है क्योंकि वहीं छतरपुर माता का प्रसिद्ध देवी पीठ अवस्थित है, तो फिर उन्हें महाराज के मंदिर

में दर्शन का अवसर प्राप्त हुआ और कुछ भी अस्वाभाविक नहीं लगा। तथापि जब वे तीसरी बार सपरिवार उत्तराखंड शिफ्ट होने के पूर्व जौनापुर मंदिर में दर्शन करने पहुंचे तो उन्होंने देखा कि महाराज की प्रतिमा वैसी ही थी जैसी होनी चाहिये थी, अर्थात वे अपने सन्मुख सामने की ओर देख रहे थे–उनका मुख और दृष्टि दोनों एकदम सीधे थे।

लेखक कैंची में महाराज के मंदिर का अनेकों बार भ्रमण कर चुके थे। सन् २००८ में कुमाऊं में शिफ्ट होने के पश्चात और वहां खरीदे गये अपने घर को भली भांति व्यवस्थित करने के पश्चात वे सपत्नीक फिर एक बार महाराज के दर्शन करने एवं उनका आशीर्वाद लेने कैंची में उपस्थित हो गये। जैसे ही लेखक ने प्रणाम करने के लिये अपना सिर झुकाया, उन्हें ऐसा लगा जैसे कि महाराज मुस्कुरा रहे हैं। फिर वही कौतुक से भरी भंगिमा और इस बार केवल उनके ओष्ठ बायीं ओर कुछ अधिक दबे हुए प्रतीत हुए। महाराज की प्रतिमा के ओष्ठ दबे हुए हैं और बायीं ओर कुछ अधिक दबे हुए हैं यह तो स्पष्ट ही है और फिर भी उनकी मुस्कान उस अवसर पर अधिक स्पष्ट थी और प्रतिमा के ओष्ठ बायीं ओर कुछ और अधिक दबे हुए थे इसमें लेखक को कुछ भी संदेह नहीं है। कुछ ही क्षणों में यथास्थिति कायम हो गई थी और महाराज उसी प्रकार अपने प्रसन्न अपितु निर्विकार मुख के सहित दृष्टिगोचर हो रहे थे।

यह कोई नहीं कह सकता कि कौतुकप्रिय महाराज कब किस संदर्भ में किस के साथ क्या तमाशा कर देंगे। संभव है कि यह महाराज का लेखक को आशीर्वाद था जो अपनी पुस्तकों पर कार्य आरंभ करने के हेतु उन्होंने लेखक को राजधानी क्षेत्र से हटकर नैनीताल जिले में आकर निवास करने के लिये दिया था।

जब भी आवश्यक हो तभी पुनरुत्थान

राजीदा लिखते हैं, "सन् १९७५ में कानपुर के निकट उन्नाव के प्रेमशंकर मिश्रा प्राचीन बानर रूप धारी अतिसिद्ध हनुमान के सक्रिय भक्त बन गये। ईश्वर साधना में रुचि जाग्रत होने पर और कोई मार्ग अवलंबन करने के स्थान पर उन्होंने बाल ब्रह्मचारी हनुमान का चयन किया क्योंकि वे उन भक्तों और साधकों पर शीघ्र कृपा करने के लिये विख्यात हैं जो शुद्ध आचरण के नियमों का विधिवत पालन करते हुए अपने साधन मार्ग पर अग्रसर रहते है।"

कर्म-चक्र के प्रभाव से मिश्रा जी के पिछले जन्मों से संचित संस्कारों के फलीभूत होने का समय संभवत: उपस्थित हो गया था, और अगले चार वर्षों में

वे अप्रत्याशित तीव्र गति से अपना आध्यात्मिक विकास करने में सफल रहे। उन्हें शीघ्र ही हनुमान जी की कृपा की अनुभूति होने लगी। इसका प्रारंभ उन्हें मिलने वाले सूक्ष्म दिशा निर्देशों से हुआ, फिर उन्हें स्पष्ट आदेशों की प्राप्ति होने लगी और बाद में तो उन्हें कुछ मौखिक निर्देश भी प्राप्त होने लग गये थे। यह अत्यंत रहस्यमय एवं आश्चर्यजनक था जो पूर्व कर्मों के जाग्रत होने पर और विशेष कृपा की प्राप्ति होने पर ही संभव था (संभवत: ये सब महाराज की ही कृपा एवं लीला थी, जिन्हें उनके जानने वाले हनुमान जी का ही अवतार मानते हैं)।

मिश्रा जी ने 'अलौकिक यथार्थ' के लेखक राजीदा को बताया (घटना संख्या ४१९), "२९ मार्च १९७८ को जब मैं मेरठ में था, तो भोर में चार बजे मुझे एक स्वप्न आया कि हनुमान जी मेरे घर पर आये हैं। उन्होंने मुझसे कहा कि वे मेरे विश्वास और प्रयास से प्रसन्न हैं और उन्होंने मुझे कुछ विधियां समझाई, जिनको मैने तुरंत प्रयोग में लाना प्रारंभ कर दिया। छह महीनों के बाद ही मुझे दिव्य चिन्ह दिखाई देने लगे। ३१ मई, १९७९ को मैंने अपने योगाभ्यास के मध्य और उसके पश्चात मैं जो प्रार्थना किया करता था उसमें, मैंने हनुमान जी से आगे मार्गदर्शन के लिये निवेदन किया।

"हनुमान जी ने मुझे बताया कि मेरे लिये अब एक गुरु का चयन करके विधिवत दीक्षा लेना आवश्यक हो गया था और उन्होंने कहा कि मुझे इस कार्य के लिये नीम करोली महाराज का वरण करना उचित रहेगा। इसके आगे उन्होंने फिर कहा कि चूंकि महाराज ने अपने स्थूल शरीर का १९७३ में ही त्याग कर दिया था, अत: इस उद्देश्य से उनके स्थान पर जाने से कोई लाभ नहीं होगा। मेरे यह प्रश्न करने पर कि मैं ऐसे गुरु से किस प्रकार मंत्र प्राप्त कर सकूंगा जो अपने शरीर का त्याग कर चुके है, उन्होंने मुझे बताया कि मेरी प्राप्ति भी तुम्हें नीम करोली महाराज की कृपा से ही हुई है और तुम्हारे कई जन्मों की योग-साधना उन्हीं के मार्ग दर्शन एवं कृपा का सहज परिणाम है। उन्होंने मुझे 'आभा' किरणों के विज्ञान से संबंधित एक प्रणाली समझाई, जिसके द्वारा किसी भी सिद्ध आत्मा को वायुमय शरीर में पृथ्वी पर बुलाया जा सकता है। आवश्यक निर्देश प्राप्त करने के बाद मैं तुरंत कानपुर आया, जहां मेरे परिवार के बाकी लोग रहते थे और सब को अपना आशय बताकर मैंने तुरंत महाराज को अपना गुरु मान लिया। तत्पश्चात तुरंत मैं औरा किरणों की साधना में लग गया।

"१६ जून १९७९ दोपहर को हम कैंची आश्रम, नैनीताल पहुंचे। प्रारंभ में ऐसा प्रतीत हुआ कि हम जिस आशय से आये थे वह सफल नहीं होगा, क्योंकि १५

जून को ही कैंची आश्रम में वार्षिक महोत्सव एवं भण्डारा होता है। इस कारण से रुकने के लिये यहां कोई स्थान १६ जून को उपलब्ध नहीं था। हमलोंगों को अधिकारियों द्वारा यह आदेश मिला कि हम स्नान आदि करके दर्शन करने के बाद वापस चले जायें, क्योंकि इस समय किसी नये व्यक्ति के लिये रुकने का स्थान नहीं है। स्नान करने के पूर्व ही तुरंत मैं समाधिस्थ हो गया और गुरु महाराज का ध्यान, उनके एक चित्र के आधार पर करने लगा। साथ ही यह प्रार्थना करने लगा कि इष्टदेवता के आदेश के अनुसार मैंने तो आपको अपना गुरु मान ही लिया है और ऐसा सुना है कि गुरु सदैव शिष्य के कल्याण के लिये सारी व्यवस्था अपने आप करते रहते हैं। इन विषम परिस्थितियों में बिना रात्रि में रुके हुए मैं आपसे किस प्रकार गुरु मंत्र प्राप्त कर सकता हूं आदि प्रश्न, प्रार्थनायें मैं करता रहा। इसी बीच कोई महोदय मंदिर से दौड़ते हुए आये कि गुरु महाराज ने विश्राम करते हुए किसी को स्वप्न में यह आदेश दिया है कि मंदिर के बाहर रुके हुए तथा कानपुर से आये हुए प्रेम शंकर मिश्र एवं उनके परिवार के ठहरने की व्यवस्था तुरंत की जाये। फिर तो जिसे देखो वही अपने कमरे में हम सब को ठहरने का निमंत्रण देने लगा। खैर स्नान आदि के बाद हम एक कमरे में ठहर गये।

"पूर्व योजना के अनुसार दूसरे दिन प्रात: ब्रह्म मुहुर्त के समय स्नान आदि के बाद 'औरा' किरणों की साधना शुरु की। लगभग १५-२० मिनटों के बाद गुरु महाराज ने अपने संपूर्ण वायुमय शरीर के दर्शन दिये। आज भी हमें याद है कि उस समय सारा वातावरण अनोखी सुगंध से भर गया था और मेरे शरीर का एक-एक रोम पूर्णरूप से रोमांचित हो उठा था। पूजा अर्चना के बाद गुरु महाराज ने गुरु मंत्र दिया एवं आशीर्वाद देकर विदा किया। प्रात: ९ बजे हमने कैंची आश्रम से विदा ली।"

महाराज का और एक शरीर

ऐसे अवसर आते रहते थे जब दूर के प्रदेशों से अनजान व्यक्ति अकस्मात महाराज का दर्शन करने पहुंच जाते थे। उनमें से कुछ जो बातें महाराज के विषय में बताते थे उनका विश्वास करना कठिन होता था। महाराज के कुछ भक्तों को तो विश्वास था कि वे एक ही समय में कई शरीरों में विद्यमान रहते थे और अपने वर्तमान सर्वज्ञात शरीर से उनका प्रयाण भी इसी क्रम में एक कड़ी मात्र था।

मुकुंदा ने लिखा है कि महाराज की सबसे वरिष्ठ भक्त सिद्धि मां के नाम लिखा गया एक पत्र आश्रम में प्राप्त हुआ जो बंगलौर से कुमारी गीता के द्वारा लिखा गया था। इस पत्र में उन्होंने ऐसी कुछ रहस्यमय घटनाओं के विषय में विस्तार से लिखा था जो एक कंबोडियन महिला, जो उनकी परिचित थी और बंगलौर में उनसे मिलने के लिये उनके घर पर आई थी, उनके जीवन में घटित हुई थी।

"एक दिन, जब शाम हुई तो एक ऐसे व्यक्ति जिनकी आयु प्रौढावस्था और वृद्धावस्था के मध्य प्रतीत हो रही थी और जिन्होंने कंबोडियन वस्त्र पहन रखे थे अचानक कंबोडिया की राजधानी नौम पेन्ह में उनके घर पर आकर उपस्थित हो गये। वे कंबोडिया की भाषा और संस्कृत दोनों धारा प्रवाह के साथ बोल सकते थे। वे एक अत्यंत रहस्यमय व्यक्ति प्रतीत होते थे जो ढलान वाली छत पर भी आराम से सो जाते थे। कंबोडिया में उस समय गृह युद्ध की स्थित थी और प्रारंभ में तो उनके परिवार के लोग उन्हें संशय की दृष्टि से देखते थे, परंतु बाद में अपने परिवार के प्रति उनकी सुरक्षा की भावना को देखकर वे आश्वस्त हो गये थे। जब भी वे उन्हें किसी स्थान पर जाने से रोकते थे, उसके कुछ समय पश्चात ही उन्हें उस स्थान पर विद्रोहियों के द्वारा भीषण बमबारी की सूचना मिल जाया करती थी।

"कभी-कभी वे कई दिनों के लिये चले जाते थे और फिर वे अकेले या ऐसे कुछ अन्य व्यक्तियों के साथ लौट आते थे, जिन्हें वे अपना शिष्य बताते थे। उन्होंने उन महिला के भाई को आत्मरक्षा के लिये प्रशिक्षण भी देना प्रारंभ कर दिया था। एक बार जब वे अपनी मोटर साइकिल पर बैठकर कहीं जा रहीं थी तो उन्हें वे भद्र पुरुष उनसे कुछ ही दूरी पर पैदल चलकर आगे की दिशा में जाते हुए दिखाई पड़ गये। महिला ने अपना वेग बढ़ाकर उनके समीप पहुंचने का प्रयास किया परंतु वे उन्हें पकड़ पाने में असफल रहीं यद्यपि उन्होंने मोटर साइकिल की गति को अधिकतम कर दिया था।"

दि मिरेकल ऑफ लव

कुमारी गीता ने लिखा था, "मेरे पूछने पर कंबोडियन महिला ने मुझे बताया कि इन सद्पुरुष ने कहा था कि वे उत्तर भारत में कैंची नामक स्थान के नीम करोली महाराज थे। महिला ने मुझसे उस स्थान के विषय में जानना चाहा था, पर मैंने स्वयं भी इन नामों के बारे में इसके पूर्व कुछ नहीं सुना था। ये वरिष्ठ

भद्र पुरुष उन महिला और उनके परिवार को नौम पेन्ह छोड़कर थाइलैंड चले जाने के लिया कहा करते थे परंतु उनके परिवार के सदस्य अपनी नौकरियां छोड़कर शहर से बाहर जाना नहीं चाहते थे। इसके बाद उन भद्र पुरुष ने उन्हें यह कहकर धमकाना शुरु किया कि यदि परिवार के लोग वहां से नहीं जाते तो वे स्वयं उनके घर को जला देंगे। अंत में परिवार शहर को छोड़कर थाइलैंड चला गया था और महिला स्वयं अमेरिका चली गई थी।"

बाद में गीता को अपने एक जर्मन मित्र से रिचर्ड एल्पर्ट की लिखी हुई 'दि मिरेकल ऑफ लव' पुस्तक की एक प्रति मिल गई थी तथा कंबोडियन महिला चांत रीत्रे कियो तक भी यह पुस्तक किसी प्रकार पहुंच गई थी और अलग अलग समय पर इन दोनों महिलाओं ने कैंची भ्रमण भी किया था। कियो ने बताया, "वे हमारे घर १९७४ में आये थे और अनेक प्रकार से हमारी सुरक्षा किया करते थे। मैं उन्हें अपने दादा के समान समझती थी और वे मुझे 'चंद्र रात्रि' के नाम से बुलाते थे। उन्होंने हमारे लिये शहर छोड़कर जाने के लिये ३१ अगस्त की अंतिम तारीख भी तय कर दी थी। उसी समय एक दिन जब मैं घर से बाहर निकली तो मुझे चिमनी से बहुत सारा धूआं निकलता हुआ दिखाई पड़ा, पर जब मैं घबरा कर घर में वापस घुसी तो मुझे कुछ भी जलता हुआ दिखाई नहीं पड़ा, यहां तक की गैस का चूल्हा भी नहीं जल रहा था। गृह युद्ध भीषण रूप लेता जा रहा था, हजारों लोग मारे गये थे। ३१ अगस्त को ही, केवल कुछ आवश्यक सामान लेकर ही, हमें अपनी जान बचा कर वहां से भागना पड़ा। रस्सियों की सहायता से हेलीकोप्टर पर चढ़कर किसी प्रकार हम अपनी जान बचाकर थाइलैंड पहुंचने में सफल रहे। कुछ समय के बाद मैं बैंकॉक से अमेरिका शिफ्ट हो गई। फिर एक दिन मुझे लाइब्रेरी में 'मिरेकल ऑफ लव' पुस्तक की एक प्रति दिखाई पड़ गई, जिसमें 'महाराज' शब्द देखकर मुझे उसमें दिलचस्पी हो गई और फिर मुझे उसमें कैंची और नीमकरोली शब्द भी दिखाई पड़ गये।"

मुकुंदा लिखते हैं, "जब ये कंबोडियन महिला चंद्ररात्रि कैंची आश्रम का भ्रमण करने पहुंची तो वे इतनी भाव विह्वल हो गई कि उनके लिये अपनी भावनाओं को व्यक्त करना कठिन हो गया था। यद्यपि दीवारों पर टंगे महाराज के चित्रों को देखकर उनमें कोई विशेष प्रतिक्रिया नहीं हुई पर जब उन्होंने महाराज की प्रतिमा को देखा तो वे बहुत उत्साहित हो गई और उन्होंने कहा, 'हां, वे यही तो थे!! इन्हें केवल काली पैंट पहना कर कंबोडियन टोपी उढा दी जाये, तो ये

बिल्कुल वही बन जायेंगे।' १९७४ में यह प्रतिमा आस्तित्व में नहीं आई थी, पर ऐसा प्रतीत होता है कि महाराज ने इसके रूप का चुनाव तभी कर लिया था।"

युक्तेश्वरजी का पुनरुत्थान—एक और कारण

पाठक पढ़ चुके हैं कि पुरी में अपने गुरु को भू-समाधि देने के तीन महिने बाद एक दिन दोपहर के समय जब योगानंदजी मुंबई में अपने होटल के कमरे में बैठ हुए थे, तभी उनका कमरा एक दिव्य प्रकाश से भर उठा था और श्री युक्तेश्वर उनके समक्ष सशरीर उपस्थित हो गये थे। इसका एक लाभ तो यह हुआ था कि विद्वान जिज्ञासुओं के समक्ष लिंग-शरीर के दर्शन की एक आधिकारक पुष्टि हो गई थी। वहीं दूसरी ओर हिंदुओं के पुराण आदि ग्रंथों को, जिस पर पश्चिम के विद्वान विश्वास करना नहीं चाहेंगे, यदि छोड़ दिया जाये, तो सूक्ष्म जगत के विषय में उतना आधिकारिक और प्रामाणिक विवरण जो श्री योगानंद को उनके गुरु के द्वारा उस अवसर पर बताया गया था, और कहीं मिलना कठिन होगा। संभवत: यही कारण था कि युक्तेश्वर जी ने योगानंदजी को यह आदेश भी दिया था कि इस विषय में जो कुछ भी वे उन्हें बता रहे थे उसे शब्दश: विश्व के सन्मुख प्रकाशित कर दिया जाये।

योगानंद जी ने लिखा है कि उन दो घंटों में जो मेरे गुरु ने मेरे साथ मुंबई के होटल के उस कमरे में व्यतीत किये, उन्होंने मेरे प्रत्येक प्रश्न का उत्तर विस्तार के साथ एक संतोषजनक रूप से दे दिया था। "अपने गुरु के निर्देश के अनुसार ही मैं इस संपूर्ण हर्ष उत्पन्न करने वाले विवरण को यथावत इस विश्व के सन्मुख रख रहा हूं, यद्यपि वर्तमान की जिज्ञासा-विहीन पीढ़ी के लिये उन्हें समझना सरल नहीं होगा।"

सूक्ष्म जगत के विषय में

यद्यपि श्री युक्तेश्वर ने सूक्ष्म लोक में रहकर वहीं कार्य करने का निर्णय ले लिया था, तथापि उन्होंने अपने प्रिय और सर्वश्रेष्ठ शिष्य को पश्चिम में भी एक उपयुक्त भूमि का विकास करने के लिये भेज कर एक प्रकार से उसी कार्य को और आगे बढाने के लिये अपना योगदान भी जोड़ दिया था जिसकी नींव १९ शताब्दी पूर्व जीसस क्राइष्ट के द्वारा रखी गई थी। जीसस के बाद आने वाली पीढ़ियां एक प्रकार से एक क्षेत्र था जिसे वे भविष्य के लिये तैयार

कर रहे थे और जिसमें उन्होंने अच्छाई, ईश्वर के प्रति प्रेम एवं उसमें विश्वास का बीजारोपण कर दिया था। उन्होंने अपने अनुयायियों को अपने पड़ोसी से भी उसी प्रकार प्रेम करने की शिक्षा दी थी जैसे हम स्वयं से करते हैं। अब वे सत्य के और अधिक ज्ञान और उसके विषय में शिक्षा ग्रहण करने की स्थिति में आ गये थे और इसीलिये युक्तेश्वरजी ने योगानंद जी को अमेरिका भेज दिया था।

जीसस ने कहा भी था कि उस समय उनके अनुयायी भली भांति प्रस्तुत नहीं हुए थे और वे उन सब बातों को समझने में असमर्थ थे जो जीसस उन्हें बताना चाहते थे, जो सत्य के सार रूप थीं और जिन्हें वे समय आने पर ही ग्रहण कर सकेंगे।

(John 16:12-13: I still have many things to say to you, but they would be too much for you to bear now. However, when the spirit of truth comes, it will lead you to the complete truth).

यह सत्य का सार क्या था, इसका इंगित भी जीसस उन्हें संक्षेप में दे चुके थे ताकि इस विषय में भविष्य में कोई भ्रम उत्पन्न न हो सके। उन्होंने कहा था कि भौतिकता वादी इस आधार पर इसे स्वीकार करना नहीं चाहेंगे कि अन्य वस्तुओं के समान वे इसे देख नहीं सकते, परंतु (चाहो या प्रयास करो तो) देख न पाने पर भी तुम इसे जान सकते हो क्योंकि यह सदैव तुम्हारे साथ, तुम्हारे अंतर में ही, विद्यमान है।

(John 14:17: The spirit of truth whom the world can never accept since it neither sees nor knows it, but you know it, because it is with you; it is in you).

तथापि जीसस ने अपने अनुयायियों के पथ को सीधा और प्रशस्त कर दिया था ताकि सही समय आ जाने पर वे इन सभी बातों को समझ सकें। उन्होंने एक प्रकार से एक प्लेटफॉर्म की सृष्टि कर दी थी जहां उनके सभी अनुयायी एक समतल धरातल पर एकत्र होकर एक अधिक उच्चतर अवस्था की दिशा में अग्रसर हो सकते थे। अपने मूल्यों के साथ संबद्ध रहते हुए और अपने मार्ग दर्शक धर्मगुरु के बताये हुए सरल और सीधे मार्ग पर चलते हुए वे एक दहलीज को पार करके एक ऐसे स्थल (station) पर उपनीत हो सकते थे जहां से वे सत्य और दिव्यता से युक्त स्वर्ग के साम्राज्य की झलक को देख सकें। और यह धरातल कैथोलिक विचार की वह भूमि थी जो प्रकृति के नियमों के अनुकूल एक

सनातन व्यवस्था के समान थी जहां से एक और प्रत्येक, अकेले भी और सबको साथ लेकर भी उस उच्चता की दिशा में उठ सकता था जहां पहुंचकर वह भी जीसस के समान कह सके, "मैं और मेरे पिता एक ही हैं" (John 14:12) (In all truth I tell you, whoever believes in me will perform the same works as I do myself, and will perform even greater works)।

इसी प्रकार, जो भी युक्तेश्वर जी ने समस्त विश्व के सन्मुख प्रकाशित करने का निर्देश दिया था, उसे समझने और आत्मसात करने के लिये भी एक उच्चतर और समतल प्लेटफॉर्म की आवश्यकता थी, जिसे निर्मित करने का प्रयास इस पुस्तक के इतिपूर्व के अध्यायों के माध्यम से किया गया है। आज का युग विज्ञान का युग है जिसमें उसी मान्यता को स्वीकार किया जाता है जिसे विवेक के माध्यम से और बिना किसी भ्रांति के समझा जा सके, और समझने के इस प्रयास में स्वयं विज्ञान ही हमारा सबसे बड़ा सहायक हो सकता है, क्योंकि यह सर्वमान्य है। इस स्थान पर उपनीत होने के पश्चात एक हिंदू और एक जीसस के अनुयायी में कोई भेद नहीं रहता क्योंकि इसे विश्वास के माध्यम से नहीं बल्कि विवेक की सहायता से समझने की आवश्यकता है, जिस (विवेक) पर सबका समान अधिकार है। जो सत्य है, वह सार्वभौम है, सनातन है और सभी के लिये एक समान है। यह किसी के मानने, न मानने या कुछ और मानने की अपेक्षा से मुक्त स्वतःसिद्ध होकर अवस्थित है।

सूक्ष्म जगत का एक मणिद्वीप

श्री युक्तेश्वर जी ने बताया, "जिस प्रकार कर्मों से मुक्ति पाने में मनुष्यों को सहायता करने के लिये संतों और सद्गुरुओं को इस संसार में भेजा जाता है, उसी प्रकार ईश्वर ने एक सूक्ष्म लोक में, वहां रहने वाले लोगों की मुक्त होने में सहायता करने का आदेश मुझे दिया है। उस लोक को हिरण्य लोक कहते हैं। वहां मैं उन्नत आत्माओं की सूक्ष्म जगत के कर्मों से मुक्ति पाने में और इस प्रकार सूक्ष्म जगत में बार बार पुनर्जन्म से मुक्त होने में सहायता करता हूं। हिरण्य लोक के अधिकतर निवासी आध्यात्मिक दृष्टि से अत्यंत उन्नत हैं। उन सब ने इस पृथ्वी पर अपने आखिरी जन्म में मृत्यु के समय सचेत रहते हुए जड़ देह का त्याग करने की ध्यान प्रदत्त सामर्थ्य प्राप्त कर ली थी। पृथ्वी पर रहते हुए जब तक कोई सविकल्प समाधि से आगे जाकर निर्विकल्प समाधि* में स्थित नहीं होता, तब तक वह हिरण्य लोक में प्रवेश नहीं कर सकता।

"*द्रष्टव्य: सविकल्प समाधि में साधक ईश्वर के साथ अपनी एकात्मता को अनुभव कर लेता है, परंतु केवल ध्यान की निश्चल समाधि अवस्था को छोड़कर अन्य समय वह ब्रह्मचैतन्य की अपनी उस अवस्था में नहीं रह सकता। निरंतर ध्यान के द्वारा वह इससे उच्चतर निर्विकल्प समाधि की अवस्था में पहुंचता है, जिसमें यदि वह संसार में मुक्त संचार करता रहे, तब भी ईश्वरानुभूति की अपनी अवस्था से नहीं गिरता। निर्विकल्प समाधि में योगी अपने भौतिक या सांसारिक कर्मों के अंतिम लवलेशों को भी नष्ट कर देता है, परंतु फिर भी सूक्ष्म और कारण जगत के कर्मों से मुक्त होना शेष रह सकता है। इसलिये उसे सूक्ष्म जगत में और फिर उच्च-स्पंदनयुक्त कारण जगत में बार-बार पुनर्जन्म लेना पड़ता है।*

"हिरण्य लोक के वासी उन साधारण सूक्ष्मलोकों से पहले ही पार हो चुके होते हैं, जहां पृथ्वी के प्राय: सभी वासियों को मृत्यूपरांत जाना पड़ता है। वहां उन्होंने सूक्ष्मलोकों के अपने गतकर्मों के बीज नष्ट कर डाले होते हैं। सूक्ष्म लोकों में इस प्रकार के आत्मोद्धार का कार्य उन्नत साधकों के अतिरिक्त कोई नहीं कर सकता (*क्योंकि अधिकांश लोग सूक्ष्म लोकों के सौन्दर्य का उपभोग करने में इतने मग्न हो जाते हैं कि वे कठिन आध्यात्मिक साधना की और कोई आवश्यकता नहीं समझते*)। और तब अपनी आत्मा को सूक्ष्म जगत के कर्मों के शेष रहे लवलेशों से मुक्त करने के लिये इन साधकों को विधि के विधान के अनुसार हिरण्य लोक में, जो सूक्ष्म लोकों का सूर्य या स्वर्ग है, सूक्ष्म शरीर धारण कर जन्म लेना पड़ता हैं, जहां उनकी सहायता करने के लिये मैं उपस्थित हूं। हिरण्य लोक में कुछ ऐसे लगभग पूर्णावस्था को प्राप्त हुए जीव भी हैं, जो वहां उच्चतर कारण जगत से आये हैं।"

योगानंद जी लिखते हैं, "मेरा मन अब गुरुदेव के मन के साथ इस प्रकार पूर्ण एकरूप हो चुका था कि वे अपने शब्द-चित्रों को कुछ हद तक शब्दों के द्वारा और शेष विचार-संक्रमण के द्वारा मेरे मन में पहुंचा रहे थे। इस प्रकार मैं उनके विचार-चित्रों को तुरंत ग्रहण कर रहा था।

"गुरुदेव कहते गये: शास्त्रों में तुमने पढ़ा है कि ईश्वर ने मानव आत्मा को एक के बाद एक तीन शरीरों में आबद्ध किया है - भाव या कारण शरीर, सूक्ष्म शरीर जो मनुष्य की मानसिक और भावनात्मक प्रकृति का स्थान है, और स्थूल पंचभौतिक शरीर। पृथ्वी पर मनुष्य अपनी देह-इन्द्रियों से युक्त रहता है। सूक्ष्म जगत के लोगों का काम अपनी चेतना, भावनाओं और प्राणशक्ति से बने शरीर

से चलता है। कारण-शरीर धारी जीव भावों से बने आनंदमय कारण जगत में रहता है। मेरा कार्य उन सूक्ष्म देहधारियों का मार्ग दर्शन करना है, जो कारण जगत में प्रवेश करने के लिये तैयार हो रहे हैं।"

सूक्ष्म विश्व के व्यापार

योगानंद जी ने निवेदन किया, "पूज्य गुरुदेव सूक्ष्म जगत के बारे में मुझे और अधिक बताइये।" गुरुदेव बताने लगे, "अनेक सूक्ष्म लोक हैं, जिनमें सूक्ष्म देहधारी प्राणी वास करते हैं। ये सूक्ष्मलोकवासी एक ग्रह से दूसरे ग्रह जाने के लिये सूक्ष्म विमानों या प्रकाश के पिंडों का उपयोग करते हैं, जो विद्‍युत शक्ति या रेडियो धर्मी शक्तियों से भी अधिक गति से जाते हैं।

"प्रकाश और रंगों के सूक्ष्म स्पंदनों से बना सूक्ष्म जगत भौतिक सृष्टि से सैंकड़ों गुना बड़ा है। संपूर्ण भौतिक सृष्टि सूक्ष्म जगत के विशाल तेजोमय गुब्बारे के नीचे छोटी सी एक टोकरी के समान लटकी हुई है। जिस तरह अंतरिक्ष में अनेक सूर्य और तारे भ्रमण कर रहे हैं, उसी तरह सूक्ष्म जगत में भी अनेक सूक्ष्म सौर मंडल और सूक्ष्म नक्षत्र मंडल हैं। यहां के ग्रहों के भी सूक्ष्म सूर्य और सूक्ष्म चन्द्र हैं, जो भौतिक सृष्टि के सूर्य-चन्द्रों से कहीं अधिक सुंदर हैं। सूक्ष्म जगत के ये सूर्य-चन्द्र ध्रुवीय प्रकाश के समान दिखते हैं - सूर्य का तेज चंद्र के तेज से अधिक दीप्तिमान होता है। यहां के दिन और रात पृथ्वी के दिन और रात से अधिक लम्बे होते हैं।

"सूक्ष्म जगत असीम सुंदर, स्वच्छ, शुद्ध और सुव्यवस्थित है। वहां कोई निर्जीव ग्रह या बंजर भूमि नहीं है। खर-पतवार, बैक्टीरिया, कीड़े-मकोड़े, सांप आदि पृथ्वी के अभिशाप वहां नहीं हैं। सूक्ष्म जगत में पृथ्वी की भांति परिवर्तनशील और अनिश्चित जलवायु ओर ऋतु नहीं हैं। वहां सदैव चिर वसंत ऋतु की समशीतोष्ण जलवायु रहती है और यदा-कदा ज्योतिर्मय हिमपात होता है तथा बहुरंगे प्रकाश की वर्षा होती है। सूक्ष्म जगत के ग्रहों पर स्फटिक जल की झीलें, उज्ज्वल समुद्र तथा इंद्रधनुषी नदियां बहुतायत में हैं।

सूक्ष्म जगत के निम्न एवं सामान्य क्षेत्र

"सूक्ष्म जगत के सूक्ष्मतर स्वर्ग 'हिरण्यलोक' में तो नहीं, परंतु साधारण सूक्ष्म जगत में करोड़ों जीव रहते हैं जो कमो-बेस नय-नये ही पृथ्वी से वहां आये होते हैं। इनके अतिरिक्त वहां असंख्य परियां, मत्स्यकन्यायें, मछलियां, पशु, बौने,

भूत-प्रेत और उप-देवता भी रहते हैं। ये सब अपने-अपने कर्मों के गुणवत्ता स्तर के अनुसार सूक्ष्म जगत के विभिन्न ग्रहों पर रहते हैं। अच्छी और बुरी आत्माओं के लिये विभिन्न दैवी प्रासाद या स्पंदनात्मक क्षेत्रों की व्यवस्था है। अच्छी आत्मायें मुक्त रूप से संचार कर सकती हैं, परंतु बुरी आत्मायें सीमित क्षेत्र में ही संचार कर सकती हैं। जिस प्रकार इस पृथ्वी की भूमि पर मानव रहते हैं, मिट्टी के अंदर कृमि रहते हैं, पानी में मछलियां रहती हैं और हवा में पक्षी रहते हैं, उसी प्रकार सूक्ष्म जगत के विभिन्न श्रेणियों के जीव अपनी-अपनी योग्यता के अनुसार विभिन्न प्रकार के स्पंदनात्मक क्षेत्रों में वास करते हैं।

"विभिन्न सूक्ष्म लोकों से निष्कासित होकर आये हुए पतित देवताओं के बीच संघर्ष और युद्ध होता है जिसमें वे प्राणाणुओं के बम या मानसिक मंत्रशक्ति की स्पंदनात्मक किरणों का प्रयोग करते हैं। ये जीव हीन सूक्ष्म जगत के अंधकाराच्छन्न लोकों में रहते हैं और वहां अपने बुरे कर्मों का फल भोगते हैं।

सुंदर और जगमग

"सूक्ष्म जगत के इस अंधकारमय कारागार के ऊपर के विस्तृत लोकों में सब कुछ तेजोमय और सुंदर है। सूक्ष्म जगत ईश्वर की इच्छा तथा पूर्णता प्राप्ति की योजना के साथ पृथ्वी की अपेक्षा अधिक तालमेल रखता है। सूक्ष्म जगत की प्रत्येक वस्तु मूख्यत: ईश्वर की इच्छा और अंशत: सूक्ष्म जगतवासियों की इच्छा के आह्वान से प्रकट होती है। ईश्वर ने पहले ही जो कुछ बना रखा है, उसके आकार या रूप को निखारने की शक्ति उन सूक्ष्म जगतवासियों में होती है। ईश्वर ने उन्हें अपनी इच्छानुसार सूक्ष्म जगत में फेरबदल करने या सुधार करने की स्वतंत्रता और अधिकार दे रखा है। पृथ्वी पर किसी ठोस पदार्थ को द्रव पदार्थ में या किसी दूसरे रूप में केवल प्राकृतिक या रासायनिक प्रक्रियाओं के द्वारा ही परिवर्तित किया जा सकता है, परंतु सूक्ष्म जगत के घन पदार्थ वहां के वासियों की इच्छा मात्र से द्रव पदार्थों, वायुओं या ऊर्जा में तत्क्षण रूपांतरित हो जाते हैं।"

युक्तेश्वर जी बताते जा रहे थे, "यह पृथ्वी समुद्र, जमीन तथा हवा में युद्ध एवं हत्याओं से कलुषित है, परंतु सूक्ष्म जगत में सुख-सामंजस्य और समानता है। सूक्ष्म जगतवासी अपनी इच्छानुसार रूप धारण कर सकते हैं या उसे विसर्जित कर सकते हैं। फूल या मछली या पशु कुछ समय के लिये सूक्ष्म

जगत के पुरुषों का रूप ले सकते हैं। सूक्ष्म जगत के सभी जीवों को कोई भी रूप धारण करने की स्वतंत्रता है और वे आसानी से एक दूसरे से संपर्क कर सकते हैं। वे किसी भी अटल या निश्चित नियम से आबद्ध नहीं है। उदाहरणार्थ, सूक्ष्म जगत के किसी भी वृक्ष को सूक्ष्म जगतीय आम या अन्य कोई भी फल, फूल या अन्य कोई भी वस्तु, जिसकी इच्छा हो, उत्पन्न करने के लिये कहा जा सकता है और वह वैसा ही करेगा। सूक्ष्म जगत में कर्मों के अनुसार कुछ बंधन तो हैं, परंतु विविध रूपों में किसी विशिष्ट रूप का कोई विशेष महत्व नहीं है। वहां सब कुछ ईश्वर के सृजनकारी प्रकाश से स्पंदित है।

"वहां कोई भी नारी गर्भ से जन्म नहीं लेता। सूक्ष्म जगतवासी अपनी विराट इच्छाशक्ति की सहायता से विशिष्ट रचना के अनुसार लघु रूप दिये गये सूक्ष्म शरीर को अस्तित्व में लाकर संतान को प्रकट करते हैं। हाल ही में स्थूल शरीर से मुक्त हुआ जीव अपने समान ही मानसिक एवं अध्यात्मिक प्रवृत्तियां रखने वाले सूक्ष्म जगतीय परिवार में उनके निमंत्रण पर जन्म लेता है (जन्म लेने के लिये जीव की उपलब्धि कठिन नहीं होनी चाहिये)।

"सूक्ष्म शरीर पर ठंड या गर्मी या अन्य प्राकृतिक परिस्थितियों का कोई प्रभाव नहीं होता। सूक्ष्म शरीर में सूक्ष्म मस्तिष्क, अर्थात प्रकाश का सहस्रदल कमल होता है तथा सुषुम्ना में स्थित छः जागृत चक्र होते हैं। हृदय सूक्ष्म मस्तिष्क से महाप्राण शक्ति और प्रकाश प्राप्त करता है और उसे सूक्ष्म नाड़ियों तथा शरीर-कोशिकाओं या प्राणाणुओं में प्रवाहित करता है। सूक्ष्म जगत के जीव प्राणाणुओं की शक्ति और पवित्र मंत्रों के स्पंदनों से अपने रूप में परिवर्तन कर सकते हैं।

"अधिकांश जीवों का सूक्ष्म शरीर उनके अंतिम स्थूल शरीर की प्रतिमूर्ति होता है। 'उसका चेहरा और शरीर' पृथ्वी पर उसकी युवावस्था में जैसा था, वैसा ही दिखता है। कभी-कभी मुझ जैसा कोई अपनी वृद्धावस्था का ही रूप बनाये रखना पसंद करता है," यह कहते हुए युक्तेश्वर जी, योगानंद जी के अनुसार जिनके बदन से तरुणाई फूट-फूट पड़ रही थी, उल्लास के साथ हंसने लगे।

जहां छठी इन्द्रिय काम करती हो

श्री युक्तेश्वर ने आगे कहा, "अवकाश युक्त त्रि-आयामी भौतिक जगत का ज्ञान केवल पंचेन्द्रियों द्वारा ही हो सकता हे, परंतु सूक्ष्म लोकों का ज्ञान सर्वसमावेशक छठी इन्द्रिय अर्थात अंतर्ज्ञान से होता है। सारे सूक्ष्म जगतवासी

केवल अंतर्ज्ञान से ही शब्द, स्पर्श, रस, रूप ओर गंध की अनुभूति कर लेते हैं। उनकी तीन आंखें होती हैं, जिनमें दो अर्धोन्मीलित होती हैं। तीसरा और मुख्य सूक्ष्म नेत्र, जो ललाट में सीधा खड़ा होकर स्थित होता है, खुला रहता है। सूक्ष्म शरीरियों के भी कान, नाक, आंखें, जीभ और त्वचा–ये सारी वाह्येन्द्रियां होती हैं, परंतु वे शरीर के किसी भी हिस्से से कोई भी संवेदन प्राप्त कर सकते हैं और इसके लिये वे केवल अंतर्ज्ञान का उपयोग करते हैं; वे कान या नाक या त्वचा से देख सकते हैं, आंखों से या जीभ से सुन सकते हैं, कान या त्वचा से स्वाद चख सकते हैं, आदि।

"मनुष्य के स्थूल शरीर को असंख्य खतरे रहते हैं और यह आसानी से क्षतिग्रस्त हो सकता है या इसके अंग भी आसानी से कट कर अलग हो सकते हैं, जबकि सूक्ष्म शरीर यद्‌यपि कभी-कभी कट सकता है या उसमें खंरोच आ सकती है, परंतु इच्छामात्र से वह तुरंत ठीक भी हो जाता है।"

"गुरुदेव! क्या सब सूक्ष्म जगतवासी सुंदर होते हैं?" योगानंद जी ने पूछा।

"सूक्ष्म जगत में सौंदर्य को एक आध्यात्मिक गुण माना जाता है, वाह्य रूप नहीं," युक्तेश्वर जी ने कहा। "इसलिये सूक्ष्म जगत के लोग चेहरे को अधिक महत्व नहीं देते, परंतु जब चाहे, अपनी इच्छानुसार वे नया, सुंदर शरीर धारण कर सकते हैं। जिस प्रकार धरती के लोग उत्सव-समारोह के अवसर पर नये वस्त्र और अलंकार धारण करते हैं, उसी प्रकार सूक्ष्म जगत के लोग भी खास अवसरों पर विशेष प्रकार के शरीर धारण करते हैं।

"हिरण्य लोक जैसे सूक्ष्म जगत के उच्च लोकों में तब आनंदोत्सव मनाये जाते हैं, जब आध्यात्मिक उन्नति द्‌वारा कोई जीव सूक्ष्म जगत से मुक्त होकर उसके स्वर्ग, अर्थात कारण जगत में प्रवेश करने योग्य हो जाता है। ऐसे अवसरों पर अदृश्य परमपिता तथा उनमें विलीन हो चुके संत जन अपनी-अपनी पसंद का शरीर धारण कर उत्सव में सम्मिलित होते हैं। अपने प्रिय भक्त को खुश करने के लिये उसी की इच्छानुसार परमपिता रूप धारण करते हैं। यदि उस भक्त ने भक्ति के द्‌वारा भगवान की आराधना की हो, तो वह भगवान को जगन्माता के रूप में देखता है। ईसा मसीह को अनंत परमतत्व का पितृ-रूप अन्य सब रूपों से अधिक अच्छा लगता था। स्रष्टा ने प्रत्येक सृष्ट जीव को स्वतंत्र व्यक्तित्व प्रदान किया है, इस कारण सर्वशक्तिमान ईश्वर से कल्पनीय एव अकल्पनीय सभी प्रकार के रूपों की मांग होती रहती है!" योगानंद जी और युक्तेश्वर जी दोनों ही इस पर साथ-साथ हंसने लगे।

श्री युक्तेश्वरजी अपनी बांसुरी के समान मधुर आवाज में आगे कहते गये, “पूर्व जन्मों के मित्र सूक्ष्म जगत में एक दूसरे को आसानी से पहचान लेते हैं। मित्रता के अमरत्व को देखकर वे आनन्दित होते हैं और उसी के साथ प्रेम की अनश्वरता उनकी समझ में आ जाती है, जिस पर पृथ्वी पर होने वाले दु:खद, मिथ्या वियोग के समय प्राय: संदेह किया जाता है।

“सूक्ष्म जगतवासियों का अंतर्ज्ञान सूक्ष्म और जड़ जगत के मध्य के पर्दे को भेदकर पृथ्वी पर चलने वाली गतिविधियों का निरीक्षण कर सकता है, परंतु मानव सूक्ष्म जगत को नहीं देख सकता, जब तक उसकी छठी इन्द्रिय कुछ हद तक विकसित न हो जाये तथापि हजारों पृथ्वीवासियों के द्वारा सूक्ष्म जगत की या किसी सूक्ष्म जगतवासी की झलक देखी गई है।

दिव्य प्रकाश से जीवन का निर्वाह

“हिरण्य लोक में वास करने वाली उन्नत आत्मायें सूक्ष्म जगत के लंबे-लंबे दिन और रात में अधिकांश समय परमानंद में जागृत रहती हैं और सृष्टि को चलाने संबंधित जटिल समस्याओं का समाधान करने में तथा राह भटके लोगों के, अर्थात पृथ्वी पर वास करने वाली आत्माओं के उद्धार में सहायता करती रहती हैं। जब कभी हिरण्य- लोकवासी सोते हैं, तब कभी-कभी उन्हें स्वप्नों की तरह सूक्ष्म दर्शनों की अनुभूति होती है। सामान्यत: उनके मन उच्चतम निर्विकल्प समाधि के परमानंद की सचेत अवस्था में मग्न रहते हैं।

“सूक्ष्म जगत के सभी लोकों में वास करने वाले जीवों को भी मानसिक यातनायें हो सकती हैं। हिरण्य लोक जैसे उच्च लोकों में रहने वाले उन्नत जीवों के कोमल मन को यदि उनसे आचरण में या सत्यानुभूति में कोई भूल हो जाये तो अत्यंत दुख होता है। ये उन्नत जीव अपने प्रत्येक कार्य और प्रत्येक विचार का आध्यात्मिक नियम की दोषहीन सर्वांगपूर्णता के साथ तालमेल रखने का प्रयास करते हैं।

“सूक्ष्म जगतवासियों के बीच परस्पर संपर्क या विचारों का आदान प्रदान पूर्णत: सूक्ष्म विचार संक्रमण (Astral Telepathy) और सूक्ष्म दूरदर्शन द्वारा ही चलता है। लिखित और उच्चरित शब्दों से उत्पन्न होने वाली जिन गलतफहमियों और संभ्रमों का सामना पृथ्वीवासियों को करना पड़ता है, उन सब का सूक्ष्म जगत में पूर्ण अभाव है। जिस प्रकार पर्दे पर प्रकाश के चित्रों के माध्यम से लोग चलते-फिरते और काम करते दिखाई देते हैं, पर वे वहां

श्वास नहीं ले रहे होते, उसी प्रकार सूक्ष्म जगत के लोग प्रज्ञा से निर्देशित और समन्वित प्रकाश-मूर्तियों के रूप में चलते-फिरते हैं और काम करते हैं। उन्हें ऑक्सीजन से शक्ति ग्रहण करने की आवश्यकाता नहीं होती। मानव जीवित रहने के लिये ठोस पदार्थों, वायुओं तथा प्राणशक्ति पर निर्भर रहता है, परंतु सूक्ष्म जगत के लोग मुख्यत: दिव्य प्रकाश से जीवित रहते हैं।"

"गुरुदेव! क्या सूक्ष्म जगतवासी कुछ खाते-पीते हैं? योगानंद जी ने पूछा।

"तेजस्वी किरणों के समान दिखने वाली सब्जियां सूक्ष्म जगत की भूमियों में बहुतायत से होती हैं", युक्तेश्वर जी ने कहा। "सूक्ष्म जगतवासी सब्जियां खाते हैं और प्रकाश के तेजस्वी झरनों, नदी-नालों में बहने वाला एक प्रकार का अमृत पीते हैं। जिस प्रकार पृथ्वी के लोगों के अदृश्य चित्रों को टेलीविजन की मदद से वातावरण से खींच कर प्रकट किया जा सकता है और बाद में वे फिर से वातावरण में विसर्जित हो जाते हैं, उसी प्रकार वातावरण में सब्ज-वनस्पतियों और पौधों के विचरण करते ईश्वर-निर्मित सूक्ष्म परिकल्पना चित्र सूक्ष्म जगतवासियों की इच्छा मात्र से वहां प्रकट होकर भूमि पर उतर आते हैं। इसी प्रकार उन लोगों की विलक्षण से विलक्षण कल्पनाओं से सुगंधित फूलों के पूरे बाग वहां प्रकट हो जाते हैं और बाद में सूक्ष्म वतावरण में विलीन होकर अदृश्य हो जाते हैं। हिरण्य लोक के समान स्वर्ग लोकों के वासी तो खाने-पीने की किसी आवश्यकता से लगभग पूर्णत: मुक्त ही होते हैं, परंतु कारण जगत में रहने वाली लगभग पूर्णत: मुक्त आत्मायें ऐसी किसी भी आवश्यकता से और भी अधिक मुक्त होती हैं। वे मुक्त-प्राय जीव दिव्य परमानंद के सिवा और किसी चीज का सेवन नहीं करते।

सब जीवों से प्यार करने की शिक्षा

"पृथ्वी लोक से मुक्त होकर सूक्ष्म जगत में आयी आत्मा की पृथ्वी पर लिये हुए अपने भिन्न-भिन्न जन्मों के अनेकानेक संबंधियों, पिताओं, माताओं, पत्नियों, पतियों और मित्रों के साथ भेंट होती चलती है जब वे सूक्ष्म लोकों के विभिन्न हिस्सों में आमने-सामने आते हैं। इसलिये उनकी समझ में नहीं आता कि वे किससे अधिक प्रेम करें। इस प्रकार वे सभी को ईश्वर संतान के रूप में तथा ईश्वर की अभिव्यक्ति के रूप में प्रेम करना सीखते हैं। सूक्ष्म लोक में आने से पहले पृथ्वी पर बिताये गये जन्म में विकसित हुए कुछ नये गुणों के

अनुसार किसी आत्मा के वाह्य रूप में परिवर्तन आ भी गया हो, तब भी सूक्ष्म जगतवासी अपने अचूक अंतर्ज्ञान की सहायता से उन सब प्रियजनों को पहचान लेते हैं और सूक्ष्म जगत में उनके नये घर में उनका स्वागत करते हैं। सृष्टि के प्रत्येक 'परमाणु' को अमिट स्वतंत्र अस्तित्व की देन स्रष्टा से मिली है, इसलिये सूक्ष्म जगत में कोई मित्र किसी भी रूप में क्यों न आये, वह पहचान लिया जायेगा, जैसे पृथ्वी पर कोई अभिनेता या नाट्य कलाकार किसी भी रूप में क्यों न आये, ध्यान से देखने पर पहचान ही लिया जाता है।

सूक्ष्म जगत में देह त्याग

"सूक्ष्म जगत में जीवन की अवधि पृथ्वी लोक की अपेक्षा बहुत लंबी होती है। पृथ्वी की कालगणना के मानकों के अनुसार कहा जाय तो सामान्य उन्नति प्राप्त आत्मा सूक्ष्म जगत में साधारणत: पांच सौ से एक हजार वर्ष तक जीवित रहती है। जैसे रेडवुड के कुछ वृक्ष अन्य वृक्षों से सहस्त्रों वर्ष अधिक जीवित रहते हैं, या कुछ योगी सैंकड़ों वर्षों तक जीवित रहते हैं जबकि अधिकांश व्यक्ति सौ वर्ष से भी कम आयु में मृत्यु को प्राप्त हो जाते हैं, वैसे ही सूक्ष्म जगत में भी कुछ लोग वहां के जीवन की साधारण अवधि से कहीं अधिक काल तक जीवित रहते हैं। सूक्ष्म जगत में आने वाले लोग अपने भौतिक कर्मों के बोझ के अनुसार वहां कम वा अधिक काल तक रहते हैं। उनके भौतिक कर्मों का भार उन्हें एक सुनिश्चित अवधि में पुन: पृथ्वी पर खींच लाता है।

"सूक्ष्म जगत में रहने वालों को अपना तेजयुक्त शरीर छोड़ते समय मृत्यु के साथ कष्टकर संघर्ष नहीं करना पड़ता। परंतु इनमें से कुछ लोग अपना सूक्ष्म शरीर छोड़कर उससे भी सूक्ष्म कारण शरीर में जाने के विचार से किंचित घबरा उठते हैं। सूक्ष्म जगत अनचाही मृत्यु, रोग-व्याधि और वृद्धावस्था से मुक्त है। ये तीनों ही त्रास पृथ्वीलोक के अभिशाप हैं, जहां मनुष्य ने अपनी चेतना को एक दुर्बल जड़ शरीर के साथ इतनी पूर्णता से एकरूप हो जाने दिया है कि केवल जीवित रहने के लिये भी उसे हवा, अन्न और निद्रा की नियमित आवश्यकता पड़ती है।

"जड़ देह की मृत्यु के साथ श्वास रुक जाता है और बाद में शरीरकोशों का विघटन आरंभ हो जाता है। सूक्ष्म शरीर की मृत्यु होने पर जिन प्राणाणुओं से वह बना था, वे सब प्राण-शक्ति की कणिकायें बिखर जाती हैं। जड़ देह की मृत्यु होने पर जीव का अपने रक्तमांस के शरीर का बोध नष्ट हो जाता है और

सूक्ष्म जगत में अपने सूक्ष्म शरीर का बोध उसमें उत्पन्न होता है। यथासमय सूक्ष्म जगत में उसकी मृत्यु हो जाती है और इस प्रकार सूक्ष्म जगत के जन्म-मृत्यु को अनुभव कर वह फिर स्थूल जगत के जन्म-मृत्यु का अनुभव करता है। इस प्रकार स्थूल और सूक्ष्म जन्म-मृत्यु के चक्रों से बार-बार गुजरना ही मायाबद्ध जीवों की अपरिहार्य नियति है। शास्त्रों मे दिये गये स्वर्ग और नर्क के वर्णन सुनकर मनुष्य के अंतर्मन के गहन तल में सुप्त पड़ी उसके सुखमय सूक्ष्म जगत और दुखमय पार्थिव जगत के अनुभवों की स्मृतियां कभी-कभी जाग उठती हैं।"

सूक्ष्म जगत में पुनर्जन्म

योगानंद जी ने पूछा, "पूज्य गुरुदेव! पृथ्वीलोक में और सूक्ष्म जगत में तथा कारण जगत में जो पुनर्जन्म होते हैं, उनमें क्या फर्क है यह जरा अधिक विस्तार से बतायेंगे?"

युक्तेश्वर जी ने बताना शुरु किया, "पृथक आत्मा के रूप में मनुष्य मूलत: कारण-शरीर धारी आत्मा है। यह कारण शरीर पैंतीस बीजरूप भावों का गर्भस्थान है। इन पैंतीस बीजों से ही वे पैंतीस मूलभाव-शक्तियां या कारण विचार शक्तियां विकसित हुई जिनसे विधाता ने बाद में उन्नीस तत्वों वाले सूक्ष्म शरीर तथा सोलह तत्वों वाले स्थूल शरीर का सृजन किया।

"सूक्ष्म शरीर के उन्नीस तत्व मनोमय, भावमय और प्राणमय हैं। ये उन्नीस तत्व हैं: बुद्धि; अहंकार; चित्त; मनस; पंचज्ञानेन्द्रियां जो शब्द, स्पर्श, रस, रूप और गंध की इन्द्रियों के सूक्ष्म रूप हैं; पंच कर्मेन्द्रियां जो प्रजनन, मल विसर्जन, वाणी, चलने-फिरने और कौशल प्रकट करने की क्षमताओं का कार्य वहन करने में मानसिक संदेशों के आदान-प्रदान का कार्य करती हैं; तथा पंचप्राण जो शरीर में चय-अपचय या रस-प्रक्रिया का, अन्न के विघटित तत्वों को शरीर में आत्मसात करने का, रसों को शरीर के आवश्यकतानुसार घन रूप में परिवर्तित करने का, मल-निस्सारण का तथा रक्त संचारण का कार्य करते हैं। इन उन्नीस तत्वों से बना यह शरीर सोलह रासायनिक तत्वों से बने स्थूल शरीर की मृत्यु के बाद भी जीवित रहता है।

"ईश्वर ने अपने भीतर ही विविध योजनाएं बनायी और उन्हें स्वप्नों में प्रत्यक्ष रूप दिया। इस प्रकार सापेक्षता के अपने अनंत विराट आभूषणों से सज धज कर (उसकी) 'माया' प्रकट हुई।

"कारण शरीर की पैंतीस भाव-श्रेणियों में ईश्वर ने मनुष्य के सूक्ष्म शरीर से संबंधित उन्नीस तथा स्थूल शरीर से संबंधित सोलह भावों के सर्वांगीण पहलुओं को विस्तृत रूप से अंतर्निहित रखा। कम्पित होती शक्तियों को पहले सूक्ष्म रूप से और फिर स्थूल रूप से स्थिर करते हुए सघन बनाकर ईश्वर ने मनुष्य का पहले सूक्ष्म शरीर बनाया और फिर स्थूल शरीर। जिस सापेक्षता के नियम के कारण एकमात्र परमशुद्ध ब्रह्म ने अनेक रूप धारण कर लिये, उसी नियम के कारण 'कारण-जगत और कारण-शरीर' सूक्ष्म जगत तथा सूक्ष्म शरीर से भिन्न हैं; इसी प्रकार स्थूल जगत और स्थूल शरीर भी सृष्टि के अन्य रूपों से भिन्न हैं।

"रक्तमांस का शरीर स्रष्टा के स्थिर, मूर्त स्वप्नों से बना है। पृथ्वी पर द्वैत युगल सदा ही विद्यमान रहते हैं, जैसे स्वास्थ्य-रोग, सुख-दुख, हानि-लाभ। मनुष्य देखते हैं कि तीन-आयामी स्थूल जगत मे वे मर्यादा-सीमाओं और प्रतिरोधों से आबद्ध हैं। मनुष्य की जीवित रहने की इच्छा को जब रोग व्याधि या अन्य कारणों से गहरा धक्का लगता है, तब मृत्यु का आगमन होता है और स्थूल शरीर का बोझिल चोला कुछ देर के लिये उतर जाता है। परंतु इस अवस्था में भी आत्मा सूक्ष्म तथा कारण शरीरों से आबद्ध रहती है। तीनों शरीरों को एक साथ पकड़ कर रखने वाली शक्ति है मनुष्य की इच्छा। अतृप्त इच्छाओं की शक्ति ही मनुष्य की दासता की जड़ है।

भौतिक, सूक्ष्म एवं कारण भूमियों की इच्छायें

"भौतिक वासनाओं की जड़ अहंकार और इन्द्रिय-सुख में निहित है। इन्द्रिय सुख की लालसा या विवशता सूक्ष्म जगत की अनुरक्तियों या कारण जगत की अनुभूतियों से संबंधित आकर्षणशक्ति से अधिक बलवान होती है।

"सूक्ष्म जगत में उपभोग स्पंदनों के अर्थ में होता है। सूक्ष्म जगतवासी ब्रह्मांडों के सूक्ष्म आकाशीय संगीत का आनंद लेते हैं और यह देखकर मंत्रमुग्ध हो जाते हैं कि समस्त सृष्टि परिवर्तनशील प्रकाश की ही अनंत अभिव्यक्तियां है। सूक्ष्म जगत के लोग प्रकाश के गंध, रस और स्पर्श का अनुभव भी करते हैं। इस प्रकार सूक्ष्म जगत में इच्छा-वासनाओं का उपभोग उस जीव की प्रकाश को सब उपभोग-वस्तुओं और अनुभवों के रूप में या अपने विचारों या सपनों के सघन रूप में प्रकट कर पाने की क्षमता से संबंधित है।

"कारण जगत में इच्छाओं की पूर्ति अनुभूतियों से ही हो जाती है। कारण जगत में वास करने वाली मुक्तप्राय आत्माएं, जो केवल कारण शरीर में

आबद्ध हैं, समस्त सृष्टि को ईश्वर की स्वप्न-कल्पनाओं के साकार रूप मात्र में देखती हैं; अत: वे भी अपने विचार मात्र से कुछ भी प्रकट कर सकती हैं। इसलिये कारण-जगतवासी जड़ इन्द्रियानुभूतियों को या सूक्ष्म जगत की सुखानुभूतियो को हीन और आत्मा की शुद्ध अनुभूति-क्षमताओं के लिये घुटनकारी मानते हैं। कारण जगत के जीव अपनी इच्छाओं को तत्क्षण मूर्त रूप देकर नि:शेष कर देते हैं। जो अपने को केवल कारण शरीर के अत्यंत सूक्ष्म आवरण से ढंके पाते हैं, वे स्रष्टा की तरह ही ब्रह्मांडों की उत्पत्ति कर सकते हैं। चूंकि समस्त सृष्टि विराट स्वप्न तंतुओं से ही बनी हुई है, अत: कारण शरीर के अत्यंत पतले आवरण में आबद्ध आत्मा में विराट शक्तियां होती हैं।

जब सभी देहों का पतन हो जाता है

"आत्मा अदृश्य है। जब वह शरीर में या शरीरों में होती है, तभी उसके अस्तित्व का पता चल सकता है। शरीर के होने का अर्थ ही यह होता है कि उसमें अभी अतृप्त इच्छायें हैं। जब तक मनुष्य की आत्मा एक, दो या तीन देह-घटों में बंद है और उन घटों पर अज्ञान तथा इच्छा-वासनाओं के ढक्कन लगे हुए हैं, तब तक वह ब्रह्मसागर में विलीन नहीं हो सकती। जब स्थूल देह-घट को मृत्यु का हथौड़ा तोड़ देता है, तब भी सूक्ष्म शरीर और कारण शरीर के दो घटों में आत्मा बंद रहती है; इसलिये वह सर्वव्यापी जीवनसागर (परमात्मा) में विलीन नहीं हो सकती। जब ज्ञान के द्‌वारा वह इच्छा रहित स्थिति को प्राप्त कर लेती है, तब उसकी शक्ति शेष दो घटों को भी तोड़ देती है। इस प्रकार अंत में वह नन्ही सी मानव आत्मा मुक्त हो जाती है और तब वह मायातीत परमतत्व के साथ एक हो जाती है"।

कारण जगत

तब योगानंदजी ने अपने दिव्य गुरु से उच्च एवं गूढ़ कारण जगत पर और अधिक प्रकाश डालने का अनुरोध किया। इसकि उत्तर में युक्तेश्वरजी ने बताना प्रारंभ किया, "कारण जगत वर्णनातीत रूप से सूक्ष्म है। उस जगत को समझ पाने के लिये मनुष्य को एकाग्रता की इतनी विराट शक्ति की आवश्यकता होगी कि वह अपनी आंखें बंद करके समस्त सूक्ष्म जगत और स्थूल जगत को - उस अति विशाल ज्योतिर्मय गुब्बारे को और उसके नीचे लटकती उस ठोस

टोकरी को - मन की आंख से देख सके और यह जान सके कि उन दोनों विश्वों का अस्तित्व केवल कल्पना में ही है। इस अति- मानवीय एकाग्रता के द्वारा यदि कोई इन दो विश्वों को उनकी सारी जटिलताओं समेत केवल कल्पना में परिणत कर सके, तब वह कारण जगत में पहुंच जायेगा और मनोजगत तथा पदार्थ-जगत के मिलन की सीमारेखा पर खड़ा हो जायेगा। वहां खड़ा होकर मनुष्य ठोस पदार्थ, तरल पदार्थ, वायु, विद्युत, ऊर्जा, सब जीव, देवी-देवता, मानवप्राणी, पशु-पक्षी, पेड़-पौधे, जीवाणु-सूक्ष्माणु आदि समस्त जीव-निर्जीव जगत को चैतन्य के रूप में उसी प्रकार देखता है, जिस प्रकार किसी मनुष्य को आंखें बंद करने के बाद भी अपने अस्तित्व का बोध रहता है, भले ही उसका शरीर उसकी आंखों को न दिख रहा हो और केवल मन की कल्पना में ही उस समय उसका अस्तित्व हो।

"जो कुछ एक मनुष्य कल्पना में कर सकता है, वह सब एक कारण जगतवासी वास्तव में कर सकता है। बड़ी से बड़ी कल्पना-प्रवीण मानवबुद्धि भी केवल मन में ही विचार के एक छोर से दूसरे छोर तक की दौड़ लगा सकती है, एक ग्रह से दूसरे ग्रह पर छलांग लगा सकती है, अनंतता के विवर में अंतहीन रूप से नीचे और अधिक नीचे जा सकती है, या राकेट की तरह आकाश में उड़ान भर सकती है अथवा आकाश-गंगाओं और नक्षत्र-पुंजों के मध्य सर्चलाइटों की भांति जगमगा सकती है। परंतु कारण जगतवासियों के पास इससे बहुत अधिक स्वतंत्रता है। वे बिना किसी कर्मबंधन की मर्यादा के, अपनी इच्छाओं को सहज ही तत्क्षण साकार कर सकते हैं।

"कारण-जगतवासियों को यह ज्ञान है के न तो स्थूल जगत मूलतः इलेक्ट्रोनों से बना है और न ही सूक्ष्म जगत मूलतः प्राण-कणिकाओं से बना है, बल्कि ये दोनों ही जगत ईश्वरीय विचार तत्व की सूक्ष्मतम कणिकाओं से बने हैं, जिन्हें माया ने, अर्थात सापेक्षता के नियम ने खंडित और विघटित कर दिया है। माया की भूमिका स्पष्टतः सृष्टि को स्रष्टा से विभक्त करना ही है।

कारण जगत के वासी

"कारण जगत में वास करने वाली आत्मायें परस्पर एक-दूसरे को आनंदमय परमतत्व के पृथक-पृथक बिंदुओं के रूप में पहचानती हैं। उनके इर्द-गिर्द केवल उनके विचारों से उत्पन्न चीजें ही रहती हैं। कारण जगतवासी अपने शरीरों और विचारों के मध्य केवल कल्पनाओं का ही अंतर देखते हैं। जिस प्रकार कोई

मनुष्य अपनी आंखें बंद कर अपने मन की आंख से दीप्तिमान उज्ज्वल प्रकाश या फीकी नीली आभा देख सकता है, उसी प्रकार कारण-जगतवासी अपने विचार मात्र से शब्द, स्पर्श, रस, रूप और गंध का अनुभव कर सकते है। विराट मन के बल से वे किसी भी वस्तु का सृजन कर सकते हैं या उसका विलय भी कर सकते हैं।

"कारण-जगत में मृत्यु और पुनर्जन्म केवल विचार में ही होता है। कारण-शरीरी जीवों का आहार केवल चिरनूतन ज्ञानामृत है। वे शांति के झरने से पान करते हैं, अनुभूतियों की पथरहित भूमि में विचरण करते हैं और परमानंद के अनंत सागर में तैरते हैं। वह देखो! कैसे उनके उज्ज्वल विचार-देह परमतत्व के बने कोटि-कोटि ग्रहों को, नवजात ब्रह्मांडों के बुलबुलों को, ज्ञान-नक्षत्रों को, अनंत के हृदयरूपी आकाश में फैले विविध रंगी स्वर्णिम रंगछटाओं को, तेजी से पीछे छोड़ते हुए आगे निकल जाते हैं!

"कारण जगत में वास करने वाले अनेक जीव हजारों वर्षों तक वहीं रहते हैं। परमानंद की गहराइयों में अधिकाधिक उतरकर जब आत्मा पूर्णत: मुक्त हो जाती है, तब वह अपने छोटे-से कारण-शरीर से बाहर निकल कर संपूर्ण कारण जगत की विशालता को व्याप्त कर लेती है। विचारो के भिन्न-भिन्न भंवर, शक्ति, प्रेम, इच्छा, आनंद, शांति, अंतर्ज्ञान, स्थैर्य, आत्मसंयम और एकाग्रता की सारी वैशिष्ट्य-प्राप्त लहरें सदा आनंद से उमड़ते परमानंद सागर में विलीन हो जाती हैं। तब आत्मा को अपने आनंद की अनुभूति चैतन्य की एक विशिष्ट लहर के रूप में नहीं करनी पड़ती, बल्कि वह सनातन हास्य-रोमांच, धड़कनों की लहरों से युक्त पूरे ब्रह्म सागर में ही विलीन हो जाती है।

ब्रह्म से ऐक्य: एक मुक्तात्मा

"जब आत्मा तीन शरीरों के कोषों से बाहर निकल जाती है, तब वह सापेक्षता के नियम से या माया से हमेशा कि लिये मुक्त होकर अवर्णनीय शाश्वत अस्तित्व को प्राप्त कर लेती है। देखो यह सर्वव्यापकता की तितली: इसके पंखों मे सूर्य, चन्द्र और तारे जड़े हैं। परमतत्व के साथ एकरूप होने वाली आत्मा ईश्वर के सृष्टि-स्वप्न के आनंद में मत्त होकर प्रकाश विहीन प्रकाश, अंधकार विहीन अंधकार, विचार विहीन विचार के प्रांत में अकेली रहती है।"

"आखिर मुक्त हुई आत्मा!" आदर से युक्त विस्मय से योगानंद जी बोल पड़े।

युक्तेश्वरजी कहते गये, "जब कोई आत्मा उन तीन देह-घटों से बाहर निकलती है, तब वह अपने व्यक्तित्व को खोये बिना अनंत परमतत्व के साथ एक हो जाती है। ईसा मसीह ने ईसा के रूप में जन्म लेने से पहले ही यह अंतिम मुक्ति प्राप्त कर ली थी। अपने अतीत की तीन अवस्थाओं में, जिन (अवस्थाओं) का प्रतीकस्वरूप अपने इहलौकिक जीवन में मृत्यु और पुनरुत्थान के मध्य उन्होंने तीन दिन तक अनुभव किया, उन्होंने परमतत्व के साथ पूर्णत: एकरूप होने की शक्ति प्राप्त कर ली थी।

"अविकसित मनुष्य को तीनों शरीरों से बाहर निकलने के लिये पृथ्वी पर और सूक्ष्म जगत में तथा कारण जगत में असंख्य जन्म लेने पड़ते हैं। यह अंतिम मुक्ति प्राप्त करने वाला सिद्ध चाहे तो दूसरे लोगों को ईश्वर तक पहुंचाने के लिये पृथ्वी पर अवतार लेकर आ सकता है या मेरी तरह सूक्ष्म जगत में ही वास कर सकता है। वहां वास करने वाला उद्धारक वहां के लोगों के कर्मों का कुछ बोझ अपने ऊपर लेकर सूक्ष्म जगत में उनके पुनर्जन्म के चक्र को समाप्त करने में और सदा के लिये कारण जगत में निकल जाने में उनकी सहायता करता है। या फिर मुक्त हुई आत्मा कारण-जगत में प्रवेश कर वहां के जीवों की कारण-शरीर में वास की अवधि कम कर पूर्ण मुक्ति पाने में सहायता कर सकती है।"

कर्मों का बंधन

"हे पनरुत्थित आत्मन! मैं उन कर्मों के विषय में और अधिक जानना चाहता हूं, जो जीवों को तीन जगतों में लौट आने के लिये विवश करते हैं," योगानंद जी ने अपने गुरु से निवेदन किया। वे लिखते हैं, "मेरे मन में विचार आ रहा था कि मैं सदा के लिये अपने सर्वज्ञ गुरु के वचनों को सुनता ही रहूं। पृथ्वी पर उनके जीवन के दौरान मैं कभी उनसे इतना ज्ञान एक ही बार में आत्मसात् नहीं कर सका था। अब पहली बार जीवन और मृत्यु के शतरंज के गूढ अंतरालों का सुस्पष्ट और निश्चित ज्ञान मुझे हो रहा था।"

श्री युक्तेश्वर ने अपनी आहलाद दायक आवाज में उन्हें बताना आरंभ किया, "जब मनुष्य के सारे भौतिक कर्मों का, अर्थात उसकी सारी इच्छा-वासनाओं का पूर्ण नाश हो जाए, तभी वह सूक्ष्म जगत में अखंड वास कर सकता है। सूक्ष्म जगत में दो प्रकार के जीव रहते हैं। जिन जीवों के पृथ्वीलोक से संबंधित कर्म अभी शेष हैं और इसलिये जिन्हें अपने कर्मों का ऋण चुकाने के लिये स्थूल

शरीर धारण करना ही पड़ेगा, उन्हें मृत्योपरांत सूक्ष्म जगत के अस्थायी निवासी कहा जा सकता है, वहां के अधिष्ठित वासी नहीं।

"जिन जीवों के पृथ्वी से संबंधित कर्म अभी खत्म नहीं हुए हों, वे सूक्ष्म जगत में मृत्यु होने के बाद सृष्टि-परिकल्पनाओं के उच्च कारण-जगत में प्रवेश नहीं पा सकते। उन्हें केवल स्थूल और सूक्ष्म जगत के बीच ही बार-बार आवागमन करना पड़ता है और बारी-बारी से उन्हें सोलह स्थूल तत्वों से बने स्थूल शरीर का तथा उन्नीस सूक्ष्म तत्वों से बने सूक्ष्म शरीर का बोध रहता है। तथापि अपने प्रत्येक स्थूल शरीर के निधन के बाद पृथ्वीलोक से आने वाला अविकसित जीव अधिकांश समय मृत्यु-निद्रा की गहरी मूर्छा में ही रहता है। सुंदर सूक्ष्म जगत का उसे कोई बोध नहीं होता। सूक्ष्म जगत में इस प्रकार की विश्रांति के बाद ऐसा जीव आगे की शिक्षा ग्रहण करने के लिये स्थूल जगत में लौट आता है और बार-बार आवागमन के द्वारा धीरे-धीरे उसे सूक्ष्म लोकों का परिचय होता जाता है।

"दूसरी ओर सूक्ष्म जगत के सामान्य वासी या लंबे समय से वहां प्रस्थापित हो चुके वासी वे जीव हैं जो पृथ्वी से संबंधित इच्छा-वासना से हमेशा के लिये मुक्त हो चुके हैं और उन्हें पृथ्वी के निकृष्ट स्पंदनों में लौट आने की आवश्यकता नहीं है। ऐसे जीवों के लिये केवल सूक्ष्म और कारण जगत के ही कर्मों को क्षय करना शेष रहता है। सूक्ष्म जगत में मृत्यु होने पर ये जीव सूक्ष्म जगत से भी अनंत गुणा सूक्ष्म और सुंदर कारण जगत में जाते हैं। विधि के विधान द्वारा निर्धारित निश्चित अवधि पूरी होने पर सूक्ष्म जगत के अपने बचे हुए कर्म काटने के लिये इन उन्नत जीवों का हिरण्य लोक या सूक्ष्म जगत के किस तत्सम उच्च लोक में नये सूक्ष्म शरीर में पुनर्जन्म होता है।"

इसके पश्चात श्री युक्तेश्वरजी ने कहा, "पुत्र! अब यह बात तुम्हारी समझ में अधिक अच्छी तरह आ गयी होगी कि ईश्वर की आज्ञा से ही मेरा पुनरुत्थान हुआ है और यह पुनरुत्थान विशेषकर उन आत्माओं का उद्धार करने के लिये हुआ है जो कारण जगत से लौटकर सूक्ष्म जगत में पुनर्जन्म धारण करती हैं, उन आत्माओं के लिये नहीं जो पृथ्वीलोक से सूक्ष्म जगत में आती हैं। पृथ्वीलोक से आने वाले जीवों के पृथ्वी संबंधित कर्म यदि शेष हों, तो वे हिरण्य लोक के समान किसी अति उच्च लोक तक नहीं पहुंच सकते।

स्वर्ग के सूक्ष्म साम्राज्य की लालसा

“जिस प्रकार पृथ्वी के अधिकांश लोगों ने ध्यान से प्राप्त होने वाली अंतर्दृष्टि के द्वारा सूक्ष्म जगत में उच्चतर सुखों और लाभों को पहचानना नहीं सीखा और इसलिये मृत्यु के वाद पृथ्वी के ही सीमित, निकृष्ट सुखों में लौट आने की उनकी इच्छा होती है, उसी प्रकार सूक्ष्म जगत में भी वास करने वाले अनेक जीव अपने सूक्ष्म शरीर के विघटन के समय कारण जगत के आध्यात्मित आनंद की उच्च अवस्था की कोई कल्पना नहीं कर पाते और उसकी तुलना में सूक्ष्म जगत के अधित स्थूल एवं निकृष्ट सुखों पर ही अपने विचार केन्द्रित रखने के कारण उस सूक्ष्म जगत में ही लौट आने को लालायित रहते हैं। ऐसे जीवों के लिये, सूक्ष्म जगत में मृत्यु होने के बाद उस कारण जगत के भावलोकों में अखंड वास कर पाने के लिये, जो विधाता से केवल एक महीन पर्दे द्वारा ही अलग है, सूक्ष्म जगत से संबंधित अत्यंत भारी कर्मों को काटना आवश्यक होता है।

“कारण जगत में कोई जीव तभी हमेशा के लिये रह सकता है, जब आंखों को सुखद लगने वाले सूक्ष्म जगत के किसी सुख की उसमें कोई इच्छा न रही हो जो उसे सूक्ष्म जगत में वापस आने का लालच दे सके। वहां कारण जगत से संबंधित कर्मों को काटने का कार्य को पूरा करते हुए घट में बंद हुई आत्मा अज्ञान के तीन ढक्कनों में से आखिरी ढक्कन को भी उछाल कर फेंक देती है और कारण शरीर रूपी आखिरी घट से बाहर निकलकर परमतत्व में विलीन हो जाती है। अब तुम्हारी समझ में आ गया?” युक्तेश्वरजी ने अत्यंत मधुर मुस्कान के साथ योगानंद जी से पूछा।

“जी हां, आपकी कृपा से! मैं आनंद एवं कृतज्ञता से अवाक हो गया हूं”! योगानंद जी ने उत्तर दिया। “न किसी गीत से और न किसी कथा से मुझे पहले कभी ऐसा प्रेरणाप्रद ज्ञान प्राप्त हुआ था। हिन्दू शास्त्रों में कारण जगत और सूक्ष्म लोकों का तथा मनुष्य के तीन शरीरों का उल्लेख तो है, पर कितने पहुंच से बाहर और अर्थहीन लगते हैं शास्त्रों के वे पन्ने मेरे पुनरुत्थित गुरुदेव के जीवंत वर्णन के सामने! उनके लिये सचमुच कोई ऐसा क्षेत्र नहीं बचा जहां जाकर कोई लौट नहीं सकता”!

श्री युक्तेश्वर ने फिर से कहना आरंभ किया, “मनुष्य के तीन शरीरों की अंतर्व्याप्ति उसकी त्रिविध प्रकृति के माध्यम से अनेक प्रकारों से अभिव्यक्त

होती है। पृथ्वी पर जाग्रत अवस्था में मनुष्य को अपने इन तीन माध्यमों का थोड़ा बहुत बोध रहता है। जब वह शव्द, स्पर्श, रस, रूप और गंध के इन्द्रिय सुखों की प्राप्ति का प्रयास करता रहता है, तब वह मुख्यत: अपने जड़ शरीर के माध्यम से कार्य कर रहा होता है। कल्पना करते समय या इच्छा करते समय वह मुख्यत: अपने सूक्ष्म शरीर के माध्यम से कार्य कर रहा होता है। जब वह आत्मचिंतन या ध्यान की गहराइयों में डुबकी लगाता है, तो वह अपने कारण शरीर के माध्यम से कार्य कर रहा होता है। जो मनुष्य बार-बार अपने कारण शरीर से संपर्क करने का अभ्यस्त होता है, उसी के मन में दिव्य प्रतिभा के विराट विचार आते हैं। इस अर्थ में मोटे तौर पर किसी व्यक्ति को 'भौतिकवादी मनुष्य', 'स्फुर्तिवान मनुष्य' अथवा 'प्रतिभाशाली मनुष्य' के रूप में वर्गीकृत किया जा सकता है।

और इसमें यदि वह स्वप्न देखता है, तो वह अपने सूक्ष्म शरीर के साथ एकरूप रहता है और सूक्ष्म जगतवासियों की भांति ही बिना किसी प्रयास के किसी भी वस्तु की सृष्टि कर लेता है। यदि मनुष्य की नींद गहरी और स्वप्नरहित हो, तो वह कई घंटों तक के लिये अपनी चेतना को, अपने अहं भाव को अपने कारण शरीर में स्थानान्तरित कर सकता है। ऐसी नींद मनुष्य में नवशक्ति का संचार कर देती है। स्वप्नद्रष्टा अपने कारण शरीर से नहीं, बल्कि सूक्ष्म शरीर से ही संपर्क कर पाता है; उसकी नींद पूर्णत: नवशक्ति का संचार नहीं करा सकती।"

पुनरुत्थान के लिये शरीर का ग्रहण

योगानंदजी लिखते हैं, "जब श्री युक्तेश्वरजी यह गूढ ज्ञान से पूर्ण आख्यान कर रहे थे, तब मैं श्रद्धामिश्रित प्रेम के साथ उनकी ओर देखते जा रहा था। मैंने कहा, 'दिव्य गुरुदेव! आपका यह शरीर ठीक वैसा ही दिखाई देता है, जैसा यह तब दिखाई दे रहा था जब पुरी आश्रम में मैं आखिरी बार इसके सन्मुख रोया था।'

"हां, हां, मेरा यह नया शरीर उस पुराने शरीर का बिल्कुल तत्सम प्रतिरूप है। मैं अपनी इच्छानुसार जब चाहे इस शरीर को साकार कर लेता हूं या विसर्जित कर देता हूं और पृथ्वी पर अपने वास की तुलना में, मैं ऐसा बहुत अधिक बार करता हूं। इस शरीर को तुरंत विसर्जित करके मैं अब प्रकाश के माध्यम से तत्क्षण एक लोक से दूसरे लोक पहुंचता हूं अथवा सूक्ष्म जगत से कारण जगत में या स्थूल जगत में पहुंच जाता हूं। (गुरुदेव मुस्कुराये!) आजकल

तुम इतनी शीघ्रता से यहां वहां जा रहे हो, परंतु तुम्हें मुंबई में ढूंढ निकालने में मुझे कोई दिक्कत नहीं हुई!"

"ओह गुरुदेव! आपकी म्रत्यु पर मैं इतना गहरा शोक कर रहा था", योगानंदजी ने कहा।

"आह! मेरी मृत्यु हुई ही कहां है? इसमें परस्पर विरोधाभास नहीं है", श्री युक्तेश्वर के नेत्रों में प्रेम और मनोरंजन की चमक आ गयी और उन्होंने फिर कहना शुरु किया:

"पृथ्वी पर तुम केवल स्वप्न देख रहे थे और उस पृथ्वी पर तुमने मेरे स्वप्न-शरीर को देखा। बाद में उस स्वप्न शरीर को तुमने समाधि दे दी। अब उससे सूक्ष्म मेरा यह मांस का शरीर, जिसे तुम देख रहे हो, ईश्वर के पृथ्वी से अधिक सूक्ष्म एक लोक में पुनरुत्थित हुआ है। किसी दिन इस सूक्ष्म शरीर का और उस सूक्ष्म लोक का भी अंत हो जायेगा; ये भी सदा के लिये नहीं हैं। स्वप्न के सभी बुलबुलों को जाग्रति के एक अंतिम स्पर्श से फूट जाना होगा। पुत्र योगानंद! स्वप्न और सत्य के बीच के भेद को समझो।"

योगानंद लिखते हैं, "इस वेदांती पुनरुत्थान के विचार से मैं आश्चर्य से भर उठा। मुझे अपने आप पर लज्जा आयी कि मुझे पुरी में गुरुदेव के निष्प्राण शरीर को देखकर उन पर दया आयी थी। आखिर अब मेरी समझ में आ गया कि मेरे गुरुदेव सदा ही ईश्वर में जाग्रत रहे थे और उनके लिये पृथ्वी पर उनका जीवन एवं उनकी मृत्यु तथा उसके बाद उनका यह पुनरुत्थान सृष्टि के विराट स्वप्न में ईश्वर की कल्पनाओं के खेल से अधिक कुछ था ही नहीं।"

युक्तेश्वर जी ने फिर कहा, "अब मैंने तुम्हें अपने जीवन, मृत्यु और पुनरुत्थान की वास्तविकाताएं बता दी हैं, योगानंद! मेरे लिये शोक मत करो; बल्कि ईश्वर के स्वप्न में रचित मनुष्यों की इस पृथ्वी से ईश्वर के स्वप्न में ही रचित सूक्ष्म शरीरधारी आत्माओं के एक अन्य लोक में मेरे पुनरुत्थान की यह कहानी सब को बताओ। इससे संसार के दुखग्रस्त, मृत्युभय से पीड़ित स्वप्नद्रष्टाओं के हृदय में नयी आशा का संचार होगा।"

एक शाश्वत सार्वभौमिक आमंत्रण

"जी गुरुदेव! योगानंद जी ने उत्तर दिया। श्री युक्तेश्वर फिर बोले, "पृथ्वी पर मेरे मापदंड इतने अधिक ऊंचे थे कि अधिकांश लोगों की प्रकृति के लिये वे अति कष्टदायक थे। प्राय: मैं तुम्हें आवश्यकता से अधिक डांटा करता था। तुम

मेरी कसौटी पर खरे उतरे। मेरी सारी डांट फटकार के बादलों कि बीच तुम्हारा प्रेम चमकता ही रहा। अब मैं कभी अपनी दृष्टि कठोर नहीं करूंगा, कभी तुम्हें डांट-फटकार नहीं लगाऊंगा।"

योगानंद लिखते हैं, "अपने महान गुरु की डांट-फटकारों का अभाव मुझे कितना खल रहा था! उनकी हर फटकार मेरे लिये सुरक्षा कवच बन गई थी। 'परमपूज्य गुरुदेव! लक्ष-लक्ष बार मुझे डांटिये–अभी फटकार लगाइये।'

"अब मैं तुम्हें कभी नहीं फटकारूंगा। ईश्वर के माया-स्वप्न में जब तक तुम और मैं अलग दिखते रहेंगे, तब तक हम दोनों साथ-साथ मुस्कुराते रहेंगे। अंततः हम दोनों एक बनकर परमात्मा में विलीन हो जायेंगे; तब हमारी मुस्कुराहट उसकी मुस्कुराहट होगी और हमारा संयुक्त आनंद-गीत ईश्वर के साथ तालमेल रखने वाले भक्तों के सुनने के लिये अनंतकाल तक प्रसारित होता रहेगा। अब मैं तुमसे विदा लेता हूं, प्रिय योगानंद!"

"ये शब्द मेरे कानों से टकराते ही मैंने अनुभव किया के मेरे बाहुपाश में ही गुरुदेव के शरीर का विलय हो रहा था", योगानंदजी लिखते हैं। "मेरी आत्मा के कण-कण में उनके शब्द गूंज उठे। 'पुत्र! जब भी तुम निर्विकल्प समाधि के द्वार से प्रवेश कर मुझे पुकारोगे, तब आज ही की तरह रक्त-मांस के शरीर में मैं तुम्हारे पास आ जाऊंगा।' यह दिव्य वचन देकर श्री युक्तेश्वर मेरी दृष्टि से ओझल हो गये। बादलों की ध्वनि के समान एक आवाज बार-बार संगीतमय गर्जन कर रही थी: 'सबसे कह दो! जो कोई भी निर्विकल्प समाधि में यह जान लेगा कि तुम्हारी यह पृथ्वी ईश्वर का एक स्वप्न मात्र है, वह ईश्वर के इससे भी सूक्ष्म स्वप्न में निर्मित हिरण्य लोक में आ सकता है और वहां पृथ्वीलोक के मेरे शरीर के बिल्कुल समान ही शरीर में मुझे पनरुत्थित देख सकता है। योगानंद, सबसे कह दो'।

अपने सूक्ष्मशरीर का दर्शन

"वियोग का मेरा दुख दूर हो गया। उनकी मृत्यु पर करुणाभाव और शोक ने मेरी शांति छीन ली थी। अब वे शोक और करुणा मानों लज्जित होकर भाग गये। आत्मा के नव-उन्मुक्त अनंत रंध्रों से परमानंद के फव्वारे छूट रहे थे। बहुत समय से अप्रयुक्त रहने के कारण रुद्ध हुए रंध्र परमानंद की तेज बाढ़ से पवित्र और बड़े होते गये। मेरे अंतर्चक्षु के सामने मेरे पूर्वजन्म चलचित्र की भांति प्रकट हो रहे थे। अतीत के सारे अच्छे और बुरे कर्म गुरुदेव के दिव्य दर्शन के कारण मेरे चारों ओर फैले दैवी प्रकाश में घुल गये।

"अपनी आत्मकथा के इस प्रकरण में मैंने अपने गुरु की आज्ञा का पालन कर इस सुखद वार्ता का प्रसार किया है, *जबकि जिज्ञासा रहित पीढ़ी फिर एक बार इससे संभ्रमित और व्याकुल हो उठेगी।*"

लेखक की जानकारी में आधुनिक समय में यह संभवत: किसी योगी के द्वारा अपने लिंग-शरीर के दर्शन का पहला लिखित विवरण है। जबकि वैश्विक लिग-शरीर की हल्की झल्कियां साधकों को यदा-कदा दिखाई पड़ती रहती हैं, केवल एक आत्मज्ञानी व्यक्ति ही जिसे अपने आत्म की परमात्व से एकता की अनुभूति हो जाती है, अपने स्वयं के लिंग शरीर को देखने में सक्षम होता है। संभवत: यही क्रम है, क्योंकि हमारा लिंग-शरीर वैश्विक लिंग-शरीर की समष्टि से भिन्न नहीं बल्कि उसी में सम्मिलित एक इकाई के समान ही है। जब हम शांत होते हैं, विशेषकर ध्यान के मध्य या उससे उठने के समय, अनेक बार हम अपने इष्ट देव अथवा देवी या किसी ऋषि अथवा गुरु को स्पष्ट रूप से देख पाते हैं, जो कुछ क्षणों तक विद्यमान रहने के पश्चात विलीन हो जाते हैं। ये सूक्ष्म रूप में गुरु के भ्रमण से भिन्न होते हैं जो गुरु की इच्छा से होते हैं, स्वत: नहीं। संभवत: ये वैश्विक लिंग-शरीर में झलक जाने वाले प्रतिबिंब होते हैं, जिससे हम भिन्न नहीं बल्कि उसके ही हिस्से होते हैं।

हम देवदूतों की, अन्य दिव्यात्माओं की और पुनरुत्थान एवं विश्व-चैतन्य में विलीन होने की घटनाओं के विषय में सुनते आये हैं। इसी प्रकार सिद्ध एवं आप्तकामर गुरु-शिष्य की इस जोड़ी के माध्यम से प्रकाशित इन विवरणों के प्रकाश में जीसस क्राइष्ट ने जिस (Kingdom of Heaven या) स्वर्ग के साम्राज्य की बात अनेकों स्थानों पर कही है, उसे समझना भी संभव होगा। स्वर्ग के साम्राज्य का यह प्रत्यक्ष अथवा स्वत: अनुभूत विवरण जो श्री युक्तेश्वर एवं उनके शिष्य योगानंद जी के द्वारा दिया गया है, सूक्ष्म जगत से संबंध रखने वाली इस प्रकार की अनेक बातों को आधिकारिक पुष्टि प्रदान करता हैं जो अक्सर विभिन्न माध्यमों से हमारे संज्ञान में आती रहती हैं। साथ ही, जिस विश्व में हम रहते हैं उसे देखने और उसके प्रति अपने दायित्वों और हमारे द्वारा करणीय एवं अकरणीय कार्यों के परिप्रेक्ष्य में, यह हमें एक सकारात्मक विचार पद्धति के अनुकरण एवं वैश्विक प्रचार एवं प्रसार की प्रेरणा भी देता है।

अध्याय

०७

हिमालय के सिद्धाश्रम

वृद्धावस्था और मृत्यु पर भी किस प्रकार विजय प्राप्त की जा सकती है, इस ज्ञान का अर्जन भारत के ऋषियों ने कर लिया था। आवश्यक ज्ञान एवं प्रयास से इन दोनों की ही उपलब्धि संभव है और यहां ऐसे व्यक्ति जन्मित भी होते आये हैं जिनमें योग्यता थी, जिन्होंने आवश्यक ज्ञान प्राप्त करने के पश्चात कठिन परिश्रम तथा प्रयास भी किया था और जो अपने उद्देश्य की प्राप्ति में सफल भी हो गये थे। जब ईशा की पहली शताब्दी प्रारंभ होने को थी, उस समय विश्व के अध्यात्मिक क्षेत्र में महापुरुषों की एक ऐसी परंपरा का जन्म हो रहा था जो भौतिक प्रकृति से यथेच्छा खिलवाड़ करने में सक्षम थे और सैंकड़ों वर्षों तक जीवित रहने में भी।

यदि किसी ने अपने स्वास्थ्य का ध्यान रखा है और उसके लिये पर्याप्त चिकित्सा सेवा की उपलब्धि भी है, तो आज वह सरलता से आयु के नब्बे के आंकड़े को स्पर्श करने का प्रयास कर सकता है। आज ऐसे अनेक व्यक्ति मिल जायेंगे जिन्होंने शतक पार कर लिया है और आने वाले दसकों में अनेक व्यक्ति १५० का आंकड़ा भी स्पर्श कर सकेंगे, ऐसा प्रतीत होता है। तथापि यदि अन्य लोगों में से अधिकांश नब्बे को पार करने में समर्थ नहीं होते और यदि १५० पार वालों के पौत्र-पौत्रियां जीवित रहते हैं, तो भी जिन लोगों से ये अतिवरिष्ठ

व्यक्ति अपनी बातें कहना चाहेंगे या जिनके साथ अपने जीवन की भागीदारी करना चाहेंगे, वे सभी मृत्यु को प्राप्त हो चुके होंगे।

आत्मसाक्षात्कार कर लेने वाले सिद्ध व्यक्तियों के लिये सबसे अधिक मोद-दायक समय वह होता है जब वे समाधि में स्थित होकर दिव्यानंद का उपभोग कर रहे होते हैं। फिर भी एक बड़े परिप्रेक्ष्य में वे उतने अकेले भी नहीं होते। यूं तो यह विश्व सभी के लिये छोटा होता जा रहा है, पर ऐसे सिद्ध व्यक्तियों के लिये तो यह पहले से ही और भी अधिक छोटा है और अपने समान सिद्धों के संपर्क में आना उनके लिये भी उतना ही स्वाभाविक है। यदि भारत का यह विज्ञान सत्य है तो जब एक व्यक्ति सिद्धत्व की प्राप्ति कर सकता है तो उसी श्रेणी में या उसके आस-पास अन्य सिद्ध भी होंगे ही और वास्तव में तो किसी भी काल में ऐसे अनेक सिद्ध पुरुष एवं सिद्ध भैरवी मातायें उपस्थित रहते आये हैं भले ही जनसाधारण को उनका ज्ञान न रहा हो।

सिद्ध आश्रमों की आवश्यकता

यही वह काल था जब भारत में संवित विज्ञान का प्रकाश हो चुका था और विशिष्ट तकनीक एवं योग विज्ञान का भी विकास हो गया था, क्योंकि तब आज के भारत और इससे संलग्न क्षेत्रों में योग्य, जिज्ञासु एवं उद्‌यमी युवा वर्ग का भी अभाव नहीं था। शीघ्र ही उस काल के साठ-सत्तर की आयु के सामान्य अनुपात की तुलना में शतायु लाभ करने और उससे भी अधिक वयस प्राप्त करने वाले योगियों एवं भैरवियों की एक परंपरा लोगों के दृष्टिपथ में आने लगी जिनका सब कुछ आश्चर्यजनक प्रतीत होता था। इसी समय कुछ वरिष्ठ एवं दीर्घजीवी योगमार्गी व्यक्तियों ने ऐसे सिद्ध योगाश्रमों की स्थापना का बीड़ा उठाया जिनमें उनकी अनुमति के बिना साधारण व्यक्तियों का प्रवेश संभव नहीं था और जहां रहकर सिद्ध योगी निर्विघ्न अथवा एक दूसरे से संपर्क में रहते हुए अपने योगाभ्यास कर सकते थे और अपने चुनिंदा शिष्यों को भी शिक्षा प्रदान कर सकते थे। इनमें से अधिकांश सिद्धाश्रम किसी उस समय वर्तमान सिद्ध-पीठ के आसपास ही स्थापित किये गये हैं।

इस संदर्भ में जानकारी प्राप्त करने के लिये डा. गोपीनाथ कविराज से अधिक उपयुक्त व्यक्ति को खोज पाना कठिन होगा जिन्होंने इस विषय में कई लेख लिखे हैं, जिन्हें एकत्र करके 'ज्ञानगंज' नाम से एक पुस्तक का संकलन

भी किया गया है। डा. कविराज के अनुसार, "सिद्ध पीठ उस स्थान को कहा जाता है जहां इसके पूर्व किसी महान साधक ने अपनी साधना करके ज्ञान प्राप्त किया हो, जहां विस्मयजनक घटनायें घटित होते रहती हों और जहां के स्पंदन हजारों वर्षों तक अपनी शुद्धता कायम रहते हुए अन्य साधकों की साधना के लिये उपयुक्त हों।

"इसके अतिरिक्त, यदि सिद्धि प्राप्त करने के पश्चात यदि उस महापुरुष ने उसी स्थान को अपने निवास तथा अन्य गतिविधियों के लिये भी चुन लिया हो, तो वह 'सिद्ध भूमि' कहलाने लगती है जिसमें अनेक दिव्य शक्तियों और ऊर्जाओं का स्वतः समावेश हो जाता है और जिस कारण से उस भूमि से कुछ अद्भुत गुण भी युक्त हो जाते हैं (तथापि उनका उपयोग केवल सिद्ध व्यक्तियों के द्वारा ही संभव होता है)। इनमें से किसी सिद्ध भूमि को यदि एक सिद्धाश्रम का रूप दिया जाता है तो प्रायः एक ऐसी विधि भी सम्मिलित होती है कि कोई अवांछनीय एवं अज्ञात व्यक्ति वहां प्रवेश नहीं कर पाता। इस सूक्ष्म अदृश्य संरचना की सृष्टि आश्रम के अधिष्ठाता सिद्ध या एकाधिक सिद्धों के द्वारा अपनी इच्छा शक्ति के प्रयोग के माध्यम से की जाती है (इनमें किसी यांत्रिक प्रणाली का उपयोग आवश्यक नहीं होता पर वर्जित भी नहीं होता)।"

सिद्धों की प्रिय भूमि: तिब्बत

कविराज जी के अनुसार, इस प्रकार की सिद्ध-भूमियां केवल हिमालय क्षेत्र में ही नहीं बल्कि भारत के अनेक अन्य प्रांतों में भी हैं, परंतु हिमालय क्षेत्र में इनकी बहुतायत है। हिमालय में स्थित समस्त तिब्बत ही एक रहस्यमयी भूमि है। वहां ऐसे अनेक मठ और आश्रम आज भी अवस्थित हैं, जिनके विषय में बाहर के सभ्य जगत में कोई विशेष ज्ञान नहीं है। इनके अत्यंत समीप पहुंच जाने पर भी भ्रमणकर्ता सैलानियों को इनका आभास भी प्राप्त नहीं होता।

उन्होंने विश्वनाथ मुखर्जी को (जिनकी पुस्तकों की चर्चा हम कर चुके हैं) एक बार तिब्बत के एक गुप्त बौद्ध मठ से संबंधित एक घटना के विषय में बताया था। "जिस समय दूसरा विश्व युद्ध छिड़ा हुआ था, दो जर्मन सैलानी गिरफ्तारी से बचने के लिये नेपाल से तिब्बत की ओर चले गये थे। वहां उन्हें एक बौद्ध मोनास्ट्री में शरण मिल गई थी। उस मठ में उनके अनुकूल पाश्चात्य जगत की सभी सुविधायें उन्हें उपलब्ध थी। विश्व युद्ध की समाप्ति के काफी बाद वे पैदल भारत की ओर चल पड़े, परंतु मार्ग भूल कर वे बर्मा पहुंच गये।

"जब उन जर्मन सैलानियों ने एक पर्यटकों की मंडली में अपने अनुभवों को बताया तो किसी ने उनका विश्वास नहीं किया। तथापि जब उन्होंने साहसिक अभियान प्रेमियों की उस मंडली को वहां ले जाने का प्रस्ताव दिया तो उनके श्रोताओं में से कुछ इसके लिये प्रस्तुत भी हो गये। वे जर्मन यात्री उस अभियान पार्टी को साथ लेकर तिब्बत में ठीक उसी स्थान पर उपस्थित हो गये जहां उन्होंने एक बौद्ध मठ में अनेक वर्षों तक वास किया था। परंतु वहां पहुंच कर उन्होंने देखा कि वहां तो कोई मठ ही नहीं था।

"वही पहाड़ की चोटी वहां उपस्थित थी, वही वृक्षों का झुंड था जहां बैठकर वे घंटों तक चर्चायें करते रहते थे और वही झरना भी वहीं अपने स्थान पर था जिसके नीचे वे स्नान करते थे - सब कुछ उसी प्रकार यथास्थान था, केवल वह मठ ही अपने सभी वाशिंदों और उन सभी सुविधाओं के सहित जिनका कई वर्षों तक उन्होंने उपयोग किया था, वहां किसी प्रकार भी उनके दृष्टिपथ में नहीं आ रहा था।" अनेक वर्षों के बाद विश्वनाथ मुखर्जी ने किसी अखबार अथवा मैगजीन में इसी घटना का यही विवरण फिर से पढ़ा था।

बनारस का वह रहस्यमय बालक

'साधु दर्शन एवं सत्प्रसंग' की अपनी पुस्तक श्रंखला में कविराज जी ने एक अद्भुत बालक 'केदार' के विषय में चर्चा की है जिससे उनकी भेंट उनके काशी में प्रवास के मध्य हुई थी। केदार से उनकी पहली मुलाकात अक्तूबर १९३७ में अपने एक परिचित के स्थान पर हुई थी। इसके पूर्व वे एक अखबार में उस युवा बालक के विषय में छपी यह खबर पढ़ चुके थे कि वह अनेक बार अपने शरीर को छोड़कर सूक्ष्म लोकों की यात्रा पर चला जाता था। केदार की उम्र उस समय सोलह वर्ष की थी और उसके बाद नियमित अंतरालों पर कविराज उससे मिलते रहते थे और उसके विकास को देखते समझते रहते थे। कुछ ही वर्षों में उस बालक ने अपने शरीर को छोड़कर जाना बंद कर दिया था और अपने स्थान पर बैठे-बैठे ही वह दूरस्थ अनेक स्थानों को देख भी लेता था और वहां की बातें भी सुन सकता था और इसी प्रकार सूक्ष्म भूमियों को भी देख लिया करता था।

"यह संभवत: १९४३ की घटना थी, जब एक दिवस संध्या के समय २२ वर्ष के केदार के पास एक साधु प्रकृति के व्यक्ति ने आकर संपर्क किया। वे सज्जन एक दिव्य महानुभाव के संदेशवाहक की भूमिका का निर्वाह कर रहे थे। उन्होंने केदार से अगले दिन दोपहर के बाद सांय ४ बजे एक निश्चित स्थान

पर पहुंचकर अपने पूजनीय से मिलने का निमंत्रण दिया। दिशा निर्देश के संबंध में जिज्ञासा करने पर उन आगंतुक ने कहा, 'मुख्य चौराहे को पार करने के बाद तुम विश्वेश्वर गंज की दिशा में जाना। वहां से तुम स्वयं रास्ता समझ जाओगे, तुम्हें किसी से जिज्ञासा करने की आवश्यकता नहीं पड़ेगी'।

"अगले दिवस यथासमय केदार अकेले साइकिल पर सवार होकर विश्वेश्वर गंज की ओर चल पड़ा। वहां पहुंचकर उसे अपने सामने एक बड़ा मैदान दिखाई दिया। इसके पूर्व केदार ने उस मैदान को कभी नहीं देखा था, पर उस समय यह बात उसके ध्यान में नहीं आई। उसे उस मैदान के मध्य से होकर दूसरी दिशा में जाने वाली एक सड़क दिखाई पड़ी। सड़क के दोनों ओर जोते हुए खेत और उसी प्रकार की अन्य वस्तुएं दृष्टि में आ रहे थे और उसी मैदानी क्षेत्र के मध्य वे महापुरुष विराजमान थे जिन्होंने उसे बुलाया था। अपनी साइकिल एक ओर खड़ी करके और अपने जूते उतार कर केदार उन दिव्य महापुरुष के समक्ष उपस्थित हो गया। संत ने उससे बैठने के लिये कहा और अगले दो घंटों से भी अधिक समय तक वे उसके साथ उससे संबंध रखने वाली अनेक गुप्त एवं व्यक्तिगत बातों की चर्चा करते रहे जो अन्य लोगों को बताये जाने के योग्य नहीं थी।

"उसे सभी आवश्यक निर्देश देने के पश्चात संत ने उससे कहा, 'ठीक है केदार, अब तुम सीधे अपने घर चले जाओ क्योंकि तुम्हारी माता तुम्हारे विषय में चिंता अनुभव कर रही हैं', यह कहते हुए उन महात्मा ने अपने हाथ को कुछ आगे बढ़ा दिया। उनके ऐसा करते ही केदार को अपना घर दिखाई पड़ने लगा तथा अपनी माता एवं बहन भी और उनके मध्य हो रही बातें भी उसे सुनाई पड़ने लगी। केदार ने महात्मा से प्रश्न किया, 'यह कौनसा स्थान हैं, जहां हम अभी खड़े हैं?' ऋषि ने उत्तर दिया, 'अभी हम एक ऐसे स्थान पर हैं, जहां से इस विश्व का कोई भी स्थान अत्यंत निकट प्रतीत होगा'। यह कहने के साथ ही ऋषि ने अपना हाथ फिर एक बार हिलाया और केदार के घर का दृश्य उसकी दृष्टि से ओझल हो गया।

"महात्मा को प्रणाम करके केदार ने अपनी साइकिल उठाई और उसके पैडल चलाते हुए अपने घर की ओर चल पड़ा। उसे पूर्ण विश्वास था कि उस मैदान से निकलते ही वह विश्वेश्वर गंज पहुंच जायेगा, परंतु ऐसा हुआ नहीं। मैदान को पार करते ही उसने देखा कि वह तो इलाहाबाद रोड़ पर आ गया है। वहां उसके परिचित सभी स्थान उसके दृष्टिगोचर थे। उसे कबीर का जन्मस्थान लहरतारा

भी दिखाई दे रहा था और वहीं पास ही अवस्थित बौद्ध मठ भी। यह स्थान विश्वेश्वर गंज से तीन मील दूर था। उसकी समझ में नहीं आ रहा था कि ऐसा किस प्रकार हो गया था। वह पूर्व की दिशा में गया था परंतु अब पश्चिम की ओर से लौट रहा था।

"इस घटना के अगले दिन ही केदार ने कविराज जी से बात की थी। इसके पश्चात उन दिव्य महापुरुष ने केदार के पिछले जन्मों में उसके द्वारा उपार्जित ज्ञान को उसे पुन: प्रदान करने के उद्देश्य से कई अवसरों पर उसे वार्तालाप के लिये बुलाया था। हर बार उनके मिलने का स्थान वही होता था, परंतु हर बार उसके लौटने का पथ उस बड़े शहर के अलग-अलग स्थानों से हुआ करता था।"

सिद्ध भूमियों की विशिष्टतायें

यहां हम सिद्ध भूमियों की बात कर रहे थे जिसे व्यक्ति प्रधान समझना चाहिये, सिद्धाश्रमों की नहीं, जिनमें अनेक सिद्धों और उनके शिष्यों का निवास होता है। यह भूमि कहीं भी एक उपयुक्त स्थान तलाश करके वहां उपस्थित हो जाती है। ऐसी ही एक घटना हम काशी के ही दशाश्वमेध घाट पर घटित होती हुई देख चुके हैं, जहां माताजी अपनी सिद्ध भूमि के सहित उसके द्वार से निकलकर रामगोपाल के समक्ष प्रकट होकर उसी प्रकार, उसके साथ ही उसी में प्रवेश करके, लुप्त हो जाती हैं। केदार वाली घटनायें उससे लगभग छ: दशकों के बाद की हैं। प्रवेश द्वार के लिये एक उपयुक्त स्थान का चुनाव करने के पश्चात यह भूमि संभवत: किसी निश्चित योजना अथवा प्रणाली के अंतर्गत कार्य करते हुए चलायमान रहती थी और उसी के अनुसार इससे निर्गमन का स्थान परिवर्तित होता रहता था।

कविराज जी के अनुसार, "सिद्ध भूमि (अपने अधिष्ठाता की इच्छा से और उसकी आवश्यकता अनुरूप निर्मित होने के पश्चात) अपना आकार और अपने गुण सदैव और सभी स्थानों पर वैसे ही कायम रखती है। यद्यपि भौतिक दृष्टि से देखने पर यह स्थूल भूमि के समान ही दृष्टिगोचर होती है, तथापि यह परा-भौतिक भूमि होती है। इसमें खंड नहीं होते और यह अविभाज्य होती है। यह अपने अधिष्ठाता की इच्छानुसार खंड-समन्वित प्रतीत हो सकती है, परंतु एक समष्टि के रूप में इसमें विभाजन के लिये स्थान नहीं होता।

"इसके अधिष्ठाता की इच्छा से इसमें किसी भी स्थान से किसी वांछित व्यक्ति का प्रवेश संभव होता है। तथापि यह न तो पूर्ण रूप से स्थूल (भौतिक)

ही होती है और न ही पूर्ण रूप से सूक्ष्म (Astral) मात्र, बल्कि इसमें स्थूल एवं सूक्ष्म दोनों के ही गुण एक ही समय में दृष्टिगोचर होते हैं।"

एक मृत्युंजयी गुरु

श्रद्धेय बाबाजी के नाम का पहली बार विश्व के समक्ष प्रकाश परमहंस योगानंदजी के द्वारा लिखित 'योगी कथामृत' (Autobiography of a Yogi) नामक पुस्तक के माध्यम से हुआ, जिसे आज के समय अध्यात्म की जिज्ञासा रखने वाले युवा एवं वृद्ध सभी के लिये एक अवश्य-पठनीय पुस्तक माना जाता है।

बाबाजी ने योगानंद जी के परमगुरु श्री श्यामाचरण लाहिड़ी को स्वयं गुप्त राजयोग की क्रियाओं में सन् १८६१ में दीक्षित किया था और उसके पश्चात भी १८९५ में उनके देह-त्याग के पूर्व वे अनेकों बार प्रकट हुए थे।

योगानंदजी के गुरु स्वामी युक्तेश्वर गिरी को बाबाजी ने पहली बार इलाहाबाद के कुंभ मेले में १८९४ ई. में दर्शन दिये थे और उसके पश्चात पश्चिम बंगाल के श्रीरामपुर और वाराणसी में भी। १९वीं शताब्दी के अंतिम दशक में रामगोपाल मजुमदार के समक्ष भी प्रकट हुए थे और इस प्रकार उन्होंने रामगोपाल की अपने और अपनी चचेरी बहन माताजी के दर्शन की एक दीर्घकाल स्थायी इच्छा की भी पूर्ति कर दी थी। सन् १९२० में योगान्दजी के अमेरिका जाने के समय बाबाजी ने कोलकाता में उनके निवास स्थान पर पहुंच कर उन्हें भी अपना आशीर्वाद दिया था। इन सभी घटनाओं के विवरण योगानंद जी के द्वारा अपनी उपरोक्त आत्मकथा में दिये गये हैं।

मार्शल गोविंदन के अनुसार उत्तराखंड के गढवाल क्षेत्र में बद्रीनाथ के समीप अपने आश्रम में बाबाजी ने योगी एस.ए.ए. रमैया को उनके वहां छः महीनों के आवास के मध्य राजयोग की सभी १४४ क्रियाओं में दीक्षित एवं शिक्षित किया था (इन क्रियाओं में शरीर की मुद्राओं, प्राणायाम, ध्यान एवं मंत्र सभी का समन्वय होता है।)

मार्शल गोविंदन की बाबाजी से भेंट

मार्शल गोविंदन ने यह भी बताया है उन्हें योगी रमैया से क्रिया योग की सभी १४४ क्रियाओं की दीक्षा प्राप्त हुई थी और उनका भली भांति अभ्यास करने के पश्चात जब उनके गुरु उनसे पूर्ण संतुष्ट हो गये थे तो उन्होंने उन्हें दूसरों को

दीक्षा देने के लिये भी अधिकृत कर दिया था और उन्हें यह निर्देश भी दिया था कि वे योग्य व्यक्तियों को क्रिया योग की शिक्षा प्रदान करते रहें। श्री गोविंदन के अनुसार अक्तूबर १९९९ में दो अवसरों पर बाबाजी ने उन्हें सूक्ष्म प्राण भूमि के स्तर पर भी हिमालय पर बद्रीनाथ से तीस किलोमीटर की दूरी पर दर्शन दिये थे। बाबाजी ताम्रवर्ण के केशों से युक्त और श्वेत धोती धारण किये हुए एक दीप्तिमान युवा के रूप में प्रकट हुए थे और उन्होंने उन्हें अपने पादस्पर्श की अनुमति भी प्रदान कर दी थी।

गोविंदन के अनुसार १९७० के दशक में बाबाजी हिमालय के कुमाउं क्षेत्र में स्वामी सत्येश्वरानंद के समक्ष प्रकट हुए थे और १९८० के दशक के अंत में लाहिड़ी महाशय के प्रपौत्र शिबेंदु लाहिड़ी को भी उनके निवास स्थान पर उन्होंने दर्शन दिये थे।

योगानंद जी के बचपन के उनके संस्कृत के शिक्षक स्वामी केवलानंद थे, जो एक साधु प्रकृति के संत-सदृश पुरुष थे। उन्हें बाबाजी के साथ हिमालय क्षेत्र में कुछ समय व्यतीत करने का अवसर मिला था। बाद में उन्होंने योगानंद जी को बताया था कि उनके अद्‌वितीय गुरु "बाबाजी पहाड़ों में अपनी मंडली के साथ एक स्थान से दूसरे स्थान पर आना जाना करते रहते थे। उनकी छोटी सी मंडली में दो उच्च अवस्था प्राप्त अमेरिकन शिष्य भी सम्मिलित रहते थे। एक स्थान पर कुछ समय तक रुकने के पश्चात बाबाजी हिंदी में निर्देश देते थे, 'डेरा डंडा उठाओ'। वे अपने साथ एक दंड (डंडा) रखा करते थे (जो पहाड़ों में पैदल यात्रा में सहायक होता है)। उनका यह कहना इस बात का इंगित होता था कि वे शीघ्र अन्य स्थान पर जाना चाहते थे। वे सदैव आकाश मार्ग से यात्रा नहीं करते थे। अनेक समय वे एक पर्वत चोटी से दूसरी पर पहुंचने के लिये पैदल यात्रा भी किया करते थे।"

प्राचीन समय में बाबाजी

भारत में जगतगुरु के नाम से विख्यात आदि शंकराचार्य (७८८-८२० ई) ने हिंदू धर्म को इसके लंबे इतिहास से गुजरने के मध्य इसमें जिन कुरीतियों का समावेश हो गया था उन्हें हटाते हुए तथा उपनिषदों एवं अन्य वैदिक ज्ञान को भी समस्त भ्रांतियों से मुक्त करते हुए अद्‌वैत की धारणा को एक सुदृढ़ धरातल पर पुनर्स्थापित किया था। उनके गुरु अति वरिष्ठ एवं दीर्घायु गोविंदपाद थे

तथापि नवम शताब्दी में उन्हें योग दीक्षा देने वाले गुरु और कोई नहीं बल्कि नागराज बाबाजी ही थे।

योगानंद जी के समक्ष लाहिड़ी महाशय के चार विभिन्न शिष्यों ने, जिनमें से सभी ने अपने समय में सिद्धत्व की प्राप्ति कर ली थी, उनसे अलग-अलग वार्ताओं के मध्य यह कहते हुए इस बात की पुष्टि की थी उन्हें स्वयं लाहिड़ी महाशय ने बाबाजी के द्वारा नवम शताब्दी में शंकराचार्य की योग दीक्षा के विषय में बताया था। इसी प्रकार यह भी मान्यता है कि प्रसिद्ध संत कबीर दास (१४०७-१५१८ ई.) को भी जिन्हें हिंदु एवं मुस्लिम दोनों समाजों में अत्यंत आदर की दृष्टि से देखा जाता था, बाबाजी के द्वारा ही १५वीं शताब्दी में योग दीक्षा प्रदान की गई थी।

योगानंद जी को कभी सीधे लाहिड़ी महाशय से मिलने का अवसर नहीं मिला, यदि शैशवावस्था में उनका आशीर्वाद प्राप्त होने की घटना को छोड़ दिया जाये। अतः जो कुछ भी उन्होंने अपने गुरु एवं उनके विभिन्न गुरु-भाइयों के माध्यम से ज्ञात हुआ था, उसके आधार पर विशेष रूप से पाश्चात्य जगत के पाठकों के लिये लिखी गई अपनी पुस्तक में उन्होंने इतना कहना ही पर्याप्त समझा कि बाबाजी तथा उनकी चचेरी बहन माताजी, दोनों की ही आयु ५०० वर्षों से भी अधिक थी।

दूसरी ओर एक दीर्घकाल व्यापी और गहरे अन्वेषण के पश्चात मार्शल गोविंदन इस निष्कर्ष पर पहुंच सके हैं कि बाबाजी का जन्म भारत के तामिलनाड़ में आज के समय में परंगिपेट्टाई नाम से परिचित एक ग्राम में ३० नवंबर २०३ ई. में हुआ था। उनका बचपन का नाम नागराज था और श्री गोविंदन के अनुसार उन्होंने तामिल सिद्ध परंपरा का अनुसरण करते हुए सिद्धत्व प्राप्त किया है। अतः यह विशेष आश्चर्य की बात नहीं होनी चाहिये कि तामिल सिद्ध संप्रदाय के अंतर्गत दीक्षित होने के कारण वहां की नाथ परंपरा के अनुसार उन्हें षष्टम नाथ भी माना जाता है।

बाबाजी का वास स्थान

मार्शल गोविंदन के अनुसार हिमालय के बद्रिकाश्रम क्षेत्र में ही परंतु प्रसिद्ध बद्रीनाथ मंदिर से यथेष्ट दूरी पर, बाबाजी का अपना आश्रम स्थित है जिसका नाम गौरी शंकर पीठ है। यह आश्रम चारों ओर से पथरीले पहाड़ों से घिरा हुआ

है, जिनके आधार स्थल पर अनेक गुफायें है और उनमें जो सबसे बड़ी गुफा है वही बाबाजी की गुफा है।

इस गुफा के सामने की ओर एक कोनें में दो जलप्रपात हैं। इस आश्रम के वासी, जिनकी संख्या जिस समय गोविंदन वहां गये थे १४ थी, बड़े झरने का उपयोग स्नानादि के लिये करते हैं जबकि पीने के लिये वे छोटे झरने के जल का उपयोग करते हैं। इन दोनों झरनों का जल अपने अपने मार्ग से बहते हुए इस क्षेत्र के दूसरी दिशा में एकत्र होकर एक सुरंग के मुहाने तक पहुंच कर उसमें विलीन हो जाता है। रात्रि के समय भी, यद्यपि कोई दृश्यमान प्रकाश का माध्यम नहीं होता, सारा क्षेत्र भली भांति प्रकाशमान रहता है। एक रहस्यमय शक्ति किसी बाहरी व्यक्ति को आश्रम के चारों ओर एक मील की सीमा का उलंघन करने नहीं देती। अत: कोई भी व्यक्ति बाबाजी की अनुमति के अभाव में आश्रम तक पहुंच ही नहीं पाता।

गोविंदन के अनुसार उनके भ्रमण के समय, "आश्रमवासी बाबाजी की गुफा के सामने बैठकर भोजन कर रहे थे। केवल बाबा जी की धोती हल्के लाल रंग की थी और उनके अतिरिक्त अन्य सभी ने श्वेत वस्त्र धारण कर रखे थे। भोजन करते समय वे एक दूसरे से बात करने के लिये हिंदी और अंग्रेजी भाषाओं का प्रयोग कर रहे थे। उन सभी के चेहरे आभा से युक्त थे जिनसे आनंद और प्रसन्नता झलक रही थी।

"उनके मध्य बाबाजी की चचेरी बहन माताजी नागलक्ष्मी देवीयार भी उपस्थित थी जिन्हें 'अन्नाई' भी कहा जाता है। उन्होंने एक हरे रंग की किनारी और लंबे लाल रंग के पल्लू वाली श्वेत रंग की सूती साड़ी पहन रखी थी जिसके पल्लू को उन्होंने अपने गले में लपेट रखा था।" मार्शल गोविंदन के अनुसार वे एक अत्यंत सुंदर श्वेतवर्णा छरहरी बदन वाली युवती के समान दिखाई पड़ती हैं और बाबाजी से कुछ लंबी भी प्रतीत होती हैं एवं उनका चेहरा भी उनकी अपेक्षा कुछ लंबा प्रतीत होता है।

"अन्नाई नागलक्ष्मी देवीयार पर आश्रम के दैनिक व्यवहार को संगठित रखने और वहां के वासियों की विभिन्न आवश्यकताओं की पूर्ति करने की जिम्मेवारी थी। उनकी देख-रेख में ही वहां के वाशिंदों के लिये प्रतिदिन एक सरल, सात्विक और शाकाहारी भोजन बनता था, जो दोपहर के समय परोसा जाता था। वहां वास करने वाले अन्य लोगों में ऐसे भी अनेक व्यक्ति सम्मिलित थे जिनकी लंबी दाढियां उनकी नाभि तक पहुंचती थी। उनमें एक पूर्वकालिक मुस्लिम

शासक भी था जिसने अपना सारा धन और सेना बाबाजी को अर्पित करने का प्रयास किया था और जिसे बाबाजी के द्‌वारा ठुकरा दिया गया था। बाद में उसने स्वयं को समर्पित करने का प्रस्ताव दिया था, जिसे उन्होंने स्वीकार कर लिया था। पश्चिम की एक भारी बदन वाली महिला और एक लगभग दस वर्ष की बालिका भी थी और स्वामी प्रणवानंद भी वहां उपस्थित थे (जिनकी चर्चा योगानंदजी ने एक ही समय में दो शरीरों में उपस्थित हो जाने वाले स्वामी के रूप में अपनी आत्मकथा में की है)।

"बाबाजी के शिष्य प्रणवानंदजी को अब अम्मन प्रणवानंद के नाम से पुकारते हैं। बाबाजी के शिष्यों में से केवल अम्मन एवं अन्नाई (माताजी) ही ऐसे हैं जिन्होंने (उन्हीं के समान) मृत्युंजयी अवस्था को प्राप्त कर लिया है। आश्रम के वासी नित्य योग साधना का अभ्यास करते हैं जिसमें आसन, प्राणायाम, ध्यान और मंत्र का समावेश होता है और वे संकीर्तन के माध्यम से प्रतिदिन सर्वव्यापी ईश्वर के प्रति अपने प्रेम को भी प्रदर्शित करते हैं।"

मृत्युंजयी गुरु के पथ का संधान

गोविंदन जी के अनुसार बाबाजी (नागराज) का जन्म ३० नवंबर २०३ ई. को तामिलनाडु के तटीय क्षेत्र में वर्तमान समय में परंगिपेट्टाई नाम से जाने वाले एक ग्राम में हुआ था जो कावेरी नदी के हिंद महासागर में मिलने के स्थान पर अवस्थित है। वह दीपावली का पावन दिन था जब आकाश में रोहिणी नक्षत्र का उदय हो रहा था। उनके माता-पिता नम्बूदरी ब्राह्मण थे जो दक्षिण भारत के पश्चिम में अवस्थित मालाबार तटीय क्षेत्र से आकर वहां रहने लग गये थे। उनके पिता उस ग्राम में स्थित शिव मंदिर के पुजारी थे। गोविंदन कहते हैं कि बाबाजी के जन्म का तथा उसके बाद घटित होने वाली घटनाओं का विवरण स्वयं बाबाजी ने २०वीं शताब्दी के अपने शिष्यों, योगी एस.ए.ए. रमैया तथा वी.टी. नीलकांथन को दिया था, जिन्हें उन्होंने स्वयं दीक्षित किया था। बाद में इस जन्मस्थान की पहचान गोविंदन जी एवं उनकी मंडली के द्‌वारा की गई थी।

नागराज एक गौरवर्ण के सुंदर बालक थे और जब वे केवल पांच वर्ष के थे, तभी बलुचिस्तान के एक व्यापारी के द्‌वारा उनका अपहरण कर लिया गया। वह उन्हें गुलाम बनाकर और अपनी नौका में बैठाकर पूर्वी तट पर अवस्थित आजकल कोलकाता के नाम से विख्यात नगर में ले गया था। कोलकाता में

उसने उन्हें एक धनी व्यवसायी को बेच दिया था, जिसने शीघ्र उन्हें मुक्त भी कर दिया था।

तब बालक नागराज साधुओं की एक छोटी मंडली के साथ रहने लगे। अगले कुछ वर्षों तक वे साधु एवं सन्यासियों की संगति में एक स्थान से दूसरे स्थान की यात्रायें करते रहे और इसी के मध्य वे वेदों, उपनिषदों और गीता का, तथा रामायण और महाभारत का अध्ययन भी करते रहे। अपनी तीक्ष्ण बुद्धि और एकाग्र चित्त के कारण वे शीघ्र शास्त्र ज्ञान में पारंगत हो गये और एक विद्वान के रूप में उनकी प्रसिद्धि होने लगी। अल्पवयस्क होने पर भी उन्हें अन्य पंडितों एवं विभिन्न दर्शनों के विद्वानों के साथ शास्त्रार्थ के लिये निमंत्रित किया जाने लगा तथापि ये समस्त दार्शनिक विवेचनायें उस ग्यारह वर्षीय विद्वान को आत्म-ज्ञान की दिशा में अग्रसर करने में विफल सिद्ध हो रही थी और अब उसमें एक गुरु प्राप्ति की चाह उत्पन्न हो गई थी।

इसी मन: स्थिति की अवस्था में नागराज सन्यासियों की एक मंडली के साथ बनारस से एक पैदल और नौकाओं पर चलने वाली एक लंबी और कठिन यात्रा के उपरांत लंका के कटारगाम तीर्थ में उपस्थित हुए। यहीं २१५ या २१६ ई. में उनकी भेंट तामिल नाथ-पद्धति के अनुयायी सिद्ध बोगानाथ से हुई। वे शीघ्र ही उनकी महत्ता को समझ गये और उन्होनें उनसे एक शिष्य के रूप में ग्रहण करने के लिये निवेदन किया।

एक सिद्ध गुरु के सान्निध्य में शिक्षा की प्राप्ति

एक विशाल बरगद के पेड़ के नीचे बैठकर, जिसकी शाखायें सभी दिशाओं में फैल रही थी, बालक नागराज ने अपने गुरु के सान्निध्य में ध्यान एवं प्राणायाम की विभिन्न प्रक्रियाओं का अभ्यास प्रारंभ कर दिया। अगले छ: महीनों तक अपने गुरु के निर्देश के अनुसार वे गहन साधना में लगे रहे जिसमें प्रारंभ में २४ घंटों तक और बाद में कई-कई दिनों तक उनका यह योगाभ्यास अनरत चलता रहता था। इसके अंत में नागराज को एक ही मुद्रा में स्थित होकर लगातार ४८ दिनों तक योग का साधन करने का आदेश हुआ। ऐसा बताया गया है कि बरगद का वह वृक्ष जिसके नीचे बैठकर नागराज ने अपने स्वनामधन्य सिद्ध गुरू के सान्निध्य में रहते हुए योगसाधना की थी कुछ दसकों पूर्व तक भी विद्‌यमान था। कटिरगाम मंदिर के परिसर में आज उस स्थान पर नागराज बाबाजी का एक छोटा स्मृति-स्थान अवस्थित है।

सिद्ध बोगानाथ के साथ रहते हुए नागराज का समाधि के अनुभव क्रमशः अधिक गहन होते गये और इनकी एक चरम अवस्था में पहुंचते हुए उन्हें एक चिर युवा के रूप में भगवान मुरुगन (कार्तिकेय) के दर्शन प्राप्त हुए। बोगानाथ के संरक्षण और निर्देशन में रहते हुए नागराज ने भारत में प्रचलित दसों दर्शनों का गहन विश्लेषण किया और तब उन्हें 'सिद्धांतम' के नाम से विज्ञात होने वाले उस गुप्त ज्ञान का महत्व भली भांति ज्ञात हुआ जिसका उपयोग दक्षिण भारत के ऋषियों के द्वारा दीर्घ आयु एवं अध्यात्म के ज्ञान की उपलब्धि के लिये किया जाता था।

बोगानाथ ने, जो सिद्ध आयुर्वेद एवं आयु में वृद्धि करने वाली कल्प औषधियों के निर्माण में भी पारंगत थे, नागराज को सिद्धांतम-योग के ज्ञान को अपने प्रधान लक्ष्य के रूप में स्वीकार करने की प्रेरणा दी और इससे संबंधित सभी आवश्यक प्रणालियों की शिक्षा भी उन्हें स्वयं ही प्रदान भी की। तत्पश्चात उन्होंने उन्हें, आज के समय में भारत के तिन्नेवेलि जिले के रूप में ख्यात पोथगाई पहाड़ियों में स्थित कोर्त्रल्लम नामक स्थान में पहुंचकर पौराणिक प्रसिद्धि प्राप्त अगस्त्य ऋषि का आवाहन करने एवं उनसे क्रिया कुंडलिनी प्राणायाम की दीक्षा के लिये प्रार्थना करने का निर्देश दिया।

गुरु के निर्देश को शिरोधार्य करके नागरान पुनः समुद्र को पार करके भारत में लौट आये और पैदल यात्रा करते हुए कोर्त्रल्लम में उपनीत हो गये। उनके गुरु बोगानाथ के अनुसार उस समय अगस्त्य मुनि कोर्त्रल्लम के जंगलों में छद्मवेश में गुप्त रूप से लोकमानस के लिये अज्ञात रहते हुए अवस्थान कर रहे थे। वहां पहुंच कर जंगलों के मध्य में स्थित ६४ शक्तिपीठों में से एक के रूप में प्रसिद्ध माता के मंदिर के निकट नागराज ने अपने अभीष्ट साधन के लिये एक उपयुक्त स्थान का चुनाव कर लिया।

महामुनि का आह्वान

एक दीर्घकाल व्यापी आह्वान साधना के लिये एक उपयुक्त स्थान का चयन करके नागराज वहां पद्मासन में आसीन होकर बैठ गये और अपनी आंखें बंद करके उन्होंने अपनी प्रार्थना आरंभ कर दी। सिद्ध बोगानाथ इसके लिये अपने शिष्य की आवश्यक प्रस्तुति पहले ही कर चुके थे।

इसके पूर्व ४८ दिवस तक चलने वाले अपने तपस के अंत में नागराज 'चिर-युवा' मुरुगन स्वामी के दिव्य रूप का साक्षात्कर करने में सफलता प्राप्त कर

चुके थे। इस बार उनके तपस का ध्येय महामुनि अगस्त्य ऋषि थे। इस प्रकार के आवाहन में तपस में रत साधक के द्‌वारा निरंतर शक्तिशाली विचार तरंगें उत्पन्न होकर सभी दिशाओं में फैलती रहती हैं और एक बार अपने ध्यायित विषय तक पहुंचने के पश्चात वे उसमें भी सार्थक एवं सक्रिय सहानुभूति का स्पंदन उत्पन्न करने का प्रयास करती रहती हैं। मंत्र शास्त्र में प्रत्येक मंत्र प्रयोग के लिये इसके फलीभूत होने के लिये अन्य आवश्यकताओं के अतिरिक्त इसकी आवृत्ति की निश्चित संख्या अथवा समय अथवा दोनों का प्रावधान भी सम्मिलित होता है।

गोविंदन लिखते हैं, "ठीक अड़तालीसवें दिन, जब नागराज पस्त होकर बेसुध होने की स्थिति में पहुंचने वाले ही थे और बार-बार एकाग्र चित्त एवं आतुर हृदय को लेकर अगस्त्य ऋषि का नाम दोहरा रहे थे, तभी पास ही के जंगल से निकल कर अगस्त्य वहां उपनीत हो गये जहां बैठकर नागराज आर्त भाव से अपनी प्रार्थना उन तक पहुंचाने का अथक प्रयास करते चले जा रहे थे। नागराज के आतुर प्रेम भाव से उनका हृदय द्रवित हो गया था। (ऋषियों की इस उद्‌घोषणा की चर्चा हम पहले कर चुके हैं कि इस विश्व में प्रेम सबसे बड़ी शक्ति होती है) मृदु स्वर में नागराज को उनके नाम से संबोधित करते हुए अगस्त्य ने उन्हें अपने हृदय से लगा लिया। उन्हें जल एवं भोज्य प्रदान करने के पश्चात उन्होंने नागराज को क्रिया कुंडलिनी प्राणायाम के गुप्त तत्वों से परिचित करवाते हुए उन्हें इस गुप्त विद्‌या में दीक्षित कर दिया जिसे दक्षिण के सिद्धों के लिखित विवरणों में 'वसि योगम्' कहा गया है।

"इस शक्तिशाली प्राणायाम की विधि में तमिल योग सिद्धों की सर्वाधिक महत्वपूर्ण शिक्षाओं का समन्वय किया गया है। अगस्त्य ने इसके अभ्यास के लिये बताये गये नियमों की यथाविधि पालन करने की आवश्यकता पर जोर देते हुए तथा इसकी अपरिमित क्षमताओं पर भी प्रकाश डालते हुए नागराज को बताया कि किस प्रकार यह पंच देह (भौतिक देह, प्राण देह, मन, बुद्धि एवं आध्यात्मिक देह) अथवा पंच कोषों को एक के पश्चात एक शुद्ध एवं परिवर्तित करते हुए चेतना को सर्वोच्च शिखर पर आसीन करने में सक्षम हो सकती है। उसके पश्चात उन्होंने बाबाजी नागराज को हिमालय के बद्रीनाथ क्षेत्र में जाकर योगसाधना करने का निर्देश दिया।

"बद्रीनाथ हिमालय के एक पर्वत पर १०,२४३ फीट की ऊंचाई पर भारत में तिब्बत की सीमा के निकट ऋषि गंगा एवं अलकनंदा नदियों के संगम स्थल पर

अवस्थित है। अत्यंत साहसी योगी ही पूरे वर्ष इस स्थान पर रहते हुए साधना कर सकते हैं। यह हजारों वर्षों से सन्यासियों, योगियों और सिद्धों की आवास भूमि के रूप में ख्यात है और यहीं बद्रीविशाल का मंदिर स्थित है।

"एक लंबी यात्रा के उपरांत नागराज बाबाजी ने बद्रीनाथ पहुंचकर लगातार १८ महीनों तक वहां रहकर अपने गुरु-द्वय बोगानाथ एवं अगस्त्य मुनि के द्वारा सिखाई गई सभी योग-क्रियाओं का गहन अभ्यास किया। सभी कठिन नियमों का निष्ठापूर्वक पालन करते हुए अठ्ठारह महीनों के दीर्घ एवं अनवरत अभ्यास के पश्चात वे सौरुब-समाधि की अवस्था प्राप्त करने में सफल हुए, जिसमें दिव्यतत्व अधोगमन करते हुए साधक से एकात्म होकर उसकी पंचदेह को पूर्णत: परिवर्तित (transform) कर देता है। उनकी देह अब क्षय-विहीन होकर एक अकलुष दिव्य आभा से युक्त दिव्य देह में परिवर्तित हो गई थी।"

मानव-संतति के लिये अब सहज उपलब्ध

क्रिया योग एक समयानुकुल सार के समान संक्षिप्त परंतु शीघ्र फल देने वाला 'राजयोग' है। भारत में इसका प्रसार योगीराज श्यामाचरण लाहिड़ी के माध्यम से हुआ और पश्चिम में स्वामी युक्तेश्वर गिरि की पहल के द्वारा जिन्होंने अपने पुत्र के समान प्रिय शिष्य को इस कार्य के लिये विदेश रवाना कर दिया था। महावतार की इच्छा एवं अपने गुरु के आदेश का पालन करते हुए श्री योगानंद जी ने इसे न केवल पश्चिम बल्कि आज पूरे विश्व के लिये हाथ में अवस्थित आमलक के समान अत्यंत सहज रूप से उपलब्ध बना दिया है। इसे दूर शिक्षा के रूप में छपे हुए पाठ-पृष्ठों (Correspondence Course) के रूप में भी प्राप्त किया जा सकता है।

योगानंदजी के अनुसार, "यह एक सरल भौतिक-मानसिक विधि है जिसके माध्यम से हमारे रक्त से कार्बन का निष्कासन होकर उसके स्थान पर आक्सीजन भर जाती है। इस अतिरिक्त आक्सीजन के परमाणु प्राण की ऊर्जा में परिवर्तित होकर हमारे मष्तिस्क और हमारे रीढ की लंबाई में अवस्थित चक्रों को नवीन ऊर्जा से अधिक क्षमता से युक्त कर देते हैं। उच्चावस्था प्राप्त योगी अपनी कोशिकाओं को भी ऊर्जा में परिवर्तित करने में सक्षम हो जाते हैं। ऐलिजाह्, जीसस, कबीर और कुछ दूसरे पैगंबर (prophets) भी क्रिया योग या इसी प्रकार की एक तकनीक के प्रयोग के माध्यम से अपनी इच्छा के अनुसार अपने शरीर को प्रकट अथवा अप्रकट करने में समर्थ हुए थे।

"क्रिया एक प्राचीन योग-विज्ञान है। लाहिड़ी महाशय को अपने महान गुरु बाबाजी से इसकी प्राप्ति हुई, जिन्होंने अंध युग में विलुप्त हो गये इस योग-विज्ञान को पुन:प्राप्त करके इसके एक परिमार्जित रूप का क्रिया योग के नाम से पुनर्प्रकाश किया है। बाबाजी ने लाहिड़ी महाशय को बताया था, '१९वीं शताब्दी में तुम्हारे माध्यम से जिस क्रिया योग को मैं इस विश्व के लिये प्रदान कर रहा हूं यह उसी विज्ञान का पुनर्जागरण है जिसका ज्ञान हजारों वर्ष पूर्व श्री कृष्ण ने अर्जुन को दिया था और जो बाद में पातंजलि ऋषि और क्राइष्ट तक पहुंचकर फिर सेंट जौन, सेंट पॉल और उनके कुछ अन्य शिष्यों को भी उपलब्ध हो सका था।

"इस गुप्त विद्या के रहस्य को जो गुरु-शिष्य परंपरा का अनुगमन करते हुए ही आज के समय में उपनीत हुई है, एक सामान्य ज्ञान का रूप नहीं दिया जा सकता। यह केवल एक अधिकार प्राप्त गुरु के द्वारा व्यक्तिगत दीक्षा के माध्यम से ही प्रदान की जाती है। भगवद् गीता में श्री कृष्ण के द्वारा एकाधिक स्थानों पर इसकी चर्चा की गई है। गीता के एक श्लोक में लिखा है (अध्याय ४:२९), 'अंदर आने वाली श्वास का बाहर जाने वाली श्वास में और बाहर जाने वाली श्वास का अंदर प्रवेश करने वाली श्वास में योजन करके योगी दोनों श्वासों को निरस्त कर देता है'; इस प्रकार वह हृदय स्थान से प्राण को मुक्त करता है और प्राण शक्ति पर नियंत्रण प्राप्त कर लेता है।

"गीता के कुछ अन्य श्लोकों में (अध्याय ५:२७-२८) कहा गया है, 'वह ध्यान-पारंगत मुनि सदा के लिये मुक्त हो जाता है जो चरम लक्ष्य की प्राप्ति के लिये अपने दृष्टि को भ्रूमध्य में स्थित करके नासिका तथा फेफड़ों में विचरने वाले प्राण और अपान का निराकरण (सम) करते हुए बाहरी विषय भोगों से अपने ध्यान को हटाने में और इच्छा, भय तथा क्रोध को निकाल बाहर करने में समर्थ है और जिसने अपने इन्द्रियग्राही मन एवं बुद्धि को जीत लिया है'।"

चिर-युवावस्था की प्राप्ति

योगानंदजी के अनुसार, "मृत्युंजयी गुरु बाबाजी के शरीर पर उम्र के कोई चिन्ह नहीं दिखाई पड़ते और वे एक पच्चीस वर्ष के युवा के सदृश ही दिखाई पड़ते हैं। उनका शरीर सुंदर और गौर-वर्ण है, कद मध्यम है एवं उनके बलिष्ठ शरीर से एक आभा निकलती हुई प्रतीत होती है। उनकी दृष्टि शांत और

कोमल है, उनकी आंखों का रंग गहरा है और उनके ताम्रवर्णी केश लंबे और चमकीले हैं।"

इतनी दीर्घ आयु के होते हुए भी इन भाई-बहन का बीस-पच्चीस वर्ष के युवा के समान दिखाई पड़ना, हममें से अधिकांश व्यक्तियों को अस्वाभाविक एवं अत्यंत आश्चर्यजनक प्रतीत हो सकता है, परंतु ऐसी अन्य घटनाओं के वर्णन का नितांत अभाव नहीं है। गीता, महाभारत एवं ब्रह्मसूत्रों के रचयिता महर्षि वेदव्यास के पुत्र शुकदेव के विषय में यह बहुविदित है कि वे देखने में एक बीस वर्ष के युवा के समान ही प्रतीत होते थे और सैंकड़ों वर्षों तक इसी अवस्था में प्रकट होते रहने के लिये विख्यात थे। शुकदेव ऋषि कोई वस्त्र धारण नहीं करते थे और उनके शरीर की कोमलता और उससे निकलने वाली आभा से वे और भी कम वयस के बालक के समान प्रतीत होते थे। भारत के अध्यात्म जगत में यह सर्वविदित है कि शताब्दियों के अंतराल पर भी वे अन्य ऋषियों के गूढ प्रश्नों का उत्तर देने और उनकी समस्याओं का निदान करने के हेतु अकस्मात आविर्भूत हो जाया करते थे।

लाहिड़ी महाशय ने इस बात की पुष्टि की थी कि बाबाजी ने नवम शताब्दी में शंकराचार्य को स्वयं योग दीक्षित किया था और मार्शल गोविंदन ने उनके जन्म का समय २०३ ई. निश्चित किया है। हम इतिपूर्व बाबाजी के द्वारा दीक्षित किये गये अनेक ऐसे महापुरुषों की चर्चा कर चुके हैं जिन्होंने बाद के समय में प्रसिद्धि प्राप्त की थी परंतु उनके शिष्य समुदाय में उनकी चचेरी बहन माताजी के विषय में जो उन्हीं के समान युवा दिखाई पड़ती हैं कोई विशिष्ट जानकारी नहीं है। अवश्य ही किसी अवसर पर वे उनके आश्रम में अन्य अतिथियों के समान उपस्थित हो सकती हैं और क्या भोज्य प्रस्तुत किया जा रहा है इसक ध्यान रखती हुई भी लक्षित हो सकती हैं, परंतु जब उनके निमंत्रण पर बाबाजी दशाश्वमेध घाट पर उपस्थित होते हैं तो वे और किसी अन्य स्थान से अपनी सिद्ध भूमि के एक द्वार से निर्गत होकर वहां पहुंचती हैं। किसी भी विवेकसमन्वित व्यक्ति के लिये यह कल्पना करना कठिन होगा कि अपने अट्ठारह सौ वर्षों के जीवन में उन्होंने मानव उत्थान की दिशा में अपना कुछ भी स्वतंत्र योगदान नहीं दिया होगा। दूसरी ओर यह भी उतना ही संभाव्य प्रतीत होता है कि ईसा की तीसरी शताब्दी में इतने निकट के संबंध के साथ जन्म ग्रहण करने और उतनी ही उच्च अवस्था प्राप्त करने वाले इन अतिसिद्धों के मध्य पिछले जन्म में भी अवश्य अत्यंत निकटता का संबंध रहा होगा।

ज्ञानगंज का सिद्धाश्रम

बीसवीं शताब्दी में सबसे अधिक चर्चित सिद्धाश्रम का नाम ज्ञानगंज है और इसके विषय में डा. कविराज के द्‌वारा लिखित इसी नाम की एक पुस्तक भी है। यह हिमालय के तिब्बत में स्थित है और इसके अधिष्ठाता महर्षि महातपा हैं, जिनकी वर्तमान आयु 1400 वर्ष से अधिक है तथापि महर्षि स्वयं ज्ञानगंज अथवा अन्य किसी आश्रम में नहीं रहते। वे तिब्बत में ही एक अन्य स्थान पर एक गुफा में निवास करते हैं।

परंपरा के अनुसार यह विश्वास किया जाता है कि तिब्बत में मानसरोवर झील से भी परे प्राचीन उत्तरा पथ पर स्थित यह आश्रम अत्यंत प्राचीन है और पूर्वकाल में इसका नाम इन्द्र भवन हुआ करता था। बाद में ७०० वर्ष से कुछ पूर्व महातपा जी के एक शिष्य ज्ञानानंदजी के द्‌वारा इसका पुनरुद्धार एवं पुनर्निर्माण किया गया, जिन्होंने तभी से इसकी व्यवस्था एवं संचालन के हेतु आश्रम के औपचारिक अधिष्ठाता का भार भी ग्रहण किया हुआ है। विशुद्धानंदजी के ज्ञानगंज में निवास के समय उनकी आयु ९०० वर्ष से ऊपर आंकी जाती थी और आज के समय में यह एक हजार वर्ष से भी अधिक होनी चाहिये।

विशुद्धानंदजी के द्‌वारा अपने शिष्यों को बताये हुए विवरण के अनुसार हिमाच्छादित पर्वतों के मध्य एक खुला स्थान है जिसमें कई जलप्रपात गिरते हैं और कई जलधारायें बहती रहती हैं। पहाड़ों के मध्य इस खुले स्थान के मध्यस्थल में सात से आठ वर्ग मील के क्षेत्र में यह मठ निर्मित किया गया है, जिसके चारों ओर ऊंची दीवारें हैं और उनके बाहर की ओर भी इसे सभी ओर से एक जलपूरित गर्त से घेर दिया गया है। आश्रमवासियों के बाहर आने जाने के लिये इस लंबी और संकरी झील पर कई धनुषाकार पुल भी व्यवस्थित किये गये हैं। आश्रम में अनेक भवन थे जिनमें अलग विभागों की और शिक्षार्थियों के लिये उनके स्तर के अनुरूप शिक्षा की व्यवस्था थी, जहां योग एवं विज्ञान के निकायों की शिक्षा के लिये सुविधा और शिक्षक दोनों असामान्य श्रेणी के थे।

अधिष्ठाता परमहंस की अनुमति के बिना किसी बाहरी व्यक्ति का ज्ञानगंज में प्रवेश संभव नहीं था। बाहर के व्यक्तियों को प्रवेश की अनुमति तो मिल जाती थी पर आश्रम में रात्रियापन की नहीं। तथापि आश्रम के वासी सदैव एक सतत आनंद की अनुभूति से युक्त रहते थे। रात्रि के समय वहां सदैव उपस्थित रहने वाले एक पूर्ण चंद्र से सभी स्थान प्रकाशित रहते थे। विशुद्धानंदजी के

अनुसार यह व्यवस्था सूर्य की किरणों के केन्द्रीकरण एवं संचय के माध्यम से कार्य करती थी।

मुख्य विभाग एवं शिक्षक

स्वामी भृगुराम परमहंस योग विभाग के प्रधान शिक्षक भी थे और एक प्रकार से वे ही आश्रम के प्रधान संचालक के दायित्व का भी निर्वाह करते थे। योग विभाग के अतिरिक्त शिक्षार्थियों की पात्रता एवं प्रकृति के अनुरूप आश्रम में एक अलग और स्वतंत्र विज्ञान निकाय भी था जिसके प्रधान शिक्षक स्वामी श्यामानंद परमहंस थे। आश्रम में शिक्षा प्राप्त करने वालों में ब्रह्मचर्य का पालन करने वाले बालक एवं बालिकायें भी थे। उन सभी को योग एवं प्रकृति विज्ञान दोनों की शिक्षा दी जाती थी तथापि योग्यता एवं पात्रता के आधार पर ही विज्ञान निकाय में उच्चतर श्रेणी की शिक्षा के लिये शिक्षार्थियों का चयन होता था।

शिक्षकों में कई परमहंस (सिद्ध) भी होते थे और विशुद्धानंद जी के वहां निवास करने के समय ऐसे सिद्धों की संख्या सौ से भी अधिक थी जिनकी आयु २०० वर्षों से अधिक थी और जिनमें से कुछ की आयु एक हजार वर्ष से भी अधिक थी। सिद्ध पुरुष एवं सिद्ध भैरवियां प्राय: कोई आहार नहीं लेते थे पर अन्य शिक्षक अल्प मात्रा में सात्विक आहार ग्रहण करते थे। पुरुष सिद्धों को परमहंस तथा स्त्री सिद्धों को भैरवी कहा जाता था। ज्ञानगंज के अधिकांश सिद्ध एवं भैरवियों की आयु वहां के प्रचलित पैमाने के अनुसार मध्यस्थानीय मानी जाती थी, जो ४०० से ९०० वर्ष के मध्य की अवधि थी। स्वामी भृगुराम को महातपा जी के शिष्यों में सबसे शक्तिशाली एवं सामर्थ्यवान सिद्ध माना जाता था, यद्यपि उस समय उनकी आयु ५०० वर्षों से कुछ ही अधिक थी।

माताजी और महर्षि महातपा

एक १३-१४ वर्ष के बालक के रूप में ज्ञानगंज में पहुंचने के दस दिनों के पश्चात विशुद्धानंद जी को राज-राजेश्वरी मठ के नाम से ख्यात महर्षि महातपा के स्थान पर ले जाकर उनके समक्ष प्रस्तुत किया गया। ये अत्यंत दीर्घजीवी संत ही उनके भावी गुरु थे। उनका बदन भारी था, उनकी छातियां ढीली होकर इतने नीचे पहुंच चुकी थी कि वे उनके नाभि-स्थल तक पहुंच रही थी और उनकी पलके भी इतनी नीचे लटक गई थी कि किसी को स्थूल दृष्टि से देखने के लिये उन्हें हाथ से ऊंचा करना आवश्यक होता था। फिर भी वे स्फुर्ति से सम्पन्न थे

एवं इच्छानुसार आवागमन करने में सक्षम थे। सामान्यतया वे राज-राजेश्वरी मठ की एक गुफा में निवास करते थे। यहां कोई भवन इत्यादि नहीं था केवल कतिपय गुफाओं का एक समूह मात्र ही था (बाबाजी के आवास स्थल गौरीशंकर पीठ में भी इसी प्रकार की स्थिति की चर्चा हम कर चुके हैं)। वास्तव में तो वहां निवास करने वाले लोगों के लिये भवन जैसी किसी सुविधा का कोई उपयोग भी नहीं था। महर्षि अपना अधिकांश समय इसी स्थान पर व्यतीत करते थे। कभी-कभी वे ज्ञानगंज आश्रम का भ्रमण करते थे और कभी-कभी अपनी गुरु माता का दर्शन करने के लिये मनोहर तीर्थ भी जाया करते थे।

विशुद्धानंदजी के ज्ञानगंज में निवास के मध्य ही किसी समय आश्रम में महातपा जी की तेरहवीं जन्म शताब्दी का उत्सव मनाया गया था। महर्षि के समान वयस के ही उनके एक भ्राता भी थे। तथापि उनकी गुरु माता की आयु, जिन्हें वहां क्षेपा माता कहा जाता था, उनसे बहुत ज्यादा होने की बात ज्ञानगंज में सभी को भली भांति विदित थी। आयु में वे महातपा जी से चार सौ वर्षों से भी अधिक बड़ी थी।

किसी को माताजी की वास्तविक आयु का ज्ञान नहीं था। अत: जब विशुद्धानंद जी अपने शिष्यों को यह बता रहे थे कि उनकी आयु महर्षि से द्विगुण के समान थी तो उनका तात्पर्य केवल यह बताना था कि यह अत्यधिक ज्यादा थी। यह बंगाल की बोलचाल में एक वस्तु का आकार या परिमाण आदि में दूसरी से काफी ज्यादा होना ही दर्शित करता है, इसका गणित के संदर्भ में अर्थ नहीं लिया जाता। उनके वास-स्थल का नाम 'मनोहर तीर्थ' यह दर्शाता है कि यह कोई गुफाओं आदि के समान अनाकर्षक स्थान नहीं था, बल्कि आंखों को भाने वाले किसी हरे भरे क्षेत्र के समान था (संभवत: एक स्वनिर्मित और चयनित सिद्ध भूमि थी)।

इसके अतिरिक्त 'क्षेपा' शब्द से दो बातों का इंगित होता है, एक तो क्रोधी स्वभाव के प्रदर्शन का और दूसरा ऐसी प्रतिक्रिया का जिसका पूर्वानुमान करना कठिन हो। बामा क्षेपा के संदर्भ में हम देख चुके हैं कि वे अवांछित तत्वों को दूर रखने के लिये क्रोध का प्रदर्शन करते थे और अक्सर आगंतुक की दिशा में पत्थर आदि भी फेंक दिया करते थे, तथापि ऐसा भी नहीं था कि वे किसी की सहायता नहीं करते थे। अपनी इतनी दीर्घ आयु के होते हुए भी क्षेपा माता सदैव एक चिर-युवा भैरवी के समान दिखाई पड़ती थी। उनके केश इतने लंबे और

गहरे थे कि वे अपने बालों से ही अपना सारा शरीर ढंक लेती थी और अपने आवास स्थल पर उन्हें कोई वस्त्र धारण करने की आवश्यकता नहीं होती थी।

इतनी दीर्घ आयु का होना और चिर-युवा के समान दिखाई पड़ना कोई सामान्य दैनिक अनुभव में आने वाली विशिष्टता नहीं है। इसी प्रकार १८०० वर्षों से अधिक या उसके निकट आयु की चिर-युवा के सदृश दिखने वाली दो अलग-अलग भैरवियों की हिमालय के एक ही क्षेत्र में उपस्थिति को तो कल्पना से और भी परे की बात समझा जाना ही उचित होगा। बाबाजी की जिन चचेरी बहन की चर्चा योगानंदजी एवं गोविंदनजी के द्वारा की गई है, उससे केवल इतना ही ज्ञात होता है कि वे अत्यंत दीर्घ आयु की परंतु चिर-युवा के समान दिखने वाली विदुषी महिला थीं तथा यह भी कि दशाश्वमेध घाट पर होने वाले चार व्यक्तियों की मंत्रणा के लिये वे बाबाजी से भिन्न एक अलग मार्ग का अनुसरण करते हुए उपस्थित हुई थीं। यदि इन्हें दो अलग भैरवियों के स्थान पर एक मान लिया जाये तो यह एक उसी प्रकार की स्थिति होगी जिसके विषय में जीसस क्राइष्ट ने कहा था कि जब 'सत्य का सार' प्रकट होगा, तो वह मेरे गवाह के रूप में कार्य करेगा और मैं उसके द्वारा प्रकट किये गये सत्य की यथार्थता की पुष्टि करते हुए प्रतीत होऊंगा (John 15:26-27)। गोविंदन बाबाजी की आयु को लेकर जिस निष्कर्ष पर पहुंचते हैं, हम विशुद्धानंदजी के द्वारा दिया गये विवरण से माताजी की आयु के संबंध में ठीक उसी निष्कर्ष पर पहुंचते हुए प्रतीत होते हैं।

(संभवत: इस पुस्तक को पढ़ने के पश्चात पाश्चात्य जगत में अनेक लोग स्वर्ग के साम्राज्य को अधिक स्पष्टता से समझ सकेंगे और तब लेवी के द्वारा बीसवीं शताब्दी के प्रारंभ में लिखी गयी एक्वारियन गौस्पेल भी संभवत: उन्हें उतनी अप्रासंगिक प्रतीत न हो। जिज्ञासु अन्वेषक संभवत: जीसस एवं मैरी मैगडाले के संबंधों की घनिष्ठ प्रगाढता को भी अधिक गहनता से समझने का प्रयास कर सकते हैं। बारह वर्ष की आयु होने पर बालक की सगाई कर दिया जाना उस समय एक नितांत स्वाभाविक प्रक्रिया हुआ करती थी। राम, कृष्ण, बुद्ध, रामकृष्ण, लाहिड़ी व युक्तेश्वरजी - सभीका विवाह हुआ था। डा. राजीव मोहन कौशिक के द्वारा लिखी गई Snippets from the Subconscious में भी Aquarian Gospel की पुष्टि करते हुए अनेक स्वतंत्र अनुभवों के विवरण कौशिकजी के द्वारा दिये गये हैं।)

स्वामी भृगुराम परमहंस

विशुद्धानंदजी ने अपने शिष्यों को बताया था, "हिमालय के हिमाच्छादित क्षेत्र में ज्ञानगंज के समान ही कई अन्य आश्रम भी हैं और ये सभी राज-राजेश्वरी मठ के नेतृत्व में महातपाजी के अनुगत रहकर कार्य करते हैं। महर्षि स्वयं बहुत कम बोलते हैं और मौन जैसी 'उन्मना' अवस्था में स्थित रहते हुए अपने भावों में लीन रहते हैं अत: उनके प्रधान शिष्य भृगुराम स्वामी ही महातपा जी के अनुगत ज्ञानगंज सहित इन अन्य आश्रमों के भी प्रधान संचालक एवं व्यवस्थापक के रूप में कार्य करते हैं।

"इन सभी आश्रमों के संदर्भ में सभी योजना बनाने, उनको कार्य रूप देने, व्यवस्थित करने, निरीक्षण करने और सभी परीक्षाओं में प्रधान परीक्षक के रूप में कार्य करना, इन सभी का दायित्व भृगुराम जी ही वहन करते थे। महातपा जी के समान वे भी ज्ञानगंज में नहीं रहते थे और न ही वे राज-राजेश्वरी मठ में रहते थे। वास्तव में तो उनके रहने का कोई निश्चित स्थान था ही नहीं। वे एक स्थान से दूसरे स्थान की यात्रा करते रहते थे और उनकी सभी यात्रायें आकाश मार्ग से ही संपन्न होती थी। उनके पैर कभी भूमि का स्पर्श नहीं करते थे और वे एकमात्र ऐसे व्यक्ति थे जो सूर्य लोक की यात्रा कर चुके थे। उनके शरीर के सभी अवयव पूर्ण रूप से परिवर्तित होकर दिव्यता को प्राप्त हो चुके थे।"

विशुद्धानंदजी ने अक्षय दत्तगुप्त को अपने हाथ दिखाये थे जिनमें उनके चर्म के कई भाग हरे रंग के हो गये थे। उनका कहना था कि शरीर के तत्वों के परिवर्तित होने पर (सबसे पहले) शरीर का रंग घास का रंग लेने लगता है और खून का रंग भी रक्तिम के स्थान पर हरा हो जाता है। इन बातों का संदर्भ था स्वामी भृगुराम के शरीर का रंग। उनको एकाधिक शिष्यों ने छ: या सात अवसरों पर देखा था और उनके शरीर का रंग अनेक अवसरों पर चर्चा का विषय हुआ करता था। यह चमकदार लाल-बसंती रंग के समान था। एक बार विशुद्धानदजी के एक शिष्य ने, जिसने भृगुरामजी को देखा था उनके शरीर के रंग की तुलना तपाये हुए तांबे से करने का प्रयास किया था। इस कथन की शुद्धि करते हुए बाबा ने कहा था कि यह उगते हुए सूर्य के समान था। सिद्ध योगियों के शरीर का रंग उनकी साधनविधि एवं यौगित क्षमता के अनुसार परिवर्तित होता है। यह संयोग ही हो सकता है कि विशुद्धानंदजी के शिष्यों के द्वारा की जाने वाली साधना को भी 'क्रिया' के नाम से ही संबोधित किया जाता था, तथापि यह बाबाजी की शिष्य परंपरा में प्रचलित क्रिया योग से भिन्न थी।

विशुद्धानंदजी के अनुसार यह तो निश्चित था कि न तो भृगुराम जी और न ही महातपा जी तिब्बत क्षेत्र से थे। उनके मतानुसार ये दोनों ही वाराणसी क्षेत्र के आस-पास के ही थे, जिसमें उत्तर प्रदेश के अतिरिक्त बिहार को भी सम्मिलित किया जा सकता है।

उमा भैरवी और स्वामी नीमानंद

जब एक बालक के रूप में भोलानाथ को एक पागल कुत्ते ने काट लिया था, तो असह्य पीड़ा से व्याकुल होकर वे बर्दवान में नदी में कूदकर आत्महत्या करने के उद्देश्य से नदी के तट पर पहुंच गये थे। वहां एक विशालकाय साधु ने उनके ध्यान का आकर्षण कर लिया था जो उस समय नदी में स्नान कर रहे थे। उनके ध्यान के विशेष आकर्षण का कारण था कि वे देख रहे थे कि साधु के डुबकी लगाकर उठने के समय नदी का जल भी उनके साथ ही ऊपर तक उठ जाता था और उनके साथ ही डुबकी लगाने पर उतर जाता थ। उन साधु ने भोलानाथ (भविष्य में स्वामी विशुद्धानंद जी) को उसी समय पूर्ण स्वस्थ कर दिया था तथापि उस समय उनके शिष्य के रूप में स्वीकार किये जाने के अनुरोध को उन्होंने ठुकरा दिया था।

बाद में भोलानाथ को ढाका में एक ऐसे साधु की उपस्थिति के विषय में ज्ञात हुआ था जिनके रमना नदी में स्नान के समय नदी का जल उनके साथ-साथ उठता बैठता रहता था। अपनी माता से आवश्यक अनुमति प्राप्त करने के पश्चात भोलानाथ और हरिपद ढाका पहुंच गये थे, जहां स्वामी से मिलकर वे उन्हें अपने साथ ले चलने के लिये उनकी सहमति प्राप्त करने में भी सफल हो गये थे। अपनी आंखों पर पट्टी बांधकर आकाश मार्ग से उन बालकों की आश्रम की दिशा में यात्रा की संक्षिप्त चर्चा इतिपूर्व हम चौथे अध्याय में कर चुके हैं। ये साधु और कोई नहीं बल्कि ज्ञानगंज के स्वामी नीमानंद थे।

ज्ञानगंज की दिशा में अपनी रात्रिभर चलने वाली यात्रा में जो पहला पड़ाव था वह लगभग एक हजार किलोमीटर की दूरी पर विंध्याचल पर्वतों में अवस्थित एक तीर्थस्थान था। स्वामी नीमानंद उन बालकों को उस मंदिर के निकट उतारकर और उनके भोजन की व्यवस्था करने के पश्चात कहीं गायब हो गये थे (वास्तव में बालकों को बिना बताये वे एक सप्ताह के लिये कहीं चले गये थे)। शाम ढल चुकी थी और स्वामी अभी तक लौटे नहीं थे। कहीं कोई अन्य व्यक्ति भी दिखाई नहीं दे रहा था। मंदिर के जिस पुजारी ने उन्हें

भोजन दिया था, वह भी मंदिर में रहता नहीं था और अपने आवास पर लौट गया था। जंगली जानवर शिकार की खोज में घूम रहे थे और निकट ही कहीं से एक सिंह के दहाड़ने की आवाज भी सुनाई पड़ी थी। दोनों बालक भय से त्रस्त होकर एक पेड़ पर चढ़ गये। उन्होंने अपनी धोतियां खोलकर उन्हें पेड़ की शाखाओं के मध्य इस प्रकार बांध लिया कि नींद आने पर या भय के कारण वे कहीं नीचे न गिर जायें।

कई दिनों तक यही प्रक्रिया इसी प्रकार चलती रही और दिन प्रतिदिन वे अधिकाधिक आतंकित होते जा रहे थे। इसी अवस्था में उस दिन सिंह उस स्थान के निकट ही कहीं था और उसके बार-बार दहाड़ने की आवाज भी सुनाई पड़ रही थी। बालकों के साहस ने जबाब दे दिया, उन्हें अपनी माताओं एवं अपने घरों की याद आने लगी और उन दोनों की रुलाई फूट पड़ी। परंतु तभी उन्होंने देखा कि एक चन्द्रमां के समान गोल प्रकाश पश्चिम की दिशा से सीधे उनकी ओर बढा चला आ रहा था। शीघ्र ही यह उनके निकट पहुंचकर ठीक उनके सामने भूमि पर उतर पड़ा और उन्होंने देखा कि एक अत्यंत सुंदर देवी के समान नारी मूर्ति एक भैरवी माता के रूप में वहां उपस्थित हो गयी थी।

उनके सिर पर जटा का रूप ले चुके केश थे, उनके माथे पर सिंदूर का तिलक था, उन्होंने अपने एक हाथ में त्रिशूल धारण किया हुआ था और उनके चेहरे पर एक मृदुल एवं करुणा पूर्ण मुस्कान थी। वे सिद्ध भैरवी उमा थीं। उन्होंने दोनों बालकों को धैर्य बंधाया और उनके मस्तक पर अपना हाथ रखते हुए उन्हें आशीर्वाद दिया। उन्होंने उनके रो पड़ने के लिये उनकी मृदु भर्त्सना भी की जिसके कारण वे अत्यंत असुविधा का अनुभव कर रहीं थी और उन्हें उसी समय तुरंत ही ज्ञानगंज से उन्हें आश्वस्त करने के लिये वहां आना पड़ गया था। उन्होंने बताया की स्वामी को वहां लौटने में अभी तीन या चार दिन और लग सकते हैं, तथापि उनके लिये भय की कोई बात नहीं थी, वे सुरक्षित रहेंगे और उन्हें केवल उनका नाम लेकर पुकारना पड़ेगा और वे तुरंत वहां उनकी रक्षा के निमित्त उपस्थित हो जायेंगी।

उमा भैरवी उनके साथ कुछ समय तक वहीं उपस्थित रहीं और फिर वे उन्हें अपने साथ लाहुरिया ले गईं जहां उन्हें कुछ अच्छा खाने के लिये दिया गया और जहां उन्होंने त्रिपुरा भैरवी से उनकी मुलाकात करवाई। त्रिपुरा भैरवी ने उन्हें बताया कि वे अभी उनके घर जाकर लौटी हैं जहां उन दोनों की मातायें एवं अन्य लोग सभी सकुशल थे। उन्होंने उनके घरों का विस्तार के सहित विवरण

दिया और उनके समीप के वृक्षों के नाम और स्थान भी उन्हें बता दिये। इसके पश्चात उन बालकों को अपने स्थान पर वापस पहुंचाने के बाद उमा भैरवी वहां से लुप्त हो गईं। वहां से लाहुरिया आते और जाते वक्त भैरवी और वे दोनों बालक अपने पैरों से चलकर ही गये थे और रास्ते में उन्हें अनेक सर्प और शेर भी दिखाई पड़े थे, तथापि किसी न किसी प्रकार घटित होने वाली इस यात्रा को एक असाधारण यात्रा ही समझना उचित होगा क्योंकि विंध्यादेवी के मंदिर से लाहुरिया की दूरी पच्चीस किलोमीटर की है।

उस समय उमा भैरवी की आयु एक हजार वर्षों के निकट पहुंच रही थी। एक बार बाबा की जीवनी लिखने वाले अक्षय दत्तगुप्त ने बाबा से पूछा था कि उस दिन उन्होंने अपने माथे पर राख क्यों लगाई हुई थी। उत्तर में विशुद्धानंदजी ने बताया था कि जिस समय उमा भैरवी की योग-साधना अपनी उच्चतर अवस्था पर थी तो उनकी साधन-स्थली पर पत्थर पिंघल कर राख के रूप में परिवर्तित हो जाते थे और बाबा ने उस स्थान से उन जले हुए पत्थरों की कुछ भस्म एकत्र करके अपने पास रख ली थी। लगभग पंद्रह दिनों में एक बार बाबा उस भस्म का एक टीका अपने माथे पर लगा लिया करते थे। इससे उन्हें सकारात्मक ऊर्जा की प्राप्ति होती थी। उनके लिये यह एक शक्तिशाली आशीर्वाद के समान कार्य करती थी।

कुछ दिनों के पश्चात जब नीमानंद विन्ध्य पर्वत पर लौट आये थे, तो ज्ञानगंज की दिशा में अपनी यात्रा के दूसरे चरण पर अग्रसर होने के पूर्व वे उन बालकों को टुकली पर्वत पर भी लेकर गये थे जो विन्ध्यादेवी के मंदिर से बीस किलोमीटर की दूरी पर अवस्थित था। वहां उन्हें श्यामा सिद्ध भैरवी के संसर्ग में एक पूरा दिन व्यतीत करने का सुअवसर प्राप्त हुआ था। अन्य कारण जो भी रहे हों, और वीरान पर्वतीय क्षेत्र में बीस किलोमीटर की अल्प दूरी को छोड़ दें तो नीमानंदजी के लिये बालकों का हाथ पकड़े हुए ज्ञानगंज की लंबी यात्रा केवल रात्रि में करना ही संभव अथवा उचित था।

ज्ञानगंज के कुछ अन्य सिद्ध और भैरवी मातायें

स्वामी ज्ञानानंद, जिन्होंने इन्द्र भवन के रूप में विज्ञात प्राचीन आश्रम के परिमार्जन एवं पुनर्स्थापन का कार्य किया था, जो ज्ञानगंज में सबसे वरिष्ठ समझे जाते थे और जिन्होंने वहीं संभवत: अपनी एक अलग सिद्धभूमि भी बना रखी थी, उन्हें स्वामी कुतुपानंद के नाम से भी संबोधित किया जाता था। थियोसॉफिकल सोसाइटी की मैडम ब्लावत्सकी तथा कर्नल ओलकोट उन्हें इसी

नाम से जानते थे और परस्पर की बातचीत में उन्हें कौथुमी बाबा के नाम से बुलाया करते थे। कविराज जी ने उनकी ज्ञानानंदजी से उनकी सिद्ध भूमि में प्रविष्ट होकर एक मुलाकात का विस्तृत विवरण भी दिया है जिसे कर्नल ओलकोट ने अपनी पुस्तक में लिखा था और जो अगले दिन उन्हें बहुत खोजने पर भी नहीं मिली थी, ठीक उसी प्रकार जैसे जर्मन भ्रमणकारियों के साथ एक बार तिब्बत में हुआ था।

ज्ञानगंज में विज्ञान संकाय के प्रधान श्यामानंद परमहंस न केवल एक उच्च कोटि के सिद्ध योगी थे अपितु एक अत्यंत शिक्षित व्यक्ति भी थे। उन्होंने अनेक ग्रंथों और शास्त्रों का अध्ययन किया था और उनका ज्ञान एक दृढ़ सैद्धांतिक आधार पर स्थिर था। स्वामी ज्ञानगंज के स्वामी अभयानंद को भी विशुद्धानंद जी के अनेक शिष्यों ने कई बार देखा था। उनके एक शिष्य के द्वारा उनका एक फोटो भी खींच लिया गया था जो कविराज जी की प्रत्येक पुस्तक में मुद्रित रहता है। विशुद्धानंदजी की जीवनियों में ज्ञानगंज के अन्य सिद्धों के विवरण भी कुछ स्थानों पर मिलते है। उनमें स्वामी उमानंद, जो भृगुराम जी के शिष्य थे अधिक सक्रिय थे और अनेकों बार देखे गये थे। वे ऊंचे कद के दर्शनीय व्यक्ति थे, जिनके कानों में बड़े-बड़े कुंडल झूलते रहते थे और सिर पर पगड़ी बंधी रहती थी। उन्हें अपने अपेक्षाकृत बड़े कद का आभास था। कभी-कभी वे एक दस वर्ष के बालक के समान बाबा विशुद्धानंदजी का हाथ थामकर उनसे बात करते हुए उनके साथ टहलते हुए भी दिखाई पड़ जाते थे और उनके शिष्यों को बाद में ज्ञात होता था कि वे स्वामी उमानंद थे। आकार की दीर्घता के संदर्भ में अभयानंदजी, नीमानंदजी और महातपाजी इसी क्रमसे उनसे अधिक विशालकाय थे।

भैरवी माताओं में जो वाराणसी में बाबा के आश्रम के निर्माण के बाद विशिष्ट अवसरों पर वहां आया करती थी आनंद भैरवी की चर्चा बाबा के जीवनग्रंथों में एकाधिक स्थानों पर मिलती है। बाबा ने एक बार क्षेमा भैरवी के संबंध में भी अपने शिष्यों को बताया था, जिनकी आयु उस समय १२०० वर्षों की थी।

स्वामी परमानन्द पुरी

पदमपुरी के परमानंद पुरी महाराज संभवत: आज के समय में सबके समक्ष सदैव उपस्थित रहने वाले संतों में सबसे वरिष्ठ व्यक्ति कहे जा सकते हैं।

उनका जन्म १० अक्तूबर को १८८९ ई. में काशी में एक संभ्रांत ब्राह्मण परिवार में हुआ जिनका मूल निवास स्थान था कश्मीर में बेरीनाग गांव, जो जवाहर टनल के ऊपर स्थित है। वे आज के समय स्वामी विशुद्धानंद परमहंस के एकमात्र जीवित शिष्य हैं। यद्यपि ऐसी मान्यता है कि उनपर उत्तराखंड के पदमपुरी के ख्यातिप्राप्त सिद्ध सोमवारी महाराज का विशेष अनुग्रह रहता है, तथापि उनके पदमपुरी क्षेत्र में आगमन के पूर्व ही सोमवारी बाबा समाधि ले चुके थे और उनके दर्शन उन्हें एकाधिक बार सूक्ष्म शरीर में ही हुए हैं। इसी प्रकार यद्यपि उन्हें संन्यास आश्रम में स्वामी रामकृष्ण परमहंस के शिष्य शारदानंद जी ने दीक्षित किया था और परंपरानुसार रामकृष्ण के गुरु तोतापुरी महाराज, जो २५० वर्ष की आयु तक जीवित रहे थे, उन्ही के संप्रदाय के अनुरूप वे 'पुरी' उपाधि धारण करते हैं, तथापि उनपर सबसे अधिक अनुकंपा योगी राजाधिराज स्वामी विशुद्धानंद जी की रहती आई है, ऐसा वे स्वयं स्वीकार करते हैं। यह सब बताने के पीछे लेखक का यह भी एक उद्देश्य है कि व्यवहारिक रूप में अधिकांश क्षेत्रों में चैतन्य ही विभिन्न गुरुओं के रूप में हमारे समक्ष आकर हमारा मार्ग दर्शन करते हुए हमें अपनी नियति की ओर अग्रसर करता है ओर किसी भी व्यक्ति के लिये आवश्यक ज्ञान के अनुरूप उसके एकाधिक गुरु हो सकते हैं। अंतिम लक्ष्य सभी ज्ञानवान एवं विवेकशील व्यक्तियों के लिये यद्यपि एक ही होता है, परंतु प्रारब्ध के अनुरूप सबके पथ भिन्न होते हैं।

विशुद्धानंदजी के आज भी जीवित रहने वाले एकमात्र शिष्य होने के अतिरिक्त वे एकमात्र ऐसे व्यक्ति भी हैं जिनका संपर्क बाबाजी एवं माताजी दोनों गुरु-शिष्य परंपराओं से रहा है और उन्हें इन दोनों सर्वाधिक प्रसिद्ध गुरु-शिष्य परंपराओं की संगम-भूमि के रूप में स्वीकार किया जा सकता है। उनके दादाजी काशी में बैरिस्टर थे। जब वे पांच या छः वर्षों के थे तो उनके दादा उन्हें लेकर श्यामाचरण लाहिड़ी महाशय के पास गये थे और लाहिड़ी महाशय ने उनके सिर पर हाथ रखकर उन्हें आशीर्वाद दिया था। यह संभवतः योगानंद जी के जन्म के बाद की घटना है।

श्री युक्तेश्वरजी से महाराज की भेंट उनके स्थान श्रीरामपुर में हुई थी। उनके अनुसार वे राजवंशी थे और उनके पास बहुत सारी जगह जमीन थी जिन सभी का उन्होंने मानव शिक्षा एवं कल्याण के लिये दान कर दिया था। उनकी पुत्रियों का विवाह हो चुका था और उन्होंने महाराज को बताया था कि यदि उनके कोई पुत्र होता तो वे उसे भी (योगमार्गी) संत ही बनाते। योगानंद जी के पिता उनके

गुरु भाई थे अत: उनसे युक्तेश्वरजी पुत्र के समान ही स्नेह करते थे और बाद में वे ही उनके उत्तराधिकारी भी बने। लाहिड़ी महाशय से दीक्षित एवं शिक्षित होने के अनेक समय पश्चात युक्तेश्वरजी ने गिरि संप्रदाय में दीक्षा लेकर सन्यास ग्रहण कर लिया था और तभी से वे युक्तेश्वर गिरि के नाम से ख्यात हुए थे।

उनके पितृपक्ष के समान ही महाराज का मातृपक्ष भी उच्च शिक्षा का अनुगामी था। उनके मामा बंगाल के अकाउटेंट जेनेरल थे और लेखक सन्मुख स्वयं महाराज ने इस बात की पुष्टि की है कि एक समय उनकी माताजी भी ढाका में जज के रूप में कार्यरत थीं। स्वयं महाराज ने कोलकाता के कैम्पवेल कालेज (आजकल नील रतन सरकार मेडिकल कालेज के नाम से विख्यात) से बी.एस.सी. (मेडिकल) की शिक्षा ग्रहण की थी। इसी समय वे उस समय के क्रातिकारियों के सम्पर्क में भी रहते थे जो विदेशी शासन के विरुद्ध कार्यरत थे। कोलकाता से मेडिकल की स्नातक की डिग्री प्राप्त करने के बाद और सन् १९१९ ई. में ऑक्सफोर्ड से एम.एस. (सर्जरी) की डिग्री प्राप्त करने के पश्चात ग्यारह वर्षों तक गोहाटी व शिलांग में जिला चिकित्सा अधिकारी के रूप में सरकारी सेवा की है। लंदन शहर में उनके मामा के परिवार का भी ऑक्सफोर्ड के क्षेत्र में ही एक आवास था और वहीं रहते हुए उन्होंने सर्जरी में अपनी एम.एस. की शिक्षा पूर्ण की थी। एक सर्जन और चिकित्सा अधिकारी के रूप में कार्य करते हुए उन्होंने एकाधिक बार ८ से १० घंटे तक चलने वाले सर्जिकल आपरेशन भी सफलता पूर्वक सम्पन्न किये थे। महाराज की पुरी संप्रदाय में दीक्षा स्वामी शारदानंद जी के द्वारा विशुद्धानंद जी से उनके योग-दीक्षित होने के पूर्व ही हो चुकी थी। उसके पश्चात उन्होने सूखीढौंग नामक स्थान पर रामकृष्ण मिशन के धर्मार्थ निशुल्क अस्पताल में भी दो वर्षों तक अपनी सेवायें अर्पित की थी।

१९३१ में वे पहली बार विशुद्धानंदजी के संपर्क में आये और १९३२ में उन्होंने उनसे शिष्य के रूप में दीक्षा ग्रहण की। बाद में उन्हीं के निर्देश के अनुसार उन्होंने वृंदावन में जाकर रहने का निर्णय कर लिया, जहां वे पच्चीस वर्षों से भी अधिक समय तक रहे। योगानंदजी जब अमेरिका से लौटकर भारत के विभिन्न स्थानों का भ्रमण करते हुए वृंदावन आये तो महाराज वहीं थे।

विशुद्धानंदजी से सान्निध्य का समय

हम यह चर्चा कर चुके हैं कि कैसे स्वामी भृगुराम परमहंस के नियंत्रण में चलने वाले ज्ञानगंज आश्रम में अपनी मेधा और तीव्र बुद्धि के कारण श्री विशुद्धानंद

जी पर उनका विशेष अनुग्रह रहता था जिसके कारण उनके गुरु भ्राताओं में से अनेक उनके प्रति एक ईर्ष्या की भावना का पोषण करते थे। लगभग ऐसी ही स्थिति का सामना परमानंदजी को भी विशुद्धानंदजी के शिष्य समुदाय में अपने गुरु-भ्राताओं के मध्य अक्सर करना पड़ता था, बाबा जिससे अनभिज्ञ नहीं थे। उनके शिष्यों की धारणा थी कि जो सन्यासी होता है उसे मांगकर खाना होता है और बाबा परमानंदजी को भिक्षाटन के हेतु इसीलिये नहीं भेजते थे क्योंकि वे इसके लिये उपयुक्त ही नहीं थे। बाबा का कहना था कि उनके शिष्यों की ये दोनों ही धारणायें सही नहीं थी। इसका प्रमाण देने के लिये उन्होंने एक बार परमानंदजी को अन्य शिष्यों की उपस्थिति में अपने सन्मुख बुलवाकर एक कमंडल सौंपते हुए उन्हें भिक्षाटन पर जाने का आदेश दिया। उस समय बाबा अपने शिष्यों के साथ राजस्थान में किसी छोटे नगर के पार्श्व में अवस्थान कर रहे थे। परमानंदजी को कमंडल देते हुए बाबाने उन्हें यह निर्देश भी दिया कि भिक्षा में वे केवल रसगुल्ले ही ग्रहण करें और पूरा कमंडल भर जाने पर ही वापस आवास-स्थल पर लौटें।

गुरु की आज्ञा शिरोधार्य करके परमानंद अपने मार्ग पर निकल पड़े। इस शुष्क क्षेत्र में जहां निकट कोई अन्य आवास भी नहीं था, काफी दूर जाने पर ही वे उस सड़क पर पहुंचने में सफल हुए जिसपर एक दूसरे से अनेक अंतर रखते हुए ग्रहस्थों के आवास स्थित थे। वे उस सड़क पर यह सोचते चले जा रहे थे कि उन्हें केवल रसगुल्लों की ही भिक्षा में याचना करनी थी परंतु इस क्षेत्र के लोगों के आवास में रसगुल्ले मिलना असंभव के समान ही था, जबकि उन्हें एक या दो नहीं बल्कि पूरे कमंडल को भिक्षा में प्राप्त रसगुल्लों से पूरित करने का आदेश मिला था। यह सब सोचते हुए और क्या कहकर भिक्षा का निवेदन करना चाहिये यह विचार करते हुए वे कुछ दूर ही बढे थे कि पीछे कहीं से आ रही एक बग्घी उनके समीप आकर रुक गई। उसमें एक श्रद्धावान भक्त यात्रा कर रहे थे और एक संन्यासी को देखकर उसके समीप अपने वाहन को रुकवा कर उन्होंने महाराज से पूछा कि वे उनकी क्या सेवा कर सकते हैं। महाराज ने बताया कि गुरु के आदेश का पालन करने के लिये वे भिक्षा-संग्रह के हेतु निकले थे परंतु वे केवल रसगुल्ले ही भिक्षा में स्वीकार कर सकते थे। संन्यासी की सेवा करने के लिये उत्सुक वह धनी व्यक्ति तुरंत अपनी गाड़ी से उतर पड़ा। उसने आवश्यक द्रव्य के साथ अपनी बग्गी को निकटस्थ ही नगर में एक विशेष दुकान पर जाने का निर्देश दिया जहां बंगाली मिष्ठान्न उपलब्ध

होते थे और कुछ ही समय में उनका सहायक अपना कार्य पूर्ण करके लौट भी आया। वह जितने रसगुल्ले लेकर आया था उनसे महाराज का कमंडल भली भांति लबालब भर गया, जिसे लेकर और उस श्रद्धावान भक्त का धन्यवाद करने के पश्चात वे तुरंत बाबा के आवास की ओर लौट पड़े। यह किसी प्रकार संभव नहीं था कि अपने सुयोग्य एवं निराभिमानी शिष्य को स्वयं बाबा के अपने हाथों से सौंपा गया कमंडल अपूरित अथवा अर्धपूरित ही वापस आ जाये। जब महाराज वह कमंडल अपने गुरु के समक्ष रख रहे थे तो उनके गुरु भाइयों के मुख देखने के योग्य थे। बाबा विशुद्धानंद के अपने शिष्यों को शिक्षा देने के अपने तरीके थे और अपना एक अलग अंदाज भी था!!

महाराज से संबंध रखने वाली उपरोक्त घटना विज्ञान आगार के सहयोगियों की एक अंतरंग मंत्रणा गोष्ठी के मध्य महाराज के शिष्य श्री पंकज खत्री के द्‌वारा बतलाई गयी थी। इसी प्रकार अगली घटना इसी मंत्रणा के मध्य कुमाऊं के अवकाश प्राप्त आयकर आयुक्त डॉ. सतीशचन्द्र अग्रवाल के द्‌वारा लेखक के संज्ञान में लायी गई थी, जो साहित्यकार भी हैं - मॉरिशस के साहित्य पर समीक्षा ग्रंथ लिख चुके हैं व संतों पर पुस्तकें व लेख लिखते रहते हैं। सन् १९८२ में भारतीय राजस्व सेवा में चयन के पूर्व दूरदर्शन, आकाशवाणी व फिल्म प्रभाग में भी कार्य किया है और साहित्य के अतिरिक्त मूर्तिकला और पैंसिल स्केचिंग में भी उन्हें महारत है। निम्नोक्त घटना का विवरण उन्होंने स्वयं महाराज के मुखारविंद से सुना था।

एक बार बाबा विशुद्धानंदजी ने परमानंदजी को उनके काशी में अवस्थान काल में १,५०० रुपयों की राशि सौंपते हुए वृंदावन क्षेत्र में निधिवन जाने का निर्देश दिया। उस समय के हिसाब से यह एक बड़ी धनराशि थी, जब दस रुपये का मासिक वेतन एक विशिष्ट उपलब्धि के रूप में गण्य होता था। बाबा ने उन्हें बताया कि वहां उन्हें दुबले-पतले श्वेत वस्त्र पहने एक संत मिलेंगे और जैसे वे कहें वैसे ही इस धन का उन्हें उपयोग करना है। वृंदावन का यह नाम वहां बहुतायत में पाये जाने वाले और वृंदा के नाम से पुकारे जाने वाले तुलसी के एक विशेष प्रारूप के कारण पड़ा है। भारत के अधिकांश ग्रहस्थों के घरों मे जो तुलसी का पौधा होता है उसकी ऊंचाई दो फीट से अधिक प्राय: नहीं होती पर निधिवन में पाये जाने वाली इसकी वृंदा प्रजाति के पौधे सहज ही ६ से ७ फीट की ऊंचाई प्राप्त करके पेड़ों के रूप में दृष्टिगोचर होते हैं और संपूर्ण निधिवन हर दिशा में फैले हुए इन्हीं पेड़ों का ही एक बड़ा क्षेत्र

होने के कारण एक वन के समान प्रतीत होता है। इन पेड़ों के मध्य से ही लगभग दो फीट चौड़े और प्रत्येक दिशा में जाने वाले पथों का एक जाल सम्पूर्ण वन क्षेत्र में फैला हुआ है। इस छोटे परंतु विस्तृत वन क्षेत्र में रात्रि के समय किसी को ठहरने की अनुमति नहीं होती और आज के समय भी अपना झोला-बैग आदि प्रवेश के स्थान पर छोड़कर ही इस लीला क्षेत्र में प्रवेश करना होता है।

काशी से पहली बार मथुरा और फिर वहां से वृंदावन पहुंच कर परमानंद महाराज ने भी ऐसा ही किया। तत्पश्चात निधिवन में प्रवेश करके वे हर ओर जाने वाले पथों पर इधर उधर घूमते हुए और एकाधिक बार उन्हीं पथों पर आवागमन करते हुए बाबा के द्वारा बताये गये साधू सदृश व्यक्ति को तलाशते हुए घूम रहे थे और काफी समय भी व्यतीत हो गया था तथा वे निराश के समान हो चले थे। तभी उनके कानों में ये शब्द पड़े, 'आओ, आओ, ले, लो, ले लो, चुग लो, चुग लो, खालो, खालो, आदि'। इन शब्दों से आकर्षित होकर परमानंद उसी दिशा में चल पड़े जिधर से उनके कानों में प्रवेश करने वाली यह मित्रतापूर्ण निमंत्रण की ध्वनि आती हुई प्रतीत हो रही थी। शीघ्र ही वे उस स्थान पर पहुंच गये जहां एक वृंदा के वृक्ष के नीचे बैठे हुए एक श्वेत वस्त्रधारी कृशकाय वृद्ध इन शब्दों से पक्षियों को आमंत्रित कर रहे थे और बीच-बीच में एक मृत्तिका पात्र से उठाकर किसी अनाज के कुछ दानें वहां आये हुए पक्षियों के सन्मुख प्रक्षेप भी करते जा रहे थे। उन्हें यह समझने में जरा भी संशय नहीं हुआ कि यही व्यक्ति वे अभीष्ट थे जिनकी उन्हें तलाश थी। उनके पास पहुंच कर और उन्हें प्रणाम करते हुए उन्होंने निवेदन किया कि वे अपने गुरु स्वामी विशुद्धानंदजी के आदेश से उनके समक्ष उपस्थित हुए थे। उन्हें आशीर्वाद देते हुए उन कृशकाय वृद्ध ने केवल इतना कहा, 'अच्छा, तुम आ गये! चलो, चलते हैं'! यह कहकर वे तुरंत उठकर खडे हो गये और सहारे के लिये उनके कंधों पर हाथ रखते हुए वे प्रवेश द्वार की दिशा में चल पड़े। मार्ग में उन्होंने परमानंदजी से प्रश्न किया कि क्या उन्होंने स्नान कर लिया था। उनके मना करने पर उन्होंने कहा कि जिस कार्य के लिये वे आये थे उसका संपादन करने के लिये उनका स्नान करना आवश्यक था और प्रवेश द्वार से झोला-बैग आदि सामान का संकलन करने के पश्चात वे उनके कंधे पर हाथ रखकर उनका सहारा लेते हुए ही यमुना नदी के तीर की दिशा में चल पड़े, जो वहां से एक-डेढ़ मील की दूरी पर स्थित था।

निधिवन से बाहर कुछ दूर चलने पर उन महात्मा ने परमानंदजी से पूछा, 'क्या तुम्हें कुछ सुनाई दे रहा है?' परमानंद जी को स्वाभाविक और प्राकृतिक रूप से उत्पन्न होने वाली विभिन्न पक्षियों एवं कीट पतंगौं की ध्वनियों के अतिरक्त और विशेष कुछ सुनाई नहीं पड़ रहा था अत: उन्होंने उत्तर दिया, 'नहीं तो!' तब उन महात्मा ने कहा, 'जरा ध्यान से सुनने का प्रयत्न करो'! परमानंदजी ने अपने ध्यान को केंद्रित करके जब सुनने का प्रयास किया तो उन्हें एक सूक्ष्म वंशी जैसी ध्वनि सुनाई पड़ने लगी। ध्यान अधिक केंद्रित होने पर यह एक स्पष्ट और अति मधुर एवं अलौकिक वंशी की ध्वनि में परिवर्तित हो गई जो किसी सूक्ष्म लोक से उत्पन्न होती हुई और समस्त जगत में व्याप्त होती हुई एक मुग्धकारी ध्वनि के समान प्रतीत हो रही थी। परमानंद जी ने उन महात्मा को इस ध्वनि की अनुभूति होने की बात बताई। कुछ और आगे बढ़ने पर अपना एक हाथ परमानंदजी के कंधे पर रखकर उनके साथ चल रहे उन महात्मा ने अपने दूसरे हाथ से एक ओर इंगित करते हुए उनसे जिज्ञासा की कि 'क्या उन्हें कुछ दिखाई भी पड़ रहा था'। कुछ भी अस्वाभाविक अपने दृष्टिपथ में न आने के कारण महाराज ने पुन: वही उत्तर दोहरा दिया, 'नहीं तो!' प्रत्युत्तर में उन वृद्ध महात्मा ने भी उसी प्रकार कहा, 'जरा ध्यान से देखने का प्रयत्न करो'! परमानंदजी ने अपने ध्यान को केंद्रित करके जब महात्मा द्वारा इंगित दिशा में देखने का प्रयास किया तो उन्हें स्पष्ट दिखाई पड़ा जैसे एक कदम्ब के वृक्ष के नीचे त्रिभंगी मुद्रा में खड़े हुए एक सांवले वर्ण के किशोर (कृष्ण) ने अपने ओष्ठों से एक बांसुरी लगा रखी थी और उसी से उत्पन्न होते हुए और फैलते हुए वह जगमोहिनी मधुर ध्वनि समस्त दिशाओं में व्याप्त हो रही थी। अपितु जैसे ही उन्होंने महात्मा के समक्ष अपनी इस अनुभूति की पुष्टि की यह दृश्य उनके दृष्टिपथ से उसी प्रकार लुप्त भी हो गया जैसे यह प्रकट हुआ था।

यमुना नदी के तट पर पहुंचकर उन महात्मा ने पहले परमानंदजी को स्नान करके आने के लिये भेज दिया और स्वयं किनारे पर बैठकर सामान की निगरानी करते रहे। उनके लौटने पर वे स्वयं भी उसी प्रकार स्नान करके लौट आये। तब उन महात्मा ने परमानंदजी से कहा, 'देखो, तुम भयभीत मत होना, क्योंकि मैं यहीं तुम्हारे सामने यमुना के तट पर अपने प्राणों का त्याग करने जा रहा हूं। उन्होंने उन्हें एक मंत्र भी बताया तथा उसी क्षेत्र में एक ग्राम एवं उस ग्राम में रहने वाले एक पण्डे का नाम भी बताते हुए उन महात्मा ने

परमानंदजी को बताया कि वे उक्त ग्राम विशेष में उसी पंडित के परिवार में जिसका नाम उन्होंने बताया था एक बालक के रूप में फिर से जन्म लेने वाले थे और जिस दायित्व का निर्वाह परमानंदजी को विशेष रूप से करना था वह था उन महात्माके पुनर्जन्म के उपरांत उनकी शैशव अवस्था में ही यह मंत्र उनके कान में बोल देना। उन्होंने समझाया कि यह मंत्र कान में पड़ते ही वे उन्हें पहचान लेंगे।

अपने प्राण त्यागते समय महात्मा ने कहा कि तुम्हें जो भी दिखाई पड़े, भयभीत मत होना। उन्होंने यह भी निर्देश दिया कि मृत्यु के पश्चात उनके शरीर को एक पत्थर से बांध कर यमुना में गहरे जल के स्थान पर छोड़ दिया जाये, तथा इस कार्य में अन्य लोगों की सहायता ली जा सकती है। इसके पश्चात समाधि में बैठकर महात्मा ने कुछ ही समय में अपना शरीर त्याग दिया। परमानंद जी ने देखा कि एक विमान में सवार होकर उनका सूक्ष्म शरीर उस स्थान से लुप्त हो गया। यहां पाठकों को यह बता देना उचित प्रतीत होता है कि अपने संज्ञान में बिना अपनी चेतना का ह्रास किये जो महात्मा स्थूल जगत से प्रयाण करते हैं उन्ही के लिये सूक्ष्म जगत से विमान का आगमन होता है परंतु सभी उपस्थित वृंद उसे देखने में सक्षम नहीं होते यद्यपि प्रयाण करने वाले की इच्छा से अपेक्षाकृत विकसित चेतना वाले एकाधिक व्यक्ति उसे देख पाते हैं। इस प्रकार की अनेक घटनायें आध्यात्मिक इतिहास में ज्ञात हैं। विशेष रूप से यहूदी प्रोफेट ऐलिजा के प्रयाण को उनके शिष्य इलिसा के द्वारा अपनी आंखों से देखे जाने की घटना का बाइबल में जिक्र किया गया है, तथापि एलिजा के प्रयाण में एक और भी विशिष्टता थी कि उनका स्थूल शरीर भी साथ ही लुप्त हो गया था और केवल उनका लबादा हवा में उड़ता हुआ वहीं इलिसा के निकट आकर गिर गया था। लोगों का विश्वास है कि ऐलिजा ने ही जौन दि बाप्टिस्ट के रूप में तथा इलिसा ने ही जीसस मसीह के रूप में फिर से जन्म ग्रहण किया था।

महात्मा के देह त्याग के पश्चात परमानंदजी ने कुछ स्थानीय लोगों की सहायता से उनके निर्देशानुसार एक बड़े पत्थर से बांध कर उनके शरीर को यमुना जी में समाधि दे दी थी। इसके पश्चात जब वे ये सारी बातें विचार करते हुए यमुना के तीर के साथ नगर की ओर बढ रहे थे तभी उनकी मुलाकात एक संत से हो गई, जिन्होंने उन्हें अपने साथ रहने के लिये कहा। चूंकि परमानंद जी ने ही उन वृद्ध महात्मा के शरीर को समाधि देने का कार्य किया

था अत: आचार के अनुरुप उन्हीं के द्वारा दस दिन व्यापी शेष क्रिया-कर्म आदि का निर्वाह करना उचित था। जिन संत ने उनसे अपने साथ रहने का आग्रह किया था, उनके स्थान पर पहुंच कर उन्होंने उन महात्मा के उद्देश्य से एक दीप प्रज्ज्वलित कर दिया तथा इस बात का पूरा ध्यान रखा कि सभी आवश्यक क्रिया-कर्म पूर्ण होने तक वह उसी प्रकार प्रज्ज्वलित बना रहे। उसके पश्चात अगले दस दिनों तक वे प्रतिदिन प्रात: उस दीप के सन्मुख बैठकर गीतापाठ करते रहे। जैसा प्राय: होता है, अन्य सभी औपचारिकताओं की पूर्ति के पश्चात अंतिम दिन एक भोज अथवा भंडारे का आयोजन किया गया। सारे खर्च अवश्य ही परमानंदजी के द्वारा वहन किये गये। सभी कार्यों की समाप्ति के बाद उन्होंने देखा कि उनके पास केवल काशी में अपने गुरु के पास लौटने के लिये पर्याप्त किराये की रकम ही शेष रही थी। मन ही मन अपने समर्थ और दिव्यज्ञानी गुरु को प्रणाम करके वे उनके निकट पहुंच कर समस्त सूचना देने के लिये चल पड़े। समस्त बातें सुनने के पश्चात बाबा विशुद्धानंद ने उनसे आवश्यक विवरण लिख लेने के लिये कहा ताकि मंत्र और ग्राम एवं पंडे का नाम आदि उन्हें बाद में विस्मृत न हो जाये।

लगभग ढाई या तीन वर्षों के बाद परमानंद उन महात्मा के द्वारा बताये गये ग्राम में पहुंचकर उन पंडित के घर का संधान करके जिनका नाम महात्मा ने बताया था, वहां उपस्थित हुए। उन्होंने देखा कि वास्तव में उस ग्रह के स्वामी के यहां एक लगभग डेढ वर्ष की आयु का बालक भी था जिसकी उससे छ: या सात वर्ष बड़ी एक बहन भी थी जो उसे गोद में उठाये इधर उधर घूम रही थी। उस घर में परिवार का कोइ अन्य सदस्य उपस्थित नहीं था, केवल मजदूरों के द्वारा कुछ निर्माण आदि का कार्य चल रहा था। परमानंद जी समझ गये कि संभवत: उन महात्मा ने इस बालक के रूप में ही फिर से जन्म ग्रहण किया था, परंतु इसकी पुष्टि करना आवश्यक था। उस घर में एक पिंजरे में एक तोता भी था। महाराज को देखकर वह तोता राधे-राधे बोलने लगा, जो उसने संभवत: इस घर में रहकर ही सीख लिया था। अथच, एक बार बोलना प्रारंभ करके वह यही राग बार बार दोहराने लगा। तब संन्यासी परमानंदजी ने भी ताली बजाते बजाते उसके साथ साथ ही एक धुन जैसी बनाते हुए 'राधे-राधे' का कीर्तन करना प्रारभ कर दिया। बालिका अपने भाई को गोद में लिये हुए तथा एक हाथ में तोते के पिंजरे को लेकर घर से बाहर आ गई और घर के समीप ही एक चबूतरे पर उसने उस पिंजरे को टिका दिया। इस मध्य परमानंद जी का राधे-

राधे का गान चल रहा था। शीघ्र ही और भी अनेक लोग वहां एकत्रित हो गये और संन्यासी के साथ ताल मिलाकर उस राधे-राधे के संकीर्तन में सम्मिलित हो गये। परमानंदजी ने देखा कि उस बालिका की गोद में बालक टुकुर-टुकुर उनकी ओर ही देख रहा था। उन्होंने हाथ बढ़ाकर उसे अपनी गोद में ले लिया और मौका मिलते ही वह मंत्र जो कुछ वर्ष पूर्व उन महात्मा ने उन्हें बताया था उसके कान में दोहरा दिया। उन्होंने देखा कि बालक की आंखों में एक अद्भुत चमक आ गई थी और उसके मुख पर एक अतीव संतोष की मुस्कुराहट, जो इस बात का स्पष्ट संकेत था कि जैसा कि उन महात्मा ने कहा था कि मंत्र सुनकर वे उन्हें पहचान लेंगे यह बिल्कुल उसी प्रकार था। आठ-नौ वर्षों पश्चात स्वामी परमानंद जी पुन: उस गांव में गये और बालक से मिलना चाहा तो ज्ञात हुआ अब उसके बारे में कुछ भी पता नहीं था क्योके वह ७-८ वर्ष की आयु में घर छोड़कर किसी अज्ञात संत के साथ जा चुका था।

महावतार के दर्शन

महाराज को दो बार महावतार बाबाजी के दर्शन हो चुके हैं, तथापि पहले दर्शन के समय, जब गंगा नदी के एक घाट पर एक वट वृक्ष के नीचे वे अपने कुछ शिष्यों के सहित बैठे थे, उन्हें इस बात का ज्ञान नहीं था। उन्होंने अवश्य उन दिव्य संत को प्रणाम किया था और उन्होंने हाथ उठाकर उन्हें आशीर्वाद भी दिया था, परंतु उस समय वे उनके परिचय से अज्ञात थे। यह संभवत: वाराणसी की घटना है।

कुछ समय बाद जब एक बार उन्होंने विशुद्धानंद जी के निकट पहुंचकर और उन्हें प्रणाम करके अपना स्थान ग्रहण किया तो उनके गुरु ने उनसे पूछा कि क्या उन्होंने बाबाजी महाराज को नहीं देखा जिनके बगल से होकर उन्होंने विशुद्धानंदजी के कक्ष में प्रवेश किया था। उनके 'वह देखो' कहने पर जब उन्होंने द्वार की ओर देखा तो उन्हें वहां महावतार दोनों चौखट पर हाथ रखकर मुस्कुराते हुए खड़े दिखाई पड़े। उनके प्रणाम करने पर उन्होंने स्वयं ही बताया के वे तो उनसे इसके पहले भी मिल चुके हैं और आशीर्वाद भी दे चुके हैं और उन्हें वट वृक्ष की घटना का स्मरण करवाया। इस घटना से यह भी ज्ञात होता है कि महावतार जी के संबध में आध्यात्मिक जगत में उनके शिष्य समुदाय के बाहर भी उतनी ही अभिज्ञता थी और चर्चा भी होती थी। इसी प्रकार इस घटना से यह भी ज्ञात होता है कि न तो उनका विशुद्धानंद जी के पास आना

पहली बार हुआ था और न ही उनकी कृपा का क्षेत्र उनके शिष्यों और प्रशिष्यों तक ही सीमित एवं संकुचित था। स्वामी परमानंद महावतार बाबाजी को षष्टम नाथ के रूप में भी स्वीकार करते हैं।

एक भ्रमणशील साधक के रूप में महाराज कैलाश मानसरोवर, अमरनाथ, केदारनाथ और बद्रीनाथ आदि स्थानों की यात्रा कर चुके हैं तथा विशुद्धानंद जी की कृपा से वे उनके साथ दो बार सूक्ष्म शरीर से ज्ञानगंज भी जा चुके हैं। उनका कहना है कि ज्ञानगंज यद्यपि स्थूल भूमि ही है, परंतु इसमें सूक्ष्म का भी सम्मिश्रण है (कुछ सूक्ष्म शक्तियां इस पूरे क्षेत्र को घेरकर विद्यमान रहती हैं जो इसे सर्वसाधारण के लिये अगम्य एक विशिष्ट क्षेत्र में परिवर्तित कर देती हैं।) पदमपुरी में आकर स्थायी रूप से निवास करने के पूर्व महाराज डेढ़ साल तक हिमालय पर पिंडारी ग्लेशियर पर भी रहे हैं जहां एक बर्फ की गुफा में बैठकर उन्होंने साधना की है। उस स्थान पर भोजन की उपलब्धि के संबंध में प्रश्न करने पर उन्होंने अग्रवाल जी को बताया था कि वे कुछ इंतजाम करके ही वहां ठहर सके थे। पिथौरागढ से लाये गये आलू वहां उनका प्रधान भोजन होता था। लेखक के पूछने पर महाराज ने बताया कि कारबाइड के स्टोव पर जल डालने से एक ज्वलनशील गैस उत्पन्न हो जाती थी, जिसकी सहायता से वे आलुओं को उबाल लिया करते थे।

पदमपुरी के सिद्ध सोमवारी बाबा की महाराज पर विशेष कृपा रहती है। किसी को किसी विषय में विशेष आशीर्वाद देते समय वे उन्हीं का स्मरण करके आशीर्वाद देते हैं। जीसस क्राइष्ट के संबंध में प्रश्न किये जाने पर उन्होंने बताया है कि वे दो बार भारत आये थे। उनके जगन्नाथ पुरी में प्रवास के मध्य वहां के एक पंडे ने उन्हें बताया था कि इस विषय में वहां संरक्षित एक ताम्र पत्र में भी इस बात की चर्चा है और जीसस ने जो ज्ञान अपने शिष्यों को प्रदान किया था वह उन्हें भारत में रहकर ही प्राप्त हुआ था।

संशय एक पर निवारण अनेक

यद्यपि विज्ञान आगार के अंतरंग सहयोगियों की इस मंत्रणा का उद्देश्य कुछ और ही था, परंतु एक विचारधारा के लोग एक स्थान पर एकत्रित होते हैं तो कई बार उनके सत्संग के मध्य दिव्य आनंद की एक ऐसी वन्या प्रवाहित होने लगती है कि समय का बोध लुप्त हो जाता है और उसी प्रकार भूख प्यास आदि

की अनुभूति का भी! ऐसे प्रकरण चर्चा में आ जाते हैं कि स्मृति के पटल पर पड़ी हुई धुंध अकस्मात छंट जाती है और इसके अंतराल में छिपी घटनायें पुन: प्रत्यक्ष के समान स्वत: ही दृष्टिपथ आकर उपस्थित हो जाती हैं। विशेषकर मृदुभाषी परंतु तीक्ष्ण विवेक से समन्वित हमारे मित्र एवं सहयोगी डॉ. अग्रवाल जब कुछ बताना प्रारंभ करते हैं तो सभी इतने मंत्रमुग्ध के समान अनुभव करने लगते हैं जैसे की घटना उनके अपने साथ ही घटित हो रही हो। यद्यपि संदर्भ परमानंद महाराज से हटकर नीम करोली महाराज का है, पर लेखक के लिये एकाध चुनिंदा घटनाओं को यहां कलमबद्ध करने के लोभ का संवरण न कर सकना शायद उनके पाठकों के द्वारा अनुचित नहीं समझा जायेगा।

डॉ. सतीशचन्द्र अग्रवाल का जन्म एक ऐसे धर्म परायण परिवार में हुआ था कि संस्कारवश छोटी आयु से ही साधु-संतों में उनकी विशेष रुचि थी। उनके दादाजी ने सोमबारी महाराज के दर्शन और सेवा का सौभाग्य पाया था बाद में भी आयकर विभाग में अपने दीर्घ सेवाकाल के मध्य वे जहां भी रहते वहां आस-पास के साधु-संतों के पास उनका आना जाना रहता था। इसी मध्य उन्हें लगभग चार वर्षों तक कोलकाता में रहने का भी अवसर प्राप्त हुआ था। १९९० के दशक के प्रारंभ में जब उन्हें एक सरकारी आवास वहां के साल्ट लेक क्षेत्र में उनके विभाग के द्वारा आबंटित हो गया था और वहां उनकी सपरिवार आवास स्थापित करने की प्रक्रिया चल रही थी, यह तभी की घटना है। तब तक रिचर्ड ऐल्पर्ट की 'मिरेकल ऑफ लव' वे एकाधिक बार पढ चुके थे और उन्हें कुछ ग्लानि के समान एक अनुभूति हो रही थी कि कुमायुं क्षेत्र के निवासी होकर भी और बाल्यकाल से ही इतना समय वहां बिताकर भी उन्हें कभी नीमकरोली महाराज का साक्षात्कार क्यों नहीं हो पाया। कृपावश इसके कुछ दिनों के पश्चात ही भक्तवत्सल महाराज अपने इस भक्त की ग्लानि का निवारण करने के लिये उनके स्वप्न में ही पहली बार उनके समक्ष आविर्भूत हो जाते हैं। उस समय भारत में कैसेट पर गाने और फिल्मों को देखने की तकनीक जापान से आकर प्रचलन में आ चुकी थी। स्वप्न में अग्रवाल साहब देखते हैं कि महाराज से संबंधित कोई कैसेट चल रहा था जिसमें वे देखते हैं कि कैंची मंदिर में अपने प्रिय तख्त पर महाराज अपने पांच सात भक्तों से घिरे हुए बैठे हैं और अपनी विभिन्न मुद्राओं में सक्रिय रहते हुए उनसे वार्तालाप कर रहे हैं। कुछ काल तक चलने वाले इस स्वप्न के भंग होने पर अग्रवालजी को यह संतोष हो जाता है कि यह दर्शन तो निकट के दर्शन से भी अधिक संतुष्टि प्रदान करने वाला

दर्शन था और उनके मन में उठने वाली ग्लानि का तब काफी हद तक उपशम हो जाता है।

तथापि यह तो केवल आरंभ था और यह तो एक आज तक भी चलते रहने वाला सिलसिला था। इसके कुछ समय बाद ही अग्रवालजी ने एक स्वप्न में देखा कि वे किसी पहाड़ी क्षेत्र में एक सड़क पर हैं और तभी ऊपर की दिशा में बढ़ रहे उसी पहाड के भूभाग पर कुछ ही दूरी पर लगभत १५ फीट की ऊंचाई पर कंबल ओढे हुए महाराज खड़े हैं। अग्रवालजी उन्हें पहचान कर प्रणाम करते हैं और महाराज अपना हाथ उठाकर उन्हें आशीर्वाद देते हैं। इन दो स्वप्नों के बाद अब बारी थी जाग्रत अवस्था में स्थूल दर्शन की। अग्रवालजी ने एक नियम के समान बना लिया था कि वे चाहे कहीं भी हों पर ग्रीष्म ऋतु के प्रारंभ में वे विभाग से १५ दिनों की छुट्टी लेकर सपरिवार कुमायूं अवश्य आते थे। इस बार सन् १९९३ के मई मास में उन्होंने केदारनाथ और बद्रीनाथ जाने का एक विशेष प्रोग्राम निश्चित कर लिया था। परंतु विभाग के कोटे आदि की सहूलियत होने पर भी किसी प्रकार उन्हें ट्रेन की AC में आरक्षण नहीं मिल पाया। साधारण स्लीपर क्लास में ऐसे अवसरों पर एक अतिरिक्त डिब्बा गाडियों में रेलवे के द्वारा लगा दिया जाता था। उन्हें बताया गया कि साधारण स्लीपर क्लास में उन्हें आरक्षण मिल सकता है और चूंकि इस बार वे केदार-बद्रीनाथ धामों की यात्रा करने का भी मन बना चुके थे, उन्होंने उसी डिब्बे में यात्रा करने का निर्णय ले लिया।

ट्रेन में यात्रा के मध्य किसी के साथ यदि कोई छोटा बालक हो तो उसके लिये दूध की आवश्यकता पड़ना और विशेषकर छोटी क्लास के यात्रियों का उसका इंतजाम करने के लिये भाग दौड़ करना एक स्वाभाविक बात है। ऐसी ही एक स्थिति अग्रवालजी के समक्ष भी उनकी इस यात्रा के मध्य उपस्थित हो गई थी। जिस डिब्बे में वे यात्रा कर रहे थे वह उनकी ट्रेन के आखिरी छोर पर अंतिम डिब्बा था और वे प्रतीक्षा कर रहे थे कि लखनऊ स्टेशन जहां उनकी ट्रेन लगभग चालीस मिनट रुकती थी आये तो वे नीचे उतर कर दूध प्राप्त करने का प्रयास करें और उन्होंने ऐसा ही किया भी। ट्रेन के अंतिम डिब्बे से उतर कर आधी ट्रेन पार करके वे एक चाय की दुकान पर पहुंचे जो एकमात्र स्थान था जहां दूध मिलने की संभावना थी। परंतु भीड़ अधिक थी और दुकानदार के पास बात करने का भी समय नहीं था। फिर वे उसी दुकान कि पिछले हिस्से में पहुंचे जहां दुकान का ही एक व्यक्ति कुछ धोने साफ करने आदि का कार्य

कर रहा था। वह भी उनकी प्रार्थना अनसुनी करते हुए अपने कार्य में लगा रहा। अग्रवाल जी दुविधा में थे कि क्या किया जाये। तभी उन्हें कुछ दूरी पर उस भीषण गर्मी के समय भी कंबल ओढे एक व्यक्ति दिखाई पड़े, जिन्होंने पास से जाते हुए एक युवक से कहा, 'बच्चा चाय पिलायेगा?' वह युवक तो अनसुना करके चला गया किन्तु तत्काल ही समीप से एक दूसरे युवक ने कहा - 'मैं चाय पिला देता हूं' और उसने चाय वाले से चाय देने के लिये कहा। परंतु जब वह युवक उन कंबलधारी व्यक्ति को चाय देने के लिये मुड़ा तो अब वह वहां दिखाई नहीं दिया। यह देखकर देखकर अग्रवालजी को तुरंत नीम करोली महाराज का ध्यान आया और उसी समय उन्हें अपने समस्त शरीर मैं एक रोमांचक कंपन का अनुभव भी हुआ। इसी मध्य उस चाय वाले ने अग्रवाल जी को दूध की खाली शीशी वहीं एक स्थान पर रखने का इंगित किया और तुरंत उसे दूध से भर भी दिया। यह सारी घटना दो मिनट से भी कम समय में सम्पन्न हो गई थी किंतु उतनी देर में ही वह कंबलधारी कहीं लुप्त हो गया था। एक दो मिनट तक उस युवक ने उसे ढूंढने का प्रयास किया किन्तु अपने डिब्बे तक पहुंचने की शीघ्रता के कारण चाय का कुल्हड़ ऐसे ही दुकान के काउंटर पर रखकर वह चल दिया। अग्रवाल जी को यह विश्वास हो चला था कि वे महाराज ही थे और दुकान वाले का भुगतान करके उन्हें दुबारा देखने की इच्छा से वे भी दूध की शीशी उठाकर शीघ्रता से अपने डिब्बे की ओर चल पड़े। रास्ते में वे हर डिब्बे में झांकते हुए वापस लौट रहे थे, पर वे कंबलधारी उन्हें कहीं दिखाई नहीं पड़े। बाद में सिद्धि मां से इसकी चर्चा करने पर उन्होंने बताया कि वे महाराज ही थे और समाधि लेने के बाद भी वे इसी प्रकार अपने भक्तों के सन्मुख लीलायें करते ही रहते थे।

स्वप्न दर्शनों की अग्रवालजी की एक भक्त के रूप में स्वीकृति की पुष्टि के लिये अब महाराज ने एक और स्वप्न का ही सहारा लेना उचित समझा ऐसा प्रतीत होता है। यह स्वप्न उन्हें लगभग सात वर्ष पूर्व संभवत: २०१४ में आया था। उनके बाल्यकाल के समय ही सन् १९५४ में हल्द्वानी शहर में प्राचीन देवी मंदिर के निकट रामलीला मोहल्ले में एक मकान क्रय करके अग्रवाल जी के परिवार ने वहां रहना प्रारंभ कर दिया था। अभी जहां वे रहते हैं यह मकान उन्होंने बाद में स्वयं खरीदा था। जैसा पहाड़ों में अक्सर देखने में आता है, मकान के सामने की ओर एक चार या पांच फीट चौड़ा चबूतरा था। इसी से भूतल से प्रारंभ होकर लकड़ी की सीढ़ियां पहली मंजिल तक जाती थीं, जहां एक

प्लैटफॉर्म जैसा था जिसमें पहली मंजिल में स्थित मुख्य रहायस में प्रवेश करने का द्वार था, जिसका उपयोग अग्रवाल जी के दादा के समस्त परिवार के द्वारा किया जाता थ। इसी प्लेटफॉर्म से एक दूसरी सीढ़ी आरंभ होकर दूसरी दिशा में दूसरी मंजिल की ओर चली जाती थी, जिसका उपयोग केवल अग्रवालजी के माता-पिता एवं परिवार के द्वारा रात्रि के समय शयन के लिये ही किया जाता था। दिन में सभी निचली मंजिल पर ही रहते थे। दूसरी मंजिल पर ही खुली छत भी थी जिसका उपयोग परिवार के लोग जाड़े के मौसम में दिन के समय धूप का आनंद लेने के लिये अपनी सुविधानुसार किया करते थे।

अपने इस स्वप्न में अग्रवालजी ने देखा कि उनके घर के नीचे से एक आवाज आई कि नीम करोली महाराज आये हैं। लगभग दस वर्ष की आयु के अग्रवालजी तब खिड़की से नीचे झांक कर पूछते हैं कहां? और उन्हें उत्तर मिलता है, 'तुम्हारे मकान में आये हैं'! यह सुनकर वे पहली मंजिल के अपने आवास का द्वार खोलकर बाहर झांकते हैं तो उन्हें नीमकरोली महाराज दिखाई पड़ते हैं जो ऊपर की मंजिल से उतर कर मध्य के प्लेटफॉर्म पर पहुंचते हैं। उनके इस मध्यभूमि में पहुंचते ही दस-ग्यारह वर्ष के सतीश अग्रवाल उनके सन्मुख होकर उनके पैर पकड़ लेते हैं और उसी समय उनकी रुलाई फूट पड़ती है। महाराज कहते रहते हैं 'उठ', 'उठ', पर वे उनके चरणों को पकड़े ही रहते हैं। तब महाराज नीचे झुककर उन्हें पकड़ कर उठाते हैं। लगभग अपने नाभि क्षेत्र तक ही पहुंचने वाले बाल्यावस्था वाले बालक अग्रवालजी को दीरघकाय महाराज अपने शरीर से चिपटा लेते हैं और फिर उन्हें छोड़कर वे नीचे की सीढी ले लेते हैं। घर का द्वार बंद करके अपने स्वप्न में तब अग्रवाल जी खिडकी से नीचे की ओर झांकते हैं और उन्हें दिखाई पड़ता है कि महाराज एक और व्यक्ति के साथ एक रिक्शे पर सवार होकर उत्तर की दिशा में चल पड़ते हैं और तभी उनके स्वप्न का अंत हो जाता है।

यहां तक सब कुछ स्वाभाविक था। अग्रवालजी का यह तथा अन्य स्वप्न भी उनकी अपनी कल्पना की उपज भी हो ही सकते थे। पर कुछ वर्षों के पश्चात उनकी मुलाकात रमेश मठपालजी से पहली बार होती है जो एक वृद्ध-व्यक्तियों को लेकर बनाई गई एक ट्रस्ट के पंजीकरण के सिलसिले में उनके पास आते हैं। मठपाल उन्हें बताते हैं कि उनके परिवार के द्वारा उस मकान के क्रय करने के पूर्व उसकी ऊपरी मंजिल पर एक जोशी जी किरायेदार के रूप में रहते थे जिनके पास नीमकरोली महाराज कभी-कभी आया करते थे तथा

उनके मकान के ठीक सामने सड़क के उस पार के मकान में पांडेजी के पास भी वे आया करते थे। जब उनके लौटने की बेला आती थी तो कभी-कभी स्वयं मठपाल जी उनके लिये एक रिक्शे की व्यवस्था करके उनके साथ ही उनके गंतव्य तक यात्रा किया करते थे। इस प्रकार महाराज ने अग्रवालजी को समझा दिया था कि जहां उनका बाल्यकाल बीता था वहां महाराज स्वयं आया करते थे और उनके अध्ययन एवं शयन स्थान में ही वे बैठते भी थे और संभवतः उनके स्पंदनों के माध्यम से उनका आशीर्वाद बिना उनसे मिले हुए भी अनेक पहले से ही उन्हें उपलब्ध रहते आया था। यहां यह बता देना भी उचित प्रतीत होता है कि जैसे पद्मगंध का अनुभव होना सूक्ष्म शरीर में बाबा विशुद्धानंदजी के आगमन का सूचक समझा जाता था, उसी प्रकार कंपन और अचानक रुदन का निकल जाना, इन दोनों या इनमें से किसी एक का महाराज की उपस्थिति में प्रकट होना एक स्वाभाविक अनुभूति माना जाता था। लखनऊ के एवं स्वप्न में अपने घर के प्लेटफॉर्म पर अग्रवालजी के द्वारा इनकी अनुभूति महाराज की उपस्थिति का ही परिचायक था। पुस्तक में इसके पूर्व की गई चर्चा को ध्यान से पढने वाले पाठक संभवतः समझ चुके होंगे कि स्वप्न एवं जाग्रत अथवा सूक्ष्म एवं स्थूल भौतिक विश्व - दोनों ही माया अथवा सापेक्षता की उपज होते हैं और दोनों में ही दृष्टा या अनुभव कर्ता के द्वारा यथार्थ का अनुभव संभव होता है।

उस्ताद बिस्मिल्ला खां की जुबानी

यह एक सत्य घटना है जो स्वयं उस्ताद बिस्मिल्ला खां ने इलस्ट्रेटेड़ वीकली औफ इंडिया के संपादक को बताई थी। बिस्मिल्ला खां के मामा अली बक्स प्रतिदिन सुबह अपने आवास के निकट के जडाऊ महा-विष्णु के मंदिर में जाया करते थे। वहां वे दोनों समय शहनाई वादन करते थे और प्रत्येक मास चार रुपये पारिश्रमिक के रूप में प्राप्त करते थे। कभी-कभी बिसमिल्ला भी सुबह के समय उनके पीछे-पीछे मंदिर में जाकर उनके संगीत को सुनते थे और उसमें मग्न भी हो जाते थे और चकित भी। जडाऊ मंदिर में प्रातः वादन का कार्य समाप्त करके बिस्मिल्ला अपने मामा के साथ बालाजी के प्रधान मंदिर की ओर चले जाते थे जहां उन्हें एक कमरा मिला हुआ था। वहां बैठकर अली बक्स प्रतिदिन पांच घंटों तक रियाज करते थे। उस दिन उन्होंने देखा कि बिस्मिल्ला उनके

पास बैठकर उनका वादन सुन रहे थे और उन्हें भूख भी लग आई थी। प्रतिदिन रियाज के पश्चात अली अपने घर दिन के भोजन के लिये चले जाया करते थे।

बिस्मिल्ला अक्सर सोचते थे कि उनके मामा मंदिर में रियाज करने क्यों चले जाते थे, जबकि वे अपने घर पर भी बिना किसी विघ्न के रियाज कर सकते थे। आखिर एक दिन उन्होंने अपने मामा से पूछ ही लिया। अपने बालों पर हाथ फेरते हुए अली बक्स बोले, 'एक दिन तुम्हे यह बात समझ में आ जायेगी।' 'पर मामा, मैं शहनाई बजाना कब शुरु करूंगा?' बिस्मिल्ला ने तुरंत प्रश्न किया। 'तुम कब की बात मत पूछो!! क्योंकि हम इसे आज से ही शुरु करने वाले हैं'! मामा ने उत्तर दिया।

उसी दिन शाम के समय अली बक्स बिस्मिल्ला को अपने साथ जडाऊ महा विष्णु के मंदिर ले गये, और सांध्य वादन के पश्चात अपने साथ बालाजी मंदिर के अपने कमरे मे ले गये, जहां उन्होंने १८ वर्षों से भी अधिक समय तक शहनाई बजाने का अभ्यास किया था। अली बक्स ने बिस्मिल्ला को वहां रियाज करने की अनुमति दे दी। तथापि उन्होंने उन्हें एक हिदायत भी साथ में दी, 'यदि इस मंदिर में तुम्हें कुछ अद्भुत अनुभव हो तो उसे और किसी को मत बताना।'

खुशी से भरे हुए बिस्मिल्ला ने प्रतिदिन उस कमरे में चार से छः घंटो तक रियाज करना आरंभ कर दिया। कमरे की दीवारों के बाहर क्या हो रहा था इससे बिल्कुल अनजान रहते हुए बिस्मिल्ला अपना रियाज करते जा रहे थे और नये प्रयोग भी कर रहे थे और संगीत की धुनों और रागों के वादन में नये और उच्च आयाम हासिल कर रहे थे।

एक दिन सुबह के चार बजे जब बिस्मिल्ला बालाजी के मंदिर वाले कमरे में अकले अपने शहनाई वादन के अभ्यास में मग्न थे, तभी उन्हें लगा कि उनके समीप ही कोई बैठा हुआ था। (उनके अनुसार) ये स्वयं बालाजी महाराज ही थे!! आश्चर्य से अभिभूत होकर बिस्मिल्ला स्तब्ध होकर स्थिर हो गये। तब श्री बालाजी जी मुस्कुराये और कहा, 'बजाओ'। पर बिस्मिल्ला इतने स्तब्ध हो गये थे कि वे और वादन नहीं कर सके। बालाजी तब फिर मुस्कुराये, और लुप्त हो गये।

उसी दिन बिस्मिल्ला शाम को अपने उस्ताद के पास पहुंच गये जो उनके मामा भी थे और उन्हें सब बातें बताई। उत्तर में मामा ने उनके गाल पर एक तमाचा जड़ते हुए कहा, "मैंने तुमसे कहा था ना, कि तुम्हें किसी को कुछ

बताना नहीं है"! शहनाई वादन के ख्यातनामा उस्ताद बिस्मिल्ला खान की यह श्री कृष्ण से एक (पहली) भेंट थी। एक मुस्लिम होते हुए भी वे श्री कृष्ण को सन्मान की दृष्टि से देखते थे और (वीकली के संपादक के अनुसार) संभवत: इसी लिये दयालु ईश्वर ने उन्हें कृष्ण के रूप में दर्शन दिया था। (इस घटनाक्रम का विवरण दैनिक मलयाला मनोरमा के द्वारा छापे गये डा. मधु वासुदेवन के श्री बिस्मिल्ला खान के इंटरव्यू पर आधारित है।)

अनेक वर्षों के पश्चात, उस्ताद बिस्मिल्ला खां जमशेदपुर से वाराणसी के लिये ट्रेन के द्वारा यात्रा कर रहे थे। यह एक कोयले के इंजिन से चलने वाली ट्रेन थी और उस्ताद एक तीसरी श्रेणी के डिब्बे में यात्रा कर रहे थे। रास्ते में एक ग्रामीण स्टेशन से एक युवा गौ-पालक लड़का उस डिब्बे में सवार हो गया जिसमें उस्ताद बैठे हुए थे। वह एक दुबला पतला सांवले रंग का लड़का था और उसके हाथ में एक बांसुरी थी। बालक ने धीरे-धीरे बांसुरी बजाना आरंभ कर दिया। उसके संगीत की उच्च कोटि की विशिष्टता देखकर उस्ताद अत्यंत आश्चर्य मे पड़ गये। इसके अतिरिक्त वे यह समझने में भी असमर्थ थे कि बालक कौनसा राग बजा रहा था। उस्ताद बिस्मिल्ला खान तुरंत समझ गये कि बांसुरी बजाने वाला यह बालक और कोई नहीं बल्कि कृष्ण ही थे। बांसुरी से नाद ब्रह्म के समान बहते हुए अमृत से उस्ताद का हृदय एक अद्भुत आनंद से भर गया और यह आनंद उनकी आंखों से आंसू बनकर बह निकला।

बांसुरी की इस स्तब्ध कर देने वाली आवृत्ति के पूर्ण होने के पश्चात उस्ताद ने उस बालक को अपने निकट बुलाया और उसे एक सिक्का देते हुए फिर से वही राग बजाने के लिये कहा। और यह सिलसिला तब तक चलता रहा जब तक उस्ताद का बटुआ खाली नहीं हो गया। अगले स्टेशन पर उतरकर वह बालक कहीं गुम हो गया।

वास्तव में इस समय उस्ताद इलाहाबाद के कुंभ मेले में एक संगीत सभा में शहनाई वादन के लिये जा रहे थे। वहां की संगीत सभा में उन्होंने वही नया राग पेश किया जिसका बड़ा स्वागत किया गया और उन्हें बार बार इस धुन को बजाना पड़ा। वहां उपस्थित संगीत के विद्वान इस राग को पहचान पाने में असमर्थ थे और जब उन्होंने उस्ताद से इस नये राग के विषय में पूछा तो उन्होंने उत्तर दिया कि इसका नाम कन्हारिरा था।

अगले दिन अखबारों में बिस्मिल्ला खां के द्वारा आविष्कृत इस नये मधुर राग की खबर सुर्खियों के साथ छापी गई थी और इसको पढकर ख्यातनामा

बांसुरी वादक हरिप्रसाद चौरसिया ने खां साहेब के पास पहुंचकर उनसे इस नये राग 'कन्हारिरा राग' के विषय में जानना चाहा। तब उस्ताद ने जो घटना उनके साथ ट्रेन में घटी थी उसका सत्य जैसे का तैसा उन्हें बता दिया और उसे सुनकर विश्व-विख्यात बांसुरी वादक हरिप्रसाद चौरसिया की आंखों से भी आनंद के अश्रु बह निकले।

यहां लेखक का निवेदन है कि सत्य और आनंद में ही सभी वस्तुओं का सार निहित है और यह भी कि इस प्रकार की घटनायें बहुत से लोगों के जीवन में घटित होती ही रहती हैं, क्योंकि सत्य के प्रकाश में आनंद भी है और पूर्णता भी। इसी प्रकार प्रकार यह भी सत्य है कि ईश्वर को किसी दायरे में बांधकर यह कहना कि उन्हें यह तो करना चाहिये और यह नहीं, ईश्वर को किसी प्रकार सीमित नहीं करता, बल्कि हमें ही सीमित कर देता है। ऐसा करके हम स्वयं के एवं अन्य लोगों के साथ अन्याय करते हैं, अपना या उनका भला नहीं करते। जब उसे सरलता से ग्रहण किया जा सकता है तो जटिलता (complications) उत्पन्न करने से किसको और क्या लाभ प्राप्त हो सकता है, यह शांति से बैठकर सोचने की बात है।

विश्व की छत

अपनी प्रधान पुस्तक के विज्ञान खंड में हमने बताया था कि समतल मैदानों, पर्वतों और समुद्रों से ढंकी हुई हमारी पृथ्वी की भूमि एक निरंतर गोलाकार सतह नहीं है बल्कि यह लगभग तीस टुकड़ों मे विभाजित है, जिन्हें टेक्टोनिक प्लेट्स कहा जाता है। पृथ्वी कि सतह के इन टुकड़ों की तुलना हम शुक्ल पक्ष में दूज या तृतीया के चन्द्र से कर सकते हैं। सुदूर अतीत में हमारा भारतीय उप-महाद्वीप इंडो-आस्ट्रेलियन प्लेट के पश्चिमी किनारे पर अवस्थित एक विशाल टापू के समान दृष्टिगोचर हुआ करता था। लगभग आठ करोड़ वर्ष पूर्व पृथ्वी के अत्यंत उच्च ताप वाले अंतराल और इसके वाह्य की दिशा में उत्तरोत्तर कम तापमानों वाले क्षेत्र के मध्य उत्पन्न होने वाली उष्मा की लहरों के धक्के से चलायमान होकर इस खंडित सतह की प्लेट ने उत्तर की दिशा में बढना आरंभ कर दिया। उस समय भारत उप-महाद्वीप युरेशियन प्लेट से लगभग ६,४०० किलोमीटर दूर इससे दक्षिण की दिशा में अवस्थित था और इनके मध्य के जलपूरित खंड को टेथाइस महासागर के रूप में जाना जाता है।

लगभग चार करोड़ वर्ष पूर्व जब यह उप-महाद्वीप एशिया के निकट पहुंच गया तो टेथाइस का, जो अब एक छोटा समुद्र मात्र रह गया था, सिकुड़ना उसी प्रकार चल रहा था और इसकी जल के नीचे वाली सतह की प्लेट जो एशिया महाद्वीप की प्लेट की तुलना में नर्म थी उससे टकराकर धीरे-धीरे ऊपर उठती जा रही थी। इसकी सामुद्रिक सतह पर दीर्घावधि से जमी हुई पदार्थ की पर्तें ऊपर उठते हुए एक विशाल पर्वत श्रिंखला का रूप लेती जा रहीं थी। आज से लगभग दो करोड़ वर्ष पूर्व टेथाइस समुद्र पूर्ण रूप से विलुप्त हो चुका था और हिमालय पर्वत और तिब्बत के पठार ने अपना रूप ग्रहण करना प्रारंभ कर दिया था। इस प्रक्रिया के प्रमाण स्वरूप विज्ञानविद यह तर्क उपस्थित करते हैं कि माउंट एवरेस्ट का शिखर उसी सामुद्रिक लाइम-स्टोन से निर्मित है जो कभी टेथाइस समुद्र की सतह पर विद्यमान था।

यह हिमालय के निर्माण की एक विशिष्टता मानी जाती है कि एक ओर तो तिब्बत का पठार हिमालय से ३०० किलोमीटर की दूरी पर अवस्थित है, वहीं दूसरी ओर इस क्षेत्र में पृथ्वी की सतह की पर्त की मोटाई ७५ किलोमीटर है जबकि भूमि की सतह की पर्त की औसत मोटाई केवल ४० किलोमीटर नापने में आती है। इसी कारण से तिब्बत को विश्व की छत (Roof of the World) भी कहा जाता है, क्योंकि विश्व के इतिहास में कभी भी स्थित रहने वाले पठारों में यही सबसे बड़ा और सबसे ऊचा पठार है। इसकी ऊंचाई पृथ्वी के सतह से ५,००० मीटर से भी अधिक है और इसने अपनी यह ऊंचाई ८० लाख वर्ष पूर्व ही प्राप्त कर ली थी।

एक ओर एशिया की प्लेट की ओर तिब्बत का पठार अपनी ऊंचाई को प्राप्त् करने की दिशा में अग्रसर था, वहीं दूसरी ओर उप-महाद्वीप की तरफ मुख्य हिमालय, मध्यम ऊंचाई वाले पहाड़ और निचले स्तर की पहाड़ियां (Himalayan Foothills) अपने आकार लेते जा रहे थे। हिमालय की पर्वत श्रिंखला पश्चिम-उत्तरपश्चिम से पूर्व-दक्षिणपूर्व की दिशा में एक आर्क बनाते हुए चन्द्राकार रूप ग्रहण करते हुए २,४०० किलोमीटर लंबी है और इसकी औसत चोड़ाई पश्चिम में ४०० किलोमीटर से घटते हुए पूर्व में पंहुचकर केवल १५० किलोमीटर रह जाती है। विश्व के सबसे ऊंचे पर्वत शिखर इसी पर्वतमाला के हिस्से हैं, जिनमें विश्व का सबसे ऊंचा शिखर माउंट एवरेस्ट भी सम्मिलित है जिसकी ऊंचाई ८,८४८ मीटर है। हिमालय विश्व की सबसे युवा अथवा कम उम्र

की पर्वत श्रिंखला है और इसमें सौ से अधिक ऐसे शिखर हैं जिनकइ ऊंचाई ७,२०० मीटर से भी अधिक है।

पूजनीयों में सर्वश्रेष्ठ का आसन

विश्व की छत कहे जाने वाले गौरव से समन्वित और विश्व के सर्वोच्च शिखरों की भूमि यदि साधुओं, साधकों और ऐसे सर्वत्यागी मानवों की प्रिय भूमि हो जो अपनी अध्यात्म की चेतना का विकास करने के इच्छुक हों, तो यह कोई आश्चर्य का विषय नहीं होना चाहिये।

किसी स्थान विशेष से संबंध रखने वाली दिव्यता अथवा वहां स्वाभाविक रूप से उत्पन्न होने वाली आध्यात्मिक शक्तियों की पृष्ठभूमि केवल उस स्थान की भौगोलिक स्थिति में निहित नहीं होती, अपितु उस स्थान पर एक दीर्घ समय से एवं सदैव उपस्थित रहने वाले और उच्च आध्यात्मिक अवस्था को प्राप्त दिव्य व्यक्तियों के कारण होती है। हिमालय क्षेत्र एवं विशेष रूप से तिब्बत के पठार क्षेत्र में छः हजार वर्षों से भी अधिक समय से सिद्धों, सिद्ध भैरवियों एवं महान लामाओं का वास रहा है और वहां दिव्यात्माओं की एक निरंतर के समान अभंग उपस्थिति रहती आई है। तिब्बत और उसके आस-पास के हिमालय का क्षेत्र विश्व के दो बड़े धर्मों की उत्पत्ति और विकास की भी पृष्ठभूमि के रूप में जाना जाता है।

अपनी विशिष्ट एवं अद्‌वितीय भौगोलिक स्थिति के कारण यह उच्चावस्था प्राप्त साधक एवं सिद्धों की प्रिय भूमि रहती आई है। अत: प्रागैतिहासिक समय से ही उच्च आध्यात्मिक अवस्था को प्राप्त दिव्य महात्माओं की निरंतर उपस्थिति के कारण यह क्षेत्र एक स्वाभाविक रूप से उत्पन्न होने वाली आध्यात्मिक शक्तियों की पृष्ठभूमि के रूप में कार्य करने के लिये विख्यात है। इतनी भौगोलिक विशिष्टताओं के साथ एक प्रकार से स्वयं प्रकृति ने ही अधिकांश मलिन भावनाओं से मुक्त-प्राय: इस दिव्य विश्व-छत की रचना की है, जहां स्वाभाविक रूप से बहुत कम मलिन विचारों की उत्पत्ति और उतना ही कम विकास संभव होता है। प्रागैतिहासिक काल में इस स्थान पर आज के समान जनबाहुल्य नहीं था और यहीं पर अवस्थित कैलाश पर्वत नाथों के नाथ आदिनाथ शंकर का वास-स्थान भी था। इस विश्व की छत वाले क्षेत्र को उस प्रागैतिहासिक काल में सनातन धर्म का भी निर्विवाद आसन समझा जाता था।

वहीं से अवतरण करके अगस्त्य मुनि ने भी पहले जावा द्वीप को और बाद में दक्षिण भारत को अपने आवास के लिये चुना था।

प्रागैतिहासिक काल से ही सिद्धों की एक प्रिय आवास भूमि होने के अतिरिक्त पिछले १,५०० वर्षों में एक स्वाभाविक रूप से और स्वत: ही - बौद्ध धर्म के अनुयायियों के लिये भी तिब्बत उनके धर्म का प्रधान स्थान बन चुका है। विशेष रूप से संपूर्ण ल्हासा नगर और वहां अवस्थित पोटाला का महल उसी प्रकार बौद्ध धर्म का आसन (Seat) समझा जाता है जैसे वैटिकन सिटी को क्रिस्चियन धर्मावलंबियों के द्वारा अपने धर्म का आसन माना जाता है। वहां के दलाई लामा का उनके लिये आज भी वही दर्जा और सम्मान है जो पश्चिम के देशों में पोप का है। यह संपूर्ण मानव जाति के लिये एक अत्यंत असहज और शर्मनाक स्थिति है कि आज के समय वे एक निर्वासित के समान किसी अन्य स्थान पर जीवन यापन करने के लिये बाध्य हैं। राजनीतिक परिस्थिति यद्यपि आज उनके अनुकूल नहीं है, परंतु बौद्ध साधकों और भिक्षुओं की सोच और जीवन शैली आज भी उसी प्रकार अहिंसक बन कर और अपने समस्त मूल्यों के साथ विद्यमान है। आज भी लाखों बौद्ध भिक्षु सर्वव्यापी परमेश्वर से निरंतर यह प्रार्थना करते रहते हैं उनसे अतीत में हुए किसी भी दोष को क्षमा करके वे उनकी भूमि उन्हें वापस दिलवाने की कृपा करें ताकि वे अपने तरीके से अपना जीवन यापन कर सकें।

सहिष्णुता और असहिष्णुता का भेद

हिमालय की छाया में जन्म लेने वाले चार धर्मों में से कोई भी इस प्रकार की घोषणा नहीं करता कि उनका ईश्वर और किसी धर्म के ईश्वर से बड़ा या पदवी में ऊंचा है। ईश्वर तो बिना किसी भेद-भाव के सभी के पिता अथवा जनक हैं, अन्यथा उन्हें ईश्वर कैसे कहा जा सकेगा, जो सबका मालिक है और 'एक' है। प्रागैतिहासिक काल और हजारों वर्षों से चली आ रही एक सनातन परंपरा का अनुगमन करते हुए ही क्रमश: हिंदू, जैन, बौद्ध एवं सिक्ख धर्मों का विकास हुआ है जिनकी मान्यताओं में परिप्रेक्ष्य के अनुसार सामान्य अंतर अवश्य परिलक्षित हो सकते हैं पर उनमें परस्पर में कोई भी विरोधाभास नहीं है, क्योंकि ये सभी एक सार्वभौम सत्य अथवा सत् पर आधारित हैं। ये सभी धर्म एक दृढ़ दार्शनिक आधार पर स्थित हैं, जो सार्वभौम है और तिब्बत के पठार के समान ही स्थिर

अथवा अटल होकर विद्यमान है। इनमें से किसी के लिये भी किसी अन्य को मारने या नष्ट कर देने, अपने बड़प्पन का बखान करने अथवा जबरदस्ती किसी का धर्म परिवर्तन करवा के अपने मानने वालों की संख्या में वृद्धि करने के उद्देश्य से हिंसा करने की कोई अभिलाषा रखना सर्वथा अचिंतनीय और किसी प्रकार भी संभव नहीं है।

केवल विदेशी आक्रमण प्रारंभ होने के बाद सीमा प्रांत में निवास करने वाले सिक्खों ने कृपाण धारण करना आरंभ किया था और मुस्लिम आक्रांताओं से संघर्ष में उन्हें अद्वितीय कुर्बानियां भी देनी पड़ी थी, जिसमें दो अलग-अलग मुगल बादशाहों के द्वारा उनके दो गुरुओं का भी कत्ल कर दिया गया था। विशेषकर, सिक्खों के नवम गुरु रंजीत सिंह जी के सात और नौ वर्षों के दो पुत्रों को उनके धर्म परिवर्तन के लिये तैयार न होने पर जीवित अवस्था में दीवार में चिनवा दिया गया था। स्वयं गुरु रंजीत सिंहजी का सिर उनके धड़ से अलग कर उसे पैरो से ठुकराया गया था।

प्रागैतिहासिक समय में सत्य पर आधारित मान्यता वाले लोग स्वयं को सुर पूजक और इनके विपरीत आचरण करने वाले अपने आप को असुर कहते थे (जिसका अपभ्रंश बाद में पश्चिम के देशों में 'अशुर' कहा जाने लगा)। इसी प्रकार जब भारत में सकल एवं निष्कल ब्रह्म की अवधारणा का जन्म हो गया (बौद्ध केवल निष्कल ब्रह्म अथवा 'शून्य' के रूप में अंतिम परिणाम को ही अपना लक्ष्य स्वीकार करते हैं), जिसको मानने वाले ब्राह्म और जिसका ज्ञान रखने वाले ब्राह्मण कहलाने लगे तो इसके विपरीत धारणा रखने वालों ने अपना परिचय अब्राह्म के रूप में देना प्रारंभ कर दिया जो उचित एवं स्वाभाविक था, क्योंकि इन क्षेत्रों में वास करने वाले सभी लोग देश-काल के अनुरूप भिन्नता को प्राप्त होती हुई एक ही इंडो-यूरोपियन भाषा का प्रयोग करते थे। एक कुमारी के गर्भ से जन्म ग्रहण करने वाले जीसस के द्वारा जिस क्रिस्चियन धर्म की नींव रखी गई, यद्यपि उसकी गणना एक अब्राह्म धर्म के अंतर्गत की जाती है, तथापि यह उसी प्रकार एक सार्वभौमिक सत्य पर आधारित है जिसपर सनातन धर्म की विभिन्न शाखायें आधारित हैं, जो 'एक ही' और एक ऐसे ईश्वर में श्रद्धावान हैं जो बिना किसी भेद भाव के सभी के पिता हैं और जिसमें अन्य धर्मों के ईश्वर से श्रेष्ठता की कोई भी अवधारणा नहीं है।

इन पांचों धर्मों में से किसी में भी अन्य किसी धर्म को मानने वाले को हीन नहीं समझा जाता और न ही उन्हें पराजित करने अथवा उन्हें मिटा देने

की किसी अवधारणा के लिये कोई स्थान है। यह दिन के प्रकाश के समान स्पष्ट है कि इनमें से किसी भी धर्म में किसी भी प्रकार के आतंकवाद के लिये कोई स्थान नहीं है। जोर जबर्दस्ती और मृत्यु का भय दिखाकर धर्म परिविर्तन करवाने के विषय में भी बिल्कुल यही बात कही जा सकती है जो किसी प्रकार का लालच देकर करवाये गये धर्म परिवर्तन से भिन्न होता है।

ईसा के धर्म को मानने वालों में भी कुछ ही ऐसे लोग हैं जो केवल अपने भ्रम के कारण ही धर्म परिवर्तन करके अपने अनुयायियों की संख्या में वृद्धि करने के प्रयास करते हैं। वे जीसस के द्वारा अपने ही लोगों में एक विभाजन को, जिसे भेड़ों की रक्षा के निमित्त उन्हें भेड़ियों से अलग करने के लिये केवल उनके देश-काल की सापेक्षता रखने वाले एक प्रयास के रूप में ही देखा जाना चाहिये, आज भी उसी प्रकार उचित समझने की भूल करते हैं। जीसस ने केवल अपना घर सुरक्षित रखने, अपने पड़ोसी से भी अपने समान ही प्रेम रखने और सत्य के प्रचार की बात कही थी। इसी कारण से इसाई धर्म में पुराने बाइबल के समान किसी पर पहले आक्रमण करने, सामूहिक रूप से पत्थरों के प्रयोग से किसी को मार देने या अन्य प्रकार से मृत्यु दंड देने का कोई प्रावधान नहीं है।

तथापि आज मानव अधिकार की जो अवधारणा बन गई है, अगर जीसस सशरीर आज हमारे सन्मुख उपस्थित होते तो वे कभी उसका समर्थन नहीं करते बल्कि एक और बड़े विश्वव्यापी विभाजन की बात कहते। वास्तव में तो एक प्रकार से इसकी आवश्यकता का आभास उन्होंने २००० वर्ष पूर्व ही दे दिया था (Matthew 25:32-33)। सारे भेदों को भुलाकर एक साथ रहने की बात जीसस ने कभी नहीं कही, क्योंकि इसका लाभ कभी भेड़ को नहीं मिल सकता जबकि उसके जीवन की क्षति हो सकती है। इसी कारण से उन्होंने उस समय एक शीप-फोल्ड या बाड़े के समान व्यवस्था करना उचित समझा था। जीसस एक युग पुरुष थे जो सन्मार्ग पर चलने वालों की रक्षा करना चाहते थे और भविष्य के लिये उनका मार्ग प्रशस्त करना चाहते थे। उन्होंने स्पष्ट घोषणा की थी (Luke 12:51-53) कि मैं शांति की स्थापना करने या जोड़ने के लिये नहीं आया हूं, बल्कि विभाजन करने आया हूं। एक परिवार में भी मैं पिता को पुत्र से, भाई को भाई से और पति को पत्नी से अलग करने आया हूं (Matthew 10:36) (ताकि सभी लोग एक जैसी कुत्सित मनोवृत्ति के न बन जायें और जो सन्मार्ग पर चलने के योग्य हैं, उनकी रक्षा करना और उन्हें सत्य के मार्ग पर चलाना संभव हो सके)। यह एक सार्वभौम सत्य है कि अगर कोई जीवित

रहेगा तभी वह अपने पड़ोसी से भी अपने समान प्रेम कर सकेगा। अत: सन्मार्गी व्यक्तियों के लिये भी जीवित रहने के लिये प्रयास करना और इसके लिये सभी आवश्यक कदम उठाना सर्वथा उचित है।

ऐसे सात्विक और निरीह व्यक्तियों या राष्ट्रों के संबध में ईसा मसीह ने कहा था (John 10:1), "इस सत्य को समझने का प्रयास करो कि जो तुम्हारे सुरक्षित क्षेत्र में सामने के द्वार से प्रवेश नहीं करता, बल्कि और किसी प्रकार वहां घुसने का प्रयास करता है वह चोरी और धोखेबाजी के उद्देश्य से ही ऐसा करता है।" आपके लिये अपने जीवन साथी और अपने परिवार का विश्वास करना आवश्यक होता है, परंतु अपने पड़ोसी के साथ अपना निजी अवकाश (space) बांटना आपके लिये आवश्यक नहीं है, क्योंकि आपके एक से अधिक पड़ोसी हो सकते हैं। आपके अजाने में आपका एक पड़ोसी आपके बगीचे से सेव या आपकी मुर्गियां चुरा सकता है, एक दूसरा आपके कुत्ते को विष देने का प्रयास कर सकता है और आपकी बहन, पुत्री अथवा पत्नी पर बुरी नजर रख सकता है, जबकि एक तीसरा पड़ोसी ऐसा भी हो सकता है जिसका आप विश्वास कर सकते हैं और आवश्यक होने पर उसे अपने घर की निगरानी का दायित्व दे सकते हैं या अपने बच्चों को देख-रेख के लिये उसके सुपुर्द कर सकते हैं।

सभी का एक श्रेणी में रख पाना आज के समय में उचित नहीं है। क्योकि नीतियों का स्थान दुर्नीतियों के द्वारा ग्रहण कर लिया गया है। सब कुछ एक योजनाबद्ध तरीके से किया जाने लगा है। तिब्बत केवल एक उदाहरण है। पाकिस्तान, अफगानिस्तान और बांगला देश में विलुप्त होते हुए हिंदुओं और अश्वेत ईसाइयों के विषय में आवाज उठाने पर भारत के हिंदुओं की भर्त्सना करने वाले सैंकड़ों संगठन सामने आ जाते हैं पर पक्ष में खड़े होने का विचार किसी मानव अधिकार संगठन के नेतृत्व करने वाले पदाधिकारियों के मन में या तो उत्पन्न होता ही नहीं या वह उनकी नीति के विरुद्ध होने के कारण स्वत: ही कहीं खो जाता है।

और फिर भी जीसस ने ऐसा कभी नहीं कहा था कि उनके 'पिता' अन्य धर्म को मानने वालों के पिता नहीं थे या उनसे श्रेष्ठ थे। उन्होंने यह अवश्य कहा था कि भविष्य में किसी समय 'सत्य के सार' का ज्ञान होने पर वे बातँ जो उनके अनुयायी उस समय समझने की स्थिति में नहीं थे उन्हें वे अवश्य ही समझने में समर्थ होंगे। क्रिश्चियन धर्म के अनुयायी अधिकतर मैथ्यु, मार्क और ल्यूक की पहली तीन गौस्पेल ही पढ़ते हैं, जन्हें सिनौप्टिक गौस्पेल कहा जाता है,

जीसस के सबसे प्रिय शिष्य और उनके परिवार के भी अंतरंग जौन की गौस्पेल को, जो चौथी गौस्पेल है, उनके अधिकांश अनुयायी पढ़ना नहीं चाहते क्योंकि उसमें कथायें कम और ज्ञान की बातें ज्यादा हैं जो उन्हें अपेक्षाकृत कठिन के समान प्रतीत हो सकता है, यद्यपि है नहीं। वास्तव में यह एक बुद्धिमता पूर्ण विभाजन है। हम देख सकते हैं कि जो बातें सभी शिष्य समझ पा रहे थे और आपस में बांटते हुए एकत्र होकर परस्पर में जिनका वे सत्यापन कर सकते थे वे सिनौप्टिक गौस्पेल कही जाती हैं और उन्हें एक प्रकार से जौन ने अपनी गौस्पेल में सम्मिलित नहीं किया है।

विश्व की बागडोर और इसकी दिशा

मनुष्य एक बुद्धिमान प्राणी है, जिसे जैव शास्त्रियों की भाषा में होमो सैपिएंस कहा जाता है। ऋषियों के अनुसार केवल मनुष्य में ही विश्व सृष्टि में प्रयुक्त होने वाले सभी ३६ तत्व विद्यमान रहते हैं। तथापि इसका आविर्भाव अकस्मात नहीं हो जाता, बल्कि एक क्रम विकास का अनुकरण करते हुए इसके सूक्ष्म और स्थूल शरीर इस अवस्था में उपनीत होते हैं। इसके पूर्व का इसका विकास एक पशु के रूप में था, और अब यह एक मानव-पुत्र कहलाये जाने की अवस्था लाभ कर चुका है। जीसस क्राइष्ट (ईसा) ने जो बातें अपने शिष्यों को बताई थी, उनमें उन्होंने तीन ऐसे शब्द समूहों का प्रयोग किया था, जिन्हें उनके अनुयायी उपयोग में तो लाते हैं पर जिनके सही अर्थ के विषय में उनके शिष्यों के समान उनमें भी संशय बना रहता है। ये तीन संदर्भ थे, मानव-पुत्र (Son of Man), स्वर्ग का साम्राज्य (Kingdom of Heaven) तथा आधार (Foundation) और इन तीनों के विषय में ही हम इस पुस्तक में विशद विवेचना कर चुके हैं। तथापि वर्तमान में हमें केवल मानव-पुत्र के विषय में कुछ और चर्चा करना आवश्यक प्रतीत होता है।

एक आदिम मानव के रूप में हम एक अधिक विकसित पशु मात्र ही होते हैं और उसी परंपरा का अनुगमन करते हुए इस क्रम-विकास की अवस्था को प्राप्त होते हैं, जो इसके पूर्व की पाशविक प्रथाओं से भिन्न होती हैं, जहां एक बड़ा पशु एक छोटे पशु को अपना आहार समझकर उपयोग करते हुए अपना जीवन यापन कर सकता है और उसके उपयुक्त जो भी भक्ष्य उसके सन्मुख होता है उसका भक्षण करने में उसे कोई भी हिचक नहीं होती और न ही प्रकृति

उससे ऐसी किसी हिचक की अपेक्षा करती है। इस प्रक्रिया में उनके लिये लंबे समय तक घात लगाकर और धोखे से आक्रमण करना भी अनुचित नहीं होता। आरंभ में मनुष्य भी एक मानव-पशु ही होता है और उस अवस्था से प्रारंभ होकर उसके सही अर्थ में मानव-पुत्र बनने की प्रक्रिया शुरू होती है, क्योंकि वह उचित और अनुचित में भेद कर सकता है और उसे अपने कर्म का चुनाव करने की स्वतंत्रता होती है।

हम मनुष्य के सूक्ष्म शरीर में उपस्थित सात सूक्ष्म चक्रों की चर्चा कर चुके हैं और यह भी कि आज भी अधिकांश मनुष्यों की चेतना उनके जीवन पर्यंत सबसे निम्नस्थानीय दो चक्रों तक ही सीमित रह जाती है जिनका संबंध प्रधान रूप से भोजन और प्रजनन से होता है। तथापि यह मानव के विकास में एक निम्न कोटि की अवस्था मात्र है, जहां से ऊपर उठने और अपना विकास करने की योग्यता प्रकृति के द्वारा उसे प्रदान की गई है; यह उसकी चरम परिणति नहीं है। इसी संबंध में हम यह भी चर्चा कर चुके हैं कि कुछ वैज्ञानिकों को ऐसी स्पष्ट प्रतीति होती है कि मानव मस्तिष्क उसकी वर्तमान आवश्यकता के अनुपात से बहुत अधिक परिमाण में विकसित और बहुत दूरगामी प्रतीत होता है। हम यह विवेचना भी कर चुके हैं कि जैसे अधिक भार होने पर किसी वस्तु का ऊपर उठना कठिन होता है, उसी प्रकार चेतना के विकास के संदर्भ में मलिन विचारों का भार सात्विक विचारों से बहुत अधिक होता है और मलिन विचारों को लेकर चेतना का ऊपर उठना भी अत्यंत दुष्कर बल्कि असंभव के समान होता है।

इसी संदर्भ में ईसा मसीह के भेड़ एवं भेड़िये को अलग करने वाले सभी को समझ आने वाले उदाहरण को देखना उचित है। मनुष्यों मे पाशविक स्तर से ऊपर उठने और चेतना के विकास के लिये सत्य एवं असत्य, भलाई एवं बुराई, सद्गुण एवं दुर्गुण, मानवीय एवं अमानवीय, उचित एवं अनुचित, ईमानदारी एवं बेईमानी, और सज्जनता एवं दुर्जनता आदि में अंतर समझना और उस समझ के आधार पर अपने लिये कर्तव्य एवं अकर्तव्य के विषय में निर्णय लेना आवश्यक है। विकासोन्मुख पशु-मानव के लिये मानव-पुत्र की दिशा में अग्रसर होने के लिये ईश्वर प्रेरित एवं शैतान के द्वारा प्रेरित प्रवृत्तियों का विवेक जाग्रत करना और स्थूल एवं सूक्ष्म जगत (स्वर्ग एवं नर्क) के ज्ञान से अवगत होना भी उसी प्रकार उचित भी है और आवश्यक भी, क्योंकि यह विश्व की संरचना का ही एक भाग है, कोई कल्पना नहीं है।

मानव-संतति के विकास में बाधा एवं संकट

मानव संतति को न केवल जीवित रहना है बल्कि उसे आसन्न युग परिवर्तन के लिये भी प्रस्तुत होना है, क्योंकि अब वह इस स्थिति में पहुंच चुका है जहां से वह एक लंबी छलांग लगा सकता है और ऐसी व्यक्तिगत एवं सामूहिक उन्नति की बात सोच सकता है जो आज भी अधिकांश लोगों को असंभव एवं अकल्पनीय प्रतीत हो सकती है। तथापि इसके लिये उसे बीते हुए समय के ऐसे समस्त भारों को जो उसके द्वारा स्वागत के अयोग्य, असुविधाजनक एवं बाधक दिखाई पड़ते हों, त्याग करते हुए और उनसे तथा उनका प्रचार-प्रसार करने और उनमें विश्वास रखने वालों से अपनी सुरक्षा करते हुए एवं बिना किसी हिचक के उनका पूर्ण रूप से बहिष्कार करते हुए एक नये पथ पर अग्रसर होना होगा।

इनमें पहली बाधा की सृष्टि आधुनिक विज्ञान की देन है, जिसका अब तक यह मत रहा है कि ईश्वर नामक कोई वस्तु नहीं होती और उसमें विश्वास केवल एक अंधविश्वास मात्र है। बीते हुए समय में ऐसा कहने के लिये उनके जो भी कारण रहे हों, परंतु उनके सोचने का तरीका एक वैज्ञानिक विष्लेषण की पद्धति पर आधारित एवं विवेकपूर्ण होता है। अत: उनकी किसी खोज को अथवा उनकी समस्त खोजों को बिना किसी प्रकार प्रभावित किये हुए ही उनके लिये सत्य के सार (Spirit of the Truth) को और चैतन्य की प्राथमिकता को स्वीकार करने में कोई विशेष कठिनाई नहीं होनी चाहिये।

दूसरी बाधा के विषय में अधिक चर्चा करना इसलिये आवश्यक नहीं है क्योकि आज शायद ही कोई ऐसा व्यक्ति मिलेगा जो धार्मिक कट्टरतावादी सोच और उसके आश्रय में पनपने वाले आतंकवाद से अपरिचित और अप्रभावित हो।

आज के परिप्रेक्ष्य में लगभग यही बात विस्तारवादी प्रवृत्ति के विषय में कही जा सकती है। वैज्ञानिकों के इस उद्‌घोष का कि ईश्वर एक अंधविश्वास से अधिक कुछ नहीं है, सबसे अधिक लाभ साम्यवादी देशों में से उन देशों के शीर्ष नेताओं ने उठाया है जिनकी सोच इस्लामिक स्टेट के समान ही विस्तारवादी और लगभग उतनी ही आतंकवादी भी है, यद्‌यपि उनका आतंकवाद कुछ ही प्रकट है और इसका अधिकांश अप्रकट रहते हुए कार्य करता है। इसका देखने में कम हानिकर हिस्सा जमीन के ऊपर रहते हुए और व्यवस्था आदि के कार्य करते हुए और इसका अधिक हानिकर हिस्सा जमीन के नीचे रहकर अपने उद्देश्य की प्राप्ति की दिशा में कार्य करते रहता है।

एक अत्यंत असहज और शर्मनाक अवस्था

जैसे वैटिकन सिटी को क्रिस्चियन धर्मावलंबियों के द्वारा अपने धर्म का आसन माना जाता है, वैसा ही महत्वय धर्मावलंबियों की संख्या के अनुपात से उतने ही या उससे भी बड़े 'बौद्ध धर्म के लिये' तिब्बत का है और आज भी उनके लिये दलाई लामा का वही दर्जा और सम्मान है जो पश्चिम के देशों में पोप का है। एक समय था जब हिमालय के दक्षिण में रहने वाले राजवंशी कुरु कहलाते थे और उन्हें पार करने के बाद के क्षेत्र को वैदिक ग्रंथों में उत्तर कुरुओं की भूमि कहा जाता था। दोनों पक्षों के लोग स्वच्छंद रूप से इधर उधर आते जाते रहते थे। एक दूसरे की भूमि का अतिक्रमण करने की बात तब अकल्पनीय के समान थी और यद्यपि चीन के राजवंशों से उनके वैवाहिक संबंध होते रहते थे परंतु किसी भी दिशा से उस पावन भूमि पर कोई आक्रमण की संभावना नहीं थी और वहां ऐसे किसी आक्रमण या अतिक्रमण का प्रतिरोध करने के लिये किसी सैन्य बल को भी कभी आवश्यक नहीं समझा गया।

यह सर्वविदित है कि केवल कुछ नगर रक्षकों और पोताला महल के रक्षकों का संहार करके ही चीन की पीपुल्स लिबरेशन आर्मी ने वहां कब्जा करके उसे अपने देश का ही एक हिस्सा घोषित कर दिया था। मानव इतिहास में यह एक ऐसे अभूतपूर्व एवं अतीव अन्याय की एकमात्र घटना है जिसका कोई विरोध करने वाला नहीं था। स्थानीय परिप्रेक्ष्य में यह ऐसा कुछ ही था जैसे सड़क पर कोई दुर्घटना घट जाती है और अधिकांश लोग एक नजर डाल कर आगे बढ जाते हैं। मदद के लिये कोई बिरला संवेदनशील व्यक्ति ही किसी किसी अवसर पर ही उपस्थित होता है और तभी किसी घायल व्यक्ति की जीवन रक्षा संभव हो पाती है।

तिब्बत के निवासी उस निरीह भेड़ के समान थे, जिन्होंने कभी किसी विभाजन या अपने लिये एक सुरक्षित बाड़ा बनाने के विषय में नहीं सोचा, जैसे जीसस क्राइष्ट ने अपने समय मे आवश्यक समझा था। केवल जीसस के अनुयायी ही उस अतिक्रमण और 'एक अनाचारी आधिपत्य' के काल विशेष में सहायता करने की स्थिति में थे, परंतु इस पड़ोसी को उन्होंने अपने समान समझने का कोई प्रयास ही नहीं किया। निसंदेह यह उनकी एक बड़ी ऐतिहासिक भूल थी, जिसका सुधार आज भी संभव है और अवश्य करने के योग्य है। अन्यथा यही समझना उपयुक्त होगा कि अभी वे सेकेंड कमिंग के लिये प्रस्तुत नहीं हुए हैं, अभी सत्य के सार को प्रकाशित होने के लिये और अधिक प्रतीक्षा

करनी चाहिये थी, भले ही वे सभी चिन्ह जो क्राइष्ट ने बताये थे आज सामने खड़े दिखाई पड़ रहे हों।

वर्तमान युग में जब यह विश्व सिकुड़कर छोटा हो गया है जिसमें विभिन्न धर्मों, मान्यताओं और शासन व्यवस्थाओं के लोग एक दूसरे से अत्यंत करीब आ गये हैं विभिन्न राष्ट्र एक तुष्टिकरण की कूटनीति का पालन करने लगे हैं। संचार व्यवस्था और परस्पर के आर्थिक व्यवहार और औद्योगिक उत्पादों के लेन देन की आवश्यकता को ध्यान में रखते हुए उन्हें अन्य लोगों की खामियों को नजरंदाज करते हुए चलना पड़ता है। तथापि और उनके न चाहते हुए भी हम सभी एक अत्यंत भयावह स्थिति की दिशा में बढ़ते जा रहे हैं। दो विश्व-युद्धों की विभीषिका झेल चुके सभ्य जगत के लोग किसी भी कीमत पर एक और विश्व युद्ध से दूर रहना चाहते हैं और सब कुछ सहन करते हुए एक तुष्टिकरण की नीति का पालन करने की बाध्यता का अनुभव करते हैं। परंतु एक दृष्टि से वे युद्ध को टाल नहीं रहे, बल्कि दूसरे पक्ष को यह अवसर दे रहे हैं कि वह अपने समय के अनुसार और अपनी सुविधा के अनुसार इसकी पहल कर सके। वे जीसस की इस चेतावनी और सलाह को भूल जाते हैं, जब उन्होंने कहा था ((Matthew 24:6 “You will hear of wars and rumours of war; see that you are not alarmed *for this is something that must happen*, but the end will not be yet”), “आप युद्ध की बातें सुनेंगे और इसकी अफवाहें भी आपको सुनने को मिलेंगी या डर भी दिखाया जायेगा, पर आप ध्यान रखें कि आपको भयभीत होने की आवश्यकता नहीं है, क्योंकि युद्ध तो होंगे ही, परंतु विश्व का अंत अभी नहीं होगा (अपनी और अपने मित्रों की सुरक्षा के लिये आवश्यक कदमों को टालते रहना और दूसरे की सुविधा या पहल की प्रतीक्षा करना उतना वांछनीय नहीं होगा, केवल युद्ध के भय से आपको अपने कर्तव्य से च्युत नहीं होना चाहिये)।”

यह साम्यवाद तो किसी प्रकार नहीं है

एक समय था जब अग्रेजी में ‘सोवियत लैंड’ और हिंदी में ‘सोवियत भूमि’ नामकी पत्रिकायें अनेक वर्षों तक नियमित रूप से लेखक के घर पर आया करती थी और अंग्रेजी में ‘कार्ल मार्क्स’ के दो खंड दो मोटी पुस्तकों के रूप में लेखक के चाचा ने उन्हें उपहार में दिये थे। तथापि समयाभाव के कारण उन्हें पूरा पढने का अवसर नहीं मिलने पर बाद में १९८० के आसपास लेखक

ने उन्हें पड़ोस की एक लाइब्रेरी में रखवा दिया था। उस समय लेखक के कई कामरेड़ मित्र भी थे, पर तब तक सीपीआई का प्रभाव कम हो चुका था और चीन के द्वारा समर्थित सीपीआईएम का बोलबाला हो गया था। जब भी वोट देने का अवसर आता था तो लेखक के मित्र उन्हें वोटिंग बूथ के द्वार पर ही खडे मिलते थे और उन्हें तथा उनकी पत्नी को यह कहकर वहीं से वापस भेज देते थे कि 'आपनि बाड़ी चले जान, आपनार वोट हये गेछे' अर्थात हमारा वोट डाल दिया गया था।

जहां तक लेखक का अनुमान है साम्यवाद का प्रधान उद्देश्य था जालिम और शोषण करने वाले राजाओं के विरुद्ध मजदूरों और किसानों को संगठित करके उनके शासन को उखाड़ फेंकना और जनता के शाशन को स्थापित करना। अवश्य इसमें हथियार उठाने की स्वतंत्रता भी थी, परंतु विस्तारवाद की कोई चर्चा उस समय तक तो लेखक के संज्ञान में नहीं आई थी, यद्यपि लेखक ने मार्क्स के दोनों खंड नहीं पढ़े थे और लेखक को तब यह भी भली भांति ज्ञात नहीं था कि तिब्बत के लोगों ने साम्यवाद नहीं अपनाया था बल्कि चीन के साम्यवादियों ने तिब्बत को जीतकर उसपर अपना अधिकार कर लिया था। यह साम्यवाद किसी प्रकार नहीं था, केवल उसे देश के शीर्ष स्थानीय नेता की व्यक्तिगत महत्वाकांक्षा मात्र थी, क्योकि यहां किसी क्रूर शाशक को अपदस्थ करने की कोई बात नहीं थी बल्कि एक साम्यवादी कहे जाने वाले देश के द्वारा छल-कपट से एक शांतिप्रिय राष्ट्र को हथिया लेने की घटना मात्र थी। साम्यवाद अब केवल एक शासन प्रणाली का नाम मात्र रह गया था, यथार्थ में उसका उद्देश्य पूर्ण हो चुका था और उसके नाम पर फिर से एक व्यक्तिगत महत्वकांक्षा वाले शासन का उदय हो चुका था।

तिब्बत एक शांतिप्रिय और धर्म परायण लोगों का राष्ट्र था। वे अपनी मान्यताओं के अनुकूल बिना किसी प्रकार के असंतोष के अपने जीवन का निर्वाह कर रहे थे तथा वहां के दलाई लामा का उनके लिये आज भी वही दर्जा और सम्मान है जो पश्चिम के देशों में पोप का है। राजनीतिक परिस्थिति यद्यपि आज उनके अनुकूल नहीं है, परंतु तिब्बत के ग्रहस्थों, बौद्ध साधकों और भिक्षुओं की सोच और जीवन शैली आज भी उसी प्रकार अहिंसक बन कर और अपने समस्त मूल्यों के साथ विद्यमान है। आज भी लाखों बौद्ध भिक्षु सर्वव्यापी परमेश्वर से निरंतर यह प्रार्थना करते रहते हैं कि वे उनकी भूमि उन्हें वापस दिलवाने की कृपा करें ताकि वे अपने तरीके से अपना जीवन यापन कर

सकें। उन्हें पराभूत करके क्यों उनपर साम्यवाद थोप दिया जाना चाहिये किसी भी विवेकपूर्ण मनुष्य के लिय इसका औचित्य समझ पाना कठिन है। क्यों वहां के लोगों को चीन की फैक्ट्रियों में मजदूर बन कर जीवन यापन करना चाहिये और क्यों उन्हें हथियारों का प्रयोग सीखकर चीन की सीमा पर पर जाकर अपने जीवन को खतरे में डाल देना चाहिये? निसंदेह यह एक अत्यंत असहज स्थिति है।

तिब्बत के लोग किसी प्रकार चीनी नहीं हैं ओर न ही वे चीनी भाषा का प्रयोग करते हैं। उस आक्रामक देश के किसी नेता का सारे चीनियों का एक राष्ट्र का नारा भी यहां किसी प्रकार लागू नहीं होता है बल्कि स्वयं प्रकृति ने लामाओं की इस पवित्र भूमि को दो बड़े राष्ट्रों के मध्य एक निष्पक्ष क्षेत्र के रूप में विकसित किया था जो दोनों दिशाओं में आदान प्रदान करने में समर्थ था एवं दो बड़े राष्ट्र अपने-अपने तरीके से अपनी संस्कृति के विकास करने के लिये स्वतंत्र थे, और इसीलिये तिब्बत के लोगों ने आत्मरक्षा के लिये सेना रखने की कभी आवश्यकता नहीं समझी थी। अन्यथा किसी प्रकार उसपर चीन का कब्जा होना संभव नहीं था।

इस परिस्थिति में चीन के सामान्य नागरिक किस प्रकार अपने आप को बुद्ध के धर्म का अनुयायी कह सकते है और पहले के समान अहिंसक एवं शांतिप्रिय मानव कहलाये जाते रह सकते हैं? वास्तव में तो ऐसा कहीं से भी नहीं लगता कि चीन के विशाल केन्द्रीय भूभाग के वासियों को अपने देश की सीमाओं का विस्तार करने में थोड़ी सी भी दिलचस्पी है। लोगों के नाम पर कार्य कर रहे उनके नेता 'लोगों की स्वतंत्रता सेना' (People's Liberation Army) का उपयोग अब अपनी व्यक्तिगत महत्वाकांक्षाओं की पूर्ति के लिये कर रहे हैं। वहां के नौजवानों को ऐसे दुर्गम स्थानों पर बिना किसी आवश्यकता के भेजा जा रहा है जहां बिना किसी से लड़े हुए भी जीवित रहना अत्यंत दुष्कर होता है और अक्सर कम उम्र के युवा सैनिक वहां जाना नहीं चाहते और उनमें से बहुत तो रोने भी लग जाते हैं।

जनता में इसका विरोध स्वाभाविक है और एक ओर तो पुन: जनता पर फिर से वैसे ही कठोर अंकुश लगाये जा रहे हैं जैसे आज से पचास-साठ वर्ष पूर्व लगाये जाते थे, वहीं दूसरी ओर प्रत्येक तिब्बती परिवार से कहा जा रहा है कि यदि वे जीवित रहना चाहते हैं तो उनके परिवार से एक व्यक्ति को सेना में भर्ती होना आवश्यक है। समझ में नहीं आता कि यह किस प्रकार का साम्यवाद

है और किस प्रकार से यह 'जनता की स्वतंत्रता सेना' कही जा सकती है। वहीं दूसरी ओर विश्व के अधिकांश देशों में आज चीन के नागरिकों को संदेह की दृष्टि से देखा जाने लगा है, चाहे वह कोई औद्योगिक संस्थान हो या शिक्षण संस्थान और चाहे वीसा देने या उसका नवीनीकरण करने की बात हो। साथ ही, इसको लेकर जो असंतोष वहां पनपने लगा है उसको रोकने के लिये जो दमन चक्र फिर से चलने लगा है उससे यह कम होने के स्थान पर और अधिक बढने लगा है। एक प्रकार से यह जबर्दस्ती और धौंस दिखाकर उनके धर्म परिवर्तन और अधार्मिकता को ही धर्म मनवाने के समान है और वे सोचने लगे हैं कि इस प्रकार के नेतृत्व से बंधे रहने की उतनी बाध्यता वास्तव में है भी या नहीं!

यह कैसी राजनीति है

सात सौ वर्षों की गुलामी झेलने के बाद आज भारत अपनी आजादी के ७५ वर्ष पूर्ण करके 'आजादी का अमृत महोत्सव' मनाने चला है। आज वह फिर एक बार न केवल विश्व का नेतृत्व कर सकने की दिशा में अग्रसर है बल्कि पुन: एक बार विश्व-गुरु के रूप मे मान्यता प्राप्त करने के लिये भी सजग एवं प्रयासरत है।

सात सौ वर्षों की परतंत्रता के अंध युग के समान समय के पश्चात किसी भी राष्ट्र को अपनी सामर्थ्य पुन: प्राप्त करने में कुछ समय लगता ही है, जिसकी आख्या ऋषिगण युग-संधि के नाम से करते हैं। तथापि भारत का असली गौरव यहां के धन-धान्य में नहीं बल्कि यहां के ऋषियों के ज्ञान में निहित था, क्योंकि ज्ञान होने पर ये सभी धन-धान्य स्वत: उपस्थित हो जाते हैं। अत: आज भारतवासियों के हृदय प्रसन्नता से भर उठते हैं जब अमृत महोत्सव की इस बेला में हिमालय के केदारनाथ धाम में खड़े होकर उनके प्रधान मंत्री स्वयं उन्हें ज्ञान का महत्व बताते हैं। आदि शंकराचार्य की पुनर्निर्मित प्रतिमा को लोकार्पित करते हुए, सब देशवाशियों को ज्ञान का महत्व बताते हुए वे इस शंकर वाणी का उच्चारण करते हैं -

> कुरुते गंगा सागर गमनम, व्रतपरिपालन अथवा दानम्,
> ज्ञान विहिन: सर्वमनेनं, मुक्तिर्नभवति जन्म शतेनम्।

हम इसे समझ पायें अथवा नहीं, परंतु यह एक युग परिवर्तन की बेला तो है ही और भारत का पुन: विश्व-गुरु के पद पर आसीन होना भी उसी प्रकार तय

है, क्योंकि जब समय का चक्र घूमना प्रारंभ करता है तो उसे रोकने की क्षमता किसी में नहीं होती।

तथापि इन युग-संधि के दशकों में देश की गणतांत्रिक प्रणाली के लिये हानिकारक कुछ ऐसी परंपराओं का उदय हो गया है जिनके विषय में जनमानस में जागृति का उत्पन्न होना आवश्यक है। एक गणतांत्रिक देश होते हुए भी हम देखते हैं कि तीन चौथाई भारत में राजनीति के क्षेत्र में आज भी परिवारवाद का बोलबाला है। अधिकांश राजनीतिक दल किसी परिवार के द्‌वारा ही संचालित हो रहे हैं। अगर पिता की मृत्यु हो जाती है या अन्य किसी कारण से वे बाधित हो जाते हैं तो उनका पुत्र दल की बागडोर संभाल लेता है, बल्कि पिता अगर मंत्री थे तो पुत्र उनके स्थान पर मंत्री बनाये जाने की मांग उठाने लगे हैं। यह पद्धति अथवा परंपरा देश के और इसके गणतांत्रिक ढांचे - दोनों के लिये अतीव हानिकारक है। इसमें योग्य-अयोग्य का कोई प्रश्न नहीं होता केवल जन्म से वारिस का चुनाव स्वत: हो गया ऐसा समझा जाने लगा है। इसके साथ ही नीति और दुर्नीति का अंतर भी समाप्त प्राय: समझा जाने लगा है।

देश के विकास के कार्यों में सहयोग तो बहुत दूर की बात है, सभी विपक्ष के दल आज इस प्रयास में लगे प्रतीत होते हैं कि किस प्रकार जनता के द्‌वारा चुनी हुई देश की सरकार को किसी क्षेत्र में कोई भी कार्य न करने दिया जाये। अभद्र भाषा का खुल कर प्रयोग किया जाने लगा है और टेलीविजन से भी बुद्धिमान लोग दूरी बनाने लगे हैं क्योंकि अधिकांश डिबेटों में एंकर धान की बात करते हैं तो पक्षकार कपास ओटने के अतिरिक्त कुछ करना नहीं चाहते, गाली गलौज पर उतर आते हैं, धक्का मुक्की भी हो जाती है और जूते भी दिखाये जाने लगे हैं। तथापि यह समय का चक्र है, खंबे नोचते-नोचते इस प्रकार के लोग संभवत: स्वयं थक जायेंगे और उनकी समझ में आ जायेगा कि युग-संधि का काल बीत गया है और लोग जाग्रत होने लगे हैं। यहां से देश उत्तरोत्तर सकारात्मक राजनीति की दिशा में ही बढना चाहेगा और विपक्ष के रूप में भी अपने अस्तित्व को बचाने के लिये कोई राजनैतिक दल सकारात्मक एवं निर्माणात्मक सोच के प्रदर्शन के द्‌वारा ही जनता को आकर्षित और प्रभावित करने मे सफल हो सकेगा। दूसरी ओर संगत-कुसंगत का अंतर भी योग्य राजनेता समझने लग जायेंगे और परिवार वाद से दूरी बना लेने में ही उन्हें अपने और देश के कल्याण का बोध होने लगेगा, ऐसा प्रतीत होता है।

एक आह्वान तथा आमंत्रण

प्रकृति के बगीचे में बहुत कुछ होता रहता है पर सभी विशिष्ट फूल एक साथ नहीं खिलते, अपना समय आने पर ही वे पूर्ण रूप से विकसित होते हैं और तब उनका सौरभ सभी दिशाओं में फैल जाता है। आज मुस्लिम समुदाय में कोई समर्थ और सशक्त नेता दृष्टिगोचर नहीं होता जो अपनी कौम और अपने मुल्क की रहबरी कर सके और यह भी एक बड़ा कारण है कि उनके समुदाय में एक असंतोष की स्थिति है।

एक ओर कुछ परिवार सरकार को चुनौती देते हैं कि केवल पंद्रह मिनटों के लिये पुलिस को हटा दो और देखो हम क्या कर सकते हैं। दूसरी ओर एक बड़े नेता हैं, जो सुधार के पक्षधर थे और जिन्होंने अब अपने धर्म का ही परिवर्तन कर लिया है। तथापि हिंदू जिस सनातन धर्म का अनुसरण करते हैं, उसमें धर्म वापसी का तो स्वागत हो सकता है परंतु धर्म परिवर्तन का तो कोई प्रस्ताव ही उत्पन्न नहीं हो सकता। जो जहां है, जैसा हैं, वहीं से वह अपने विवेक का उपयोग करके अपने ज्ञान का विकास कर सकता है और अपनी इच्छानुसार इबादत भी। जिसका मुल्क भारत हो और जो अपने मुल्क और कौम दोनों की रहबरी कर सके, ऐसे नेता का स्थान अब और अधिक रिक्त नहीं रहना चाहिये।

दूसरी ओर हम देखते हैं कि कि देश के सर्वाधिक मान्य हिंदू संगठन के प्रमुख ने यह स्वयं भी स्वीकार किया है और दूसरों को समझाने का प्रयास भी कि हम सभी भारतवासियों का डी.एन.ए. वास्तव में एक ही है। जब हिंदुओं के राष्ट्रीय स्वयंसेवक संघ के प्रमुख एवं सरसंघचालक श्री मोहन भागवत यह सत्य सरलता से स्वीकार करते हुए स्वयं एक निमंत्रण दे रहे हैं कि आप आइये और अपने मुल्क और अपनी कौम को आगे बढाने में अपना योगदान दीजिये तो सभी को इस पहल का स्वागत करना चाहिये।

हिंदू नेता ने तो अपनी बात कह दी है, अब बारी मुस्लिम समाज के किसी समझदार व्यक्ति के आगे आने की है, जो अपने मुल्क और कौम दोनों की रहबरी कर सके और जो सबको स्वीकार्य हो। यह कोई समझदारी की बात नहीं है कि कोई कहे कि हम कभी भारत माता की जय नहीं कहेंगे। आपको यह ठीक प्रतीत नहीं होता तो मत कहिये, आप आगे आइये और बताइये कि हम तो मादरे वतन जिंदाबाद कहेंगे। आप स्वयं देखेंगे कि लोग आपके लिये स्टेज छोड़कर आपको कितना सम्मान देते हैं और कितनी तालियां बजाते हैं। हिंदु तो

यही कहते आया है कि समग्र विश्व हमारा परिवार है। कैसे वह अपने ही देश के नागरिक के साथ कोई अन्याय करने की बात सोच सकता है?

हम सब अमृत की संतान हैं

लेखक की, सभी वयस्क मानव संतति से, प्रार्थना है कि वे हमारी इस पुस्तक को पढने का प्रयास अवश्य करें। इसके द्वारा उनका उपकार होगा और वे ईश्वर प्रदत्त अपनी असली विरासत को स्वयं भी समझ पायेंगे तथा अगली पीढी को भी उनकी इस विरासत का यथोचित परिचय दे सकेंगे।

हमारी इस पुस्तक के माध्यम से आज भी हमारे पाठक मानव संतति के लिये प्राचीन ऋषियों के उस आह्वान की प्रतिध्वनि को सुन सकेंगे, जो आज भी जीवंत होकर विश्व में गुंजायमान है और ऋषियों का जो आह्वान उन्हें आज भी मृत्यु पर विजय प्राप्त करने की सतत प्रेरणा देता रहता है।

अति उज्वल प्रकाश रूप परमेश्वर से ही एक विकरण के रूप में इस विश्व की और हमारी भी उत्पत्ति होती है और वही जानने के योग्य है। ऋषियों द्वारा प्रदत्त यह ज्ञान एक सार्वभौम ज्ञान है, जो कभी मलिन नहीं हो सकता, और जो समस्त मानव संतति के लिये एक ही भांति कार्य करता है। स्वयं इस सत्य की उपलब्धि करने के पश्चात ही वे ऋषि समग्र मानव संतति का आह्वान करते हैं -

> *श्रृणवंतु विश्वे, अमृतस्य पुत्रा* - अमृत की संतानों, समस्त मानव संतति,
> –आप सब सुनें,
> *वेदाह मेतं, पुरुषं महांतम, आदित्य वर्णं, तमसः परस्तात।*
> *तम एव विदित्वा, अति मृत्युमेति, ना अन्य पंथा विद्यते अयनाय॥*

अपने अंतर में ही स्थित, आप उसे जानने का प्रयास करें जो पुरुष है, जो आपमें निजत्व है और जिसका वास्तविक रूप उज्वल प्रकाश है। जो समस्त अंधकार से परे रहते हुए स्थित है, केवल अपने ही अंदर स्थित उस प्रकाश को जान पाने पर ही आप म्रत्यु पर विजय प्राप्त कर सकते हैं। इसके लिये अन्य कोई भी पथ अन्य किसी को भी विदित नहीं है।

परिशिष्ट

०१

स्नानागार में खुफिया कैमरा

सन् १९२७ में क्लिंटन डेवीसन ने यह दिखाने के लिये कि इलेक्ट्रोन भी प्रकाश की किरणों के समान तरंगवत आचरण भी करते हैं, पहली बार डबल स्लिट प्रयोग का प्रदर्शन किया था जिसे बाद में अन्य वैज्ञानिकों ने भी दोहराया था।

इस प्रयोग के लिये एक चपटी विभाजन प्लेट का उपयोग किया जाता है जिसके मध्य में एक पतली झिरी बना दी जाती है। इस प्लेट के एक ओर एक छोटी पिस्टल लगा दी जाती है जो छोटी गोलियों या कंचों को फेंक सकती है जबकि दूसरी ओर एक स्क्रीन बना होता है जिस पर इनके द्वारा लगने वाले आघात अंकित हो जाते हैं। जब हम पिस्टल से कांच या पत्थर की गोलियां चलाते हैं तो उनमें से कुछ उस झिरी से होकर दूसरी ओर के स्क्रीन पर जाकर लग जाती हैं और उसपर अपना निशान बना देती हैं।

अब अगर हम इस प्लेट के मध्य एक के स्थान पर दो झिरी बना देते हैं तो हम आशा करते हैं कि कुछ गोलियां एक झिरी से और कुछ दूसरी से जाकर स्क्रीन पर टकराकर अपने निशान अंकित कर देंगी और ऐसा ही होता भी है। प्रयोगकर्ता अब पिस्टल के स्थान पर एक रंग विशेष के प्रकाश को उत्पन्न करने वाला बल्ब लगा देते हैं। अब कुछ किरणें तो प्लेट से टकरा कर रुक जायेंगी, कुछ एक झिरी से और कुछ दूसरी झिरी से होकर पीछे के स्क्रीन पर

पहुंचेंगी। तथापि अलग झिर्रियों से स्क्रीन तक पहुंचने वाली प्रकाश किरणों के द्वारा तय की जाने वाली दूरी में अंतर होने के कारण कुछ किरणें तो एक दूसरे से मिल कर अधिक शक्ति को प्राप्त होकर अधिक चमकीला निशान अंकित करेंगी और कुछ एक दूसरे की तरंग को नष्ट कर देंगी। इस प्रकार स्क्रीन पर एक विशेष प्रकार का हल्के गहरे क्षेत्रों का पैटर्न दिखाई पड़ेगा, और ऐसा ही दिखता भी है।

अब प्रयोगकर्ता प्रकाश के बल्ब के स्थान पर एक निश्चित गति से इलेक्ट्रोन छोड़ने वाली गन लगा देते हैं। वे देखते हैं कि जब एक झिरी होती है तो स्क्रीन पर कांच की गोलियों के समान ही सामान्य रूप से फैला हुआ पैटर्न दिखाई पड़ता है परंतु जब दोनों झिर्रियां खुली होती हैं तो कंचों के जैसे दो सामान्य पैटर्न नहीं बनते बल्कि प्रकाश किरणों के समान हल्के गहरे मिश्रित पैटर्न बनते हैं जैसे इलेक्ट्रोन 'कणों' के समान नहीं बल्कि किरणों के समान यात्रा करते हुए स्क्रीन पर टकरा रहे थे।

प्रयोगकर्ताओं को लगा कि कुछ इलेक्ट्रोन एक झिरी से और कुछ दूसरी से जाकर प्रकाश की किरणों जैसा पैटर्न बना रहे थे। अत: उन्होंने गन को इस प्रकार सेट कर दिया कि कुछ समय के अंतर से एक बार में इससे एक ही इलेक्ट्रोन निकल रहा था परंतु उन्हें यह देखकर अचंभा हुआ कि फिर भी वैसा ही पैटर्न बन रहा था जैसे प्रत्येक इलेक्ट्रोन एक साथ ही दोनों झिर्रियों से निकलकर दूसरी ओर स्क्रीन पर पहुंच रहा हो।

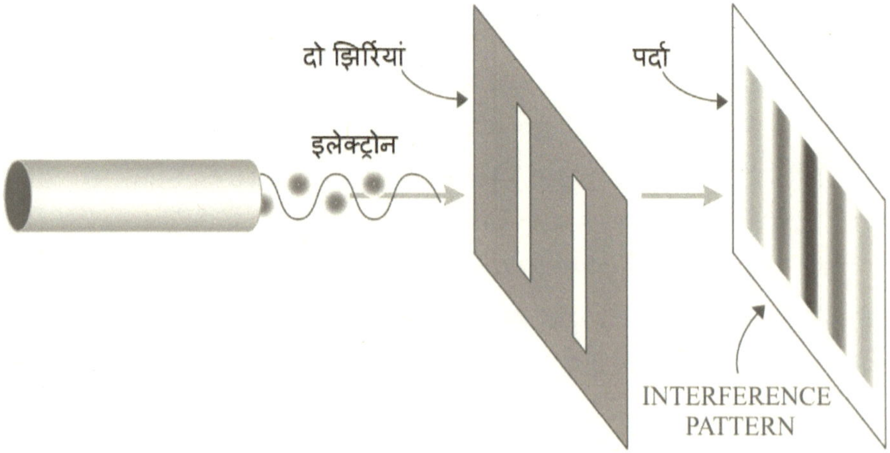

स्वाभाविक स्थिति में - तरंग का कार्य स्पष्ट दृष्टि गोचर होता है

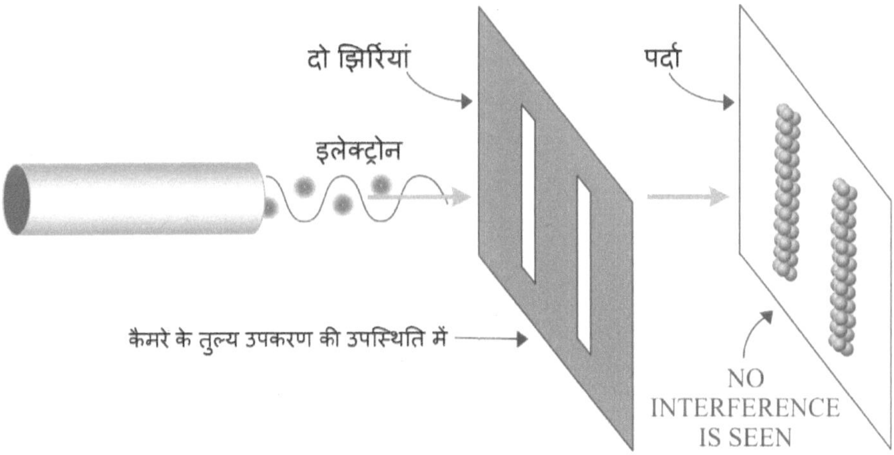

कैमरे के तुल्य उपकरण लगाने पर तरंग का स्थगित होना

चित्र - १० कैमरा उपकरण लगाने पर तरंग का स्थगन

प्रयोग को और आगे बढाने के लिये अब उन्होंने दोनों में से एक झिरी से एक अत्यंत सूक्ष्म आवेश को मापने में समर्थ एक सेंसर लगा दिया ताकि वे देख सकें कि एक अकेला इलेक्ट्रोन उस झिरी से निकला या दूसरी से। परंतु प्रकृति ने कहा 'बस, अब और आगे नहीं!' उन्होंने देखा कि अब इलेक्ट्रोन एक कांच की गोली के समान कार्य कर रहे थे और वैसा ही पैटर्न बना रहे थे जैसा कि गोलियां बना रहीं थी। इलेक्ट्रोनों ने अपना तरंग गुण स्थगित कर दिया था। इसके बाद सैंकड़ों अलग-अलग वैज्ञानिक इस प्रयोग को और बेहतर उपकरणों के माध्यम से दोहरा चुके हैं, परंतु कोई लाभ नहीं हुआ। प्रकृति ने यह स्पष्ट कर दिया कि व्यक्ति कण के क्षेत्र में इस भौतिक व्यापार को अत्यधिक समीप से देख पाना संभव नहीं है, जैसे मनुष्यों के वाशरूम में कैमरा लगाना मना है, वैसे ही (अपने Changing Room या प्रजनन के क्षेत्र) व्यक्ति-कण के क्षेत्र में कैमरा लगाने की अनुमति प्रकृति भी नही देती। वैसी स्थित में पदार्थ का कण तरंग के रूप में स्पंदन करना बंद कर देता है!!

परिशिष्ट
०२

तराजु के दो पल्लों की समानता

क्वांटम थ्योरी के प्रकाश में आने के बाद आकाश को बिल्कुल शून्य नहीं समझा जाता बल्कि इसे अत्यंत सूक्ष्म तरंगों से बना हुआ माना जाने लगा है, ठीक वैसे ही जैसे के आगम के ऋषियों ने बताया है। अनिश्चितता के सिद्धांत के कारण अब यह माना जाने लगा है कि पदार्थ के सूक्ष्म-कण इसमें सर्वत्र स्वत: अत्यंत अल्प समय के लिये उत्पन्न और विलीन होते रहते हैं।

एक इलेक्ट्रोन को अब दो रूपों में देखा जाने लगा है। एक रूप में यह वस्त्रधारी होता है और इसका दूसरा रूप इसका नग्न रूप होता है। जहां भी हमे इसे कुछ करते हुए अथवा किसी प्रक्रिया में भाग लेते हुए देखते हैं वह वस्त्रधारी इलेक्ट्रोन होता है जिसके विद्‍युत आवेश और भार दोनों को मापना संभव होता है। इसके विपरीत एक नग्न इलेक्ट्रोन के निकट जाना संभव नहीं होता। जैसे-जैसे हम इसके निकट जाने का प्रयास करते हैं तो इसका आवेश और इसका भार दोनों असीम की दिशा में बढते हुए प्रतीत होने लगते हैं।

आधुनिक भौतिक शास्त्र का सर्वस्वीकृत आधार इस समय स्टैंडर्ड मॉडल के नाम से जाना जाता है। इसमें आइंस्टिन के गुरुत्वाकर्षण के सिद्धांत को यथावत रखते हुए क्वांटम थ्योरी पर आधारित क्वांटम इलेक्ट्रो-डायनेमिक्स और क्वांटम क्रोमो-डायनेमिक्स सम्मिलित हैं। इन दो थ्योरियों के आधार पर

की गई गणनायें पूर्ण रूप से सही पाई गई हैं और समस्त सूक्ष्म और उच्च गणनाओं में इन्ही का प्रयोग करते हुए भौतिक विज्ञान अपने समस्त कार्यों का निर्वाह करता है।

तथापि ऐसी सभी गणनाओं में दोनो दिशाओं मे अनेक प्रकार की असीम संख्यायें भी उत्पन्न हो जाती हैं और वैज्ञानिक यह मान लेते हैं कि ये दोनों प्रकार की असीमतायें स्वत: एक दूसरे को निरस्त कर देती होंगी और वे केवल उनको छोड़कर जो परिणाम आता है उसी का प्रयोग करते हैं और यह एकदम ठीक कार्य करता है, कहीं कोई गलती नहीं होती। भोतिक शास्त्री इस प्रक्रिया को रिनौर्मलाइजेशन कहते हैं परंतु स्टीफेन हॉकिंग और अनेक अन्य भौतिक शास्त्रियों ने इसे प्रश्न चिन्ह से युक्त माना है।

यह विज्ञान का अधूरा ज्ञान अवश्य है क्योंकि वैज्ञानिकों को प्रकृति के मूल स्वभाव का ज्ञान नहीं है, जहां दो प्रकार की असीमतायें एक दूसरे के आधार के-रूप में कार्य करते हुए सभी विषमताओं को जन्म देती हैं! अत: इन सकारात्मक एवं नकारात्मक असीमताओं को भूल कर शेष गणना को स्वीकार कर लेना बिना किसी प्रश्न चिन्ह के सही निर्णय है!!

परिशिष्ट

०३

मानवता का सिद्धांत

हम मनुष्यों को जैव शास्त्री बंदरों के विभाग में एंथ्रोपीडिया उप-विभाग में सम्मिलित करते हैं। अत: मनुष्यों से संबंधित सभी विषयों को एंथ्रोपोलौजी कहा जाता है। इसी आधार पर आजकल भौतिक विज्ञान शास्त्री एक एंथ्रोपिक या मानवता के सिद्धांत का प्रयोग करने लगे हैं। यह सिद्धांत इस आधार पर कार्य करता है कि चूंकि इस विश्व में मानव भी होते हैं अत: ऐसे किसी विश्व की गणना को छोड़ दिया जा सकता है जिसमें बुद्धिमान प्राणियों के उत्पन्न होने की संभावना न हो।

एंथ्रोपिक या मानवता के सिद्धांत का जनक ब्रैंडन कार्टर को माना जाता है जिसका प्रस्ताव उन्होंने १९७३ में निकोलस कोपर्निकस के ५००वें जन्मोत्सव के समय पहली बार दिया था। यह प्रस्ताव कोपर्निकस की इस मान्यता का खंडन करने के उद्देश्य से दिया गया था जिसमें कहा गया है कि मनुष्य का इस विश्व में कोई विशिष्ट स्थान मानना उचित नहीं है।

ब्रैंडन कार्टर ने इस मानवता के सिद्धांत को दो रूपों में आख्यायित किया है जिनमें से एक मानवता की आवश्यकता को एक अपेक्षाकृत कमजोर और सीमित परिप्रेक्ष्य में देखने प्रयास करता है और दूसरा उसको ही प्रधान कारण के रूप में दर्शाने का प्रयास करता है। उनकी प्रधानता वाली आख्या यह मानती

है कि भौतिक शास्त्र के सभी मौलिक स्थिरांक (Fundamental Constants) मानव की उत्पत्ति को ध्यान में रखते हुए अपना मूल्य ग्रहण करते हैं। तथापि अधिकांश वैज्ञानिक इसे अपनी वैज्ञानिक उपलब्धियों के मूल्य को कम करने वाला मानते हुए स्वीकार करने के अनिच्छुक थे क्योंकि इसमें चेतना का स्थान प्रथम और पदार्थ का स्थान द्वितीय प्रतीत होता है। इसलिये स्टीफेन हॉकिंग सहित अधिकांश भौतिक विज्ञान शास्त्री एक कमजोर मानवता के सिद्धांत को ही स्वीकार करते हैं, द्वितीय को नहीं।

मानवता के कमजोर सिद्धांत का प्रस्ताव केवल इतना ही है कि हमारे बुद्धि से युक्त मानव की उपस्थिति को ध्यान में रखते हुए हमें कम से कम यह तो स्वीकार करना ही पड़ेगा कि जिस स्थान पर मानव का जन्म संभव है वह विश्व के अन्य स्थानों की तुलना में विशिष्ट तो अवश्य ही है।

परिशिष्ट

०४

भौतिक विज्ञान की सबसे बड़ी असफलता

वैज्ञानिक मान्यता के अनुसार शून्य के समान प्रतीत होने वाले आकाश में सर्वत्र जो पदार्थ के कणों के युग्म अत्यंत अल्प अवधि के लिये उत्पन्न होकर पलक झपकने के पूर्व लुप्त भी होते रहते है, उन्हें देख पाना किसी प्रकार भी संभव नहीं है। तथापि क्वांटम इलेक्ट्रो-डायनेमिक्स के माध्यम से उनके घनत्व की गणना करना संभव है।

दूसरी ओर वैज्ञानिक मान्यता के अनुसार शून्यवत प्रतीत होने वाले आकाश में इन युग्मों के उत्पन्न और विलीन होते रहने के कारण या इनकी पृष्ठभूमि में जो ऊर्जा विद्‌यमान रहती है उनके कारण ही इस विश्व के विस्तारित होने की गति में एक वृद्धि १ए श्रेणी के सुपरनोवाओं के अध्ययन से स्पष्ट रूप से देखने में आती है। सामान्यतया थ्योरी और अध्ययन के माध्यम से जो परिणाम प्राप्त होते हैं उनमें बहुत अधिक अंतर नहीं पाया जाता। तथापि विश्व के प्रसार से संबंध रखने वाले कौस्मोलौजिकल स्थिरांक (Cosmological Constant) के संदर्भ में यह अंतर इतना अधिक है कि इसे विज्ञान के क्षेत्र में सबसे बड़ी असफलता के रूप में स्वीकार किया जाता है।

क्वांटम क्षेत्र की थ्योरियों के आधार पर शून्य आकाश की ऊर्जा का अनुमान 10^{121} GeV प्रति क्यूबिक मीटर आंका गया है। दूसरी ओर वौइज़र स्पेस-क्राफ्ट

के द्वारा आकाश के अध्ययन से जो आंकडा उभर कर सामने आता है वह केवल 10^{14} GeV प्रति क्यूबिक मीटर ही है। 107 मैगनीचूड़ का यह अंतर इतना अधिक है (संपूर्ण विश्व में सभी पदार्थ के कणों की संख्या का अनुमान 10^{100} से भी कम आंका गया है) कि यह आश्चर्य की सभी सीमाओं से परे प्रतीत होता है कि किस सीमा तक जाकर दो विभिन्न प्रकार की शक्तियां एक दूसरे को संतुलित करती हुई हमारे दृष्टिपथ में आती हैं। भौतिक विज्ञान शास्त्री इसे एक कैटास्ट्रौफ कहकर ही इसका उपशम कर सकते हैं।

परिशिष्ट

०५

समाज का हित या व्यक्ति की इच्छा

एक गणतांत्रिक व्यवस्था में किसी नेता विशेश की व्यक्तिगत राय या इच्छा की अपेक्षा जनता के हित को प्राथमिकता देना अधिक उचित और न्यायपूर्ण माना जाना चाहिये। भारत में सन् १९८६ तक जैसे शराब का ठेका होता था उसी प्रकार ठेके वाली गांजे की दुकानें भी होती थी। इसका नशा सात्विक प्रकार का होता है अत: यह साधु-सन्यासियों के आमोद का साधन होता है और आज भी ऐसे लाखों लोग हैं जो उपलब्ध होने पर गांजे का सेवन तो कर लेते हैं पर शराब को तामसिक प्रकृति का नशा मानते हैं और इसे छूना भी पसंद नहीं करते। सन् १९८६ अमेरिकन शराब बनाने वालों की लौबी के प्रभाव के कारण भारत सहित इसे अनेक देशों में अवैध घोषित कर दिया गया था।

तब सामान्य मजदूर भी इसका सेवन करते थे। दिन भर कठोर परिश्रम करने के पश्चात गांजे की एक चिलम पी लेने से उनकी थकान दूर हो जाती थी और इसमें टीपीएस की पर्याप्त मात्रा रहने के कारण रात्रि में अनेक छोटी बडी बीमारियों को उनका शरीर स्वत: ठीक कर लेता था और अगले दिन वे प्रसन्न मन और शरीर से अपने कार्य पर जाने के लिये प्रस्तुत हो जाते थे। तब अपेक्षाकृत शांति से बिना झगड़े झंझट के वे अपने परिवारों में रहते थे।

आज के समय में यह चोरी-छुपे बिकता है और इस कारण कई गुणा महंगा भी मिलता है तथा इसमें जहरीले रसायन भी मिला दिये जाते हैं, जिससे इसके मुख्य गुण प्रभावित हो जाते हैं और नशे एवं आलस्य में वृद्धि हो जाती है। फिर मजदूर तो मजदूर, साधु आदि भी पुलिस के झंझट से बचना चाहते हैं। अत: अधिकांश कम आय वाले मजदूर धीरे-धीरे गांजे के स्थान पर शराब पीने लग गये और सस्ती शराब बनाने के चक्कर तथा प्रक्रिया में कुछ कमी रह जाने के कारण हजारों ऐसे मनुष्य जो मंहगी शराब खरीदने में असमर्थ होते हैं आज हर वर्ष मृत्यु के ग्रास में जा रहे हैं। देश में एकाधिक स्थानों पर शराब को भी बैन कर दिये जाने से तो स्थिति और भी भयावह हो गई है। शराब हमारी संस्कृति का हिस्सा नहीं थी और कुछ दशकों पूर्व तक भी पारिवारिक लोग लुक छिप कर ही केवल शौक के रूप में इसका सेवन करते थे। अत: कुछ स्थानों पर स्थानीय परिप्रेक्ष्य में इस पर पाबंदी लगाना गलत नहीं है। अवश्य आज के सिकुड़ते हुए विश्व में इसका प्रचलन बढ गया है तथापि अगर गांजे और भांग पर पाबंदी नहीं होती तो देश में कम आय एवं साधन वाले मजदूरों की इस प्रकार की मृत्युओं का चलन में आना ही संभव नहीं हो सकता था।

भांग और गांजा एक ही पौधे की पत्तियां ओर पुष्प होते हैं। प्रागैतिहासिक काल से ही कृषक अपने खेत के किसी छोटे एंव कम उपयोगी स्थान पर थोड़ी सी भांग की खेती कर लिया करते थे, इसका सामाजिक प्रचलन भी था और इसे शिवलिंग पर तो आज भी चढाया जाता है। शिव पुराण में इसकी चर्चा है तथा अथर्व वेद, अयुर्वेद और सिद्ध चिकित्सा पद्धति में इस पौधे के गुणों की विशद चर्चा हुई है। इसके पचास से अधिक नाम भी दिये गये हैं ताकि पहचान में भूल न हो और जिन ५,००० पौधों का आयुर्शास्त्र में वर्णन है उसमें इसे राजा के समान मानते हुए अजेय, विजया और सिद्धि नाम दिये गये हैं तथा इसे स्वर्ण के समान बहुमूल्य कहा गया है। एथनौल के समान यह एक प्रधान आधार के रूप में व्यवहृत होने वाली औषधि है और यह कोई छिपी हुई बात नहीं है कि आज के समय में इसके स्थान पर अन्य आधार के उपयोग की बाध्यता के कारण अनेक आयुर्वेदिक औषधियों के प्रभाव में पर्याप्त कमी आ गई है। विशेषकर कुष्ठ रोग, एकाधिक प्रकार की टीबी, तीस-पैंतीस प्रकार के कैंसर और एलजाइमर जैसे रोगों के उपचार में सहायक एवं अत्यंत

उपकारी इस पौधे का भारत में बैन केवल अन्याय ही नहीं बल्कि एक अक्षम्य अनदेखी के समान है।

सात सौ वर्षों की पराधीनता के पश्चात भारत में मौलिक सोच का प्रचलन एक प्रकार से समाप्त हो गया है। पश्चिम में स्वीकार होने पर ही आज यहां कोई वस्तु प्रचलन में आ सकती है अथवा महत्व की समझी जाती है। हमने भी केवल राष्ट्र सम्मान को ध्यान में रखते हुए ही अपनी मूल अंग्रेजी की पुस्तक के प्रचार को रोक कर इस हिंदी अनुवाद को प्रकाशित करना उचित समझा है, अन्यथा हमारा विश्वास है कि पश्चिम के देशों में इसकी स्वीकृति के पश्चात ही यहां के विद्वत समाज में 'सत्य के सार' के तुल्य विश्व-गुरु भारत के ऋषियों के इस आधुनिक विज्ञान को भी पराभूत करने में सक्षम ज्ञान के संबंध में जानने और समझने की प्रेरणा जाग्रत करना संभव हो सकेगा।

आज स्वतंत्रता प्राप्त करके भी इस पाश्चात्य की श्रेष्ठता के खुमार से हम मुक्त नहीं हुए हैं। अत: यह बताना आवश्यक लगता है कि आज बीस से अधिक देशों के द्वारा कैनाबी के नाम से पश्चिम में विज्ञात इस पौधे से प्रतिबंध हटा लिये गये हैं और कैनाडा और अमेरिका के अनेक राज्यों में तो आमोद के लिये इसके उपयोग को भी वैध घोषित कर दिया गया है। तथापि इस कारण से एकाधिक नयी प्रकार की समस्यायें आजकल देखने में आ रही है। एक ओर तो भारत में इसके अवैध होने के कारण आतंकी गतिविधियों और दूसरे प्रकार से भारत को अस्थिर करने के लिये आवश्यक धन इसी मार्ग से बाहर से यहां प्रवेश कर रहा है, दूसरी ओर कुछ बालक जो विदेश में शिक्षा प्राप्त करने जाते हैं उनमें से कुछ शराब पीकर धमा चौकड़ी करने के स्थान पर गांजे का प्रयोग सीख लेते हैं। ये बालक जब भारत लौटते हैं तो अवैध रूप से इसे प्राप्त करने का प्रयास करते हैं और गलत लोगों के चंगुल में फंस जाते हैं।

भारत के पहाड़ी क्षेत्रों में आज भी इस पौधे का उपयोग वस्त्र बनाने में होता है तथा इसके अवशेष को पशुओं के भोजन में मिश्रित कर दिया जाता है जिससे वे अनेक बीमारियों से बचे रहते हैं और दूध भी अधिक देते हैं। इस विषय मे दीर्घ समय से अन्वेषणकर्त्री प्रिया मिश्रा के अनुसार इजराइल के एक शोधकर्ता की एक पुस्तक को पश्चिम के देशों में अत्यंत सम्मान के साथ देखा जाता है। इसकी कीमत लगभग चालीस हजार रुपये है और इसका प्रथम अध्याय ही कैनाबी के विषय में विशेष चर्चा से प्रारंभ होता है। इसके लेखक ने इस बात

पर आश्चर्य मिश्रित प्रसन्नता व्यक्त की है कि प्राचीन भारत में इस पौधे के विषय में इतनी शोध हो चुकी है कि इसके गुणों को जानने और समझने के लिये किसी विशेष प्रयास की आवश्यकता ही नहीं रह गई है और इसी कारण से इसका उपयोग इतनी शीघ्र होना संभव हो सका है।